Ecuador
Galápagos-Inseln

Peter Korneffel

DUMONT RICHTIG REISEN

Inhalt

Wissenswertes über Ecuador

Wissenswertes für die Reise

Unterwegs in Ecuador

Kapitel 1 Quito und Umgebung

Kapitel 2 Die Nordanden

Inhalt

Kapitel 3 Die Straße der Vulkane

Kapitel 4 Die Pazifikküste

Kapitel 5 Der Regenwald

Inhalt

Themen

Alle Karten auf einen Blick

Das mühsame Leben in Ecuador prägt die Gesichter seiner Bewohner – hier eine Frau auf dem Weg zum Markt

Wissenswertes über Ecuador

Die Mitte der Welt – artenreich und eigenartig

Die Faszination Ecuador ist von mystischer Kraft. Diese kleine Republik auf dem Äquator hält kulturelle und ökologische Schätze bereit, die uns Europäern weitgehend unbekannt sind. Senden uns die Medien immer wieder Bilder von Ecuador und Galápagos auf den alten Kontinent, so geht erst eine Reise zur ›Mitte der Welt‹ tatsächlich unter die Haut.

Dieses Land entfaltet sich erst bei der ersten Berührung, bei der Landung auf fast 3000 m Höhe, bei der unmittelbaren Begegnung mit einer ethnischen Vielfalt von Indianern, Mestizen und Afroecuadorianern. Ecuador öffnet sich dem Besucher bei der Entdeckung der welthöchsten Biodiversität in den tropischen Wäldern, unter gewaltigen Schneegipfeln und im Angesicht schnaufender Vulkane. Es öffnet sich, wenn man barfuß im Sand der 2000 km langen Strände läuft, andächtig in meditativer Nähe zu den furchtlosen Kreaturen auf Galápagos verharrt oder in Sichtweite der Hammerhaie, Walhaie und anderer Geschöpfe des Pazifischen Ozeans taucht.

Eine Ecuador-Reise hinterlässt tiefe Spuren beim Reisenden. Die zahlreichen Begegnungen mit den Extremen Ecuadors, aber auch die täglich erfahrbaren Widersprüche, die dieses Land uns eindringlich offenbart, sind ergreifend und bieten Denkstoff für viele Wochen über das Reiseende hinaus. Wer Ecuador neugierig bereist, muss sich klar darüber sein, dass diese Exkursion nicht mit dem Rückflug endet.

Ecuador ist im Aufbruch. Seit der Jahrtausendwende erlebt das Land einen wirtschaftlichen Aufschwung, der nun auch die Reisebranche erfasst hat: Seit der viel beachteten Teilnahme der Fußball-Nationalmannschaft Ecuadors an der WM 2006 in Deutschland scheint das Land wie beflügelt, scheint sich Ecuador auf lange verborgene Schätze zu besinnen: auf die extreme geografische und biologische Vielfalt auf kleinem Raum, die Wiederentdeckung der indianischen Kulturgeschichte, der grandiosen kolonialen Architektur und des Potenzials, das der Regenwald jenseits der Erdölförderung birgt.

Bergsteigen, Galápagos-Kreuzfahrten und Indianermärkte sind Klassiker in den Prospekten. Doch nun entwickelt das Land sein Profil als Reiseziel für Aktivsportler, nutzt seine vulkanischen Thermalquellen immer besser und öffnet sich Spa und Wellness. Und an keinem Ort der Welt lassen sich derart viele Vögel so nah beobachten. Kurz: Das manchmal lethargische Land gerät in Bewegung.

Damit kehrt der Breitengrad Null, der Äquator, der Ecuador seinen Namen schenkte, zurück ins Bewusstsein der Menschen und wird zum Sinnbild ihrer Identität, ihrer jahrtausendealten Sonnenkultur.

Vielleicht gelingt tatsächlich, was die Schöpfer der überdimensionalen Sonnenuhr Quitsa To auf dem Äquator bei Cayambe beschwören: »Die Äquatorlinie trennt die Süd- nicht von der Nordhalbkugel, sondern führt die beiden Hemisphären zusammen.«

Dieses Buch basiert auf 14 Jahren journalistischer Recherche in Ecuador, auf unzähligen Reisen und Gesprächen, ist das Ergebnis von neugierigem und erstauntem Betrachten und Bewundern. In Ecuador bedeutet die Kunst des Reisens, sich zwischen der Vielfalt der Reisemöglichkeiten und -ziele zu entscheiden, die Reise ins Land der Tagundnachtgleiche während des Aufenthaltes zu einem Genuss werden zu lassen. Ob bequem und geführt oder individuell und abenteuerlich – das Buch stellt sich den Reisekonzepten unserer Zeit und zeigt sichere, erlebnisreiche und überraschende Pfade auf, um diesem Land der Extreme zu begegnen, und das für jeden Geldbeutel.

In diesem Zusammenhang sollen aber auch die Schattenseiten des Entwicklungslandes Ecuador aufgezeigt und begreifbar gemacht werden, sollen Anreiz gegeben werden, nicht wegzusehen, wenn uns eine andere Realität als die der Hochglanzkataloge und -broschüren begegnet. Dazu zählen Armut, Korruption und ein erst langsam wachsendes Umweltbewusstsein in der Bevölkerung. Doch Ecuador ist im Wandel. Zum ersten Mal in seiner Geschichte hat es eine sozialistische Regierung, die offenbar nicht gekauft ist. Eine neue Verfassung entsteht derzeit, und selbst die Armutsrate ist zuletzt leicht zurückgegangen. Der neue südamerikanische Staatenbund legte seinen Sitz nach Quito, und selbst die einst düstere Hafenmetropole Guayaquil erfährt eine kaum für möglich gehaltene Wiederbelebung.

Ecuadorianer sind gastfreundlich. Traditionell ein Volk von Auswanderern, sind sie unglaublich neugierig auf Geschichten aus der Ferne. Dabei begegnen sie Westeuropäern mit besonderer Aufmerksamkeit und einem manchmal unheimlich erscheinenden Respekt. Dieses Geschenk gilt es zu erwidern.

Vielleicht ist die uns vereinende Äquatorlinie der ideale Ort auf diesem Planeten, um Nord und Süd, um Arm und Reich miteinander in einen Dialog zu bringen. Ecuador ist auf jeden Fall ein einzigartiger Gastgeber.

Neugierig auf Geschichten aus der Ferne sind nicht nur die ecuadorianischen Kinder

Steckbrief Ecuador

Daten und Fakten

Name: Ecuador

Fläche: 256 370 km²
Hauptstadt: Quito
Amtssprache: Spanisch
Zweite Landessprache: Kichwa

Einwohner: 13,5 Mio.
Bevölkerungswachstum: 1,4 %
Lebenserwartung: 73 Jahre für Frauen, 68 Jahre für Männer
Städtische Bevölkerung: 61 %
Analphabetenrate: offiziell 5 %
Zeitzonen: GMT – 5, auf Galápagos GMT – 6

Währung: US-Dollar, 1 $ = 100 US-Cent
Landesvorwahl: + 593
Internet-Kennungen: ec, gov.ec und com.ec

Landesflagge: Die 1830 eingeführte Trikolore steht für Fruchtbarkeit des Bodens (gelb), für Himmel und Ozean (blau) und für das vergossene Blut der Freiheitskrieger (rot). Das später integrierte Staatswappen, gerahmt von Palm und Lorbeer für den ›Sieg der Nation‹ und überragt von einem Kondor, zeigt unter der Sonne und den Sternbildern von Widder, Stier, Zwilling und Krebs den Vulkan Chimborazo, den Río Guayas und das erste Dampfschiff des Landes aus dem Jahr 1841. Ein symbiotisches Symbol für die Einheit der Nation.

Geografie

Ecuador liegt im nordwestlichen Südamerika exakt auf dem **Äquator,** woher auch sein Name stammt. Es erstreckt sich zwischen 1°40' nördlicher Breite und 5° südlicher Breite. Die Südflanken des Vulkans Cayambe (5790 m) sind die weltweit höchste Erhebung des Äquators. Ecuador grenzt im Norden an Kolumbien, im Osten und im Süden an Peru sowie westlich an den Pazifik. Somit ist Ecuador neben Chile das einzige Land Südamerikas ohne Grenze zu Brasilien. Historisch und wegen seiner Zuflüsse begreift es sich jedoch als ›Amazonasland‹. Galápagos liegt rund 1000 km vor der Festlandküste.

Die zwei von Nord nach Süd verlaufenden Gebirgsketten der Anden mit dem Chimborazo (6310 m) als höchstem Berg und der Hauptstadt Quito im Norden formen die Region der **Sierra.** In ihr liegen über 30 teils noch aktive Vulkane und etliche interandine Täler. Der 5897 m hohe Vulkan Cotopaxi in der Ostkordillere ist der höchste Vulkan der Erde.

Westlich der Sierra gliedert sich der bis zu 200 km breite tropische Küstengürtel der **Costa** an, in dem auch Guayaquil als größte Stadt des Landes liegt. Östlich der Anden erstreckt sich der zum Amazonasbecken zählende und recht dünn besiedelte tropische Regenwald, die sogenannte **Selva** oder **Amazonía.** Die vierte der äußerst unterschiedlichen Regionen des Landes ist die isolierte Inselgruppe von **Galápagos** mit etwa 123 Inseln von insgesamt 7000 km²

Landfläche in einem riesigen Marinereservat von 130 000 km². Ecuadors Topografie der Extreme auf relativ kleinem Raum führt zu komplizierten **Klimaverhältnissen** und zur größten **Biodiversität** der Welt.

Geschichte

Asiatische Volksgruppen gelangten einst über die Beringstraße nach Nordamerika, von wo sie etwa 12 000 v. Chr. das heutige Ecuador erreichten. 6000 Jahre später entstanden die ersten Kulturen an der Küste. Die erste formative Hochlandkultur geht auf etwa 2850 v. Chr. zurück, im Regenwald auf 1500 v. Chr.

In der Blüte der regionalen Kulturentwicklung werden diese Kulturen Ende des 15. Jh. von den Inkas weitgehend niedergeschlagen. Wenig später unterwerfen die Spanier wiederum die Inkas, gründen im 16. Jh. koloniale Verwaltungsstädte und unterjochen die Ureinwohner Ecuadors. Eine starke Unabhängigkeitsbewegung beendet die jahrhundertelange Ausbeutung durch die Spanier. Im Jahr 1830 schließlich wird die Republik Ecuador gegründet, die erst 1979 eine moderne demokratische Verfassung erhält.

Staat und Politik

Die Republik Ecuador ist eine präsidiale Demokratie mit weitreichenden Befugnissen für den Staatspräsidenten. Dieser ist nicht gleichzeitig Regierungschef, braucht aber für einige wichtige Entscheidungen den Nationalkongress und kämpft üblicherweise gegen den chronischen Widerstand der wechselnden Mehrheiten eines von jeher zersplitterten Parlaments. Dieser Umstand, aber auch Korruption und Selbstblockaden des Kongresses haben den 2007 vereidigten und von einem Linksbündnis getragenen Präsidenten Rafael Correa bewogen, eine neue Staatsverfassung zum Kernstück seiner Arbeit zu machen. Correa will Ecuador so aus seiner tiefen politischen Krise führen und der drohenden Aushöhlung der Demokratie im Land entgegenwirken. Nicht nur die Traditionsparteien fürchten nun um ihre Macht, auch der historische Regionalkonflikt zwischen Küste und Hochland erschwert die jetzt eingeläutete größte Staatsreform seit 1979. Gleichzeitig kämpfen die 22 Provinzen des Landes um mehr Geld und Einfluss auf regionale Entwicklungen.

Wirtschaft und Tourismus

In den 1970er-Jahren wandelte sich der **Agrarstaat** Ecuador in ein **erdöl**exportierendes Land – bei hohem Ölpreisniveau kommen so über die Hälfte der Staatseinnahmen herein. Weitere Exportgüter sind **Bananen, Fisch, Garnelen** und **Blumen.** Mit 3300 $ Bruttoinlandsprodukt (BIP) pro Kopf zählt Ecuador zu den ärmsten Ländern Südamerikas. Der Tourismus wächst: 2006 besuchten etwa 550 000 internationale Fluggäste das Land, 21 780 davon kamen aus Deutschland.

Bevölkerung und Religion

Der mit 42 % größte Teil der Bevölkerung Ecuadors sind die Mestizen, Mischlinge von Indianern mit weißen Einwanderern vornehmlich aus Spanien. 36 % sind Indianer oder sogenannte Indígenas. Diese setzen sich aus zehn Sprach- und Volksgruppen zusammen, deren breite Mehrheit die Kichwa-Indianer im Hochland bilden. Rund 12 % im Land sind Weiße, eine 10-prozentige Minderheit bilden Farbige und Mulatten. Sie sind Nachfahren ehemaliger afrikanischer Sklaven. 80 bis 90 % der Ecuadorianer sind Katholiken, mit abnehmender Tendenz zugunsten evangelischer Kirchen, Freikirchen und Sekten. Ein kleiner Bevölkerungsanteil hängt Naturreligionen an oder vermischt christliche und vorchristliche Traditionen.

Natur und Umwelt

Ecuador ist eines der artenreichsten Länder der Erde. Denn es ist gleichzeitig Pazifikanrainer, Andenstaat sowie Teil von Amazonasbecken und Äquatorgürtel. Entsprechend extrem gliedert sich die Landschaft in unterschiedliche Zonen: Küste, Gebirge, amazonischer Regenwald und die Inseln, auf Spanisch *costa, sierra, selva* oder auch *amazonía* sowie die *Islas Galápagos.* Diese vier Naturräume weisen gewaltige Unterschiede in Topografie, Vegetation, Klima und Lebensformen auf.

Naturräume

Die Costa – 2000 km Pazifikküste

Das Küstentiefland hat eine Ausdehnung von bis zu 200 km in der Breite, so auf Höhe der größten Stadt des Landes, **Guayaquil.** Nördlich der Metropole durchzieht ein Küsten-Mittelgebirge mit Höhen bis zu 800 m das ansonsten weitgehend flache Tiefland. Der klimatisch dominierende Einfluss des Pazifiks und allgemein ergiebige Niederschlagsverhältnisse sowie ertragreiche Böden machen die Costa zur landwirtschaftlich produktivsten Region Ecuadors.

Das Zusammentreffen zweier gegensätzlicher Meeresströme vor der ecuadorianischen Küste führt jedoch zu zwei unterschiedlichen Klimata innerhalb des Küstentieflandes: Die **nördliche Costa** steht etwa bis zum Río Chone unter dem Einfluss des warmen Panama-Stroms und gewinnt dadurch ein feuchtwarmes Klima mit zeitweiliger Trockenheit. An der **südlichen Costa** hingegen dominiert der Einfluss des kalten Humboldt-Stroms. Hier, in seinen pazifiknahen Landregionen, herrscht ein trockenwarmes bis sehr trockenwarmes Klima, ganz extrem auf der wüstenartigen **Halbinsel Santa Elena.**

In Jahren, wo der Nordäquatorial-Strom den wärmebringenden Panama-Strom zusätzlich verstärkt und damit den Einfluss des Humboldt-Stroms zurückdrängt, stehen Costa wie auch Galápagos unter dem Einfluss von *El Niño*, ›dem Kind‹, benannt nach dem Jesuskind, weil dieses Klimaphänomen zur Adventszeit im Dezember auftritt. In starken Niño-Jahren wie zuletzt erwärmt sich das Meer um bis zu 10 °C über den normalen Wassertemperaturen. In der Folge führen monatelange schwere Regenfälle zu mitunter katastrophalen Überschwemmungen und Erdrutschen.

Im Osten findet die Costa mit den Anden ihre natürliche wie klimatische Grenze. Etwa in den Höhen der Nebelwälder auf 1500 bis 1800 m liegt die Übergangszone zur Sierra.

Die Sierra – Straße der Vulkane

Die **andine Bergwelt** Ecuadors formen zwei fast parallel verlaufende Hochgebirgszüge in Nord-Süd-Richtung: die **West-** und die **Ostkordillere.** Zwischen den von 30 Vulkanen geformten Höhenzügen reihen sich grabenartig mehrere Hochlandbecken hintereinander. Deren bedeutendste acht ›intramontanen‹ Becken bilden in ihren Höhen zwischen 2200 und 3000 m gleichzeitig die landwirtschaftlichen und industriellen Produktionszentren der Sierra. In einem dieser Becken liegt die Hauptstadt **Quito.** *Nudos* genannte Querriegel trennen die Becken voneinander.

Neun der Vulkane sind noch heute mit unterschiedlicher Intensität aktiv, darunter im

Osten der **Cotopaxi,** der mit 5897 m höchste aktive Vulkan der Erde. Seit Ende der 1990er-Jahre verzeichnen die Seismographen eine gestiegene Vulkanaktivität in der Sierra. Ausgebrochen sind seither der **Pichincha,** der **Tungurahua** und der am Ostrand der Anden liegende **Reventador.**

Zwar liegt die östliche Bergkette durchschnittlich um 500 m höher als die westliche, doch befindet sich der mit 6310 m höchste und massivste Berg des Landes dennoch in der Westkordillere: der **Chimborazo.** Während das Gebirge einen bis zu 200 km breiten Landschaftsgürtel formt, so verengen sich die Gipfel der beiden Kordilleren stellenweise auf bis zu 40 km.

Südlich des **Vulkans Sangay,** ab etwa 2° südlicher Breite, wandelt sich die Andenlandschaft in ein verzweigtes Faltengebirge von kaum mehr als 4000 m Höhe. In dieser ältesten Gebirgszone befinden sich auch keine Vulkankrater mehr. Sedimentgesteine und altvulkanische Ausflüsse formen die Berge.

Große Teile der Sierra stehen unter dem Einfluss kaltfeuchten Hochgebirgsklimas mit je nach Höhe abnehmender Vegetation und ewigem Eis über 5000 m. In den Hochlandbecken herrscht allgemein ein gemäßigt feuchtes Klima vor. Doch andererseits geraten einige Becken und Regionen unterhalb von 3500 m unter den Zustrom von feuchtwarmer Luft aus den tropischen und subtropischen Andenrändern, während in anderen isolierten Lagen wie im **Valle del Chota** oder bei **Loja** über Monate extreme Trockenheit herrscht. Gerade in der von landschaftlich grandiosen Extremen geformten Sierra zeigt sich, warum Ecuador auch als das ›Klimamuseum der Erde‹ gilt. Denn auf welchem Fleck der Erde kommen auf einer Luftlinie von 35 km gleichzeitig Temperaturschwankungen von über 50 °C vor? Die Jahresdurchschnittstemperaturen in den Städten der Sierra betragen 11 bis 14 °C, in Ibarra, Guaranda und Loja sind es ca. 3 °C mehr. Die Tagestemperaturen liegen hingegen meist um 20 °C.

Auf der Straße der Vulkane blickt man häufig in idyllische Kraterseen

Die Selva – Quellgebiet des großen Amazonas

Am Fuß der **Ostkordillere** weitet sich Ecuadors rund 120 000 km² großes Gebiet des Amazonasbeckens aus. Obwohl das Land seit 1942 kein direkter Amazonasanlieger mehr ist, zählen vor allem seine Flüsse **Río Napo** und **Río Pastaza** zu den wichtigsten Zuflüssen des oberen Amazonas. Das enge Flusssystem des ecuadorianischen Regenwaldes wird gespeist von einem extrem regenreichen tropischen Klima. Der größte Teil der Selva ist eine ebene bis hügelige Landschaft von selten mehr als 300 m Höhe. Ist die nordwestliche Selva in Folge der seit den 1970er-Jahren expandierenden Erdölindustrie etwas stärker besiedelt und landwirtschaftlich erschlossen, so erstrecken sich in ihrem Osten und Süden noch immer gewaltige Regionen von **Primärwald.** Der äquatoriale Urwald in relativer Nähe zu den hohen Anden macht die Selva Ecuadors zu einem der artenreichsten Gebiete der Welt. Die Jahresdurchschnittstemperaturen in der Selva betragen 20 bis 23 °C, in Macas und in vergleichbaren Höhenlagen rund 3 °C weniger.

Die Galápagos-Inseln – Labor der Evolution

Die rund 1000 km isoliert vor der Festlandküste und ebenfalls auf dem Äquator liegenden Galápagos-Inseln sind vulkanischen Ursprungs und mit erst 3,5 Mio. Jahren geologisch gesehen relativ jung. Die Inseln sind extrem trocken und weitgehend vegetationsarm. Auch klimatisch nimmt der Archipel wegen der komplizierten Meeresströmungen eine Sonderstellung ein. Ab S. 352 steht mehr über die 123 Galápagos-Inseln.

Vegetation und Pflanzenvielfalt

Die sensationelle Artenvielfalt Ecuadors ist Ergebnis von 10 Mio. Jahren der Entwicklung

Schönheit im Detail – das Blatt einer Iris

stark divergierender Ökosystyme in engster Nachbarschaft. So sind in Ecuador über 20 000 Pflanzenarten bekannt, darunter mehr als 2000 Baumarten und fast 4000 Orchideenarten, ein absoluter Weltrekord.

Alexander von Humboldt begründete während seiner ersten Ecuadorreise (1801/1802) die Pflanzengeografie der Erde und entwickelte im tropischen Hochgebirge der heute ecuadorianischen Anden sein Modell der Vegetationsstufen.

In der zweiten Hälfte des 20. Jh. baute der in Ecuador lebende Biologe Erwin Patzelt Humboldts Konzept aus und differenzierte die vier auf engem Raum vorkommenden Vegetatioszonen Ecuadors, wie sie im Folgenden skizziert sind.

Bei etwa 4800 m mit Durchschnittstemperaturen um den Gefrierpunkt beginnt die Zone des ewigen Schnees, die **Tierra Nevada.** Ab 3600 m beginnt die Zone des Hoch-Páramos mit häufigem Nachtfrost, weshalb diese Zone auch **Tierra Helada** genannt wird. Flechten, Moose sowie gedrungene Polster- und Rosettenpflanzen dominieren den Páramo. In den niederen Lagen des Páramos findet sich bereits dichtere Vegetation, großflächig das harte, nadelförmige Andengras *stipa ichu,* aber auch hartlaubige Sträucher und Bäume wie der Polylepis und Pflanzenarten, die sich mit ledrigen Blättern oder wolliger Behaarung gegen Wind und Frost schützen, sogenannte Xerophyten, nadelstrauchartige Blütenpflanzen, die in Ecuador in Höhen bis über 4000 m vorkommen. Unter den Polsterpflanzen des hohen Páramos sind die Mönchsgewächse *frailejones* im Norden Ecuadors die spektakulärsten Vertreter. Blüte und Blätter geschützt gegen die Härten des Klimas und resistent gegen die hohe Bodenfeuchte, erreichen die Stauden der ›Mönche‹ bis zu 4 m Höhe.

Die Vegetationszone der **Tierra Fría** erstreckt sich über Höhenlagen zwischen 3600 und 2000 m. Weniger Frost, aber doch Kälte, starke Winde, und extreme Temperaturschwankungen bei relativ hoher Feuchtigkeit in den meisten Regionen dieser Zone umgeben den unteren Páramo. Diese andinen Páramos formen die weite Graslandschaft der Anden, in deren geschützten Tälern sich Dörfer und Städte gebildet haben. Hier finden sich verschiedene Fuchsienarten und ölhaltige Calceolarien sowie zahlreiche Orchideen-, Bromelien- und Epiphytenarten.

Diese relativ stark besiedelte Klimazone steht unter ökologischem Druck durch die Viehwirtschaft, die Landwirtschaft (Kartoffeln, Bohnen, Gerste, Zwiebeln, Mais) und eingeschleppte Baumarten wie die dreinadelige Kiefer Pinus radiata, mehr noch aber durch den im 19. Jh. aus Australien eingeführten Eukalyptus. Folge von derartigen Monokulturen und Baumplagen ist in einigen Gebieten der Anden eine fortschreitende Erosion.

Die **Tierra Templada** liegt zwischen 900 und 2000 m, Übergangsbereiche zur Tierra Fría reichen bis 2700 m hoch. Die gemäßigten Temperaturen von durchschnittlich 19 bis 24 °C ermöglichen üppige immergrüne tropische Bergwälder. Die Zone kennzeichnen hohe Niederschläge bis über 4000 mm jährlich, weil die feuchten Luftmassen beiderseits der Anden gerade hier aufsteigen, abkühlen und kondensieren. Dieser Vorgang führt häufig zu noch höheren Niederschlägen im Bergwald gegenüber dem tiefer liegenden Regenwald. Zu den auffälligsten Baumarten dieser Zone zählen Palmen, Zedern, Zypressen sowie Baumfarne und die *tagua*, ein Nussbaum, der das ›pflanzliche Elfenbein‹ hervorbringt.

Farne, Moose und Flechten nutzen die starken Nebel dieser Zone und siedeln sich im Halbschatten der Bäume an deren Stämmen und Ästen an. Lianen machen den Wald noch undurchdringlicher, zahlreiche Epiphyten wie Bromelien, die in ihren festen Rosetten das Regenwasser sammeln, und einige Orchideenarten sind besonders charakteristisch für diese dichten Bergwälder.

Eine Sonderform des tropischen Bergwaldes ist der **Nebelwald,** der an die nahezu permanente maximale Luftfeuchtigkeit in der Zone der Wolkenbildung gebunden ist. Die Höhenlage ist deshalb weniger entscheidend, sodass sich der Nebelwald zwischen 1000 und 3000 m Höhe bilden kann. Charakteristische Pflanzen sind Baumfarne und Epiphyten; Moosteppiche hängen von den Zweigen, kleiden die Stämme und bedecken den Boden.

An die gemäßigte Tropenzone schließt sich auf etwa 900 m und bis zum Meeresspiegel die feuchttropische Zone der **Tierra Caliente** an. Charakteristisch ist der undurchdringliche Regenwald mit 2000 bis 6000 mm Niederschlag im Jahr sowie hoher Luftfeuchtigkeit und Durchschnittstemperaturen zwischen 22 und 25 °C. Der dichte, immergrüne und feuchttropische Regenwald besitzt vor allem an der Küste zahlreiche wertvolle Holzarten, weshalb bereits große Flächen abgeholzt wurden.

Die Regenwälder der Selva bieten mit ihrem feuchttropischen Klima die Voraussetzungen für einen weiteren Typ des immergrünen tropischen Regenwaldes. Die Durchschnittstemperatur liegt hier ganzjährig bei ca. 25 °C und die Niederschläge steigen bis auf 5000 mm im Jahr. Die Bäume erreichen Höhen bis zu 40 m, auf denen Lianen und Epiphyten um das lebensnotwendige Licht kämpfen, einige Baumarten bilden Brettwurzeln, um sich zu stabilisieren. Denn der Boden der feuchttropischen Klimaregion ist sehr nährstoffarm und flachgründig. Der größte Teil der verfügbaren Nährstoffe befindet sich in der üppigen Vegetation, die Wurzeln der Baumriesen können sich deshalb nicht tief im Untergrund verankern. Eine weitere Anpassungsstrategie von Bäumen in sumpfigen Böden sind zusätzliche Luftwurzeln, über die sie sich mit dem nötigen Sauerstoff versorgen.

Einige der auffälligsten Pflanzenarten der heißen Zone sind die der Banane verwandte *heliconia,* die für die Herstellung des Panamahutes genutzte Palme der *paja toquilla,* Baumkakteen wie der *cardo* und der stachelstämmige, flaschenförmige *ceibo.* Die schier unendliche Artenvielfalt dieser Zone lässt sich hier nicht beschreiben. Erwin Patzelt hat sie geordnet und die umfassendsten Werke zu Flora und Fauna Ecuadors veröffentlicht.

Mit weiter abnehmenden Niederschlägen geht der halbimmergrüne tropische Regenwald in die **Savannenwälder** im Südwesten des Landes über, die trockenste Ausprägung laubabwerfender Wälder mit dichtem Dornbusch aus Akazien, Agaven u. a. Besonders trocken infolge der Einwirkung des Humboldt-Stroms ist die Halbinsel Santa Elena.

Die **Mangrovenwälder** mit vier in Ecuador vertretenen Arten siedeln sich im Übergangsbereich von Meer und süßwasserreichem, flachem Hinterland an. Diese Gezeitenwälder mit ihren bizarren Stelzwurzeln im Brackwasser der Küsten beherbergen große Teile der Brutstätten von Ecuadors Meeresfauna.

Klima

Wetterberichte in Ecuador beschreiben vor allem, wie das Wetter war. Denn Vorhersagen sind wegen der Topografie und der extremen Einflüsse von Pazifik und Regenwäldern äußerst schwer bis unmöglich. Auch das Klima

Kolibris – Leichtgewichte im Schwirrflug

Thema

Der sagenumwobene Kolibri ist das absolute Leichtgewicht in der Welt der Vögel. Gerade mal zwei Gramm wiegt der kleinste von allen als ausgewachsenes Muttertier. Die in ganz Ecuador verbreiteten, farbenprächtigen Flugkünstler sind Extremsportler und zerbrechliche Energiepakete der Natur.

Kolibris – biologisch Trochilidae – leben ausschließlich auf dem amerikanischen Kontinent, zählen dort etwa 330 Arten in 123 Gattungen und bilden die zweitgrößte Vogelfamilie des Kontinents, direkt hinter den ›Neuweltfliegenschnäppern‹.

Ihre größte Artenvielfalt erreichen sie in Äquatornähe, wo sie vom Meeresspiegel bis fast an die Schneegrenze von 5000 m vorkommen. Dass sie auch Nymphen, Sylphen, Zwerge und Feen geheißen werden und nach anderen Fabelwesen oder gar Göttern benannt sind, liegt auch an der Schönheit ihres meist farbenfroh glänzenden und manchmal metallisch schimmernden Gefieders.

Selten sieht man Kolibris in Ruhe in einem Baum sitzen. Umtriebig fliegen sie von Blüte zu Blüte, verharren wie ein stiller Helikopter auf der Stelle vor der Pflanze, wenden sich dem nächsten Kelch zu und verschwinden scheinbar wieder im Nichts. Der spanische Name *picaflor* – ›Blumenpicker‹ – beschreibt die Ernährungsweise des Kolibris treffend. Denn sein schmaler, länglicher Schnabel dringt in die Pflanzenkelche ein, wo seine gespaltene Zunge den Nektar vom Grund der Blüte aufnimmt. Die Zunge des Kolobris kann dabei bis zu 200-mal in der Minute aus dem Schnabel schnellen.

Um beim Trinken möglichst ruhig vor einer Pflanze verharren zu können, vollbringen die kleinen Künstler eine enorme Flugleistung. Mit einem Radius von 180° gewinnen sie einen deutlich größeren Bewegungsspielraum als in der Vogelwelt üblich. Dieser erlaubt es ihnen, im Schwirrflug vor einer Blüte zu stehen und sogar rückwärts zu fliegen. Dabei erreichen Kolibris eine Flügelschlagfrequenz von sage und schreibe 80 Schlägen pro Sekunde.

Mit dem Nektar nehmen sie Kohlenhydrate auf, um den enormen Energiebedarf ihres Betriebsstoffwechsels zu decken. Dabei scheinen Kolibris mit ihrem energieaufwendigen Schwirrflug und ihrer hohen Stoffwechselrate bei gleichzeitig so geringer Körpergröße am Rand des Existenzminimums zu leben. Andine Kolibriarten fallen über Nacht sogar in eine Art Starre, um ihre Körpertemperatur zum Energiesparen zu senken.

Kolibris sind wichtige Boten im Ökosystem: Sie transportieren den Pollen mit dem Kopf, Hals oder Schnabel zu anderen Pflanzen. In den Tropen sind sie neben Fledermäusen und Insekten deshalb eine der wichtigsten Bestäubergruppen. Am liebsten bestäuben Kolibiris rote Blüten, denn in diesem Rot finden sich unterschiedliche UV-Abstufungen, die für das menschliche Auge nicht mehr wahrnehmbar sind – wohl aber für das des Kolibris.

Die Proteine, die so wichtig für die Fortpflanzung sind, fangen sich Kolibris auf der Jagd nach kleineren Insekten. Dabei erwecken sie manchmal den Anschein, als schlügen sie Kapriolen in der Luft. (Biologische Beratung durch Dr. Cornelia Paulsch, Institute for Biodiversity, Regensburg, www.biodiv.de)

trotzt dem europäischen Denken von gemäßigten Zonen und stabilen Wetterlagen. Daher spricht man in Ecuador seit Humboldts Reisen von einem ›vertikalen Tageszeitenklima‹. Das bedeutet, dass die jeweilige Höhenlage und die jeweilige Tageszeit das Klima und das Wetter in Ecuador deutlich stärker bestimmen als etwa ein nahender Tiefausläufer oder eine bestimmte Jahreszeit.

Man unterscheidet in Ecuador nur zwei Jahreszeiten und auch diese kennen keine Kontraste wie in Mitteleuropa: Sommer und Winter meinen die regenärmere und die etwas regenreichere Jahreszeit mit allgemein nur mäßigen Temperaturunterschieden. Beispielsweise liegen die trockeneren Monate in der Sierra von Mitte Juni bis Mitte September. Im Winter an der Küste (Dezember bis April) regnet es mitunter heftig, aber klärend.

Fauna

Obwohl die Tierwelt Ecuadors noch längst nicht abschließend erforscht ist, besitzt das Land fraglos eine unglaubliche Artenvielfalt wild lebender Tiere, viele von ihnen sind gar einzigartig in der Welt. Der Fachausdruck dafür ist ›endemisch‹, d. h. diese Arten kommen nur an diesem einen bezeichneten Ort und nirgends sonst auf der Erde vor. Mit seinen zahlreichen endemischen Tier- und Pflanzenarten nimmt Ecuador weltweit einen Spitzenplatz ein.

Über 2400 Arten allein an Landwirbeltieren sind in Ecuador bis heute registriert, von denen über 300 endemisch sind. Wissenschaftliche Studien weisen außerdem eine außergewöhnlich hohe Artenvielfalt an Meeresfischen und wirbellosen Land- und Meerestieren aus.

Der bekannteste Vogel des Landes ist sicherlich der **Kondor,** das ecuadorianische Wappentier, das vor allem im Hochgebirge um den Cayambe und den Antisana lebt. Der schwarze Riesengeier mit dem aus schneeweißer Halskrause herausragenden faltigen roten Kopf bringt es auf eine Spannweite von über 3 m; er zählt damit zu den größten Greifvögeln der Welt. Doch die faszinierenden Aasfresser aus der Andenregion zwischen Kolumbien und Chile sind in ihrem Bestand durch Jagd und und andere menschliche Eingriffe in ihrem natürlichen Lebensraum existenziell gefährdet.

Die kleinsten Vögel der Welt leben gar nicht weit von des Condors Lebensraum entfernt: die Kolibris bringen es in Ecuador auf über 130 Arten (s. Thema ›Kolibris – Leichtgewichte im Schwirrflug‹, S. 19).

Die **Vogelwelt** Ecuadors genießt seit Jahrzehnten, wenn nicht gar Jahrhunderten größtes Interesse seitens der Forscher. Jüngste Untersuchungen sprechen mittlerweile von über 1500 Arten aus 77 Familien und 21 Ordnungen. Die Artenvielfalt und der Endemismus sind im Nordwesten des Landes und in den Bergwäldern der Andenausläufer besonders hoch. Über 50 % der Arten leben im amazonischen Landesteil. Forscher registrierten beipielsweise über 464 Vogelarten allein in dem kleinen Park von Limoncocha. Auch die an Arten arme Vogelwelt von Galápagos fällt durch ihren hohen Endemismus auf: Über 75 % der Landvogelarten sind galápagos-endemisch, viele von ihnen leben gar auf einer einzigen oder nur sehr wenigen Inseln.

Bei alledem sind die schwer zugänglichen Gegenden Ecuadors auch von den Ornithologen noch relativ wenig erforscht. So entdecken Forscher in den Trockenwäldern und hohen Bergwäldern des Südens bis heute immer wieder neue Vogelarten.

Im **Regenwald** sind es vor allem die Papageien und Wasservögel, die der Reisende zu sehen bekommt. Die über 320 Säugetierarten unterteilen sich in 45 Familien und 13 verschiedene Ordnungen. Fast die Hälfte von ihnen bewohnen das Amazonasbecken. Spektakulär, aber selten zu sehen, sind die Raubkatzen, allen voran der Jaguar, der Puma und der Ozelot. Häufiger trifft man auf verschiedenste Arten von Affen, zumindest hoch oben in den Baumwipfeln.

Neben der Selva ist der Nordwesten, die andinen Westflanken im Bereich der Provin-

An Land unbeholfen und tollpatschig, in der Luft virtuos: der Blaufußtölpel

zen Carchi und Imbabura sowie Esmeraldas, auch bei den **Säugetieren** ausgesprochen artenreich. Biologen belegen außerdem die Existenz von rund 400 **Amphibien-** und 379 **Reptilienarten.** Ihr größter Reichtum befindet sich in den östlichen und westlichen tropischen Regenwäldern.

Und damit nicht genug: In den Binnengewässern des Landes finden sich über 700 **Fischarten.** In den Gewässern des tropischen Regenwaldes sind bereits 509 Fischarten klassifiziert, allein im Quellgebiet des Río Napo wurden 470 Arten gezählt.

Bereits 1992 identifizierte eine Untersuchung des Internationalen Vogelschutz-Verbandes ICBP in Ecuador 121 Gebiete ersten Ranges für die Artenvielfalt der Erde. Ecuador zählt elf Gebiete mit hohem Endemismus, darunter erstaunliche 100 Vogelarten mit geringerem Verbreitungsgebiet als 50 000 km². Da der Endemismus der Fauna mit dem der Flora einhergeht, wird das Zusammenspiel verschiedener ökologischer, paläogeografischer (das bezieht sich auf die frühzeitliche Ausformung der hiesigen Erdoberfläche) und klimatischer Faktoren sichtbar. Dieses Zusammenwirken hat gerade im Gebiet des heutigen Ecuadors die Entstehung und Verbreitung von auffällig vielen Tierarten ermöglicht und forciert. Und diese Artenvielfalt kann man hautnah erleben.

Umwelt- und Naturschutz

Ecuador hat eine überraschend fortschrittliche Gesetzgebung in Sachen Umweltschutz. In Artikel 86 der ecuadorianischen Verfassung heißt es dazu:

»Der Staat schützt das Recht der Bevölkerung, in einer gesunden Umwelt und in einem ökologischen Gleichgewicht zu leben, das eine nachhaltige Entwicklung garantiert. Er überwacht, dass dieses Recht nicht angetastet wird und garantiert den Schutz der Natur. Folgendes wird zum öffentlichen Interesse erklärt (...): 1. Der Schutz der Umwelt, die Erhaltung der Ökosysteme, die Biodiversität und die Vollständigkeit des genetischen Erbes des Landes. 2. Die Vorsorge gegen Umweltverschmutzung, die Rückgewinnung degradierter Naturräume, die nachhaltige Nutzung der natürlichen Ressourcen (...). 3. Der Aufbau eines Systems von Naturschutzgebieten, das den Erhalt der Biodiversität und den Unterhalt der Umweltüberwachung garantiert, in Einklang mit den internationalen Verträgen und Konventionen.«

In der Realität ist diese weitreichende Gesetzgebung allerdings konkurrierenden wirtschaftlichen Interessen, einem vielerorts korrupten Kontrollsystem und einer mangelhaften Umwelterziehung der Bevölkerung ausgesetzt. Fast alle Wirtschaftssektoren Ecuadors kollidieren mit Interessen des Umweltschutzes: Die Erdölförderung im Regenwald verursacht besonders durch Rodung und Trinkwasserverseuchung immense Umweltschäden, auf den Bananenplantagen an der Küste werden großzügig Pestizide eingesetzt, Garnelenzüchter betreiben Raubbau an den Mangrovenwäldern, großflächige Tropenwaldgebiete werden für den Anbau der Afrikanischen Ölpalme gerodet usw. Geringes Umweltbewusstsein lässt Menschen noch heute gelegentlich Müll am Straßenrand abladen.

Umweltschutz ist für das Entwicklungsland Ecuador Luxus, weil die langfristige volkswirtschaftliche Bedeutung intakter Ökosysteme und einer sauberen Umwelt bis heute kurzfristigen Wirtschaftsinteressen weitgehend untergeordnet wird. Im sogenannten Ökotourismus finden sich noch am ehesten Ansätze, dem eigenen Umweltschutzanspruch gerecht zu werden.

Es darf dabei nicht vergessen werden, dass es der verarmten Landbevölkerung, die lange Zeit die Mehrheit der Ecuadorianer stellte, weder finanziell noch kulturell möglich war, die Umwelt überhaupt zu verschmutzen: Sie hatte in der Regel weder Zugang zu künstlichen Verpackungsmaterialien noch zu Maschinen oder Chemikalien. Der überraschende Ölboom der 1970er-Jahre hat in rasantem Tempo eine ökologische Last aufgebaut, gegen die eine umweltgerechte Verfassung schieres Papier bleibt.

Auch das Bundesministerium für wirtschaftliche Zusammenarbeit und Entwicklung (BMZ) resümierte schon 1996: »Bei relativ hoher Bevölkerungsdichte und extrem ungleichmäßiger Bodenverteilung schreitet die Zerstörung der natürlichen Ressourcen rasch voran. Siedlungsdruck, aber auch der Ausbau des Erdölsektors beschleunigen die Entwaldung im tropischen Tiefland.« Bei Umsetzung der aktuellen Pläne zur Großproduktion von Biotreibstoffen wird diese Entwaldung absehbar fortschreiten.

In gewissem Sinn ist es tröstlich, dass die Wirtschaft im Vergleich zu Mitteleuropa äußerst schwach entwickelt ist. So ist Ecuador noch immer von außerordentlicher natürlicher Schönheit. In gleicher Weise, wie der Politik die Kraft und manchmal der Willen fehlen, die Umwelt nachhaltig zu schützen, fehlt der Wirtschaft die Kraft, sie flächendeckend zu zerstören. Und so lässt eine Ökobilanz unter Einbeziehung von Rohstoffverbrauch, Emissionen und Energieverbrauch Ecuador im Vergleich zu sämtlichen Industrieländern noch immer als ein ökologisch gut aufgestelltes Land dastehen.

Nationalparks und Schutzgebiete

Ecuador hat landesweit 35 ausgewiesene Naturschutzgebiete, von denen zehn in der obersten Schutzkategorie des Nationalparks stehen. Federführend beim Management der Schutzgebiete sind das Umweltministerium (www.ambiente.gov.ec) sowie das kooperierende Agrarministerium mit seiner Naturschutzabteilung INEFAN, Instituto Ecuatoriano Forestal y de Areas Naturales y Vida Silvestre. Die Naturschutzgebiete Ecuadors nehmen beeindruckende 17 % des Staatsgebietes ein. Um die Parks unterhalten zu können, wird von internationalen Besuchern meist ein Eintritt von 10 bis 20 $ erhoben, für Galápagos sogar von 100 $.

Der größte Nationalpark mit fast 1 Mio. ha ist das Biosphärenreservat von **Yasuní** im Regenwald. Aber auch das ähnlich attraktive Tierschutzgebiet von **Cuyabeno** im Norden der Selva zählt mehr als 600 000 ha. Etwas schwerer zugänglich ist die Berglandschaft des 518 000 ha großen Nationalparks Sangay im Süden des Landes. Gemeinsam mit dem Nationalpark **Podocarpus** in Südecuador befindet sich der Nationalpark **Sangay** in der höchsten Qualitätskategorie aller Schutzgebiete Ecuadors. Die **Reserva Ecológica Cayambe-Coca** (403 000 ha) im Norden bildet eine beeindruckende Verbindung von Sierra und Selva. Die **Reserva Ecológica Cotacachi-Cayapas** (204 000 ha) wiederum verläuft von der Sierra bis zur nördlichen Costa. Auch die höchsten Vulkane des Landes liegen in nationalen Schutzgebieten, so der Cotopaxi, der Chimborazo, der Antisana und eben der bereits genannte Cayambe. Der größte Naturpark an der Festlandküste ist der vielseitige Nationalpark **Machalilla** (56 000 ha). Ähnlich groß sind die geschützten Mangrovenwälder der **Reserva Ecológica Manglares Cayapas-Mataje** im extremen Nordwesten des Landes. Unter den zahlreichen kleineren Naturschutzgebieten gibt es einige außergewöhnlich schöne wie die Páramo-Wälder der **Reserva Ecológica El Ángel** in den Nordanden und den **Schutzwald von Mindo-Nambillo** im Norden Quitos.

Der berühmteste Nationalpark, der zudem einer der ältesten des Landes ist, verfügt über stolze 694 000 ha Landfläche: die **Galápagos-Inseln.** Rund 97 % der gesamten Inselfläche sind Nationalpark. Die übrigen 3 %, die sich auf die fünf bewohnten Inseln konzentrieren, sind Siedlungsgebiet mit wenig Landwirtschaft und Infrastruktur für Bewohner, Forscher und Touristen. Nachdem die Unesco in den vergangenen Jahren vor ungebremstem Wachstum des Tourismus gewarnt hatte, setzte sie die Galápagos-Inseln im Juni 2007 auf die Rote Liste des gefährdeten Welterbes. Das Ökosystem des Archipels sei durch den Ansturm der Touristen bedroht. Umgeben werden die Galápagos-Inseln von einem 7 Mio. ha großen Meeresschutzgebiet, einer Fläche, die etwas kleiner ist als Österreich.

Opuntienwald auf der Isla Plaza Sur (Galápagos)

Wirtschaft, Soziales und Politik

Der traditionelle Agrarstaat Ecuador wurde in den 1970er-Jahren mit dem Beginn der kommerziellen Erdölförderung ökonomisch in weiten Teilen umgekrempelt. Öl dominiert heute Export und Devisenerlöse. Dennoch hat das zweitärmste Land Südamerikas diesen Reichtum kaum in seine langfristige Entwicklung investiert. Eine junge ›sozialistische‹ Regierung schlägt nun einen neuen Weg ein.

Zwischen Bananenrepublik und Petroecuador

Erdöl – Segen und Fluch des schwarzen Goldes

Das einst arme Agrarland Ecuador ist heute ein armes erdölexportierendes Land. Zwar beschert das Öl der jungen Republik deutlich mehr internationale Devisen als der Kautschuk und der Kakao in seinen besten Boomzeiten. Doch auch auf der Ölspur findet Ecuador bis heute keinen klaren Weg aus der Misere, in der ein großer Teil der Bevölkerung lebt. Und jetzt, vier Jahrzehnte nachdem Ecuador kommerziell interessante Mengen an Erdöl im Regenwald entdeckte, spricht ein Energieminister erstmals offen über die »Ära nach dem Erdöl«.

Trug das schwarze Gold im ersten Förderjahr 1970 gerade einmal 0,5 % zum Jahresexport bei, so stand Öl fünf Jahre später schon für sage und schreibe 65 % des Exports. Wie trunken von den Barrel und Millionen förderte Ecuador zusammen mit dem US-Konzern Texaco, was die nördlichen Tropenwälder unter ihren Wurzeln versteckten. Als die Ureinwohner und Umweltschützer des Regenwaldes nicht nur mit Demonstrationen, sondern auch gerichtlich gegen Texaco vorgingen, zog sich das US-amerikanische Unternehmen aus Ecuador zurück. Heute befindet sich etwa die Hälfte des Sektors in Händen der staatlichen Petroecuador, die andere Hälfte fördern internationale Erdölkonzerne mit zumeist 20 Jahre gültigen Förderkonzessionen.

Die älteste und bis heute in Betrieb befindliche Pipeline, SOTE, transportiert bis zu 400 000 Barrel am Tag, im internationalen Vergleich nicht viel, aber für die Staatskasse am Fuß des Pichincha ein Segen, zumindest in Zeiten hoher Weltmarktpreise. Die Pipeline ist zugleich die Achillessehne der Industrie, muss sie doch einen 4000 m hohen Andenpass überschreiten, um weiter über vulkanisches Bergland, Erdbebenzonen, Siedlungen und durch Naturschutzgebiete bis zum Erdölhafen von Esmeraldas zu gelangen. Schon Hunderte Male ist sie geborsten und hat z. T. erhebliche Umweltschäden verursacht. Laut Petroecuador wird im Durchschnitt jeden zweiten Tage eine Leckage im Pipelinesystem entdeckt. Erst im August 2006 ereignete sich eine Umweltkatastrophe nahe dem Faunareservat Cuyabeno in Nordecuador. 600 Barrel ausgelaufenes Erdöl schädigten nach einem Sabotageakt mehrere Seen des Reservates.

Hinderlich für die Erdölförderung war von Beginn an die mindere, weil zu zähflüssige ›schwere‹ Qualität des ecuadorianischen Öls. So musste Ecuador stets große Mengen an leichterem Erdöl aus dem angrenzenden Kolumbien zukaufen, um es mit dem heimischen Schmierstoff zu vermischen und dann auf die 500 km lange Reise durch die Pipeline zu schicken. Diese Praxis schlägt natürlich spürbar auf die Bilanzen.

Anfang 1997 schließlich begann ein dramatischer Verfall des Rohölpreises auf dem Weltmarkt, der im Juni 1998 auf einem Tiefststand von nur noch 6,63 $ pro Barrel (159 l) ecuadorianischem Öl landete. Öl war nun deutlich billiger als Mineralwasser, und der Bananenexport konnte für eine gewisse Zeit die Exportführung zurückerobern.

Mit dem Wiederanstieg der Preise begann Ecuador mit dem Bau eines Milliardenprojektes, der zusätzlichen zweiten Pipeline, der größten wirtschaftlichen Investition in der Geschichte des Landes.

Ähnlich dimensioniert, aber technologisch moderner und durchlässig für schwere Öle, transportiert der neue Oleoducto de Crudos Pesados (OCP) seit nunmehr 2003 Öl. Die privat betriebene OCP verläuft in großen Teilen parallel zur SOTE, umgeht Quito nördlich und führt durch hoch sensible Bergnebelwälder. Jahrelang haben Anwohner, ecuadorianische Umweltschützer, aber auch internationale Umweltschutzorganisationen wie Greenpeace und Rettet den Regenwald und selbst die Grünen in Nordrhein-Westfalen gegen diese Pipeline protestiert. Das medienstarke Auftreten deutscher Umweltschützer rührt auch daher, dass die in öffentlicher Hand befindliche Düsseldorfer WestLB das Pipeline-Projekt als Anführer eines internationalen Bankenkonsortiums finanzierte. Bis heute ist die OCP noch nicht ausgelastet, was den Regenwald, wo fast 100 % des ecuadorianischen Erdöls liegen, unter erheblichen ökologischen Druck setzt.

Die größten Erdölvorräte Ecuadors liegen auf dem Gebiet des großen Nationalparks Yasuní. Das dortige Ölfeld Ishpingo-Tambococha-Tiputini (ITT) hält schätzungsweise bis zu 1,3 Mio. Barrel Öl bereit. Die Regierungsmitglieder unter Staatspräsident Rafael Correa sind sich uneins, wie mit dem Ölvorkommen umzugehen ist. Während der Energieminister Alberto Acosta dieses Öl auch aus ökologischen Gründen bis auf Weiteres im Boden belassen will, setzt der Präsident auf Ausbeutung der Vorräte oder aber auf eine internationale Entschädigung für eine mögliche Verschonung des Nationalparks. Norwegen hat hierfür bereits Geld angeboten.

Sollte das Ölfeld ITT in den kommenden Jahren ausgebeutet werden, will man einen Fehler der Vergangenheit jedoch nicht wiederholen, nämlich im Zuge des Infrastruktur- und Straßenbaus der Ölindustrie Besiedlungsprojekte des Regenwaldes anstoßen bzw. illegale Besiedlung tolerieren. Schließlich geht ein großer Teil des bis heute gerodeten Regenwaldes nicht direkt auf die Erdölkonzerne zurück, sondern auf Siedler sowie die Agrar- und Holzindustrie.

Weltmeister im Bananenexport

Die Banane ist weiterhin gelb und krumm, doch sie hat an Glanz verloren, seit die Weltmarktpreise sich auf einem niedrigen Niveau eingependelt haben. Was den Konsumenten im deutschen Supermarkt seit Jahren freuen mag, bedeutet für die 350 000 Plantagenarbeiter in der ecuadorianischen Bananenproduktion Dumpinglöhne. Denn die Exporteure geben den Preisverfall weiter an die Arbeiter. Kleine Bananenproduzenten erhalten oft noch nicht einmal den staatlich garantierten Preis von etwa 2,50 $ pro genormter 18-Kilo-Kiste Exportbananen. Denn Zwischenhändler und Aufkäufer diktieren die Preise in diesem harten Geschäft mit den weichen Früchten. Und wer den Preis nicht akzeptiert, bleibt auf der Ware sitzen.

In vielen Großplantagen Ecuadors ist es wiederum üblich, Subunternehmer für die Plantagenarbeit einzustellen. Damit lässt sich das staatlich garantierte Gewerkschaftsrecht aushebeln, das Bananenarbeiter ab 30 Personen in einem Betrieb laut Gesetz genießen. Der ›Bananenkönig‹ Ecuadors ist der in New York lebende Multimillionär Alvaro Noboa, der bei den vergangenen drei Präsidentschaftswahlen in Ecuador jeweils knapp abgeschlagen auf dem zweiten Platz landete. Noboa gehören nicht nur riesige Bananen-Monokulturen, sondern auch eine eigene Kühlschiffflotte. Wer die Kühlschiffe besitzt, kann über Fahrplan und Konditionen des Transports entscheiden. Kleinere Kooperati-

Made in Ecuador – Der Schatten des Panamahutes

Er ist ein kleiner Star in den Topauslagen internationaler Modehäuser. Der leichte Palmenhut aus Ecuador mit dem verflixten Namen Panama ist ein exotischer Exportschlager. Bei der Fußball-WM in Deutschland glänzte er tausendfach in der Sonne. Zu Hause in Ecuador kennt der Hut auch Schattenseiten.

Am Nachmittag des 20. Juni 2006 ist es auf den Rängen des Berliner Olympiastadions schwer, etwas anderes als schwarz-rot-gelbe Fahnen und weiße Trikots zu entdecken. Nur in der Westkurve am Marathontor trotzen ein paar tausend Ecuadorianer der Schweini-Poldi-Klinsi-Euphorie und schwenken die Trikolore ihrer Nation. Als Schweini und Freunde das Spiel jedoch seinem finalen wie schmerzhaften 3:0 zuführen, bleiben die ecuadorianischen Fahnen unten. Wo nicht gejubelt wird, verharren die Zuschauer nun unter hellen Strohhüten mit breiten Krempen und schwarzen Bändern: In der Westkurve trägt man die weltberühmten Panamahüte, von denen Ecuadors Ministerium für Tourismus rekordträchtige 30 000 Stück zur Fußball-WM einfliegen ließ. Bekanntlich spendete der Hut den Fans vom Äquator Schatten bis ins Achtelfinale, wo David Beckham dem ecuadorianischen Hütchenspiel ein jähes Ende setzte.

Dieses vielleicht größte Medienspektakel in der ecuadorianischen Sportgeschichte ereignete sich fast genau 100 Jahre nachdem Theodore Roosevelt den Panamahut weltberühmt gemacht hatte. Der amerikanische Präsident trug den luftig-leichten und geschmeidigen Hut aus der ecuadorianischen Toquilla-Palmenfaser bei seiner Visite der Kanalbauarbeiten am 16. November 1906 in Panama. Das Pressefoto von Roosevelt mit Strohhut an dem Jahrhundertbauwerk ging um die Welt, und der Hut hatte seinen trügerischen Namen weg. Natürlich entging dieses Bild auch nicht Teresio Barsolino, seinerzeit Direktor der berühmten italienischen Hutmanufaktur in Alessandria, Piemont. Barsolino bestellte fortan auch in Ecuador. Seither macht der Panamahut Karriere und findet immer wieder Verehrer unter den Prominenten auf der ganzen Welt: Politiker wie Winston Churchill und Erich Honecker liebten ihn ebenso wie der Schriftsteller Ernest Hemingway und der Schauspieler Paul Newman. Es heißt, schon Kaiser Napoleon III. habe ihn getragen. Immerhin wird der gebleichte Strohhut schon seit dem 17. Jh. in der ecuadorianischen Küstenprovinz von Manabí und später auch in den Südanden bei Cuenca produziert.

Mittlerweile wird der Panamahut in über 30 Länder exportiert, vor allem in die USA, nach Brasilien, nach Mexiko, in die Europäische Union und nach Japan, so die ecuadorianische Vereinigung zur Exportförderung CORPEI. Diese brachte 2003 jedoch eine alarmierende Analyse ans Licht, wonach der Hut in Ecuador vor allem Tausende von Bauern und Hutflechtern in den sozialen Schatten stellt: Das aufwendig bearbeitete Palmstroh verlässt die Toquilla-Küchen demnach für nur 0,10 bis 0,20 $ pro Materialsatz für einen Panamahut. Die Toquilla-Zwischenhändler kaufen die qualitativ hochwertigen Palmenfasern auf und veräußern sie alsdann für 0,30 bis 0,40 $ an die Hutflechterinnen. Diese

Thema

arbeiten mehrere Tage an der Fertigung eines jeden Panamahutes, den sie für 3 bis 4 $ pro Stück an die ›Broker‹ verkaufen, die den Hut dann wiederum zu einem Preis von 5 bis 8 $ pro Stück exportieren. CORPEI ermittelte diese Werte für einen Hut mittlerer Qualität, der in den USA einen Verkaufspreis von 50 bis 200 $ erzielt. Die *superfinos* erreichen sogar Ladenpreise von bis zu 1000 $. An einem solchen Spitzenprodukt arbeitet eine Flechterin allerdings auch zwei bis drei Monate. Das bedeutet, dass gerade die arbeitsintensiven Produktionsprozesse von Palmenernte, Faseraufbereitung und Manufaktur an der stattlichen Wertschöpfung kaum teilhaben.

Diese dramatische Schieflage hat die Produzenten in Ecuador, aber auch international arbeitende Kooperativen und Handelsorganisationen wachgerüttelt, die nun versuchen, zumindest die Zwischenhändler und Broker auszuschalten und einen fairen Preis für die schwere Handarbeit am Panamahut zu sichern. In England hat sich die Firma Pachacuti, die dem britischen Fair-Trade-Verband BAFTS angeschlossen ist, dieser Aufgabe gestellt und unterstützt eine Kooperative von 300 Flechterinnen in Cuenca (www.panama.co.uk). Auch das deutsche Hilfswerk Brot für die Welt unterstützt den fairen Handel mit den Panamahüten, kurioserweise aber Flechterinnen in Panama, welche die ecuadorianische Flechtkunst kopieren und nun an dem irreführenden Namen des Hutes mitverdienen.

Harte Arbeit, karge Entlohnung – Hutflechterinnen arbeiten mehrere Tage an einem Hut

ven sind hochgradig abhängig von diesen Schiffen und den für sie arbeitenden Bananenaufkäufern.

Dieser Transport ist im Übrigen heikel. Ecuadors Bananen müssen auf dem Weg nach Europa nicht nur die 14- bis 17-tägige Reise durch den Panamakanal, die Karibik und über den Atlantik durchstehen, sondern dabei ständig auf einer Temperatur von 13,2 °C gehalten werden. Ansonsten reift oder erfriert die Frucht im Schiff und geht zwangsläufig über Bord. Bananen sind in Transport und Lager höchst anspruchsvoll. Wichtigster Exporthafen für Bananen ist Puerto Bolívar bei Machala an der Südküste.

Weltweit ist Ecuador seit vielen Jahren führend im Bananenexport, auch wenn die EU in Brüssel lange Zeit mit niedrigen Quoten und Preisen für ecuadorianische Bananen drohte. Immerhin ist die EU der wichtigste Markt der Welt. Am Exportaufkommen des Landes trägt die Banane etwa 20 %. Weltweit hat Ecuador einen Marktanteil von 25 bis 30 % an der dominierenden Cavendish-Sorte. Der Exportverband für Bananen (AEBE) wies 2006 einen landesweiten Jahresumsatz von 1,1 Mrd. $ bzw. 242 Mio. Kisten Bananen aus.

Ein großer Vorteil gegenüber den mittelamerikanischen Bananenerzeugern wie Costa Rica ist, dass die Blattseuche Sigatoka Ecuador verschont hat. Doch auch ohne diesen aggressiven Pilz bieten die riesigen Plantagen in der südlichen Küstenprovinz von El Oro hervorragende Bedingungen für die Verbreitung von Schädlingen der Bananen. Da natürliche Feinde der Schädlinge in den Monokulturen weitestgehend ausgerottet sind, suchen die Erzeuger ihr Heil in massivem Pestizideinsatz, wiederum zu Lasten der Arbeiter.

Eine Alternative zu den konventionellen Bananen bietet die Fair-Vermarktungsgesellschaft Banafair aus Gelnhausen bei Frankfurt/M (www.banafair.de). Sie vertreibt über den deutschen Einzelhandel und Dritte-Welt-Läden seit Jahren Bananen, inklusive Biobananen, von der Kooperative UROCAL in der ecuadorianischen Provinz El Oro. Die gewerkschaftlich organisierten Arbeiter der Kooperative erhalten etwa 100 % Lohnzuschlag und sind den gefährlichen Pestiziden erheblich weniger ausgesetzt. Davon profitieren etwa 600 Familien direkt. Über Transfair e.V. in Köln (www.transfair.org) gelangen fair gehandelte Biobananen aus Ecuador nun auch in zahlreiche deutsche Supermärkte.

Anspruchsvoll in Anbau und Transport – die Banane

In Ecuador selbst gibt es übrigens eine Fülle von Bananensorten, die nicht exportiert werden und deutlich schmackhafter sind als die genormte Cavendish.

Garnelen – Delikatessen aus dem Swimmingpool

Der drittstärkste Wirtschaftszweig Ecuadors hat sich an weiten Teilen der Küste ausgebreitet. In Tausenden von Aufzuchtbecken mit einer Gesamtfläche von schätzungsweise 180 000 ha produzieren die *camaroneros* in Ecuador die weltweit begehrten Shrimps. Ecuador ist nach Thailand zweitgrößter Exporteur dieser Garnelen. Die in unmittelbarer Küstennähe angelegten Zuchtbecken heißen *piscina* wie der Swimmingpool, sind aber größer als die olympischen Becken im Freibad, und statt Chlor werden ihnen reichlich Futtermittel und Antibiotika zugesetzt, damit die Garnelen in ihrer künstlichen Umgebung gedeihen und überleben. Ein großer Teil der Shrimpslarven wird in Laboratorien herangezüchtet und z. T. importiert. So soll in den 1990er-Jahren die Garnelenkrankheit *Mancha Blanca,* die ›Weißfleckseuche‹, aus panamesischen Laboratorien nach Ecuador eingeschleppt worden sein. Die Auswirkungen waren dramatisch: Binnen eines Jahres brach der Garnelenexport des Landes um 70 % ein! Die darniederliegende Industrie erholte sich ab 1996 langsam von dem Schock und konnte ihre frühere Produktion nach zehn Jahren wieder stabilisieren.

Für Umwelt- und Küstenschutz fatal ist, dass die Garnelenzüchter in großem Umfang Mangrovenwälder abholzen, um möglichst

Blumen aus Ecuador

Ecuador produziert die besten Rosen der Welt, ist weltweit der viertgrößte Exporteur von Schnittblumen und gleichzeitig Schwerpunktland der internationalen Kampagne für umwelt- und sozialverträgliche Blumenproduktion.

Im Februar und im Mai fahren die Blumenfarmen Ecuadors Sonderschichten. Denn Valentins- und Muttertag sind absolute Boomzeiten für den Vertrieb der jährlich etwa 2 Mrd. exportierten Rosen aus Ecuador. Der 1985 begonnene Blumenexport brachte Ecuador 2006 bereits 400 Mio. Dollar Umsatz ein. Etwa 50 000 Menschen arbeiten direkt in der hiesigen Blumenindustrie. 70 % von ihnen sind Frauen, 31 % sind unter 20 Jahre alt.

Die 134 000 Tonnen Blumen, die Ecuador 2006 vornehmlich in die USA (71 %), aber auch in die Niederlande (8,5 %) und nach Russland (6,7 %) exportierte, waren zu drei Vierteln Rosen von Spitzenqualität, die zuletzt mehrfach in Folge auf den internationalen Blumenmessen in Holland ausgezeichnet wurden. Ecuadors Klima, die Wasservorräte und die guten Böden in den Andentälern über 2000 m begünstigen den Anbau. Ganzjährige Produktion vor allem in den Provinzen Pichincha und Cotopaxi bei guten Flugverbindungen von Quito in die USA lassen die Industrie boomen. Ein staatlicher Mindestlohn von 170 $ im Monat und ein großes Angebot an Arbeitskräften kommen den Farmen zudem entgegen.

Mehr noch: So wie afrikanische Blumen steuerbegünstigt in die EU gelangen, verkaufen Ecuador und der große Konkurrent Kolumbien auf der Grundlage von Zollhandelsabkommen ihre Rosen bislang steuerfrei in die USA, wo der Valentinstag schon einem Nationalfeiertag ähnelt. Dennoch ist die Branche anfällig, wie sich bei der Wirtschaftskrise in Russland und bei der Krise des US-Blumenmarktes Ende der 1990er-Jahre zeigte. Auch interne Probleme wie die Kostenexplosion durch die Dollarisierung im Jahr 2000 oder der Vulkanausbruch des Reventador Ende 2002 zwangen viele der heute wieder über 350 Blumenbetriebe Ecuadors in die Knie.

Doch ob lange Stiele, große Blüten, zarte Dornen gefragt sind, ob die Rosen Hollywood oder Movie Star heißen – die Blumenindustrie kämpft mit sozialen und ökologischen Konflikten. Viele Betriebe geben nur Zeitverträge heraus, lassen zur Hochkonjunktur in schlecht bezahlten Nachtschichten arbeiten und schützen die Arbeiterinnen unzureichend vor den eingesetzten Pestiziden. Mehr noch aus Kolumbien, aber auch aus Ecuador sind Fälle von Vergiftungen und ernsten Schädigungen der Atemwege, Haut und Augen sowie erhöhte Zahlen von Fehlgeburten bei schwangeren Blumenarbeiterinnen bekannt geworden.

Kinderarbeit findet sich in Ecuador vorwiegend in risikobehafteten Arbeitsbereichen der Landwirtschaft. »Im Fall der Blumenfarmen arbeiten die Kinder u. a. in Lagerräumen für Pestizide, in Kühlräumen, bei schweren Transportarbeiten und beim Bau von Treibhäusern, somit rechtlich völlig schutzlos und unsichtbar«, ermittelte der ecuadorianische Rechtsanwalt Mario Cardenas für eine Studie des FoodFirst Informations- und Aktions-Netzwerks (FIAN). Die in Heidelberg ansäs-

Thema

sige internationale Organisation startete 1991 viel beachtet ihre weltweite ›Blumenkampagne‹ und gründete 1999 das Flower Label Program (FLP), das Blumenbetriebe, die sich dem Internationalen Verhaltenskodex unterstellen wollen, auf Sozial-, Umwelt- und Menschenrechtsstandards hin prüft, zertifiziert und unabhängig kontrolliert.

Heute liegen 36 der weltweit 52 am Zertifizierprogramm FLP angeschlossenen Blumenfarmen in Ecuador, weitere in Südafrika, Kenia und Portugal. Die Unterschiede zu den nicht teilnehmenden Betrieben sind laut FIAN markant: »Die Mehrheit der Blumenfarmen, die nicht dem FLP angeschlossen sind, verletzen auf aggressive Weise und frei von Kontrolle die Grundprinzipien, die von Erzeugern, Händlern, Umweltschützern und Menschenrechtsgruppen erstellt wurden«, heißt es in einer Studie zum ecuadorianischen Blumensektor aus dem Jahr 2006 (www.fian.de).

Wichtige Kriterien dieses Programms sind »Gewerkschaftsfreiheit, Festanstellung und existenzsichernde Löhne, Verbot der Diskriminierung von Frauen sowie Schutz der Gesundheit und der Umwelt durch Reduktion des Pestizideinsatzes«. Die 1200 Floristen im deutschsprachigen Raum, die FLP-Blumen verkaufen, finden sich im Internet unter www.fairflowers.de. Informationen des Lobbyverbandes der ecuadorianischen Hersteller und Exporteure stehen unter www.expoflores.com. Auch dieser Verband hat ein eigenes ›Sozial- und Umweltzertifikat‹ kreiert, lässt sich jedoch nicht unabhängig kontrollieren.

Einige ecuadorianische Rosenzüchter produzieren sozial- und umweltverträglich

ufernah arbeiten zu können. Das erspart ihnen den teuren Transport von künstlichem Meerwasser, mit dem die Piscinas ständig durchflutet werden. Mangrovenwälder sind extrem wichtige Laichplätze und Brutstätten für eine große Zahl von Fischen und anderen Meeresbewohnern. Zudem bilden sie ein natürliches Bollwerk gegen das Meer.

Übrigens: Glücklicherweise gibt es in Ecuador auch noch in natürlicher Umgebung gefangene Garnelen, die intensiver und besser schmecken als die Zuchtware.

Landwirtschaft jenseits der Banane

Die traditionellen Agrarprodukte der Anden finden nach wie vor ihren Weg auf die lokalen Märkte, auch wenn die Sortenvielfalt wie etwa bei der heimischen Kartoffel sichtlich zurückgeht. Die Erdäpfel wie auch Mais, Bohnen, Zwiebeln, Kohl und Weizen dominieren die Felder in den hohen Anden gelegentlich bis auf 4200 m Höhe. An der Küste wachsen im Grunde alle in den Tropen vorkommenden Früchte. Der Besuch eines Wochenmarktes auf dem Land ist eine Augenweide, denn hier liegen zahllose kuriose, in Europa unbekannte Früchte an den Ständen, so z. B. Guayaba, Tuna oder Babaco. In den letzten Jahren ist zu beobachten, dass Ecuador sich in kleinem Maßstab Anteile am Export tropischer Früchte und deren Fruchtfleisch erarbeitet hat. Die großen Kulturen der Costa sind neben der Banane vor allem Reis und Zuckerrohr.

Tourismus

Der Tourismus ist nach Öl, Bananen und Garnelen zur viertwichtigsten gewerblichen Einnahmequelle geworden. Erste internationale Reisende im touristischen Sinne waren Bergwanderer in den 1940er-Jahren. 2006 reisten schon 840 000 Ausländer ein, ähnlich wie in den zwei Jahren zuvor. Etwa ein Drittel der internationalen Gäste reiste auf dem Landweg aus Peru und Kolumbien ein, meistens zum Arbeiten, Einkaufen, für private Besuche oder Kurzurlaube. Die Flugreisenden aus den USA und Europa wiederum sind großenteils Touristen, die auch länger verweilen und während ihres Aufenthaltes in Ecuador laut Statistik etwa 1000 $ pro Kopf ausgeben. Diese Zahl spiegelt sich in den rund 550 000 Ausländern wider, die 2006 über die internationalen Flughäfen von Quito und Guayaquil einreisten und für Deviseneinnahmen von etwa 500 Mio. $ sorgten. Auf dem amerikanischen Kontinent stellten die USA (227 052 Touristen), Kolumbien (178 621) und Peru (130 560) die mit Abstand größten Besuchergruppen. In Europa waren im Jahr 2006 die Spanier mit 32 772 Touristen die größte Gruppe, gefolgt von den Engländern (24 300) und den Deutschen (21 780).

Das bedeutendste Reiseziel Ecuadors sind bislang die Galápagos-Inseln. Einschließlich einer zunehmenden Zahl nationaler Besucher bereisten 2006 rund 140 000 Menschen die Inseln im Pazifik. Zum Vergleich: Vor 15 Jahren waren es nur 12 000 Besucher. Aus diese Zahlen hat die Unesco nun Konsequenzen gezogen. Nachdem die UNO-Abteilung Galápagos bereits 1979 zum Weltkulturerbe erklärte, steht es seit Juni 2007 auf der Roten Liste des gefährdeten Welterbes.

Gemessen an seinen großartigen Naturräumen, seiner sensationellen Biodiversität und seiner kulturellen Vielfalt, hat Ecuador sein touristisches Potenzial auf dem Festland hingegen noch lange nicht ausgeschöpft. Es liegt deutlich über der Attraktivität des als ›Ökotourismus-Hotspot‹ bekannten Costa Rica. Doch Ecuador präsentiert sich im Ausland erst seit wenigen Jahren als eigene ›Marke‹, in Deutschland besonders augenfällig während der Fußball-WM 2006. Immerhin, auf dem Fußballfeld konnte die Konkurrenz aus Costa Rica bei diesem Großereignis schon einmal deutlich geschlagen werden.

Der Fremdenverkehr Ecuadors gliedert sich in verschiedene Zweige: Der **Naturtourismus** punktet mit der reichen Flora und Fauna des Landes und dabei wiederum mit Spezialgebieten wie Regenwald- und Galápagos-Exkursionen, Birdwatching, Whale-watching und Orchideenbetrachtung. Der **Bergtourismus** konzentriert sich auf Hochlandtrekking und Gipfelbesteigungen, z. T. auch mit Eisklettern. Verwandt ist der **Aktivsport,** ein rasant wachsender Markt mit Mountainbiking, Rafting, Klettern, Canopy, Tauchen, Surfen, Gleitschirmfliegen, Kajaking u. a. Ein noch junger Trend sind in Ecuador **Spa und Wellness.** Traditionell bedeutend ist der **Kulturtourismus,** insbesondere auf den Spuren der indianischen Kulturen und der kolonialspanischen Architektur, jeweils mit zahlreichen Museen im Land. Noch relativ jung ist der **Gemeindetourismus,** dem auch das Tourismusministerium neuerdings erhöhte Aufmerksamkeit schenkt. Bei dieser Tourismusform kann man am Leben der ecuadorianischen Landgemeinden teilnehmen. Tradition hat der **Sprachurlaub** (s. S. 139). Viele Touristen verbringen ein paar Tage am **Meer.**

Wirtschaftsfaktor Geldsendung

Bedenkt man, dass der Nettogewinn durch die ecuadorianische Erdölindustrie nur etwa 1 Mrd. $ im Jahr beträgt, so bilden die von Auslandsecuadorianern nach Hause geschickten Geldbeträge, die sogenannten *remesas,* quasi den wichtigsten Devisenerlös der Nation. Allein aus der spanischen Hauptstadt Madrid, in der 1900 Geldversandagenturen ansässig sind, schickten ecuadorianische Auswanderer 2006 rund 400 Mio. € nach Hause (www.remesas.org). Schon 2005 bildeten die 1,165 Mrd. $, die allein aus Spanien an die Verwandten in Ecuador gingen, 3,6 % des ecuadorianischen Bruttoinlandproduktes (BIP). Nimmt man weitere Emigranten in der EU, die großen ecuadorianischen Gemeinschaften in den USA und andere Auswanderer hinzu, so haben die schätzungsweise 3 Mio. Auslandsecuadorianer 2006 etwa 3 Mrd. $ nach Hause geschickt, sagen die Daten der Zentralbank. Das ist fast eine Verdopplung des Betrages von 2003. Die Remesas stehen somit heute für über 7 % des nationalen BIP.

Untersuchungen im Land haben gezeigt, dass die Remesas vor allem für Hausbau, Gesundheit und Lebensmittel verwendet werden, somit die Binnenwirtschaft deutlich beleben und latente Schwächen in der Grundversorgung und im Sozialsystem kompensieren – sofern man Verwandte im Ausland hat.

Importe – Offenbarung eines Entwicklungslandes

Ein Blick auf die Importe Ecuadors im Jahr 2006 zeigt die strukturellen Probleme der ecuadorianischen Wirtschaft (Quelle: www.ecuadorexporta.org; Beträge CIF):

1. Dieselkraftstoff	866 Mio. $
2. Fahrzeuge aller Art	742 Mio. $
3. Erdöl (zum Verdünnen)	565 Mio. $
4. Gas und Kraftstoffe	484 Mio. $
5. Schmierstoffe/Derivate	320 Mio. $
6. Medikamente	257 Mio. $
7. Mobiltelefone	210 Mio. $
8. Energie	144 Mio. $

Ecuador muss nicht nur große Mengen Erdöl einkaufen, um das schwere eigene Öl über die Anden pumpen zu können, sondern besitzt auch völlig unzureichende Raffineriekapazitäten. Selbst bei der privaten Vergabe des Jahrhundertbauwerks der neuen Pipeline OCP hat man die Investoren nicht dazu verpflichtet, diese energiewirtschaftliche Schieflage zu beheben. Die neue Regierung Correa lindert die hohen Ausgaben für die Derivate fürs Erste über binationale Verträge mit Venezuela zu bevorzugten Lieferbedingungen.

Die Importe von Fahrzeugen und Mobiltelefonen – Letztere waren 2005 sogar an dritter Stelle der Importstatistik – stehen für eine insgesamt schwache Industriegüterfertigung im Land: Maschinen, Feinmechanik- und Hightech-Produkte werden fast ausschließlich importiert. Auch bei Lebensmitteln und Medikamenten ist Ecuador weit von den industriellen Kapazitäten der Nachbarländer entfernt. So produziert das Land allenfalls noch in der Bekleidungsindustrie nennenswerte Mengen von Industriegütern. Ihr Export lag 2006 bei 4,4 Mio. $.

In jenem Jahr erzielte Ecuador einen Handelsüberschuss von 1 Mrd. $, basierend auf 9,9 Mrd. $ Exporten und 8,9 Mrd. $ Importen.

Schon immer leidet die im wesentlichen auf Wasserkraft basierende Energieversorgung unter regelmäßigen Engpässen und gelegentlichen Stromabschaltungen.

Ecuadors Wirtschaft in Schieflage

Da Ecuador hauptsächlich Primärgüter exportiert und im Gegenzug Industriegüter importiert, ist auch die Wirtschaft abhängig von Kraftstoffimporten. Die Ausgaben für Erdöl und seine Derivate, vereint mit staatlicher Subventionierung von Gas und Kraftstoffen, neutralisieren die Einnahmen aus der ecuadorianischen Erdölindustrie quasi vollständig! Eine mangelhafte Infrastruktur, politische Instabilität, hohe Korruption, bürokratische Hindernisse, der Einfluss des Militärs auf die Wirtschaft, branchenübergreifender Fachkräftemangel, hohe Auslandsschulden und minimale Investitionen in Forschung und Entwicklung erschweren einen Umbau der ecuadorianischen Wirtschaft.

Auf der anderen Seite stehen niedrige Löhne, ein hohes Entwicklungspotenzial, eine vergleichsweise gute Sicherheitslage, Währungsstabilität auf Dollarbasis, eine breite Öffnung zum Ausland und eine künftige Brückenkopf-Position zwischen Brasilien und Asien für weitere Investitionen und Joint Ventures in Ecuador.

Die soziale Lage

Bei allen strukturellen Problemen des Landes zeigt die Entwicklung des Bruttoinlandsproduktes einen rasanten Anstieg, getragen vom Weltmarktpreis für Erdöl und einem deutlich gestiegenen Konsum. Von Anfang 2001 bis Januar 2007 hat sich das jährliche BIP auf nunmehr 44 Mrd. $ mehr als verdoppelt (Zentralbank, www.bce.fin.ec). Das BIP pro Kopf liegt heute bei rund 3300 $.

Die meisten Ecuadorianer profitieren kaum von diesem Anstieg. Die Armutsquote ist nicht in dem Maß gefallen, wie das BIP stieg. Sie liegt 2007 noch immer bei 51 %. Die Arbeitslosenrate liegt seit Jahren bei 10 %, und die chronische Unterbeschäftigung wegen des großen informellen Sektors auf dem Arbeitsmarkt stagniert bei hohen 45 %. Nicht zuletzt durch die im Jahr 2000 durchgeführte Dollarisierung hat sich der Warenkorb für eine Kleinfamilie auf 450 $ monatlich erhöht. Doch der staatlich garantierte Mindestlohn darbt bei 177 $ im Monat.

Das in den vergangenen Jahren ins Land geflossene ausländische Kapital hat die Armut kaum lindern können. In einigen strategischen Bereichen wie Verkehr, Energie und Telekommunikation hat die Privatisierungswelle zu einer bedrohlichen Entstaatlichung geführt, zu einem Verlust an Souveränität des Landes, wie Staatspräsident Rafael Correa warnt. Als Konsequenz aus der Schieflage zwischen statistisch steigendem Reichtum und Massenarmut hat der Präsident nun »das Ende der langen neoliberalen Nacht« verkündet, s. dazu das Thema S. 44/45, ein Interview mit Correa.

Entwicklungshilfe

Ecuador ist nach Bolivien das zweitärmste Land Südamerikas und erhält Entwicklungshilfe aus allen Teilen der industrialisierten Welt. Die Hilfe kommt größtenteils aus Europa, den USA und aus Kanada sowie von mehreren UNO-Abteilungen und anderen multilateralen Organisationen. Zu den europäischen Ländern, die staatliche und/oder nichtstaatliche Entwicklungshilfe in Ecuador leisten, zählen Spanien, Deutschland, die Niederlande, Österreich, die Schweiz, Belgien, Frankreich, England und Italien. Das Spektrum der Arbeit umfasst in seiner Gesamtheit nahezu alle Entwicklungssektoren des Landes.

Geschichte

Das Land im nordwestlichen Südamerika wurde vor rund 12 000 Jahren erstmals besiedelt. Eine spannende Entwicklung der Kulturen hinterlässt uns beeindruckende Zeugnisse dieser frühen gesellschaftlichen Wurzeln. Unterwerfung und Ausbeutung durch die Spanier markieren einen Bruch mit Tradition und Geschichte, von dem sich Ecuador bis heute nicht erholt hat.

Ureinwohner Ecuadors

Die ersten Menschen erreichten Amerika aus Asien kommend vor ungefähr 13 000 bis 18 000 Jahren über die zugefrorene Beringstraße. Über mehrere Routen nach Süden wandernd, gelangten die als Jäger, Fischer und Sammler lebenden Menschen in das heutige Ecuador, nachweislich vor etwa 12 000 Jahren. Die ältesten Spuren menschlicher Ansiedlungen liegen in den Andentälern von **El Inga** an dem Berg Ilaló nahe dem heutigen Quito, wo man zahlreiche Steinwerkzeuge aus Basalt und Obsidian fand und Wohnhöhlen entdeckte. Schon vor 9000 Jahren kam der Maisanbau in diesen Teil der Anden, ein wichtiges Element späterer Kulturenbildung wie die der **Cotocollao.**

Die Ansiedlungen an der Küste sind etwas jüngeren Datums. Dort war die Ernährung ausgewogener, da zu Jagd und Sammeltätigkeit noch der Fischfang kam. Der am genauesten erforschte Ort ist **Las Vegas** auf der Halbinsel Santa Elena. Am Pazifik begannen sich ab 6000 v. Chr. erste Kulturen zu formen, zunächst die von bemerkenswerten Keramiken geprägte **Valdivia-Kultur,** die 3500 v. Chr. ihre Blüte erreichte und bereits Handel mit der weiten amerikanischen Küste und den Anden trieb. Ihre zwei Jahrtausende währende Vorherrschaft an der Küste wurde etwa seit 2250 v. Chr. von der **Machalilla-Kultur** abgelöst. Sie fand über die Fertigung von Gebrauchsgegenständen zum Kunsthandwerk. Die **Chorrera-Kultur** entwickelte ab 1300 v. Chr. Vorformen staatlichen Handels und gesellschaftlicher Vorausplanung, in dem sie Vorratslager anlegte. Diese **formative Phase** der Kulturgeschichte Ecuadors endete etwa 500 v. Chr.

Archäologen und Völkerkundler sammeln unterdessen immer mehr Indizien und Funde, die eine zeitgleiche Zuwanderung aus Asien über den tropischen Pazifik glaubhaft machen.

Regionalisierung und Assimilierung der Kulturen

In den folgenden 1000 Jahren endete zunächst die Zeit der großen, expandierenden Kulturen. An der Küste und in den Anden schlossen sich immer mehr Familien und Sippen zusammen und bildeten allmählich stabilere Bündnisse, angeführt vom jeweiligen *cacique.* Die große Küstenkultur von Chorerra etwa zerfiel in kleinere regionale Bünde, einhergehend mit deutlicher sozialer Differenzierung und dem Beginn von Vorformen der Stadtentwicklung. Die bedeutendsten Küstenkulturen dieser Epoche der **regionalen Kulturen** waren Jambelí, Guangala, Bahía, Jama-Coaque, Guayaquil, Daule, Tejar und

La Tolita. In den Anden formten sich die Kulturen von El Ángel, Capulí, Tuncahuán und Chaullabamba, auf der amazonischen Seite Cisanga-Píllaro und Yasuní.

Strukturell gestärkt, zunehmend hierarchisch organisiert, geprägt von einer für die damalige Zeit grandiosen Metallverarbeitung und einem auffallend hohen ästhetischen Empfinden, fanden ab etwa 500 n. Chr. immer mehr **Regionalkulturen** zusammen. Im Norden Ecuadors vereinigten sich beispielsweise die Herrschaftsbereiche Caranqui, Cochasquí, Otavalo und Cayambe. Dieser Bund sollte später noch von großer Bedeutung im Widerstand gegen die Inkas sein.

Im nördlichen Bereich der Küste entwickelten sich die Kulturen von **La Tolita** und **Atacames.** Das bedeutendste Reich im heutigen Manabí war das der **Manteños** und im heutigen Guayas die Herrschaftsgebiete der **Huancavilcas, Punaes** und **Chonos.** Im Amazonasgebiet lebten die Völker **Quijos** und **Jíbaros.**

In dieser **Epoche der Assimilierung** kristallisierte sich eine Kultur als besonders dominant heraus. Vor tausend Jahren unterwarf der mächtige Volksstamm der **Cara** aus dem fruchtbaren Küstengürtel die Stämme des Herrschaftsbereichs von **Quito** in den Anden. Das nunmehr große Reich der Cara verbündete sich mit dem Volksstamm der Puruháes in den Zentralanden am Chimborazo. Gemeinsam gründeten sie um 1300 das **Königreich von Quitu,** das sogar noch weiter nach Süden expandierte. Zwangsläufig kollidierte dieses Streben nach Größe mit den Ansprüchen eines kriegerischen Volkes der südlichen Anden, das einen ähnlichen Drang nach Norden zeigte.

Die Inkaherrschaft

Diese ursprünglich im Süden des heutigen Perus angesiedelten Inkas begannen ihre rasante militärische und politische Expansion bereits um 1200. Um 1460 startete der Inkaherrscher **Tupac Yupanqui** die Eroberung der Völker des Nordens. Yupanqui taktierte zwischen brutaler Unterwerfung und Bündnispolitik mit Umsiedlungsmaßnahmen. Sein Sohn **Huayna Capac** setzte den Feldzug nach Norden bis nach Pasto im heutigen Südkolumbien fort, wobei sich der Einfluss der Inkas fast ausschließlich auf die Anden beschränkte.

Die Inkas nutzten die Organisationsformen der unterworfenen Stämme, ließen sie aber weiter bestehen, gliederten sie dabei autoritär in ihr komplexes System des Inkareichs Tahuantinsuyo ein und nahmen Tribut von den unterjochten Gemeinschaften.

Obwohl die Inkas nur etwa 80 Jahre im Süden und nur 40 Jahre im Norden des heutigen Ecuadors gelebt haben, beeinflussten sie die ecuadorianische Geschichte doch entscheidend. Die Quechua-Sprache der Inkas wurde zu der in den ecuadorianischen Anden und großen Teilen der Selva dominierenden Kichwa-Sprache.

Tomebamba – das heutige Cuenca – und **Quito** formten die politische Achse des nördlichen Inkareichs. Als Huayna Capac 1528 in der von ihm bevorzugten Stadt Tomebamba starb, zogen dessen Söhne **Huáscar** und **Atahualpa** gegeneinander zu Felde, um die jeweiligen Machtansprüche durchzusetzen. Huáscar wurde von der Mehrheit der Südprovinzen unterstützt und zum Herrscher in Cuzco ausgerufen. Atahualpas Machtbereich dagegen lag im Norden, insbesondere in der Umgebung von Quito und seinem Geburtsort Caranqui.

Atahualpa gelang es schließlich, das wichtige Tomebamba und die Inka-Hauptstadt Cuzco einzunehmen; er ließ seinen Bruder töten. Aber Atahualpa kam nicht mehr dazu, das vereinigte Imperium zu regieren, denn die Spanier waren bereits in das Reich Tahuantinsuyo eingedrungen, nahmen ihn gefangen und ermordeten ihn schließlich.

Die spanische Kolonialherrschaft

Nach der Entdeckung der Karibik am 12. Oktober 1492 durch **Chistoph Kolumbus** dauerte es noch 34 Jahre, bis die europäischen Eroberer auf der Suche nach Gold die Küsten des heutigen Ecuadors erforschte. Mit seiner zweiten Expedition 1531 begann der brutale Eroberer **Francisco Pizarro** schließlich seinen Feldzug gegen die Inkas, der am 26. Juli 1533 mit der Ermordung Atahualpas im heute nordperuanischen Cajamarca seinen Sieg besiegelte. Das Inkareich war überraschend schnell zerschlagen, und Pizarro setzte den Konquistador **Sebastián de Benalcázar** als Statthalter ein.

Die turbulente Herrschaft Spaniens über das spätere Ecuador kennt drei Phasen: die Etablierung der Kolonialmacht (1532–1593), die Ausbeutung des Landes (1593–1700) und schließlich der langsame Niedergang vor der Unabhängigkeitsbewegung (1700–1822).

Zunächst besiedelten Benalcázar und sein Gefolge das Land. Sie gründeten Städte, brachten katholische Priester ins Land, beraubten und versklavten die indianischen Ureinwohner. Tragender Mechanismus dieser Politik der Unterdrückung war die *enco-*

Das Rotonda-Denkmal in Guayaquil dokumentiert das historisch bedeutsame Treffen von Simón Bolívar und José de San Martin 1822 (s. S. 299)

mienda, mit der die Krone einem spanischen Siedler Sklaven übergab und ihn gleichzeitig dazu verpflichtete, die Indianer zu christianisieren. Die zwischen den Statthaltern und den Konquistadoren keineswegs konfliktfrei verlaufende Unterwerfung der Kolonie führte gegen Ende des 16. Jh. zu ersten Machtrangeleien zwischen strengen Gefolgsleuten der spanischen Krone und moderaten, tendenziell indianerfreundlicheren Statthaltern des Verwaltungsbezirks Audiencia de Quito.

Die Ausbeutung durch die Spanier nahm im 17. Jh. noch dramatischere Züge an. Die **Audiencia de Quito** wurde fortan auf die Produktion von großen Mengen von Lebensmitteln und Webwaren verpflichtet, um u. a. die ergiebigen Silberminen wie Potosí im Süden zu versorgen. Die nördlichen Anden Ecuadors entwickelten sich zu einem dynamischen Produktionszentrum, insbesondere in den *obrajes,* den Weberzentren der Anden, wo Masse und Qualität der Produktion stetig wuchsen.

Die innere Unterwerfung der **Indianer** unter Katholizismus und Krone verlief hingegen weniger geradlinig. Die Vermengung des weltlichen Spanisch mit dem von den Missionaren genutzten Kichwa eröffnete den Indianern Möglichkeiten, unter dem Joch eine eigene Identität zu finden. Das Erlernen europäischer Agrartechniken brachte sie der westlichen Kultur näher, als der Krone lieb war. Und schließlich unterliefen immer mehr Mischehen die rassische Hierachie. Die als Mittel zur Unterdrückung benutzte Religion wurde von den andinen Völkern assimiliert und gar zum Widerstand eingesetzt. Oft waren Religion und Kultur der Unterdrücker wirksamer für den Erhalt der ursprünglichen Kultur als die Massenfluchten, die Selbstmorde und die gewalttätigen Aufstände. Allerdings entstand durch die ›Einfuhr‹ **afrikanischer Sklaven** Mitte des 17. Jh. eine neue unterste Gesellschaftsklasse.

Hauptaufgabe der Kirche war es, den Menschen Christentum und europäische Kultur zu vermitteln. So stammten die bedeutendsten Intellektuellen jener Zeit aus dem Klerus. Die damals in den Klöstern unter Anleitung der Ordensbrüder entstehende Bildhauerei und Malerei beschränkte sich nicht auf geschickte Kopien europäischer Modelle, sondern platzierte indianische Elemente in der Kunst, was das kulturelle Vermächtnis Ecuadors zu einem der bedeutendsten in ganz Amerika machte. Gleichzeitig erlangte die Kirche immer mehr wirtschaftliche Macht, bis sie gar zur wichtigsten Grundbesitzerin der Audiencia de Quito wurde.

Getragen von den Textilmanufakturen, erlebte Quito einen relativen Aufschwung innerhalb der spanischen Kolonien. Ende des 17. Jh. zählte die Audiencia bereits 200 Textilmanufakturen mit insgesamt 30 000 Arbeitern.

Rezession und Emanzipation

Zu Beginn des 18. Jh. suchten Seuchen und Naturkatastrophen die Menschen im heutigen Ecuador heim, sodass die Produktion in der Kolonie und die Ausbeutung der Bodenschätze einbrachen. Die Textilproduktion verlor an Bedeutung, während die Landwirtschaft immer wichtiger und der Grundbesitz mit riesigen Latifundien neu geordnet wurde. Da Spanien seine Vormachtstellung als Kolonialmacht zur gleichen Zeit an England abtreten musste, erwuchs den südamerikanischen Kolonien mehr Eigenständigkeit und verlor Spanien an Gewicht. Die Reformen der bourbonischen Könige kamen zu spät und griffen kaum.

Selbst die Abschaffung des Gerichtsbezirks der Audiencia de Quito und die Eingliederung in das **Vizekönigreich von Santa Fe de Bogotá** schuf mehr Instabilität als Neuorientierung. Der Status als Vizekönigreich und die Gerichtsbarkeit wurden mehrfach zwischen Quito, Lima und Santa Fé de Bogotá verschoben, doch die Macht Spaniens schwand allmählich. Das Selbstbewusstsein des Bezirks und eine erste wissenschaftliche Identität wuchsen, als 1736 die von **Charles-Marie de la Condamine** geleitete Erdvermessungs-Mission nach Quito kam. Das in den 1760er-Jahren von Spanien eingeforderte Schnapsmonopol sowie neue Zoll- und Steuerpflichten konnten nicht verhindern, dass die Kolonie sich weiter emanzipierte. Als König Carlos III 1766 die Vertreibung der reichen Jesuiten aus dem spanischen Großreich anordnete, nahm die Macht kreolischer Großgrundbesitzer in Ecuador spürbar zu.

Die herausragendste Figur des intellektuellen und politischen Erwachens dieser Epoche war **Eugenio de Santa Cruz y Espejo** (1747–1795). Als Sohn eines Indianers und einer Mulattin wurde er von einflussreichen Leuten unterstützt. Es gelang ihm, die Schranken der quiteñischen Gesellschaft zu überwinden und sogar, in die Universität einzutreten. Er war der Wegbereiter für die aufgeklärte Kultur seiner Zeit.

Die Kreolen, Nachfahren von Spaniern der iberischen Halbinsel, besetzten in zunehmendem Maße den Herrschaftsraum in Quito und suchten ihre Identität gegenüber den Europäern als Ausgebeutete, während sie gegenüber den Indianern ihre Stellung als Ausbeutende festigten.

Das Ende des 18. Jh. fiel mit dem Beginn der Präsidentschaft von Baron de Carondelet (1799–1807) zusammen. Er führte eine klar pro-kreolische Politik. Zugleich bemühte er sich, die verlorene Gerichtsbarkeit der Audiencia wiederherzustellen. In dieser Zeit der wachsenden Emanzipation von Spanien besuchte **Alexander von Humboldt** zweimal den Bezirk Ecuador (1801/1802 und 1803). Er unterstützte die aufkeimenden Befreiungsbestrebungen sowohl bei seinen Aufenthalten in Quito als auch nach seiner Rückkehr nach Europa. 1804 traf Humboldt in Paris auf den ›Befreier‹ **Simón Bolívar** und inspirierte ihn zu seinem historischen Kampf für ein unabhängiges Südamerika.

Von der Kolonie bis zur Gründung der Republik

Die Hauptakteure der 1808 erwachsenden Unabhängigkeitsbewegung waren die Großgrundbesitzer. Die Intellektuellen gaben dem Prozess dann seine radikale Wendung. Die ärmeren städtischen Gruppen, hauptsächlich Kunsthandwerker und Kleinhändler, waren zu Beginn zurückhaltend und unterstützten die Patrioten erst nach der Unabhängigkeit. Die Indianer wiederum wussten, dass die Nutznießer einer Autonomie vor allem jene Großgrundbesitzer sein würden, die zuvor ihre Aufstände so blutig niedergeschlagen hatten.

Napoleons Eindringen auf der iberischen Halbinsel brandmarkte Spanien und stärkte das Selbstbewusstsein in den Kolonien. Die Audiencia de Quito plante so bereits 1808 die Einsetzung eines autonomen Regierungsausschusses, einer *junta*. Dieses gelang erstmals am 10. August 1809, als die Verschwörer den Marqués de Selva Alegre zum Präsidenten ihrer Junta ernannten. Doch diese Regierung beugte sich bald dem Druck und den Drohungen der Royalisten aus Lima und Pasto im heutigen Südkolumbien, was die Real Audiencia de Quito von 1812 bis 1820 in eine angespannte Ruhe versetzte. Guayaquil wurde in diesen Jahren zum (noch) stillen Zentrum der Unabhängigkeitsbewegung, gestützt auf die englische Marine, die vor Südamerika Präsenz zeigte, und gestärkt von den Nachrichten über Bolívars Siegeszug im Norden des Subkontinents.

Schließlich führte **José Joaquín de Olmedo** den Putsch von Guayaquil an und geleitete die Handelsstadt am 9. Oktober 1820 in die absolute Unabhängigkeit. Von diesem Erfolg inspiriert, folgte Cuenca am 3. November des Jahres. Erst am 24. Mai 1822 gelang es den Unabhängigkeitstruppen unter Bolívars bestem Feldherrn, **General Antonio José de Sucre,** auch Quito nach der historischen Schlacht am Pichincha zu befreien.

Nun folgten acht Jahre der Zerrissenheit um die Form der erreichten Unabhängigkeit von der spanischen Krone. Bolívar gelang es unter großen Anstrengungen, das heutige Ecuador als ›Süd-Distrikt‹ Großkolumbien anzugliedern. Das selbstbewusste Guayaquil zwang er gar mit militärischen Mitteln. Gleichzeitig attackierten royalistische Truppen aus Peru gerade den Süden des neuen Reichs. Bolívar kämpfte verbissen um den Zusammenhalt Großkolumbiens, musste jedoch am 13. Mai 1830 die Unabhängigkeit Ecuadors akzeptieren: Die führenden Schichten Quitos riefen einen unabhängigen Staat aus. In Riobamba trat die erste verfassunggebende Versammlung zusammen. Um der nationalen Einheit Willen hieß der neue Staat nicht ›Quito‹, sondern in Anlehnung an die französische Mission zur Erdvermessung **›Ecuador‹** (Äquator).

Trotz wichtiger demokratischer Veränderungen für dieses neue Ecuador wurde das Recht der indianischen Völker auf ihr Land ignoriert, die plurinationale Realität ausgeblendet. Die entstehende Republik wurde somit auf der Grundlage der wirtschaftlich-sozialen und ethnischen Ausbeutung der Indianer errichtet, wo sie bis heute weitgehend verharrt, wenn auch subtiler als noch im Jahr 1830 und in der Papierform in Teilen bereinigt.

Die Republik Ecuador

Der Befreiung folgten 150 schwierige Jahre zwischen der Übernahme des internationalen **Kapitalismus** und der Suche nach eigener Identität. Die Kolonialgesellschaft und ihre Hierarchien waren mit der Unabhängigkeit keineswegs ad acta gelegt – paternalistische Traditionen regierten weiterhin die sozialen Beziehungen. Indianer zahlten noch bis in die 1950er-Jahre Tribut an die Hacienda-Besitzer.

Die neue Abhängigkeit Ecuadors vom Kapitalismus verstärkte sich hingegen im Verlauf des 19. Jh. mit dem großen Aufschwung des **Kakaoexports** und endete vorerst in den 1920er-Jahren. Die Bananen lösten den Kakao in den 1940ern ab, 20 Jahre später brach der Bananenmarkt ebenfalls zusammen. Wirtschaftliche Rezession bedeutete für Ecuador zumeist auch gesellschaftliche Depression und Instabilität ihrer Institutionen.

Die ›erste republikanische Periode‹ lässt sich auf die Zeit von 1830 bis 1895 eingrenzen, auf die Zeit von der Gründung der Republik unter **General Juan José Flores** bis zur liberalen Revolution unter **General Eloy Alfaro.**

Mit der Gründung Ecuadors traten die Spannungen unter den herrschenden regionalen Oligarchien offen zutage, besonders zwischen der Küste und der Sierra. Bei der Organisation des neuen Staates blieb die Mehrheit der Bevölkerung von der kulturellen und politischen Teilhabe ausgeschlossen. Der Kongress und die anderen Staatsorgane waren das Ergebnis eines Wahlrechts, das auf die Reichen beschränkt war. Hinter der liberal-demokratisch-republikanischen Fassade überlebte eine in Ständen organisierte hierarchische Gesellschaft, die sich auf ihr ›göttliches Recht‹ berief. Doch der neue Zentralstaat war äußerst instabil. So behielt auch die Kirche die Kontrolle über den größten Teil des Bildungssystems, nachdem die katholische Religion zur Staatsreligion erhoben worden war.

Nach teils chaotischen Jahren mit Diktaturen und tiefer Zerrissenheit zwischen Küste und Hochland gelang eine Konsolidierung des Staates erst unter der Präsidentschaft von **Gabriel García Moreno** (1860–1865 und 1869–1875). Er suchte die Einheit Ecuadors, modernisierte die Armee, reformierte den Bildungssektor und führte ein Bankenwesen ein, dem sich Ecuador allerdings fortan als ewiger Schuldner unterwarf. Wirtschaftlich zunächst erfolgreich, doch verbrüdert mit reaktionären Kräften aus Klerus und Großgrundbesitz der Sierra, endete diese politische Episode mit der Ermordung Morenos im Jahr 1875.

20 Jahre später führte Eloy Alfaro, zunächst als Oberbefehlshaber der Streitkräfte, das Land in die **Liberale Revolution** und – getragen vom Kakaoboom – in ein ›Agrarrohstoff-Exportmodell‹. Eloy Alfaros liberales Wirtschaftsmodell erzielte große politisch-ideologische Veränderungen im Land, das er mit dem Bau der Eisenbahn Quito–Guayaquil nicht nur symbolisch vereinte. Ihm gelang die Entmachtung der hemmungslos agierenden katholischen Kirche und die Neugliederung des Großgrundbesitzes sowie die Verabschiedung einer liberalen Verfassung. Soziale

Unruhen und heftige Auseinandersetzungen mit der düpierten Kirche kennzeichneten die folgenden Jahrzehnte bis zur Kakaokrise in der Zeit der Weltrezession um 1930.

Aus einer Phase politischer Machtkämpfe zwischen Handelsbourgeoisie der Costa und Großgrundbesitzern der Sierra ging 1933 der charismatische **José María Velasco Ibarra** als Präsident hervor. Er sollte Ecuador innerhalb von 40 Jahren sage und schreibe fünfmal regieren.

1941 wurde Ecuador von peruanischen Truppen überfallen, und der Regierung in Quito mangelte es an Führungskraft und Unterstützung, um diesem Notstand entgegenzutreten. Nach der Niederlage des kleinen und schlecht ausgerüsteten ecuadorianischen Heeres unterzeichnete der konservative Außenminister Tobar Donoso 1942 in Rio de Janeiro ein Protokoll, in dem Ecuador etwa die Hälfte seines Territoriums an Peru abtreten musste und nun erneut in die Diktatur zurückfiel. Erst der vom Bananenexport getragene Aufschwung der 1950er-Jahre brachte phasenweise eine Stabilität zurück.

Vom Reformismus in die Moderne

Nach dem Zusammenbruch des Bananenmarktes 1960 verfiel Ecuador zum wiederholten Mal in eine Depression, aus der das Land erst mit dem Ölboom der 1970er-Jahre und mit dem Beitritt zur OPEC wieder erwachte. Allerdings markierte dieses konfliktreiche Jahrzehnt einen Wandel in der katholischen Kirche, die ihre antiliberale, nur ihrer Lehre zugewandte Haltung in Teilen zugunsten einer Hinwendung zu sozialen Fragen aufgab. Es entstand eine Strömung neuer Christen, die sich im Kampf für die Armen engagierten. Ihr wichtigster und mutigster Vertreter war der **›Indianerbischof‹ Leonidas Proaño** aus Riobamba.

Die jüngste Phase der Diktatur endete 1979 mit der Verabschiedung der demokratischen Verfassung und der Festlegung Ecuadors auf eine Präsidialdemokratie mit dem ersten Staatspräsidenten **Jaime Roldos.** Erdölförderung als quasi erstes Staatsziel dominiert seither die Politik und Entwicklung Ecuadors, weiterhin torpediert von der tiefen Spaltung zwischen Küste und Sierra. Nach der Präsidentschaft des rechtsliberalen Architekten **Sixto Durán Ballén** (1992–1996) verlor Ecuador seine politische Stabilität auf dramatische Weise. Das folgende Jahrzehnt war geprägt von Putsch, Volksaufstand, politischem Verrat, dubiosen Amtsenthebungen von Staatspräsidenten und einer zwischenzeitlich regierenden Junta – ›Höhepunkte‹ wie der gleichzeitige Regierungsanspruch von drei Präsidenten im Februar 1997 erregten weltweit Kopfschütteln und Sorge um jene ›Bananerepublik‹ auf dem Äquator.

Ein gespaltenes Land, die chronische Leugnung seiner plurinationalen Gesellschaft seitens der mächtigen Oligarchie und das von schwerer Korruption und Vetternwirtschaft unterwanderte politische System drohten Ecuador ins Abseits zu schieben und den Anschluss an die demokratische Welt zu verlieren. Ecuadors Demokratie offenbarte in diesen Jahren ihre Zerrüttung und Inkompetenz. Umfragen wiesen gar eine Meinungsmehrheit für die Rückkehr zur Diktatur aus.

Das für die breite Mehrheit der Bevölkerung rücksichtslose neoliberale Wirtschaften der ecuadorianischen Eliten und ausländischer Investoren erstickte beinahe jegliches Erwachsen von sozialem Konsens. Ein verblendetes, kurzfristiges Denken in Politik und Wirtschaft trieb die junge Demokratie an den Rand des politischen Bankrotts.

Zuletzt konnte ein Zusammenbruch des politischen Systems im wirtschaftlichen Fahrwasser des enormen Weltmarktpreises für Erdöl bis auf Weiteres abgewendet werden. Und erst 2007 – nach 28 Jahren Demokratie auf dem Papier – geht mit **Rafael Correa** ein von der Masse der Armen getragener Präsident tiefgreifende Reformen von Staat und Gesellschaft an. Seit Eloy Alfaro geht er zum ersten Mal daran, die gesellschaftlichen Realitäten Ecuadors zu akzeptieren und die historischen Fehler zu korrigieren (s. auch Thema S. 44f.).

Präsident Rafael Correa: »Ende der neoliberalen Nacht«

Am 15. Januar 2007 wurde der 43-jährige Wirtschaftswissenschaftler Rafael Vicente Correa Delgado neuer Staatspräsident von Ecuador. Als Gegner des Neoliberalismus und Anhänger des ›neuen südamerikanischen Sozialismus‹ will Correa sein Land aus der Massenarmut und aus der politischen Dauerkrise führen.

»Heute beginnt für Ecuador das Ende der langen, traurigen, neoliberalen Nacht«, lässt Rafael Correa schon bei seiner Amtseinführung keinen Zweifel an seiner »sozialistischen Leidenschaft für das Vaterland«. »Auslandsinvestitionen dürfen unser Land nicht mehr in die Knie zwingen«, beteuert der Ökonom und prophezeit weiter, dass »Schlüsselstellen unserer Wirtschaft wie die Telekommunikation zurück zum Staat« kommen werden. Das gleiche gelte für »nicht erneuerbare Ressourcen wie Erdöl«. Auch das Trinkwasser »wird unter meiner Regierung nicht privatisiert«. Denn als in Europa und den USA studierter Wirtschaftswissenschaftler wisse er, »dass Wettbewerb die sozialen Grundlagen einer Gesellschaft zerstört«.

Kaum im Amt, stellte Rafael Correa auch die derzeit 10 Mrd. $ Auslandsverbindlichkeiten Ecuadors in Frage: »Wir werden alle Schuldverschreibungen auf den Prüfstand stellen, inwieweit sie legitim sind oder Entwicklung und Wachstum in Ecuador behindern.« Gleich zu Beginn seiner Amtszeit drohte seine Regierung, Schulden nicht bezahlen zu wollen. Im April ließ Correa den Repräsentanten der Weltbank als »unerwünschte Person« des Landes verweisen.

Herzstück von Correas Politik ist eine neue Staatsverfassung, mit der er vor allem der ›Partidokratie‹ ein Ende setzen möchte, also der Selbstbereicherung und Selbstblockade im Nationalkongress.

Correas erster großer Erfolg: 82 % der Ecuadorianer stimmten in einer Volksbefragung der Einberufung einer verfassunggebenden Versammlung zu, die im September 2007 gewählt wird. Setzt sich Rafael Correa durch, wird Kichwa neben dem Spanischen offizielle Landessprache, wird die Bekämpfung der krassen sozialen Unterschiede in Ecuador künftig durch Verstaatlichungen, Umverteilung und mehr Partizipation der Bürger zum Verfassungsrecht.

Da Rafael Correa von Anfang an auf eine neue Verfassung und damit auf einen neuen Nationalkongress setzte, hat sein Wahlbündnis Alianza País bei den Wahlen Ende 2006 erst gar keine Kandidaten für den Kongress aufgestellt. Im Parlament bildete sich nach schweren Turbulenzen und einer tiefen Krise der politischen Institutionen im Frühjahr 2007 überraschend eine Mehrheit für Correa.

Correas ›Verfassungsrevolution‹ begibt sich ferner auf den Weg zur »Rettung der Souveränität des Landes und Südamerikas«. Das heißt zunächst, dass die USA, die Correa für ihre »schreckliche Außenpolitik« geißelt, ihre Militärbasis an der Küste in Manta baldmöglichst schließen müssen. »Die Basis von Manta ist vergleichbar mit der von Guantánamo auf Kuba«, verurteilt der Präsident den umstrittenen US-Stützpunkt, »doch in Manta führt die Präsenz der nordamerikanischen Soldaten obendrein zu mehr Prostitution und Drogenkonsum«.

Thema

»Wir befinden uns in einem magischen Moment der Geschichte«, beschreibt Correa die logische und nötige Abkehr von den USA, »in dem sich Südamerika in einer kollektiven Aktion dem Sozialismus des 21. Jahrhunderts zuwendet.« Da fast alle Staaten Südamerikas mittlerweile sozialistisch oder sozialdemokratisch regiert werden, angeführt von Venezuelas Staatspräsident Hugo Chávez, erreichte Rafael Correa, dass der in Aufbau befindliche südamerikanische Staatenbund UNASUR sein Sekretariat in Quito haben wird. Außenpolitisch angespannt ist jedoch das Verhältnis zum Nachbarn Kolumbien, wo der populäre Bush-Freund Alvaro Uribe regiert, der Ecuador schon mehrfach politisch provozierte.

Neue Wege schlägt Rafael Correa auch auf dem strategisch wichtigen Energiesektor ein. Neben »stärkerer staatlicher Kontrolle der Erdölförderung« setzt der Präsident in enger Kooperation mit seinem politischen Freund, dem brasilianischen Staatspräsidenten Luiz Inácio Lula da Silva, auf eine »künftig starke Produktion von Biodiesel und Bioethanol«. Die größte Erdölreserve des Landes (ITT im Nationalpark Yasuní) will er trotz der Gefahren für die Umwelt und die Regenwaldbewohner ausbeuten. »Es sei denn, internationale Geldgeber entschädigen Ecuador für eine Unterlassung.«

(Der Autor sprach in Quito am 14. März und am 24. April 2007 persönlich mit Rafael Correa.)

Glücklicher Rafael Correa: Die Ecuadorianer haben in einer Volksbefragung für eine verfassunggebende Versammlung gestimmt

Zeittafel

ca. 12 000 v. Chr.	Erste Spuren menschlicher Besiedlung und Beginn einer präkeramischen Periode der Jäger, Fischer und Sammler.
6000–500 v. Chr.	Formative Periode: Die Valdivia-Küstenkultur entwickelt sich zur ersten sesshaften Hochkultur mit Landwirtschaft und größeren Landfamilienverbänden, gefolgt ab 2250 von der Machalilla-Küstenkultur, die erstes Kunsthandwerk entwickelt. Ab 1300 beginnt die Chorrera-Küstenkultur mit der Vorratswirtschaft.
ca. 2850 v. Chr.	Zwischen Chimborazo und Loja entsteht eine erste formativ entwickelte keramische Hochlandkultur.
500 v. Chr. – 1500 n. Chr.	Periode regionaler Kulturentwicklungen an der Costa und in der Sierra mit erster Metallveredelung. Integration über die Verschmelzung oder auch Unterwerfung von Kulturen und Frühformen staatlicher Organisation, vor allem der Kultur der Quitu-Cara.
1460–1520	Die Inkas erobern das Königreich der Quitu von Süden her.
1492	Beginn der Eroberung Amerikas durch die Spanier.
1533/1534	Spaniens endgültige Zerschlagung des nördlichen Inkareichs durch Hinrichtung des letzten Inkakönigs Atahualpa in Cajamarca und Tod des letzten Inkagenerals Rumiñahui.
1534–1560	Erste Stadtgründungen der Spanier: Riobamba (1534), Quito (1534), Guayaquil (1537), Loja (1548), Cuenca (1557) und Tena (1560).
1563	Gründung der Real Audiencia de Quito als eigenständiger Verwaltungsbezirk Spaniens.
1717	Gründung des großen Vizekönigreichs Neu-Granada, dem die Real Audiencia de Quito angegliedert wird, bevor sie dem Vizekönigreich Peru zugeteilt wird (1722).
1801–1803	Alexander von Humboldt bereist das heutige Ecuador zweimal und schafft die wissenschaftlichen Grundlagen für eine neue Hochgebirgsforschung und für die Ökologie.
1809–1823	Unabhängigkeitskämpfe Ecuadors, die in der bedeutenden Schlacht von Pichincha gipfelten, in der General Antonio José de Sucre die

Spanier am 24. Mai 1822 bezwingt und so die Gründung Großkolumbiens ermöglicht.	
Gründung der Republik Ecuador.	**1830**
Liberale Revolution, angeführt von Eloy Alfaro, und schwere politische Auseinandersetzungen mit den konservativen Kräften.	**1895–1912**
Große Staats- und Sozialreformen in Ecuador münden in eine neue Verfassung und die Einführung des Frauenwahlrechts.	**1927/1928**
José María Velasco Ibarra wird mit Unterbrechungen insgesamt fünfmal Staatspräsident von Ecuador.	**1934–1972**
Peru besetzt große ecuadorianische Regenwaldgebiete. Ecuador unterzeichnet nach einem Krieg im ›Protokoll von Rio‹ die Abtretung von 180 000 km² Land an den Nachbarn.	**1941/1942**
Erneute Militärdiktatur und Einleitung einer weitreichenden Agrarreform.	**1963/1964**
Erste kommerziell bedeutende Erdölfunde, ab 1972 rasanter Beginn der Ölförderung. Vom Ölboom getragen, führt die Militärregierung weitreichende wirtschaftliche und politische Reformen durch, an deren Ende eine neue demokratische Verfassung steht. Jaime Roldós ist der erste demokratisch gewählte Staatspräsident Ecuadors (August 1979).	**1967–1979**
Staatspräsident Sixto Durán Ballén ist das bis heute letzte Staatsoberhaupt mit voller Amtszeit. Fortan werden weitere zehn Präsidenten vorzeitig gestürzt, abgesetzt oder nur vorübergehend eingesetzt.	**1992–1996**
Nach schwerer Bankenkrise und anhaltend hoher Inflation führt Staatspräsident Jamil Mahuad in Ecuador den US-Dollar als offizielle Landeswährung ein.	**2000**
Rafael Correa wird Staatspräsident Ecuadors, setzt per Volksentscheid die Einberufung einer verfassunggebenden Versammlung durch und kündigt radikale Staatsreformen als Teil der Bewegung eines neuen südamerikanischen Sozialismus an.	**2007**

Gesellschaft und Alltagskultur

Laut Verfassung ist Ecuador ein multinationaler Staat. Dominiert von der mestizischen Bevölkerungsmehrheit und der spanischen Amtssprache zeigt sich das Land zwar facettenreich, aber auch widersprüchlich.

Bevölkerung und Lebensweise

Sprachen und Ethnien

Amtssprache des 13 Mio. Einwohner zählenden Ecuadors ist seit dem 16. Jh. Spanisch – genau genommen eine lateinamerikanische Variante des Kastilischen *(castellano).* Historisch gesehen ist sie die Sprache der **Mestizen** und **Weißen** im Land, welche gut die Hälfte der Bevölkerung stellen.

Die überwiegende Zahl der Indígenas Ecuadors, jene Indianer der Sierra, sprechen neben dem Spanischen heute **Kichwa,** das dem in Peru gesprochenen Quechua sehr verwandt ist und im heutigen Ecuador seit dem 15. Jh. im Zuge der Inka-Invasion Verbreitung findet. Die **Kichwa-Indianer der Selva** bilden die zweite große Sprachgruppe des Landes. Während die bilinguale Erziehung im Land zunimmt, sieht Staatspräsident Rafael Correa vor, in der neuen Staatsverfassung Kichwa als gleichberechtigte Amts- und Landessprache neben Spanisch zu verankern. Correa selbst spricht beide Sprachen.

Im Regenwald haben die Shuar, die Achuar, die Siona-Secoya, die Huaorani und die Cofanes eigene Sprachen, die deutlich älter sind als das Kichwa in den Breiten des heutigen Ecuadors. Auch die Indígenas der Costa sprechen ihre alten Sprachen: es sind die **Chachi** und die **Awá** in der Provinz Esmeraldas und die **Tsáchila** der Umgebung von Santo Domingo de los Colorados, die spanisch *colorados* genannt werden. So kommen zehn indianische Ethnien im Land zusammen.

Sprache ist in Ecuador Ausdruck des kulturellen Reichtums. Ohne Zweifel wissen Indígenas mit ihrer Sprache Dinge zu beschreiben, für die den Europäern die Worte fehlen. Bezeichnenderweise verfügen Südamerika und die Karibik über rund 800 Sprachen. Dem Sprachenforscher H. J. Störig zufolge ist es das »sprachenreichste Gebiet der Erde«. Wörter wie Popcorn und Schokoriegel haben zwar europäische Wurzeln, doch die Zutaten Mais und Kakao stammen sprachlich ebenso aus dem Indianischen wie Tabak, Tomate, Kanu, Pampa, Kondor oder Orkan.

Die einst von den Spaniern als Sklaven aus Afrika nach Lateinamerika gebrachten Farbigen leben zu einem großen Teil konzentriert in der Küstenprovinz Esmeraldas, die sie gar dominieren. Eine weitere Region, welche die **Afroecuadorianer** seit rund 300 Jahren bewohnen, ist das Valle del Chota in der Sierra-Provinz Imbabura.

Pacha Mama und Gottvater

Offiziell ist Ecuador zu 85 % katholisch. Doch die *cristianos,* protestantische Kirchen, Pfingstkirchen und christliche Sekten sind seit Jahren auf dem Vormarsch in Ecuador, während die katholische Kirche ihre Gemeindemitglieder nicht mehr in dem Maße zu mobilisieren weiß wie früher.

Indígenas, Farbige und Europäer haben die Religion in den vergangenen 500 Jahren zu Mischformen geführt, die zwar noch vom Katholizismus dominiert werden, aber Elemente der anderen Kulturen und Kulte integrieren oder entlehnen. Sehr anschaulich zeigt sich dieser Synkretismus auf religiösen Festen im Hochland oder bei den Totenkulten im Regenwald.

Für die meisten Indígenas – bei all ihren ethnischen Unterschieden – haben Vulkane, Sonne, Mond, Sterne, Pflanzen und Tiere bis heute eine eigene Seele und eine direkte Beziehung zu den Menschen. Die Kosmovisionen der Indianer Ecuadors werden vom Katholizismus eingefärbt, jedoch nicht beherrscht. Wo die Indígenas noch verwurzelt in ihrem ländlichen Lebensraum oder im Wald leben, erscheinen Gespräche mit Vögeln und Wutausbrüche von Vulkanen weniger abstrakt als die Dreifaltigkeit und die Wandlung.

Der Glaube an die *Pacha Mama,* die Leben schenkende ›Mutter Erde‹, ist in großen Teilen der ländlichen Sierra stärker als der an einen ›allmächtigen und gerechten Gott‹. Entsprechend ist der Schamanismus dort weiter verbreitet als die Schulmedizin.

Die afroecuadorianische Bevölkerung Ecuadors, die großenteils von der Elfenbeinküste und aus Sierra Leone stammt, bringt eine eigene Mythologie ein. In ihrer religiösen Beziehung zur Natur gibt es dabei verblüffende Ähnlichkeiten zur Naturmythologie der Indígenas aus dem ecuadorianischen Regenwald. Denn die Vorfahren dieser Sklaven waren vor ihrer Verschleppung zu einem großen Teil Waldmenschen des westlichen Afrikas, also auf ähnlichen Breitengraden von ähnlicher Vegetation und Tierwelt umgeben wie die hiesigen Völker Amazoniens.

Mit dem Eintreffen der Weißen drang der Katholizismus in die Religionen der Indígenas und entsprechend später in die der Afrikaner ein. Die Kirche nutzte die Religiosität der Ureinwohner, ihre Feste, ihre Rituale, sogar die Handelssprache Kichwa, um sie dem Christentum nahezubringen. Bevorzugt auf den *huacas,* den heiligen Stätten der Indígenas, bauten sie deshalb ihre Kirchen und Kathedralen. Zahlreiche Beispiele wie die Abbildung des Sonnengottes im Portal der Kolonialkirche San Agustín in Quito belegen andererseits den Einfluss der Naturreligionen auf den Katholizismus.

Der noch heute erlebbare tiefe christliche Glaube, der bis zu öffentlichen Selbst-Geißelungen am Karfreitag reicht, hängt eng mit der aufgezeigten Inkulturation zusammen. Er spiegelt quasi die Tiefe des ursprünglichen Naturglaubens und die innige Beziehung zum Tod auf christlicher Plattform wider.

Die Rolle des Militärs

Neben der katholischen Kirche genießt die Armee unter allen Institutionen das höchste Ansehen in der Bevölkerung. Andere gesellschaftliche Kräfte – Politik, Justiz oder Polizei – landen dagegen weit abgeschlagen auf den hinteren Plätzen, wie Umfragen zeigen. Das ecuadorianische Militär ist in die Zivilgesellschaft hineingewachsen wie keine andere staatliche Gewalt. In Zeiten von Lebensmittelengpässen wurden noch in den 1990er-Jahren Rationen vom Armeelastwagen verteilt und somit die traditionell paternalistische Gesellschaftsordnung genutzt und untermauert. Außerdem unterhält das Militär heute die besten staatlichen Schulen und Hochschulen des Landes.

Gleichzeitig ist das Militär ein kapitalstarker Akteur der ecuadorianischen Wirtschaft. Nicht nur die Beteiligung an der Erdölförderung, sondern auch über 30 große armeeeigene Unternehmen wie die Fluggesellschaft TAME sowie riesige Ländereien und landwirtschaftliche Betriebe machen das Militär zu einem Machtfaktor im Land, ohne dessen Überwachung und Zustimmung im Hintergrund keine wesentlichen politischen Entscheidungen zu treffen sind. Stets waren es die Militärs, die nach Putschversuchen und Staatskrisen der vergangenen Jahre ihre Zustimmung oder ihr Veto für ein neues Regierungsmodell geben mussten.

Es überrascht wenig, dass Städte, Straßen, Plätze, Schulen oder Hospitäler zu ei-

Vor allem auf dem Land sind die Schulen personell und materiell schlecht ausgestattet – hier eine Dorfschule am Río Napo

nem großen Teil militärische Namen tragen. Interessanterweise verehrt Ecuador gleichzeitig und recht wahllos nebeneinander militärische ›Helden‹ sämtlicher Epochen und Kämpfe: die Krieger der vorinkaischen Indígenas, deren Bezwinger, die Inkas – hier vor allem Atahualpa und seinen General Rumiñahui –, die spanischen Konquistadoren und wiederum deren Bezwinger aus den Befreiungskriegen.

Die heutige Rolle des Militärs ist eine nicht klassische: Es verteidigt das Land nach innen und schützt es vielleicht sogar vor der völligen Korrumpierung der Politik und vor dem Totalausverkauf des Staates im Zuge der Privatisierungen. Ehemalige Militärs sind auch in politischen Positionen zu finden, etwa der vorletzte gewählte Staatspräsident, Oberst Lucio Gutiérrez, und der heutige Bürgermeister von Quito, General Paco Moncayo.

Sport

Die Helden von Gelsenkirchen und Hamburg brachten das Land im Juni 2006 an den Rand des Wahnsinns. Nachdem die **Tri,** Ecuadors Fußballnationalmannschaft, bei der WM in Deutschland gegen Polen (2:0) und gegen Costa Rica (3:0) triumphiert hatte, stand die kleine Republik auf dem Äquator Kopf. Sicher in der nächsten Runde gelandet, erlaubte sich das Team des kolumbianischen Trainers **Luis Fernando Suárez** sogar Schonung für die Topstars und ein 0:3 gegen die Klinsmann-Auswahl in Berlin. Erst im Achtelfinale holte David Beckham mit einem Freistoßtor die Nation vom Chimborazo wieder zurück aus den Wolken ihrer zweiten WM-Teilnahme. Endstand: 1:0 für England.

Derweil wird jedes Spiel von PSV Eindhoven live im ecuadorianischen Fernsehen gezeigt, denn Held **Edison Méndez** dient dort im Mittelfeld. Doch auch andere Spieler der Tri wie **Agustín Delgado** werden allerorten vergöttert. Die meisten Stars der *selección* stammen übrigens aus dem afroecuadorianischen Valle del Chota (s. S. 186 und 187). **Fußball** ist auch in Ecuador das größte sportliche Medienereignis.

An der Weltspitze stehen Ecuadors Sportler jedoch in anderen Disziplinen. So gewann der cuencanische Postbote **Jefferson Pérez** 1996 in Atlanta die erste olympische Medaille des Landes: Gold für 20 km **Gehen.** Bis heute gehört er zu den besten Gehern der Welt. Die 1977 in Riobamba geborene **Schachgroßmeisterin Martha Fierro** steht mit einem ELO-Wert von 2339 (Juni 2007) in der erweiterten Weltspitze ihrer Zunft. Der 1976 in Guayaquil geborene **Nicolás Lapentti** liegt zurzeit als bester **Tennisspieler** Ecuadors auf Rang 65 der ATP-Weltrangliste und brachte es zu seinen Glanzzeiten Ende 1999 zeitweise auf den hervorragenden sechsten ATP-Platz.

Volkssport der Nation ist ohne Zweifel **Ecuavoley,** eine Volleyball-Variante, bei der drei gegen drei Spieler einen nicht selten schweren Fußball über ein dramatisch hoch gespanntes Netz bugsieren.

Bildung und Sozialsystem

Jedem Ecuadorianer stehen die **staatlichen Schulen** offen, die ähnlich wie in Deutschland in eine Grund- und eine weiterführende Schule gegliedert sind. Dennoch leiden gerade die öffentlichen Bildungseinrichtungen unter chronischem Geldmangel, entsprechend schlecht ausgestatteten Einrichtungen und unterbezahltem, teils unmotiviertem Lehrpersonal. Insbesondere auf dem abgelegenen Land finden sich Schulen ohne Materialien oder über viele Wochen ohne Lehrer. So erleben private Schulen großen Zulauf von jenen Familien, die das meist recht hohe Schulgeld aufbringen können.

So zählt das **Colegio Alemán** mit deutsch-ecuadorianischen Schulen in Quito, Guayaquil und Cuenca heute zu den besten Bildungseinrichtungen des Landes. Ähnlich sieht es bei den Universitäten aus. Auch hier genießen internationale und private ecuadorianische Einrichtungen den besten Ruf, was jedoch nicht heißen muss, dass die staatliche Universidad Central keine guten Dozenten und Lehrpläne hätte.

Das öffentliche **Sozialsystem** ist marode und bedarf dringend grundlegender Reformen. Insbesondere die staatliche medizinische Grundversorgung ist defizitär – ebenfalls mit großem Stadt-Land-Gefälle. Und auch in Sachen Gesundheit springen Ärzte und Krankenhäuser privatwirtschaftlich in die Bresche. Die Arzthonorare liegen dann allerdings mitunter auf europäischem Niveau.

Sozialversicherungen gegen Arbeitslosigkeit und Pflegebedürftigkeit sowie Rentenversicherungen existieren nur rudimentär und dann auch nur für eine Minderheit, die formell beschäftigt ist. Eine Art Sozialhilfe von monatlich 30 $ für die Ärmsten im Land und die Subventionierung von Strom und Kochgas versuchen, dieses strukturelle Manko zu lindern.

Feste und Veranstaltungen

Feste spielen in Ecuador privat wie öffentlich eine zentrale Rolle und sie werden dementsprechend ausgelassen gefeiert. Einmal mehr finden sich bei den vielen verschiedenen Anlässen die unterschiedlichen kulturellen und ethnischen Elemente Ecuadors wieder. Zu den meisten großen Volksfesten gehört ein entfesselter **Alkoholkonsum.** Das traditionelle Maisbier *chicha* wurde vielerorts von hochprozentigen Alkoholika abgelöst, z. B. vom Selbstgebrannten *puntas.*

Dank, Ehrerbietung und Bitten haben die Indígenas seit Menschengedenken in gemeinschaftlichen Feiern ausgedrückt. So kennt der **landwirtschaftliche Kalender** zahlreiche Termine, die in den Landgemeinden und Dörfern feierlich begangen werden. Ebenso sind Taufe, Heirat und Ehrung der Toten Anlass für große Feiern.

Der heutige **Karneval,** bei dem sich die Ecuadorianer mit Wasserbomben bewerfen, hat vorchristliche Wurzeln. Die Missionare legten den Beginn der Fastenzeit im christlichen Jahreskalender auf einen Termin, der in den Anden zuvor die Zeit des Jätens auf den Maisfeldern markiert hatte. Diese Zeit endete mit einem Fest, das die bösen Geister aus den Maisfeldern vertreiben sollte. Der Mais besitzt bei den Sierra-Indígenas eine eigene Seele, die in ihrer Weltsicht der Seele der Menschen vergleichbar ist. Junge Mädchen begossen sich mit Wasser und anschließend mit Maismehl, ein Fruchtbarkeitsritus, mit dem sie um eine reichhaltige Maisernte baten. Der spanische Klerus griff diese Frühjahrsrituale auf und integrierte sie in den Karneval.

Andere Anlässe zum Feiern sind Stand und Wende der **Sonne,** die maßgeblichen Einfluss auf die Jahreszeiten und damit auf Aussaat und Ernten haben. Besonders ausgeprägt ist dies im direkten Äquatorgürtel der Anden in und um Cayambe, wo das katholische **San-Pedro-Fest** und das Sonnenwendfest **Inti Raymi** Ende Juni in zwei berauschenden Festwochen mit Hunderttausenden von Besuchern verschmelzen.

Die Feste der **Regenwald-Indígenas** orientieren sich hingegen von jeher an den Reproduktionszyklen ihrer Jagdtiere. Reichhaltiges Fleischangebot oder Delikatessen wie Jungtiere geben ebenso Anlass zu Festen wie die Ernte der *chonta,* der Frucht der Stachelpalme, und der Yucca. Beide werden zur Zubereitung der *chicha* verwendet. Dieses gegorene Getränk ist traditionell die Grundlage eines jeden Festes im Regenwald.

Bei **historischen Festen,** meist in enger Verbindung zu Stadt- oder Kantonsgründungen, werden häufig zwei Gegensätze miteinander vereint: Die Eroberung durch die Spanier und die Befreiung von ihnen finden dann Eingang in ein und dasselbe Fest – für die Ecuadorianer kein Paradox.

Nicht nur beim Karneval haben die Missionare Rituale und Zeremonien aus dem Festtagskalender der Indígenas und Afroecuadorianer ›geklaut‹, um mit der christlichen Lehre in deren enge Beziehung zwischen Mensch und Natur einzudringen. Diese Inkulturation ist bis heute in den Gottesdiensten der Indígenas und der Afroecuadorianer sichtbar. Die katholische Kirche auf dem Land begreift etwa die Darstellung einer schwarzen Jesusfigur inzwischen als Berei-

Das farbenprächtige Mama-Negra-Fest steigt im November in Latacunga

cherung und authentische Ausdrucksform und nicht mehr als Irrglauben. Das Spektrum der Festtagsaktivitäten und Ausdrucksformen reicht von der Spende katholischer Sakramente bis zu afroecuadorianischen **Totenfesten** mit Tanz und Gesang. Die sind im Gegensatz zu den christlichen Trauerfeiern Freudenfeste. Denn wer den Tod eines Verstorbenen und vor allem den eines Kindes beweint, so glauben die Afroecuadorianer, erschwert ihm den Weg in den Himmel.

Familienfeste werden ausgiebig gefeiert, nicht selten im wahrsten Sinne des Wortes: Für eine Hochzeit oder eine Beerdigung geben Familien mitunter ihr ganzes Vermögen aus.

In den Festen und Bräuchen Ecuadors drückt sich das Multikulturelle des Landes deutlich aus, aber gleichzeitig auch der Zerfall von Traditionen. Das Weihnachtsfest von heute gleicht eher dem in New York City als dem ecuadorianischen Fest vor 30 Jahren, natürlich in erster Linie für die vornehmlich städtische Bevölkerung mit entsprechendem Geldbeutel. Doch nicht nur: Der Weihnachtsbaum, die Lichterkette und die strohblonde Barbie-Puppe haben in den letzten Jahrzehnten gleichsam Einzug in zahlreiche Lehmhütten der Indígenas gefunden.

Festkalender und Feiertage

Tausende von religiösen und heidnischen Anlässen ließen sich im Festkalender Ecuadors aneinanderreihen. 721 religiöse Feste feiern allein die *campesinos* der kleinen Landgemeinden in der nördlichen und südlichen Sierra. Hinzu kommen die unzähligen Unabhängigkeits- und Stadtgründungsfeste. Hier eine Auswahl der schönsten, kalendarisch geordnet:

Januar

Dreikönigsfest: Das katholische Fest wird in der Sierra mit Folkloretänzen und in Cuenca mit großen Kostümumzügen begangen (6. Jan.).

Februar/März

Karneval: Ausgelassene Feste vor allem in Ambato, Puyo und in den Strandbädern von Guayas, Manabí, Esmeraldas und El Oro. In Quito ist es ruhiger. Musik, farbenprächtige Umzüge und traditionelles Essen sind auch die Hauptattraktionen in Guaranda, dem man den närrischsten Karneval Ecuadors nachsagt. An den Stränden stehen vor dem Start in die Fastenzeit die Wahl der ›Miss Tanga‹ und ähnlich ›fleischliche‹ Vergnügungen auf dem Programm. Auch in Cuenca geht es besonders feucht-fröhlich zu.

Fiesta de las Frutas y las Flores: Vor Aschermittwoch kommt Ambato nicht zur Ruhe: Das traditionelle Blumenfest während der Faschingstage legt das Alltagsleben komplett lahm. Dieses Stadtfest wird mit Tanz auf den Straßen, typischen Gerichten und Weihen von Brot, Blumen und Früchten gefeiert, Höhepunkte sind die Wahl der Schönheitskönigin am Samstag und der große Faschingsumzug am Sonntag, bei dem die unterschiedlichsten Folkloregruppen und Musikkapellen mitgehen. Außerdem: Stierkämpfe mit internationaler Besetzung.

März/April

Semana Santa: In Quito findet am Karfreitag eine beeindruckende Prozession statt, s. S. 120. Sie beginnt morgens mit über 1000 aktiven Teilnehmern an der Kirche von San Francisco und legt an zigtausend Gläubigen und Zuschauern vorbei eine lange Strecke durch die Stadt zurück. In Ketten, unter Dornenkronen oder schweren Holzkreuzen versuchen viele Teilnehmer, das Leiden Christi möglichst authentisch nachzuempfinden. Karfreitagsprozessionen gibt es in vielen Städten der Sierra, weitere kleinere Prozessionen in anderen Landesteilen.

Unabhängigkeitsfest von Riobamba: Die Gründungsstadt der Nation begeht den Jahrestag der Unabhängigkeitsschlacht von Tapi an mehreren Tagen mit Umzügen, Tanz, traditionellen Speisen und Märkten (21. April).

Juni

Fronleichnam/Corpus Cristi: Maskeraden und Umzüge in den Landgemeinden der Sierra, vor allem Pujilí beeindruckt durch seine berühmten Maskentänzer (2. Juni-Sonntag).

Inti Raymi: Der Süden der Sierra feiert in Ingapirca sein Fest der Sonnenwende mit der Wahl der Sonnenprinzessin und Folkloretanz. Im Norden der Anden, bei Cayambe, findet das vielleicht größte Volksfest des Landes statt. 14 Tage lang gibt es Spektakel, Tanz und Wettbewerbe, bei denen die Sonnenkulte der Inkas und der Cayambe-Ureinwohner mit katholischen Elementen der Kolonialzeit vermischt werden (um den 21. Juni, in

Cayambe bis zum 29. Juni, San Pedro und San Pablo).

Fiesta de San Juan: Das Johannisfest (24. Juni) in Otavalo und seinen Umlandgemeinden war ursprünglich das indianische Erntedankfest Aymorai. In Otavalo mit Stierkampf, farbenprächtigen Maskeraden und Bootsrennen auf der Laguna San Pablo. Weitere Festivitäten gibt es im nahen Ilumán (bis zum 29. Juni, San Pedro und San Pablo).

Juli

Fiestas de Guayaquil: Vom 23. bis 25. Juli begeht die Hafenmetropole das Fest ihrer Stadtgründung. Die Stadt verliert sich für einige Tage in den Festivitäten, die auch den Geburtstag Bolívars (24. Juli 1783) miteinschließen. Paraden, künstlerische Darbietungen, große Gemäldeausstellungen, der obligatorische Schönheitswettbewerb sowie Tanz und Feuerwerk lassen karnevalistische Stimmung aufkommen.

September

Fiestas del Yamor: Das ›Maisfest‹ in Otavalo wird mit Umzügen, Prozessionen, folkloristischen Vorführungen, Feuerwerk, der Wahl der Festkönigin und Hahnenkampf begangen (Anfang Sept.).

Virgen del Cisne: Die Stadt Loja begeht das Fest der Virgen del Cisne mit Prozession, Kostümen, Folkloretänzen und großem Festbetrieb sowie einer internationalen Messe (5.–12. Sept.).

Mama Negra: Zum Stadtgründungstag von Latacunga findet das offizielle, doch weniger ausschweifende Mama-Negra-Fest statt (24. Sept.), s. S. 217f. und unten.

Fiesta de los Lagos: Ibarra begeht sein ›Fest der Seen‹ mit einer Industrie- und Landwirtschaftsmesse und zahlreichen folkloristischen Darbietungen (Ende Sept.).

Oktober

Unabhängigkeit von Guayaquil: Vom 9. bis zum 12. Oktober, dem Kolumbustag, erstrecken sich die Festivitäten zur Stadtgründung, die aber weniger bombastisch sind als die Feiern zur Stadtgründung im Juli.

Staatliche Feiertage

1. Januar – Neujahr
Karfreitag
1. Mai – Tag der Arbeit
24. Mai – Schlacht am Pichincha
10. August – Unabhängigkeit von Quito (regional)
9. Oktober – Unabhängigkeit von Guayaquil (regional)
1. November – Unabhängigkeit von Cuenca (regional)
2. November – Allerseelen
25. Dezember – Weihnachten

November

Mama Negra: Die spannendere und buntere Version des Mama-Negra-Festes zu Ehren der schwarzen Jungfrau Virgen de las Mercedes in Latacunga: Prozessionen, Straßentanz, Musikkapellen, Feuerwerk, Kostüme (um den 11. Nov.).

Unabhängigkeit von Cuenca: Die Festivitäten in der Hauptstadt der Südanden werden mit Musik, Tanz und Märkten zu einem großen Stadtfest (1.–3. Nov.).

Dezember

Fiestas de Quito: Das Stadtgründungsfest in Quito lädt zu Stierkämpfen in der Plaza de Toros. Es beginnt mit der Wahl der *Reina de Quito* (Miss Ecuador) Ende November und setzt sich mit zahlreichen Kulturveranstaltungen, Messen, Straßenfesten insbesondere in der Avenida Amazonas fort (mehrere Wochen vor dem 6. Dez.).

Silvester/Año Viejo: Im ganzen Land Feste mit Sraßentanz, Kostümierung und dem symbolischen Verbrennen von Politikerpuppen, um das Böse vor der Jahreswende noch zu vertreiben. Quito begeht einen farbenprächtigen Año-Viejo-Wettbewerb in der Avenida Amazonas. Ein rauschendes Fest veranstaltet auch Guayaquil. Das öffentliche Silvesterfest ist landesüblich gegen 22 Uhr vorbei, weil die Ecuadorianer dann zum traditionellen Silvesteressen nach Hause zurückgehen.

Architektur und Kunst

Das ›artenreichste Land der Welt‹ hat durch Eroberungen und Fremdherrschaft auch kulturell zu großer Vielfalt gefunden. Dieses keineswegs gleichberechtigte Nebeneinander von Ethnien, Kulturen und Weltsichten ist mitunter schmerzhaft und konfliktgeladen.

Ecuadors Architektur – Melange der Epochen

Vor den Inkas

Die **Ureinwohner** Ecuadors, insbesondere die Andenvölker des Nordens, haben der Nachwelt die Fundamente zahlreicher Pyramiden, Sonnentempel und Landmarken hinterlassen. Sie konzentrieren sich auf den Äquatorgürtel zwischen Calacalí am Pululahua-Krater und Cayambe am Fuß des gleichnamigen Vulkans. Ihr geografisches und möglicherweise kulturelles Zentrum war der **Cerro Catequilla,** die älteste und genaue Markierung der Äquatorlinie. Auf diesem Hügel befindet sich, wenn auch baulich unspektakulär, der wohl bedeutendste Mess- und Zeremonienort der frühen Sonnenkultur der Anden, um den sich weitläufig weitere 40 Bauten und Landmarken gruppieren.

Deutlich jünger sind die kuriosen Bäderanlagen aus der Zeit der Kultur der **Yumbos** (800–1660), die um 1000 n. Chr. an dem antiken Handelsweg zwischen Anden und Küste errichtet wurden. Sie liegen nordwestlich von Quito an der Straße nach San Miguel de los Bancos, nahe dem subtropischen Ort Tulipe (s. S. 151) und am gleichnamigen Río Tulipe. Die Rampen, Becken und Steinmonumente der Yumbos wurden wie so viele andere Ruinen der Cayambe- und Cara-Kulturen im Hochland lange Zeit für ›Inkabäder‹ gehalten. Sie sind außergewöhnlich gut erhalten und werden erst seit wenigen Jahren erforscht.

Die Inkas

Die Inkas ihrerseits haben in Ecuador nur wenige Bauten hinterlassen. Das größte architektonische Vermächtnis der Sonnenkultur des Südens ist der **Sonnentempel von Ingapirca** (s. S. 239f.) nördlich der heutigen Stadt Cuenca. In dieser Region, hielten sich die Inkas etwa 80 Jahre auf, legten mehrere Pflasterstraßen an und begannen mit dem Bau ihrer Hauptstadt des Nordens: Tomebamba, dem heutigen Cuenca, wo man einige Reste der Inkabauten gefunden hat (s. S. 242f.).

Die nördlichsten Funde von Inka-Architektur liegen in Ibarra, besser erhalten hingegen sind die Relikte in der **Hacienda San Agustín de Callo** am Fuß des Vulkans Cotopaxi, die heute ein Hotel ist. Hier sind mehrere Räume und Wände eines einstigen Inkapalastes erhalten und restauriert. Später kamen Bauelemente der Kolonialzeit hinzu und verschmolzen zu einer der architektonisch spektakulärsten Haciendas in Ecuador (s. S. 204).

Die Kolonialzeit

Mit dem Eintreffen der Spanier setzte sich in allen Städten und Gutshöfen des Landes die sogenannte **Kolonialarchitektur** durch, was mehr eine Benennung der Epoche als ein Architekturstil ist. Ab dem 16. Jh. brachten vor allem spanische, später auch französische, italienische, belgische und deutsche Architekten die jeweiligen architektonischen Strömungen Europas nach Ecuador. Durch das langsame Wachsen der Städte, aber auch durch Naturkatastrophen, die mehrfach zum

Wiederaufbau der Ansiedlungen führten, gelangte ein Potpourri aus Stilrichtungen in die Städte und Haciendas. Ausgezeichnet zu sehen sind diese Stilmischungen in der Altstadt Quitos (s. S. 114f.), wo noch etwa 80 zumeist kirchliche Gebäude aus dem 16. bis beginnenden 19. Jh. diese Architekturepoche dokumentieren. Barock, Gotik, Renaissance, Neoklassizismus und der orientalisch beeinflusste Mudéjar sind nur die bekanntesten Stile jener Zeit. Zwar wurden diese in Ecuador kopiert – sie sind also keine genuine ecuadorianische Architektur. Doch die Nutzung zahlreicher inkaischer Mauern und Baumaterialien vor allem bei den Fundamenten der Gotteshäuser sowie der massive Einsatz indianischer Arbeitskräfte beim Bau der Kolonialstädte führten zu einem eigenen architektonischen ›Zungenschlag‹ in dieser aus Europa übernommenen Bausprache.

Die republikanische Epoche

Mit der Unabhängigkeitsbewegung zu Beginn des 19. Jh. wendete sich die entstehende Republik sichtlich von Spanien ab. Neue Gebäude entstanden nun vermehrt unter französischem Einfluss, wie es noch heute besonders gut in Cuenca zu bewundern ist. Diese republikanische Epoche setzt sich bis zum Zweiten Weltkrieg fort. Ein Prachtbau vom Beginn dieser Epoche ist der **Präsidentenpalast** in Quito. Ende des 19. Jh. entstand nicht weit von ihm entfernt das vom deutschen Architekten Franz Schmidt entworfene neoklassizistisch beeinflusste Opernhaus Teatro Nacional Sucre. Bald darauf brannte der Jesuitenkonvent neben der Kathedrale ab, ein kolonial-republikanisches Juwel, das, wieder aufgebaut, als Centro Cultural Metropolitano dient. Erst in den 1930er-Jahren entstand mit dem Teatro Bolívar das bedeutende Schauspiel- und Lichtspielhaus der Hauptstadt.

Die Moderne

Seit den 1950er-Jahren, mit Höhepunkt in den Jahren des Erdölbooms (1970er-Jahre), wandten sich die Architekten dem **Beton** mit großflächigen dunklen Fensterfronten zu und imitierten den nordamerikanischen Lifestyle.

Etwa 2000 Jahre alte Keramikfigur der Bahía-Kultur aus der antiken Küstensiedlung Chirije, nahe der heutigen Stadt Bahía de Caráquez

Ob seiner prachtvollen Kolonialarchitektur erhielt Cuenca den Status eines Unesco-Welterbes verliehen

FUJIFILM

Oswaldo Guayasamín – Maler der Freiheit

Thema

Der bedeutendste Maler Ecuadors und vielleicht ganz Lateinamerikas malte zeitlebens gegen das Elend und Unrecht an, das vor allem den indianischen Ureinwohnern seines Kontinents widerfuhr. Seine Bildsprache gibt die Realität Ecuadors ungeschminkt wieder.

Der expressionistische Maler Oswaldo Guayasamín (1919–1999) aus Quito ist bis heute der berühmteste Künstler Ecuadors. Als sozialkritischer Maler der indianischen Geschichte und Gegenwart seines Kontinents schuf Guayasamín im Lauf seines Lebens über 6000 Ölgemälde, Aquarelle und Zeichnungen und avancierte zu einem der bedeutendsten lateinamerikanischen Maler des 20. Jh.

Als armer Tischlersohn eines indianischen Vaters und einer mestizischen Mutter erkämpfte sich der junge Guayasamín einen Studienplatz an der Escuela de las Bellas Artes in Quito. Mit seiner ersten öffentlichen Ausstellung als erst 23-jähriger Newcomer gelang ihm die Sensation, einige seiner Werke an das Museum of Modern Art in New York zu verkaufen.

Auf seinen zahlreichen Reisen in Lateinamerika wuchs Guayasamíns enge Freundschaft mit dem chilenischen Schriftsteller und späteren Literaturnobelpreisträger Pablo Neruda. Den Menschenrechten, seinen indianischen Wurzeln und der lateinamerikanischen Linken verpflichtet, stand Guayasamín auch Gabriel García Márquez, Salvador Allende, Rigoberta Menchú, Mario Vargas Llosa und Fidel Castro nahe. Castro malte er mehrmals, bevor ihm der Máximo Lider der Zuckerrohrinsel 1993 ein Museum in Havanna widmete.

Die bedeutendsten Zyklen seines Lebenswerkes sind ›Der Weg der Tränen‹ (1946–1952, auf Kichwa ›Huacayñán‹), ›Das Zeitalter des Zorns‹ (1960–1992, auf Spanisch ›La Edad del Ira‹) und ›Das Zeitalter der Zärtlichkeit‹ (1988–1999, auf Spanisch ›La Edad de la Ternura‹). Große Wandgemälde fertigte Guayasamín in Madrid und Paris, aber auch für den ecuadorianischen Nationalkongress, unübersehbar beeinflusst von den großen mexikanischen Muralisten. In den 1970er-Jahren war er Leiter der Casa de la Cultura, des bedeutendsten Kulturhauses Ecuadors.

Immer wiederkehrende Motive in vielen seiner jüngeren Werken sind großformatige betende oder gar flehende Hände und karge, klagende, oft schreiende Fratzen – Gesichter aus einer bedrohten Welt, die nach Freiheit rufen. Diese Arbeiten, besonders ausgeprägt im ›Zeitalter des Zorns‹, stehen in enger künstlerischer Nähe zu Pablo Picassos ‹Guernica‹.

Oswaldo Guayasamín prägte und repräsentierte den Expessionismus Lateinamerikas im 20. Jh. 180 individuelle Ausstellungen in aller Welt stehen für seinen Aufschrei gegen das »monströse Jahrhundert« der Weltkriege. Erst nach seinem Tod 1999 wurde sein letztes großes Werk als Gegenstück zur sixtinischen Kapelle vollendet: die Capilla del Hombre, die Kapelle des Menschen. Das avantgardistische Gebäude ist Mahnmal und Ausstellungsort und steht in der Nähe des Museums seiner Stiftung Fundación Guayasamín im Quitoer Stadtteil Bellavista. Ganz nahe bei dem heute wahrscheinlich bedeutendsten Museum von Ecuador liegt der Künstler begraben, und zwar wie er es gewünscht hatte, unter dem von ihm gepflanzten ›Baum des Lebens‹.

Dieses Unterfangen hat landesweit zu einem Wettsinnen der architektonischen Einfallslosigkeit geführt und liegt dem Betrachter von außen schwer im Magen.

Nur wenigen Architekten und Künstlern der Neuzeit gelang es, jenseits dieser Gleichförmigkeit zu einer neuen Ästhetik zu finden, vielleicht noch am ehestem dem Maler Oswaldo Guayasamín mit seiner **Capilla del Hombre** in der Neustadt Quitos (s. S. 130).

Mut macht in Ecuador derweil eine Wiederbelebung historischer Baumaterialien. Seit den 1990er-Jahren entstehen im Hochland zahllose, meist private Bauprojekte aus **Adobe-Lehmziegeln,** an der Küste verbreitet die **Bambusarchitektur** zeitlosen Landhaus-Charme. Die Baumaterialien sind zweckmäßig und ökologisch günstig, die Entwürfe mitunter avantgardistisch. Mit der Abkehr von Beton und Schwarzglas und unter Berücksichtigung der Klima- und Dämmungserfordernisse unserer Zeit könnte nun zum ersten Mal eine genuin ecuadorianische Architektur entstehen.

Bildende Kunst

Mit der Gründung der Republik schwand zwar der spanische Einfluss auf die Kunst. Aber die Künstler des 19. Jh. orientierten sich weiterhin am Kanon der ›Alten Welt‹, und die koloniale Kunstschule Escuela Quiteña fand auf diese Weise eine republikanische Fortsetzung. Erst zu Beginn des 20. Jh. initiierte der literarische Impressionismus auch in der bildenden Kunst eine Neuorientierung.

Anfang des 20. Jh. machte **Camilo Egas** (1889–1962) als erster ecuadorianischer Maler international auf sich aufmerksam. Der große expressionistische Künstler des Landes war der in Quito geborene **Oswaldo Guayasamín** (1919–1999, s. Thema links; www.guayasamin.com). In Malstil, aber auch in seinen Motiven verwandt war sein Zeitgenosse **Eduardo Kingman** (1913–1997), der wie Guayasamín jahrelang an der Escuela de Bellas Artes« in Quito lehrte (www.ecuapymes.com/kingman).

Unter den Künstlern nachfolgender Generationen tat sich in den 1990er-Jahren **Marcelo Aguirre** hervor, ein preisgekrönter Maler der großen farbintensiven Bilder. Er war Student an der Hochschule der Künste (HdK) in Berlin und ein ›Junger Wilder‹.

Daneben gehören Carlos Rosero, Miguel Varea, Hernán Cueva, Ramiro Jacomé, Jaime Zapata und Palomeque zu den ambitioniertesten zeitgenössischen Künstlern Ecuadors.

Das wichtigste Kunstereignis Ecuadors ist die **Bienal Internacional de Cuenca**, eine etwa alle zwei Jahre stattfindende internationale Ausstellung für Malerei, Bildhauerkunst, Fotografie und Installation in der heimlichen Kulturhauptstadt des Landes (www.bienaldecuenca.org, nächster Termin Frühjahr 2009).

Literatur einer jungen Republik

Geschichten aus dem Exil

Ecuadors frühe Autoren setzten bereits vor der Befreiung von den Konquistadoren literarische Akzente, wenn auch vornehmlich in Europa. Der Jesuit **Padre Juan de Velasco** (1727–1792) aus Riobamba schrieb aus dem Exil in Italien als erster die Geschichte Ecuadors auf und war damit der erste Historiker des Landes. **Eugenio Espejo** (1747–1795) war Arzt und Journalist und als solcher gab er auch Ecuadors erste Zeitung heraus, die ›Primicias de la Cultura de Quito‹ im Jahr 1794. Berühmt wurde er durch seine wissenschaftlichen Veröffentlichungen über die Pockenkrankheit, sodass er als Sohn eines Indígenas und einer Negra selbst den weißen Eliten Europas als einer der besten Wissenschaftler Amerikas galt. Der Schwager von Eugenio Espejo, **José Mejía** (1779–1813), war Biologe und Intellektueller. Im spanischen Cádiz waren die Leser begeistert von seinen Diskursen über Amerika.

Von Heldenepen zur Klassik

Die Epoche der **Befreiung von Spanien** ist zwangsläufig gekennzeichnet von Heldenepen und anderen Siegeserzählungen. Vor allem **José Joaquín de Olmedo** (1780–1847) steht für dieses Genre der jungen Republik. Früher Prosaschriftsteller dieser Zeit war **Vicente Solano** (1791–1865).

Ansonsten gehörte das 19. Jh. lange Zeit den **Romantikern.** Stilistisch standen sie den europäischen Autoren sehr nahe, thematisch aber befassten sie sich mit der Geschichte, den Legenden und Traditionen Ecuadors. So erschien insbesondere das Landleben im romantischen Licht der zahlreichen Gedichte und Erzählungen von **Dolores Veintimilla** (1829–1857), **Numa Pompillo Llona** (1832–1907), **Julio Zaldumbide** (1833–1881), **Luis Cordero** (1833–1912) und **Juan León Mera** (1832–1894), der auch den Text der Nationalhymne Ecuadors schrieb.

Juan Montalvo (1832–1889) steht für den Übergang von der Romantik zur **Klassik.** Er betrieb weitreichende literarische Studien in Ecuador, doch fiel er besonders auf durch seine politischen Pamphlete gegen die Regierung von Diktator García Moreno und dessen Politik. Auch schrieb er aus seiner Zeit herausragende Essays wie ›El Cosmopolitano‹, ›Los Siete Tratados‹ und ›Los Capítulos que se le olvidaron a Cervantes‹ – ›die Kapitel, die Cervantes vergaß‹.

Magischer Realismus

Eine der ersten **Novellen** schrieb **Miguel Riofrío** (1822–1879). Mit ›La Emancipada‹ steht er für die Hinwendung zum Realismus. Aus der Zeit von Aufschwung, Niederschlagung und Neubeginn der Arbeiterbewegung entsprangen zahlreiche Erzähler an der Küste, vor allem aus Guayaquil. Sie stehen am Beginn des *realismo mágico,* jenes ›magischen Realismus‹, der sich eng an den Menschen und ihrer Lebenswelt, an den Bauern wie an den Arbeitern orientiert, getrieben von einer tief sozialkritischen, teils marxistischen Weltanschauung. **Demetrio Aguilera Malta** (1905–1981) war Ecuadors vielleicht wichtigster Repräsentant dieses auch politischen **Realismus,** noch bevor der Kolumbianer Gabriel García Márquez diesen Weg einschlug. Weitere ecuadorianische Autoren dieser Epoche waren **José de la Cuadra** (1903–1941), **Joaquín Gallegos Lara** (1911–1947) und **Enrique Gil Gilbert** (1913–1973). Bis heute bekannt, da auch in zahlreiche Sprachen wie das Deutsche übersetzt, ist der quiteñische Romanschriftsteller **Jorge Ycaza** (1906–1978) mit seinem frühen und progressiven Werk ›Huasipungo‹ (1934) sowie ›Los hijos del viento‹ und ›El Chulla Romero y Flores‹.

Pablo Palacios (1904–1946) war ein Schriftsteller des Absurden und gleichzeitig Kongressabgeordneter mit teils exzentrischen und vulgären sprachlichen Auftritten. Franz Kafka und James Joyce beeinflussten den Erzähler, der in keine Richtung passen wollte.

Zeitgenössische Literatur

Der 1993 mit dem nationalen Literaturpreis Premio Eugenio Espejo ausgezeichnete Dichter und Erzähler **Nelson Estupiñan Bass** aus Esmeraldas wurde 1998 sogar für den Literaturnobelpreis nominiert.

Weitere bedeutende **zeitgenössische Romanschriftsteller** und Erzähler sind César Dávila Andrade, Jorge Enrique Adoum, Miguel Donoso Pareja, Efraín Jara Hidrogo, Raúl Pérez Torres sowie der 1947 in Cuenca geborene Jorge Dávila Vázquez und der 1944 in Quito geborene Abdón Ubidia.

Leonardo Wild steht für den jungen **Science Fiction-Roman** aus Ecuador. Mit dem auch auf Deutsch erhältlichen Roman ›Unemotion‹ setzte der junge Autor bereits ein Zeichen. Mit ›Cotopaxi – Alerta Roja‹ begibt sich Wild auf die Spuren des fiktiven Naturdramas von Frank Schätzing und Michael Crichton.

Die 1968 geborene ecuadorianische Erzählerin **María Gabriela Alemán** wurde 2007 auf dem angesehenen Hay Festival in Bogotá als eine der bedeutendsten Nachwuchsschriftstellerinnen Lateinamerikas gefeiert.

Der ecuadorianische Film

Bewegte Bilder

Vor über 125 Jahren fanden die ersten stehenden Bilder den Weg auf ecuadorianische

Projektionsflächen. Zu Anfang des 20. Jh. präsentierten dann vor allem europäische Reisende den staunenden Andenbewohnern Bilder, die sich bewegten. 1906 entstanden auch die **ersten Filmaufnahmen** in Ecuador, u. a. von der Feuerwehr in Guayaquil. Einzelne Stummfilme entstanden in den 1920er-Jahren, z. B ›El tesoro de Atahualpa‹ (1924). Die künstlerisch kreativen 1930er-Jahre brachten vor dem Hintergrund einer sich politisierenden Arbeiter- und Gewerkschaftsbewegung schließlich den ersten ecuadorianischen Film auf die Leinwand: ›Guayaquil de mis amores‹ (1930). Wenig später drehte Demetrio Aguilera Malta ein sozialkritisches Leinwandstück über die Lebenssituation der *motubios,* der Bauern an der ecuadorianischen Küste.

Rückbesinnung auf die Wurzeln

Wie in großen Teilen Lateinamerikas prägte in jener Zeit auch in Ecuador ein *indigenismo realista socialista* die Arbeit der Kulturschaffenden, eine Rückbesinnung auf die eigenen **indigenen Wurzeln,** beeinflusst von einer internationalen sozialistischen, kommunistischen und teils anarchistischen Bewegung. Nach dem Zweiten Weltkrieg dominierten zunächst die serienmäßig produzierten nordamerikanischen Spielfilme die zahlreich in Ecuador eröffnenden Kinosäle. Deshalb entstanden erst wieder in den fortschreitenden 1950ern weitere Filme aus Ecuador: die historischen Filme ›Amanecer en el Pichincha‹ von Alberto Santana (1950) über Sucres glorreiche Befreiungsschlacht von 1823 und ›Mariana de Jesús‹ von Paco Villar (1959) über die nationale Schutzheilige. Der in der Literatur dominierende *realismo mágico* fand in Demetrio Aguilera Malta auch einen Filmschaffenden im Dokumentarbereich.

Ernesto Albán öffnete den ecuadorianischen Film nach außen. Der bekannte Schauspieler und Theaterregisseur drehte bereits in den 1950er-Jahren die ecuadorianisch-mexikanische Koproduktion ›Te amaré en Guayaquil‹ – ›Ich liebe Dich in Guayaquil‹. Dann setzte eine Phase von kürzeren Dokumentarfilmen im 20-Minuten-Format ein. Ecuadors Städte und Feste standen im Mittelpunkt dieser Kinoproduktionen von Agustín Cuesta und Gabriel Tramontana. Sie fanden landesweit ein großes Publikum.

In den 1970er-Jahren besann sich Lateinamerika nicht nur im Film zurück auf sich selbst, auf die Nation. Die Filmemacher Ecuadors produzierten nun zahlreiche kurze Dokumentar- und Autorenfilme. Immer wieder ging es um die Themen ›Tradition‹ und ›nationale Identität‹. Es setzte ein regelrechter Dokumentarfilm-Boom ein, in dem Ecuador erstmals eine eigene Filmsprache entwickelte: Eng an den Menschen formulierten die Werke eine kritische Reflexion der Gesellschaft, klärten die Regisseure ihr Verständnis vom ›Ecuadorianisch-Sein‹ und traten mitunter an zur ›Rettung der nationalen Kultur‹.

Professionalisierung

Auf dem vorläufigen Höhepunkt dieses national-emanzipatorischen Filmschaffens gründeten die unabhängigen Filmemacher 1977 einen eigenen Verband: ASOCINE, die Asociación de Cineastas del Ecuador.

Der ecuadorianische Dokumentarfilm erreichte in den 1980er–Jahren seinen vorläufigen Höhepunkt. Die Unabhängigen produzierten zu Themen aus dem gesellschaftlichen Leben, aus den Legenden der Region und stellten historische Reisen nach, so auch die ›Besteigung des Chimborazo‹ (1988/1989) des deutschen Regisseurs Rainer Simon. Dieser dokumentarische Spielfilm, der die Alexander-von-Humboldt-Bergexpedition vom 23. Juni 1802 mit Jan Josef Liefers in der Hauptrolle und am Originalschauplatz nachzeichnete, war nicht nur eine deutsch-ecuadorianische Koproduktion, sondern zugleich die erste und einzige deutsch-deutsche Spielfilmproduktion, ein Projekt von DEFA und ZDF.

Eine andere Entwicklung des ecuadorianischen Films ab etwa 1985 ist die Professionalisierung der Filmemacher: Aus den einstigen Autodidakten wurden Absolventen internationaler Filmhochschulen, vor allem in

Moskau und Havanna. Die technische Qualität der Produktionen hat einen deutlichen Schub erhalten, während sich die Inhalte der Filme von den kulturellen und gesellschaftlichen Problemen Ecuadors entfernt haben, die Themen spürbar individueller und die Darstellungsformen experimenteller geworden sind.

Neu ist, dass es nun auch Frauen verstärkt in die Rolle der Regisseurin zieht. Vor allem Mónica Vásquez und Helena Corral sind in die bisherige Männerdomäne eingebrochen.

Höhepunkte

Einer der Höhepunkte der nationalen Filmgeschichte war 1996 der experimentelle Spielfilm ›Entre Marx y una mujer desnuda‹ von Camilo Luzuriaga. ›Zwischen Marx und einer nackten Frau‹ gewann u. a. den internationalen Filmpreis in Havanna. 1999 überraschte Sebastián Cordero mit ›Ratas, ratones y rateros‹, einem Film aus dem Jugendmilieu Guayaquils, der ein großer Publikumserfolg wurde. Fünf Jahre später produzierte Cordero den Politthriller ›Crónicas‹. 2006 drehte Tania Hermida mit ›Qué tan lejos‹ ein großartiges Roadmovie.

Das Programmkino **Ocho y Medio** gibt es in mehreren Städten Ecuadors. Neben dem internationalen Programm zeigt es regelmäßig auch die bedeutendsten ecuadorianischen Filme sowie aktuelle nationale Produktionen (www.ochoymedio.net). Das größte Filmfestival des Landes ist das jährlich im Herbst in Quito und anderen Städten stattfindende **Festival de Cine Cero Latitud** (genaue Termine und Informationen zum Programm unter www.cerolatitud.com).

Theater und Tanz

Staat und Kommunen fördern Theater und Tanz in Ecuador fast gar nicht. Allein die staatliche **Compañía Nacional de Danza** lebt von der spärlichen Kulturförderung und tut sich künstlerisch schwer damit. Der eine oder andere Theatersaal steht zur Verfügung, doch wird eine Spielstätte nicht selten mal über Jahre geschlossen, so etwa das Nationaltheater Sucre in Quito.

So fällt das Engagement zurück auf freischaffende Schauspieler, Tänzer, Autoren, Regisseure, Dramaturgen und Choreografen, die nicht selten in Personalunion auch noch die eigene Reinigungskraft sind. So leiden diese Sparten unter chronischem Geldmangel, fehlenden Probenräumen und adäquaten Auftrittsorten. Die Fluktuation in der Szene ist groß.

Theater

Durchgesetzt hat sich mit konsequenter Theaterarbeit wider die staatliche Ohnmacht das seit Anfang der 1980er-Jahre in Quito auftretende Ensemble **Malayerba.** Die rund zehnköpfige Truppe um den argentinischen Dramaturgen und Regisseur Aristides Vargas und die spanische Schauspielerin Charo Frances führen eigene zeitgenössische Stücke auf. Sie befinden sich technisch und darstellerisch mittlerweile auf so hohem Niveau, dass sie weltweit auf den großen Theaterfestivals zu sehen sind. In Quito konnten sie sich ein eigenes Theaterhaus aufbauen.

Der deutsche Schauspieler und Regisseur **Christoph Baumann** zählt zu den populärsten Bühnendarstellern des Landes. Er hat seit den 1980er-Jahren an zahlreichen Produktionen und Festivals teilgenommen und deckt die gesamte Bandbreite von Satire über Drama bis zur Fernsehserie und neuerdings sogar absurdem Theater ab. Baumann ist Mitinitiator das jährlich stattindenden internationalen Festivals für Experimentelles Theater in Quito (www.fiteq.com). Das **FITEQ** unter der Leitung von Susanna Iturralde findet jeweils im November statt.

Erstmals 1998 veranstaltete die Stadt Cuenca ein Theaterfestival, das seitdem als **Bi-Cuenca** alle zwei Jahre fast parallel zur Kunst-Biennale Platz im Kulturkalender der Stadt findet. Das älteste Theaterfestival des Landes ist ein jährlich im September in Manta unter der Leitung von Nixon García veranstaltetes **internationale Theatertreffen.** Humanizarte (s. Tanz, S. 65) in Quito zeigt jeweils im Anschluss Teile des Manta-Festivals als **Spondylus Festival** in der Hauptstadt.

Tanz

Humanizarte hat sich als Ausbildungszentrum für verschiedene Tanzformen etabliert. Mit Geldern aus der Schweiz und aus Mexiko konnte die Stiftung in Quito zudem ein eigenes kleines Tanztheater mit zwei Ensembles aufbauen: eines für modernen Tanz und eines für zeitgenössischen indianischen Tanz.

Die meisten freien Tänzer sind organisiert in der **Frente de Danza Independiente** und überraschen gelegentlich mit professionellem modernen Tanz, der den Einfluss mexikanischer Tanzschulen spüren lässt, wo viele der unabhängigen ecuadorianischen Tänzer ausgebildet wurden. Die bekanntesten Tänzer der Frente sind Wilson Pico und Klever Viera. Letzterer zeichnet auch verantwortlich für das internationale Tanzfestival von Quito und leitet heute das Ensemble **Arrebato**.

Eine der bekanntesten Solistinnen ist **Susana Reyes,** die sich ebenfalls mit Hilfe einer Stiftung eine kleine Theaterschule in San Rafael bei Quito aufbauen konnte.

In Guayaquil entwickelte **Luis Mueckay** ein eigenwilliges Theater mit eigener Spielstätte. Dort, im **Teatro Sarao,** im Stadtteil Kennedy Viejo, inszeniert er im Stil eines komischen Tanztheaters regelmäßig eigene Stücke.

Straßentheater

Das Straßentheater in Ecuador hat eine lange Tradition. Auf Plätzen und in Parks, vor allem in den Metropolen Guayaquil und Quito, spielen die Outdoor-Schauspieler einfache Unterhaltungssketche, schlichte Parodien und Clownerien. Dieses Volkstheater ist sehr beliebt und findet nicht selten ein Publikum von 200 bis 300 Zuschauern. Während es den modernen Tanz in Ecuador erst seit Ende der 1970er-Jahre gibt, das zeitgenössische Theater seit den 1960ern, ist das Straßentheater, in kultureller Nähe zu Festen und Feiern, sowohl an der Küste als auch in den Anden ein echtes Stück Volkskultur. Meister des

Traditionelle Klänge – Musiker spielen in Salasaca auf

Fachs ist **Carlos Michilena,** der sich wochentags immer um 11 Uhr in Quitos Parque El Ejido die Ehre gibt. Michelena ist mittlerweile Profi und gelegentlich auf der Bühne und im Fernsehen zu sehen.

Musik aus Anden und Mangroven

Volkstümliche Musik

Der Einfluss der **volkstümlichen Andenmusik** der Indígenas ist stark zurückgegangen. Allein die Otavaleños spielen in Ecuador, aber auch auf weltweiten Tourneen durch Fußgängerzonen und Latinokneipen ihre Stücke.

Volkstümlich wie eh und je sind die **Bandas,** wunderschöne schrille Dorforchester, die auf keiner Fiesta fehlen dürfen. Die hauptsächlich mit Blech- und Holzbläsern besetzten Herrenensembles spielen eingängige Tanzmusik. Sie funktionieren quasi wie eine menschliche Musikbox, statt Münzen nehmen sie am liebsten den dorfgebrannten *trago,* bis dass sich die Noten biegen. Gerne spielen sie auch auf den *chivas,* den offenen Partybussen aus Holz, die die Städte an Festtagen unsicher machen.

Die **afroecuadorianische Musik** mit den faszinierenden rhythmischen Klängen der Marimba und den schwungvollen Tänzen und Tanzspielen ist in Esmeraldas und im Valle del Chota noch heute von großer Bedeutung. Gelegentlich geben Bands auch Konzerte in der Hauptstadt, oft gewürzt mit kubanischer Musik. Ihr bekanntester Protagonist ist der Meister der Marimba, **Papá Roncón.**

Klassische Musik

Klassische Musik ist modern – nicht nur, weil man fast jedes Jahr den Gitarrenvirtuosen Paco de Lucía in die Casa de la Cultura einfliegt. Man gibt sich gerne großzügig und urban vonseiten der Kommunen und leistet sich drei Sinfonieorchester, in Guayaquil, Cuenca und Quito. Herausragend ist das staatliche Jugendsinfonieorchester Ecuadors.

Dem **Orquesta de Instrumentos Andinos** gelang unter seinem Direktor Patricio Mantilla der Sprung von der einfachen Folkloreband zum großen Galaorchester, das neben Werken von Mozart auch Vivaldi, Bach, Brahms, Händel, Beethoven, Saint-Saëns und ecuadorianische Komponisten spielt. Seine Instrumente und das weit über 100 Werke umfassende Repertoire machen dieses Orchester weltweit einzigartig. Die klassischen Werke großer Meister wurden für die Interpretation auf den ecuador-typischen Klangkörpern von den Musikern des Orchesters selbst umgeschrieben. Zahlreiche Instrumente bauten die Interpreten eigenhändig um und erweiterten damit deren musikalische Bandbreite. So übernehmen im Andinischen Orchester Quena, Bandolín und Charango die klassischen Soloparts konventioneller Orchester-Instrumente wie Geige, Piccolo, Querflöte und Oboe. Mantilla lebt für die »Wiederentdeckung der Volksmusik, um die lateinamerikanische Kultur zu retten und zu fördern«.

Pop und Rock

Seit Anfang der 1990er-Jahre hat sich in Ecuador rund um das Phänomen **Rockmusik** eine breite Jugendszene entwickelt. Insbesondere in den ärmeren Stadtvierteln, so in Quitos Süden, formiert sich über harten Rock und Heavy Metal eine Protestbewegung gegen die Chancenlosigkeit. Mit den zwischenzeitlichen Verboten von Rockmusik und langen Haaren durch Ex-Präsident Bucaram hat diese Bewegung seit 1996 weiter Auftrieb bekommen. Im Süden der Hauptstad ziehen Rockbands wie **Sal y Mileto** schon mal 5000 Zuschauer an.

Im Jahr 1998 initiierte die in Quito lebende deutsche Saxofonistin Astrid Pape mit Mannheimer Musikern (www.coleumes.de) das **Proyecto Visión.** Das globalisierungskritische Kulturprojekt führt seither Musiker und ihre Musik aus Guayaquil, Esmeraldas und den Anden mit europäischen Musikern zusammen. Nach einer erfolgreichen Teilnahme an der Expo 2000 in Hannover und einer Verfilmung des Projektes bei ARTE ist Visión weiterhin auf internationalen Bühnen zu sehen (Infos: www.proyecto-vision.de, Kontakt: astridpape@yahoo.com).

Essen und Trinken

Der ecuadorianischen Küche eilt kein guter Ruf voraus. Doch Spitzenrestaurants am Äquator brauchen sich heute international in keiner Weise zu verstecken. Die traditionelle Landesküche wartet mit Überraschungen und Kuriosem auf, dazu mit reichlich Vitaminen und einem Schmaus auch für den kleinen Geldbeutel. Wer mag, findet in den Städten natürlich auch internationale Küche.

Auswärts essen

Almuerzo, merienda und Co.

Der Tag am Äquator beginnt traditionell mit einem wenig ambitionierten und mageren Frühstück, bei dem ein Spiegelei schon an einen Festtag erinnert. Kein Wunder also, dass der Magen gegen Mittag rebelliert. Die wichtigste Mahlzeit des Tages ist für die Ecuadorianer somit das **almuerzo,** ein komplettes Mittagsmenü aus Suppe, Hauptgericht, einem frischen Fruchtsaft und manchmal einem süßen Nachtisch. Das Abendessen, **merienda,** wird hingegen als festes Abendmenü nur selten angeboten. Abends isst man auswärts à la carte.

Vor allem in touristischen Restaurants lässt es sich morgens, mittags und abends nahezu europäisch vielfältig essen und trinken. In einfachen Restaurants gibt es üblicherweise weder Wein noch einen Aperitif oder Schnaps zu trinken, sondern lediglich Säfte, Wasser, Erfrischungsgetränke und Bier. **Cafés** sind selten, allenfalls wiederum im internationalen Milieu zu finden.

Wichtig für den ausländische Besucher ist es, **Garküchen** an der Straße unbedingt zu meiden und bei den einfachen Restaurants einen gewissen Blick für Hygiene und Frische zu entwickeln.

Süßes

Ein verspielter Hang zu Zuckerguss und Farbspektakeln hat die Backkunst des Landes bunt verklebt. Auch hier gilt, dass in Cafés, die auf ausländische Gäste und die wachsende ecuadorianische Gourmetgemeinde setzen, immer bessere **Kuchenspezialitäten** in den Vitrinen warten, manchmal sogar von österreichischer Glückseligkeit.

Preise

Das standardisierte Tagesmenü, die **merienda,** ist sehr preiswert und kostet in den einfachen bis mittleren Restaurants des Landes nur zwischen 1 und 3 $. Natürlich kann ein komplettes Mittagessen im entsprechenden Restaurant auch 50 oder mehr Dollar kosten, wobei die gastronomischen Häuser unterschiedlicher kulinarischer Klassen durchaus Wand an Wand liegen können.

Verschiedene Küchen

Die Andenküche

Das Andenhochland ist die Heimat von Kartoffel und Mais. Ein Gaumenschmaus ist der **choclo,** ein gelb gebackener Maiskolben. Doch so gut wie kein traditionelles Hauptgericht der Sierra kommt ohne Fleisch aus. Zu den typischen Zubereitungen zählen **hornado** und **fritada** – Schwein, im Lehmofen als Ganzes gebacken oder in Stücken frittiert, dazu gibt es verschiedene Kartoffelzubereitungen sowie Salate mit Avocado oder **mote,** gekochtem Mais. Vorzüglich ist die zu Chips gebackene Schweinehaut **cuerito.**

Die ecuadorianische Küche

Zu besonderen Anlässen kommt das einst weit verbreitete Wildtier der Anden, das Meerschweinchen, in den Ofen oder auf den Spieß – dieses Nationalgericht, **cuy,** wird dann herzhaft gefüllt, mit der pflanzlichen **achiote** eingefärbt und dann mit Kartoffeln und Erdnusssauce, **salsa de maní,** serviert.

Das Rückenfilet **lomo** meint in Ecuador im Allgemeinen das dünne und durchgebratene Rinderfilet, als **lomo fino** auch ein Steak.

Als ›Arme-Leute-Essen‹ gelten der Kuhmagen **tripa mishque** und der **caldo de 31,** eine cremige Suppe aus den Innereien des Rindes. Aus dem Blut der Stiere rührt die ecuadorianische Köchin die Stiersuppe **yaguar locro.** Suppen sind ohnehin Höhepunkte der ecuadorianischen Kochkunst, und sie sind durchaus auch als vegetarische Varianten, Broccoli- oder Spargelcremesuppe, auf der Speisekarte zu finden.

Ziege, Lamm und Huhn komplettieren die Karte, besonders beliebt ist dabei das **seco de chivo,** Ziegengeschnetzeltes. Fleischlos hingegen bleibt **llapingacho,** ein Kartoffelpuffer mit Käse, Spiegelei und rotem Rübensalat. Die **trucha** ist im Idealfall eine frische, köstliche Hochlandforelle.

Die Küche der Sierra

Die Sierra-Küche ist im Allgemeinen deftig, aber schwach gewürzt. In einfachen Restaurants hat eine leider recht geschmacksneutrale Reissorte von der Küste vielerorts die Kartoffel verdrängt, und die übrigen Bestandteile der Gerichte an den Rand des Tellers. Neben der roten **achiote** würzt der Küchenchef vor allem mit Koriander und Petersilie, benutzt viel Knoblauch, Zwiebeln, Paprika und gelegentlich Tomaten.

Auf jedem Mittagstisch des Landes steht eine Schale **ají,** eine mitunter sehr scharfe Gewürzsauce aus Pfefferschoten und Lauch. Eine herrliche Abrundung des Menüs ist der **café con humitas,** ein süßliches Maispüree, im Naturblatt serviert, dazu eine Tasse Kaffee.

Die tropische Küche

Die Costa kocht natürlich maritim: Garnelen **(camarones),** Krebse **(cangrejos)** oder Welssuppe **(caldo de bagre).** Fisch wird meist zum **pescado frito** frittiert, vornehmlich Barsch **(corvina)** und Brasse **(pargo),** gelegentlich Hai **(tiburón)** und Schwertfisch **(pez espada).**

Nationalgericht sind die **ceviches**, herzhafte Meeresfrüchtecocktails mit Limone. Und was der Sierra die **papas** (Kartoffeln), sind den Costeños die Kochbananen **– verde** oder **patacones –** und natürlich der allgegenwärtige weiße Reis.

Süße Yucca ist das Grundnahrungsmittel der **Selva.** Die exotische Fleischtradition entwickelte sich aus dem Jagdwild der Indígenas: Vögel, Affen, Tapire und vieles andere mehr mit deutlichen regionalen Unterschieden. In den Städten der Selva wie auch auf den Galápagos-Inseln ist die Küche mittlerweile eng an Küste und Sierra angelehnt.

Getränke

Säfte, Bier und Softdrinks

Grandios sind die stets frischen **Fruchtsäfte** des Landes. Die gesamte tropische Fruchtpalette gelangt frisch püriert und gemixt in die Gläser der staunenden internationalen Besuchergemeinde.

Ansonsten ist die nationale Getränkeauswahl äußerst mager. Ecuador hat so gut wie keinen eigenen Wein, kaum empfehlenswerte Brände und nur eine Handvoll Biermarken, allesamt vom Brautyp Pils. Darunter ist die Marke **Pilsener** der durchaus passable Marktführer. Aus gleichem Haus kommt das **Club.** Größter Konkurrent ist die recht junge Biermarke **Brahma,** geschmacklich gereift leidet sie etwas unter zu hohem Kohlensäuregehalt. **Klausen** ist das Mauerblümchen unten den Pilsbieren. Außerdem drängen ausländische Konzerne wie **Heineken** und **Franziskaner** auch auf den ecuadorianischen Markt. Die Marken schmecken in Pfand- und Einwegflaschen übrigens unterschiedlich. Pilsener verkauft seit wenigen Jahren verstärkt Fassbier, das aus der Hand eines guten Zapfers an sauberer Anlage exzellent schmeckt.

Dieses Gebäck, Guaguas de Pan, lässt man sich zum Día de los Difuntos, dem Allerseelenfest, schmecken

Bei den **Softdrinks** geht es farbig und fröhlich zu wie bei den Geburtstagstorten – quietschbunte, stark zuckerhaltige Limonaden aus Ecuador halten sich wacker gegen die Produkte der weltweit agierenden Softdrink-Konzerne, auch wenn die großen ecuadorianischen Abfüller hierbei längst die kleinen geschluckt haben.

Kaffee und Tee

In dem Kaffee-Exportland Ecuador gibt es erst seit kurzem so ewas wie eine **Kaffeekultur.** Nach wie vor wird die lapidar ausgewählte Kaffeebohne vielerorts durch das Anrühren eines dickflüssigen Konzentrats ihres Aromas beraubt, bevor man bei Tisch gefragt wird, ob man zum Verdünnen der schwarzen Essenz lieber Wasser oder Milch haben möchte. Allmählich verbessert sich die Lage zumindest in den großen Städten. Hier ist, nach Jahrzehnten des Exports, endlich der exzellente ecuadorianische **Hochlandkaffee** angekommen, und es wird frischer, duftender Kaffee serviert.

Teetrinker werden unter dem **aromático** eine Vielzahl von Kräutertees, z. B. mit Limonengras, entdecken. Bei Tee vermischt sich vor allem in der Sierra die traditionelle Naturheilkunde der Indianer mit der britischen Teeleidenschaft.

Weitere Begriffe aus dem Bereich der Gastronomie und ihre Übersetzungen ins Deutsche finden sich im folgenden kleinen Kulinarischen Lexikon (s. S. 70f.).

Kulinarisches Lexikon

Allgemeines

Herr Ober!	¡Señor!
Fräulein!	¡Señorita!
Was möchten Sie?	¿Qué desea?
Ich möchte …	Quisiera …
Guten Appetit.	Qué aproveche.
Prost.	Salud.
Noch etwas?	¿Algo más?
Nein danke, nichts weiter.	No gracias, nada más.
Die Speisekarte, bitte.	La carta, por favor.
Die Rechnung, bitte.	La cuenta, por favor.
Frühstück	desayuno
Mittagessen, Menü	almuerzo
Abendessen	cena
Abendmenü	merienda
Vorspeise	entrada
Hauptgericht	plato fuerte
Nachspeise	postre
Restaurant	restaurante
Café	cafetería
Ceviche-Lokal	cevichería
Tisch	mesa
Essen (allgemein)	comida
Getränke	bebidas
Gericht, Teller	plato
Fisch	pescado
Meeresfrüchte	mariscos
Gemüse	legumbres
Fleisch	carne
Früchte	frutas

Zubereitung

a la parilla	gegrillt
al vapor	gedünstet
cocinado	gekocht
crudo	roh
encebollado	mit Zwiebeln
encocado	an Kokossud
fritado	frittiert
revuelto	gerührt (Ei)
medio	halb durchgebraten
tres cuartos	gut durchgebraten
bien cocinado	ganz durchgebraten

Am Tisch

cubiertos	Besteck
cuchillo	Messer
tenedor	Gabel
cuchara	Löffel
plato	Teller
servilleta	Serviette
mesa	Tisch
mantel	Tischtuch
palillo	Zahnstocher
botella	Flasche
vaso	Glas
copa	Weinglas
taza	Tasse

Fisch und Meeresfrüchte

atún	Thunfisch
calamares	Tintenfisch
camarones	Garnelen
cangrejo	Krebs
ceviche	Meeresfrüchte-cocktail
concha	Muschel
corvina	Seebarsch
ensumacao	Meeresfrüchtesuppe
pargo	Seebrasse
langustinos	Riesengarnelen
langosta	Hummer
mejillones	Miesmuscheln
pescado frito	frittierter Fisch
pez espada	Schwertfisch

Fleisch

cerdo	Schweinefleisch
chivo	Ziegenfleisch
conejo	Kaninchen
cordero	Lamm
cuy	Meerschweinchen
jamón	Schinken
lomo	Filet (meist Rind)
lomo fino	Steak
pavo	Truthahn

pollo	Huhn
res	Rindfleisch
salchicha	Würstchen

Gemüse

ajo	Knoblauch
camote, zapote	Süßkartoffel
cebolla	Zwiebel
coliflor	Blumenkohl
espárrago	Spinat
frijoles	Bohnen
garbanzos	Kichererbsen
lentejas	Linsen
mote	gekochter und geschälter Mais
palmito	Palmherz
pepino	Gurke
pimiento	Paprika
tomate riñón	Tomate
zanahoria	Karotte

Obst

acuacate	Avocado
banano	Banane
chirimoya	Chirimoya, Zimtapfel
frutilla	Erdbeere
granadilla	Granatapfel
guayaba	Guave
limón	Zitrone
maduro	Bratbanane
manzana	Apfel
maracuyá	Passionsfrucht
mora	Brombeere
naranja	Orange
naranjilla	behaarte Strauchtomate, ähnlich einer Zitrusfrucht
papaya	Papaya
pera	Birne
piña	Ananas
plátano, verde	Kochbanane
sandía	Wassermelone
tuna	Kaktusfeige
tomate de árbol	Baumtomate
toronja	Pampelmuse

Verschiedenes

aceite	Öl
ají	Chilischote
arroz	Reis
azúcar	Zucker
caldo	Brühe
cilantro	Koriander
ensalada	Salat
helado	Speiseeis
huevo	Ei
mantequilla	Butter
pan	Brot
papas	Kartoffeln
papas fritas	Pommes frites
pastel, torta	Kuchen
pimienta	Pfeffer
pincho	Spieß
queso	Käse
sal	Salz
salsa de tomate	Ketchup
sopa, locro	Suppe
trucha	Forelle
vinagre	Essig

Getränke

agua mineral	Mineralwasser
agua sin gaz	Tafelwasser
esencia de café	Kaffeesud, der mit heißem Wasser oder heißer Milch verdünnt wird
aperitivo	Aperitif
batido de ...	Milchshake mit Fruchtsaft
café	Kaffee
café con leche	Milchkaffee
cerveza	Bier
cola	Limonade
jugo	Saft
ron	Rum
té	Tee
trago	Schnaps
vino tinto	Rotwein
vino blanco	Weißwein
con/sin hielo	mit/ohne Eis

Landwirtschaftlich geprägte Kulturlandschaft in den Anden am Chimborazo

Wissenswertes für die Reise

Ecuador im Internet

Dies ist eine aktuelle Auswahl der wichtigsten und informativsten Internetseite zu Ecuador:

www.vivecuador.com (engl., span.) – Die offizielle Seite des Ministeriums für Tourismus enthält zahlreiche steckbriefartige Informationen u. a. zu Geografie, Reisezielen, Reiseorganisation und Sportaktivitäten. Außerdem Links zu anderen öffentlichen Institutionen wie dem Außenministerium.

www.visitecuador.de (dt.) – Das Tourismusministerium unterhält ferner diese deutschsprachige Seite über ihre Außenstelle zur Tourismusförderung, die Ecuadorianische Zentrale für Tourismus im hessischen Langen. Informationen, Kontakte, Ansprechpartner und Links zur Reiseplanung.

www.ambiente.gov.ec (span.) – Die Seite des Umweltministeriums verfügt neben einer Menge amtlicher Informationen über eine hervorragende Plattform mit ausführlicher Beschreibung aller Naturschutzgebiete Ecuadors unter ›Ecuador Ambiental‹.

www.quito.diplo.de (dt.) – Die deutsche Botschaft in Quito informiert hier über Konsularangelegenheiten, Einreisebestimmungen und Sicherheit in Ecuador. Ferner führt sie aktuelle Kontaktlisten zu allen wichtigen deutschen Einrichtungen in Ecuador: Schulen, Stiftungen, Kultureinrichtungen und Organisationen der Entwicklungshilfe.

www.auswaertiges-amt.de (dt.) – Offizielle Seite des Auswärtigen Amtes in Berlin mit aktuellen und grundsätzlichen Ecuador-Hinweisen zu Sicherheit, Einreise und Impfungen unter dem Kapitel ›Reise und Sicherheit‹.

www.quito.com.ec (engl., span.) – Die offizielle Seite der Hauptstadt Quito bietet jede Menge Adressen und Links zum Tourismus und zu Fluggesellschaften, außerdem eine Übersicht über Messen und Konferenzen.

www.igepn.edu.ec (span.) – Das Geophysische Institut der Politechnischen Hochschule Ecuadors veröffentlicht aktuelle und detaillierte Informationen über Vulkan- und Erdbebenaktivitäten im Land mit täglichen Updates.

www.ecuadorline.de (dt.) – Private Reiseagentur ›zur Tourismusförderung‹ aus Passau, die eine sehr übersichtliche und hilfreiche Ecuador-Seite mit zahlreichen praktischen Tipps und Kontakten aufgebaut hat und zudem Büros und Callcenter in Deutschland und Quito unterhält.

www.ecuadorexplorer.com (engl.) und **www.ecuadorvirtual.com** (span.) – Umfangreiche kommerzielle Reiseportale mit Fotogalerie, Kartenmaterial, Links, Flugfinfos und breiter Presseschau aus und über Ecuador.

www.restaurantes.com.ec (span.) – Virtueller Gastronomieführer durch Quito mit allen wichtigen Kontakten, laut eigenen Angaben demnächst auch über Guayaquil und Cuenca.

www.hotelesecuador.com (span.) – Virtueller Hotelführer mit Adressen im ganzen Land, herausgegeben vom Verband des Ecuadorianischen Hotelgewerbes; mit Kontakten, Preislisten und Reservierungsservice.

Fremdenverkehrsamt

In Deutschland

Ecuadorianische Zentrale für Tourismus
c/o BZ.COMM e. K
Robert-Bosch-Str. 28
D-63225 Langen
Tel. 061 03-833 56 60
Fax 061 03-833 56 70
www.visitecuador.de
info@visitecuador.de

Die Rote Klippenkrabbe ist charakteristisch für die Galápagos-Inseln, wo sie sehr zahlreich anzutreffen ist

Gebührenfreie Hotline aus Deutschland, Österreich und der Schweiz:
008 00-59 30 05 93

Auskunftsstellen in Ecuador

Das Tourismusministerium unterhält an zahlreichen Orten in Ecuador Informationsbüros. Es sind mit **i-Tur** gekennzeichnete Anlaufstellen im Zentrum der Orte mit Kontakten zu Hotels und regionalen Reisetipps sowie meist auch einfachem, lokalem Kartenmaterial. Darüber hinaus unterhalten einige Städte eigene Büros. Auch informell sind insbesondere bei den meisten gelisteten Hotels und Agenturen brauchbare Reiseinformationen zu erhalten.

Karten

Das beste Kartenmaterial erstellt und verkauft das Instituto Geográfico Militar (IGM), Calle Senierges y Paz y Miño, Quito, Tel. 02-254 65 50, Fax 02-252 27 36, www.igm.gov.ec. In Guayaquil mit kleiner Zweigstelle: IGM, Segunda Zona Militar, Av. 9 de Octubre und Garaicoa, Tel. 04-230 97 52, Fax 04-230 28 62. Die *mapas* (Karten) in Maßstäben zwischen 1:25 000 und 1:250 000 haben in der Regel eine feine Höhenzeichnung und sind größtenteils vollfarbig gedruckt, jedoch nicht immer aktuell. Einige Karten sind ferner nur als Schwarzweißausdrucke erhältlich. Beim IGM

Unterwegs im Vulkanland von Cotopaxi

in Quito liegen alle Karten zur Einsicht aus. Im Internet lässt sich die Verfügbarkeit abfragen. Mäßige Straßenkarten finden sich zudem in Buchhandlungen wie Libro Express in Quito (s. S. 136).

Lesetipps

Ecuador

Acosta, Alberto und Sevilla, Rafael: Ecuador. Welt der Vielfalt, Bad Honnef, 2005. Ungeschminkte Einblicke in die wirtschaftliche, soziale und politische Realität des Landes von renommierten Autoren und Wissenschaftlern aus Ecuador.

Humboldt, Alexander von und Ette, Ottmar: Alexander von Humboldt über einen Versuch den Gipfel des Chimborazo zu ersteigen, Berlin, 2006. Humboldts Denken gespiegelt in den vollständigen Tagebuchaufzeichnungen seiner Chimborazo-Besteigung von 1802.

Korneffel, Peter: Von Amazonien nach Galápagos. Streifzüge durch Ecuador, Bad Honnef, 2005. Der Auslandsreporter und DuMont-Autor hat sieben Jahre in Ecuador gelebt und seine 30 besten Reportagen u. a. aus ZEIT, Geo, Mare und dpa in diesem Sammelband nebst aktuellem Anhang veröffentlicht.

Kempken, Daniel: Schlaglichter Ecuador, Highlights und Kuriositäten, Tipps und Geheimtipps, Berlin, 2005. Der ehemalige Leiter des Deutschen Entwicklungsdienstes in Ecuador hat nach fünf Jahren im Land eine beherzte und süffisante Sammlung von Geschichten und Reisetipps zusammengetragen.

McIntyre, Loren A.: Die amerikanische Reise. Auf den Spuren des großen deutschen Forschers Alexander von Humboldt. Hamburg, 2001. Die Rekonstruktion der historischen Reise von Alexander von Humboldt, die den Deutschen zwischen 1801 und 1803 zweimal nach Ecuador führte.

Miller, Tom: Auf den Spuren des Panamahutes, Hamburg, 2003. Chronologischer Reisereport über den berühmten Palmenhut aus Ecuador, seine Produzenten, seine Händler und die Weggefährten des Autors.

Ruales Hualca, Huilo: Fetisch und Fantosch, Bad Honnef, 2000. Absurd-komischer Kurzroman des ecuadorianischen Schriftstellers aus Ibarra über den Aufstieg und Niedergang eines kleinen Dorfes in den ecuadorianischen Anden.

Simon, Rainer: Fernes Land. Die DDR, die DEFA und der Ruf des Chimborazo, Berlin, 2005. Der deutsche Filmemacher Simon, der 1988 Humboldts ›Besteigung des Chimborazo‹ verfilmte, berichtet über seine Filme und Freunde in Ecuador.

Galápagos-Inseln

Darwin, Charles: Die Fahrt der Beagle, München, 2006. Die Aufzeichnungen der historischen Reise (1831–1836) des britischen Naturforschers, der während seines Galápagos-Aufenthaltes die Grundlagen der Evolutionstheorie schuf (auch als 4 CDs).

De Roy, Tui: Galápagos. Inseln aus Feuer geboren, Steinfurt, 2000. Beeindruckender Fotoband der belgischen Fotografin, die auf Galápagos lebt und zu den besten Naturfotografen des Archipels zählt.

Eibl-Eibesfeldt, Irenäus: Galápagos. Die Arche Noah im Pazifik, München, 2001. Standardwerk des berühmten österreichischen Verhaltensforschers, der Galápagos seit 1953 regelmäßig besucht.

Melville, Herman: Die verzauberten Inseln oder Encantadas, Düsseldorf, 2002. Der New Yorker Seefahrer, Abenteurer und Moby-Dick-Autor veröffentlichte diese prosaische Reiseerzählung bereits 1854.

Wittmer, Margret: Postlagernd Floreana, Bergisch-Gladbach, 1995. Die Lebensgeschichte der 1932 von Köln auf die Galápagos-Insel Floreana ausgewanderten Deutschen über Träume, Dramen und Intrigen.

Ecuador als Reiseland

Wahrscheinlich gibt es kein Land der Welt, das eine derart hohe Reisevielfalt auf so kleinem Raum bietet wie Ecuador. So wie die dramatische Topografie zwischen der Brandung des Pazifiks und den eisigen Gipfeln der Vulkane stehen auch die Kulturen des Landes für eine faszinierende Vielfalt. Ein kontinuierlich wachsender Tourismusmarkt hat zugleich das Angebot für die internationalen Gäste enorm vergrößert und auch neue Tendenzen wie Spa und Wellness aufgegriffen.

Naturtourismus

Die spektakuläre Geografie des Landes, die schon Alexander von Humboldt begeisterte, bettet eine derart große Artenvielfalt in Flora und Fauna, dass Ecuador zu den weltweit besten Regionen für einen hautnahen Naturtourismus zählt. Die wichtigsten Naturräume sind dabei die Regenwälder wie der Nationalpark Yasuní und das Faunareservat von Cuyabeno, die Bergnebelwälder wie in Mindo-Nambillo oder im Nationalpark Podocarpus, die Páramo-Landschaften wie im Reservat von El Ángel und am Chimborazo, die Gipfel- und Trekkingrouten in den zentralen und nördlichen Anden sowie natürlich die einzigartigen Galápagos-Inseln. Das Studium der überreichen Fauna, die Entdeckung von Tausenden von Orchideenarten, eine ergreifende Nähe zu den Tieren auf den Inseln und meditativ anmutende Landschaften und Naturkräfte erlauben bis heute und trotz aller Entwicklung und Besiedlung den Besuch einzigartiger Naturräume in Ecuador. Nahezu im ganzen Land haben sich nicht nur Besucherorte, Lodges und Aussichtspunkte für Vogelbeobachter etabliert, sondern in rasantem Tempo auch mannigfaltige Möglichkeiten, Aktivsport zu treiben. Neben dem traditionellen Andinismus sind das vor allem Mountainbiking, Rafting, Klettern, Tauchen, Surfen, Gleitschirmfliegen und Kajaking. Jüngste Entwicklungen führen Besucher auf hohe Canopy-Waldbrücken durch die Regenwälder oder zum Entspannen in vulkanische Thermalbäder sowie in die Welt von Spa und Wellness.

Kulturtourismus

Innerhalb Lateinamerikas zählt Ecuador neben Bolivien und Guatemala den höchsten Anteil an indigener Bevölkerung. Das kulturelle Erbe zehn indianischer Ethnien und der afroecuadorianischen Bevölkerung wird in Teilen bis heute gepflegt und ist für Reisende unmittelbar erfahrbar. Wenngleich diese Kulturpflege z. T. aus schlichten wirtschaftlichen Gründen ins Folkloristische läuft, so bewahren die Menschen auf Versammlungen, Festen und im ländlichen Alltag, in ihrer Musik, Kleidung und Küche und selbst in ihrer Sprache einen großen kulturellen Schatz. Den Besucher fasziniert die Beobachtung dieser in Jahrtausenden überlieferten Lebensweise. Die gastfreundliche Offenheit der Ecuadorianer macht diese Kultur erlebbar, lässt den Fremden teilhaben. Am intensivsten lässt sich das in den Handwerksdörfern am Imbabura erleben, in den Hochlandgemeinden am Chimborazo und im Rahmen eines gerade erst wachsenden ›Landgemeindentourismus‹.

Ein jüngeres kulturelles Erbe haben die Eroberer aus Nord und Süd hinterlassen: So zählen die Inkarelikte in San Agustín de Callo und in Ingapirca ebenso zu den architektonischen Attraktionen wie die spanischen Kolonialstädte, insbesondere Quito und Cuenca. Das archäologische Erbe der Sonnenkulturen am Äquator ist zwar nicht so opulent wie in Machu Picchu, aber dennoch faszinierend in seiner Synergie mit jener magischen wie virtuellen Äquatorlinie. Zu den bedeutendsten Ausgrabungen am Äquator zählen Cochasquí und Tulipe. Das Sonnenmuseum Inti Ñan und die Sonnenuhr Quitsa To auf dem Äquator dokumentieren die antike Geografie und Solarkultur.

Sprachurlaub

Während im Hochland Ecuadors eine Art einfaches Hochspanisch gesprochen wird, haben sich insbesondere Quito und Cuenca, mit Abstrichen auch die Reisemagneten Baños und Otavalo, zu internationalen Destinationen für Sprachschüler entwickelt. Die relativ preiswerten Spanischkurse in der Sierra und die beliebte Integration in Gastfamilien sowie die Kulturprogramme der Sprachschulen ermöglichen ein intensives Lernen und Erleben der Fremdsprache – und das alles eingebettet in die Kulisse der Fünftausender und die reiche Kultur des Landes (s. auch S. 139).

Tipps für die Reiseorganisation

Individualreisen

Ecuador ist ein ausgezeichnetes Reiseziel für Individualreisende. Die Infrastruktur des Landes ist zwar in einigen Regionen noch etwas rudimentär. Doch das Land der unkomplizierten, informellen Lösungen wartet mit Gastfreundschaft und spontaner Hilfe bei fast allen Fragen des individuellen Reisens auf. Hinzu kommt, dass der allgegenwärtige Überlandbus preiswert, häufig und relativ schnell zwischen den bewohnten Landesteilen verkehrt. Wer sich schneller bewegen möchte, findet ein passables Streckennetz der nationalen Fluggesellschaften zwischen einem guten Dutzend Städten. Auch hier reist man zu europäischen Low-Cost-Preisen günstig zwischen den Regionen Ecuadors, und selbst das Taxi ist erschwinglich. Betrachtet man die vergleichsweise hohen Mietwagenpreise und die in weiten Teilen noch schlechten Straßenverhältnisse, so heißt individuelles Reisen vor allem Reisen mit öffentlichen Verkehrsmitteln.

Mit Quito, Cuenca, Otavalo, Baños, Vilcabamba, Montañita und Puerto Ayora haben sich sieben Travellerzentren in Ecuador etabliert, wo Alleinreisende schnell Infos und Kontakte finden und wo sich kurzfristig Gruppen für Exkursionen zusammenstellen lassen.

Selbst Galápagos bietet dem Individualreisenden in vier Dörfern Unterkunft, Infrastruktur und Touren ins Hochland, an die Küste und zum Tauchen.

Die im Vergleich zu den Nachbarländern relativ gute Sicherheitslage ermöglicht in den meisten Regionen Ecuadors auch individuell durchgeführte Wanderungen, sofern sich die Trekkingfreunde orientierungssicher im Hochgebirge zu bewegen wissen. Vergessen sollte man nicht, dass Individualreisen in Ecuador recht zeitaufwendig sind.

Pauschal-Arrangements

Die pauschale Gruppenreise ist die Alternative für Reisende, die weniger Zeit mitbringen, die eine qualifizierte Reiseleitung schätzen und die nicht alleine reisen möchten. Dazu gibt es eine Fülle von Anbietern in Europa wie auch vor Ort in Ecuador. Die bequemste Form ist, bereits daheim in Europa ein Pauschal-Arrangement zu buchen und sich fortan beraten und führen zu lassen.

Eine Zwischenmodell kann die individuelle Anreise etwa nach Quito sein, wo man nach ein paar Tagen der Akklimatisierung über die örtlichen Agenturen sein weiteres Programm bucht.

Im deutschsprachigen Europa gebuchte Reisen werden in aller Regel mit deutschsprachigen Reiseleitern durchgeführt. Bei in Ecuador gebuchten Arrangements werden häufig internationale Gruppen von einem englischsprachigen Guide geführt.

So richtig rund werden Rundreisen in Ecuador im Grunde nicht. Die meisten Anbieter von Pauschalreisen arbeiten mit einer Art Baukastensystem von Reiseelementen oder offerieren ein Standardprogramm mit wichtigen Highlights Ecuadors. Verlängerungen sind möglich – dann wiederum aus dem Baukasten.

Zeitplanung der Reise

Nicht nur in Ecuador steht das Erlebnispotenzial einer Auslandsreise in direktem Verhältnis zur vom Touristen mitgebrachten Zeit. Wer sich von dem natürlichen und kulturellen Reichtum Ecuadors faszinieren lassen möchte, dem sei folgender grober Zeitplan mit auf den Weg gegeben:

Wer das nördliche Hochland in seinen attraktivsten Facetten erleben möchte, sollte eine Woche dafür einplanen. Mindestens eine Woche gilt für die weiten Anden südlich von Quito, wobei die Wegstrecken hier deutlich länger sind. Wer zeitlich eng plant, sollte sich für eine der beiden Bergregionen entscheiden oder aber – etwas weniger erlebnisreich – ab Quito ein- bis zweitägige Touren unternehmen.

Eine Regenwaldexpedition sollte mindestens fünf Reisetage dauern. Für Galápagos sind eine Woche Yachtkreuzfahrt und mögliche Anschlusstage auf einer der bewohnten Inseln empfohlen. Schon wegen der hohen Grundkosten für Flug und Eintritt auf Galápagos bietet sich eine Verlängerung an.

Einen Strandaufenthalt sollte man je nach Erholungsbedarf und sportlichen Interessen einteilen. Mit dem Bus erreicht man nahezu jeden Strandort von Quito aus in fünf bis zehn Stunden. Übrigens liegen die schönsten Badestrände Ecuadors mit weißem Sand und klarstem Wasser auf den Galápagos-Inseln.

Für besondere Reiseprofile wie Trekkingrouten und Sprachreisen gelten natürlich eigene Zeitkalkulationen. So gelangt man zu der Faustformel, dass eine Ecuador-Reise auf dem Kontinent mindestens zwei bis drei Wochen dauern sollte, eventuell zuzüglich einer Woche Galápagos. Doch auch wer vier oder fünf Wochen in Ecuador bleibt, wird mit großer Wahrscheinlichkeit zu dem Fazit kommen, dass es zu kurz ist. Ecuador kann süchtig machen.

Reisen mit Kindern

Grundsätzlich ist das Reisen mit etwas größeren Kindern in Ecuador unproblematisch. Viele Hotels bieten sogar Mehrbettzimmer oder Doppelzimmer mit Beistellbetten für Familien an. Auch wenn es nur wenige kinderspezifische touristische Einrichtungen und Angebote gibt, so sind Kinder vom Naturerleben in Ecuador meist schnell begeistert. Die Städte und ihre kulturellen Schätze ermüden viele Kinder hingegen recht bald. Eltern sollten bei Kindern besonders auf behutsame Ernährung und eine angemessene Höhenakklimatisierung achten. Für Kinder unter sechs Jahren und ihre Eltern ist das Reisen in Ecuador tendenziell sehr anstrengend.

Reiseveranstalter

Mittlerweile gibt es eine große Fülle von deutschsprachigen Reiseveranstaltern, die Pauschalangebote nach Ecuador anbieten. Die Ecuador-Programme von etwa einem Dutzend renommierter Agenturen werden auf der Internetseite des Tourismusministeriums skizziert und sind verlinkt (www.visitecuador.de/veranstalter).

Darüber hinaus hat sich die Berliner Agentur Viventura in den vergangenen Jahren durch ihr soziales Engagement in Ecuador und durch individuell gestaltete Gruppenreisen in verschiedenen Komfortklassen hervorgetan (www.viventura.de).

Vor Ort, in Ecuador, bietet die deutschsprachige Agentur Surtek das vielleicht breiteste und am besten gegliederte Tourenprogramm und unterhält zudem ein Walk-in-Büro mitten im Stadtteil Mariscal (www.surtrek.de).

Eine besondere Reise bietet die Wochenzeitung DIE ZEIT zweimal im Jahr an: Sie chartert seit 2002 eine Luxusyacht auf Galápagos. Mit einem Vortragsprogramm auf dem Festland startet die Reise, dann gibt es fachkundige Begleitung auf dem Schiff durch einen biologischen Fachleiter und den Autor dieses Reiseführers (www.zeit.de/zeitreisen).

Einreisebestimmungen

Einreisedokumente

EU-Bürger und Schweizer benötigen bei der Einreise nach Ecuador einen Reisepass, der mindestens noch sechs Monate über das Reiseende hinaus gültig ist. Ferner ist bei der Passkontrolle ein ausgefülltes Einreiseformular vorzulegen, das man bereits im Flugzeug vom Flugpersonal erhält. Darin sind persönliche Daten, Passdaten und Reiseziel anzugeben. Mit der Vorlage dieser beiden Dokumente erhält man als Tourist ein Touristenvisum von 30, 60 oder 90 Tagen in den Reisepass gestempelt, das sogenannte Visum T-3. Wer länger als 30 Tage bleiben möchte oder die Rückreise offen halten möchte, bitte den Beamten um ›90 Tage‹ - *noventa días* – und kontrolliere den korrekten Eintrag. Der Durchschlag des Einreiseformulars ist bis zur Ausreise aufzubewahren.

Ein Touristenvisum kann später bei der Einwanderungsbehörde – *Migración* – kostenlos und ohne Nennung besonderer Gründe, aber vor (!) Ablauf des gültigen Visums mehrfach auf bis zu 180 Tage binnen eines zwölfmonatigen Zeitraums verlängert werden, z. B. bei:

Dirección Nacional de Migración
Av. Amazonas 2639 y República
Quito
Tel. 02-245 12 22, 02-245 41 22
www.migracion.gov.ec

Ein- und Ausfuhr von Waren

Die Einfuhr von Waren unterliegt nur dann Restriktionen, wenn sie kommerziellen Zwecken dient oder gegen lebensmittelrechtliche Bestimmungen verstößt, etwa bei der verbotenen Einfuhr von Fleisch und Käse.

Die nichtkommerzielle Ausfuhr von Tabakwaren und Alkohol wird von den ecuadorianischen Behörden nicht reglementiert, möglicherweise jedoch im Zielland in Europa, Infos unter www.zoll.de.

Anreise

... mit dem Flugzeug

Fast alle europäischen Touristen reisen mit dem Flugzeug an. Da die deutschsprachigen Länder keine Direktverbindungen nach Ecuador unterhalten, bieten sich folgende Umsteigeverbindungen an: mit der spanischen Iberia (www.iberia.de) über Madrid, mit der holländischen KLM (www.klm.de) über Amsterdam und über eine Karibikinsel oder mit der chilenischen LAN (www.lan.com) über Madrid. LAN bietet von den drei Fluggesellschaften zwar den besten Service, doch bislang wird der Direktflug Madrid–Quito/Guyaquil nur mit einem Zubringer ab Frankfurt verbunden. Die deutsche Lufthansa (www.lufthansa.de) fliegt von Frankfurt nach Caracas, Venezuela, wo sie leider nicht immer zuverlässige Partner für die Anschlussflüge nach Ecuador hat. Die genannten Airlines bedienen beide Interkontinentalflughäfen Ecuadors, Quito und Guayaquil. Ein Flug von Europa nach Ecuador kostet ab ca. 850 €, in Ferienzeiten und über Weihnachten teils erheblich mehr. Von Anreiserouten über die USA ist wegen der obligatorischen Einwanderung bei einem Zwischenstopp und der oft entwürdigenden ›Terroristenfahndung‹ abzuraten.

Wer innerhalb Lateinamerikas zwischen den Ländern wechselt, findet zahlreiche Optionen mit den Fluglinien Mittel- und Südamerikas. Von Tulcán aus gibt es zudem Flüge nach Cali, Kolumbien. Cuenca baut eine Flugverbindung nach Piura, Peru, auf.

... mit dem Bus

Einzelne internationale Busgesellschaften wie die peruanische Expreso Internacional Ormeño verkehren in langen Passagen zwischen den Hauptstädten Südamerikas. Etwas umständlicher, aber deutlich häufiger genutzt werden Umsteigevarianten: Busreisen an die Grenze, eine dortige Ausreise als Fußgänger und die Weiterfahrt im Nachbarland mit einer nationalen Busgesellschaft, eventuell nach einer kurzen Taxifahrt zum Busterminal. Die drei zu empfehlenden Grenzübergänge sind: Rumichaca im Norden zwischen Tulcán und dem kolumbianischen Ipiales. (Über Busreisen in Kolumbien ist zuvor eine verlässliche Information zur Sicherheitslage für Touristen einzuholen.) Im Süden ist der wichtigste Grenzübergang Huaquillas nahe der Pazifikküste, von wo es gut 20 km bis in die nächste peruanische Stadt Túmbez sind. Doch auch der Grenzübergang Macará im Süden der Provinz Loja ist nun mit täglich mehreren Verbindungen nach Peru eine Alternative, jeweils nach besagtem Umsteigemodus an der Grenze.

... mit dem Wohnmobil

Die Nord-Südroute von Alaska nach Feuerland bringt gelegentlich auch Reisende mit dem Wohnmobil nach Ecuador. Wegen der Unterbrechung der Panamericana in Kolumbien und der dortigen Sicherheitslage lassen die meisten Caravan-Cracks ihre Fahrzeuge in Zentralamerika einschiffen. Die japanische Nippon Yusen Kaisha fährt z. B. einmal monatlich auf der Asia-Central-&-South-America-Route mit einem RoRo-Schiff von dort nach Esmeraldas und Guayaquil (www2.nykline.com). Wichtig ist, sich vor der Reise das nötige Transportdokument für das Wohnmobil *(carnet)* bei einem Automobilklub in Europa zu besorgen. Dieses Formular muss unbedingt sorgfältig von den Behörden abgestempelt werden. Die Reise von und nach Peru ist hingegen unproblematisch.

Verkehrsmittel im Land

Ecuador hat ein dichtes Routennetz für Überlandbusse, die das wichtigste und zugleich preiswerteste Verkehrsmittel des Landes darstellen. Deutlich schneller sind Inlandflüge, die gut ein Dutzend Orte miteinander verbinden und ebenfalls vergleichsweise preiswert sind. Die marode wie romantische Eisenbahn fährt nur noch auf wenigen Abschnitten zu touristischen Zwecken. Der Mietwagen ist eine Alternative, doch die teils schlechten Straßenverhältnisse und die Fahrgewohnheiten vieler Ecuadorianer stellen hohe Ansprüche an den Fahrer. Bootsverkehr ist von Bedeutung auf den Flüssen des Regenwaldes, zwischen den Galápagos-Inseln und an einzelnen Abschnitten der Küste wie dem Río Chone.

Inlandflüge

Der Flughafen Quito ist das wichtigste nationale Drehkreuz in Ecuador, Guayaquil das zweitwichtigste. Über einen oder beide Airports sind folgende Ziele mit nationalen Fluggesellschaften zu erreichen: Baltra (Galápagos), Coca, Cuenca, Esmeraldas, Lago Agrio, Loja, Macas, Machala, Manta, Portoviejo, Puyo (Shell), Salinas, San Cristóbal (Galápagos) und Tulcán. Es gibt Pläne, auch die Galápagos-Insel Isabela an das Festland anzubinden. Die wichtigsten **Fluggesellschaften** auf den nationalen Routen sind: AEROGAL (www.aerogal.com.ec, Gratis-Hotline: 1800-AEROGAL), ICARO (www.icaro.com.ec, Gratis-Hotline: 1800-VUELOS), TAME (www.tame.com.ec, Tel. 02-250 93 75), VIP (www.vipec.com, Hotline: 1800-847847). Eine komplette Liste aller in Ecuador registrierten nationalen und internationalen Fluggesellschaften, mit den jeweiligen Büroadressen und Telefonnummern, findet sich unter www.vivecuador.com.

Inlandflüge auf dem Festland kosten zwischen 50 und 75 $ pro Strecke, außer Quito–Salinas (110 $). Flüge nach Galápagos kosten etwa 175 $ ab Guayaquil und 200 $ ab Quito, jeweils pro Strecke. Zwischen den Inseln San Cristóbal, Baltra und Isabela verkehrt regelmäßig die Insel-Airline EMETEBE (s. S. 376, 383 und 393).

Bahn

Die **Empresa Nacional de Ferrocarriles Ecuatorianos,** die staatliche ecuadorianische Eisenbahn, steht möglicherweise vor ihrer Privatisierung und Wiederbelebung. Zurzeit sind nur wenige Abschnitte der einst für die liberale Revolution stehenden Eisenbahn Ecuadors zu befahren: Riobamba–Alausí–Teufelsnase, Ibarra–Primer Paso, Quito–Cotopaxi. Diese Strecken werden derzeit ausschließlich für touristische Fahrten bedient. Informationen sind in den jeweiligen Ortsbeschreibungen zu finden. Sicherheitshinweis: Das beliebte Fahren auf dem Zugdach, insbesondere zwischen Riobamba und der Teufelsnase, ist nicht ungefährlich. Wegen quer hängender Kabel und plötzlicher Bremsungen gilt: auf keinen Fall während der Fahrt aufstehen.

Bus

Überlandbusse sind in Ecuador nahezu allgegenwärtig und verbinden das Land bis in den hintersten bewohnten Winkel. Auf der Hauptstrecke, der Panamericana zwischen Quito und Guayaquil, verkehren Busse tagsüber etwa im Minutentakt und auch nachts noch mit hoher Frequenz. Die meisten Busse können auf freier Strecke per Handzeichen angehalten werden. Ansonsten ist der Busbahnhof, der **Terminal Terrestre,** der zentrale Punkt einer jeden Stadt für den Erwerb der Fahrkarten und Abfahrten. In Quito empfiehlt es sich, für lange Fahrten auf die Buskooperativen mit eigenem privaten Terminal jenseits des unsicheren Terminal Terrestre in der Altstadt zurückzugreifen. Dieser für Ecuador wichtigste Terminal wird im Übrigen etwa 2008 aus der Altstadt ausgegliedert und auf zwei neue Terminals im Süden und im Norden Quitos aufgeteilt. Busfahrten über Land kosten in etwa 1 $ pro Stunde Fahrtzeit.

Stadtbusse sind mit etwa 20–25 Cent sehr preiswert und für Touristen eine gute Option, wenn sie mit den städtischen Routen vertraut sind. Ansonsten ist das preiswerte Taxi in den Städten meist die bessere Alternative. Busse ohne Sitzplatzgarantie wie der Trólebus in Quito sind beliebte Tummelplätze von Taschendieben!

Mietwagen

Wer mit dem Mietwagen unterwegs ist, sollte unbedingt eine Vollkaskoversicherung abschließen. Das Mieten von Autos ist nur in den größeren Städten möglich. Es ist etwas teurer als in Europa, doch die niedrigen Benzinpreise kompensieren das. Neben dem allgemein guten Zustand der Mietfahrzeuge ist insbesondere auf eine gute Bereifung, ein intaktes Reserverad und das Werkzeug für den Reifenwechsel zu achten. Denn mangels Straßenreinigung kommt es in Ecuador häufig zu Reifenpannen. Der europäische Führerschein ist in Ecuador auf Reisen bis zu 90 Tagen gültig. Fahrzeuge sollten nie unbewacht abgestellt, erst recht nicht mit Gepäck oder Wertgegenständen zurückgelassen werden. Mietwagenfahrer mögen die u. g. Hinweise zum Autofahren eingehend lesen. Einen landesweiten Pannen- und Abschleppdienst wie den ADAC gibt es in Ecuador nicht. Tipp: Wer länger mit einem Mietwagen unterwegs ist, sollte sich auch ein ecuadorianisches Handy zulegen (s. S. 104). Als Mietwagenfirmen bieten sich in Ecuador an: Budget (www.budget.com, Tel. 02-330 09 79), Localiza (www.localiza.com.ec, Hotline 1800-56 22 54) und Expo (www.exporentacar.com, Tel. 02-222 86 88).

Autofahren

Die Straßenverkehrsordnung in Ecuador ist wenig bekannt. Das heißt, dass man stets mit Verstößen gegen dieses *ley de tránsito* rechnen muss. Die häufigsten Vergehen und Fahrlässigkeiten, die auch für andere Verkehrsteilnehmer gefährlich werden, sind überhöhte Geschwindigkeit, unzureichender Sicherheitsabstand, riskante Überholmanöver, unzureichende oder fehlende Fahrzeugbeleuchtung, Übermüdung oder Alkohol am Steuer, Unterlassen von Richtungsanzeigen, spontaner Wechsel von Fahrspuren, Missachtung von Fußgängern, Ignorieren von Verkehrszeichen und ein sicherheitskritischer Zustand des Fahrzeugs.

Besondere **Vorsicht** ist bei Bus- und Lastwagenfahrern geboten. Bestehen Sie gegenüber Verkehrsrowdies nicht auf Ihr Recht und fahren Sie vorausschauend und defensiv! Erschwerend für das Autofahren in Ecuador kommen auf vielen Straßen der schlechte Zustand der Fahrbahn, Verunreinigungen und Gegenstände auf der Fahrbahn sowie fehlende Markierung und Beleuchtung der Straßen hinzu. Auf einigen Abschnitten der privatisierten Panamericana ist das mittlerweile besser geworden. Reifenpannen sind häufig, weswegen Reserverad und Werkzeug stets einsatzbereit sein müssen. Eine Reifenreparatur kostet etwa 3 $.

2007 soll eine **Haftpflichtversicherung** für Kraftfahrzeuge in Ecuador als obligatorisch eingeführt werden. Die deutsche Botschaft in Quito gibt Hinweise für das Verhalten bei Unfällen (www.quito.diplo.de).

Viele **Verkehrspolizisten** in Ecuador versuchen bei Kontrollen und Verkehrsvergehen, neben oder statt eines Strafmandates eine private Gebühr zu erheben, sprich: Sie sind korrupt. Es wird dringend empfohlen, nicht darauf einzugehen, sondern bei nicht gerechtfertigt erscheinenden Strafen zu diskutieren und zu protestieren. In der Regel werden ausländische Touristen mit Nachsicht behandelt und nicht verhaftet, wie es die Straßenverkehrsordnung optional schon bei kleinen Vergehen vorsieht. Sollte man dennoch in polizeilichen Gewahrsam genommen werden, ist unbedingt die eigene Botschaft oder das Konsulat zu verständigen, was Ausländern in Ecuador per Gesetz garantiert ist.

Abgelegene **Landstraßen** sind deutlich entspannter zu befahren als die viel befahrenen Hauptstraßen. Wer also aufs Land will, kann viel Freude am Mietwagen haben, muss aber für ein Allradfahrzeug eventuell etwas tiefer in die Tasche greifen. Freude macht auch das **Tanken** in Ecuador, da ein Liter Diesel nur 0,25 $ kostet, Benzin 0,40 $. Wer zwischen den Städten verkehren will, nehme besser den Bus oder das Flugzeug. Übrigens kostet ein Taxi mit Fahrer für einen ganzen Tag nur 50 bis 60 $ bei normalen Entfernungen.

Segelyacht

Ecuador ist kein ausgesprochenes Segelrevier: Vor den Küsten gibt es nur wenige Yachthäfen und gelegentlich noch immer Piraten, und auf Galápagos fehlt meist der Wind. Ein Segelbootverleih ist allenfalls im Salinas Yacht Club (www.salinasyachtclub.org) zu organisieren. Weitere Yachthäfen sind in Manta, in Bahía de Caráquez und bald auch in Mompiche/Esmeraldas.

Die Galápagos-Inseln gehören für Blue-Water-Yachtensegler zur letzten Station im Pazifik auf dem Weg zu den Islas Marquesas. Wer ecuadorianische Häfen anläuft, braucht eine *autógrafo* genannte Erlaubnis. Diese ist bei der Handelsmarine in Guayaquil oder Manta unter Angabe aller Routendetails gegen Gebühr zu beantragen: Dirección General de la Marina Mercante, Tel. 04-232 04 00, Fax 04-232 47 29, www.digmer.org. Galápagos-Häfen darf man ohne einen *autógrafo* nur in Notfällen, etwa zu notwendigen Reparaturen, für 2–3 Tage anlaufen. Neben dem Funkkanal 16 arbeiten die Häfen auf Galápagos auf Kanal 26.

Das **Instituto Oceanográfico de la Armada de Ecuador** veröffentlicht täglich auf seiner Internetseite www.inocar.mil.ec einen 24-Stunden-Service mit Wettervorhersage und Gezeiten für alle Häfen und Küstengewässer Ecuadors einschließlich Galápagos. INOCAR: Tel. 04-248 13 00, Fax 04-248 51 66.

Ecuador verfügt über Unterkünfte aller Art von der Strandhängematte bis zur Präsidentensuite. Zimmerpreise variieren entsprechend zwischen umgerechnet 5 und 700$ pro Nacht. Je weiter man sich von den Metropolen entfernt, desto dünner wird die Hotelinfrastruktur. Unterkünfte der oberen Klasse werden dann rar. Hotels sind vom Tourismusministerium in vier Kategorien eingeteilt. Die im Land verwendeten zwei bis fünf Sterne sind nicht immer mit den Standards in Europa zu vergleichen, sondern eine Orientierungshilfe.

Unterkünfte in diesem Reiseführer sind standardmäßig als Doppelzimmer mit eigenem Bad im Endpreis inklusive Steuern und Service als ›DZ‹ gekennzeichnet. Abweichungen davon sind erklärt, z. B. ›p. P.‹ bedeutet Preis pro Person, ›ohne Bad‹ meint mit Etagen- oder Gemeinschaftsbad usw.

Die Hotels ihrerseits weisen oft nur den Nettopreis aus, zu dem dann meist 12 % Mehrwertsteuer (IVA) und 10 % Servicesteuer hinzukommen. Untere und mittlere Zimmerpreise in Ecuador liegen teils deutlich unter dem europäischen Preisniveau.

Grundsätzlich sind **Reservierungen** über Internet oder Telefon vor allem in der Hochsaison – Weihnachten, Juli und August sowie zu Festtagen – ratsam.

Hotel und Hostal

Das **Hostal** ähnelt oft einer Jugendherberge mit Doppelzimmern, kann aber durchaus Qualitäten eines Mittelklasse-Hotels erreichen. Das **Residencial** kann passabel sein, ist oft aber die unterste Kategorie am Ort und wird mitunter stundenweise vermietet. Als größeres Hostal oder Landhotel gilt tendenziell die **Hostería.**

Einige Hotels besonders der oberen Klasse haben verschiedene Tarife für Ecuadorianer, Ausländer, Diplomaten, Mitarbeiter ansässiger Firmen etc. In allen Hotelklassen, wenn auch nicht in jedem Hotel, sind die Preise gerade in der Nebensaison durchaus verhandelbar. Rabatte, *descuentos,* sind zumindest bei längeren Aufenthalten üblich. Die Frage nach einer *tarifa especial* für jedermann oder *tarifa cooperativa* für Geschäftsreisende kostet nichts. Als Einzelperson bucht man im oberen Preissegment der Hotels in der Regel günstiger über eine Reiseagentur als direkt bei der Unterkunft.

In den meisten Hotels und Hostales ist ein einfaches Frühstück im Zimmerpreis enthalten. Für Gruppen und Familien gibt es ein gutes Angebot an Mehrbettzimmern, vor allem in der Kategorie des Hostals. Die **Posada** ist ein Gasthaus, das dem Hostal vergleichbar ist.

Ein gutes Hotelverzeichnis bietet auch die Seite www.hotelesecuador.com.

Jugendherberge

Die zehn ecuadorianischen **Jugendherbergen** *(albergues juveniles)* sind unter www.hihostels.com.ec genau beschrieben. IYHF-Mitglieder erhalten 10 bis 15 % Rabatt.

Hacienda

Außergewöhnliche Orte zum Verweilen in historischem Ambiente sind die zahlreichen kolonialen **Haciendas** im Hochland Ecuadors. Viele von ihnen sind inzwischen hervorragend restauriert und beherbergen exzellente Hotels und Restaurants. Der Reiseführer hat in den ersten beiden Unterwegs-Kapiteln (s. S. 110–193) besonderes Augenmerk auf diese wunderschönen Unterkünfte gelegt. Zu den nicht selten auf das 16. Jh. zurückgehenden Bauten der kolonialen Haciendas haben sich auch einige jüngere und durchaus stilvolle Haciendas gesellt, die ebenfalls beschrieben sind.

Stilvoll wohnen im historischen Landgut, hier die Hacienda Pinsaquí bei Otavalo

Cabaña

Eine in Ecuador sehr beliebte Unterkunft ist die ›Hütte‹, eine meist frei stehende kleine Unterkunft, angeordnet als Gruppe um einen Innenhof oder einen Garten oder auch ganz isoliert stehend. Manchmal sind auch Zwischenkonzepte der Cabaña zu finden, wenn mehrere Zimmer in einem frei stehenden Haus untergebracht sind. Diese Unterkünfte erlauben mehr Privatsphäre und sind nicht selten mit Balkonen und Hängematten ausgestattet, einige auch mit eigener Küche für Selbstversorger.

Privatunterkunft

Private Unterkünfte sind am besten über die Sprachschulen zu organiseren. Gerade in Quito gibt es dazu ein breites Angebot. Diese Alternative bietet sich für Aufenthalte ab einer Woche an und ermöglicht einen engen Familienanschluss. Die Kosten belaufen sich oft auf 10 bis 15 $ pro Tag für Unterkunft und Verpflegung.

Camping

Campen ist im Prinzip fast überall im Land erlaubt. Man sollte aber aus Sicherheitsgründen nicht im Umfeld von Wohngebieten zelten, sondern bevorzugt private Grundstücke nach Erlaubnis oder ausgewiesene Campingarreale nutzen. In den Nationalparks ist eine Anmeldung zum Campen empfohlen oder sogar Pflicht. Gerade in Quito gibt es zahlreiche Camping- und Trekkingausstatter, die im Detail informieren. Schutz gegen starken Wind, Regen und Kälte ist wichtig.

Der **South American Explorers Club** in Quito (www.saexplorers.org) ist eine sehr gute Kontakt- und Serviceadresse für jegliche Outdooraktivitäten in Ecuador. Das Backpacker-Netzwerk ist sehr gut informiert und ausgestattet, bietet den vollen Service aber nur Mitgliedern an (Jahresbeitrag 50 $).

Andinismus/ Bergwandern

Das Land bietet ausgezeichnete Möglichkeiten für Alpinisten, die in Südamerika entsprechend Andinisten heißen. Durch die Äquatorlage sind schneefreie Höhenwanderungen bis auf knapp 5000 m möglich, Gipfelbesteigungen und Gletscherwanderungen sogar bis 6310 m auf dem Chimborazo. Wer im Hochgebirge nicht orientierungssicher ist, sollte sich einer geführten Tour von einer der zahlreichen Reiseagenturen anschließen, was für Eiswanderungen ohnehin obligatorisch ist. Die extremen Höhen der ecuadorianischen Anden erfordern eine angemessene Akklimatisierung. S. auch die Hinweise unter ›Gesundheit‹, S. 99, und ›Karten‹, S. 76.

Literatur: Schmudlach, Günter: Bergführer Ecuador. Köngen, 2007.

Kunstaetter, Robert & Daisy: Trekking in Ecuador (engl.). 2002.

Canopy

Einst von Forschern zum Studium von Baumkronen entwickelt, werden Hängebrücken und Laufstege heute zunehmend auch für Touristen durch die Höhen der Wälder verlegt. Gerade im Regenwald Amazoniens, aber auch in einigen Wäldern der Anden finden sich diese luftigen Gangways, die einzigartige Blicke in die Tier- und Pflanzenwelt der Baumwipfel erlaubten. In Ecuador befinden sich die interessantesten Canopy-Strecken an der Sacha Lodge am unteren Río Napo, bei der Hacienda Santa Rita am Vulkan Pasochoa und bei Patate/Baños.

Fahrrad/Mountainbiking

Die Äquatorlage Ecuadors erlaubt es Mountainbikern, auf über 5000 m Höhe zu fahren. Damit erschließen sich im Sattel sensationelle Downhill-Strecken. Die besten Touren lassen sich bei den Spezialisten ab Quito organisieren (s. S. 138f.). Alle seriösen Agenturen mit Bike-Programm arbeiten mit internationalen Sicherheitsstandards. Sie stellen also neben dem Rad eine komplette Ausrüstung und einen Servicewagen zur Verfügung. Auch der Fahrradverleih zur individuellen Gestaltung der Tour ist möglich. Für sportliche Reisende ist Ecuador auch dank vieler abgelegener Strecken ein Mountainbike-Eldorado. Die Hauptverkehrsstraßen sind hingegen zu meiden, s. dazu auch ›Autofahren‹, S. 83f.

Gleitschirmfliegen

Es werden zwei Kategorien von Gleitschirmflügen angeboten. Die eine lässt einen in den thermischen Winden des Hochlandes fliegen. Die andere ermöglicht das mitunter stundenlange Hangsoaring, wo die steten Seewinde des Pazifiks auf die steile Küste treffen. Im Hochland zählen Ibarra, Quito, der Pichincha und der Raum Cuenca zu den Zentren der Paraglider. An der Küste wird vor allem in Canoa und Crucita geflogen. In beiden Regionen werden auch Tandemflüge für Einsteiger angeboten. Außerdem gibt es mehrere Flugschulen, die ausbilden, in Canoa sogar mit internationalem Zertifikat. Wegen der komplizierten Windverhältnisse im Hochland sollte dort immer der erfahrene Rat ortskundiger Flieger und Ausbilder eingeholt bzw. ein Flugtag mit lokalen Fliegerklubs gemeinsam verbracht werden.

Golf

Golfen ist in Ecuador noch nicht weit verbreitet. Auf dem Weg von Quito zur Küste gibt es in der ehemaligen Kaffeeplantage von Tinalandia (s. S. 270) jedoch einen schönen Golfplatz zwischen hohen Bambuswäldern und in tropischem Klima.

Kajak/Kanu

Immer beliebter wird das Kajakfahren. In einigen Regionen wie dem Faunareservat Cuyabeno im nördlichen Regenwald und auf einigen Galápagos-Inseln gehört das Kajakfahren mittlerweile zu einer bevorzugten Fortbewegungsart, um Tiere aus nächster Nähe zu beobachten. Gerade Fotografen schenkt das still über das Wasser gleitende Kajak hervorragende Arbeitsbedingungen.

Klettern

Lange Zeit waren die ecuadorianischen Anden als zu brüchig für das Klettern verschrien. Und in der Tat gibt es viele Berge, die sich nicht zum Klettern eignen. Doch es gibt auch etliche Plätze, sogar über das ganze Land verteilt, die hervorragende Klettereigenschaften haben und in den vergangenen Jahren erschlossen wurden. Dank Vereinen wie dem Club Arista del Sol in Quito (Tel. 09-984 15 30) verfügt Ecuador bereits über ein gutes Netz von erkletterbaren Felswänden. Der internationale Ausstatter- und Kletterladen Monodedo in Quito (www.monodedo.com) hat alle Plätze in einer Karte gelistet und informiert über Veranstaltungen und Meisterschaften. Nahe dem Coliseo Rumiñahui in Quito wird zudem eine 19 m hohe Kletterwand betrieben, bekannt unter dem Namen ›El Rocódromo‹.

Rafting/ Wildwasserfahren

Die besten Strecken für das Rafting finden sich am oberen Río Napo bei Tena. Hier bietet ein verzweigtes Flusssystem mit unterschiedlichen Gefällen Wildwasserkonditionen praktisch aller Schwierigkeitsgrade und exzellente sportliche Bedingungen. Auch am Río Pastaza westlich von Puyo und am Rio Quijos nördlich von Baeza finden sich gute Bedingungen. Auf dem Río Mindo nördlich von Quito ist die verwandte Tubing-Variante der Wildwasserfahrt im Reifenschlauch beliebt.

Reiten

Hervorgegangen aus der alten Hacienda-Tradition in den Weiten der Anden, haben bis heute zahlreiche Reitställe überlebt. Mehr noch: Im Zuge des internationalen Tourismus erlebt der Reitsport in Ecuador sogar eine Renaissance. Zahlreiche Haciendas halten z. T. hervorragende Pferde für die Gäste aus aller Welt. Insbesondere in den nördlichen und den zentralen Anden sind mehrere empfehlenswerte Reitställe beschrieben, die Programme von wenigen Stunden bis zu zehn Tagen Reiterferien anbieten, einige kaum eine Stunde von Quito entfernt.

Tauchen

Schon im Jahr 2000 hat das amerikanische Unterwassermagazin ›Rodale's Scuba Diving‹ die Galápagos-Inseln zu den besten Tauchrevieren der Welt erklärt. In der Tat sind die Inseln äußerst fischreich und stechen im internationalen Vergleich mit einer sensationellen Präsenz von Großfischen hervor. Stars der Unterwasserwelt sind die großen Schulen von Hammerhaien und Galápagos-Haien. Regelmäßig sieht man zudem Weißspitzenhaie und Seidenhaie. Im Herbst treffen sich regelmäßig Walhaie vor Galápagos. Die große, gar überwältigende Vielfalt der Meeresfauna wird erst auf einer Tauchkreuzfahrt erlebbar, bei der auch ferne Inselziele angelaufen werden. Diese ›Liveaboard‹-Arrangements sind kostspielig, aber unvergesslich. Preiswerter und mit etwas Glück auch zum großen Hammerhai-Erlebnis führen die Tagesausfahrten mit den Tauchschulen auf den bewohnten Inseln. Galápagos ist wegen der komplizierten Strömungsverhältnisse ein Revier für erfahrene Taucher ab etwa 40 Tauchgängen. Dieses Buch hat dem Tauchen auf Galápagos ein eigenes Kapitel gewidmet (s. S. 394ff.). Vor der Festlandküste bieten einige Felshänge des Nationalparks Machalilla jahreszeitabhängig ganz passable Tauchmöglichkeiten. Die wichtigsten Tauchschulen des Festlandes sind in Puerto López und in Quito.

Kanufahrten im Regenwald werden auch bei Touristen immer beliebter

Einkaufen

Einkaufsmöglichkeiten

Wochenmärkte

Der schönste Ort zum Einkaufen ist der *mercado,* der Markt. Fast jedes größere Dorf hat einen solchen Wochenmarkt, die Städte auch entsprechende Markthallen. Die wichtigste heißt dann *Mercado Central.* Hier bekommt man die Feldfrüchte noch frisch vom Bauern, auch wenn so ein Markt nicht ganz europäischen Hygienestandards entspricht. Daher sollte man sein Fleisch und seinen Fisch hier auch nur bedingt erwerben. Kleine und große Städte haben einen ständigen Markt, der von frühmorgens bis etwa mittags geöffnet ist, sowie einmal wöchentlich einen großen Markttag. In Quito und in der Nähe der Hauptstadt sind die bedeutendsten großen Märkte Santa Clara (Mo–Sa), Cotocollao (Fr, Sa), Sangolquí (So) und Machachi (So). Die Internetseite www.getquitoecuador.com hält im ›Quito Traveler Guide‹ eine erstaunlich große Liste aller ›Quito food markets‹ vor.

Supermärkte

Alle großen Städte und immer mehr Mittelstädte werden mit einem Netz von modernen Supermärkten überzogen. Marktführer in den Anden sind dabei ›Supermaxi‹ und sein ganz großer Bruder ‹Megamaxi‹. An der Küste regiert die Lebensmittelwelt von ›Santa María‹. Doch auch die Supermärkte der zweiten Reihe wie ›Mí Comisariato‹ bieten heute eine Warenpalette europäischen Ausmaßes zu europäischen Preisen. Darunter sind auch jede Menge Importwaren und eine üppige Auswahl an Wein, Bier und Spirituosen. Supermaxi wechselt auch auf Dollar ausgestellte Reiseschecks gebührenfrei ein.

Einkaufszentren

Ecuadorianer lieben Einkaufszentren, die einen zum Shoppen, die anderen zum Gucken. Hier, in den *Centros Comerciales,* reihen sich moderne Geschäfte, teure Boutiquen, Filialen großer Einzelhandelsketten, Delikatessläden und Imbissbereiche in langen Fluren aneinander. In Guayaquil nennt man sie, dem Nordamerikanischen entlehnt, *Mall.* Dort steht mit der Mall del Sol auch das größte Einkaufszentrum der südamerikanischen Pazifikküste. Aber es wird bereits ein neues gebaut. In Quito liegen die Einkaufzentren El Jardín, Quicentro und Iñaquito relativ nah an dem touristischen Stadtteil Mariscal.

Kunsthandwerk

Die größte Auswahl an Kunsthandwerk – *artesanías* – und Souvenirs gibt es in Otavalo, Quito und Cuenca. Berühmt sind Ecuadors Webwaren, Panamahüte, Keramik- und Balsaholzarbeiten. Doch auch kleine Dörfer haben mitunter hervorragende Handwerkswaren aus speziellen Materialien wie Sisal, Tagua-Nuss oder Leder. Naive Maler, fingerfertige Instrumentenbauer und geduldige Schmuckhersteller ergänzen das üppige Angebot. Meyers Lexikon meint, kunsthandwerkliche Gegenstände seien »unter ästhetischen Gesichtspunkten gestaltete Gebrauchsgegenstände und Ziergeräte aller Epochen aus den verschiedensten Materialien«. In der Tat – in Ecuador finden Souvenir- und Schnäppchenjäger sowie Liebhaber feiner Handarbeit eine Fülle von Gegenständen, die, nach jahrtausendealten Handwerkstraditionen gefertigt, in der großen Warenwelt locker gegen die industrialisierte Billigware aus Asien bestehen können. Ecuadorianische Kunsthandwerker haben mittlerweile an Selbstvertrauen gewonnen – heute wird ein ›Made in Ecuador‹ wieder exponierter platziert.

Öffnungszeiten

Da Ecuador weder ein Ladenschlussgesetz noch eine 38,5-Stundenwoche kennt, variieren die Geschäftszeiten erheblich. Zur allgemeinen Orientierung lässt sich sagen, dass **Geschäfte** Mo–Fr von 9 bis19 Uhr geöffnet sind, viele auch Sa vormittags. Die **kleinen Läden,** die *tiendas,* schließen oft erst um 22 Uhr, einige *licorerías* verkaufen Getränke, Zigaretten und Naschwerk mitunter rund um die Uhr. **Einkaufszentren** öffnen sieben Tage die Woche von ca. 9 bis 22 Uhr, am Wochenende zumindest bis 20 Uhr. Kernöffnungszeit von **Banken** ist Mo–Fr ca. 9–15 Uhr. **Behörden** und **Botschaften** haben häufig nur vormittags Publikumsverkehr. Einige **Apotheken** haben einen Nachtdienst und arbeiten somit im *turno.* In der **Gastronomie** variieren die Öffnungszeiten besonders stark.

Bunt, frisch, vitaminreich – der Markt ist der schönste Ort zum Einkaufen

Ausgehen

Freitag und Samstag sind die traditionellen Ausgehtage in Ecuador. Während der Woche hingegen buhlen die Bars und Diskotheken mit allerlei Angeboten von Happy Hour über Free Drink bis Lady's Night um die Gäste. Sonntag und Montag lohnt auch das meist nicht, und die Lokalitäten bleiben geschlossen. Die Kleiderordnung in den meisten Bars ist recht informell, d. h. Jeans und Hemd, aber keine Turnschuhe.

Was an der Costa und in der Selva schon lange bekannt ist, nämlich draußen am Strand, am Fluss oder an der Straße sein Bier zu trinken, erobert nun auch Quito. Auf den Plätzen und an den Avenidas im Straßencafé zu sitzen ist seit einigen Jahren hip und dank der Gasheizstrahler auch durchaus auszuhalten.

Das berühmte Ausgehviertel **Mariscal** in **Quito** hat mit der Plaza Quinde, auch Plaza Foch genannt, ihre absolute Vergnügungsmeile. Hier reiht sich nunmehr eine Lounge an die andere, und es gibt schon eine erste Straßenbar, die 24 Stunden nonstop geöffnet ist. In der Altstadt von Quito entwickeln sich solche Trends eher langsam. Im Zentrum von **Guayaquil** hat sich die **Calle Rocafuerte** zur berüchtigten *zona rosa* mit jeder Menge Klubs entwickelt. In **Cuenca** gibt es keine ausgewiesene Zona Rosa, aber dennoch ein gutes Angebot an Bars und Klubs, vor allem am Wochenende.

Die Diskotheken und ihre DJs wechseln relativ häufig, sodass Tipps hier etwas schwierig sind, ausgenommen natürlich die Salsa-Adresse Seseribo in Quito. Eintritts- und Getränkepreise variieren beträchtlich: Bekommt man in dem einen Klub ein großes Bier für zivile 2 $, kostet der Cuba Libre nebenan 6 $ bei einem Mindestverzehr von 15 $.

Man sollte beim Ausgehen stets ein Lichtbilddokument bei sich führen, aber bitte nicht den wichtigen Reisepass.

Behinderte

Ecuador ist leider kein behindertenfreundliches Land. Ob Transportwesen, Stadtarchitektur oder Freizeitmöglichkeiten: nirgends scheint man an Mitmenschen mit körperlichen oder geistigen Behinderungen zu denken. Allein öffentliche Gebäude werden allmählich mit Rampen für Rollstuhlfahrer ausgestattet. Vielleicht verbessert sich diese defizitäre Situation unter der neuen Regierung, zumal Vizepräsident Lenin Moreno selbst Rollstuhlfahrer ist.

Diplomatische Vertretungen

In Deutschland

Botschaft der Repuplik Ecuador
Botschafter Horacio Sevilla
Joachimstalerstr. 10–12
10719 Berlin
Tel. 030-800 96 95
Fax 030-800 96 96
alemania@embassy-ecuador.org
Konsulate
Bremen: Tel. 04 21-309 23 20
loewe@dfm-gmbh.de
Frankfurt: Tel. 069-133 22 95
konsulat.frankfurt@consuldor.de
Hamburg: Tel. 040-44 31 35
consulado-hamburgo@embajada-ecuador.org
München: Tel. 089-26 56 58
consuladodelecuador@bay-bw.de

In Österreich

Botschaft der Republik Ecuador
Botschafter Byron Morejón Almeida
Goldschmiedgasse 10/2/24
1010 Wien
Tel. 01-535 32 08/-18
Fax 01-535 08 97
mecaustria@chello.at

In der Schweiz

Botschaft der Republik Ecuador
Botschafter Jaime Marchán
Kramgasse 54
3011 Bern
Tel. 031-351 17 55, 031-351 62 54
Fax 031-351 27 71
embecusuiza@bluewin.ch

Konsulate
Basel: Tel. 061-272 03 03
Lausanne: Tel. 021-624 93 69
ceculausanne@mmrree.gov.ec

In Ecuador

Deutsche Botschaft in Quito
Botschafter Dr. Bernd Sproedt
Av. Naciones Unidas E10-44 y República de El Salvador, Edificio Citiplaza
Tel. 02-297 08 20, Fax 02-297 08 14/-15
www.quito.diplo.de

Dt. Honorarkonsulat in Guayaquil
Hardy von Campe
Av. Las Monjas Nr. 10, Ed. Berlin, 2. Etage
Tel. 04-220 68 67/-68, Fax 04-220 68 69

Dt. Honorarkonsulat in Cuenca
Eva Klinkicht de Tamariz
Av. Bolívar 9-18 und Benigno Malo
Tel. 07-282 27 83, Fax 07-283 14 79

Dt. Honorarkonsulat in Manta
Wolf-Rüdiger Harten
Avenida 102, Los Esteros
Tel. 05-292 35 77, Fax 05-292 43 51

Österr. Honorarkonsulat in Quito
Av. Gaspar de Villaroel No. E9-53, entre Av. de los Shyris y 6 de Diciembre, Quito
Tel. 02-246 97 00, Fax 02-244 32 76
przibra@interactive.net.ec
(Nächste österreichische Botschaft in Bogotá, s. www.aussenministerium.at/bogota.)

Österr. Honorarkonsulat in Guayaquil
Av. Jorge Pérez Concha 718
Urdesa
Tel. 04-238 48 86, Fax 04-238 48 86
sotomay@gye.satnet.net
(Zuständig für die Südprovinzen Ecuadors.)

Botschaft der Schweiz in Quito
Av. Amazonas 3617 y Juan Pablo Sanz, Ed. Xerox, 2do piso, Quito
Tel. 02-243 41 13, 02-243 49 48
Fax 02-244 93 14
vertretung@qui.rep.admin.ch

Generalkonsulat der Schweiz in Guayaquil
Av. Juan Tanca Marengo, km 1,8 y Santiago Castillo (Diagonal a Dicentro)
Ed. Conauto, 5to piso
Guayaquil
Tel. 04-268 19 00, Fax 04-268 19 97
consulsuiza@easynet.net.ec

Elektrizität

Ecuadors Stromnetz steht größtenteils mit 110 Volt unter Spannung, und das bei einer Frequenz von 60 Hertz. Europäische Elektrogeräte können also nicht ohne Weiteres angeschlossen werden, Akkus hingegen sind meist in ganzer Spanne von 100 bis 240 Volt empfänglich, müssen aber eventuell umgestellt werden. In gehobenen Hotels und auf einigen Schiffen auf Galápagos findet man zusätzlich Anschlüsse für 220 Volt. Im stark belasteten Stromnetz kommt es regelmäßig zu Spannungsschwankungen, sodass empfindliche Geräte bei längerem Einsatz an einen Spannungsregler *(niveline)* gekoppelt werden sollten. Die verwendeten Stecker sind US-amerikanische Flachstecker. In der Regel gibt es keine Erdung des Hausanschlusses. Adapter und Spannungsgeräte sind zumindest in Quito und Guayaquil im Fachhandel erhältlich. In langen Trockenperioden wird der Strom wegen des Tieffalls der Wasserkraftwerke gelegentlich abgeschaltet.

Mücken

An der Küste und im Regenwald, generell in Höhen unter 1500 m, können Mücken schon mal lästig werden, und es besteht regional Malariagefahr. Wo genau Malariagebiete sind und welche Prophylaxe anzuwenden ist, darüber informiert aktuell das Zentrum für Reisemedizin (s. S. 100; www.crm.de). Grundsätzlich gehört ein Mückenschutz ins Reisegepäck, er kann aber auch in jeder Apotheke im Land erworden werden *(repelente).* Mücken kommen in und unmittelbar nach der Regenzeit häufiger vor als in der Trockenzeit. Intakte Moskitonetze sollten zum Standard in offenen Cabaña-Unterkünften gehören. Lange, helle Kleidung und das Meiden der Abenddämmerung im Freien sind weitere Vorsichtsmaßnahmen.

Rauchen

Das Rauchen ist in Ecuador nicht so weit verbreitet wie etwa in Spanien, obwohl es erheblich billiger ist. Eine Schachtel Zigaretten kostet 1–2 $. Dennoch wird das Rauchen seit einigen Jahren eingeschränkt, in öffentlichen Gebäuden untersagt, in der Gastronomie nur noch in ausgewiesenen Zonen erlaubt und allmählich auch aus den Hotels verbannt.

Sprachkurse

Ecuador bietet sehr gute und preiswerte Sprachkurse, s. S. 79 und 139.

Studienaufenthalte, Praktika

Eine Arbeits- oder Studienerlaubnis ist unbedingt im Vorfeld der Reise bei Ecuadors Konsularabteilungen im Ausland zu beantragen. Dazu ist eine offizielle und aussagekräftige Bescheinigung der Praktikums-, Arbeits- oder Studienstelle vorzulegen. Ein Touristenvisum wird während einer Reise grundsätzlich nicht in ein anderes Visum umgewandelt. Weitere Informationen erteilen die Botschaften Ecuadors im Ausland (s. S. 92f.).

Trinkgeld

Auf Hotel- und Restaurantrechnungen ist in der Regel ein Bedienungsgeld von 10 % *servicio* ausgewiesen, sodass man dort meist kein nennenswertes Trinkgeld hinterlässt. In der gehobenen Gastronomie hat man sich allerdings an die internationalen Gepflogenheiten eines Trinkgeldes gewöhnt. Man rundet übrigens einen Rechnungsbetrag bei der Bezahlung nicht auf, sondern lässt etwas Wechselgeld auf dem Tisch zurück.

Taxifahrer erwarten nicht explizit ein Trinkgeld. Bei Kreuzfahrten und organisierten Rundreisen ist es hingegen üblich, der Reiseleitung, den Naturführern, den Busfahrern und der Schiffscrew auch eine finanzielle Anerkennung zu zollen. Das ist in einem Niedriglohnland wie Ecuador, in dem der informell orientierte Arbeitssektor sehr stark ausgeprägt ist, nur gerecht.

Trinkwasser

Die Trinkwasserqualität in Ecuador ist nicht überall festen Standards unterstellt, daher ist das Leitungswasser nicht zum Verzehr geeignet. Eine Berührung mit kleinen Mengen an Wasser sind andererseits auch kein Grund zur Panik. Je länger man im Land ist, desto besser kann der Körper sich auf die mikrobiologischen Verhältnisse einstellen, doch man sollte auch nichts erzwingen. Durchfallerkrankungen in den Tropen können schwerwiegend verlaufen und gefährlich sein.

In gehobenen Restaurants stellt der Verzehr von gewaschenen Früchten und Gemüse nach allgemeinem Ermessen kein Problem dar.

Währung

Ecuador hat nach einer schweren Bankenkrise und einem allmählichen Verfall der Landeswährung Sucre im Jahr 2000 das eigene Geld abgeschafft. Seither ist der US-Dollar im nunmehr fünften Land der Welt die offizielle Landeswährung. Im Rahmen der ›Dollarisierung‹ hat man sich lediglich das Recht erhalten, Münzen bis zu einem Wert von 0,50 $ zu prägen. Diese sind genauso groß wie die Original-US-Münzen, werden jedoch nur in Ecuador akzeptiert. Die US-Banknoten sind gestückelt in 1-, 5-, 10-, 20-, 50- und 100-Dollar-Noten.

1 $ = 0,74 € = 1,22 CHF
1 € = 1,35 $ = 1,65 CHF
Als Faustformel hilft: 3 € sind 4 $.

Geldwechsel

In den größeren Städten finden sich Banken und Wechselstuben, um **Euro** und **Franken** gegen die Landeswährung Dollar zu tauschen, in Quito z. B. auf der Avenida Amazonas, Höhe Mariscal. Ein solcher Wechsel kostet jedoch meist 3 bis 5 % Gebühren. Für größere Beträge empfiehlt sich daher der **Geldautomat,** an dem mit der europäischen **Maestro-(EC-)Card** und mit der **Kreditkarte** Geld abgehoben werden kann. Die Gebühren dafür schwanken, liegen bei der MaestroCard etwa bei 4–6,50 € pro Abhebung. An einigen Bankautomaten können bis zu 600 $ auf einmal abgehoben werden. **Reiseschecks** sind eine sichere Ergänzung zur Karte. In gehobenen Hotels, bei einigen Banken und in den Supermärkten von Supermaxi können auf US-Dollar ausgestellte Schecks eingetauscht werden. Im Notfall kann **Western Union** (www.reisebank.de) kurzfristig größere Geldtransfers nach Ecuador leisten. **Drei Tipps:** Vor der Reise sollte man sich bei seiner Hausbank erkundigen, welche Gebühren bei welchem Geldinstitut in Ecuador für den Karteneinsatz anfallen. Banknoten von 50 und 100 $ werden in den meisten Geschäften Ecuadors nicht akzeptiert. Niemals Geld auf der Straße wechseln!

Reisebudget

Die Preisspanne ist denkbar groß: An der Küste von Manabí findet sich eine hübsche

Auch Perlen können ein schönes Souvenir sein

Strand-Cabaña unter deutscher Leitung mit eigenem Bad für 8 $. An der Plaza Grande in Quito kostet das barock gestaltete Doppelzimmer 732 $ ohne Frühstück. Ähnlich divergieren die Preise in den Restaurants. Man kann in Ecuador mit 15 $ pro Person und Tag charmant wohnen und solide essen, einschließlich eines großen Bieres. Gleichzeitig wird man in den Top-Restaurants europäische Preise bezahlen oder entsetzt entdecken, dass das schweizerische Hotel einem für gut vier Telefonminuten in die Heimat 55 $ in Rechnung stellt. Anders gesagt: In Ecuador kann man nach wie vor ›low budget‹ leben und ist dank der niedrigen Buspreise auch sehr mobil. Ebenso kann man von Hotellerie, Gastronomie und Tourenprogrammen europäische Standards erwarten – dann aber auch zu europäischen Preisen. Dieser Reiseführer nennt Beispiele in allen Preiskategorien, legt aber sein Hauptaugenmerk auf eine solide Mittelklasse und empfehlenswerte preiswerte Optionen.

Spartipps und Ermäßigungen

Hotels im hohen Preissegment lassen sich meist günstiger über eine Reiseagentur als direkt buchen. Für zeitlich flexible Reisende bieten sich vor Ort gerade bei teuren Touren wie zu den Galápagos-Inseln **Last-Minute-Angebote** an, die in den Agenturen ausgehängt werden. Eine **Visumverlängerung** immer vor Ablauf des Visums beantragen, da eine Terminüberschreitung mindestens 200 $ Strafe kostet. **Studenten** erhalten bei Vorlage des Studentenausweises hier und da 10 % Rabatt. Doch lässt sich in Ecuadors Waren- und Dienstleistungssektor generell vielerorts der Preis verhandeln. **Kunsthandwerk** und **Souvenirs** werden an der Straße und auf Gelegenheitsmärkten zu deutlich überhöhten Preisen angeboten – vergleichen und verhandeln bringt beide Seiten zu einem guten Ergebnis. Einige teurere Unterkünfte etwa im Regenwald und an der Küste bieten den Outdoor-Liebhabern eine günstige Alternative auf dem hauseigenen **Zeltplatz. Internationale Flüge** sind in der Zwischensaison am günstigsten, d. h. zwischen Ostern und den Sommerferien und nach den Sommerferien bis etwa Ende Oktober, Zeiten in denen die Fluglinien vermehrt Sonderangebote haben. **Telefonate nach Europa** sind vergleichsweise günstig (s. S. 104) wenn man die Telefonkabinen nutzt.

Sperrung von EC- und Kreditkarten bei Verlust oder Diebstahl*:

00 49-116 116

oder 00 49-304 05 04 05 09
(* Gilt nur, wenn das ausstellende Geldinstitut angeschlossen ist, Übersicht: www.116116.eu)
Weitere Sperrnummern:
- MasterCard: 00 49-69-79 33 19 10
- VISA: 00 49-69-79 33 19 10
- American Express: 00 49-69-97 97 10 00
- Diners Club: 00 49-69-66 16 61 23

Bitte halten Sie Ihre Kreditkartennummer, Kontonummer und Bankleitzahl bereit!

Sperrung von Maestro-(EC-) und Kreditkarten

Bei Verlust, Diebstahl oder Missbrauch der Bank- oder Kreditkarte kann diese über eine zentrale **24-Stunden-Notrufnummer** in Deutschland umgehend und ohne vorherige Registrierung gesperrt werden.

Die meisten deutschen Banken (jedoch nicht Postbank und Karstadt-Quelle-Bank) sowie die internationale Visa- und MasterCard sind an dieses System angeschlossen. Näheres erfährt man unter **www.sperr-notruf.de** und unter den genannten Telefonnummern links.

Reisezeit und Reiseausrüstung

Ganzjähriges Reiseziel

Ecuador ist wegen seiner Äquatoriallage grundsätzlich ein ganzjähriges Reiseziel. Man unterscheidet allenfalls zwischen den zwei sogenannten Jahreszeiten Sommer und Winter und meint damit in Ecuador die regenärmere und die regenreichere Jahreszeit mit nur mäßigen Temperaturunterschieden.

Der Winter mit teils heftigem Nachmittagsregen in den **Anden** beginnt etwa im Dezember und schlägt im Mai zum trockeneren Sommer um. Für das Bergwandern sind die Monate Juli und August sowie das ›Sommerchen‹ im Dezember am besten geeignet.

In der von Januar bis April verlaufenen Regenzeit an der **Küste** kommt es schon mal zu Verkehrsbehinderungen durch starke Niederschläge. Die Wassertemperaturen erlauben das Baden hingegen ganzjährig.

Auf **Galápagos** ist ebenfalls in der ersten Jahreshälfte Regenzeit, doch der Himmel ist dann meist blau. Nur gelegentlich entladen sich Wolken in heftigen Schauern. In der Trockenzeit der zweiten Jahreshälfte wird es etwas kühler und dank der *garúa* (feiner Nieselregen und Nebel) diesiger. Im September liegen übrigens viele Galápagos-Boote vor Anker.

Eine **Regenwald**-Exkursion ist in den trockeneren Monaten von August bis Dezember etwas angenehmer. Andererseits fallen in diesen Monaten einige Feuchtgebiete wie die Seenplatte von Cuyabeno schon mal trocken.

Diese Hinweise zu Klima und Reisezeit können nur Anhaltspunkte sein!

Kleidung und Ausrüstung

Bei Temperaturunterschieden von über 50 °C zu ein und demselben Zeitpunkt und bei einem derart breiten Reisespektrum im Land sind Ausrüstungstipps schwer zu geben.

Ein fester Wanderschuh sollte keinesfalls fehlen, ebenso wenig wie eine Regenjacke, eine Kopfbedeckung und starker Sonnenschutz. Ein wasserfester Sack schützt die Ausrüstung auf dem Wasser und im Regen. Empfehlenswert ist, seine wichtigsten Doku-

Klimatabelle von Guayaquil

	J	F	M	A	M	J	J	A	S	O	N	D
Tagestemperaturen in °C	31	31	32	31	31	29	28	29	30	28	30	31
Nachttemperaturen in °C	22	22	23	23	22	21	20	20	20	21	21	22
Wassertemperaturen in °C	24	23	24	25	24	23	23	22	22	22	22	23
Sonnenstd./Tag	3	4	4	4	5	4	4	4	4	4	4	4
Regentage/Monat	12	13	15	10	4	1	0	0	0	1	0	2

Klimatabelle von Quito

	J	F	M	A	M	J	J	A	S	O	N	D
Tagestemperaturen in °C	21	21	20	21	21	21	21	22	22	21	21	21
Nachttemperaturen in °C	8	8	8	8	8	7	7	7	7	8	8	8
Sonnenstd./Tag	5	5	4	4	5	6	7	7	6	5	6	6
Regentage/Monat	9	11	11	15	10	9	3	3	8	13	13	7

mente als Fotokopien mitzubringen. Das europäische Handy kann man in aller Regel nicht benutzen, s. S. 104. Badesachen sind nicht nur am Meer, sondern auch in den Thermal- und Dampfbädern der Anden angezeigt. Wer die Höhen verlässt, denke an Mückenschutz. Beim Bergwandern und bei der Tierbeobachtung leistet ein Fernglas gute Dienste. Auf Galápagos sollte man für die digitale Fotografie unbedingt an ausreichend Speicherplatz denken.

Ansonsten bekommt man die meisten Dinge für die Reise, auch elektronisches Zubehör, in Quito und in Guayaquil, einiges jedoch teurer als zu Hause und manchmal etwas zeitaufwendig zu beschaffen.

Wettervorhersage

Eine Wettervorhersage zu machen, ist in der Heimat des ›vertikalen Tageszeitenklimas‹ nahezu unmöglich und wenn man es doch versucht, dann gilt sie nur für ein Tal oder einen kleinen Küstenabschnitt. Man sollte sich zudem auf abrupte Wetterwechsel mit erheblichen Temperaturunterschieden einstellen, vor allem in den Anden. Einen Versuch der Wettervorhersage unternimmt das kommerzielle spanische Wetterportal www.tutiempo.net. Zumindest kann man dort eine detaillierte Chronologie von gesammelten Wetterdaten aus verschiedenen Regionen des Landes lesen.

Das Wetter in Ecuador ist recht unberechenbar – deshalb ist man in den Bergen am besten mit Führer unterwegs

Gesundheit

Gesundheitsvorsorge

Eine Reise von Europa nach Ecuador ist anstrengend für unseren Körper. Die Umstellung auf Klima, Zeit, Höhe und Ernährung verlangt eine behutsame **Akklimatisierung** und Gewöhnung an das neue Ambiente. Im Zweifelsfall gilt, insbesondere für ältere Menschen, chronisch Kranke, Schwangere und Kleinkinder, vor der Buchung der Reise den Rat des Hausarztes oder sogar Reisemediziners einzuholen. Wichtig ist der Abschluss einer **Auslandskrankenversicherung.** Diese kostet bei Reisen bis zu 45 Tagen nur 10 bis 15 € im Jahr. In Ecuador ist sie elementar wichtig, weil die gesetzlichen Krankenkassen zu Hause in aller Regel keinerlei Kosten im Krankheitsfall in Ecuador erstatten, da keine binationalen Versicherungsabkommen bestehen. Die Anforderung eines **Reise-Gesundheitsbriefes** für 10 € beim CRM (s. u.) gibt einem im Vorfeld der Reise einen genauen Überblick über die Impf- und Verhaltenserfordernisse am Reiseziel Ecuador.

Die folgenden Ausführungen sind mit Tropenmedizinern abgestimmt und nach neuestem Stand der Reisemedizin zusammengestellt. Dennoch ersetzen sie nicht den **ärztlichen Rat,** der im Zweifelsfall und vor einer jeden Ecuador-Reise einzuholen ist.

Höhenanpassung

Zur Ankunft in einer Höhe von 2800 m in Quito gilt: körperliche Anstrengungen und schweres Essen meiden, Alkohol und Rauchen auf ein Minimum reduzieren, viel Wasser trinken. Womöglich wird es zu einigen Anpassungsphänomenen kommen, die nicht besorgniserregend sind: Schlafstörungen, Kurzatmigkeit, Verdauungsstörungen, leichter Kopfschmerz. Bei schwereren Beschwerden ist ein Arzt zu konsultieren. Die Höhenanpassung ist bei normaler Betätigung meist nach wenigen Tagen abgeschlossen.

Eine **Höhenkrankheit** wiederum zeigt andere Symptome als die Höhenanpassung. Wer sich mit der Höhe übernimmt, etwa wenn ein Bergsteiger mit unzureichender Akklimatisierung zu große Höhen erklimmt, kann unter Übelkeit, Erbrechen, pochendem Kopfschmerz, Schwindel und sogar Alpträumen leiden. In solch einem Fall gilt es, die Höhe umgehend um mindestens 1000 m zu verringern. Anderenfalls können lebensbedrohliche Lungen- und Hirnödeme entstehen. Frühsymptome eines Lungenödems sind trockener Husten, Atemnot in Ruhe und Herzrasen.

Impfungen und Prophylaxe

Ecuador verlangt de facto keine **Impfungen,** es sei denn, man reist aus einem ausgewiesenen Gelbfiebergebiet ein. Aber grundsätzlich – nicht nur vor einer Reise nach Ecuador – ist es sinnvoll, die Impfungen gegen **Tetanus, Diphterie und Polio** aufzufrischen. Auch eine Impfung gegen die Lebererkrankung **Hepatitis A** ist grundsätzlich zu empfehlen. Im tropischen Landesinneren ist eine Impfung gegen **Gelbfieber** empfohlen, offiziell in einigen Provinzen des ecuadorianischen Regenwaldes sogar Pflicht. Für Reisen unter einfachen hygienischen Bedingungen ist eine Impfung gegen **Typhus** sowie bei Langzeitaufenthalten gegen **Hepatitis B** in Betracht zu ziehen. Wer absehbar viel mit Tieren in Kontakt kommt, sollte sich gegen **Tollwut** impfen lassen.

Gegen **Malaria** gibt es keinen Impfstoff, wohl aber eine Prophylaxe mit einem nicht 100-prozentigen Schutz. Je nach Reisegebiet in Ecuador ist die Einnahme von Lariam oder ähnlichen Mitteln zur Prophylaxe angezeigt. Auf jeden Fall sollte man ein solches Mittel in kritischen Gebieten als Standby-Therapeutikum bei sich führen, um im Falle eines Falles bei einer Infektion durch eine Anopheles-Mücke reagieren und mildern zu können. Unersetzbar unter 1500 m Höhe sind helle, lange Kleidungsstücke in den Abendstunden, ein

Mückenschutz auf der Haut und das Moskitonetz in der Nacht.

Sollten in Regenwald oder an der Küste Kopf- und Gliederschmerzen, Bauchschmerzen und hohes Fieber auftreten – das kann auch erst nach der Rückkehr von der Reise passieren! – ist eine Malariainfektion in Betracht zu ziehen, umgehend ein Arzt aufzusuchen und eine Blutuntersuchung durchführen zu lassen. Dabei kann auch festgestellt werden, ob es sich möglicherweise um **Dengue** handelt, eine andere, aber ebenfalls gefährliche Tropenkrankheit.

Man kann die teuren Impfungen in Europa unter Umständen umgehen, wenn man sich die gleichen Impfstoffe in Ecuador spritzen lässt, allerdings sind dabei die Zeiträume zu beachten, die ein Impfstoff braucht, um seine Wirkung zu entfalten. Bei Hepatitis A und B sind das etwa zwei bis vier Wochen nach der ersten Impfung. Daher ist vor einer solchen Entscheidung tropenmedizinischer Rat einzuholen. Auskunft gibt etwa das **Centrum für Reisemedizin (CRM)** in Düsseldorf (CRM, Hansaallee 321, 40459 Düsseldorf, Tel. 02 11-904 29-0, www.crm.de). Dort findet sich auch ein aktuelles Länderprofil Ecuadors in Sachen Impfungen und ein bundesweites Verzeichnis von Ärzten mit reisemedizinischer Qualifizierung.

Reisekrankheiten

Durchfallerkrankungen sind häufig und nicht immer ganz zu vermeiden. Um bakteriellen Infektionen weitestgehend vorzubeugen, sind Leitungswasser, Eiswürfel, rohe Salate und Speiseeis zu meiden, wenn man sich nicht auf die hygienischen Verhältnisse verlassen kann. Essen am Straßenstand ist tabu. Nach wie vor gilt die einfache Regel für Fernreisen: »Koche es, brate es durch, schäle es oder vergiss es.« Bei Durchfallerkrankungen sollte man viel Flüssigkeit und Salz zu sich nehmen. Falls jedoch zusätzlich hohes Fieber, Bauchkrämpfe und/oder blutige Durchfälle hinzukommen, ist ärztlicher Rat einzuholen, da es sich um eine bakterielle oder eine Amöben-Ruhr handeln könnte.

Sonnenbrand: Auf Äquatorreisen, zudem in Höhenlagen, ist die Sonneneinstrahlung extrem hoch. Selbst bei bewölktem Himmel kann man sich binnen kurzer Zeit verbrennen. Sonnenschutzmittel mit hohem Lichtschutzfaktor sind angezeigt, sowie eine bei Sonne obligatorische Kopfbedeckung. Aus augenmedizinischer Sicht ist eine Sonnenbrille zum Schutz gegen die extrem starke UV-Strahlung empfohlen.

Erkältungen: Durch abrupte Temperaturwechsel und plötzliche Regenfälle bei einer vielleicht geschwächten Allgemeinverfassung wegen der Klima- und Zeitumstellung kommt es leichter zu Erkältungen. Vorbeugung und Behandlung entsprechen denen in Europa. Wichtig ist jedoch, dass man sich bei leichten Erkältungen nicht vorschnell in der Apotheke ein rezeptfreies Antibiotikum verkaufen lässt. Im Zweifelsfall: Arztbesuch.

Seekrankheit: Auf den Galápagos-Inseln sind z. T. lange Passagen auf dem Meer zurückzulegen, insbesondere wenn nachts weite Strecken zwischen entfernt voneinander liegenden Inseln zurückzulegen sind. Obschon der Pazifik in dieser Region recht still ist und Unwetter fast nie vorkommen, ist die See vor allem in der zweiten Jahreshälfte mitunter unruhig. Mittel wie Pflaster oder Tabletten gegen Seekrankheit helfen meist.

Krankenhäuser

Die privaten Kliniken bieten im Krankheitsfall meist gute Ambulanzen sowie stationäre Behandlungen auf europäischem Niveau. Die Krankenhäuser lassen sich üblicherweise eine finanzielle Sicherheit wie z. B. eine Kreditkarte aushändigen. Die staatlichen Provinzkrankenhäuser und Gesundheitszentren sind logistisch oft unzureichend ausgestattet und daher allenfalls für erste Untersuchungen und in Notfällen Anlaufstellen.

So gefährlich Taranteln auch aussehen mögen: Ihr sehr seltener Biss ist zwar schmerzhaft, aber nicht tödlich

Reiseapotheke

In die Reiseapotheke gehören: Sonnenschutz, Mückenschutz, Loperamid und Elektrolytpulver (bei Durchfall), Erkältungsmittel, Pflaster und Verbandszeug, Mittel zur Wunddesinfektion, Fieberthermometer, Notrufnummern sowie eventuell persönliche (Dauer-) Medikamente, eine Zweitbrille, Mittel gegen Seekrankheit und die Malariaprophylaxe. Bei Medikamenten in den Tropen ist nicht nur streng auf das Verfallsdatum zu achten, sondern auch auf die Temperaturen, denen man die Mittel aussetzt.

Apotheken

In der *farmacia* gibt es nicht nur jede Menge rezeptfreier Medikamente, sondern auf Wunsch auch gleich die medizinische Beratung, die den Arzt ersetzt. Was somit vielen Ecuadorianern Behandlungskosten erspart, sollten Reisende höchstens bei sehr leichten Beschwerden in Anspruch nehmen. Selbst dann ist darauf zu achten, dass einem der Apotheker nicht Antibiotika gegen leichte Kopfschmerzen verabreicht. Übrigens erstatten die Reisekrankenversicherungen Kosten für Medikamente ohnehin nur gegen Vorlage eines ärztlichen Attestes. Fast in jeder Stadt gibt es Apotheken mit einem 24-Stunden-Notdienst. Sie sind mit *turno* und/oder *24 horas* gekennzeichnet. Eine Preisbindung für Medikamente gibt es nicht. Am besten sortiert sind die Apotheken der Kette Fybeca. Nicht selten setzen Apotheken in einem Hinterzimmer auch Spritzen – *inyecciones.*

Impfstelle

Eine gute und preiswerte Möglichkeit für Impfungen *(vacunas)* im Land bietet sich nahe dem Flughafen von Quito an, ein Dienst, den auch zahlreiche Botschaften und internationale Firmen nutzen: Distribuidora Farmacéutica, Av. de la Prensa 2220 y Juan Jota Paz y Miño, Tel. 02-225 59 18, 02-244 49 38, vacunasdf@yahoo.es.

Ärztliche Versorgung

Der *médico* und der für die Zähne zuständige *dentista* behandeln teils in eigener Ambulanz, dem *consultorio,* und teils in einer Klinik – *clí-*

Notrufnummern

Rettungswagen: 911
Polizeinotruf: 101
Feuerwehr: 102
Notfalltelefon der Deutschen Botschaft in Ecuador: 09-949 79 67
Krankenwagen in Quito: 02-226 50 20, 02-226 52 87, 02-250 15 65

nica oder *hospital.* Viele Ärzte in den Städten sprechen etwas Englisch, einige auch Deutsch. Man bezahlt den Arzt in aller Regel direkt nach der Behandlung in bar oder mit der Kreditkarte. Auf Belege mit klaren Details über Diagnose, Patient, behandelnden Arzt, Datum, Verschreibungen etc. ist dabei zu achten, um die Behandlung mit der Reisekrankenversicherung zu Hause abrechnen zu können. Die größeren Städte und Provinzhauptstädte haben zudem eine Notfallambulanz *(emergencia)* in den Krankenhäusern. Generell gibt es ein deutliches Stadt-Land-Gefälle bei der medizinischen Versorgung, sprich: Am besten bedient ist man in den großen Städten.

Deutschsprachige Ärzte in Quito

Dr. Martin Domski, Allgemeinmediziner: Av. República 754 y Eloy Alfaro, Complejo Médico ›La Salud‹, 1. Stock, Büro 102, Tel. 02-255 32 06, 09-944 06 11, mdomski@porta.net.

Dr. Andrea Molinari Szewald, Augenärztin: Centro Médico Meditropoli, Praxis Nr. 201, Av. Mariana de Jesús s/n y Occidental, Tel. 02-226 81 73, 02-226 81 74, ams@pi.pro.ec.

Dr. Juan Molina Zeas, Gynäkologe: Centro Médico Meditropoli, 2. Stock, Praxis Nr. 215, Tel. 02-243 21 71, 02-256 05 81, jmolina@hmetro.med.ec.

Dr. Wilson Pancho, Internist: Av. de los Shyris y República de El Salvador, Gebäude ›ONIX‹, 4.Stock, Tel. 02-246 95 46, 02-246 31 39, wrpancho@hotmail.com.

Dr. Johanna Grimm, Laborärztin: Av. de los Shyris y República de El Salvador, Gebäude ›ONIX‹, 3. Stock, Tel. 02-246 21 82, 09-978 06 26.

Dr. Roberto Mena, Zahnarzt: La Coruña E 24-865 e Isabel la Católica, Tel. 02-256 91 49.

Krankenhäuser in Quito und weitere wichtige Kontakte listet die Deutsche Botschaft in ihrem ›Merkblatt für Hilfe in Notfällen‹ auf, auszudrucken über die Internetseite www.quito.diplo.de. Eine ausführlichere **Liste deutschsprachiger Ärzte** in Quito und Guayaquil findet sich bei www.ecuadorline.de unter ›Ecuador als Reiseland/Reisevorbereitungen‹.

Sicherheit

Kriminalität

Ecuador ist bei Einhaltung allgemeiner Sicherheitsregeln ein relativ sicheres Reiseland. Eigentumsdelikte gegen Touristen wie Diebstähle auf der Straße, in Bussen und auf Märkten kommen jedoch vor. Schwere Fälle ereignen sich hingegen nur selten in der Umgebung von Touristen. Wer dennoch Opfer eines Verbrechens wird, wende sich an die Polizei, wie auch im Fall einer Diebstahlanzeige. Auf der *comisaría* genannten Wache werden die Anzeigen entgegengenommen. Bei komplizierten Fällen, z. B. Personenschäden, Diebstahl von Reisedokumenten und Anklagen gegen Reisende, ist auf jeden Fall die diplomatische Vertetung Ihres Landes einzuschalten. Machen Sie bei polizeilichen Beschuldigungen gegen Sie niemals Schuldeingeständnisse, ohne Ihre diplomatische Vertetung zu konsultieren. Die Verkehrs- und Streifenpolizei Ecuadors kennt zahlreiche korrupte Mitglieder in ihren Reihen, ist aber gegenüber Touristen in der Regel zuvorkommend.

Sicherheitstipps für Ecuador

Bevorzugte Arbeitsplätze von Taschendieben sind vor allem in den Städten Knotenpunkte wie z. B. Busterminals, Einkaufsstraßen und Märkte sowie volle Stadtbusse. Achtung beim Einsteigen und in Bussen ohne garantierte Sitzplätze!

Ecuadors Taschendiebe haben sich spezialisiert auf das Aufschlitzen von Kleidung, Taschen und Rucksäcken. Sie suchen oder provozieren gar gezielt Gedränge. Geld und Wertsachen sind, wenn möglich, verschlossen in den Innenseiten der Kleidung aufzubewahren. Dokumente genügen innerhalb der Städte als Fotokopien. Nie Wertsachen unbeaufsichtigt in Fahrzeugen liegen lassen!

Bei den seltenen bewaffneten Überfällen in Ecuador gilt, sich nie körperlich zur Wehr zu setzen. Bei Dunkelheit sind Stadtparks generell zu meiden. Im Schadensfall ist die Polizei nicht unbedingt ›Freund und Helfer‹. Eine Reisegepäckversicherung nimmt einem viele Sorgen.

Übergriffe auf Wanderer sind selten, kamen aber in Einzelfällen vor. Nachts sollte man nicht an einsamen Stränden spazieren gehen. Mehr Sicherheit in den Bergen und in abgelegenen Gebieten schenken grundsätzlich geführte Gruppen.

Ecuador gilt als Drogentransitland zwischen den Nachbarstaaten. Bei Grenzübertritten ist das eigene Gepäck streng zu bewachen, und man sollte nichts von anderen annehmen. Ecuadors repressive Drogenpolitik stellt den Besitz und den Konsum von Drogen bereits in kleinen Mengen unter mehrjährige Haftstrafen.

Der Überlandbus ist das wichtigste, preiswerteste, aber zugleich das gefährlichste Verkehrsmittel des Landes. Denn Fahrzeuge und Fahrer bewegen sich manchmal in kritischem Zustand. Das Unfallrisiko lässt sich durch die Wahl von Busunternehmen mit modernen Fahrzeugen (Panamericana, Transportes Ecuador oder Santa) verringern.

Die wahre Geschichte eines Überfalls: Martha ist Angestellte im Erziehungsministerium in Quito. Wie jeden Morgen besteigt sie nahe ihrer Wohnung den Stadtbus. Doch heute setzt sich ein dicker, leicht verschwitzter Mann heftig atmend neben sie, sodass ihr die Fahrt äußerst ungemütlich wird. Am liebsten würde sie den Platz wechseln, doch nun sitzt sie am Fenster, ihre Handtasche hält sie fest umschlossen auf dem Schoß. Der Bus ist voll. Plötzlich stellt sie mit Entsetzen fest, dass ihr ihre Armbanduhr fehlt! »Na warte«, denkt Martha, holt ihre Nagelpfeile aus der Tasche, drückt sie dem Dicken in die Rippen und faucht ihm ein »die Armbanduhr!« ins Ohr. Der Mann zuckt zusammen, streift seine Uhr ab, legt sie Martha in die Hand und verlässt zitternd durch den Gang laufend den Bus. Martha ist nun sehr irritiert, weil ihr der Mann ja seine eigene Uhr gegeben hat und nicht die ihre. Den ganzen Arbeitstag beschäftigt sie diese seltsame Begegnung mit dem dicken Mann, dessen Uhr sie immer wieder anschaut. Am Abend zu Hause will Martha sich frisch machen und entdeckt etwas Merkwürdiges im Badezimmer: ihre Armbanduhr. Sie hatte sie am Morgen vergessen anzulegen ...

Ecuador gilt als eines der sichersten Reiseländer Lateinamerikas, ohne jedoch europäische Sicherheitsstandards zu erreichen. Aktuelle Vorabinformationen und ein verantwortliches, gegebenenfalls defensives Verhalten im Land mit einem klaren und selbstkritischen Blick für Menschen und Situationen hilft, Risiken zu vermeiden. Wer darin nicht geübt ist, reist sicherer in geführten Gruppen und Reiseprogrammen.

Das Auswärtige Amt in Berlin und die Deutsche Botschaft in Quito (s. S. 92f.) veröffentlichen auf ihren Internetseiten ständig aktuelle Sicherheitshinweise über Ecuador.

Internetcafés

Wegen der relativ geringen Zahl privater Internetzugänge und Defiziten im ecuadorianischen Festnetz hat das Land eine der weltweit höchsten Dichten von Internetcafés. Allein in Quito sollen es über 500 sein. Doch auch in Kleinstädten und Dörfern findet man immer häufiger preiswerten Zugang in das World Wide Web.

Post

Das Postwesen der staatlichen **Correos del Ecuador** (CDE) funktioniert recht gut, das Filialnetz ist ganz passabel, und die Briefsendungen kommen in aller Regel, obwohl man es nicht vermuten würde, nach etwa einer Woche in Europa an. Ein Standardbrief kostet 2 $, eine Postkarte 1 $ Porto.

Telefonieren

Telefonkabinen

Für Reisende bietet sich eine unkomplizierte und preiswerte Möglichkeit, nach Europa zu telefonieren: Die beiden führenden Anbieter **Telefónica** und **Porta** unterhalten ein landesweit dichtes Netz von Telefonkabinen. Von dort kann man mit der in Läden und auf der Straße zu erstehenden Telefonkarte für etwa 0,50 $ pro Minute nach Hause telefonieren. Die Bedienung ist kinderleicht: Hörer abnehmen, Karte einführen, Freizeichen abwarten und mit der europäischen Vorwahl beginnend wählen. Neben den roten und blaugrünen Straßenkabinen bieten zahllose Lokale mit mehreren Telefonplätzen *(cabinas telefónicas)* eine manchmal noch preiswertere Alternative.

Tipp: Hotels nehmen teils erheblich mehr für eine Telefonminute als die Kabinen vor der Hoteltür.

Mobiltelefone

Die Mobilfunkabdeckung Ecuadors ist großartig und deutlich besser als das Festnetz. Auch haben mehrere europäische Mobilfunkanbieter (O2, E-Plus, Vodafone) Roamingverträge mit Ecuador, was vor einer Reise zu erfragen ist. Aber Ecuador telefoniert und simst auf der exotischen Frequenz von 850 Hertz! Diese seltene Bandbreite von GSM 850 bedarf eines europäischen Quadband-Handys oder aber eines auf Ecuador eingestellten Geräts. Ansonsten sind europäische Handys in Ecuador nutzlos, auch das Triband-Handy, das nur auf 900, 1800, 1900 Hertz arbeitet.

Tipp: Für 40 bis 45 $ kann man in den zahlreichen Telefonläden ein ecuadorianisches Handy, eine eigene Nummer und ein Startguthaben erwerben. Auch vom Handy kostet eine Minute nach Europa, selbst auf ein Handy, nur 0,40–0,60 $ pro Minute. Man kann Handys auch mieten.

Internationale Vorwahlen

Deutschland: 00 49
Österreich: 00 43
Schweiz: 00 41
Ecuador: 00 593

Nationale Vorwahlen

02: Provinz Pichincha/Quito
03: Tungurahua, Chimborazo, Cotopaxi, Bolívar, Pastaza
04: Guayas/Guayaquil
05: Manabí, Galápagos, Los Ríos
06: Imbabura, Carchi, Esmeraldas, Sucumbíos und Napo
07: Azuay/Cuenca, Cañar, Loja, Morona Santiago, Zamora Chinchipe,
08 und 09: Mobiltelefone

Bei Anrufen aus Deutschland, Österreich oder der Schweiz fällt die ›0‹ der Ortsvorwahl weg, nachdem man die Landesvorwahl gewählt hat.

Zeitungen

Deutschsprachige Zeitungen und Zeitschriften gibt es in Ecuador leider nicht. Aus den USA gelangt gerade einmal die Tageszeitung **Miami Herald** in die Großstädte. Unter den nationalen Tageszeitungen, in denen sich auch das lokale Kultur- und Kinoprogramm findet, sind die bedeutendsten: **El Comercio** (www.elcomercio.com, Quito), **Hoy** (www.hoy.com.ec, Quito), **El Universo** (www.eluniverso.com, Guayaquil) und **El Mercurio** (www.elmercurio.com.ec, Cuenca).

Das beste geografische Magazin über Ecuador ist **Terra Incognita** (www.terraecuador.net).

Internationale Medienkontakte

Simon Kreye: Presseattaché der Deutschen Botschaft, Tel. 02-297 08 02, pr-1@quit.auswaertiges-amt.de.

Auslandspresseverband (APE): www.prensaextranjeraecuador.com.

Siegmund Thies: Pressebüro peQUITO, Kameramann und Fernsehjournalist für ARD, ZDF, ORF u. a., Tel. 02-237 81 34, siegmundthies@web.de.

Peter Korneffel: Pressebüro peQUITO, Auslandsreporter und Autor für DIE ZEIT, GEO, Mare, DuMont Reiseverlag u. a., Tel. 08-525 63 25, peter@korneffel.de.

Zeitungsstudium unter freiem Himmel

Sprachführer

Ausspracheregeln

In der Regel wird Spanisch so ausgesprochen wie geschrieben. Treffen zwei **Vokale** aufeinander, so werden beide einzeln gesprochen (z. B. E-uropa). Die **Betonung** liegt bei Wörtern, die auf Vokal, n oder s enden, auf der vorletzten Silbe, bei allen anderen auf der letzten Silbe. Liegt sie woanders, wird ein Akzent gesetzt (z. B. teléfono).

Konsonanten:

c	vor a, o, u wie k, z. B. casa; vor e, i wie scharfes s, z. B. cien
ch	wie tsch, z. B. chico
g	vor e, i wie deutsches ch, z. B. gente
h	wird nicht gesprochen
j	wie deutsches ch, z. B. jefe
ll	wie j mit leichtem l davor, z. B. llamo
ñ	wie gn bei Champagner, z. B. niña
qu	wie k, z. B. porque
y	am Wortende wie i, z. B. hay; sonst wie deutsches j, z. B. yo
z	wie scharfes s, z. B. azúcar

Allgemeines

guten Morgen/Tag	buenos días
guten Tag (ab 12 Uhr)	buenas tardes
guten Abend/ gute Nacht	buenas noches
auf Wiedersehen	adiós
Entschuldigung	¡Disculpe!
hallo/grüß dich	hola/¿Qué tal?
bitte	de nada/por favor
danke	gracias
ja/nein	si/no
Wie bitte?	¿Disculpe, como?

Unterwegs

Haltestelle	parada
Bus/Auto	autobús/carro
Ausfahrt/-gang	salida
Tankstelle	gasolinera
rechts	a la derecha
links	a la izquierda
geradeaus	todo recto
Auskunft	información
Telefon	teléfono
Postamt	correos
Bahnhof/Flughafen	estación/aeropuerto
Stadtplan	mapa de la ciudad
alle Richtungen	todas las direcciones
Eingang	entrada
geöffnet	abierto/-a
geschlossen	cerrado/-a
Kirche	iglesia
Museum	museo
Strand	playa
Brücke	puente
Platz	plaza/sitio

Zeit

Stunde	hora
Tag	día
Woche	semana
Monat	mes
Jahr	año
heute	hoy
gestern	ayer
morgen	mañana
morgens	por la mañana
mittags	al mediodía
abends	a la noche
früh	temprano
spät	tarde
Montag	lunes
Dienstag	martes
Mittwoch	miércoles
Donnerstag	jueves
Freitag	viernes
Samstag	sábado
Sonntag	domingo

Notfall

Hilfe!	¡Ayuda!
Polizei	policía
Arzt/Zahnarzt	médico/dentista
Apotheke	farmacia
Krankenhaus	hospital
Unfall	accidente
Schmerzen	dolores
Panne	avería

Übernachten

Hotel	hotel
Pension	hostal
Einzelzimmer	habitación individual
Doppelzimmer	habitación doble
mit/ohne Bad	con/sin baño
Toilette	baño
Dusche	ducha
mit Frühstück	con desayuno
Halbpension	media pensión
Gepäck	equipaje
Rechnung	cuenta

Einkaufen

Geschäft/Markt	tienda/mercado
Kreditkarte	tarjeta de crédito
Geld	dinero
Geldautomat	cajero (automático)
Bäckerei	panadería
Lebensmittel	víveres
teuer	caro/-a
billig	barato/-a
Größe	tamaño
bezahlen	pagar

Zahlen

1	uno	17	diecisiete
2	dos	18	dieciocho
3	tres	19	diecinueve
4	cuatro	20	veinte
5	cinco	21	veintiuno
6	seis	30	treinta
7	siete	40	cuarenta
8	ocho	50	cincuenta
9	nueve	60	sesenta
10	diez	70	setenta
11	once	80	ochenta
12	doce	90	noventa
13	trece	100	cien
14	catorce	150	ciento cincuenta
15	quince		
16	dieciséis	1000	mil

Die wichtigsten Sätze

Allgemeines

Sprechen Sie Deutsch/Englisch?	¿Habla Usted alemán/inglés?
Ich verstehe nicht.	No entiendo.
Ich spreche kein Spanisch.	No hablo español.
Ich heiße …	Me llamo …
Wie heißt Du/heißen Sie?	¿Cómo te llamas/se llama?
Wie geht es Dir/Ihnen?	¿Cómo estás/está Usted?
Danke, gut.	Muy bien, gracias.
Wie viel Uhr ist es?	¿Qué hora es?

Unterwegs

Wie komme ich zu/nach …?	¿Cómo se llega a …?
Wo ist …?	¿Dónde está …?
Könnten Sie mir bitte … zeigen?	¿Me podría enseñar …, por favor?

Notfall

Können Sie mir bitte helfen?	¿Me podría ayudar, por favor?
Ich brauche einen Arzt.	Necesito un médico.
Hier tut es mir weh.	Me duele aqui.

Übernachten

Haben Sie ein freies Zimmer?	¿Hay una habitación libre?
Wie viel kostet das Zimmer pro Nacht?	¿Cuánto vale la habitación al día?
Ich habe ein Zimmer bestellt.	He reservado una habitación.

Einkaufen

Wie viel kostet …?	¿Cuánto vale …?
Ich brauche …	Necesito …
Wann öffnet/schließt …?	¿Cuándo abre/cierra …?

Einer der ›Schneeriesen‹ an der Avenida de los Volcanes:
der Cotopaxi

Unterwegs in Ecuador

Blick vom Panecillo auf eine der am höchsten gelegenen Hauptstädte der Welt: Quito

Kapitel 1

Quito und Umgebung

Auf einen Blick: Quito und Umgebung

Quito – barockes Juwel der Anden

Die Hauptstadt ist nicht nur das politische Herz Ecuadors. Hier landen auch zwei Drittel aller ausländischen Besucher, um ihre Ecuadorreise unter den Flanken des Hausbergs Pichincha zu beginnen. Quito liegt nur wenige Kilometer südlich der Äquatorlinie, die der Stadt auch den Namen (›Mitte der Erde‹) schenkte. Unaufhaltsam dehnt sich die durch die Berge seitlich begrenzte Stadt inzwischen auf 50 km in Nord-Süd-Richtung aus, um den mittlerweile 1,8 Mio. Bewohnern Lebensraum zu sein. Auf 2850 m Höhe ist die Luft dünn – und verlangt vom Reisenden Muße.

Das Stadtbild selbst ist Ergebnis seines kaum regulierten Wachstums und somit in großen Teilen recht farb- und gesichtslos. Quito birgt jedoch in der bald 500 Jahre alten kolonialen Altstadt einen grandiosen kulturellen Schatz, ein weitgehend restauriertes historisches Zentrum, wie es in Amerika seinesgleichen sucht.

Richtig Reisen-Tipps

Im Blut der Sünde: Die Karfreitagsprozession von Quito zählt zu den ergreifendsten Ereignissen im katholischen Kirchenjahr Lateinamerikas (s. S. 120).

Mountainbiking bis 5000 m: Wohl nur an wenigen Orten der Welt werden Fahrradtouren auf bis zu 5000 m über dem Meeresspiegel geführt. Quito ist der ideale Ausgangspunkt dafür (s. S. 138).

Solarmuseum Inti Ñan: In nächster Nähe zur unsichtbaren Äquatorlinie wird einem das Verständnis für die Sonnenkulturen dieser Andenregion auf wundersame Weise in dem kleinen anthropologischen Museum Inti Ñan nahegebracht (s. S. 147).

Die nördliche Neustadt Quitos hingegen ist noch immer das Drehkreuz der Reiseagenturen, der Backpacker und Nachtschwärmer, da es traditionell über eine breite touristische Infrastruktur verfügt. In diesen so unterschiedlichen Teilen der Stadt befinden sich zudem außerordentlich gute Museen und Sammlungen.

Nicht weit vor den Toren der Stadt trifft man auf Nebelwälder, Vulkane, Thermalbäder und auf die berühmte wie imaginäre Äquatorlinie – Lockrufe, baldmöglichst in Natur, Stille und Energie der Anden einzutauchen.

Highlights

1 **Altstadt von Quito:** Das ›Kloster Amerikas‹ zählt mit über 80 Kolonialbauten in exzellentem Zustand, mit einer Vielzahl prunkvoller Gotteshäuser und einer beeindruckenden republikanischen Architektur zu den schönsten Städten Amerikas (s. S. 114ff.).

2 **Thermalbäder von Papallacta:** Aus den mineralhaltigen Adern des 5700 m hohen Vulkans Antisana speisen sich die vielleicht schönsten Thermalbäder Südamerikas. Sie ergießen sich neben einem kalten Gebirgsfluss im hohen Páramo zu einem wunderbaren Wechselbad (s. S. 140ff.).

3 **Nebelwälder von Mindo-Nambillo:** Für die internationalen Vogelbeobachter zählen die Nebelwälder nordwestlich von Quito zu den besten Reservaten der Welt. Hunderte von Kolibri- und Tausende von Orchideenarten machen die Wälder zu einer biologischen Sensation (s. S. 148ff.).

Empfehlenswerte Routen

Altstadtrundgang in Quito: Diese Tour ist ein absolutes Muss. Die Verschmelzung von spanischer Kolonialmacht mit indianischer Kunst und späteren europäischen Tendenzen ist einzigartig (s. S. 115ff.).

Mit dem Telefériqo auf den Vulkan: Mit der modernen Kabinenseilbahn geht's auf den Vulkan – bei gutem Wetter eröffnet sich hier ein grandioser Blick über Quito und die zentralen Anden (s. S. 130f.).

Besteigung des Ilaló: Der kleine Berg Ilaló im Osten der Hauptstadt ist einer der kleinsten Vulkane des Landes und bietet dennoch eine tolle Aussicht auf die umliegende Andenlandschaft. Er lässt sich recht bequem an einem halben Tag besteigen, am leichtesten beginnt man den Aufstieg ab dem Dorf El Tingo, einem Ort mit Thermalquellen am Fuß des Ilaló (s. S. 143).

Aufstieg auf den Pasochoa: Wer vom Nebelwald gar nicht genug bekommen kann, kann im Park den 4199 m hohen Gipfel besteigen (s. S. 145).

Umrundung des Einsturzkraters von Pululahua: Diese Rundtour ist ein unvergessliches Erlebnis für Reiter und Wanderer (s. S. 147f.).

Reise- und Zeitplanung

Für die **Altstadt von Quito** sollte man sich mindestens einen Tag Zeit nehmen, wer Teile der großartigen Museen bewundern möchte, braucht einen weiteren Tag. Die Südstadt ist touristisch uninteressant, ebenso der große Teil des Nordens. Allein im Stadtteil **Mariscal** nördlich des historischen Zentrums ballen sich nahezu alle Reiseagenturen, Klubs, Hotels, Sprachschulen, Einkaufszentren und Ausrüster Ecuadors. Daher ist er ein wichtiges logistisches Zentrum für die Weiterreise und besitzt zudem einzelne gute Museen. Nicht wenige Rucksackreisende sind unbeabsichtigt für Wochen in der Mariscal hängen geblieben. Dieser Stadtteil übt eine seltsame Anziehungskraft aus und vermag es immer wieder, lang gehegte Reisepläne zu durchkreuzen. Andererseits bietet Quito zur Akklimatisierung vor Gipfelbesteigungen wie auch für den beliebten Spanischunterricht durchaus Anreiz zum Verweilen.

In den **Nebelwäldern** sollte man zumindest einmal übernachten, wie auch **Papallacta** erst im nächtlichen Thermalbad unter Sternen seine ganze Energie entfaltet. Die **umliegenden Vulkane** können – wenn man einmal akklimatisiert ist – in Tagestouren bestiegen werden.

Empfohlene und preiswerte Transportmittel sind das Taxi und der Stadtbus.

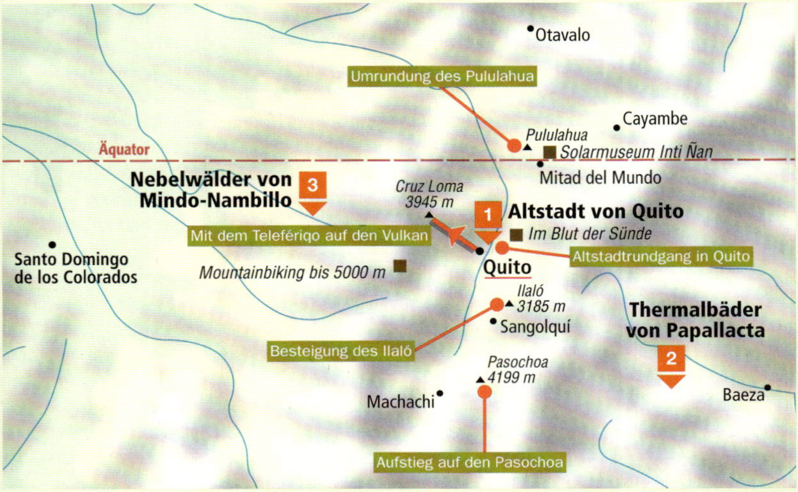

1 Altstadt von Quito

Cityplan S. 117

Das 1534 gegründete San Francisco de Quito ist eine der höchsten Hauptstädte der Welt. Rund 1,8 Mio. Quiteños leben mittlerweile in der sich über 50 km erstreckenden Andenmetropole auf 2850 m Höhe. Das seit jeher traditionsbewusste Quito ist heute Sitz von Staatsregierung, Bischofskonferenz, Militärspitze und der staatlichen Erdölfirma. Die Stadt ist pulsierendes Geschäfts- und Handelszentrum vieler kleiner und einiger großer Leute und dabei in ständigem wirtschaftlichen und machtpolitischen Gerangel mit der Küstenmetropole Guayaquil.

Geschichte

Reiseatlas: S. 9, B/C 1, **Cityplan:** S. 117

Schon das **Volk der Quitu** betrieb in jenem lang gezogenen Tal unter den Flanken des Vulkans Pichincha einen wichtigen Handelsplatz. Die Inkas bauten dann im 15. Jh. bedeutende Tempel an derselben Stelle. Und einiges deutet darauf hin, dass sie hier nicht nur einen ›Tianguez‹, also ein antikes Markt- und Kommunikationszentrum errichten wollten, sondern gar eine weitere Hauptstadt ihres expandierenden Imperiums. Die Eroberung durch die **spanische Krone** stoppte dieses Ansinnen. Die Konquistadoren und ihr klerikaler Anhang machten ihr ›San Francisco de Quito‹ schnell zu einer spanischen Verwaltungsstadt, zur kolonialen Kunstschmiede und zum bedeutenden Verkehrsplatz zwischen den Silberminen im Süden der Anden und der Karibik, dem Seeweg nach Spanien.

Schon kurz nach der Stadtgründung am 6. Dezember 1534 lassen die mächtigen spanischen Orden Kirchen und Klöster in Quito bauen – zunächst die Mönche der Franziskaner, Augustiner, Mercedarier und Dominikaner. Es folgen die Nonnen von Santa Catalina und La Concepción sowie ab dem 17. Jh. auch die Jesuiten. Allein auf dem einen Quadratkilometer des Altstadtkerns entstehen mit der Zeit 16 bis heute erhaltene Kirchen, was der Stadt den Beinamen **Kloster Amerikas** bescherte. Sowohl der starke Einfluss der katholischen Orden auf Justiz und Politik als auch die ›heilige Inquisition‹ bestehen bis weit ins 18. Jh. hinein. Noch im 19. Jh. verpflichtet Quito jeden Andersgläubigen zum Konvertieren. Der Name ›Quito‹ ist übrigens nicht spanisch, sondern entstammt den Worten *Qui,* die Mitte, und *Tu,* die Erde, in der Zafiki-Sprache der Colorado-Indianer.

Architektonisch haben die Orden Glorreiches, Skurriles und Größenwahnsinniges vollbracht. Denn **›koloniale‹ Architektur** bedeutet letztendlich, dass sich in Quito alle in Europa zwischen 1534 und 1810 dominierenden Baustile vermischt haben. Renaissance, Barock und Neoklassizismus verschmelzen da zu einer kolonialen Melange, die schließlich von Zedernholzvertäfelungen im Mudejarstil gekrönt ist, ein Synkretismus, der auch in den **zahlreichen Erdbeben** und Bränden der Stadt seine Logik hat. Denn Quito musste seit seiner Gründung in großen Teilen immer wieder neu aufgebaut werden. Etwa 80 vor allem kirchliche Gebäude gelten heute noch als tatsächliche Kolonialbauten. Nicht umsonst gilt Quito im alten Teil als eine der schönsten und ältesten Kolonialstädte Lateinamerikas.

Welterbe der Menschheit

Die Unesco erklärte die Altstadt von Quito aufgrund ihrer jahrhundertealten Architektur und ihrer außergewöhnlichen Kulturschätze schon im Jahr 1979 zum Weltkulturerbe der Menschheit. Sah die Stadt damals noch recht grau und trübselig aus, so ist sie heute ein **architektonisches Juwel:** Restaurateure, Investoren und Sicherheitsmaßnahmen haben aus den engen Gassen mit ihren traditionellen Lehmziegelbauten und ihren kuriosen Stilmischungen ein lateinamerikanisches **Besucherzentrum für koloniale Geschichte und Architektur** geformt. Und das liegt durchaus in der Tradition der Stadt, deren einst spanische Schule für Malerei und Bildhauerei, die Escuela Quiteña, an diesem Ort seit bald 500 Jahren Meisterwerke vollbringt. Dass diese Kunst der Besatzereliten auf Kosten der indianischen Ureinwohner ging, ist Teil dieser Geschichte.

Das Stadtmuseum versteht sich daher als eine Hommage an die einfachen Menschen, die unter der Tonnenlast von Blattgold und Zedernholz jahrhundertelang nahezu vergessen wurden. Der *casco colonial*, jene Altstadt von Quito, ist eine der ältesten Städte Kolonialamerikas und empfiehlt sich jedem Ecuador-Reisenden unbedingt für eine einzigartige Zeitreise durch Architektur, Geschichte und religiöse Kunst der ›Neuen Welt‹.

Orientierung in der Stadt

Wer sich nicht in den zahlreichen Museen und hübschen Cafés der Altstadt gänzlich verliert, sollte mit einem vollen Tag auskommen, um die Höhepunkte dieses Kulturschatzes zu entdecken. Doch wer die Geheimnisse der Stadt, die versteckten Hinterhöfe und Kuriositäten in Ruhe erkundet, braucht einen weiteren Tag.

An den im Stadtrundgang genannten zentralen Plätzen liegen nette Cafés und Restaurants. Mit dem Pkw in die Stadt zu fahren, empfiehlt sich nicht. Der Fußweg oder das Taxi sind angezeigt.

Mit dem Autor unterwegs

Nationaltheater

Nach siebenjähriger Restaurierung ist das wunderschöne Opernhaus **Teatro Nacional Sucre** nebst Varieté-Theater wieder in Betrieb und glänzt unter deutscher Programmdirektion mit **ausgezeichneten Theater-, Musik- und Tanzveranstaltungen** (s. u.).

Verwunschene Klostergärten

Vor lauter Kirchen und Kapellen darf man die grünen Oasen der kolonialen Altstadt nicht verpassen: Verschiedene Klöster haben wunderschöne Gärten und Patios mit Wandelgängen – Orte der Ruhe und des Gebets, aber auch zum Staunen und Entspannen für den Reisenden von heute. Die schönsten Gärten pflegen die Orden von San Agustín (s. S. 116f.) und San Francisco (s. S. 125f.).

Vorsicht: Taschendiebe!

Der zentrale **Busterminal Cumandá** (s. S. 128) ist nicht nur hässlich, sondern auch eine beliebte Wirkungsstätte von Taschendieben. Daher Vorsicht! Busreisende mögen prüfen, ob sie nicht auf die kleinen dezentralen Terminals der Neustadt ausweichen können. Im Übrigen wird der Terminal 2008/2009 aufgelöst und aus der Altstadt ausgelagert.

Calle Guayaquil und Calle Flores

Teatro Nacional Sucre

Der Rundgang beginnt auf der belebten Einkaufsstraße **Calle Guayaquil** und führt zuerst zum **Teatro Nacional Sucre** 1. Das zwischen 1879 und 1886 erbaute Theater von Quito geht auf die Pläne des deutschen Architekten Franz Schmidt zurück. Hinter der neoklassizistischen Fassade liegt ein klassisches europäisches Opernhaus seiner Zeit. Es wurde eröffnet am 25. November 1886 mit einem Konzert des Pariser Klaviervirtuosen Capitán Voyer, begleitet von der ecuadorianischen Artilleriekapelle und dem Natio-

Quito-Altstadt: Cityplan

Sehenswürdigkeiten

1 Teatro Nacional Sucre
2 Iglesia y Convento de San Agustín
3 Teatro Bolívar
4 Convento de Santa Catalina
5 Museo Manuela Sáenz
6 Iglesia de Santo Domingo
7 Monumento de Mariscal Sucre
8 Calle la Ronda
9 Museo de la Ciudad
10 Arco de la Reina
11 La Compañía de Jesús
12 Museo Histórico Casa de Sucre
13 La Catedrál
14 Centro Cultural Metropolitano
15 Plaza de la Independencia
16 Palacio Arzobispal
17 Palacio del Gobierno
18 Iglesia de la Merced
19 Iglesia de San Francisco
20 Panecillo

Übernachten

1 Hotel Patio Andaluz
2 Hotel Real Audiencia
3 Hostal La Casona
4 Villa Colonna
5 Hotel San Francisco de Quito
6 Hotel Viena Internacional

Essen und Trinken

7 Mea Culpa
8 Theatrum
9 La Cueva del Oso
10 PIM's Restaurant
11 Café Bar El Buho
12 Café Bar El Escudero
13 Restaurants rund um den Palacio Arzobispal
14 Vista Hermosa Café Mirador

nalorchester. Quito widmete das Teatro Sucre dem heldenhaften Marschall Antonio José de Sucre. 1901 fungierte es als eines der ersten Filmtheater Amerikas. 1996 schloss es für mehrjährige Restaurationsarbeiten, bevor der Spielbetrieb am 24. November 2003 mit der Oper ›Rigoletto‹ wieder aufgenommen wurde (Calle Manabí N8-131 y Guayaquil/Flores, Tel. 02-257 28 23, 02-228 09 82, www.teatrosucre.com, mit Spielplan). Die **Plaza del Teatro** war übrigens im 17. und 18. Jh. ein offener Schlachthof der Fleischer Quitos und im Weiteren die Stierkampfarena der Stadt, bis der Nationalkongress 1867 ein »unwiderrufliches Verbot der barbarischen Stierkämpfe« zugunsten des »Aufbaus von Theatern auf öffentlichen Plätzen« verhängte.

Iglesia y Convento de San Agustín

Die Calle Guayaquil drei Blocks nach oben gehend, erreicht man das Kulturerbe der Augustiner, die **Iglesia y Convento de San Agustín** 2. Im Gefolge des Eroberers Francisco Pizarro zählen die Augustiner auch zu den ersten, die in Quito ihre Kirche und ihren Konvent errichten ließen. Bauzeit war 1538–1583, doch in den folgenden Jahrhunderten musste das Bauwerk nach Erdbeben mehrmals wieder aufgebaut werden und erfuhr so Modifizierungen. Der heutige Hauptaltar etwa wurde erst 1650 installiert. Die Ornamente über dem Eingangsportal der **Kirche** entstanden etwa zehn Jahre später, einschließlich dem indianischen Symbol der Sonne im Giebel des Tors. Das Kirchengebäude mit seinen schönen Deckengemälden und der Jesus-Darstellung im roten Gewand zählt zu den schlichteren der Stadt. Allein der **Chorraum** ist noch original aus dem 16. Jh. Die Orgel zählt bis heute zu den besten der Stadt. Sie stammt aus Deutschland und wurde dem Orden 1927 geschenkt.

Der von Palmen bestandene Klosterhof führt außergewöhnliche Holzdecken im **Kreuzgang,** teilweise im Mudéjar-Stil, sowie

Calle Guayaquil und Calle Flores

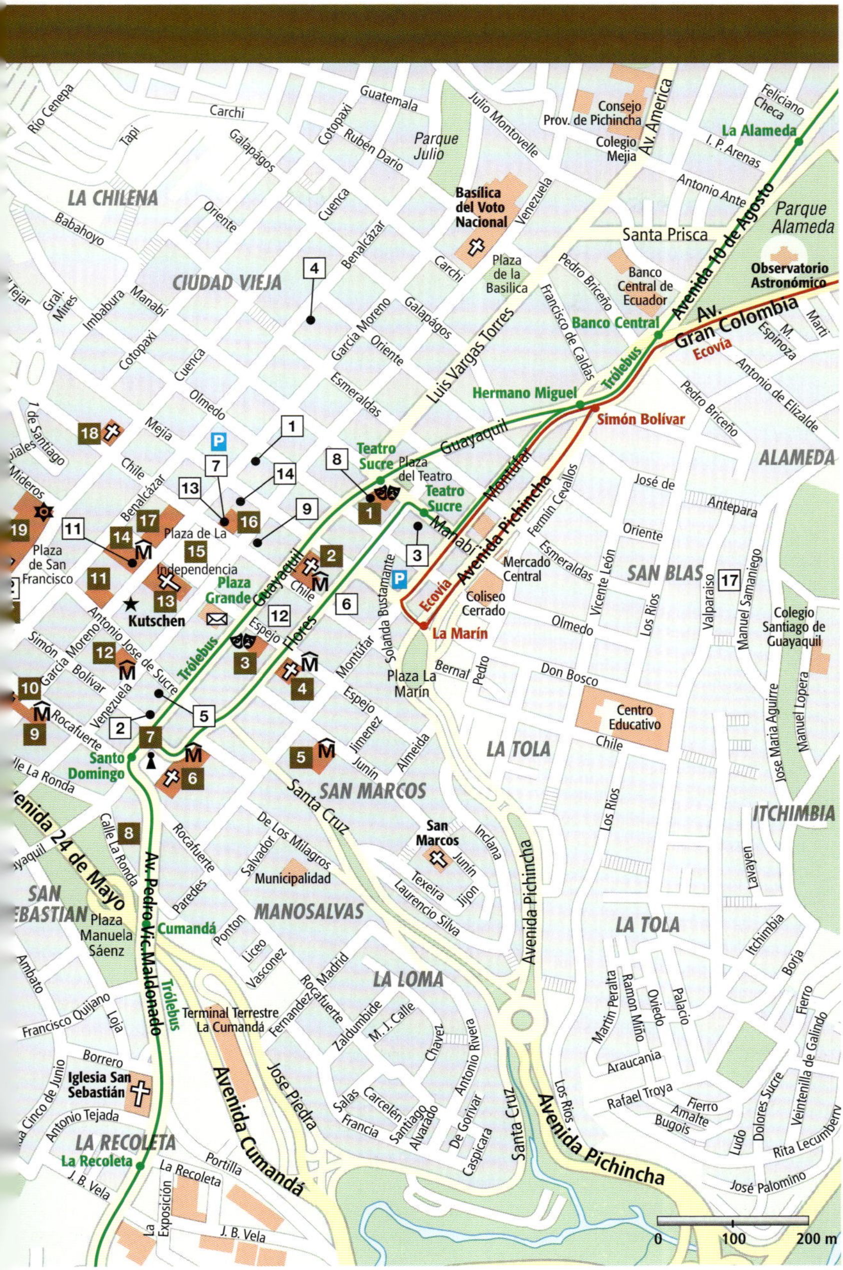

zahlreiche große Gemälde des in Quito geborenen Künstlers Miguel de Santiago, dem im zweiten Stock des Konvents ein kleines Museum gewidmet ist. In diesem **Museo del Convento de San Agustín** sind Kunstwerke sowohl der Escuela Quiteña als auch der Escuela Cusqueña zu sehen (Öffnungszeiten s. u.). Von hier gelangt man in den opulenten **Glockenturm** der Kirche, der früher als Getreidelager und quasi als Landwirtschaftsbank fungierte.

Der **Kapitelsaal** des Klosters ist mit 150 Stühlen aus feinem Zedernholz sowie weiteren Großgemälden von Santiago bestückt. Vormals war es die Aula Magna der hier lehrenden Universität von San Fugencio. Am 10. Oktober 1809 wurde in diesem Saal die Unabhängigkeitserklärung Ecuadors feierlich unterzeichnet. Das Originaldokument hängt noch im Kapitelsaal! Die Gebeine von Miguel de Santiago liegen in zugänglichen **Katakomben** unter dem Saal. Heute leben noch 18 Mönche im Kloster (Calle Chile 924 y Guayaquil, Tel. 02-295 55 25, Fax 02-258 02 63, migueldesantiago@uio.telconet.net, Mo–Fr 9–12.30, 14.30–17, Sa 9–13 Uhr, Eintritt zum Konvent und Museum mit Führung auf Englisch 1 $).

Teatro Bolívar

Einen Block weiter biegt man von der Calle Guayaquil nach links ab und entdeckt bereits die 1950er-Jahre-Leuchtschrift des **Teatro Bolívar** 3. Das 1933 eröffnete Schauspielhaus Quitos war von Anbeginn ein Multifunktionshaus: eines der wichtigsten Kinos von Quito und eines der großen Balletts und Kabaretts. Eine Sternstunde erlebte das Theater 1958, als Leonard Bernstein hier das New Yorker Philharmonie-Orchester dirigierte.

In dem einst 2400 Zuschauer fassenden Haus sind mehrere Stile wie Art déco und Neoklassizismus bis heute präsent, auch wenn ein Großbrand 1999 einen guten Teil der originalen Bausubstanz vernichtet hat. Während das Theater vornehmlich mit Jazz, Tango, Sinfonien und Chorkonzerten wieder funktioniert, sieht man im Eingangsportal noch deutliche Brandschäden. Der Brandverursacher und seinerzeitige Untermieter Pizza Hut wird in den USA bislang ergebnislos verklagt (Calle Espejo 847 y Guayaquil/ Flores, Tel. 02-258 37 88, www.teatrobolivar.org, Führungen nach Voranmeldung Mo–Fr um 11, 12 und 13 Uhr, Spende erbeten).

Convento de Santa Catalina

An der folgenden Straßenecke erreicht man den **Convento de Santa Catalina** 4. Die Dominikaner gründeten den Orden der Santa Catalina de Siena in Quito Ende des 16. Jh., um einen Hort für Ordensfrauen zu schaffen, die ihr Leben Gott und dem Gebet unterstellten. Nach Fertigstellung des Konvents Anfang des 17. Jh. zogen vor allem Töchter wohlhabender und einflussreicher Familien Kolonialspaniens in das Kloster. Die bis heute etwa 30 Nonnen leben in strenger Klausur und damit abgeschlossen von der Öffentlichkeit (Calle Espejo 7-79 y Flores, museomonacal@uio-guided.com, Kirche So 8.30–10.30 Uhr). Daher ist das Klosterinnere nicht zu besichtigen, die Schwestern verkaufen jedoch Wein, Kräuter und Naturkosmetik durch die Drehtür ihrer **Klosterapotheke** in dem kleinen Eingangsportal an der Calle Espejo (Mo–Fr 8.30–12, 14.30–17 Uhr). Dort geht es auch ins **Museum für religiöse Kunst** (Museo Monasterio de Santa Catalina de Siena, Mo–Fr 8.30–17.30, Sa 8.30–13.30 Uhr).

Museo Manuela Sáenz

In der nächsten Querstraße zur Calle Flores, der Calle Junín, ist im Wohnhaus der Geliebten von Simón Bolívar das **Museo Manuela Sáenz** 5 beheimatet. Die südamerikanische Freiheitskämpferin (1797–1856) ist in Ecuador sehr bekannt; sie gilt als die erste Feministin des amerikanischen Kontinents. Das Museum zeigt Zeugnisse ihres Lebens, Waffen, Münzen, religiöse Kunst und historische Dokumente (Calle Junín 709 y Montúfar, Tel. 02-228 39 08, 02-251 83 21, Mo–Fr 8–13, 14–17.30 Uhr).

Iglesia de Santo Domingo

Die geschäftige Calle Flores zunächst bergab gehend, erreicht man die **Iglesia de Santo**

Domingo 6. Kirche und Konvent wurden im 16. Jh. erbaut, geprägt von Plateresk- und z. T. noch Mudéjar-Stil. Das Hauptschiff der eher schlichten Dominikanerkirche wird so auch bedeckt von einem gotischen Gewölbe mit einzelnen maurischen Elementen. Dort sind Märtyrer des Dominikanerordens abgebildet. Der heute zu sehende Hauptaltar hingegen ist neugotisch und wurde erst Ende des 19. Jh. von italienischen Dominikanern nach Quito gebracht. Besondere Verehrung erlangt der hl. Judas Thaddäus, der Anwalt der Verzweifelten (Calle Guayaquil y Rocafuerte, Plaza Santo Domingo, Tel. 02-228 26 95, Mo–So 6.30–12, 16–19, Uhr, Eintritt frei).

Die nach Süden abgehende **Rosenkranzkapelle** der Virgen del Rosario ist die eigentliche Sensation des Kirchenhauses. Den blattgoldenen Hochaltar säumen blutrote Aufbauten und Ornamente an den Seiten, was dem Ort eine harmonische, warme Atmosphäre schenkt. Diese Kapelle errichteten die Dominikaner platzsparend auf den Mauern des Stadtbogens **Arco de Santo Domingo,** der südlich an die Kirche angrenzt. Durch diesen baulichen Kniff vermieden sie einen Einschnitt in die an dieser Stelle sehr belebte und populäre Straße Calle de la Loma, heute Calle Rocafuerte.

Das **Museo Dominicano Fray Padre Bedón** zeigt neben einer bedeutenden Ausstellung religiöser Kunst eine beachtliche Gemäldesammlung und eine umfangreiche Bibliothek (Plaza Santo Domingo, Tel. 02-228 26 95, Di–So 9–17 Uhr, 2 $).

Monumento de Mariscal Sucre

Mitten auf der Plaza Santo Domingo steht das **Monumento de Mariscal Sucre 7**: Die große Statue auf der **Plaza Santo Domingo** zeigt den Feldherrn Marschall Antonio José de Sucre (1795–1830). Dieser General in Diensten Simón Bolívars gewann am 24. Mai 1822 die entscheidende Schlacht zur Befreiung des späteren Ecuadors vom spanischen Imperium. Stolz weist die Hand des Befreiers auf die Hänge des Hausbergs Pichincha. An diesem Bergrücken hatte der Nationalheld

Immer wieder trifft man in Quito auf Devotionalienhändler, wo sich ein mehr oder minder kitschiges Mitbringsel für daheim erstehen lässt

Richtig Reisen-Tipp: Im Blut der Sünde

Karfreitag ist der dramatische Höhepunkt des katholischen Osterfestes. In der heiligen Passionswoche gedenkt man am Tag nach der Gefangennahme Jesu auf dem Ölberg nun seinem Leiden, stellt seinen geschundenen Körper in den Mittelpunkt, versteht den blutüberströmten schmerzenden Rücken als Ausdruck der Sünde. Quito begeht am Morgen des Karfreitags **eine der eindrucksvollsten Prozessionen in Lateinamerika.** Tausende Sünder geißeln sich mit Ketten, Dornenkronen, Peitschen und schweren Holzkreuzen, den Leidensweg Jesu Christi vor seiner Kreuzigung simulierend.

Ausgangspunkt der religiösen Großveranstaltung ist das Portal der **Iglesia de San Francisco.** Zigtausende warten dort unter Schwaden von Weihrauch und *palo santo* auf den Beginn des Leidenszuges, auf die Sünder und Büßer, auf die zahlreichen Musikkapellen und auf die gespenstischen *cucuruchos*, unter violetten Kapuzen und Gewändern verhüllte Selbstbezichtiger, die so ihr Angesicht der Sünde verstecken. Zum Ende der Prozession, die sich fortan über mehrere Stunden durch zahlreiche Straßen der Altstadt zieht, werden die Statuen von Jesus dem Allmächtigen, Jesús de Gran Poder, und der Jungfrau der Schmerzen, der Virgen Dolorosa, aus der Kirche in die Straßen getragen. In **ergreifendem Zeremoniell** erlebt Quito am Krafreitag hautnah, was J. S. Bach in einer Arie seiner Johannes-Passion schrieb:

»Erwäge wie sein blutgefärbter Rücken
In allen Stücken
dem Himmel gleiche geht
Daran, nachdem die Wasserwogen
Von unsere Sündflut sich verzogen
Der allerschönste Regenbogen
Als Gottes Gnadenzeichen steht.«

Karfreitag und die Osterwoche in Quito sind zugleich die **Tage der religiösen Musik** mit zahlreichen klassischen Konzerten und einem großen Glockenkonzert (Infos, auch zur Prozession, im ›El Comercio‹ und unter www.quito.com.ec).

und Anführer der 2971 Mann starken ›patriotischen‹ Truppen die spanischen Royalisten unter Marschall Melchor Aymerich in den Frühstunden jenes Maitages besiegt. Die Schlacht war nicht so groß und lang wie andere Befreiungskämpfe, doch die Auswirkungen waren immens: Ecuador, seinerzeit die spanische Provincia de Quito, wurde in die unabhängige Republik Kolumbien eingegliedert. Acht Jahre später wurde sie als Republik Ecuador eigenständig. Dank Marschall Sucre kam Bolívar seinem Ziel entscheidend näher, Spanien aus den lateinamerikanischen Kolonien zu vertreiben.

Calle la Ronda

Folgt man nun dem Fingerzeig Sucres wieder auf der Calle Guayaquil noch etwas weiter gen Süden, gelangt man zur **Calle la Ronda** 8: Diese enge Gasse gehört zu den ältesten der Stadt. Hier weht noch der Hauch Kolonialspaniens über das Kopfsteinpflaster. Mehr noch: Die Straße wurde bereits vor dem Einfall der Eroberer von den Indígenas angelegt, um zu der angrenzenden Schlucht Ullaguanga Yacu herabzusteigen. Die Spanier nutzten sie, um den südlichen Ausgang aus der Stadt zu ›bewachen‹ (span. *rondar)*. Nachdem das Rotlichtmilieu aus diesem Teil der Stadt vor Kurzem weitgehend verbannt wurde, erblüht die Straße mit ihren auf Stein gebauten Häusern nun von Neuem, mit Konzerten, Cafés und Galerien (s. S. 128).

Calle García Moreno

Museo de la Ciudad

Die Unterführung durchschreitend, zweigt an der nächsten Ecke rechts, nun Richtung Norden, die Calle García Moreno ab. Rechter Hand liegt das **Museo de la Ciudad** 9. Quitos einziges nicht religiöses Kolonialgebäude aus dem 16. Jh. diente für mehr als 400 Jahre als Krankenhaus der Stadt. Der König von Spanien ließ es 1565 als Hospital de la Misericordia de Nuestro Señor Jesucristo erbauen. Erst im 19. Jh. wurde es in Hospital San Juan de Dios umbenannt, bevor es in den 1970er-Jahren endgültig seine Pforten schloss. Erst vor wenigen Jahren übergab die Stadt es seiner neuen Bestimmung mit den edlen Worten: »Aus den Gemäuern des alten Hospitals entsteht das Stadtmuseum zu Ehren all der unbekannten Männer und Frauen, die jahrhundertelang Tag für Tag die Stadt erbaut haben, mit Arbeit, Ideen, Leidenschaft, Freuden, Schmerzen und mit der enormen Ausdruckskraft, die ihre unterschiedlichen Identitäten hervorgebracht haben.« Spannende Ausstellung zur Alltagskultur »auf den Spuren der städtischen Identität Quitos« und zur prähispanischen Geschichte. Die kleine Abteilung der Wissenschaftsgeschichte Quitos zeigt u. a. das Reisebett Alexander von Humboldts. Beeindruckend ist die kartografische Sammlung (Calle García Moreno 572 y Rocafuerte, Tel. 02-228 38 82, 02-228 38 83, www.museociudadquito.com, Di–So 9.30–17.30 Uhr, 2 $).

Wunderschön ist der frei zugängliche, von Blumen bestandene **Patio** mit der kleinen **Museums-Cafeteria.**

Arco de la Reina

Gleich hinter dem Museumseingang, an der Calle García Moreno y Rocafuerte, liegt der **Arco de la Reina** 10. Der ›Stadtbogen der Königin‹ zwischen den beiden Kirchen San Juan de Dios und El Carmen Alto zur Linken hat eine interessante Geschichte: Er bot den Indianern seit dem 18. Jh. Schutz vor Regen, wenn sie den Gottesdienst in der Capilla de los Angeles von der Straße aus verfolgen mussten. Die Kapelle San Juán de Dios selbst ist heute in des Stadtmuseum integriert. Insgesamt säumen die Straße mit dem Bogen sieben Kirchen, weswegen sie neben dem Namen des Präsidenten García Moreno auch noch die alte Bezeichnung Calle de las

Karfreitagsprozession in Quito: der ›Zug der Sünder und Büßer‹

La Catedral, das Glaubenszentrum des Erzbistums Quito

Siete Cruces trägt. An der folgenden Straßenecke mit dem ungewöhnlich kompakten Gebäude der ehemaligen Banco Hipotecario von 1907, dem heutigen Historischen Archiv der Banco Central, zeigt sich die immense Länge und Geradlinigkeit der **Calle García Moreno.**

La Compañía de Jesús

An der folgenden Straßenecke mit der Calle Sucre finden Münzfreunde wahre Schätze im **Museo Numismático** der Zentralbank, einem neoklassizistischen Gebäude von 1924 (Calle García Moreno y Sucre/Ecke, Di–Fr 9–17, Sa, So 10–16 Uhr, Eintritt 1 $). Direkt gegenüber liegt die berühmte Kirche **La Compañía de Jesús** **11**. Die in der ersten Hälfte des 17. Jh. erbaute Jesuitenkirche, ein Nachbau von San Ignacio in Rom, ist das prunkvollste Kirchengebäude der Stadt und vielleicht ganz Amerikas. Die Unesco führt sie sogar unter den 100 bedeutendsten Bauwerken der Welt. Allein 7 t Blattgold sollen in den geradezu blendenden Hauptaltar und andere Holzornamente geflossen sein. Dazwischen finden sich über 100 Gemälde, Skulpturen und Abbildungen aus der Escuela Quiteña. Überwältigend sind auch Details wie der Figurenreichtum an der wuchtigen Kanzel.

Auch die Jesuitenkirche ist ein Beispiel für den baulichen Synkretismus der Stadt: Gingen in die Säulen und Gewölbe noch von den Spaniern eingeführte maurische Elemente ein, so thront über dem barocken Hochaltar die Sonne der Quitu-Caras im Zentrum des großen Deckengemäldes. Waren der Bau von Kirche und Sakristei 1650 weitgehend abgeschlossen, so entstand das große steinerne Portal der Kirche erst in zwei Etappen zwischen 1723 und 1766. Wenig später wurden die Jesuiten auf Anweisung Spaniens für fast 100 Jahre aus der Stadt verbannt. Nach mehreren verheerenden Schäden durch Erdbeben und Brände wurde das Meisterwerk vor wenigen Jahren wieder eröffnet (Calle García Moreno y Sucre, Tel. 02-258 18 95, Mo–Fr 9.30–17.30, Sa 9.30–16.30, So 13.30–16.30 Uhr, 2 $).

Museo Histórico Casa de Sucre

Ein kleiner Abstecher führt in die Calle Sucre, zum **Museo Histórico Casa de Sucre** 12. Das vom Verteidigungsministerium geleitete Museum zeigt Waffen aus der Zeit der Unabhängigkeit sowie Kleidung, Möbel, republikanische Kunstgegenstände und Dokumente des Nationalhelden Mariscal Antonio José de Sucre in seinem ehemaligen Wohnhaus (Calle Venezuela 573 y Sucre, Tel. 02-295 28 60, Di–Sa 9–16 Uhr).

La Catedral

Vor der Mündung in die große Plaza de la Independencia liegt zur Rechten Wand an Wand mit der **Iglesia El Sangrario** das Glaubenszentrum des Erzbistums Quito, **La Catedral** 13. Nachdem das Bistum Quito 1545 gegründet worden war, ließ der Bischof ab 1560 die Kathedrale bauen. Vollendet wurde sie erst 1806, immerhin früh genug, um später auch die Gebeine von Marschall Sucre aufzunehmen – in einem 9 t schweren Mausoleum aus Basalt. Wie die meisten Kirchen von Quito war auch die Kathedrale mehrfach unter der Kraft von Erdbeben eingestürzt, so in Teilen 1587 und 1660, dramatisch dann 1775 mit einem Epizentrum unter der Stadt Quito und einer Stärke von vermutlich neun auf der Richterskala, sowie erneut 1797 und 1859 mit Einstürzen von Dach und Turm. Das Kirchenhaus stützt sich derweil auf gotische Säulen, zwischen denen der Bischof am Sonntag auf seinem im 17. Jh. in Stein gehauenen Stuhl Platz nimmt. Die Honoratioren des Klerus sitzen dann in einem neoklassizistischen Chorraum und blicken auf den barocken Altar. Unter den Malern der Schule von Quito haben sich im 18. Jh. in der Kathedrale vor allem Bernardo Rodríguez und Manuel Samaniego ausgezeichnet (Eintritt 2 $).

Centro Cultural Metropolitano mit Wachsfigurenmuseum

Auf der anderen Straßenecke geht es ins **Centro Cultural Metropolitano** 14. In das ursprüngliche Colegio Máximo der Jesuiten zog im 18. Jh. die Universität Central de Ecuador ein. Ein verheerender Brand im Jahr 1929 zerstörte große Teile des kolonial-republikanischen Gebäudes. Erst in der zweiten Hälfte des 20. Jh. nahm sich die Stadt des Gebäudes an und restaurierte es.

Unabhängig von den wechselnden Ausstellungen im heute Städtischen Kulturzentrum (Calle García Moreno y Calle Espejo, Tel. 02-258 43 62/63, www.centrocultural-quito.com) lohnt ein Blick in den modern gestalteten Atriumhof des **Patio Norte.** Mit bestechender Konsequenz verschmelzen hier die restaurierten historischen Fassaden und Säulen mit neuen sachlichen Materialien sowie modernen Licht- und Raumkonzepten. Der große Gebäudeteil gehört der Literatur: Auf beeindruckende Weise wandelte sich hier die nun **Städtische Bibliothek** zu einem zeitgenössischen Glanzlicht im neuen städtischen ›Plan 21. Jahrhundert‹. Im **Patio Sur** der Bibliothek (Mo–Sa bis 17, So bis 12 Uhr) entdeckt man dann die volle Schönheit der Wandelgänge dieses wiederhergestellten Flügels und einige antike Druckmaschinen.

Zurück über den Patio Norte geht es ins Wachsfigurenmuseum der Stadt. Das **Museo Municipal Alberto Mena Caamaño** in der alten Kaserne Cuartel Real de Lima zeigt in seinen unterirdischen Gewölben die wichtigsten Szenen der ecuadorianischen Geschichte des 18. bis 19. Jh. (Calle Espejo 1147 y Benalcázar, Eingang Centro Cultural Metropolitano, Tel. 02-258 43 62, 02-221 40 18, Di–So 9–16.30 Uhr, 1,50 $).

Plaza de la Independencia

Spätestens jetzt führt der Weg unausweichlich auf die **Plaza de la Independencia** 15: Der Platz der Unabhängigkeit, auch Plaza Grande genannt, ist das Zentrum der Nation. Nicht nur Kathedrale und Kulturzentrum sind Anlieger des Platzes, auch der Präsidentenpalast, der Erzbischöfliche Palast und das moderne Rathaus umgeben die schöne Gartenanlage im Machtzentrum der Republik. In der Mitte ragt eine **Siegessäule** empor, die dem Triumph der liberalen Bewegung Quitos, das als erste lateinamerikanische Stadt die Unabhängigkeit forderte, am 10. August 1809

Die Plaza San Francisco geht auf einen Handelsplatz und Treffpunkt der Quitu-Indianer zurück

gewidmet ist. Für drei Jahre regierte fortan eine anarchistische Junta Quito. Diese Phase markiert dennoch der Beginn einer letztendlich 21 Jahre dauernden Unabhängigkeitsbewegung.

Palacio Arzobispal

Auf der Nordseite liegt der **Palacio Arzobispal 16**: Der Erzbischof hat einen guten Teil seines Anfang des 20. Jh. im Kolonialstil erbauten Palastes für kommerzielle Zwecke veräußert. So befindet sich heute in dem frei zugänglichen Teil des Gebäudes ein kleines Einkaufszentrum mit netten Cafés. Durch ein vergittertes Fenster im Durchgang zwischen dem Restaurant-Patio und der Calle Venezuela entdeckt man noch immer den kirchlichen Teil des Palastes. Im ersten Stock zur Plaza hin befindet sich mit Mea Culpa (s. S. 127) zudem das beste Restaurant am Platz. Die benachbarten Luxussuiten vom Plaza Grande (www.plazagrandequito.com) setzen mit einem Zimmerpreis von sage und schreibe 732 $ auf präsidiale Zahlungskraft ... ohne Frühstück.

Palacio del Gobierno

Im Westen der Plaza befindet sich unter wehender Staatsflagge der **Palacio del Gobierno 17**: Der Regierungspalast wurde um 1800 unter dem flämischstämmigen spanischen Gouverneur Baron Luis Héctor de Carondelet erbaut. Er diente zunächst als Sitz der Real Audiencia de Quito und nach der Unabhängigkeit als Sitz der Regierung sowie heute als Amtssitz des ecuadorianischen Staatspräsidenten.

Man kann den **schönen Säulengang** über der Plaza betreten und an den beiden historisch gekleideten Palastwachen (nur Mo–Fr 8–17 Uhr) vorbei ins Foyer des Palastes treten. Der **Wachwechsel** wird wochentags alle

90 Minuten inszeniert. Vom Foyer des Palastes blickt man in den Innenhof und auf die Staatsflagge Ecuadors. An der Wand zur Straße hängt das in Messing gegossene Staatswappen. Eine Führung durch die Regierungsräumlichkeiten gibt es bislang leider nicht.

Auf der Rückseite des Präsidentenpalastes ist im ehemaligen Hauptpostgebäude von Quito heute das Innenministerium untergebracht, bei den mitunter häufigen Staatsstreichen und Demonstrationen vor dem Regierungspalast kein unwichtiger Nachbar.

Calle Cuenca

Iglesia de la Merced

Nur zwei Blocks die Calle Chile hoch trifft man an der Calle Cuenca auf die **Iglesia de la Merced** 18. Auch der im 13. Jh. in Barcelona gegründete Bettelorden der Mercedarier baute schon im 16. Jh. Kirche und Konvent in Quito. Das tektonische Schicksal der Andenkette ereilte die Brüder und Schwestern dennoch am 28. November 1778. Ein Erdbeben setzte den Gebäuden schwer zu. Dank einer großen Schenkung bauten die Mercedarier das Haus umgehend wieder auf und gossen dann 1789 auf dem Boden des 45 m hohen Kirchturms die bis heute **größte Glocke Quitos:** Es flossen 5700 kg Gold, Silber, Bronze und Zink in die Formen, allein der Klöppel wiegt zwei Zentner.

Zu den kulturellen Reichtümern des Ordens zählen heute der **Neptunbrunnen,** eine **Sonnenuhr** aus dem 17. Jh., doch vor allem eine 22 000 Werke umfassende **Bibliothek** mit Büchern aus dem 16. bis 19. Jh. (Calle Chile y Cuenca, Tel. 02-228 07 43, Kirche: Mo–Fr 6.30–11.30, 15–18.30, Sa 9–11, So 6–13, Teile des Klosters: tgl. 9–11, 15–16.30 Uhr).

Iglesia und Museo del Convento de San Francisco

Nun geht es wieder Richtung Süden auf die Zielgerade des Stadtrundgangs. Die Calle Cuenca mündet an der gewaltigen **Iglesia de San Francisco** 19 in die gleichnamige Plaza. Die Franziskaner erbauten ihren Konvent auf den Grundmauern eines Inkapalastes, den General Rumiñahui jedoch kurz vor der Kapitulation 1534 niederbrennen ließ, »um ihn nicht von den Sandalen der spanischen Eroberer beflecken zu lassen«, wie es heißt. Bereits vor den Inkas war dieser Ort ein wichtiger Treffpunkt und Handelsplatz – *tianguez* – für die Quitu-Cara-Indianer der umliegenden Täler gewesen.

104 dorische Säulen stützen hier heute das älteste und größte religiöse Bauwerk Quitos, erbaut mit drei Kirchenschiffen unter dem flämischen Franziskaner Jodoco Ricke (1536–1580). Den Hauptaltar prägt die Schutzheilige der Stadt, die Virgen de Quito. Prächtig ist auch der weite und helle **Klostergarten,** von dem aus man die Orgel und den Altarraum der Kirche erreichen kann.

Über den Klostergarten ist auch die wohl größte Ausstellung religiöser Kunst (16.–19. Jh.) in Quito zugänglich, das **Museo del Convento de San Francisco.** Die Maler- und Bildhauerschule von Quito präsentiert sich seit 2002 in den langen Klostergängen. Zu sehen sind Werke u. a. von Miguel de Santiago, Goríbar, Rodríguez und Mejía sowie 22 Gemälde auf Marmor und Kunstgegenstände vornehmlich aus dem 18. Jh. (Calle Cuenca y Plaza de San Francisco, Tel. 02-221 11 24, Mo–Sa 9–12.30, 14–16.30, So 9–12 Uhr, Eintritt Kloster und Museum 2 $).

Weitere Museen mit bedeutenden Ausstellungen religiöser Kunst in der Altstadt sind das **Museo de Arte Colonial** (Calle Cuenca 415 y Mejía, Tel. 02-228 22 97, Di–Fr 10–18 Uhr) und das **Museo del Convento de San Diego** (Calle Calicuchima 117 y Farfán, Tel. 02-295 25 16, tgl. 9–13.30, 14.30–17 Uhr).

Auf dem Panecillo

Der zentrale Stadthügel **Panecillo** 20 auf den Schultern der Altstadt ist auf dem ehemaligen Sonnentempel Yavirac der Inkas errichtet, einem Ort zur Beobachtung und Anbetung von »Vater Sonne und Mutter Mond«. Die Spanier errichteten hier später eine große **Marienstatue** aus Aluminium, eine Nachbildung der beflügelten Jungfrau der Apokalypse von Bernardo de Legardos Original aus dem 17. Jh. Das kreisrunde Becken unterhalb der Besucherplattform ist eine aus Lehm gebrannte **Zisterne.** Die Befehlshaber des letzten spanischen Militärstützpunktes in Quito sicherten ihren Truppen 1809 damit die Wasserversorgung in den Gefechten gegen die Unabhängigkeitskämpfer. Die Vorbereitung auf lange Kämpfe erwies sich jedoch als Trugschluss, wie Marschall Sucre sie wissen ließ.

El Panecillo, benannt nach seiner vermeintlichen ›Brötchen‹-Form, erreicht man am besten mit dem Taxi. Er beherbergt Souvenirshops und ein Panoramarestaurant mit Altstadtblick. Die Statue kann bestiegen werden, doch auch von der weiten **Plattform** blickt man auf die gewaltige Größe der Stadt von Nord nach Süd, einige 5000er der Andenkette und als krönenden Abschluss eines Altstadtrundgangs auf die ›fünfte Fassade des kolonialen Quito‹, seine Dächer.

www.quito.com.ec und auf Deutsch **www.experiencequito.com** sind die offiziellen Tourismus- und Veranstaltungsseiten der Stadt mit zahlreichen Links.

Tourismusbüro: El Quinde, Palacio Municipal, Calle Venezuela y Espejo (Ecke), Tel. 02-257 07 86, Fax 02-295 60 10, elquinde@quito-turismo.com, Mo–Fr 9–20, Sa, So 10–20 Uhr. Infos, Materialien, Gepäckfächer!

Hotel Patio Andaluz [1]**:** Av. García Moreno N6-52 y Mejía, Tel. 02-228 08 30, Fax 02-228 86 90, www.hotelpatioandaluz.com. Schönes Patiohotel der gehobenen Mittelklasse, erbaut von einem andalusischen Architekten, große Zimmer mit Fenstern zum Hof, TV, Telefon. Gratis-Internetzugang. Restaurant mit spanischer und nationaler Küche, Tapas–Bar. Das bislang beste Hotel der Altstadt, leider überteuert: EZ/DZ je 153–183 $.

Hotel Real Audiencia [2]**:** Calle Bolívar 220 y Guayaquil, Tel. 02-295 27 11, Fax 02-258 02 13, www.realaudiencia.com. Mittelklassehotel, gepflegte Zimmer mit Kabel-TV, Gratis-Internetzugang. Preiswertes Panoramarestaurant (Mo–Sa 7.30–21, So 7.30–10 Uhr). EZ/DZ 26/42 $ mit Frühstück.

Hostal La Casona [3]**:** Calle Manabí Oe1-59 y Flores (Eingang versteckt hinter der Bushaltestelle) Tel. 02-257 06 26. Sehr einfache Pension mit kleinem Restaurant. Schlichte, saubere Zimmer mit TV/AC. EZ/DZ 7/10 $.

Villa Colonna [4]**:** Calle Benalcazar 1128 y Esmeraldas, Tel. 02-295 58 05, 09-885 63 02, www.villacolonna.ec. Nobles und familiäres B&B; Service, Frühstück und Dachterasse setzen Maßstäbe in Quito. 5 Zimmer je 244 $.

Hotel San Francisco de Quito [5]**:** Calle Sucre Oe3-17 y Guayaquil, Tel. 02-228 77 58, 295 12 41, www.uio-guided.com/hsfquito. Älteres, durchaus charmantes Hotel in zentralem, kolonialem Haus mit Internet-WLAN, Sauna und Whirlpool inkl., gut ausgestattete Zimmer. EZ/DZ 22/36 $.

Hotel Viena Internacional 6: Calle Flores 600 y Chile, Tel. 02-295 48 60, Fax 02-295 46 33, vienaint@interactive.net.ec. Einfaches, aber gepflegtes Hotel. Zimmer mit Kabel-TV, AC und Telefon, einige Zimmer mit Balkon zur Straße. EZ/DZ 11/22 $.

Mea Culpa 7: Calle Chile y Venezuela, Palacio Arzobispal, Tel. 02-295 11 90, Fax 02-257 34 45, mea_culpa@andinanet.net, Mo–Fr 12.15–23, Sa 19–23 Uhr. Sehr gute ecuadorianische Küche im Erzbischöflichen Palast mit Blick auf die Plaza, gepflegte Kleidung erbeten. Hauptgericht 12–16 $.

Theatrum 8: Plaza del Teatro, Calle Manabí, Tel. 02-257 10 11, 09-972 16 70, www.theatrum.com, Mo–Fr 12.30–16, 19.30–23.30, Sa 19.30–23.30, So 12.30–16 Uhr. Spitzenrestaurant mit ecuadorianischer und mediterraner Gourmetküche im Nationaltheater, Blick auf die Plaza, Weinbar. Hauptgericht 12–16 $.

La Cueva del Oso 9: Calle Chile y Venezuela, Plaza Grande, Tel. 02-257 27 86, Mo–Sa 12.30–24, So 12.30–16 Uhr. Gutes quiteñisches Traditionsrestaurant in republikanischem Ambiente. Hauptgericht 10–12 $.

PIM's Restaurant 10: Panecillo, Besucherplattform, Nordostseite, Tel. 02-222 18 75, Mo–Sa 12–24, So 12–18 Uhr. Internationale Küche zu passablen Preisen, unbezahlbar ist der spektakuläre Panoramablick über die Stadt. Hauptgericht ab 12 $.

Café Bar El Buho 11: Calle García Moreno y Espejo, Centro Cultural Metropolitano, Tel. 02-228 98 77. Schönes, internationales Restaurant im Atriumhof des städtischen Kulturzentrums. Hauptgericht 8 $.

Café Bar El Escudero 12: Calle Espejo Oe2-40 y Flores, Tel. 02-251 06 61, Mo–Sa 8.30–22, So 8.30–18 Uhr. Hübsches Straßencafé mit kleiner Karte gegenüber Teatro Bolívar. Mittagsmenü 2 $, Hauptgericht 6–7 $.

Über den Dächern von Quito: Baulich ein Vergehen, etwas, was man dieser wunderbaren Kolonialstadt nicht hätte antun dürfen, ist das moderne wie unschöne fünfstöckige Haus Calle Mejía 453 y García Moreno. Doch wer dort mit dem Liftboy den Fahrstuhl ins Obergeschoss hochfährt und dann die letzte Stiege nimmt, vergisst die Architektursünde im Nu. Denn die Dachterrasse vom **Vista Hermosa Café Mirador** 14 ist ein grandioser Ort für den Sundowner, für Fotografen und das Treffen mit der großen Liebe. Über den Dächern von Quito bietet das Panoramacafé auch Snacks, Pizzas und andere Gerichte, an kühlen Abenden sogar unter Heizstrahlern. An klaren Tagen ist das ›Café Schöne Aussicht‹ ein traumhafter Ort mit Blick auf Cayambe, Antisana, Pichincha-Seilbahn und natürlich die ganze Altstadt (Tel. 02-295 14 01, 02-228 81 19, vistahermosa@hotmail.com, Mo–Sa 13–24, So 11–21 Uhr. Hauptgericht 7–8 $).

Palacio Arzobispal 13: Plaza de la Independencia, tgl. 9–23 Uhr. Allein sechs Restaurants mit solider Küche und verträglichen Preisen gruppieren sich um den Patio und die angrenzenden Gänge des Palastes. Hauptgericht 4–8 $.

Zahlreiche einfache und kleine **Einkaufszentren,** manchmal um historische Patios herumgebaut, finden sich bereits auf dem beschriebenen Rundgangs. Das schönste liegt im **Palacio Arzobispal** (Calle Venezuela y Calle Chile, Plaza de la Independencia, tgl. 9–23 Uhr), ein verwinkeltes, stilvolles Einkaufszentrum in schönen republikanischen Gemäuern mit Boutiquen, Internetcafé und zahlreichen kleinen Restaurants. Hier besonders zu empfehlen ist die **Kunsthandlung Guayasamín Arte** (Local No. 11, Tel. 02-257 36 26, 09-854 34 19, www.guayasamin.com). Der Familienbetrieb ist die einzige exklusive Verkaufsstelle von Drucken und Lithografien des berühmten ecuadorianischen Malers Osvaldo Guayasamín außerhalb des Museums.

Altstadt von Quito

Centro Cultural Tianguez: Auf der Plaza San Francisco, in den Gewölben des Kirchenportals, werden in einer sehr schönen Boutique **Kunsthandwerk** vornehmlich aus Amazonien, Fotobände und Postkarten verkauft, angeschlossen ist das hübsche Platzcafé.

La Ronda 999: Calle la Ronda 999 y Venezuela, Tel. 09-520 27 62. Künstlerzentrum und kleine **Galerie** lokaler Künstler in wunderbar restaurierten Räumen der historischen Calle de la Ronda.

Aguila de Oro: Calle Benalcázar N3-123 y Espejo, Tel. 02-228 05 03, www.cafeaguila deoro.com. Traditionell gibt es hier die besten ecuadorianischen **Kaffeesorten** direkt aus der kleinen Altstadtrösterei.

Bus: Der zentrale Busbahnhof für Überlandfahrten, **Terminal Terrestre El Cumandá,** befindet sich nahe der Plaza Santo Domingo (Calle Maldonado 3077, Tel. 02-257 11 63), wird aber 2008 voraussichtlich aus dem Zentrum ausgelagert. Aus **Sicherheitsgründen** sollte man ihn nur mit dem Taxi anfahren und auch innerhalb des verzweigten Gebäudes gut auf sein Gepäck und seine Wertsachen achten. Von hier gibt es fast im Minutentakt Verbindungen in alle Landesteile. Liste der wichtigsten Verbindungen, Linien und Telefonnummern unter: www.quito.gov.ec/turismo/t_movilidad3.htm.

Trólebus: Der Elektrobus hält an der Plaza del Teatro, östlich unterhalb der Plaza Grande und an der Plaza Santo Domingo. **Weitere Buslinien** passieren die Plaza Grande direkt.

Kutsche: Die schönen Pferdegespanne Coches de la Colonia starten zu 20-minütigen Stadtrundfahrten ab Calle García Moreno N3-48 y Sucre gegenüber der Bibliothek. Kutscherruf 08-649 54 09, Mo–Fr 14.30–23, Sa, So 10–22 Uhr, Fahrpreis p. P. 4 $.

Taxis zwischen der Altstadt und der Mariscal kosten 1,50 bis 2 $. **Taxiruf:** Taxi Amigo 02-222 22 20 und 02-255 57 77.

Bahn: Ferrocarriles Ecuatorianos, Büro Calle Bolívar 443 y García Moreno, Tel. 02-265 61 42, 02-258 29 30.

Bahnfahrten in den Nationalpark Cotopaxi: Sa, So 8 Uhr ab dem Bahnhof Chimbacalle im Süden der Stadt (50 km, 3 Std.). Rückfahrt von dort ist um 14 Uhr, Ankunft in Quito ca. 17 Uhr. Fahrpreis: 4,60 $.

Verdienen sich ein Zubrot: jugendliche Schuhputzer in Quito

Modernes Quito

Cityplan S. 134/135

Das moderne Quito besitzt wenig Charme, aber dafür die für den Touristen beste Infrastruktur landesweit. Insbesondere im Stadtteil Mariscal wird es dem Traveller an nichts fehlen – außer an Ruhe. Das pulsierende Geschäftsleben umgibt allerdings auch einige der wichtigsten Museen und Theater der Stadt.

Reiseatlas: S. 3, B/C 4, **Cityplan:** S. 134/135
»Die Stadt Quito ist schön, aber der Himmel ist trist und bewölkt, die benachbarten Berge bereiten nur wenig Grün, und die Kälte ist beachtlich«, beschrieb Alexander von Humboldt die Stadt 1802. »Trotz der Schrecken und Gefahren, mit denen sie die Natur umgibt, sind die Bewohner Quitos aufgeweckt, lebendig und freundlich.« Damals zählte Quito 30 000 Einwohner, und das moderne Quito war die Altstadt von heute. Das Wetter ist heute besser als im Jahr 1802, die Vulkanausbrüche schmücken Postkarten, aber die Quiteños sind noch immer »aufgeweckt und lebendig«. Derart aufgeweckt, dass eine weitere Beobachtung Humboldts auch bei der Betrachtung der Neustadt im beginnenden dritten Jahrtausend gilt: Quito sei nicht gerade ein Beispiel »franziskanischer Stille«, meinte Humboldt, sondern eine Stadt der Feiern.

Stadtteil Mariscal

Dieses spiegelt sich nirgends beeindruckender wider als im Stadtteil **Mariscal.** Gebaut in den 1930er-Jahren als feine Wohngegend jenseits des kolonialgeschichtlichen Muffs, ist die Mariscal bei weitem nicht die jüngste städtebauliche Erscheinung. Doch das Leben der ›Feiernden‹ spielt sich seit den 1990er-Jahren hier ab. Fast nirgendwo in Lateinamerika findet sich eine derart hohe Dichte an Restaurants, Bars, Diskotheken, Internetcafés, Sprachschulen, Kunsthandwerksläden, Pensionen und Reisebüros. Ein **Eldorado der Backpacker** und eine **Partymeile** ohnegleichen. Für viele Reisende der ›Generation Breitband‹ ist die Mariscal ›ihr‹ Quito und manche wollen gar nicht mehr sehen.

Die Mariscal ist – nüchtern betrachtet – ein chaotisches Betonlabyrinth mit hübschen, bunten Tupfern junger Gastronomie und fröhlicher Konsumkapellen, die sich mit Wasserpfeife und Chillout wie bunte Paradiesvogelnester in den Nischen der Nüchternheit platzieren. Für den Touristen von heute ist die Mariscal das moderne Quito schlechthin. Und bei Sonne hat es tatsächlich Charme, an der **Plaza El Quinde** auch in den kühlen Abendstunden.

Von wenigen schönen Pensionen und einzelnen Museen abgesehen, ist der 50 km lange Rest von Quito ästhetisch nicht der Rede wert, die Bauwut tobt ungebremst, die Wege sind verstopft. Wer nicht zu seiner Botschaft muss und auf die langweiligen Shoppingmalls verzichten kann, braucht in Quito kaum eine andere moderne Welt als die Mariscals und zum Wohnen benachbarte Stadtteile wie die Floresta.

Als grauer urbaner See beeindruckt und besorgt der Anblick der Stadt allein von der Bergstation der **Telefériqo-Seilbahn** aus. Diesen Bilck auf Quito vergisst man nie, sein ganzes Leben nicht. Es sei denn, der Himmel ist doch gerade einmal »trist und bewölkt«.

Museen in der Neustadt von Quito

Die Nummerierung ist nicht wie sonst als Rundgang zu verstehen, sondern gibt nur die Lage der Museen auf dem Stadtplan wieder.

Museo de la Casa de la Cultura Ecuatoriana

Das **Museo de la Casa de la Cultura Ecuatoriana 1**, eines der bedeutendsten Museen Ecuadors, hat fünf Abteilungen: In der Sala del Oro befindet sich die beeindruckende und größte archäologische Sammlung des Landes mit Exponaten von 4000 v. Chr. bis 1533. Ferner zeigt das nationale Kulturhaus koloniale Kunst, republikanische Kunst sowie in wechselnden Ausstellungen zeitgenössische Künstler. Hinzu kommen eine ethnografische Ausstellung und regelmäßige Kulturveranstaltungen (Av. 12 de Octubre y Patria, Tel. 02-222 33 92, Di–Fr 10–18, Sa 10–14 Uhr).

Museo Fundación Guayasamín

Das **Museo Fundación Guayasamín** ist die bedeutendste moderne Kunstausstellung des Landes mit Teilen aus dem Lebenswerk des großen Künstlers Oswaldo Guayasamín (1919–1999). Zudem gibt es exzellent aufbereitete Ausstellungen aus Archäologie und kolonialer Kunst. Angeschlossen an das Museum ist auch das große **Kunsthaus Capilla del Hombre** mit letzten Werken von Guayasamín, die er dem Frieden und den Menschenrechten widmete (Calle José Bosmediano 543 y José Carbo, Stadtteil Bellavista, Tel. 02-244 64 55, 02-245 29 38, www.guaya samin.com, Mo–Fr 9–13, 15–18.30 Uhr, Anfahrt nur mit dem Taxi).

Posada de las Artes Kingman

Die **Posada de las Artes Kingman 2** zeigt die Sammlung des berühmten ecuadorianischen Malers der ›Hände‹ und wechselnde Ausstellungen; außerdem Kunstkurse (Calle Diego de Almagro 1550 y Pradera, Tel. 02-222 06 10, 02-252 63 35, Fax 02-250 77 05, www.ecuapymes.com/kingman).

Museo del Observatorio Astronómico

Die Sternwarte von Quito ist ein exakter Nachbau des Observatoriums in Bonn. Konstrukteur (1873–1877) und erster Leiter der astronomischen, meteorologischen und geophysischen Beobachtungsstation war der deutsche Jesuitenpater Johannes Baptist Menten. Auch die alten und größtenteils bis heute perfekt funktionierenden Teleskope, Thermometer, Barometer und Uhren stammen aus Deutschland. Sie sind heute Teil des kleinen Wissenschaftsmuseums **Museo del Observatorio Astronómico 3**. Die Luftverschmutzung und die städtische Beleuchtung Quitos machten den Bau einer neuen Sternwarte in Guayllabamba erforderlich. Das liegt nördlich von Quito, genau wie einst das Observatorio im Parque Alameda 1877 (Parque Alameda, Tel. 02-257 07 65, Mo–Fr 9–12, Sa 9–13 Uhr.

Museo Mindalae

Das **Museo Mindalae 4** ist ein exzellentes Museum mit sechs Sälen für Kunsthandwerk und Ethnografie sowie Cafeteria und Tienda (Calle Reina Victoria 17-80 y La Niña, Tel. 02-223 06 09, www.sinchisacha.org, Mo–Sa 9–18, So, Fei 10–17 Uhr, Eintritt mit englischsprachiger Führung 3 $).

Museo de la Medicina

Das ambitionierte Museum für Medizingeschichte, **Museo de la Medicina,** eröffnete 2007 in einem stilvoll renovierten, neokolonialen Pavillon des Hospital Eugenio Espejo (Av. Gran Colombia, Tel. 02-259 81 01).

Telefériqo zum Vulkan

Die moderne Seilbahn **Telefériqo** führt Kabinen für bis zu sechs Personen in knapp zehn Minuten vom Westen der Hauptstadt bis zur **Endstation Cruz Loma,** d. h. von 2950 m bis auf 4050 m. Oben angekommen eröffnet sich bei gutem Wetter ein grandioser Blick über Quito und die zentralen Anden. Die Bergstation verfügt zudem über Cafés und Geschäfte

(Mo–Do ab 11, Fr–So ab 9 Uhr). An die Talstation ist das Kirmesgelände **Vulcano Park** mit ähnlichen Öffnungszeiten angeschlossen.

Fahrpreis hin und zurück: 7 $. Leider fährt die Gondelbahn statt zum Sonnenaufgang erst gegen 9 Uhr erstmals den Berg hinauf, wenn Wolken und Smog mit Vorliebe die Hauptstadt ummanteln, montags bis donnerstags sogar erst um 11 Uhr (Telefériqo, Av. Occidental y La Gasca, Tel. 02-325 00 76, Büro: Av. República del Salvador 3582 y Portugal, Ed. Twin Towers, piso 8, oficina 8-D, Tel. 02-225 08 25, 09-616 22 36, Fax 02-225 42 66, www.teleferiqo.com).

Zoológico de Guayllabamba

In einem Land mit derart hoher Biodiversität mutet es seltsam an, einen Zoo zu unterhalten. Doch auf dem dicht besiedelten Kontinent ist die Fauna oft nicht so hautnah zu erleben wie auf Galápagos. Außerdem sind nicht wenige Tierarten vom Aussterben bedroht, andere sind per se menschenscheu. So bietet Quitos Zoo schlicht die Möglichkeit, südamerikanische Affen, Tapire, Pumas, Schildkröten, Papageien, Brillenkaimane und den Kondor zu besuchen. Zu Gast im Zoo des **Vorortes Guallyabamba** ist auch ein afrikanischer Savannenlöwe. Grundsätzlich sind Besuche am Vormittag attraktiver, weil die Tiere dann aktiver sind (Tel. 02-223 89 00, Di–Fr 8.30–17, Sa, So, Fei 9.30–17 Uhr, Eintritt 3,50 $; Busanreise ab Quito, Parque Italia/Seminario Mayor, mit der Flota Pichincha 0,55 $, Weiterfahrt mit einer *camioneta* 1,25 $).

Guápulo

Hinter dem Hotel Quito liegt der Aussichtspunkt **Mirador de Guápulo** **5** samt Café-Bar für den Sundowner mit Panoramablick. Ab hier geht es in recht steilen Serpentinen über die **Calle de Orellana** in einen so ungewöhnlichen wie schönen Stadtteil von Quito: Guápulo liegt der Hauptstadt abgewandt wie

Mit dem Autor unterwegs

Globales Dorf Mariscal

Der in den 1930er-Jahren erbaute moderne Stadtteil Mariscal (s. S. 129) ist das **Epizentrum** des ecuadorianischen **Rucksack- und Nightlifetourismus.** Eine kaum noch überschaubare Menge an Hostales, Restaurants, Bars, Lounges und Diskotheken säumen die Straßen des ›Marschalls‹. Der Stadtteil ist nicht schön, aber hip und zudem einer der wenigen Orte Ecuadors, der auf Einheimische wie auch auf Traveller offenbar die gleiche magische Anziehungskraft ausübt.

Kapelle des Menschen

Der berühmte ecuadorianische Maler **Osvaldo Guayasamín** hat sich kurz vor seinem Tod einen Traum erfüllt: Neben seinem Museum errichtete er die **Capilla del Hombre** mit einer einzigartigen Ausstellung – einer Hommage an die Menschenrechte und an die Welt der Indianer (s. S. 130).

Outdoor-Aktivitäten und Galápagos-Touren

Radfahren, Gleitschirmfliegen und Trekking sind in der Hauptstadt bauliche Grenzen gesetzt. Aber mehr als 100 Reiseagenturen (s. S. 138f.) machen aus der Neustadt die **landesweite Buchungszentrale für Outdooraktivitäten** jeglicher Art. Auch für **Galápagos-** und **Regenwaldtouren** gibt es nirgendwo eine bessere Auswahl als in den Prospekten in Quitos Nordstadt.

Spanischkurse ›ono-to-one‹

Ecuador zählt zu den besten Orten in Lateinamerika, um Spanisch zu lernen, da die Kurse hier erschwinglich sind, die Aussprache akzentfrei und in dem beliebten **Einzelunterricht** ›one-to-one‹ sehr intensiv ist. Die meisten **Sprachschulen** (s. S. 139) des Landes befinden sich in der Neustadt von Quito.

ein geschlossenes Dorf oberhalb des Río Machángara mit einem weiten Blick auf das Tal von Tumbaco. Weiter unten trifft man auf das **Santuario de Nuestra Señora Guadalupe de Guápulo,** die spanische Dorfkirche aus dem 17. Jh. mit einem von dorischen Säulen dominierten Portal und einigen berühmten Gemälden der Escuela Quiteña in dem 60 m langen Kirchenschiff. Alexander von Humboldt war 1802 besonders von der Virgen de Guápulo angetan: »Die Jungfrau von Guápulo ist die einzige, der man mit Kanonensalut die Ehren eines Generalkapitäns erweist. Man bringt ihr Bildnis oft nach Quito, wo es dann vier bis fünf Tage bleibt. Alle anderen Jungfrauen stehen nur im Feldwebelrang.«

Homepage der Stadtverwaltung Quito: www.quito.gov.ec. Zahlreiche Adressen und Tipps.
Homepage der Tourismuswerbung Quito: www.quito-turismo.com.
South American Explorer's Club: Calle Jorge Washington 311 y Leonidas Plaza, Tel. 02-222 52 28, www.saexplorers.org. Treffpunkt und Informationszentrum für Outdoor- und Individualreisende mit großer Abteilung von Berichten und Karten für Klubmitglieder (Beitrag weltweit jährlich 50 $).

Hotel Quito [1]: Av. González Suárez N27-142, Tel. 02-254 46 00, Fax 02-256 72 84, www.hotelquito.com. Traditionsreiches gehobenes Stadthotel mit Panoramarestaurant, Außenschwimmbad, großartiger Aussicht. EZ/DZ 73/85 $.
Hotel Santa Barbara [2]: Av. 12 de Octubre N26-15 y La Coruña (Nähe Hotel Quito), Tel. 02-222 51 21, 02-256 43 82, www.hotel-santabarbara.com. Eine quiteñische Diplomatenfamilie ließ die schöne Mesón 1943 nach dem Vorbild eines mexikanischen Kolonialbaus hier errichten. Heute unter italienischer Leitung, zählt Santa Barbara zu den schönsten klassischen Hotels in Quito. Gehobene Mittelklasse mit ital. Restaurant. EZ/DZ 50/63 $.
Hostal l'Auberge Inn [3]: Av. Colombia 1138 y Yaguachi, Tel. 02-255 29 12, Fax 02-256 98 86, www.auberge-inn-hostal.com. Schweizerisches Gartenhotel mit Kamin, Bibliothek, Wäscheservice, einfachem Restaurant und Spanischunterricht. EZ/DZ 10/17 $.

Einem Lindwurm gleich: In Nord-Süd-Richtung zieht sich Quito über mehr als 50 km hin

Swissotel [4]: Av. 12 de Octubre 1820 y Cordero, Tel. 02-256 76 00, Fax 02-256 80 79, www.quito.swissotel.com. Quitos beste Adresse bietet in 277 Zimmern Fünf-Sterne-Luxus, dazu Swimmingpool, Spa, Businesscenter und ein exzellentes Frühstücksbüffet. DZ mit Büffet ab 189 $.
Café Cultura [5]: Calle Robles 513 y Reina Victoria, Tel. 02-256 49 56, Telefax 02-222 42 71, www.cafecultura.com. Gartenhotel mit kolonialem Charme und europäischem Frühstück, schöne große Zimmer im Haupthaus, kleine *cabañas* im Garten. EZ/DZ 97/109 $.
Hostal Vieja Cuba [6]: Calle Diego de Almagro 1212 y La Niña, Tel. 02-290 67 20, viejacuba@andinanet.net. Schönes Hotel mit Garten in ruhiger Zone der nördlichen Mariscal mit gutem Service und hellen Zimmern. EZ/DZ 48/67 $.
Casa Helbling [7]: Calle Veintimilla 531 y 6 de Diciembre, Tel. 02-256 57 40, Fax 02-250 09 52, www.casahelbling.de. Sympathische deutschsprachige Herberge mit Kaminzimmer, kleiner Dachterrasse, Waschmaschine, Bücherecke und Toureninfos. EZ/DZ 20/30 $, Frühstück 1,20–4 $.
Hostal Bambú [8]: Calle Vicente Solano E5-27 y Av. Gran Colombia (Nähe Nationalkongress), Tel. 02-222 67 38, zulubernnis@yahoo.com. Charmantes Travellerhotel mit Terrassen, Hängematten, Waschmaschine, Küchenbenutzung, Internet und einem unbezahlbaren Blick über die Stadt. EZ/DZ 8/16 $ oder pro Monat 150/200 $.
El Cafecito [9]: Calle Cordero E6-43 y Reina Victoria, Tel. 02-223 48 62, www.cafecito.net. Sympathisches Backpacker-Hostal nebst schönem Café mit Kamin und Kuchen. Zim-

Quito-Neustadt: Cityplan

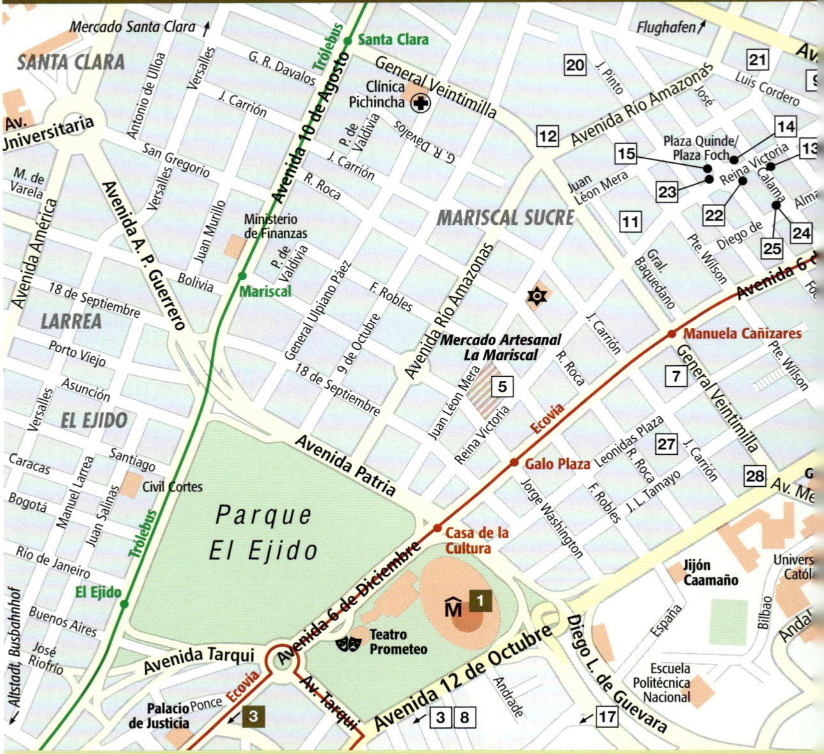

Sehenswürdigkeiten

1. Museo de la Casa de la Cultura Ecuatoriana
2. Posada de las Artes Kingman
3. Museo del Observatorio Astronómico
4. Museo Mindalae
5. Mirador de Guápulo

Übernachten

1. Hotel Quito
2. Hotel Santa Barbara
3. Hostal l'Auberge Inn
4. Swissotel
5. Café Cultura
6. Hostal Vieja Cuba
7. Casa Helbling
8. Hostal Bambú
9. El Cafecito
10. Apartamentos Los Quipus

Essen und Trinken

11. Ristorante Le Arcarte
12. La Terrassa del Tartaro
13. La Boca del Lobo
14. Latitud
15. Q
16. Mare Nostrum
17. Escondite de Cantuña
18. La Bodeguita de Cuba
19. Cafeto
20. Café Colibri
21. Chandani Tandoori

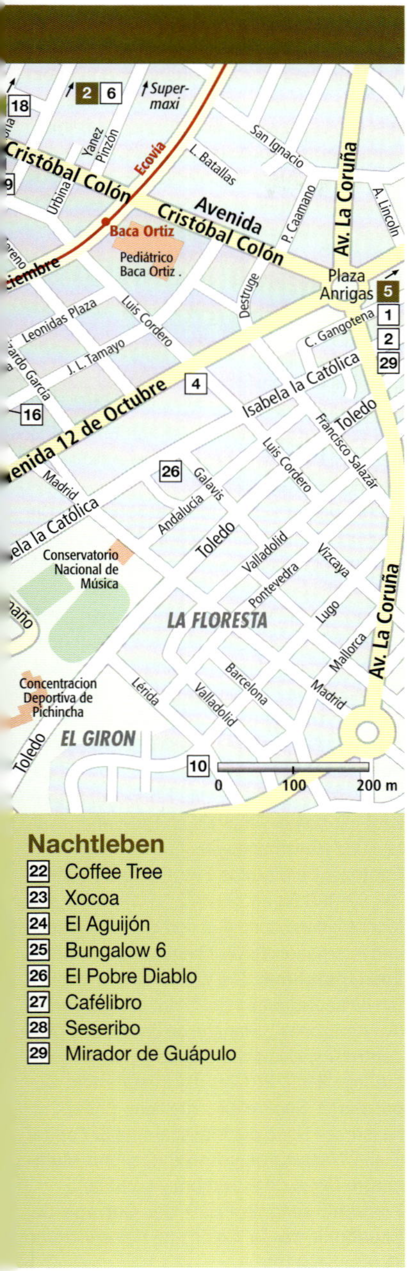

Nachtleben

22 Coffee Tree
23 Xocoa
24 El Aguijón
25 Bungalow 6
26 El Pobre Diablo
27 Cafélibro
28 Seseribo
29 Mirador de Guápulo

mer ohne eigenes Bad: EZ/DZ 9/14 $, im Schlafsaal 6 $ p. P.

Apartamentos Los Quipus 10: Calle Lérida E14-55 y Lugo (Floresta), Tel. 02-222 40 37, Fax 02-256 11 40, quipus@accessinter.net. Ruhige und gepflegte Hotel- und Apartmentanlage im Stadtteil Floresta mit Internet und teilweise Kamin. EZ/DZ 34/42 $.

Ristorante Le Arcarte 11: Calle Baquedano 358 y Juán León Mera, Tel. 02-223 76 59, 02-252 92 11, Di–Sa 12–15, 18–23, So 12–16 Uhr. Das beste italienische Restaurant der Mariscal mit exzellenter Holzofenpizza, guter Service. Hauptgericht 6–10 $.

La Terrassa del Tartaro 12: Calle Veintimilla 1106 y Amazonas (Ecke), Tel. 02-252 79 87, Mo–Sa 11.30–15, 19–23 Uhr. Quiteñisches Traditionsrestaurant im 12. Stock, internationale Küche und Grillspezialitäten. Hauptgericht 11 $.

La Boca del Lobo 13: Calle Calama 284 y Foch, Tel. 02-223 40 83, tgl. 17–24 Uhr. Sehr gute internationale Küche und Bar, Szenelokal in warmem Ambiente sandiger Farben mit Außenterrasse. Hauptgericht ab 10 $.

Latitud 14: Calle Foch y Reina Victoria (Plaza), Tel. 02-252 89 19, 02-255 40 53, www.latitudtapas.com, tgl. 12–24 Uhr. Das beste spanische Restaurant der Mariscal, am Puls des Nachtlebens. Ab 16 Uhr Tapas und Wein ›unlimited‹ ab16 $ p. P., je nach Weinwahl.

Q 15: Calle Foch E6-12 y Reina Victoria (Plaza), Tel. 02-255 78 40, So 12–24, Mo–Do 12–1, Fr, Sa 12–2 Uhr. Internationale Küche mit viel Fleisch und Fisch in Lounge-Ambiente. Hauptgericht 10–13 $, Tapas 3,70 $.

Mare Nostrum 16: Calle Tamayo 172 y Foch, Tel. 02-252 86 86, Mo–Fr 19–23 Uhr. Spitzenadresse für Fisch und Meeresfrüchte in mittelalterlichem Ambiente, doch mit durchaus spätkapitalistischen Preisen. Hauptgericht ab 14 $.

Escondite de Cantuña 17: Manuel Samaniego 8-175 y Antepara, unterhalb des Kulturzentrums Itchimbia, Tel. 02-258 30 05, 09-983 00 41. Ecuadorianische und internationale Küche mit grandiosem Altstadtblick, Fr, Sa Livemusik. Hauptgericht ab 12 $.

Quitos Kinowelt: In der Floresta liegt das ausgezeichnete Programmkino **Cine Ocho y Medio** (Calle Valladolid N24-353 y Vizcaya, Tel. 02-256 55 24, www.ochoymedio.net), das auch die gleichnamige Kinozeitung herausbringt, internat. Filmreihen. Jährlich etwa Anfang November veranstaltet Quito das **Filmfestival 0 Latitud** (www.cerolatitud.com). Die beiden bedeutendsten kommerziellen Kinocenter sind **Cinemark** (Plaza de las Américas, Av. República y Naciones Unidas, Tel. 02-226 03 01, www.cinemark.com.ec) und **Multicines del CCI** (Av. Amazonas y Naciones Unidas, Centro Comercial Iñaquito, Tel. 02-225 96 77, www.multicines.com.ec).

La Bodeguita de Cuba 18: Calle Reina Victoria 1721 y Pinta, Tel. 02-254 24 76, tgl. 12–24 Uhr. Kubanisches Restaurant im karibischen Haciendastil, nebenan liegt die angeschlossene kubanische **Bar Varadero** (Mi, Do Livemusik ab 21.30 Uhr, 5 $). Hauptgericht ab 6 $.

Cafeto 19: Calle Diego de Almagro y Colón/Cordero, Torre B, Tel. 02-255 19 43, Mo–Fr 13–19.30 Uhr. Gutes chilenisch-ecuadorianisches Mittagsrestaurant. Menü 2,50 $.

Café Colibri 21: Calle Pinto 619 y Cordero, Tel. 02-256 40 11, wraedler@yahoo.de, tgl. 8–18.30 Uhr. Allgäuer Frühstückscafé mit Gartenterrasse und kleiner deutscher Restaurantkarte. Hauptgericht ab 5 $.

Chandani Tandoori 22: Calle Juán León Mera 1312 y Cordero/Colón, Tel. 02-222 10 53, 09-141 18 34. Sehr einfaches und preiswertes, aber ausgezeichnetes indisches Restaurant mit traditionell scharfer Küche. Hauptgericht 3 $.

Libri Mundi: Calle Juán León Mera N23-83 y Wilson, Tel. 02-252 16 06, Fax 02-250 42 09, www.librimundi.com, Mo–Fr 8.30–19.30, Sa 9–14, 15–18 Uhr. Die bestsortierte **Buchhandlung** des Landes mit nationaler wie internationaler Literatur inkl. Reiseliteratur, Fotobänden, Magazinen und einer kleinen deutschen Abteilung.

Abya Yala: Av. 12 de Octubre 14-30 y Wilson, Tel. 02-250 62 51, www.abyayala.org, Mo–Fr 8–19, Sa 9–17 Uhr. **Buchhandlung** mit dem größten Sortiment an anthropologischer, politischer, sozialwissenschaftlicher Literatur.

Confederate Bookstore: Calle Calamá 410 y Juán León Mera, Tel. 02-252 78 90, billgrok@hotmail.com. Der bestsortierte Second-Hand-Buchladen der Stadt.

Presse: Der bestsortierte Kiosk mit etwas internationaler Presse, Bildbänden und Kartenmaterial ist **Libro Expres,** Av. Amazonas 816 y Veintimilla, Tel. 02-254 81 13, info@libroexpres.com.ec.

Landkarten: Instituto Geográfico Militar, Calle Senierges y Gral. Paz y Miño, Sector El Dorado, Kartografie-Tel. 02-254 65 50, Fax 02-252 27 36, www.igm.gov.ec. Amtliche Detaillkarten bis zu 1:25 000.

Markt Santa Clara: Mo–Sa 8–18 Uhr. Die zentrale Markthalle mit komplettem Angebot eines Wochenmarktes an Gemüse, Obst, Fleisch, Fisch, Weinen, Kräutern etc.

Kallari: Calle Wilson E-266 y Juán León Mera, Tel. 02-223 60 09, www.kallari.com. Organischer Kaffee, Tee und Schokolade, Schmuck von Kichwa-Gemeinden aus Amazonien, fairer Handel, Direktverkauf.

Camari: Calle Marchena 260 y Versailles, nahe Santa-Clara-Markt, Tel. 02-254 94 07, Mo–Fr 9–19, Sa 9–14 Uhr. Kooperativenverkauf mit breiter Auswahl an Bio-Lebensmitteln und Kunsthandwerk.

Enoteca: Calle Muros y Av. Gonzales Suárez. Tel. 02-290 03 44, 09-972 31 18, www.enotecaitalianaec.com. Gut sortierte italienische und internationale Weinhandlung.

Einkaufszentren: Die wichtigsten und größten Einkaufszentren der Stadt sind **El Jardín** (Av. Amazonas y Mariana de Jesús) und **Quicentro** (Av. Naciones Unidas y 6 de Diciembre, tgl. 9–ca. 20 Uhr) mit integriertem **Supermarkt** Supermaxi. Kleinere Shoppinghäuser am Rand der Mariscal sind **El Espiral** (Calle Washington y Amazonas) und **Multicentro** (Av. 6 de Diciembre y La Niña).

Postamt: zentrale Filiale der **Correos del Ecuador** in der Av. Colón und Reina Victoria, Mo–Sa 8–19 Uhr.

Zigarren: Club del Habano, Av. 6 de Diciembre y Wilson, Torre Málaga B, Tel. 02-252 43 39, und Calle Juán León Mera 453 y Roca, Tel. 02-255 15 24.

Im Stadtteil Mariscal existieren unzählige Bars und kleine Diskotheken insbesondere in dem Viereck Av. Amazonas/ Calle Cordero/Diego de Almagro/Calle Wilson, die vor allem Do, Fr und Sa kaum Wünsche von Nachtschwärmern offen lassen. Epizentrum ist die **Plaza Quinde** – oder auch **Plaza Foch** genannt – mit einer Vielzahl von Bars, Cafés und Lounges.
Zu empfehlen sind hier die 24 Stunden geöffnete Restaurant-Bar **Coffee Tree** 22 (Tel. 02-252 69 57), das betörende Schokoladenhaus **Xocoa** 23 (Tel. 02-254 60 86, Mo–Sa 8–24, So 14–20 Uhr) und die Lounge **Q** 15. Einzelne Bars liegen auch außerhalb der Mariscal.
El Aguijón 24**:** Calle Calama E7-35 y Reina Victória, Tel. 02-256 00 14, www.elaguijon.com, Di–Sa 20–3 Uhr. Tanztipp in der Mariscal. Klub in schönem Fabrikambiente mit guter Luft, Billard, Garderobe, kreativen DJs von Reggae bis Salsa. Eintritt 4 $ inkl. Getränk.
Bungalow 6 25**:** Calle Calama y Diego de Almagro (Ecke), Mo–Sa 18–3 Uhr, Fr, Sa 3 $ Eintritt/Verzehr. Lounge-Bar mit breitem Spektrum an Tanzmusik und gutem Sound, dabei vergleichsweise preiswert, jedoch am Wochenende gedrängt voll.
El Pobre Diablo 26**:** Av. Isabel la Católica E12-06 y Francisco Galavis (Nähe Swissotel), außerhalb der Mariscal, Tel. 02-223 51 94, Fax 02-222 53 97, www.elpobrediablo.com, Mo–Sa 18–1 Uhr. Eine der schönsten Bars Ecuadors in einer alten Kaffeerösterei mit regelmäßigen Jazz- und Ethnokonzerten sowie einer angeschlossenen Galerie (tagsüber).
Cafélibro 27**:** Calle Carrión 243 y Plaza/ Tamayo, Tel. 02-223 42 65, 09-944 07 15, www.cafelibro.com, Mo–Fr 17–1, Sa 18–1 Uhr. Gemütliches Kulturcafé mit regelmäßigen Lesungen, Konzerten, Buchpräsentationen u. a. Veranstaltungen.
Seseribo 28**:** Calle Veintimilla y Av. 12 de Octubre. Quitos beste Salsoteca mit großen Tanzflächen im Untergeschoss eines Hochhauses. Di–Sa 19–2.30 Uhr.
Mirador de Guápulo 29**:** s. S. 131, Calle Rafael Larrea y Pasaje Stubel (hinter dem Hotel Quito), Tel. 02-256 03 64, Mo–Sa nachmittags–23 Uhr. Panorama- und Nachtcafé mit Breitband-Fensterblick ins weite Tal nach Osten. Hauptgericht 4,50–11 $.

Fiestas de Quito: Das große Stadtfest von Quito anlässlich des spanischen Gründungstages 6. Dezember 1534 wird jeden Dezember 14-tägig mit international besetztem Stierkampf, Kulturveranstaltungen, Straßenfesten und der Wahl der Schönheitskönigin Reina de Quito begangen.
Theaterfestival FITEQ: meist Mitte Nov. Internationales Festival für experimentelles Theater. Unter den zwei Dutzend Theatern und Bühnen der Stadt empfehlen sich besonders Teatro Malayerba, Patio de las Comedias, Teatro Socavón, Teatro Sucre, Teatro

Kunsthandwerk: Der Besuch des ethnografischen **Museo Mindalae** (s. S. 130) ist ein Muss in Sachen Kunsthandwerk. Ausgezeichnet im selben Haus ist auch der Laden der **Fundación Sinchi Sacha.** Feine bis edle Arbeiten aus Handwerk und Malerei finden sich in der **Galería Latina** (Calle Juán León Mera N23-69, Tel. 02-254 03 80, glatina@attglobal.net, Mo–Sa 10–13.30, 15–20, So 11–18 Uhr). Einen Besuch lohnen auch das **Centro Artesanal** (Calle Juán León Mera 804 y Baquedano, Tel. 02-254 82 35, Mo–Fr 11–13, 16–18.45 Uhr). Mehrere Läden von Kooperativen bieten ebenso ausgezeichnete Qualität: **La Bodega** (Calle Juán León Mera 614 y Carrión, Tel. 02-222 58 44, Mo–Fr 10–13.30, 14.30–19, Sa 9.30–13.30, 16–18 Uhr) und **Camari** (s. S. 136 unter Einkaufen) sowie das **Centro Cultural Tianguez** in der Altstadt (s. S. 128). Immer wieder sonntags ist der **Parque El Ejido** offener Markt für Kunsthandwerk aus allen Landesteilen. Ständiger Markt ist der **Mercado Artesanal La Mariscal** in der Calle Reina Victoria y Washington.

San Gabriel, Casa Humboldt und die Casa de la Cultura. Web-Adressen: www.quito.gov.ec.
Año Viejo: Sylvester. Der Sylvesterabend in Quito ist eine Art Mummenschanz. Verkleidete Menschen geben auf den Straßen Transvestieeinlagen, sammeln Geld von den vermeintlichen Voyeuren hinter den Autoscheiben, veranstalten eine Art Maskenfest mit friedlicher Hexenjagd. Es ist ein fröhliches Fest, zu dessen Höhepunkt bereits gegen 22 Uhr (!) das ›alte Jahr verbrannt‹ wird, sprich: Politiker, Figuren und Skandalbilder aus Pappmaschee oder Stoff und Stroh in den Straßen verbrannt werden. Die Hauptstraße der Scheiterhaufen, beschallt mit Livemusik, begleitet von Budenzauber, ist die Avenida Río Amazonas zwischen Av. Patria und Av. Colón. Überraschend ruhig geht es dann um Mitternacht zu, mit nur wenig Feuerwerk.
Centro Cultural Metropolitano Itchimbía: Stadthügel Itchimbía, oberhalb von San Blas, Tel. 02-322 84 07/08/09, www.centroculturalquito.com, tgl. 9–17 Uhr, Eintritt meist frei. Das wunderschöne Kulturhaus Palacio de Cristal war die alte Markthalle Quitos und wurde 2006 als lichtdurchflutetes Ausstellungs-, Konzert- und Konferenzzentrum in exponierter Lage wieder aufgebaut.

Surtrek: Av. Amazonas 897 y Wilson, Tel. 02-250 05 30, 02-223 15 34, 09-973 54 48, Fax 02-250 05 40, www.surtrek.com. Renommierte Walk-in-Reiseagentur mit breitem Tourenangebot für ganz Ecuador, eigenen Fahrzeugen, deutschsprachigem Service, individuellen Reiseformaten auch für Alleinreisende. Ausgezeichnete Kooperationen.
Bergsport: Der Verband der Bergführer Ecuadors listet seine Mitglieder mit Kontakten unter www.aseguim.org. Infos und Expeditionen auch über www.companiadeguias.com.ec und die ansässigen Reisebüros.
Biking Dutchman: Calle Foch E4-313 y Juán León Mera, Tel. 02-256 83 23, 02-254 28 06, 09-420 53 49, www.bikingdutchman.com, Bürozeit: Mo–Fr 7–17 Uhr. Quitos Mountainbike-Spezialist mit zahlreichen Downhill-Tourprofilen zwischen 5000 und 1800 m Höhe (Cotopaxi, Papallacta, Nebelwald u. a.). Gute Räder und Sicherheitsausrüstung, englischsprachige Guides. Touren mit Verpflegung und ggf. Unterkunft 45 $ p. P. und Tag.
Gleitschirmfliegen: In Quito (Pichincha) und Umgebung (Puengasí u. a.) gibt es von September bis Mai exzellente Flugbedingungen, die jedoch wegen der komplizierten Windverhältnisse und der dichten Besiedlung in

Richtig Reisen-Tipp: Mountainbiking bis 5000 m

Dank der Äquatoriallage ist es möglich, eine Tour mit dem Mountainbike auf 5000 m Höhe zu beginnen und dann geht es auf der *downhill*-Strecke abwärts. Schon von Quitos Hausberg aus, dem noch aktiven Vulkan **Guagua Pichincha,** bietet sich die spektakuläre Abfahrt vom Kraterrand auf 4800 m an. Nach oben geht es mit dem Jeep ab Quito.

Die **steile und anspruchsvolle Abfahrt** führt etwas über Lavaschotter und bald weiter über eine ausgewaschene Fahrpiste in Páramo und Agrarfläche. Erreicht die Abfahrt das Dorf Lloa auf 3200 m, geht es weiter nach unten durch Wälder bis auf 2000 m, wo einen der Transportjeep erwartet und am Nachmittag zurück in die Hauptstadt bringt. Bei klarer Sicht bieten sich unglaubliche Bergpanoramen und der Blick auf ganz Quito von oben. Weitere **Touren mit geringerem Schwierigkeitsgrad** und auch Mehrtagestouren lassen sich in unmittelbarer Umgebung Quitos und auch an den **Vulkanen Cotopaxi** und **Chimborazo** fahren.

Außer tadellosen Mountainbikes mit besten Bremsen ist eine komplette Sicherheitsausrüstung gegen mögliche Stürze erforderlich. Touren verschiedener Profile mit entsprechendem Equipment, Servicewagen, Tourführer und Lunch kosten 45 bis 90 $ p. P. und Tag. Langjährige Erfahrung und die erforderliche Logistik bieten Biking Dutchman und Surtrek (s. o., unter Veranstaltern).

Kooperation mit oder unter Anleitung von ortskundigen Fliegern genutzt werden. Fliegerklubs: **Club Halcones,** Fabian Perez, Tel. 09-194 65 46, www.halconesecuador.com; **Halcones Parapente,** socios_halcones@gruposyahoo.com; Flugschule: **Escuela de Parapente,** Calle Carlos Endara Oe4-92 y La Prensa, nahe Flughafen, Fluglehrer Enrique Castro, Tel. 02-225 65 92, 09-993 12 00, parapente@andiananet.net, bedingt Verleih von Fluggerät. Grundausbildung mit nat. Zertifikat 400–500 $, als Intensivkurs in 7 Tagen.

Klettern: Monodedo, Calle Rafaél León Larrea N24-36 y Av. Coruña, Tel. 02-290 44 96, 09-922 66 15, www.monodedo.com, Mo–Fr 11–19, Sa 9.30–14 Uhr. Der Ecuador-Spezialist mit bester Ausrüstung und Touren zu zahlreichen Kletterzielen im ganzen Land.

Tauchen: Exploramar Diving, Calle Alemania N32-71 y Mariana de Jesús, Tel. 02-256 39 05, 09-950 09 10, www.exploradiving.com. PADI-5-Star-Ausbildungszentrum, geführt vom ecuadorianischen Meeresbiologen Michel Guerrero, mit Tauchbasis in Puerto López/Küste, Vermittlung von Tauchtörns nach Galápagos und Exkursionen zu Bergseen.

Reiten: s. Pululahua-Krater auf S. 147f.

Bus: Der zentrale Busbahnhof für Überlandfahrten, **Terminal Terrestre El Cumandá,** befindet sich in der Altstadt (s. S. 128). Von hier gibt es nahezu im Minutentakt Verbindungen in alle Landesteile.

Einige große Buslinien haben einen **privaten und übersichtlicheren Terminal** außerhalb von Cumandá und meist nahe der Mariscal:

Panamericana Internacional: Av. Colón 852 y Reina Victoria, Tel. 02-255 71 33.

Flota Imbabura: Calle Manuel Larrea y Portoviejo, Tel. 02-257 26 57.

Trans Esmeraldas: Calle Santa María 870 y 9 de Octubre, Tel. 02-250 50 99, www.transesmeraldas.com.

Transportes Ecuador: Calle Juán León Mera y Jorge Washington, Tel. 02-258 19 77.

Occidentales: Calle Juan Coronado y Rafael García, Tel. 02-2570 042.

Flug: Der **Flughafen Mariscal Sucre** mit nationalem und internationalem Terminal liegt am Nordende der Av. Amazonas und Av. de la Prensa. Zahlreiche Busverbindungen sowie Tróle-/Servicio-Integrado-Anschluss. Ein Taxi ins Zentrum kostet ca. 5–8 $.

Im öffentlichen Teil des Flughafens finden sich Postamt, Geldautomaten, Büros der Fluggesellschaften, Autovermieter, Cafés, Toiletten, Taxis, lokale Presse und einzelne gehobene Reisebüros.

Die fünf nationalen Fluggesellschaften, TAME, ICARO, AEROGAL, VIP und SAEREO, verbinden Quito mit Guayaquil, Cuenca, Manta, Portoviejo, Esmeraldas, Coca, Lago Agrio, Tulcán, Macas, San Vicente, Puyo sowie auf Galápagos mit Baltra und San Cristóbal. Fluglinien und Adressen s. S. 82.

Autovermietung: Budget, Av. Colón y Amazonas (Ecke), Tel. 02-223 70 26, ext. 101, www.budget-ec.com; **Localiza,** Av. De los Granados y 6 de Diciembre, Tel. 1800-56 22 54. ext. 2 – opción 1, www.localiza.com.ec; **Expo Rent a Car,** Av. América N21-66 y Bolivia, Tel. 02-222 86 88, www.exporentacar.com.

Taxiruf: Taxi Amigo 02-222 22 20 und 02-255 57 77.

Sprachschulen: Es gibt eine Fülle von Spanischschulen in der Hauptstadt, in der entweder in Gruppen oder *one-to-one* für 4 bis 8 $ pro Stunde unterrichtet wird, häufig begleitet von Exkursionen und sozialen Aktivitäten sowie Vermittlung von Familienaufenthalten. Das Niveau der Kurse ist im internationalen Vergleich gut, das Preis-Leistungs-Verhältnis sehr gut. Ein ausführliches Verzeichnis steht unter: www.spanishcourses.info/spanischkurse.asp zur Verfügung. Hier eine Auswahl: **Vida Verde,** Calle 18 de Septiembre E4-135 y Av. Amazonas, Tel. 02-256 31 10, Fax 02-222 66 35, www.spanischlernen.net; **Colonial,** Pasaje La Isla 152 y Calle La Isla (Sector Las Casas), Fax 02-254 56 35, Mobil 08-464 99 92, www.colonialspanishschool.com; **Bipo y Tonis,** Calle Carrión E8-183 y Leonidas Plaza, Tel. 02-254 70 90, www.bipo.net.

Umgebung von Quito

Karte S. 145

In der Umgebung der Stadt Quito, jenseits des gewaltigen urbanen Ballungsraums, liegen überraschenderweise einige spektakuläre Naturräume. Insbesondere Vogelbeobachter, Wanderer und Orchideenfreunde kommen schon nach einer Stunde Fahrt aus der Stadt in eine Zauberwelt. Auch die vulkanischen Thermalbäder von Papallacta liegen nur eine gute Stunde östlich von Quito.

Zu den Thermalquellen am Antisana

Karte: S. 145

Von Cumbayá bis Tumbaco

Von **Quito** nach Osten führen mittlerweile mehrere Wege. Der schönste beginnt im Stadtteil Floresta oder auch hinter dem Hotel Quito, wo man jeweils auf die Avenida León Larrea stößt. Vor dieser führt der **Camino de Orellana** hinab in das romantische, verschlafene Dorf von **Guápulo.** Der Taleinschnitt des Río Machángara führt von Guápulo zu dem Dorf **Cumbayá** 1**,** das in einem sonnigen, warmen Tal heute zu den bevorzugten Wohngegenden der hauptstadtmüden Quiteños zählt. Samt moderner Geschäftswelt, privater Schulen, der renommierten Universidad San Francisco de Quito und einer internationalen Gastronomie ist Cumbayá zu einem Unterzentrum der Hauptstadt gewachsen. Die besten Restaurants und Einkaufsmöglichkeiten finden sich unübersehbar an der Ortseinfahrt (Centro Comercial), an der Esquina und am Parque.

Die Hauptstraße weiter Richtung Tumbaco und Pifo nehmend, führt gegenüber dem Club Nacional de Fútbol eine Ausfallstraße rechts ab und dann vorbei an den Bädern von **Cununyacu** auf eine sehr schöne, wenig befahrene Nebenstrecke ins Nachbartal **Valle de los Chillos** (s. S. 143), die sich auch exzellent zum Radfahren eignet. Sie endet in **El Tingo.**

Ähnlich wie in Cumbayá, wenn auch spürbar ländlicher, vollzieht sich die Entwicklung in dem nur wenige Kilometer entfernten **Tumbaco** 2**.** Hier, am Fuß des Ilaló, haben sich zahlreiche Künstler, Akademiker und Intellektuelle niedergelassen, um Ruhe zu finden, um in Abgeschiedenheit zu arbeiten oder auch um alternative Schul- und Lebensformen zu erproben. Gerade Europäer schätzen Klima und Ambiente dieser Gegend.

Dulce Carbón: Tumbaco via Pifo (kurz vor der Talsohle am Ortsende von Tumbaco rechts), Tel. 02-237 29 19, 02-237 36 33, Sa, So 12–17 Uhr. Familienrestaurant mit sehr guter ecuadorianischer Küche im Gartenlokal, Spezialitäten vom Holzkohlegrill. Hauptgericht 5 $.

La Gambugía: Tumbaco via Pifo (Dorfausgang), Tel. 02-237 16 59. Die beste italienische Holzofenpizza im Tal in einem rustikalen Restaurant mit Garten. Pizza, auch zum Mitnehmen, ab 5 $.

2 Thermalquellen von Papallacta

Im Weiteren – vorbei an dem landwirtschaftlich geprägten Dorf **Pifo** – führt die Straße allmählich ansteigend in das Bergmassiv des Antisana. 5 km hinter Pifo führt ein Weg zu den Höhlen **Las Cuevas de Álvaro** 3**.** Nun schiebt sich die Straße in den häufig in Nebel gehüllten Vulkanhang, passiert einen Gebirgssee und überquert einen etwa 4000 m hohen Andenpass, um sich dann wieder von der Ostkordillere allmählich gen Amazonien hinabzuwinden. Der nächste Ort ist **Papallacta** 4 mit den besten Thermalquellen Ecuadors.

Wie der noch aktive und 5704 m hohe Vulkan Antisana selbst – innen heiß und außen Eis –, so dringen aus seinen Felsen glasklare kalte sowie schwefelhaltige heiße Wasser aus. Und in einem Seitental bei Papallacta, wo die natürlichen Gebirgsbäche von Antisana und Cayambe eng zusammenkommen, befindet sich das **schönste und komfortabelste Thermalbad Ecuadors,** wenn nicht Südamerikas. Die öffentlichen Bäder sind in Natursteinbecken aufgeteilt, wo der Badende zwischen Pools mit 36 bis 40 °C heißem Wasser und kalten Pools wechseln kann, eine rauschende Laudatio an Sebastian Kneipp. Die kleinen und großen Becken sind in satte Bergwiesen und -vegetation eingelassen, mit Umkleidekabinen, Ruheterrassen und einem strohgedeckten Restaurant ausgestattet. Der kalte Gebirgsbach, der auch betreten werden kann, rauscht immerzu an den Bädern vorbei und schenkt dem Tal auch akustisch eine einzigartige Wasserlandschaft. Bei der zugegeben seltenen klaren Bergsicht erscheinen einem die **Gletscher des Antisana** zum Greifen nah. Den eigentlichen Thermalbädern ist eine Spa-Anlage, ein Informationszentrum und eine schöner Naturpfad am Bach entlang angegliedert.

Harmonisch fügen sich auch die Hotelbereiche der Thermen in das Gesamtambiente ein. Von den im Quadrat umlaufenden Holzverandas zweigen sehr schöne Cottagezimmer ab. Sie schließen eigene hotelinterne Bäderlandschaften ein. Ähnlich wie im Hotelbereich, doch in Form von Blockhäusern für bis zu sechs Personen, gliedert sich eine weitere Bäderlandschaft mit ebenfalls eigenen Becken, die rund um die Uhr benutzt werden können. Das hauseigene Restaurant bereitet exzellente Forellen.

Termas de Papallacta – Spa y Resort: km 67 via Quito–Baeza,

Mit dem Autor unterwegs

Markttag in Sangolquí

Sonntags verwandelt sich die beschauliche, landwirtschaftlich geprägte Kleinstadt im warmen Valle de los Chillos in einen riesigen Marktplatz. Hier bietet sich eine der besten Möglichkeiten nahe Quito, das **üppige Angebot von Früchten** und anderen Waren aus Hochland und Küste in **authentischer Marktumgebung** zu erleben (s. S. 144).

Schutzwald Pasochoa

Einer der ganz **seltenen Bergwälder** in Tallagen der Anden befindet sich nur wenige Kilometer südöstlich Quitos. Der **Bosque Protector Pasochoa** ist zudem ein Vogelparadies, sein Gipfel recht leicht zu besteigen, und bei einer Höhe von 4200 m und hauptstadtnah für Bergwanderer ideal, um die **Akklimatisierung** zu beginnen (s. S. 144ff.).

Reiten am Vulkan Pululahua

Zu den **bestgeführten Reitexkursionen** im nördlichen Hochland Ecuadors zählen seit vielen Jahren die Programme der deutschen **Green Horse Ranch** mit ihren sehr gut gepflegten Pferden. Stützpunkt und wichtigstes Reitgebiet der Ranch ist der schöne Krater von Pululahua (s. S. 147/148).

Antike Bäder von Tulipe

Archäologisch interessierte Reisende sollten sich die erst seit 20 Jahren zugänglichen **Ausgrabungen** am Río Tulipe nicht entgehen lassen. Hier wurden beeindruckende Steinmale, versteckte Wege und mysteriöse Bäderanlagen von der späten indianischen **Kultur der Yumbos** gefunden (s. S. 151).

Nebenstrecke nach Intag

Selbstfahrer und Abenteurer werden die **kurvenreiche Piste** lieben, die sich von Nanegalito über mehrere Stunden in das wunderschöne **Valle del Intag** schlängelt, das ansonsten mit Bussen nur über die Nordanden bei Otavalo zu erreichen ist (s. S. 151, 176f.).

Nicht sonderlich schüchtern: die neugierigen und tagaktiven Guanacos, Artverwandte des Lamas, nahe des Cotopaxi

3 km zum Eingang, bei Papallacta, Tel. 02-256 89 89, 02-232 06 20, Fax 02-254 97 94, www.termaspapallacta.com, ganzjährig geöffnet, offener Bäderbereich So–Do 6–20, Fr, Sa 6–22 Uhr, 6 $. Restaurant-Hauptgericht 12 $. EZ/DZ 68/94 $, Blockhaus 156 $.

Alternativen zum Spa-Resort in und um Papallacta:

Pampas de Papallacta: auf halbem Weg von der Fernstraße zu den Termas, Tel. 06-232 06 24. Einfache Replika der Termas de Papallacta, in Fußentfernung zum Original, klein und bescheiden, mit weniger magischer Kraft, preislich jedoch eine Alternative. DZ mit Frühstück 30/45 $, Hauptgericht 3,50 $.

La Choza de Don Wilson: Fernstraße nahe dem Abzweig zu den Termas de Papallacta, Tel. 06-232 06 27. Zimmer mit Bad, kleiner Pool, einfaches, aber gutes Restaurant. Zimmer 12 $ p. P. Hauptgericht 2–4 $.

... bei Pifo, 5 km via Papallacta:

Hostería Las Cuevas de Álvaro: Büro in Quito: Calle Carrión 555-C y Juán León Mera/Reina Victoria, Tel. 02-254 74 03, Fax 02-222 89 02, www.cuevasdealvaro.galeon.com. Sehr gepflegte und architektonisch überraschende Höhlenwohnungen nebst Restaurant. Ü/Vollpension und Wanderung 61 $ p. P.

... km 11 via Papallacta–Baeza:

Guango Lodge: Büro in Quito: Tel. 02-254 74 03, Fax 02-222 89 02, www.sanisidrolodge.com. Ein Juwel der gehobenen Klasse für Birdwatcher im Bergnebelwald auf 2700 m Höhe. EZ/DZ mit Vollpension 85 $/146 $.

Reserva Ecológica Cayambe-Coca: Nur 15 Min. von den Thermen entfernt beginnt das 403 000 ha große Reservat mit seinen 81 Berglagunen, das sowohl Páramo als auch tropischen Wald umfasst. Alternativer Zugang über Oyacachi oder zum Wasserfall San Rafael (s. u.). Eintritt 10 $.

Ins Königstal Valle de los Chillos

Regionalkarte: S. 145

Der wuchernde und ernüchternde Süden der Hauptstadt lässt sich bequem umgehen. Man verlässt Quito dazu über das ›Kleeblatt‹, den Verkehrsknotenpunkt **El Trébol** östlich des historischen Stadtkerns. Ob aus der Altstadt oder von Norden über die Av. Oriental kommend: Hier öffnet sich das Tor ins **Valle de los Chillos.** Die regionalen Busse ins Tal fahren von einem kleinen Terminal südlich von **La Marín** ab. Hat sich die Autopista Rumiñahui einmal über die letzte Anhöhe geschraubt, ergibt sich ein traumhafter Blick auf die zentrale Ostkordillere Ecuadors, auf dessen unangefochtenem Thron der konische Vulkankegel des Cotopaxi ruht. Nahe der Autobahnzahlstelle *(peaje)* scheint dieser Berg bei klarer Sicht auf dem Asphalt zu schmelzen.

San Rafael

Die anschließende rasante Abfahrt endet nach weiteren 7 km in **San Rafael** 5 (km 15), einem modernen Dorf in der bevorzugten Wohnlage dieses klimatisch wie landschaftlich reizvollen Tals. An der belebten Ampelkreuzung geht es links nach El Tingo.

Posada de la Soledad: Av. Ilalo y Alfredo Dávila (200 m vom Parque), Tel. 02-286 10 65, 09-923 40 62, www.ecuapymes.com/kingman, Mo–So 10–16 Uhr, 4 $. Bemerkenswerte Galerie mit Werken und biografischer Sammlung des berühmten ecuadorianischen Malers Eduardo Kingman.

El Tingo

Dort, am Fuß des flachen **Vulkans Ilaló** (3189 m), befinden sich mehrere Thermalquellen mit schwefelhaltigem, heißem Wasser. Eines dieser Bäder, zugleich eine der ältesten Badeanstalten der Region, liegt im Dorf von **El Tingo** 6**.** Dieser Ort ist für sein gebackenes Schweinefleisch – das *hornado* – berühmt. Gleichzeitig bietet sich El Tingo zum recht einfachen **Besteigen des Gipfels** an, wozu man ab dem **Balneario** über den gut sichtbaren Weg etwa zwei Stunden bis zu dem riesigen Gipfelkreuz einplanen sollte. Es besteht die Möglichkeit, auf der anderen Seite des Berges nach Tumbaco wieder abzusteigen.

Balneario Municipal El Tingo: Barrio El Tingo, Mo–So 8–16 Uhr, Eintritt 0,06 $. Altes Thermalbad mit offenem und überdachtem Bereich und bis zu 40 °C warmem Wasser; am Wochenende recht voll.

Mucki's Restaurant: hinter dem Schwimmbad von El Tingo, Tel. 02-286 17 89, 09-972 02 11, Di–So 12–17 Uhr. Gartenrestaurant mit guter deutscher und internationaler Küche vom Eisbein bis zum Pfeffersteak, dazu gibt es hausgemachtes Brot. Hauptgericht 23 $.

Fiestas de San Pedro: Ende Juni. San-Pedro-Fest mit Tanz, großem Essen, Volksmusik und Maskenumzug rund um den Kirchplatz.

Bus: Ab Quito, Busknoten El Playón de la Marín, mehrfach stdl. mit der Boskooperative Termasturis (La Merced–El Tingo). Ab Tumbaco, Interoceánica, Club El Nacional, ebenfalls mit der Coop. Termasturis über die Carretera Intervalles. Beide Linien (0,30 $) halten am Balneario.

Sangolquí

Von San Rafael aus, das man auf dem Weg von Quito nach El Tingo durchfährt, geht es Richtung Süden vorbei an einem riesigen Einkaufszentrum in das Städtchen **Sangolquí** 7, in dem sonntags ein großer landwirtschaftlicher und Straßenmarkt abgehalten wird. Marktzeit in diesem Zentrum des Valle de los Chillos ist von 6 bis etwa 16 Uhr. Vor der Kulisse zahlreicher Händlerhäuser der letzten Jahrhundertwende und dem gelegentlich ›durchblinzelnden‹ Cotopaxi ist Sangolquí der **schönste Marktplatz** in der näheren Umgebung von Quito. Man findet in und um den Ort ein paar gute Möglichkeiten zum Essen – und sollte auch das Eis am Kirchplatz kosten.

Hostería La Carriona: an der Straße nach Amaguaña km 2,5, Tel. 02-233 19 74, 02-233 77 09, Fax 02-233 20 05, www.lacarriona.com. Schöne kleine Hacienda mit gepflastertem Patio, eigenen Reitstallungen, Gärten, Schwimmbad, Sauna und einem guten Traditionsrestauarnt. Große historische Zimmer am Patio mit Kamin. EZ/DZ mit Frühstück 86/98 $.
Hostería Sommergarten: Calle Chimborazo 248 y Riofrío, Urbanizaión Santa Rosa, Tel. 02-233 27 61, Fax 02-233 03 15. Schönes Gartenhostal mit Swimmingpool, Whirlpool, Restaurant und Internet unter deutscher Leitung. EZ/DZ mit Frühstück 40/50 $.

Shefa: Calle Montufar 381 y Riofrío, Tel. 02-233 82 22, Mo–Sa 9–17 Uhr. Orientalische Küche u. a. mit Yoghurtspezialitäten; guter Service. Mittagsmenü 3 $, Hauptgericht 3–5 $.

Bus: Ab Quito, Playón de la Marín, geht es mehrfach stdl. über Sangolquí ins Valle de los Chillos.

Amaguaña

Das Dorf **Amaguaña** 8, was so viel wie ›reichlich Wasser‹ bedeutet, ist landwirtschaftlich geprägt, und seine Umgebung ist dank des Wasserreichtums auffällig grün. Bekannt ist Amaguaña durch die Straßenumzüge während des legendären Dorfkarnevals, bei dem wiederum viel Wasser geworfen wird. Ansonsten bietet es sich als Ausgangspunkt für eine Besteigung des von hier prächtig zu sehenden **Vulkans Pasochoa** an.

La Matilde: Amaguaña via Tambillo (3 km südl. des Dorfes, 700 m südl. der Trópico-Brennerei), Tel. 02-287 86 73, 09-973 68 84, Fr, Sa, Mo, Di 9–17, So 9–18 Uhr. Gute nationale und Hausrezepte aus dem eigenen Holzofen, sehr schöner Ausblick. Mittagsmenü 23 $, Hauptgericht ab 7 $.

Bosque Protector Pasochoa

Der **Bosque Protector Pasochoa** 9 liegt an und in dem alten schroff umrandeten Krater Pasochoa. Es ist einer der letzten ursprünglichen Bergwälder Ecuadors mit hoher Artenvielfalt an Bäumen und Vögeln. Der von der Umweltstiftung Fundación Natura geleitete Naturwald bietet mit seinen **fünf Rundwegen** flexible Wandermöglichkeiten zwischen halbstündigen Spaziergängen und achtstündigen

Quito und Umgebung

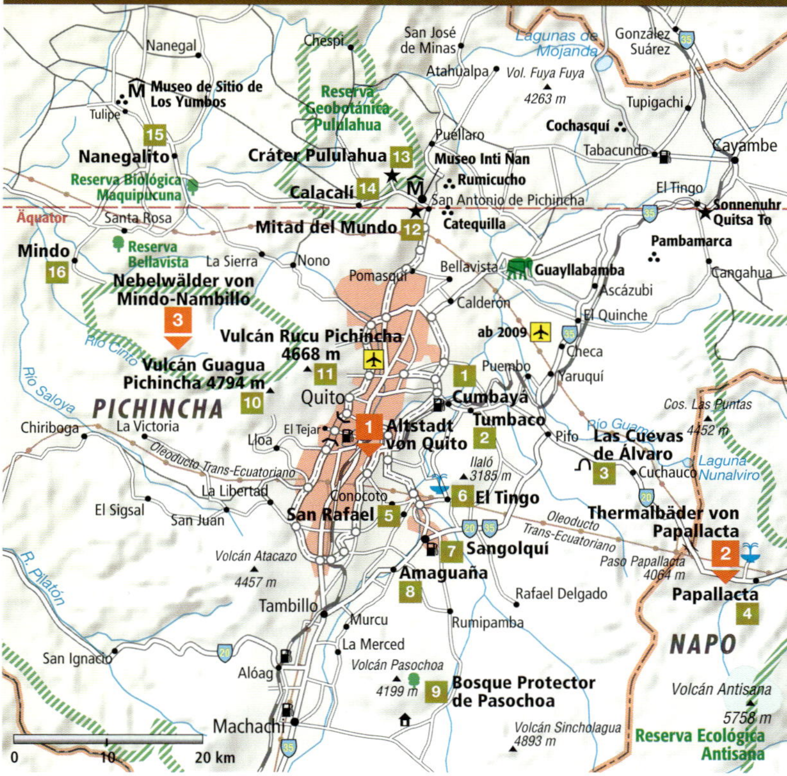

Wanderungen samt Gipfelbesteigung des 4199 m hohen **Pasochoa.** Der Berg ist technisch einfach zu besteigen, abgesehen von zwei kurzen Kletterpassagen, die vor allem bei Nässe schwierig sind. Der Weg ist gut sichtbar, erfordert bei Nebel jedoch erhöhte Aufmerksamkeit, vor allem auf dem Rückweg. Der letzte Teil des Anstiegs zum Gipfel wird von der Rückseite des Kraters begangen.

Der Parkwächter an der Schutzhütte hat weitere Informationen und einen Übersichtsplan. Vom Dorf Amaguaña kann man bis zu der einfachen Hütte mit ihren schlichten Übernachtungsmöglichkeiten für 10 $ mit dem Pickup fahren. Selbstfahrer finden die Zufahrt nahe Amaguaña an der Hauptstraße Sangolquí–Tambillo beschildert an der Kirche. Vogelliebhaber finden in den Buchhandlungen einen extra für den Schutzwald herausgegebenen Vogelführer (Eintritt 10 $).

Fundación Natura: Calle Elia Liut N45-10 y el Telégrafo (subida al CC El Bosque), Quito, Tel. 02-231 74 89, ext. 326, www.snatura.org/pasochoa.

Schutzhütte: s. o. Einfache Übernachtungsmöglichkeit, 10 $.

In **Tambillo** endet das Valle de los Chillos, und hier schließt die Talstraße auch wieder an die alte Pananmericana aus Quito an. Nahe des Dorfes Tambillo befindet sich in einer alten Hacienda eine Rettungsstation für verletzte oder geschmuggelte Wildtiere. Dieses Projekt, **Santa Marta,** ist noch in Aufbau und sucht laufend Freiwillige (Tel. 09-946 28 67).

Besteigung des Vulkans Pichincha

Karte: S. 145

Humboldt brauchte mehrere Versuche, um den 4794 m hohen Hausberg Quitos im Westen der Hauptstadt zu bezwingen. Der seit 1999 in seiner Aktivität wieder erstarkte **Vulkan Guagua Pichincha** 10 lässt sich heute leicht und in nur einer Stunde Laufzeit besteigen, wenn man einmal den langen Fahrweg zur Schutzhütte hinter sich hat. Dann zweigt im Südwesten Quitos von der Avenida Maldonado eine Nebenstraße zu dem etwa 45 Minuten entfernten Dorf **Lloa** ab. Dorthin fahren etwa stündlich Busse oder *camionetas* ab Quito von der Parque Central. Ab Lloa steigt ein landwirtschaftlicher Weg bis ca. 4600 m auf zur ganzjährig bewachten Hütte. Zu Fuß dauert der Aufstieg etwa fünf bis sechs Stunden. Gegen Gebühr sind der einfache Schlafsaal und die Küche mitzubenutzen. Der Kamin hingegen funktioniert nicht.

Die Gipfelbesteigung, aber vor allem nicht ungefährliche Wanderungen in den Kraterkessel, sind mit dem Wächter abzustimmen, der aktuelle Informationen über den Berg seitens der Vulkanologen bezieht. Generell ist mit kurzfristigen Wolkenbildungen zu rechnen. Wer den Weg ab Lloa zu Fuß macht, muss eine Übernachtung in der Hütte einplanen.

Von der Anreise her leichter, doch technisch schwieriger ist der kleinere **Gipfel Rucu Pichincha** 11 zu erklimmen. Man fährt mit der Seilbahn Telefériqo (s. S. 130f.) von Quito auf die etwa 4000 m hohe Bergstation. Von dort führt ein gut sichtbarer und einfacher, wenn auch ansteigender Weg in etwa 90 Minuten bis zu den Felsen **Las Rocas,** von wo man erneut eine herrliche Aussicht genießt. Weitere 90 Minuten – allerdings nun mit Kletterpassagen – braucht man dann noch bis zum Gipfel. Der Rückweg dauert etwa 2,5 Stunden.

i **Aus Sicherheitsgründen gilt:** Früh mit der Seilbahn hochfahren. Bei einer Vertrauensperson oder an der Station an- und abmelden. Bei aufziehendem Unwetter die Wanderung abbrechen. Unerfahrene Bergwanderer gehen nur bis Las Rocas. Im Zweifelsfall einen Bergführer mit entsprechender Ausrüstung und Ortskenntnis engagieren.

Zur Mittellinie der Welt

Karte: S. 145

Ein überraschend beliebtes Ausflugsziel im Norden Quitos ist das Dorf **San Antonio de Pichincha** am Äquator, genau genommen ist es das dort liegende folkloristische Touristendorf **Mitad del Mundo** 12**.** Hier hat die Zentralregierung Ecuadors etwa 240 m südlich des Äquators ein staatliches Äquatordenkmal errichtet. Eigentlich sollte der klobige **Obelisk** genau auf der Linie stehen, doch hatte man sich gegen besseres Wissen für einen verkehrstechnisch günstigen Standort und fehlerhafte Bemessungen entschieden. Der Obelisk beherbergt eine kühle und wenig ambitionierte **Kostüm- und Accessoireausstellung** indianischer Kultur und Folklore (Eintritt 1 $). Im Dorf gibt es Souvenirläden, eine kleine Sternwarte und Cafeterias; etwas unregelmäßig öffnet das Postamt, wo es einen Äquatorstempel gibt. Manchmal werden folkloristische Tänze oder Musik aufgeführt. Mitad del Mundo ist leider recht leblos und überdimensioniert und wird von Staates Seite chronisch überschätzt (tgl. 9–18 Uhr, Eintritt zum Dorf 1 $).

Restaurante Cochabamba: Mitad del Mundo, an der Straße 50 m südlich des Kreisverkehrs vor dem Äquatordorf, Tel. 02-239 70 44, rcochabamba@andinanet.net. Großes und freundliches Restaurant mit traditioneller und guter ecuadorianischer Küche, auf Bestellung auch Meerschweinchen. Menü ca. 10 $.

Unterwegs zur Reserva Geobotánica Pululahua

Karte: S. 145
Die Straße von Mitad del Mundo weiter Richtung Calacalí fahrend, passiert man bald rechts zwei Einfahrten zum Krater Pululahua. Die erste führt zu einem schönen Aussichtspunkt, **Mirador de Ventanillas,** am Kraterrand über der weiten *caldera.* Die zweite Einfahrt führt direkt in die Tiefebene im Kraterinneren (Eintritt 1 $). Der etwa 4000 Jahre alte **Krater Pululahua** 13 weist rund 450 m unter seinem Rand eine weite fruchtbare, landwirtschaftlich genutzte Ebene auf. Während man die Ebene vom Mirador aus über einen steilen Fußpfad erreicht, ist es bequemer, die westliche Schotterstraße in den Krater zu nehmen, im Übrigen eine wunderschöne **Mountainbikestrecke.** Dieses ›geobotanische Reservat‹ (Eintritt 2,50 $) von 6 km Durchmesser auf der hügeligen Kratersohle ist zudem Ziel von Wanderern, Vogelbeobachtern und Reitern. Hier finden sich sogar Wasserfälle, große Farne und kleine Zwergmyrten.

Hotel La Rinconada: Krater Pululahua, Tel. 02-249 88 80, 09-173 34 86, crateraventura@yahoo.com. Sehr schönes Hotel im Kraterinneren mit tollem Blick über den Kraterkessel und guter Küche. Der Besitzer Rolando Vera ist ein großer Kenner des Kraters und seiner schönsten Ecken und bietet neben den Zimmern auch **Campingmöglichkeiten** an. Übernachtung mit Halbpension 40 $ p. P.

Pululahua Hostal: am Fußweg im Krater, Tel. 09-191 43 33, www.pululahuahostal.netfirms.com. Kleines, preiswertes Hostal mit Jacuzzi (2 $) und Zimmern im Haupthaus oder in *cabañas* für 8 $ p. P., Frühstück 2 $. Reitpferde (4 Std., 15 $).

Green Horse Ranch: Krater Pululahua, Astrid Müller, Tel. 08-612 54 33, www.horseranch.de. Die Reiterfarm der deutschen Pferdeliebhaberin ist seit vielen Jahren die erste Adresse im Norden Quitos für Pferdefreunde. Dabei bietet Astrid Müller verschiedene Tourprofile von ein bis neun Tagen im Kraterreservat und Umland an, sei es für Anfänger oder Fortgeschrittene, sei es im englischen oder im Westernsattel. Beispiele: Tagesausritt für 65 $ p. P. bei 1–2 Reitern, 4-tägige Umrundung des Kraters 360 $, jeweils mit Anreise ab Quito, Vollverpflegung, Unterkunft und Reitführer.

Richtig Reisen-Tipp: Solarmuseum Inti Ñan

Ganz anders als im staatlichen Dorf steht es um das in Sichtweite liegende kleine, private Solarmuseum **Museo de Sitio Inti Ñan.** Zwar muss Museumsleiter Fabián Vera nach neuen amtlichen GPS-Daten zugestehen, dass auch seine Äquatorlinie die geografische Mitte der Welt um rund 60 m verfehlt. Das tut dem liebevoll aufgebauten anthropologischen Museum aber keinen Abbruch. Hinter einem kleinen Lamagehege führt ein **Rundweg** über rekonstruierte Grabstätten, vorbei an einer Sonnenuhr und nativen Heilpflanzen zu einem originalen mehr als 100-jährigen Lehmhaus, das den früheren Bewohnern als Kochhaus diente. Daneben rekonstruierte Fabián Vera originalgetreu ein typisches Wohnhaus mit seinem archaischen Interieur.

Die etwa **einstündige, spannende Führung** durch Geschichte, Brauchtum und Sonnenkultur der Äquatorvölker von Quitu-Cara endet an einer **Regenwaldausstellung,** die in die alte Tradition des Schrumpfkopfherstellens und in den Gebrauch des Blasrohrs einführt.

Kontakt: 200 m nördlich des Kreisverkehrs Mitad del Mundo via Calacalí, Tel. 02-239 51 22, 09-730 95 08, museo_intinan@hotmail.com, tgl. 9–18 Uhr, Eintritt mit Führung, auch auf Englisch, 2 $.

Eine Gruppe von Demonstranten stoppt einen Truck mit Pipelinerohren bei Mindo – letztendlich hatten die Proteste jedoch keinen Erfolg

In den Krater fährt kein Bus, daher ist bei **individueller Anreise** ab der Metrobus-Endhaltestelle in Quito der **Bus Mitad del Mundo/Calacalí** bis zum Kraterabzweig ›Mirador‹ zu nehmen. Von dort sind es 2 km zum Mirador und 30 Min. Abstieg in den Krater. Ein Fahrweg zweigt 2 km westl. an der Tankstelle von der Hauptstraße ab.

3 Nebelwälder von Mindo-Nambillo

Karte: S. 145
In **Calacalí** 14 steht heute das erste offizielle Äquatordenkmal der Anden. Wenig später gen Westen verlässt man das interandine Trockental und seine Höhe und nähert sich den Subtropen. Im Herzen des Nebelwaldes, wo sich Wolken und Wipfel begegnen, und nur 80 km von der Hauptstadt entfernt liegt eines der eindrucksvollsten Naturschutzgebiete Ecuadors, für Vogelbeobachter ein Ort von Weltrang, aber auch für andere Naturfreunde ein außergewöhnlich schöner und erlebnisreicher, ja geradezu magischer Wald.

Geschichte

Bereits 1988 erreichte die Gemeinde Mindo, dass ihre einzigartigen und von Holzeinschlag bedrohten Nebelwälder unter besonderen Naturschutz gestellt wurden. Die staatliche Forstbehörde erklärte sie zum Schutzwald **Bosque Protector Mindo-Nambillo.** Das gesamte Schutzgebiet ist 19 200 ha groß und zieht sich bis in die felsigen Bereiche von Lloa und dem Vulkan Guagua Pichincha (4700 m; s. S. 146). Der größte Teil liegt jedoch in subtropischen Höhen von 1300 bis 2500 m. Die drei Formen von subtropischem Wald, Nebelwald und Bergwald verantworten die hohe Biodiversität in Flora und Fauna, einschließlich eines bemerkenswerten Grades an Endemismus. Der Schutzwald wurde zu einem der bedeutendsten Vogelschutzgebiete Südamerikas (AICA) erklärt und ist regional Teil des internationalen Biosphärenreservats von El Chocó in den Küstenzonen des nordwestlichen Südamerikas. Zu Beginn unseres Jahrhunderts war Mindo-Nambillo Zentrum des internationalen Widerstands gegen die neue Erdölpipeline OCP, deren Trasse durch den Schutzwald am Ende doch nicht verhindert werden konnte.

Unterwegs im Schutzwald

Im Schutzwald Mindo-Nambillo und an seinen Randzonen haben zahlreiche ecuadorianische und internationale Stiftungen sowie Privatpersonen Wald zum Ziel des Schutzes als privates Reservat gekauft. Hier bieten sich heute verschiedenste Möglichkeiten, die Wälder und ihre Artenvielfalt zu entdecken, darunter auch einige mit schönen Unterkünften direkt in der Natur umsurrt von Kolibris und bestanden mit Orchideen.

Die besten **Vogelbeobachtungen** beginnen im Morgengrauen, wenn die meisten Tiere am aktivsten sind. Durch die hohe Grundfeuchtigkeit des Nebelwaldes fühlen sich hier auch zahlreiche Insekten wohl. Mückenschutz gehört daher zur Ausrüstung, ebenso wie Gummistiefel, Regenponcho und ein gutes Fernglas im Gepäck sein sollten. Vögel sind lichtempfindlich und reagieren auf grelle Farben, weswegen in bekannter Jägertradition im Wald bevorzugt matte und dunkle Farben zu tragen sind.

Hostal des Schutzwaldes: 30 Min. von Mindo entfernt, Kontakt: Amigos de la Naturaleza, Büro nahe dem Parque Central. Reservierung in Quito im Instituto Superior de Español, Maribel Vera, Tel. 02-222 32 42, 02-252 38 13. Einfache Unterkunft mit Vollpension 25 $ p. P.

Reserva Orquideológica de Pahuma

Pahuma beherbergt auf 650 ha Nebelwald-Reservat in einer Höhe von 1960 bis 2500 m bislang 260 Orchideenarten, von denen neun endemisch sind, also nur hier vorkommen. Auch die übrige Flora und die Wasserfälle sind beeindruckend schön und über mehrere leichte **Waldwege** unkompliziert zu erkunden. Der höchste Wasserfall zählt 80 m und erfordert eine Kletterpassage (Anreise über die Straße Calacalí–La Independencia, km 43, Eintritt 3 $, Camping 6 $ p. P).

Fundación Puntos Verdes del Ecuador

Die Bonnerin Heike Brieschke und ihr ecuadorianischer Mann Pedro Peñafiel haben in langen Jahre eine Umweltstiftung in Kooperation mit dem Regensburger Institute of Biodiversity aufgebaut (www.biodiv.de). Auf einer wunderbaren, von Tropenpflanzen umgebenen Terrasse mit Fütterstellen für Kolibris sind meist fünf bis zehn Kolibriarten sehr gut und aus nächster Nähe zu studieren (Eintritt 5 $, Unterkunft auf Anfrage, ca. 1,5 Std. von Quito im Nebelwald bei Mindo, Kontakt in Quito: Calle Manosca 1011, Residencia Altamira Casa 7, Tel. 09-871 60 91, 09-753 33 79, puntosverdes@biodiv.de).

Refugio Paz de las Aves

Der Primärwald mit Teilen von Sekundärwald ist insgesamt 75 ha groß und liegt auf durchschnittlich knapp 2000 m. Vogelbeobachter finden verschiedene, teils lange **Waldwege.** Ausgangspunkt ist eine Waldhütte (Anreise: km 66 auf der Straße Calacalí–La Independencia, Tel. 02-211 60 26, 02-211 62 43, vini paz@pi.pro.com).

El Monte Sustainable Lodge: ab Mindo mit Abholservice

(15 Min.) und kurzer Seilbahnfahrt über den Fluss, Tel. 02-390 04 02, 09-308 46 75, www.ecuadorcloudforest.com. Hohe, große *cabañas* im Wald (kein Strom); exzellentes, teils vegetarisches Essen in schönem, offenen Haupthaus. 86 $ p. P. mit Vollpension und Guides.

Hostería Séptimo Paraíso: 2 km vom ›Y‹ bei Mindo entfernt, Tel. 02-289 31 60, www.septimoparaiso.com. Hostería mit Restaurant, Cafeteria und einem manchmal vergessenen Swimmingpool. Geräumige 22 Zimmer mit Waldblick. EZ/DZ mit Frühstück 71/96 $.

Sachatamia Lodge: km 77 via Calacalí–La Independencia, 400 m vom ›Y‹ bei Mindo entfernt, Tel. 02-390 09 06, 02-390 09 07, www.sachatamia.com. Nebelwaldcottage auf 1700 m mit überdachtem Swimmingpool, italienisch-französischem Restaurant, 350 ha großem Privatreservat und Naturpfaden zum Selbsterkunden. EZ/DZ mit Waldblick und Frühstück 48/72 $.

Hostería San Jorge: alte Straße Nono–Tandayapa km 17, Anreise ab Quito mit der *camioneta* ab Occidental y Cotocollao 7 $, Tel. 02-224 75 49, www.hostsanjorge.com.ec. Komfortable Unterkunft am Rand des Nebelwaldes mit zahlreichen Angeboten wie Wandern, Reiten, Kajak, Mountainbiking und natürlich Vogelbeobachtungen. EZ/DZ mit Frühstück 61/74 $.

Bella Vista Cloud Forest Reserve: Bellavista, Anreise per *camioneta* ab Nanegalito ca. 20 $, Tel. 02-211 62 32, in Quito: Jorge Washington y Av. 6 de Diciembre, Tel. 02-223 23 13, www.bellavistacloudforest.com. Mehrstöckiges Regenwald-Rundhotel in privatem Vogelreservat mit guter Küche und traumhafter Sicht über Wälder und Berge. Zimmer mit Waldbalkon und eigenen Kolibritränken. EZ/DZ mit Vollpension 84/144 $, ohne Verpflegung 54/83 $, Schlafsaal mit Verpflegung 47 $ p. P., Camping 5 $ p. P.

Reserva Maquipucuna: Maquipucuna, Anreise auf der Strecke Calacalí–Los Bancos, in Nanegalito bei km 36 nach rechts, weitere 12 km später erneut nach rechts ins beschilderte Reservat, Tel. 02-250 72 01, www.maqui.org. Nebelwaldlodge einer 1989 gegrün-

Zählt zur Familie der Kornnattern, ist nicht giftig und lebt u. a. im Mindo-Reservat: die Siposschlange

deten Stiftung mit nachhaltigem Gemeinde- und Naturschutzkonzept. Deutschsprachiger Führer 80 $ pro Tag. Übernachtung mit Vollpension 51 $, im Volontärshaus ohne eigenes Bad 34 $.
Reserva Pachijal: km 72 via Calacalí–La Independencia, Tel. 02-255 46 27, www.pachijalreserve.com. 100 ha großes Nebelwaldreservat zur Vogelbeobachtung mit Waldpfaden zum Selbstbegehen, u. a. zu Wasserfällen und zu den Yumbos von Tulipe (s. u.). Führer 34–56 $ pro Tag. Unterkunft ab 50 $ p. P.

Wandern, Reiten, Kajak, Mountainbiking, Führungen: s. o., Unterkünfte.

Bus: ab dem Terminal Terrestre in Quito etwa alle 2 Std. mit den Kooperativen Aloag, San Pedrito und Kennedy oder ab Av. Manuel Larrea y Asunción mit den Kooperativen Otavalo oder Flor del Valle, jeweils bis Nanegalito, dort eine *camioneta* chartern.
Auto: Für Selbstfahrer gibt es zwei Varianten für die Anreise nach Nanegalito sowie in den Schutzwald und seine privaten Reservate. Neben der beschriebenen Straße über Calacalí führt auch die alte Straße über Nono zum Ziel. Wegen des regelmäßig wiederkehrenden Nebels ist zur Vorsicht geraten und sind Nachtfahrten zu meiden.

Ausgrabungsstätte von Tulipe

Karte: S. 145
Nahe dem Dorf **Nanegalito** 15 existiert eine bemerkenswerte Ausgrabungsstätte. Aus der Zeit der Kultur der Yumbos (800–1660) stammen hier, an den Ufern des Río Tulipe, sieben Bäder, mehrere Pyramiden, Rampen und große *tolas* – Ritensteine. Sie nehmen etwa 2 ha Fläche ein und sind sehr gut erhalten. In der Sprache der Quitu-Cara, zu denen die Nation der Yumbos zählt, bedeutet *tulipe* ›Wasser, das an den Steinen herunterfließt‹. Die Yumbos hatten hier offensichtlich ein Zeremonienzentrum für ihren Natur- und Wasserglauben eingerichtet.

Mindo

Das dörfliche Zentrum des Schutzwaldes ist **Mindo** 16, ein relaxter Ort in unmitelbarer Nähe schöner Flüsse und Wälder und mit einer allmählich wachsenden Infrastruktur – somit ein guter Ausgangspunkt für Exkursionen.

Centro de Información: am Parque Central, Sa, So 8–18 Uhr. Lokales Tourismusbüro mit Broschüren und Adressen zu Mindo und Umgebung.

Hotel Tangaras: Av. El Progreso y Mindo, Tel. 02-390 04 66, lastangaras@hotmail.com. Freizeithotel für 50 Gäste mit nationaler Küche (Hauptgericht 5,50 $), Pool, Sauna, Dampfbad, Bar. Gepflegte Zimmer mit Kabel-TV. EZ/DZ mit Frühstück 25/50 $.
Hotel El Descanso: am Dorfrand, Tel.02-390 04 43, www.eldescanso.com. Kleines, charmantes Hostal zum schuhfreien Betreten mit Aussichtsterrasse in die Vogelwelt. EZ/DZ mit Frühstück 18/36 $, EZ/DZ ohne Bad 14/28 $.
Hostal Bambuza: 800 m vom Dorf entfernt, Tel. 09-969 12 13, zulubernnis@yahoo.com. Ruhiges und sympathisches Hostal aus der ›Bambú‹-Familie unter holländischer Leitung mit Bücherecke, Billard, Kicker und Bar. Gemütliche Zimmer ohne eigenes Bad 6/12 $, Frühstück 2 $.

Restaurante Madroño: Calle 9 de Octubre, gegenüber dem Infobüro, Tel. 02-390 04 58, tgl. 7–21 Uhr. Gemischte Küche mit Spezialität Yucca-Pizza. Frühstück und Mittagsmenü je 2,50 $, Hauptgericht 4–6 $.
Restaurante Fuera de Babilonia: am Parque Central, Tel. 09-327 21 90, tgl. 7–21 Uhr. Schön gearbeitetes Holzhaus, vegetarische und nationale Küche, u. a. Forellen. Frühstück 2 $, Menü 3 $, Hauptgericht 4–5 $.

La Isla: Av. Principal s/n, Tel. 02-390 04 81, laislamindo@yahoo.com, tgl. 8–12, 14–18 Uhr. Lokale Reiseagentur u. a. mit Vogelbeobachtung, Wanderungen, Canyoning und Ausrüstungsverleih.

Teppichverkäuferin auf dem Markt in Otavalo

Kapitel 2

Die Nordanden

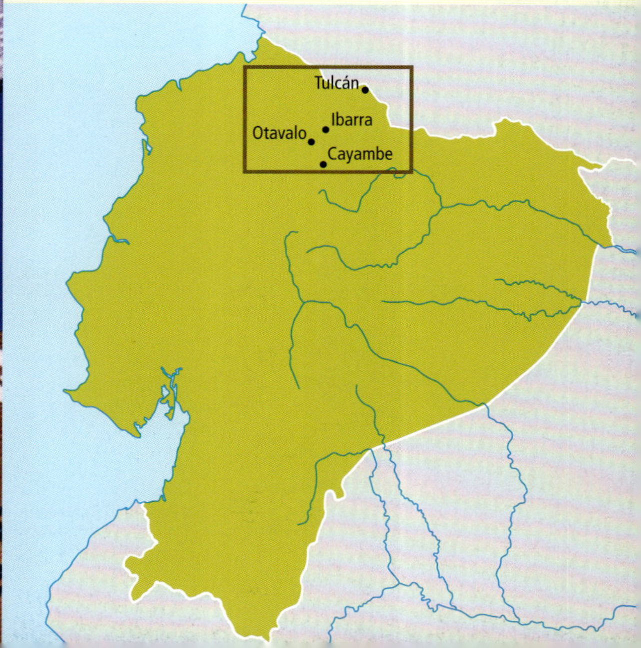

Auf einen Blick: Die Nordanden

Haciendas und Zauberwälder

Die Äquatorlinie prägte das Leben der Ureinwohner in den Nordanden über Jahrtausende. Diese imaginäre Linie der Tagundnachtgleiche zog gerade im südamerikanischen Hochgebirge Generationen von Wissenschaftlern an. Und noch heute versprüht dieser geografische Erdring – neben dem gelegentlich folkloristischen Kult – Faszination und Magie. Eine Lebenslinie, die die Hemisphären verbindet.

Der Norden des heutigen Ecuadors war schon strategisch bedeutend, als die Spanier den Kontinent unterwarfen. Über die Nordanden fielen sie ein, hier bauten sie ihre prächtigsten Haciendas, hier installierten sie einen ihrer wichtigsten Handelswege zwischen Quito und Bogotá. Gleichzeitig waren die Hochlandindianer im Norden die wehrhaftesten im Kampf gegen die Inkas und im Widerstand gegen die Spanier, wodurch sich in einigen Regionen eine spannende und authentische Hochlandkultur erhalten hat. Dabei ist nicht der berühmteste Ort des Nordens, der Handelsplatz Otavalo, das Sensationelle an dieser Kultur. Die Überraschungen liegen im Umland.

Die Bergwelt des Nordens, ihre majestätischen Vulkane mit den fantastischen Bergseen formen eine der schönsten Andenlandschaften Ecuadors. Obschon die Nordprovinzen Imbabura und Carchi vergleichsweise nah an Quito liegen und sehr gut erschlossen sind, kommen nur wenige Touristen über Otavalo hinaus.

Vulkane, Seen und Wälder, Haciendas, faszinierende Kulturen und astronomische Phänomene – wohl keine andere Region Ecuadors wird derart unterschätzt wie die Anden nördlich des Äquators.

Highlights

4 **Bergwelten am Vulkan Imbabura:** Der 4609 m hohe Vulkan Imbabura schenkt eine großartige Sicht auf die nördlichen

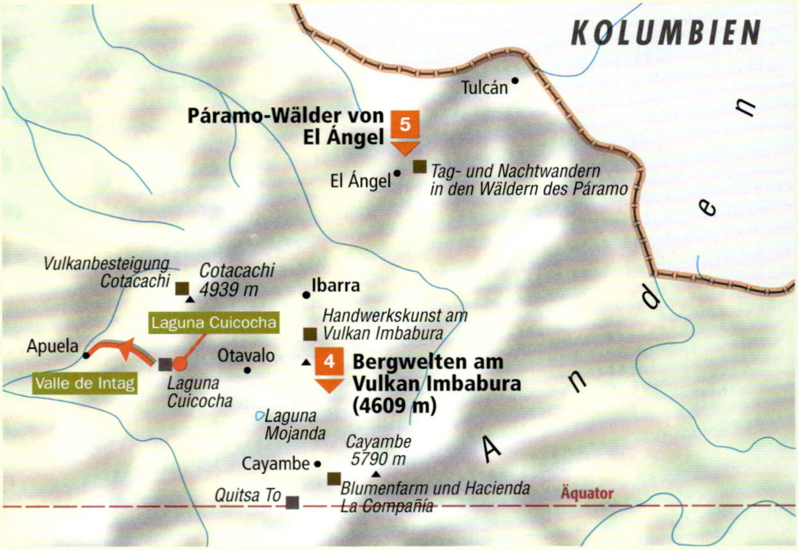

Anden. Am Fuß des Berges liegen Seen und Wasserfälle, einige der prächtigsten Haciendas des Landes und jahrhundertealte Handwerkerdörfer (s. S. 164ff.).

5 **Páramo-Wälder von El Ángel:** Unter den fünf außergewöhnlichen Wäldern der Nordroute sind die Páramo-Wälder in beinahe 4000 m Höhe die spektakulärsten. Hier trotzen 1000-jährige Polylepisbäume und blütenreiche, baumhohe Mönchsgewächse dem rauen Klima und formen eine grandiose wie unwirkliche Landschaft in der Reserva Ecológica El Ángel (s. S. 190ff.).

Empfehlenswerte Routen

Laguna Cuicocha: Der latent aktive Kratersee Cuicocha und seine Inseln liegen in einer großartigen Bergkulisse unter dem 4939 m hohen Vulkan Cotacachi und bilden eines der besten Wandergebiete Ecuadors (s. S. 174f.).

Valle de Intag: Diese kaum bekannte Nebenroute der Nordanden führt in ein tiefes subtropisches Tal auf 1800 m mit zahllosen Flüssen und tiefgrünem Primärwald zwischen dem Vulkan Cotacachi und den Bergseen von Piñan. Erste Hotels, vorbildliche Biofarmen und Landkooperativen machen das Tal zu einem neuen Ziel für unternehmenslustige Reisende (s. S. 176ff.).

Reise- und Zeitplanung

Die meisten beschriebenen Routenziele des Nordens sind bequem in zwei bis drei Busstunden **ab der Hauptstadt Quito** zu erreichen. Die Schönheit der Nordanden und die exzellenten Unterkünfte lohnen jedoch deutlich **mehr als einen Tagestrip** ab Quito. Dabei sollte man nicht allein dem populären Städtchen **Otavalo** verfallen. Die **Nordrouten** sind in etwa einer Woche zu bereisen. Weitere Tage sind für die **Tieflandabstecher** nach Intag und zum Río Cayapas einzuplanen. Für Wanderer bieten sich in den Reservaten und Seelandschaften vielfältige Möglichkeiten einschließlich der Besteigung des 5790 m hohen **Vulkans Cayambe.**

Sind die Dörfer und Städte mit Bussen sehr gut verbunden, empfiehlt sich für Exkursionen zu einigen Lagunen und abgelegenen Orten, ein Taxi oder eine *camioneta* zu mieten. Einige Nebenrouten sind zweifelsohne ein Eldorado für Selbstfahrer.

Da der Norden Grenzregion zu Kolumbien ist, muss man damit rechnen, dass der **Reisepass** kontrolliert wird.

Richtig Reisen-Tipps

Blumenfarm und Hacienda La Compañía: Die Äquatorsonne schenkt das Klima und der Vulkan Cayambe speist das Wasser für eine Rosenzucht von Weltklasse, die sich am Fuß des Fünftausenders bei dem Ort Cayambe besichtigen lässt (s. S. 163).

Handwerkskunst am Vulkan Imbabura: Am Fuß des Imbabura lässt sich eine für ganz Ecuador außergewöhnliche Route durch mehrere Handwerkerdörfer machen – unter der fachkundigen und interessanten Leitung des Anthropologen Rodrigo Mora besucht die Tour acht bis zehn Familienbetriebe (s. S. 171).

Vulkanbesteigung Cotacachi: Nicht nur zum Akklimatisieren für eine mögliche Bezwingung des Cayambe bietet der Vulkan Cotacachi eine sehr gute Möglichkeit zum Gipfelsturm – auf einer Wanderung von nur fünf Stunden (s. S. 175).

Tag- und Nachtwandern in den Wäldern des Páramo: Eines der außergewöhnlichsten Naturerlebnisse in Ecuador sind Wanderungen durch die Polylepis- und Frailejoneswälder des knapp 4000 m hohen Páramos im Umweltreservat von El Ángel (s. S. 192).

Entlang der Äquatorlinie

Karte S. 157

Die Äquatorlinie unseres Planeten misst zwar etwas mehr als 40 000 km, doch nur auf wenigen Kilometern ihrer erdumspannenden Länge hat sich über Jahrtausende eine Sonnenhochkultur entwickelt. Nordöstlich von Quito trifft man auf deren verblüffende kulturelle Spuren. Und auf eine wundersame Blütenwelt.

Die Monumente von Cochasquí und Quitsa To

Karte: S. 157

Die Reise zu der weltberühmten Linie der Tagundnachtgleiche beginnt im Nordosten der ecuadorianischen Hauptstadt. Während es weiter westlich zu dem spröden staatlichen Touristendorf Mitad del Mundo geht, führt diese Sonnenroute weiter östlich über **Calderón** 1. Das Dorf war einst für sein exzellentes Schweinefleisch und seine verspielten Brotfiguren, *guaguas de pan,* regional berühmt. Doch im Schatten des immensen Wachstums von Quito und des Ausbaus der Umgehungsstraße verlor es an Bedeutung.

Día de los Difuntos: 2. Nov. Spektakulär ist bis heute das Allerseelenfest von Calderón. An diesem Festtag findet auf dem Dorffriedhof eine Riesenparty zu Ehren der geliebten Toten statt, ein lebendiges Fest mit Musik und reichlich Schmaus.

Das nächste größere Dorf, **Guayllabamba** 2, beherbergt seit 1997 den Zoo von Quito (s. S. 131). Während sich die Straße zwischen Agaven und Buschwerk weiter nach oben schiebt, erscheint bald die dunkle und schroffe Krone der Kraterlagune Mojanda. Bei km 53 der Panamericana Norte in einer scharfen Rechtskurve führt eine noch schärfere Auswuchtung über einen kleinen Aussichtspunkt mit Blick auf den schneebedeckten Cayambe, auf die Mojanda und auf die Blumenplantagen der Region.

Hinter der Ortschaft **Otón** erreicht die Straße erstmals die Äquatorlinie. Ein großer orangefarbener Stab sticht hier unübersehbar in den Himmel und markiert mit landesweit einzigartiger Exaktheit die Äquatorlinie, die nachweislich bereits vor 1000 Jahren Leben und Landwirtschaft der Cara-Indianer dieser Region bestimmte. Im Schatten des Stabes, der Zeiger einer überdimensionalen Sonnenuhr ist, breitet sich ein weites Steinfeld aus, das neben der Tageszeit die geografischen Koordinaten des Solarsystems der Ureinwohner nachzeichnet.

Ruinen von Cochasquí

Die mysteriösen, von Gras bewachsenen **Pyramiden von Cochasquí** 3 liegen tief unterhalb des Bergsees La Mojanda, zu erreichen über einen Abzweig (km 13) der neuen Panamericana zwischen Guayllabamba und Otavalo. Die lange Zeit für Inkaruinen gehaltene weitläufige Baustruktur ist tatsächlich etwa 1500 Jahre alt, eine Siedlung von zentraler Bedeutung im astronomischen System der Cara-Indianer (s. Thema Quitsa To, S. 158). Das 84 ha große Terrain ist heute Heimat für einige Wildtiere wie auch eine Lamaherde. Da Cochasquí zweifelsfrei eine ganz besondere Energie ausstrahlt, dient es noch immer als ein Treffpunkt der Schamanen für Feiern und Kulte (Archäologischer Park: tgl. 9–16 Uhr, Eintritt 3 $ inkl. Führung).

Quitsa To

Dieses Äquatormonument steht nicht im Dienst der touristischen Folklore, sondern schenkt dem Besucher einen spannenden und wissenschaftlich fundierten Zugang zu Ecuadors viel und inflationär zitierte ›Mitte der Welt‹. Der Direktor des astronomisch-archäologischen Projektes **Quitsa To** 4, Cristóbal Cobo, entwickelte auf der Äquatorlinie eine große begehbare Sonnenuhr samt den zentralen Markierungen wie den Sonnenwendepunkten. Daneben entsteht ein **audiovisuelles Zentrum** zur weiteren Veranschaulichung der antiken Geografie auf dem ecuadorianischen Teil des Äquators. Das in Eigenfinanzierung betriebene Wissenschaftsprojekt hat bereits weltweites Medieninteresse hervorgerufen. Gleichzeitig kämpfen die Initiatoren gegen den Raubbau an den einzigartigen archäologischen Stätten des Umlands seitens der Betreiber von Minen und Steinbrüchen. Dieses einzige tatsächlich auf der Äquatorlinie liegende Monument Ecuadors ist täglich und bei freiem Eintritt zu besuchen. Der Verkauf einer exzellenten zwei-

Mit dem Autor unterwegs

Der ›wahre‹ Äquator

Aus wissenschaftlicher Sicht gibt es unter den zahlreichen Äquatordenkmälern Ecuadors kein spannenderes als die große astronomische Installation **Quitsa To,** zudem das einzige Monument, das wirklich auf dem Äquator liegt. Die fachkundige Führung sollte man unbedingt ›mitnehmen‹ (s. links).

Kuchen in Cayambe

Wenn der Ort auch berühmt für Salzgebäck und Käse ist, sollte man sich in der Kleinstadt Cayambe auf keinen Fall die großartigen Kuchen des österreichischen **Cafés Aroma** entgehen lassen (s. S. 162).

Thermalbäder von Oyacachi

Die **heißen Vulkanquellen** in der Reserva Ecológica Cayambe-Coca sind eingebettet in eine spektakuläre Bergwelt, ein Insidertipp für Camper und Selbstversorger (s. S. 162).

Entlang der Äquatorlinie

Quitsa To – Zeugnis der Sonnenkultur

Thema

Ecuadorianische Forscher haben 1997 den Schlüssel zur einer sensationellen Sonnenkultur entdeckt. Ausgehend von der millimetergenauen Bestimmung der Äquatorlinie mit modernsten GPS-Geräten erschlossen die Archäologen über kilometerweite Entfernungen ein antikes und verblüffend präzises System von Mauern, Pyramiden, ehemaligen Tempeln und Landmarken in den Anden.

Der Schlüssel liegt in einer halbrunden Steinmauer von 70 m Durchmesser und 1,50 m Höhe namens Catequilla, die auf einem unscheinbaren 300 m hohen Hügel östlich des Dorfes San Antonio de Pichincha liegt.

Das Halbrund von Catequilla liegt exakt auf der Äquinoktiallinie, jenem Sonnenweg der Tagundnachtgleiche am 21. März und am 23. September. Ein 360-Grad-Blick vom Monte Catequilla erlaubt die Identifizierung aller präinkaischen Bauten der Äquatorregion in den Anden – somit ein geniales astronomisches Observatorium. Selbst mysteriöse Ruinen wie jene Pyramiden von Cochasquí werden nun klar als geografische Marken entdeckt, die von Catequilla gesehen exakt den Punkt des Sonnenaufgangs zur Sommersonnenwende kennzeichnen. Auch die Pyramiden von Pambamarca, die mit 48 Fundstätten auf 30 000 ha größte archäologische Stätte Amerikas, wurden lange Zeit für eine Inkafestung aus dem 15. Jh. gehalten und erst jetzt als Teil des 1000 Jahre alten astronomischen Solarsystems erkannt. Da die Anden gleichzeitig die höchste Erhebung über dem Erdmittelpunkt bilden, bezeichnen die Forscher ihr Catequilla als den ›wahren geografischen Mittelpunkt der Weltkugel‹. Die Äquatorlinie erreicht auf dem Vulkan Cayambe (5790 m) ihren weltweit höchsten Punkt.

Nahe dem Ort Cayambe rekonstruiert das wissenschaftliche Projekt Quitsa To diese Sonnenhochkultur. Quitsa To bedeutet ›Mitte der Welt‹ in der Sprache der Tsáchila, der einzigen Indianer der ecuadorianischen Äquatorregion, die weder von den Inkas noch von den Spaniern unterworfen werden konnten. Bereits vor mehr als 1000 Jahren, so Projektleiter Cristóbal Cobo, bildete der Lauf der Sonne hier den zentralen Kalender für Saat und Ernte der Ureinwohner, für ihre Feste, ihre Rituale und ihren Glauben an ein von der Sonne gelenktes Leben. »Diese Andenhochkultur und ihre außergewöhnlichen Stätten der Sonnengeografie sind das wichtigste Erbe für unsere kulturelle Identität in Ecuador«, beschreibt Cobo die Bedeutung des Forschungsprojektes.

Selbst die Spanier bedienten sich der antiken Sonnenstätten zum Bau ihrer Gotteshäuser. Zahlreiche Kirchen in Quitos Altstadt stehen auf den Ruinen zerstörter Sonnentempel. In etlichen Details findet sich zudem ein verblüffender Synkretismus, speziell dort, wo das Symbol der Sonne in die kolonialspanische Kunst und Architektur eingeht. Und so erlebt man bis heute den Sonnenuntergang des 21. Juni in Quitos Kathedrale sowie in den Kirchen El Sagrario und San Francisco als ein Naturspektakel, das, von vermeintlich magischer Hand geführt, die Sonne durch kleine Fenster scheinen lässt und zentrale Skulpturen und Gemälde wie von einem langsam gezogenen Scheinwerfer beleuchtet (weitere Informationen unter www.quitsato.org).

sprachigen Doppel-CD (15 $) zu der antiken Astronomie, der Archäologie und der Sonnenkultur unterstützt das Projekt.

Bus: Ab Quito fährt die Buskooperative Flor del Valle stdl. mehrmals zum Quitsa-To-Projekt: Abfahrt ist in der Calle Carlos Manuel Larrea y Asunción nahe dem Stadtteil Mariscal, Haltepunkt an der unübersehbaren Sonnenuhr ist der Sektor La Bola de Guachalá. Fahrpreis 1,75 $.

Hacienda Guachalá

Die wahrscheinlich älteste Hacienda Ecuadors liegt nur wenige Kilometer vom ›wahren‹ Äquatormonument entfernt. Nach 1534 gründeten die spanischen Konquistadoren in Guachalá, dem Ort einer bedeutenden Militärgarnison der soeben dort besiegten Inkas, eine ihrer frühesten Siedlungskolonien, eine sogenannte *encomienda.* Um 1580 schließlich wurde das Siedlungsprojekt in einen feudalen Gutshof überführt und fortan bis ins 17. Jh. zu einer der bedeutendsten Haciendas Kolonialspaniens in der Region ausgebaut. 1736 übernachtete auch die Erdvermessungsmission des Pariser Astronomen Charles-Marie de la Condamine und seiner Begleiter in der **Hacienda Guachalá** 5 **.** Hier bei Cayambe bestimmte die wichtigste geografische Expedition seiner Zeit die Länge eines Meridians mit einer Messbasis auf dem Äquator.

In den 1840er-Jahren besaß sogar ein Deutscher für wenige Jahre das Gehöft: Coronel Adolf Klinger, der noch unter General Simón Bolívar in den Befreiungstruppen gedient hatte. Anfang des 20. Jh. ging die Hacienda an den späteren Staatspräsidenten Neptali Bonifaz Febres über, dessen Europareisen (1909–1923) in dem kleinen **Museum** der ehemaligen Hauskapelle in zahlreichen Fotografien dokumentiert sind. Die ständige Ausstellung von Schwarzweißaufnahmen der 1920er- und 1930er-Jahre ist unbedingt sehenswert. Neben der landwirtschaftlichen Nutzung widmete sich Guachalá noch bis 1947 der Textilproduktion. So endete allmählich auch die Ausbeutung der Leibeigenen auf dem Gut. Heute ist der prächtige Reiterhof im Besitz des Bürgermeisters von Cayambe und seiner Familie, die dort ein historisches Hotel betreibt und die Gäste in die lange Geschichte der Hacienda einführt.

Hacienda Guachalá: Panamericana Norte km 70, Richtung Cangahua km 2, Cayambe (Bus wie nach Quitsa To, s. links), Tel. 02-236 30 42, 09-814 66 81, Fax 02-236 24 26, www.guachala.com. Die weitläufige Hacienda bietet Reitausflüge etwa zu den Ruinen von Pambamarca, Wanderungen (Führung 35–40 $ pro Tag) und weitere Freizeitmöglichkeiten sowie einen für jedermann offenen Restaurantbetrieb (Komplettmenü 9–12 $). Die langen Holzflure führen zu den großen alten Zimmern, in denen es mitunter ›authentisch‹ etwas bröckelt. Alle Zimmer verfügen hingegen über einen Kamin, einige haben direkten Zugang zu einem tropischen Garten und einem großen Pool unter einem Gewächshausdach. Charme und Geschichte in gutem Preis-Leistungs-Verhältnis. EZ/DZ 37/49 $.

Reitausflüge, Wanderungen etc.: s. o. Hacienda Guachalá.

Cayambe und sein Umland

Karte: S. 157

Cayambe

Das etwas verschlafene Städtchen **Cayambe** 6 entwickelte sich seit den 1950er-Jahren von einem regionalen Getreidezentrum zu einem der größten Milchproduzenten Ecuadors und seit den 1990ern ob seines hervorragenden Äquatorklimas zunehmend zu einen Standort für Rosenplantagen. Sogar Arbeiter von der Costa siedeln nach Cayambe in die Sierra über, da es hier eigentlich immer Arbeit gibt. Dass die neueste Wegführung der Panamericana heute nicht mehr durch den Ort geht, interessiert wirtschaftlich kaum noch, solange der ›Blumen-Highway‹ zum Flughafen von Quito allabendlich frei ist.

Páramo-Landschaft an den Lagunas de Mojanda nahe Otavalo

Bei alledem hat das Dorf seinen Charme bewahrt. Gerade der von hohen Bäumen bestandene *parque* im Dorfkern und seine umliegenden Häuser, die dösenden Menschen auf den Parkbänken und die Ruhe des Ortes lassen die Zeiten des Getreideanbaus wieder aufleben. Cayambe bietet sich für einige attraktive Exkursionen in die Umgebung an. Außer zum Sonnenfest ist im Ort selbst jedoch nicht viel los.

Doch das sympathische Dorf mit seinem **lebendigen Sonntagsmarkt** lohnt auch bei der Durchreise immer einen Stopp, da es in einem **österreichischen Café** (s. S. 162) nahe dem Park eine ausgezeichnete Küche und das beste Kuchenbüffet auf Ecuadors Äquatorlinie gibt.

Besteigung des Cayambe

Die Besteigung des 5790 m hohen **Vulkans Cayambe** bietet sich vom gleichnamigen Ort aus an. Der 26 km lange Weg zur Schutzhütte kann, über den Ortsteil Juan Montalvo führend, in einem Tag gegangen werden, ist aber auch mit dem Auto zu machen. Ein Bus fährt in Cayambe ab dem Parque Acuático bis auf eine Höhe von 4300 m, von wo es zu Fuß meist auf dem Fahrweg noch ca. zwei Stunden bis zur Hütte sind. Die Berghütte, das schöne Steinhaus des **Refugio de Cayambe** (4570 m), zählt zu den besten des Landes, ist ganzjährig geöffnet, mit einer Snackbar bewirtschaftet und mit Schlafplätzen, Kamin und Küche ausgestattet. Ab dort geht es nur mit einem ortskundigen Bergführer weiter,

denn der vereiste Gipfel gilt unter den Bergsteigern zwar als technisch relativ leicht, ist aber wegen der Gletscherspalten und Wolkenbildung für Ortsunkundige gefährlich (Information, Karten und Kontakte zu Bergführern im Tourismusbüro, s. u.; Parkeintritt zur Reserva Cayambe-Coca 2 $).

Reiten am Cayambe

Ein besonders schöner Ausflug zu Pferd (in Zusammenarbeit mit dem jungen Tourismusprojekt einer Landgemeinde) startet in **Paquiestancia 7,** etwa 5 km von Cayambe entfernt auf der Nebenroute nach Zuleta. Die Berglandschaft und häufig sogar wild lebende Kondore lassen sich mit dem Pferd in Tagesausflügen (15 $ p. P.) oder auch in mehrtägigen Ritten mit Zeltcamps in den Bergen organisieren. Was für die Menschen in Paquiestancia mittelfristig eine wirtschaftliche Alternative werden kann, bedeutet für den Reisenden einen lebendigen Einblick in die von sattgrünem Bergmassiv geprägte Hochlandvegetation und in die Kultur der Landgemeinden unterhalb des Cayambe (Kontakt: Marianne Hellwig im Café Aroma in Cayambe, s. S. 162).

Auf Nebenrouten der Panamericana

Für den Weg nach Norden Richtung Otavalo und Ibarra gibt es zwei landschaftlich hoch attraktive Alternativen zur Panamericana. Zum einen empfiehlt sich für Selbstfahrer mit einem Allradfahrzeug die Gebirgspiste von Cayambe über **Tabacundo** zu den **Bergseen von Mojanda 8.** Der Weg passiert oberhalb der drei Seen mit einer grandiosen Aussicht einen Grat, bevor er sich am südlichen Ufer der großen Lagune entlang zu den weißen Hausruinen herabsenkt und dann Richtung **Otavalo 9** ins Tal führt. Von Tabacundo zur Lagune führt eine etwa 18 km steile Piste.

Die andere Nebenroute ist mit einem robusten Auto oder auch mit dem Bus zu befahren. Sie führt von Cayambe nach Nordosten über **Ayora, Paquiestancia, Olmedo, Zuleta** und **Esperanza** vorbei am östlichen Bergrücken des Vulkans Imbabura durch eine mitunter einsame und schöne Landschaft mit zahlreichen Haciendas in etwa zwei Stunden bis nach **Ibarra 10.** In Olmedo zweigt optional ein Stichweg nach Osten ab, der nach 10 km zu dem wunderschönen **Bergsee San Marcos 11** (3900 m) führt, an dem man auch zelten kann.

i **Orientierung:** Von Quito über die alte Panamericana kommend, führt hinter der kleinen Stierkampfarena die Hauptstraße Calle Bolívar nach rechts zum Parque Central 3 de Noviembre, um den herum sich das interessante Dorfleben abspielt.

Touristeninformation: Calle Bolívar y Rocafuerte, Municipio am Parque, Tel. 02-236 44

29, ext. 126, www.municipiocayambe.gov.ec. Informationen zur Region, kleines archäologisches Museum, Bergführer-Vermittlung.

Hostería Shungu Huasi: Richtung Granobles nach 1 km auf der Panamericana, Schild: La Casa del Cuore, Tel. 02-236 18 47, 09-811 30 82, www.shunguhuasi.com. Schöne Pferderanch im Landhausstil mit Kamin und offener Küche vor den Toren der Stadt. Internet, gute italienische Küche, zahlreiche Reitausflüge und Reitunterricht auf sehr gut gepflegten Pferden. Nette Zimmer im Blockhausstil. EZ/DZ mit Frühstück 15/30 $.

Hostal Mitad del Mundo: Panamericana, zwischen Calle Chile y Calderón, Tel. 02-236 16 07. Einfache, aber funktionale Stadtunterkunft mit Parkplatz und Zimmern mit TV, 2007 in weiterem Ausbau. Gegen Gebühr Schwimmbad und Sauna im Haus. EZ/DZ je 12 $.

Ristorante Italiano Shungu Huasi: Adresse s. o., gleichnamige Hostería, tgl. 12–22 Uhr. Sehr gute italienische Küche, frischer Espresso. Hautgericht 7 $.
Café Aroma: Calle Bolívar Ascázubi, Tel. 02-211 04 71, km00jwd@yahoo.de, Do–Di 7–21 Uhr. Gutes und vielseitiges Essen und ein grandioses Kuchenbüffet aus feiner österreichischer Backstube, hilfsbereit, zahlreiche touristische Informationen. Menüs 2–6 $.

Bizcochos San Pedro: Calle Olmedo y Sucre, Tel. 02-236 09 71, tgl. 7–20.30 Uhr. Traditionelles Salzgebäck mit frischem Käse aus Cayambe; der Holzfofen brennt nur Mo–Sa vormittags.

Fiestas de San Pedro: In der zweiten Junihälfte fallen die Feste der Kulturen zusammen: **Inti Raymi,** das Inka- und Cara-fest der Sonnenwende sowie das katholische **San-Pedro-Fest,** gelegentlich auch noch **Corpus Cristi,** Fronleichnam. In Cayambe bedeutet das zwei Wochen Sonnenspektakel mit Tanz, Reiterspielen, Maskerade, der obligatorischen Wahl der Schönheitskönigin und vielen Festessen, vor allem an Wochenenden.

Reitausflüge: s. links, Shungu Huasi, und Reiten am Cayambe, S. 161
Wandern: s. Touristeninformation, S. 161, und Besteigung des Cayambe, S. 160f.

Bus: Buskooperative Flor del Valle stdl. mehrmals ab und nach Quito, dort ist Abfahrt in der Calle Carlos Manuel Larrea y Asunción. Fahrpreis 1,75 $.

Oyacachi

Der Hochgebirgssattel zwischen den schneebedeckten Vulkanen Cayambe und Antisana bietet eine atemberaubende Route aus den zentralen Anden über **Oyacachi** 12 (3140 m) mit seinen heißen **Thermalquellen** (2 $) in der **Reserva Ecológica Cayambe-Coca** bis hinab ins westliche Amazonasbecken.

Das sympathische Dorf war erst in den 1960er-Jahren wegen Erdrutschgefahr ortsnah umgesiedelt worden, sodass es heute die **Ruinen von Maucallacta** (Eintritt 1 $) sein Eigen nennt – Mauerreste der 400 Jahre alten Siedlung inklusive eines restaurierten Hauses.

Trekkingtour ins Amazonastiefland

Drei bis fünf Tage dauert die faszinierende **Trekkingtour** aus dem Andenhochland von Oyacachi am Río Oyacachi entlang nach **El Chaco** im amazonischen Tiefland. Dazu sucht man entweder über das Büro der Reserva Ecológica Cayambe-Coca in Cayambe (Luis Martínez, 02-250 63 37) oder informell im Dorf von Oyacachi einen Führer. Die Ausrüstung ist selbst mitzubringen.

Mountainbiketour nach Papallacta

Der Bürgermeister von Oyacachi und Luis Martínez erteilen zudem die Genehmigung, die ambitionierte 35 km und 6 Stunden lange **Mountainbiketour** über einen 4000 m hohen Pass nach Papallacta (s. S. 140ff.) zu fahren – als Belohnung lockt das Relaxen im Thermalbad an der frischen Luft.

Richtig Reisen-Tipp: Blumenfarm und Hacienda La Compañía

Von den zahlreichen Blumenplantagen der Umgebung von Cayambe ist die Rosadex eine derer, die man besuchen kann. Auf 16 ha Treibhausfläche werden hier jährlich 18 Mio. Rosen in 60 verschiedenen Farbvarianten ins Ausland exportiert. Die 1993 gegründete **Rosadex Flowers** ist einer der ältesten und größenmäßig ein mittlerer unter den etwa 350 Rosenbetrieben Ecuadors.

Die rund zweistündige **Plantagenführung**, u. a. durch Gewächshäuser und Showroom, vermittelt zahlreiche wirtschaftliche und pflanzenspezifische Details der Blumenindustrie. Die Betreiber geben sich dabei sehr offen und kritisch. Auch die soziale Komponente wird dargelegt: Die Farm beschäftigt heute 250 volljährige Mitarbeiter, darunter 70 % Frauen, und zahlt mit 250–300 $ pro Monat einen für die Branche leicht überdurchschnittlichen Lohn. Auch der Schutz am Arbeitsplatz wird laut Betriebsangaben sorgfältig betrieben, wenngleich die Farm nicht das ökologisch-soziale Blumensiegel des Flower Label Programs (FLP) trägt. Das Naturdünger- und Bewässerungskonzept von Rosadex reduzierte den Chemieeinsatz der Plantage, deren Hauptabnehmer die USA, Russland und die Niederlande sind (s. zur Rosenindustrie auch das Thema Blumen aus Ecuador, S. 32f.).

Oberhalb der Farm lädt die Besitzerfamilie Vallejo Moreno vor oder nach der Plantagenbesichtigung zu einem **Empfang** in das 1919 errichtete Wohnhaus der Hacienda La Compañía. Das Landhaus im original eingerichteten französisch-neoklassizistischen Stil ist stets mit einer beeindruckenden Auswahl Rosen dekoriert. An den schönen Park des Gutsbesitzes gliedert sich auch die alte Jesuitenkapelle aus dem 17. Jh.

Rosadex: Panamericana, 5 km nördl. von Cayambe, www.rosadex.com, Besuche von Gruppen n. V. über María Gloria de Vallejo, Tel. 02-224 78 25, 09-946 61 93, francisco vallejo2000@yahoo.com. **Deutschsprachige Führungen** von Gruppen über: Agencia de Viajes Jungh/viventura, Tel. 02-289 66 38, 09-423 62 20, tom@viventura-network.com.

www.oyacachi.org: Das Dorf unterhält eine nette Homepage: Das Maskottchen des Tals, der Brillenbär, führt virtuell durch die Attraktionen der Umgebung.

Residencial Edgar neben der Käserei *(quesero):* kein Telefon, Kontakt: Tienda von Edgar Parión. Einfache Unterkunft, Übernachtung ohne eigenes Bad p. P. 5 $. Direkt an den Thermen kann man **zelten:** Sanitäreinrichtungen und Regendach, aber keine weitere Infrastruktur (1 $ pro Zelt und Nacht).

Einzelne **einfache Restaurants** sind verteilt über das Dorf und kochen regelmäßig am Wochenende; wochentags öffnen sie zudem nach morgendlicher Voranmeldung.

Thermalbäder von Oyacachi: Mehrere Becken werden von dem vulkanischen Thermalwasser des Vulkans Reventador gespeist und sind ca. 35–45 °C heiß. Eine Treppe führt kneippgerecht zu dem kalten Río Oyacachi hinunter. Ziehen Wolken auf, genießt man einen grandiosen Ausblick auf die Bergwelt. Es gibt Umkleidekabinen, Duschen und Toiletten, aber meist keinerlei Bewirtung. Die wochentags recht einsamen Bäder sind quasi rund um die Uhr geöffnet (Eintritt 2 $).

Bus: Ab Cayambe, gegenüber der Banco Solidario, fährt 10 x tgl. die Busgesellschaft Oyacachi ab, Fahrtzeit 2 Std., 1,50 $. Von Quito mit der Kooperative Cayambe kommend, steigt man am besten schon an der Abzweigung zur Hacienda Guachalá um auf den Bus nach Oyacachi.

Am Fuß von Cayambe, Imbabura und Cotacachi

Karte S. 167, Cityplan S. 169

Der Norden der Anden formt die vielleicht schönste Bergregion Ecuadors. Unter den erhabenen Gipeln des schneebedeckten Cayambe (5790 m), des friedvollen Imbabura (4610 m) und des wie eine Felskathedrale anmutenden Cotacachi (4939 m) erstreckt sich eine weite Berglandschaft von verblüffender Schönheit mit nostalgischen Haciendas aus der Kolonialzeit und Zeugnissen einer ergreifenden indianischen Lebenswelt.

In die landwirtschaftlich geprägten grünen Täler des Nordens und in die Höhenzüge des Páramos legen sich traumhafte Berglagunen. Felder und Wallhecken formen Mosaike einer jahrtausendealten Kulturlandschaft an den sanften Hängen der Vulkane.

4 Bergwelten am Vulkan Imbabura

Karte: S. 167

Die Passage der Reiter, Kutschen und Postläufer zwischen den spanischen Verwaltungszentren Santa Fé de Bogotá und San Francisco de Quito führte jahrhundertelang über die fruchtbaren interandinen Täler der heutigen Provinz Imbabura. So entstanden um den Vulkan Imbabura herum vom 16. bis ins 18. Jh. einige der großen spanischen **Haciendas** der nördlichen Anden von bis heute atemberaubender Schönheit.

Der Widerstandskraft der Indianer am Imbabura wiederum sei gedankt, dass gerade an den Westhängen des von ihnen angebeteten Vulkans eine Vielzahl von familiären Handwerksbetrieben die Jahrhunderte der Fronarbeit überstanden hat. Weber, Flechter, Spinner und Hutmacher arbeiten dort in kleinen Werkstätten und Hinterhöfen der Berggemeinden, fertigen wie vor 500 Jahren grandioses Kunst- und Gebrauchshandwerk. Die teils parkartige Berglandschaft am Imbabura, ihre Haciendas und Handwerksbetriebe stellen den berühmten Marktort Otavalo vom Reiseerlebnis her spielend in den Schatten.

Laguna San Pablo

Von Cayambe und Tabacundo kommend, führt die Panamericana zwischen den beiden Vulkanen **Fuya Fuya** im Südwesten und dem **Imbabura** im Nordosten hindurch. Nach Überschreiten des weiten Sattels geht es bergab bis zu der großen **Laguna San Pablo** 1. Vor dieser zweigt man nach rechts ab in Richtung des Dorfes **San Pablo del Lago,** dessen sehenswerter Kirchplatz von zahlreichen alten Häusern gesäumt wird. Der See selbst ist recht flach, von Schilfgras umstanden, und seine Ufer sind doch sichtlich bebaut. Auch die Nähe zur Panamericana nimmt dem See die Kraft des Idylls. Nicht weit vom Dorf befindet sich hingegen eine der schönsten Haciendas der Nordanden, die Hacienda Cusín.

Hacienda Cusín

Im Jahr 1602 entschied der spanische König Felipe II, einen Großteil des späteren Ecuadors zu versteigern, und so kam auch die **Hacienda Cusín** 2 in Sevilla unter den Hammer. Durch Erbschaft gelangte das Landgut noch im 17. Jh. an die einflussreiche Familie Chiriboga, welche zeitweise die Bürgermeister von Quito und Cuenca stellte und die Hacienda Cusín 350 Jahre lang bis ins 20. Jh. bewirtschaftete. Durch Aufhebung des Erbgeburtsrechts und Heirat gelangte die Hacienda 1957 in US-amerikanische Obhut.

Nachdem der Ausbau zum Hotel 1970 zaghaft begann, erwarb sie schließlich 1990 der britische Lehrer Nicolas Millhouse, der sich heute an die apokalyptisch anmutenden Anfänge erinnert: »Cusíns Aufstieg begann mit zwölf beschädigten Gästezimmern, acht perplexen Angestellten, einer schlammigen Zufahrtstraße, einem von kranken Pferden und Schafen beschädigten Garten ... einem offenen Abwasserkanal, einem biblischen Schwarm von Fliegen ...« Daraus entstand unter Leitung des Engländers gemeinsam mit seinem Personal ein Prachtstück kolonialer Architektur mit antiken Möbeln, Exponaten religiöser Kunst und üppigen Gärten, die heute zahlreiche Vögel bevölkern.

Ein ebenso großer Verdienst von Millhouse ist der Erweiterungsbau **El Monasterio,** Mitte der 1990er-Jahre errichtet. Diese Ausweitung des Hotelbetriebs auf bald 40 Zimmer hinter einem kleinen Bach wurde derart einfühlsam und stilecht vollzogen, dass die Hacienda Cusín wie kaum ein anderer Hotelbetrieb Ecuadors in Altbau und Neubau die nahezu gleiche Faszination ausstrahlt. Für ›Schreiberlinge‹ ist die Ausstattung aller Zimmer mit einem Schreibtisch ein Traum, besonders gut gelungen im ruhigen Gartenhaus Nummer 25. Bei alledem ist die Hacienda mit großen Kaminräumen, Bibliothek, Mediothek, WLAN-Internet, Billardraum, Sternenteleskop und sogar einer Squashhalle äußerst gut ausgestattet. Auch das Ausflugsprogramm per Bike, Pferd oder zu Fuß ist breit. Die sehr gut geführte Hacienda Cusín zählt heute zu den schönsten Unterkünften des Landes.

Hacienda Cusín: San Pablo del Lago, Tel. 06-291 80 13, Fax 06-291 80 03, www.haciendacusin.com. Große, individuell gestaltete Zimmer teils mit Vorraum und antiken Möbeln ausgestattet, alle mit Kamin oder Ofen. Alternativ Gartencottages oder auch Luxussuiten, alles verteilt auf 7 ha Park mit viel Blumenpracht. Restaurantbetrieb mit Menü, 18–24 $. EZ/DZ Standard 92/128 $, Gartenhaus und kleine Suiten 122/146 $, jeweils mit Frühstück.

Mit dem Autor unterwegs

Authentisches Handwerk
Alte Handwerksberufe der Anden sind vom Aussterben bedroht. Die **ethnologische Tour** durch die Dörfer im Umland Otavalos besucht Familienbetriebe mit jahrhundertealter Tradition, ohne folkloristischen Firlefanz (s. S. 172).

Bezaubernde Bergwelt
Unter den märchenhaften Bergseen Ecuadors ist die **Laguna Cuicocha** unterhalb der Hänge des Vulkans Cotacachi die vielleicht magischste. Gleichzeitig ist sie ausreichend erschlossen. Der beinahe 5000 m hohe **Cotacachi** kann in wenigen Stunden bestiegen werden und eine Umwanderung des Gebirgssees ist in etwa vier Stunden zu schaffen (s. S. 174f.).

Ecuadors bester Kaffee
Wer die ecuadorianischen Kaffeebräuche hinreichend durchlitten hat, entdeckt im **Valle de Intag** Plantagen und einen Bioladen mit dem besten Kaffee des Landes, zudem organisch angebaut und fair gehandelt (s. S. 178).

Besondere Nebenstrecken
Wer mit dem eigenen und für Pisten geeigneten Fahrzeug unterwegs ist, sollte unbedingt auch die Nebenstrecken abseits der Panamericana nutzen. Ein besonderes Erlebnis sind die Routen **Cayambe–Zuleta–Ibarra** sowie **Cayambe–Tabacundo–Mojanda**.

Parque Cóndor
Auf der anderen Seite der Laguna San Pablo liegt etwas versteckt auf der Anhöhe Pucará Alto die Vogelschutzstation **Parque Cóndor** 3**.** Das recht junge Projekt dient der Zucht der vom Aussterben bedrohten Kon-

Ein Prachtstück kolonialer Architektur: die Hacienda Cusín

dore, um sie später möglichst auszuwildern. Darüber hinaus hält der Park zahlreiche Greifvögel, von denen einige an Besuchertagen zwischen 11.30 und 16.30 Uhr in einer Flugshow zu sehen sind. Das Projekt beherbergt ausschließlich vom illegalen Vogelhandel befreite und von Jägern verletzte Tiere. Der 2800 m hoch liegende Park mit Blick auf den See von San Pablo wird u. a. unterstützt von der deutschen Adlerwarte Berlebeck und von der Stichting Doen, der Umweltstiftung der niederländischen Staatslotterie. Das Gelände selbst ist noch recht kahl, und es bläst mitunter ein starker Wind. Die Tiere sind jedenfalls sehenswert, der umweltpädagogische Wert für die Region ist gerade angesichts hanebüchener Vorurteile gegen Greifvögel unbestritten, und mittelfristig wächst weitere Infrastruktur – wie zunächst ein Restaurant – heran (Anreise: von der Panamericana nördlich des Sees San Pablo, an der P&S-Tankstelle, rechts Richtung Imbabura abbiegen und den Schildern folgen; Tel. 06-292 44 29, Fax 06-292 43 78, www.parquecondor.com, Di–So 9.30–17 Uhr, Eintritt 2,50 $).

Das Umland von Otavalo

Karte: S. 167

Von der Laguna San Pablo aus sieht man sehr gut, wie der 95 000 Einwohner zählende Kanton Otavalo weiträumig zersiedelt ist, wie kleine Landgemeinden am See und unterhalb der seichten Hänge des Imbabura oder des versunkenen Vulkans Mojanda kleben. Die erste Gemeinde der Region war Zaranse, das heutige Otavalo. Die vielen Dörfer um Otavalo herum sind nach wie vor geprägt von erdrückender Armut, primitiver Landwirtschaft und hoch entwickeltem Handwerk. In den Dörfern hat sich z. T. bis heute der Tauschhandel wie ›Mais gegen Wolle‹ erhalten. Die Gemeinschaftsarbeit der Minga – ›einer für alle, alle für einen‹ – droht hingegen durch Einflüsse von außen auszusterben.

Erhalten hat sich wiederum eine seltene Form der Feldbestellung: Die Kleinbauern pflanzen zahlreiche Kulturpflanzen wie Bohnen, Mais, Lupinen, Kürbisse und *quinoa,* ein Getreide mit hohem Proteinanteil, direkt Blatt an Blatt auf dem gleichen Feld und erzielen so ganzjährige Ernten und einen sich selbst regenerierenden Boden, ohne teure Chemikalien zusetzen zu müssen.

Auch in der Kleidung, in ihren Bräuchen und in der Physiognomie unterscheiden sich die Indianer westlich des Imbabura von denen im Osten. Das bringt einige Historiker zu der interessanten Hypothese, dass die Menschen im heutigen Kanton von Otavalo niemals von den Inkas unterworfen wurden. Man weiß, dass sie die Sonnenkrieger an der Laguna Mojanda aufhielten. Die Hypothese besagt nun, dass die Inkas ihren Feldzug daraufhin östlich des Imbabura über Cayambe und Zuleta fortgesetzt und somit einen weiten Bogen um Zaranse (Otavalo) geschlagen haben. Das würde auch erklären, warum in Otavalo das Kunsthandwerk derart ausgeprägt überlebt hat, während das antike Handwerk auf der Zuleta-Passage nahezu ausgestorben ist. Angochagua, Ayora, Zuleta und Esperanza waren nachweislich Inkasiedlungen. Otavalos Dörfer wahrscheinlich nicht.

Otavalo

Cityplan: S. 169

Die mittlerweile 40 000 Einwohner – mehrheitlich Indianer – zählende Stadt im Norden des Lago San Pablo zehrt noch immer von ihrem Ruf als eines der größten Handelszentren für Kunsthandwerk in Lateinamerika. Doch in **Otavalo** 4 (2556 m) ist längst nicht immer drin, was außen drauf steht. So schmückt die zentrale und durchaus schöne **Plaza Bolívar** 1 ein mächtiger in Stein gehauener Kopf des Inka-Generals Rumiñahui und keineswegs ein Standbild des berühmten Befreiers Simón Bolívar. Und so verkauft auch der Großteil der zahllosen Handwerksbetriebe des Umlands, deren Markt seinerseits von wenigen mächtigen Familien kontrolliert wird, nicht in der Stadt. Kritiker bezeichnen diese monopolartige Handelsstruktur um die weltberühmte **Plaza del Poncho** 2 als »Mafiawerk«. Bedenkt man, wie viel Kitsch und Unsinn an dem berüchtigten Samstagsmarkt auf den Straßen von Otavalo verkauft wird, so ist das Angebot an den übrigen sechs Tagen der Woche nicht schlechter, sondern repräsentativer, übersichtlicher und nicht selten preiswerter.

Verkannt bleibt im Schatten der Handelsoligarchie des Ortes, dass Otavalo über insgesamt fünf Märkte verfügt, die das historisch gewachsene Handelszentrum eher widerspiegeln als allein der erst vor wenigen

Am Fuß von Cayambe, Imbabura und Cotacachi

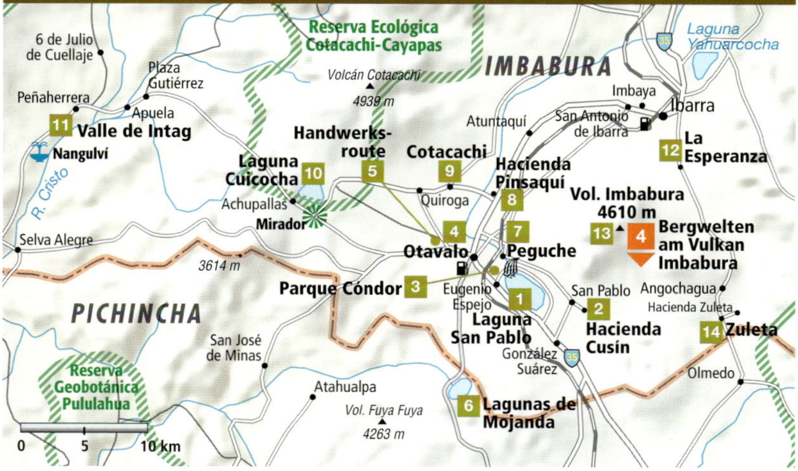

Jahrzehnten entstandene Kleiderverkauf an Touristen.

Wer Samstag morgens, wenn der Ponchoplatz ›über seine Ufer tritt‹, vom Rummel der vollgepfropften Straßen Calle Sucre und Calle Jaramillo verschont werden möchte, wird auf dem **Tiermarkt** 3 und dem **Kleintiermarkt** 4 eine faszinierende indianische Handelswelt von Meerschweinchen bis Maultier erleben. Aber auch der Lebensmittelmarkt **Mercado Copacabana** 5 und der zentrale **Gemüse- und Früchtemarkt** 6 sind lebendiger Teil der Stadtkultur.

Die Plaza del Poncho ist übrigens nicht nur samstags, sondern täglich geöffnet, ebenso wie unzählige Boutiquen und Kunsthandwerksläden.

Ein großer Verdienst dieses verrückten Handelplatzes ist die exzellente touristische Infrastruktur, die dem weltweiten Lockruf des Samstagsmarktes folgte. Denn ist die Stadt Otavalo selbst auch wenig attraktiv, so ist das Umland doch ergreifend schön. Im Ort selbst bietet sich ein Bad in den alten **Piscinas von 1928** 7 und ihren Dampfbädern an (Calle Morales, nahe den Bahngleisen, tgl. 8–21 Uhr). Dort, hinter den Gleisen, geht es durch die Bahnunterführung zu einer **Grotte,** welche die Schutzheilige Otavalos beherbergt, die **Virgen de Monserrat** 8**.** Weiter ansteigend zum Kreuz **La Cruz** 9 eröffnet sich ein weiter Blick über Stadt und Bauernschaften. Sehenswert ist auch die anthropologisch-architektonische Ausstellung im **Museo Antropológico** 10 in der Universidad de Otavalo (Calle Piedrahito y Sucre, Mo–Fr 8–12, 14–18, Sa 8–11 Uhr).

Otavalo: Cityplan

Sehenswürdigkeiten

1 Plaza Bolívar
2 Plaza del Poncho
3 Tiermarkt
4 Kleintiermarkt
5 Mercado Copacabana
6 Gemüse- und Früchtemarkt
7 Piscinas von 1928
8 Virgen de Monserrat
9 La Cruz
10 Museo Antropológico

Übernachten

1 Hotel Ali Shungu
2 Hotel Otavalo
3 Hostal Doña Esther Hotel Otavalo
4 Hostal Valle del Amanecer
5 Hotel Riviera Sucre
6 Las Palmeras de Quichinche

Essen und Trinken

7 Restaurant Quino
8 Restaurante Otavalito

i **Oficina Municipal de Turismo:** Calle Bolívar 838 y Juan Montalvo, Tel. 06-292 13 13. Mo–Fr 8–13, 14–18 Uhr. Stadtplan, Hotelverzeichnis und weitere touristische Informationen.

www.otavalo.gov.ec/turismo.html: offizielle Website.

Hotel Ali Shungu 1**:** Calle Quito y Miguel Egas (Ecke), Tel. 06-292 07 50, www.alishungu.com. Modernes, etwas folkloristisch gestaltetes Gartenhotel unter US-amerikanischer Leitung mit vegetarischem Restaurant (Hauptgericht 9 $). Geräumige, gepflegte Zimmer mit großem Bad, Gratis-Wi-Fi-Internetzugang. EZ/DZ 37/49 $, Mehrzimmer-Suite 98–147 $.

Hotel Otavalo 2**:** Calle Roca 504 y Juán Montalvo, Tel. 06-292 37 12, 06-292 49 99, www.hotelotavalo.com. Traditionelles Stadthotel mit 100 Jahre alter, teilweise der Kolonialzeit nachempfundener Architektur um den geschlossenen Patio. Oben liegt eine offene Terrasse, wie auch die Zimmer 1 bis 5 eine Sicht auf die Berge genießen. Restaurant mit hausgemachtem Eis. Einfache Standardzimmer mit Telefon und Kabel-TV. EZ/DZ mit Frühstück 22/37 $.

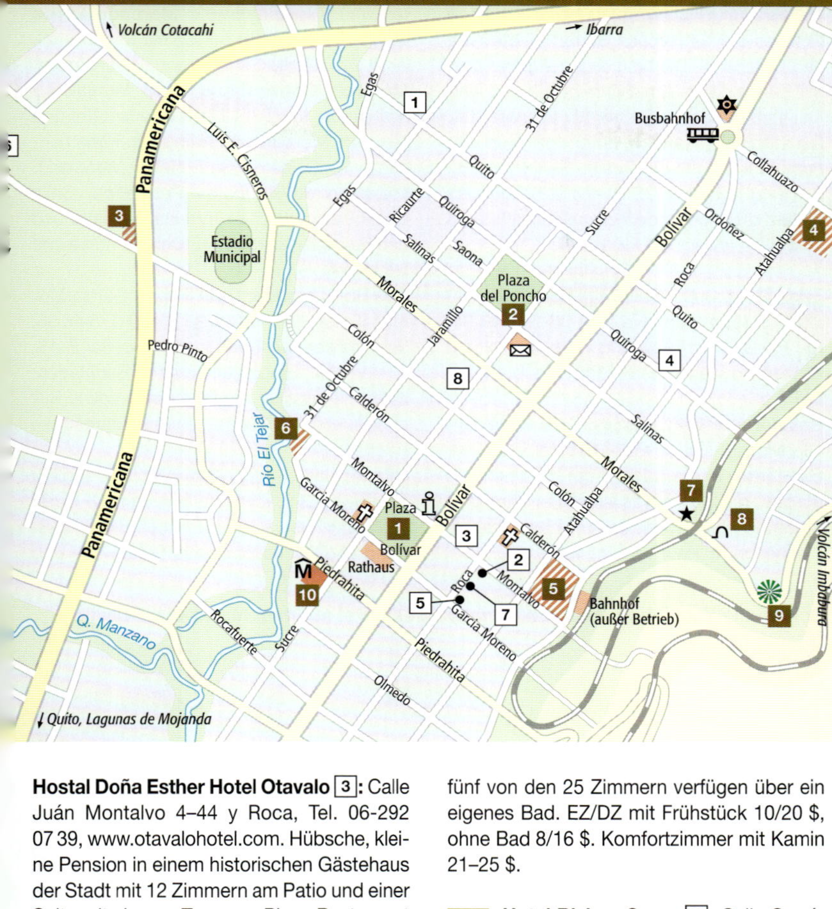

Hostal Doña Esther Hotel Otavalo 3: Calle Juán Montalvo 4–44 y Roca, Tel. 06-292 07 39, www.otavalohotel.com. Hübsche, kleine Pension in einem historischen Gästehaus der Stadt mit 12 Zimmern am Patio und einer Suite mit eigener Terrasse. Pizza-Restaurant mit Holzofen. Gepflegte Standardzimmer. EZ/DZ 22/32 $, Suite 42 $.

Hostal Valle del Amanecer 4: Calle Roca y Quiriboga (Ecke), Tel. 06-292 09 90, hostalvalledelamanecer@yahoo.com. Das koloniale Eckhaus mit grünem Patio samt großen Palmen, Avocados und Hängematten ist eine freundliche Low-Budget-Adresse mit eigenem Mountainbikeverleih im Haus. Schlichte Zimmer mit Bett und Stuhl am Patio, hübsche Sitzecken und ein kleines Restaurant. Nur fünf von den 25 Zimmern verfügen über ein eigenes Bad. EZ/DZ mit Frühstück 10/20 $, ohne Bad 8/16 $. Komfortzimmer mit Kamin 21–25 $.

Hotel Riviera Sucre 5: Calle Garcís Moreno 380 y Roca, Tel. 06-292 02 41, 06-292 56 82, www.rivierasucre.com. Ruhiges und farbenfrohes Patiohaus einer 150 Jahre alten Posada mit schönen Holzböden, Rankenpflanzen, einem Garten mit Kolibris, Kaminzimmer, Küche. Zimmer im Haupthaus und am Garten, teils mit Kabel-TV. EZ/DZ 14/22 $.

... in Quichinche:

Las Palmeras de Quichinche 6: 1 km nördlich von Otavalo, Abzweig links nach

Quichinche (2 km), Tel. 06-292 26 07, www.laspalmerasinn.com. Die versteckt gelegene, 150 Jahre alte Finca verfügt über sehr schöne *cabañas* in einem großen Garten mit Blick auf den Cotacachi. Die heimeligen Zimmer sind mit Kamin, Minisalon, Schreibtisch und kleinen Terrassen zum Garten hin ausgestattet. Die stilvolle Finca steht unter dem Management der Hacienda Cusín, San Pablo (s. S. 164f.). EZ 49 $, DZ 61–73 $, Schlafplatz in dem oft ungenutzten Gemeinschaftsraum 18 $ p. P., jeweils mit Frühstück.

Restaurant Quino 7**:** Calle Roca 740 y Juán Montalvo, Tel. 06-292 49 94, tgl. 11–23 Uhr. Fisch und Fleisch in einem kleinen, urigen Restaurant. Hauptgericht 4–5 $.

Restaurante Otavalito 8**:** Calle Sucre 11–13 y Morales, Tel. 06-292 01 76, tgl. 7–21 Uhr. Gute, traditionelle Küche aus Otavalo in stilechtem, mitunter etwas kitschigem Ambiente, freundlich und preiswert mit Livemusik am Wochenende. Hauptgericht 4–5 $.

Märkte: Mercado Centenario, Plaza del Poncho, tgl. 6–18 Uhr. Webarbeiten und Kunsthandwerk. **Mercado 24 de Mayo,** Calle Jaramillo y García Moreno. tgl. 7–18 Uhr. Obst, Gemüse und Lebensmittel. **Mercado Copacabana,** Calle Montalvo y Atahualpa, tgl. 7–14 Uhr. Lebensmittel und Textilien. **Mercado de Animales,** Panamericana y Av. Calderón, Sa 7–10 Uhr. Viehmarkt. **Mercado de Animales Pequeños,** Calle Collahuazo zwischen Terminal Terrestre und den Bahngleisen, Sa 7–12 Uhr. Kleintiere und Haustiere.

The Book Market: Calle Roca y García Moreno (Ecke), Tel. 06-292 85 35, 09-175 46 56, luzmmaldonador@yahoo.es, Mo–Sa 9–13, 15–19 Uhr. Empfehlenswerter Buchladen, auch mit Landkarten, Postkarten sowie Büchertausch und sogar einigen deutschen Büchern.

Hilana: Calle Sucre 1121 y Morales (Ecke), Tel. 06-292 24 39, www.hilana.com, Di–Sa 9–18.30 Uhr. Otavalos beste Boutique für Kleidung und Accessoires aus Schafwolle und

Schamane Yantzaho verkauft alternative Heilmittel auf dem Markt von Otavalo

Richtig Reisen-Tipp: Handwerkskunst am Vulkan Imbabura

Eine für ganz Ecuador außergewöhnliche ethnologische **Route durch mehrere Handwerksdörfer** 5 des Kantons Otavalo leitet der Anthropologe Rodrigo Mora (s. Zulaytur Rodrigo Mora, S. 171). Dabei besuchen die Teilnehmer 8–10 Familienbetriebe. Weber, Flechter, Spinner und Presser, die in der Tradition von Jahrhunderten mit Naturstoffen wie Gräsern, Bambus, Wolle und Agaven auf primitive, aber handwerklich hoch entwickelte und geniale Weise ihre Produkte herstellen. Die archaischen Arbeiten mit Händen, Füßen und Zähnen sowie einfachen Geräten sind hier keine Folklore, sondern authentische Produktionsweisen, so wie auch die krasse Armut und das Arbeiten auf dem harten, grauen Lehmboden eine Realität sind, die man auf den bunten Ponchomärkte allzu leicht vergisst.

Die Rundtour führt ab Otavalo in die Wollproduktion von **Carabuela,** zu einem filigran arbeitenden Zierkorbhersteller in **Puyaro,** in eine Ponchowerkstatt von **Cerotal,** die bis heute mit der präinkaischen Technik des Gürtelwebstuhls arbeitet, in die Sisalproduktion und zu den Webern von **La Esperanza de San Roque** und in eine der letzten Filzhutmanufakturen von **San Juan de Ilumán.**

Die Besucher werden in die Techniken eingeführt und können sie selbst ausprobieren. Außerdem darf fotografiert werden. Die Handwerker erhalten ein Drittel des Reisepreises und bieten ihre Waren zudem zum Kauf an, meist deutlich unter Marktpreis. Die harte und mitunter verstörende Arbeitsweise und die bittere Armut stehen in einem verblüffenden Gegensatz zur Freundlichkeit und Offenheit dieser Familien, mit denen der Anthropologe seit vielen Jahren in Kontakt steht und denen er seine Sozialprojekte widmet. In der zunehmend entwurzelten und folkloristischen Welt der indianischen Anden ist diese fünfstündige Reise eine Sensation.

Alpaka mit klassischen und modischen Designs und Qualitätskontrolle.

Zulaytur Rodrigo Mora: Calle Colón y Sucre, 2. Stock (nicht zu verwechseln mit Diceny Viajes Zulay an der Straßenecke), Tel. 06-292 27 91, 09-944 00 04, www.geocities.com/zulaytur. Der Inhaber der Reiseagentur, der Anthropologe Rodrigo Mora, leitet seit über 25 Jahren klassische und außergewöhnliche Touren im Umland von Otavalo. Er hat nicht nur ein fundiertes Hintergrundwissen über Kultur und Geschichte des Kantons Otavalo, sondern auch enge Kontakte zu den Gemeinden. Beispiele: Ritt um die **Laguna Cuicocha,** 4 Std., 28 $ p. P. Wanderung um die **Lagunas de Mojanda** oder Besteigung des **Fuya Fuya,** 4,5 Std., 30 $ pro geführter Tour zzgl. Transport. Ethnografische Tour durch die **Handwerksdörfer,** 5 Std., 18 $ p. P., Tipp/Infos s. o.

Bus: Der Terminal Terrestre befindet sich in der Calle Atahualpa y Collahuazo im Nordosten der Stadt. Häufige Busverbindungen nach Quito und Ibarra mit den Kooperativen Otavalo (Tel. 06-292 29 51) und Los Lagos (Tel. 06-292-06 68).
Taxiruf: 06-292 02 98 und 06-292 04 85.

Bergseen von Mojanda und Cuicocha

Karte: S. 167
Wo die geschäftige Calle Sucre im Westen Otavalos nahe der Fußgängerbrücke auf die Panamericana trifft, beginnt auf der anderen Seite der Hauptstraße der Anstieg zu den **Seen von Mojanda** 6. Ein 13 km langer gepflasterter Fahrweg windet sich durch die Bauernlandschaft zu den drei Bergseen, die der eingestürzte Krater des Vulkans Mojanda

hinterlassen hat: Auf etwa 5 km Durchmesser liegen dort zunächst die **Laguna Grande de Mojanda,** dahinter die kleinere **Laguna Huarmicocha** und etwas versteckt in einem Taleinschnitt die ganz kleine, von einem Gletscher geformte **Laguna Yanacocha.** Der große See ist mit 10 °C einer der kältesten Bergseen des Landes. Umrahmt wird die Seenplatte von der zackigen Krone des Vulkans **Fuya Fuya** (4279 m) und schroffen Resten des **Yanaurco de Mojanda** (4300 m).

Das Gebiet mit seinen Páramo-Steppen eignet sich sehr gut zum Wandern und für kälteresistente Camper. Auf der Westseite stehen zwei Häuserruinen. Und auf der Südostseite des großen Sees haben Fischer einen offenen Unterstand errichtet, der zum Übernachten Schutz vor Regen und Wind bietet. Ansonsten gibt es an den Seen weder Bewohner noch Bewirtung. Vom Unterstand führt ein Schotterweg weiter nach oben über einen schmalen Sattel, der auf der anderen Seite zu einer **17 km langen Abfahrt** nach Tabacundo bei Cayambe einlädt, ein **Downhill-Erlebnis** für Mountainbiker und Allradfahrzeuge. Auf dem Weg zwischen Otavalo und den Seen liegen zwei Hosterías mit großartigem Blick auf den Cotacachi und andere Gipfel der nördlichen Anden.

Casa Mojanda: km 3,5 via Otavalo–Mojanda, Tel. 06-292 29 86, 09-973 17 37, www.casamojanda.com. Edles Bergcottage in exponierter Lage mit exzellentem Service und hervorragendem Essen aus weitgehend eigenem organischen Anbau. Zudem unterhält die Herberge eine große Bibliothek, Internet, einen Videoraum und ein Holzofenschwitzbad. Zum Programm zählen Ausritte mit eigenen Pferden und der Besuch des benachbarten Wasserfalls Cascada Taxopamba. Große, stilvolle *cabañas* in Lehmziegelbauweise mit eigener Terrasse. EZ/DZ mit Halbpension 92/171 $. Mittags-/Abendmenü für auswärtige Besucher 18 $.
Hostal la Luna: km 4,5 via Otavalo–Mojanda, Tel. 09-315 60 82, 09-973 74 15, www.hostalluna.com. Die sympathische Bergpension zwischen Wiesen und Kiefern erinnert etwas an voralpines Hüttenleben. Die gemütlichen, kleinen Zimmer und Schlafräume sind farbenfroh und einfach eingerichtet, einige haben ein eigenes Bad. Kleines Restaurant; Exkursionen zu Ross und zu Fuß. EZ 12–16,50 $, DZ 18–26 $.

Ausritte/Wanderungen: s. S. 171, Unterkünfte.

Taxi: Beide Unterkünfte können von Otavalo aus mit dem Taxi für 3–4 $ erreicht werden. Casa Mojanda bietet zudem einen **privaten Transfer** von und nach Quito zu 60 $ für bis zu vier Personen an.

Wasserfall von Peguche

Die Route führt, zurück auf der Panamericana, nun weiter nach Norden. Der etwa 30 m hohe Wasserfall **Cascada de Peguche** 7 entspringt der Laguna de San Pablo und führt ganzjährig Wasser. Er ist leicht zu erreichen über das Otavalo benachbarte Weberdorf **Peguche** (3 km), in dem tagsüber aus etlichen Häusern das Rattern der Webstühle zu hören ist. Am Dorfrand liegt auch der alte Bahnhof von Otavalo, heute Pension und Restaurant. Der Weg ist vom Bahnhof aus einfach zu finden und führt durch einen Wald zu dem zwischen Vulkanfelsen herabstürzenden Wasser, das an seinen Ufern eine üppige Vegetation entstehen ließ. Ein idealer Ort zum Erholen von Stadt, Staub und Straßenständen.

Hostal Aya Huma: Peguche, Antigua Estación de Ferrocarriles, Tel. 06-269 03 33, Fax 06-269 01 64, www.ayahuma.com. Ruhige Oase im alten Bahnhof mit hellen Zimmern, üppigem Garten mit Kolibris und schönem Blick auf den Imbabura, samstags mit Musik und Tanz. EZ/DZ 17/24 $.

Hacienda Pinsaquí

Etwa 5 km nördlich von Otavalo liegt kurz hinter dem Panamericana-Abzweig nach Cotacachi die 1790 gegründete **Hacienda Pinsaquí** 8. Große Gebäudeteile des kolonialen

Gutshofes und seiner alten Textilfabrik sind bis heute erhalten, so auch die originalen Holzböden und meterdicken Wände des opulenten Kaminraums, der einst als Scheune diente.

Den Außenbereich dominiert eine prächtige **Garten- und Parkanlage** mit zahlreichen Vögeln vor dem weiten Flusstal. Im Innern der Räume, in denen einst Simón Bolívar auf seinen Reisen zwischen Ecuador und Kolumbien Rast machte, finden sich noch zahllose Möbelstücke aus vergangenen Jahrhunderten, insbesondere aus der Sammlung der Familie Pedro Freile Larrea, in dessen Besitz das Gut seit 1820 ist. Schon das Mobiliar von Wintergarten, Restaurant und Sitzecken lässt einen eintauchen in die Zeiten der jungen Republik. Der Büffetschrank aus den 1880er-Jahren aus afrikanischem Holz mit originalen Glasscheiben lässt erahnen, wie reich Pinsaquí war, als die Hacienda noch 4000 ha Land besaß. Durch die Agrarreformen sind es heute immerhin noch wunderschöne zwölf Hektar.

Hacienda Pinsaquí: Panamericana, 5 km nördlich von Otavalo, Tel. 06-294 61 16, 09-972 76 52, www.haciendapinsaqui.com. Das prächtige Gut ist ausgestattet mit 30 kleinen Suiten inmitten der Parkanlage, jeweils mit Kamin oder Holzofen. EZ/DZ 80/108 $.

Cotacachi

Bei Pinsaquí verlässt die Nebenstraße nun die Panamericana nach Westen und trifft nach einer Viertelstunde auf das Dorf und die Kantonalshauptstadt **Cotacachi** 9. Dieses regionale indianische Zentrum heimste in den vergangenen Jahren einige Auszeichnungen für sein partizipatives Gemeindekonzept ein. Bürgermeister Auki Tituaña und die bekannteste Tochter der Stadt, Ex-Außenministerin Nina Pacari, arbeiten an einem neuen Selbstbewusstsein am Fuß des Vulkans Cotacachi.

Die einstige »indianische Pfarrgemeinde«, so die spanische Gründungsbezeichnung aus dem Jahr 1598, ist – weniger partizipa-

Traditionelles Handwerk im Kanton Otavalo: die Filzhutherstellung

tiv denn kapitalistisch – landesweit bekannt für ihre Lederwaren. Cotacachi produziert nahezu alles, was Rind, Kalb, Schwein, Ziege oder Schaf nach ihrer Häutung den Gerbern überlassen. Hat man den Tieren einmal das Fell über die Ohren gezogen, erstellen die Handwerker von Cotacachi Serienprodukte, Einzelstücke und auch Auftragsanfertigungen von teilweise hoher Qualität.

Doch nicht alle in Cotacachi ziehen vom Leder. Säumt die unendliche Boutiquenkette vornehmlich die Hauptdurchgangsstraße, so liegt ein paar Blocks abseits ein verträumter Kirchplatz, von dem abzweigend eine hübsche historische Gasse zum **Stadtmuseum** führt. Untergebracht im ehemaligen Palacio Municipal (1888), gibt eine gut sortierte Ausstellung einen detaillierten Überblick über die regionale Kulturgeschichte von Cotacachi und seiner benachbarten Kantone: über Handwerksgeschichte, Brauchtum, seltene Musikinstrumente wie eine antike Pífanoflöte aus Kondorknochen und Kuriositäten der republikanischen Epoche wie die *trompos* – Cotacachi ist Spielort und gar maschinelle Produktionsstätte jener im Englischen *spintops* genannten Wurfkreisel (Museo de las Culturas, Calle García Moreno 13–41 y Sucre, Tel. 06-291 59 45, Mo–Fr 9–12, 14–17, Sa 14–17, So 10–13 Uhr).

Hostería El Mesón de las Flores: Calle García Moreno y Sucre (Ecke), Tel. 06-291 60 09, mesondelasflores@hotmail.com. Patiohotel im Gebäude einer 130 Jahren alte Finca mit schönen Zimmern, Bädern und Balkonen im restaurierten Teil und magerem Ambiente im alten Teil. DZ mit Frühstück 60 $.

Hostal Sumac Huasi: Calle Juán Montalvo 11–09 y Pedro Moncayo, Tel. 06-291 58 73. Modernes Hostal mit großen, hellen Zimmern, TV und Sofa. DZ mit Frühstück 29 $.

Bus: Ab dem Terminal Terrestre, Calle 10 de Agosto, fahren ca. alle 20 Min. Busse nach Otavalo, einzelne Direktbusse nach Quito sowie 5 x tgl. Busse in das subtropische Valle de Intag.

Laguna Cuicocha

Bis die Spanier das heutige Ecuador unterwarfen, lebten am traumhaften **Cuicocha-Gebirgssee** 10 mit seinen zwei grünen Inseln die Cayapas-Indígenas, die auch Chachis genannt werden und heute im westlichen Tiefland siedeln. In ihrer Sprache heißt Cuicocha ›See der Liebe‹, denn er spielte im Heirats- und Vereinigungsritual der Cayapas eine bedeutende Rolle. Im heiratsfähigen Alter von 13 Jahren brachten die Eltern ihre Töchter im November zum ›Winterzauber‹ auf die Inseln. Die *cuichas,* die zu Liebe und Heirat fähigen Jünglinge, mussten schließlich in das 14 bis 16 °C kalte Wasser springen und die 600 m an der kürzesten Verbindung zum Eiland durchschwimmen. Wer es überlebte, nahm das Mädchen seines Begehrens zur Frau und blieb bei ihr bis ans Ende seiner Tage. Noch heute wird im Juli ein traditionelles Schwimmen im See veranstaltet.

Cuicocha machte später aber auch den Kichwa sprechenden Indígenas Sinn, denn die vielen wilden Meerschweinchen auf der **Isla Wolf** und der kleineren **Isla Yerovi** ließ aus *cui cuy* werden – und so hießen sie fortan ›Inseln der Meerschweinchen‹.

Der 180 m tiefe See mit seinem Wasserspiegel auf 3070 m Höhe ist ein noch aktiver Kratermund am Fuß des 4939 m hohen Cotacachi. Der **Vulkan Cotacachi** entstand erst, nachdem der einst viel höhere Vulkan Cuicocha in sich zusammengebrochen war.

Die Legende besagt, dass die Tränen der Mama Cotacachi den heutigen Kratersee formten, nachdem der *viejo,* der alte Rucu Pichincha, ihr das gemeinsame Kind entrissen hatte. Eine Strafe, denn Cotacachi hatte ein Verhältnis mit Taita Imbabura begonnen. So zeigt sich: Auch Vulkane haben Probleme.

Die noch geringe Aktivität des Vulkans Cuicocha erlebt man am deutlichsten an dem Nadelöhr zwischen den Inseln, dem teils nur 8 m breiten und 15 m tiefen **Canal del Ensueño.** Hier brodelt es sichtlich.

15 Vogelarten leben heute auf den beiden Inseln, die dem Naturschutzgesetz entsprechend unbewohnt sind und auch nicht mehr von Touristen betreten werden dürfen. Auf

dem Wasser und im Schilf leben vier Entenarten. Fische kennt das vegetationsarme und kristallklare Wasser hingegen nicht.

Der etwa 3 km durchmessende See am Rand der **Reserva Cotacachi-Cayapas** wird gerade am Wochenende von vielen Besuchern umwandert (ca. 4 Std.; Wasser und Proviant nicht vergessen!) oder mit kleinen Booten befahren.

Es gibt keine bessere Informationsquelle über den See und den Berg, über Legenden, Heilpflanzen und Aktivitäten in der Region als **Ernesto Cevillano.** Der Sohn eines Naturmediziners, der selbst auf einer der Inseln im Kratersee geboren wurde, betreibt heute die Herberge El Mirador (s. u.).

Hostería Los Pinos: Vía Intag km 4, Tel. 09-640 14 01, 09-900 15 16, www.lospinosdecuicocha.com. Rustikales Berghostal nahe dem Kraterrand mit Panoramablick und eigenem Kraterabstieg durch Orchideen und Bromelien bis auf 40 m über dem Wasserspiegel. Sehr gepflegte Zimmer, Internet, Kaminzimmer, Restaurant, kleiner Garten mit Lamas. EZ/DZ mit Frühstück 35/46 $.

Cabañas El Mirador: 100 m hinter dem Eingangsbogen zum See, linker Fahrweg, Tel. 08-682 16 99, miradordecuicocha@yahoo.com. Einfache *cabañas* 50 m über dem See in sympathischem Familienbetrieb. *Cabañas* mit Kamin und grandioser Aussicht direkt an der Kraterkante sowie einige neuere Zimmer und ein Restaurant (s. u.). EZ/DZ 12/20 $.

El Mirador: s. o., Unterkunft. Panoramarestaurant mit frischen Forellen (4,50 $) und exzellentem Meerschweinchen (10 $, vorbestellen).

La Vuelta al Lago Cuicocha: 2. So im Juli. Nationaler Schwimmwettbewerb im Rahmen der **Fiestas de Cotacachi.** In Anlehnung an die historischen Schwimmrituale umrunden heute 80 bis 100 Schwimmer aus allen Landesteilen die beiden Inseln. Der Rekord für die etwa 4000 m lange Strecke liegt bei einer Stunde und einer Minute.

Richtig Reisen-Tipp: Vulkanbesteigung Cotacachi

Der Vulkan Cotacachi hat in den vergangenen Jahrzehnten zwar sein Gletscherkleid eingebüßt, doch nicht seine Attraktion für die Bergsteiger. Der 4939 m hohe Gipfel kann ganzjährig bestiegen werden, die Bedingungen sind von September bis Dezember am besten.

Es gibt **zwei Routen:** Die eine führt südlich am Kratersee von Cuicocha vorbei über einen 300 m über dem See liegenden *mirador.* Für diese technisch mittelschwere Wanderung ist ein ganzer Tag einzuplanen. Eine andere Route ist zunächst bis zu einem Plateau mit Radioantennen auf ca. 4300 m zu befahren. Von dort läuft man auf technisch anspruchsvollerer Route bei häufig starkem Wind in fünf Stunden auf den Gipfel und zurück. Der Blick vom Gipfel des Cotacachi ist phänomenal. Ernesto Cevillano (s. u., Aktivitäten) führt wahlweise beide Routen für 150 $ pro Tour.

Ernesto Cevillano (s. o., Cabañas El Mirador) bietet verschiedene Aktivitäten an: **naturkundlich geführte Wanderungen** um die Laguna Cuicocha, ca. 4 Std., 50 $ pro Tour. **Mehrtägige Expeditionen** in die Reserva Ecológica Cotacachi-Cayapas und **naturmedizinische Exkursionen** auf Anfrage.

Kajak: Unterhalb des Miradors bietet die wenig einladende Freizeitanlage Hostería Cuicocha Fahrten mit dem Motorboot zu den Inseln (16 $ pro Fahrt) und verleiht Kajaks (8 $ pro Std.).

Bus: Etwa 5 x tgl. fahren Busse von Otavalo über Cotacachi und die Lagune Cuicocha weiter ins Valle del Intag. Diese halten nach etwa 30–40 Min. Fahrtzeit an beiden Unterkünften am See.

Valle de Intag

Regionalkarte: S. 167
Von der Laguna de Cuicocha führt die Piste über einen hohen Sattel von gut 3500 m über eine geologisch und botanisch äußerst spannende Strecke immer tiefer in das hinter dem Vulkan Cotacachi liegende Tal von Intag. Auf 1800 m trifft es auf den gleichnamigen Fluss und das Dorf **Apuela.** Das **Valle de Intag** 11 ist ein grünes, fruchtbares Tal mit zahlreichen Flüssen, reichlich Primärwald in den höheren Lagen und einer auf das angenehme Mikroklima abgestimmten Landwirtschaft.

Herausragend ist das Gemeinwesen des Tales. Denn der jahrelange Kampf der Anwohner gegen die Ausbeutung der Berge durch einige Minengesellschaften hat Kaffeebauern, Umweltschützer, Frauenkooperativen und den Tourismussektor in einem der schönsten Täler Ecuadors zusammengeschweißt. »Wo auch immer die Minengesell-

Die Laguna Cuicocha – der ›See der Liebe‹ am Fuß des Cotacachi

schaften einfallen wollen: Hier graben sie nicht mehr, so lange es uns gibt«, beteuert Nelson Vetancourt, der Direktor des gut vernetzten ›Konsortiums Toisán für eine nachhaltige Entwicklung‹. 2006 konnte die mächtige kanadische Gesellschaft Ascendant Copper erfolgreich vom Kupferabbau im Valle de Intag abgehalten werden. Weitere Infos zum Umweltengagement im Tal und zur Bewerbung für Volunteers finden sich unter www.decoin.org. Die Hamburger Medienstiftung GEO schützt den Regenwald e. V. (www.regenwald.de) unterstützt die Gemeinden im Valle de Intag gegen die Kupferminenbetreiber, die laut Umweltschützern gesetzwidrig ohne Anhörung der Gemeinden bei Junín am Río Intag Konzessionen erworben hatten. Rettet den Regenwald e.V. kauft in Intag Wald zum Schutz vor Kahlschlag (www.regenwald.org). Die Organisation hat über Spenden bereits 3000 ha Gemeindewald gekauft und unterstützt ein Tourismusprojekt in **Junín.**

Der Fremdenverkehr gilt immer mehr Bewohnern des Tals neben der organischen Landwirtschaft und anderen Naturprodukten als eine nachhaltige Perspektive und Alternative zum Raubbau an der Natur. Dabei steckt er noch in den Kinderschuhen und verlangt etwas Flexibilität vom Reisenden. Doch schon heute lassen sich zwischen Wasserfällen, Flüssen und Regenwäldern in dem warmen Tal von Intag bei einfacher Infrastruktur einige spannende Exkursionen gerade auch in die solidarischen Gemeindeprojekte unternehmen, z. B. der Besuch von organischen Kaffeeplantagen und von kleinen Kunsthandwerksbetrieben sowie abenteuerliche Flusswanderungen. Man beginnt eine Intag-Reise und organisiert weitere Aktivitäten am besten ab dem zentralen Dorf **Apuela,** zwei Stunden von Otavalo entfernt.

Aktuelle Informationen über den *turismo solidario* sind auf Spanisch oder per Mail auch Englisch zu erfragen über das **Consorcio Toisán,** Tel. 06-264 84 84, consorciotoisan@yahoo.com, und **DECOIN,** decoin@hoy.net, sowie vor Ort in der **Tienda Alternativa Toisán** in Apuela.

... in Nangulví bei Apuela:
Cabañas Rio Grande: direkt neben den Thermalbädern (s. u., Complejo Ecoturístico Nangulví). Einfache, aber passable *cabañas* am Fluss mit Balkon und preiswertem Restaurant. Swimmingpool. So–Do 20 $, Fr/Sa 25 $ pro *cabaña.*
Complejo Ecoturístico Nangulví: einfache Thermalbäder (40 °C) mit einem schönen, aber nicht guten Restaurant am Fluss, ebenfalls einfache *cabañas* im Blockhausstil. Fr/Sa 20 $ pro *cabaña,* So–Do 7 $ p. P.

... in Apuela:
Tienda Alternativa Toisán: Calle 20 de Julio, Tel. 06-264 84 84, Di–So 7–18 Uhr. Der hier verkaufte Café Río Intag ist ein organischer, fair gehandelter und exzellenter Kaffee, der in drei Röstungen vorliegt. Weitere Angebote sind organische Lebensmittel wie Honig und Pilze, biologische Kosmetika und wunderschöne Sisaltaschen und -accessoires. Filialen der Tienda befinden sich in Otavalo an der Plaza de Ponchos und bei Camari in Quito.

Aktivitäten wie **Kajaking** und **Rafting** nahe dem Dorf Cuellaje sowie Besuche der Wälder und **Wasserfälle von Junín** samt Touren und Unterkünften, z. T. Familienunterkünfte, sind ebenfalls in Apuela zu erfragen: Die Mitarbeiter des Consorcio und der Tienda Toisán sind sehr gut informiert und kooperativ.

Bus: 6 x tgl. verkehren Busse zwischen Otavalo und dem Valle de Intag. Abfahrt ab Terminal Terrestre in Otavalo: 8, 10, 12, 13, 14, 15 Uhr. Alle Busse der beiden Kooperativen Otavalo und 6 de Julio fahren dabei über Apuela (Fahrtzeit ca. 3 Std.) und dann weiter Richtung Cuellaje oder García Moreno.
Pkw: Es gibt zudem eine recht schlechte Straße nach Norden über Nanegal und Nanegalito nach **Quito,** jedoch keinen Busverkehr in diese Richtung.

Auf der Inkastraße am Imbabura

Karte: S. 167
Noch einmal zurück auf der Panamericana Norte endet die Route mit einem spannenden Abstecher auf die alte Inkastraße östlich des Vulkans Imbabura. Die Panamericana am Stadtrand von Ibarra (s. S. 180) nach Südosten verlassend, gelangt man auf die Kopfsteinpflasterstraße in Richtung **La Esperanza** 12. Dieses lang gezogene Straßendorf war einst eine Aussteigeroase für Freaks und Backpacker auf der Suche nach einem stillen und unbehelligten Platz am Osthang des friedvollen, erloschenen Vulkans. Schon in den 1970er-Jahren war Esperanza, die ›Hoffnung‹, somit eine kleine Berühmtheit in der Travellerszene, was unter den Dorfbewohnern misstrauisches Erstaunen weckte. Doch

Patronin Quiteña Aida Buitrón gewann den jahrelangen Kampf gegen Vorurteile der Dorfbewohner gegenüber den Freaks und betreibt bis heute ihre hübsche Herberge (s. u., Casa Aida) an der Dorfstraße. Esperanza ist ein guter Platz, um einfache bis mittelschwere Exkursionen bis hinauf in den Páramo zu starten.

Besteigung des Imbabura

Von La Esperanza aus ist auch der 4609 m hohe **Vulkan Imbabura** 13 leichter zu besteigen als von der Westseite. Am besten sollte man im Morgengrauen aufbrechen. Ein Parkplatz an der Ostflanke des Imbabura auf etwa 3800 m ist entweder nach einem zweistündigen Fußmarsch oder mit der *camioneta* zu erreichen. Hier geht der Fahrweg in einen mehr oder minder gut erkennbaren Weg über, auf dem man nach etwa vier bis sechs Stunden den Gipfel erreicht. Dabei führt der Weg während der letzten Stunde über felsigen Untergrund mit leichten Kletterpassagen. Der Abstieg zum Parkplatz dauert etwa zwei Stunden, ist aber recht steil und belastet die Gelenke. Nähere Informationen und bei Bedarf einen Führer findet man bei Aida Buitrón in der Casa Aida (s. u.).

... in La Esperanza (20 Min. von Ibarra):

Casa Aida: Calle Galo Plaza, Tel. 06-264 20 20. Gastfreundliche und familiäre Herberge mit einfachen, aber stilvollen Garten-*cabañas,* einem überwiegend vegetarischen Restaurant und jeder Menge Tipps sowie zum Frühstück unvergesslichen Pfannkuchen mit Brombeersauce. EZ/DZ ab 7 $ p. P.

Hacienda Zuleta

Die 1691 gegründete Hacienda neben dem gleichnamigen Dorf **Zuleta** 14 zählt zu den schönsten des Landes. Seit mehreren Generationen bewirtschaftet die Familie des ehemaligen Staatspräsidenten Galo Plaza Lasso das über 2000 ha große Landgut. Rund 300 holstein-friesische Kühe sorgen für die Milch, aus der die Hauskäserei einen exquisiten Käse fertigt. 13 von Gras bewachsene *tolas* (Steinmonumente) und Pyramiden auf den Weiden der Hacienda zeugen von den Caranqui, die an diesem Ort etwa 1000 Jahre lang lebten und ihre Häuser und Kultstätten errichteten. In einem dramatisch steil ansteigenden Tal des Gutes wurde vor Jahren unter Leitung des deutschen Biologen Friedemann Köster eine Kondoraufzuchtstation errichtet. Hier sind neben den zur Genesung und Fortpflanzung gehaltenen Kondoren auch wilde Tiere im Anflug auf das Gehege zu beobachten. Die wilden Kondore kommen häufig vormittags zu einer Visite bei ihren Artgenossen. Ein Kondorpaar nistet sogar in den Berghängen der Hacienda. In den steilen Bergwäldern des abgelegenen Tals leben zudem neugierige Füchse, die scheuen Brillenbären, zahlreiche Vögel und andere Andenbewohner.

Die Gebäude der Hacienda mit ihrem prächtigen Blumenbewuchs und der alten Parkanlage werden heute als Luxushotel, Reiterhof und Wochenendresidenz der Familie Plaza genutzt. Zahlreiche antike Möbelstücke und historische Dokumente in den Salons der Hacienda sowie Gespräche über die Familie vermitteln ein einzigartiges historisches Erlebnis, das leider allein den Gästen des exklusiven Hotelbetriebs vorbehalten bleibt.

Hacienda Zuleta: Angochagua, Zuleta, Tel. 06-266 21 82, 02-222 85 54, www.zuleta.com. Ausgezeichnete Küche und exklusiver, persönlicher Service. 11 gediegene Zimmer mit Kamin und großen, ausgezeichneten Betten. Deutsche Verwaltung. Übernachtung mit Vollpension und komplettem Tagesprogramm auf der Hacienda 217 $ p. P. oder 380 $ für zwei Übernachtungen.

Bus: Zuleta, die gleichnamige Hacienda und La Esperanza sind über die Nebenstrecke auch von Süden her zu erreichen: Etwa stdl. verkehren Busse zwischen Cayambe und Ibarra über die alte Kopfsteinpflasterstraße von La Esperanza, Zuleta, Olmedo und Ayora.

Von Ibarra in Richtung Kolumbien

Karte S. 189

Im zunehmend dünner besiedelten Norden Ecuadors befinden sich einige außergewöhnlich schöne Wälder mit ungewöhnlichem und seltenem Bewuchs. Mit dem Abstecher in den nördlichsten Küstenzipfel des Landes führt diese Route zu nunmehr fünf Waldarten in Höhen zwischen null und 4000 Metern.

In einem Land des kurzfristigen Denkens und unter dem Druck täglicher Notlagen hat ein Wald nicht allzu viel Lobby. Und schreiten aggressive Unternehmen und dunkle Gestalten mit lauten Sägen in das Unterholz, so ist Waidmanns Heil oft schneller verloren, als die Naturschützer laufen können, ähnlich wie in Europa, wo kaum noch Naturwald steht. So gesehen, gehören die noch erhaltenen Wälder zu den botanischen Sensationen Ecuadors. Dabei sind nicht die Regenwälder des Oriente gemeint, sondern weltweit seltene und kaum bekannte Hochlandwälder mit Papier- und Myrtenbäumen. Da der extreme Nordwesten des Landes vom nördlichen Hochland aus am besten zu erreichen ist, nimmt die Route auch die beeindruckenden Mangroven- und Küstenwälder nahe der kolumbianischen Grenze mit auf.

Die Landwirtschaft des Nordens hat viele Wälder einfach verdrängt und an ihrer Stelle weite Ackerbau- und Weidelandschaften entstehen lassen, welche zweifelsfrei ihre verführerische Kraft für Auge und Gemüt besitzen. Dieser relativ wenig bekannte Norden Ecuadors ist eine der schönsten Regionen des Landes und liegt dabei nur zwei Stunden nördlich der Hauptstadt Quito. Die Route ist ein verzweigter und etwas verzauberter Waldpfad. Der Ausgangspunkt will es, dass die Route an einer einsamen Palme im Hochland beginnt und den Weg zu den Wäldern zunächst durch ein kurioses – und waldfreies – Tal sucht, das **Valle del Chota.** Dieses Tal ist das andine Herz der afroecuadorianischen Bevölkerung Ecuadors und zugleich die Wiege des ecuadorianischen Fußballs.

Ibarra

Karte: S. 189

Die beschauliche Hauptstadt der Provinz Imbabura liegt in angenehmem Klima auf 2200 m Höhe. **Ibarra** 1 heißt auch *ciudad blanca,* die ›weiße Stadt‹, und jeder, der die letzten Hügel bei San Antonio passiert, sieht sie unter sich: eine weite, weiß getünchte Stadt. Dieser Beiname erschließt sich historisch jedoch anders: Das erst 1606 als eine der letzten Andenstädte von den Spaniern gegründete San Miguel de Ibarra kam den Indianern recht absonderlich vor. Sie nannten es die ›weiße Stadt‹ – die Stadt der Weißen.

Geschichte

Für Quito sollte Ibarra einst der Brückenkopf einer großen Anden-Pazifik-Verbindung nach Esmeraldas werden. Doch das Projekt stellte sich wegen seiner Dimension und der Topografie als schwierig heraus. Auch Guayaquil wehrte sich vehement gegen die drohende Handelskonkurrenz aus dem Norden.

1823 rückte Ibarra für Momente in den Blickpunkt der sich befreienden ›Neuen Welt‹. Noch im Unabhängigkeitstaumel von Bolívars Siegesschlacht 1822 am Pichincha drohte dem großkolumbianischen Reich in Imbabura die Rückeroberung durch die Spanier. Die daraufhin von Simón Bolívar siegreich koordinierte Schlacht von Ibarra am 17. Juli 1823 hat bis heute einen festen Platz im Herzen der Ibarreños inne.

Haben auch mehrere Erdbeben in der Vergangenheit große Schäden angerichtet, so erstand in den Fluchten der Pflasterstraßen immer wieder das Flair einer kolonial-republikanischen Stadt. Das Zentrum und einige seiner Straßenzüge mit einstöckigen und weiß gestrichenen Lehmziegelhäusern erinnern fast an Antigua in Guatemala. Und der kleine Schienenbus, der morgens für zwei Stunden Richtung Norden fährt, erinnert ein wenig an die großen Zeiten der Ferrocarriles Ecuatorianos, für deren Zukunft in diesen Monaten und Jahren übrigens neue Weichen gestellt werden.

Mit dem Autor unterwegs

Lokomotiven auf dem Abstellgleis

Der Lokschuppen von Ibarra eröffnet auf kleinem Raum einen nostalgischen Einblick in **100 Jahre Eisenbahngeschichte** des Landes (s. links).

Mit dem Schienenbus ins Schwimmbad

Zwei Stunden lang schraubt sich der Schienenbus von Ibarras romantischem Bahnhof hoch in die Berge, bis nach **Primer Paso,** wo ein Schwimmbad und ein Hostal auf Gäste warten (s. S. 182).

Sehenswürdigkeiten

Im heutigen Stadtteil **Caranquí** ließ einst im 15. Jh. Inkakönig Huayna Capac, vielleicht auch schon Tupac Yupanqui, seinen Sonnentempel errichten, einen der nördlichsten Inkaprunkbauten überhaupt. Sein Enkel Atahualpa soll in diesen Gemäuern geboren worden sein, hier in der ›Wiege der ecuadorianischen Nation‹. Der Komplex war gebaut auf vier Terrassen; von einer sind noch Grundmauern unter der katholischen Gemeindekirche **Iglesia del Señor del Amor** vorhanden. Gegenüber der Kirche klopft man am Haus Avenida Atahualpa 23–94 bei Familie Flores, die einen liebenswerterweise in ihren Garten führt. Hier stehen noch rund 60 m Ostmauer der einst höchsten Tempelterrasse. Einige trapezförmige Fenster und Türen sind noch derart gut erhalten, dass man den unsterblichen Blick Atahualpas im Nacken zu spüren vermeint.

Eine weitere Sehenswürdigkeit Ibarras ist der nostalgische Lokschuppen der **Talleres del Ferrocarril Quito–San Lorenzo** am Bahnhof. Er kann zu den Bürozeiten des Bahnschalters besucht werden. Das kleine archäologisch-anthropologische **Museo del Banco Central** verfügt über zahlreiche Exponate aus der präinkaischen Epoche des País Caranquí, wohlsortiert in Vitrinen und ansprechend illustriert (Mo–Fr 9–13, 14–17, Sa 10–16 Uhr, Tel. 06-260 20 93, Eintritt mit Führung 1 $).

Einer der schönsten Straßenabschnitte verläuft von der kleinen **Iglesia San Agustín** in der Calle Rocafuerte über die Calle Flores bis zur antiken Apotheke **Botica de Ibarra** an der Ecke der Calle Maldonado.

Die Botica de Ibarra ist ein Kabinett der Kuriositäten des 1928 geborenen Pharmazeuten Fausto Yepes Almeida. Denn Don Fausto arbeitete 20 Jahre lang als Konsularbeamter und hatte den ecuadorianischen Reisenden die Visa in die Pässe zu stempeln. Als kleine Anerkennung für Tausende von Stempeln ließ er sich gerne Figuren, Souvenirs und vor allem Schlüsselanhänger aus den bereisten Ländern mitbringen. Selbst sein hinter der Apotheke liegender Schlafraum ist bis unters Dach mit Fotos und Urkunden gefüllt – Zeugnisse eines Lebens.

Überraschenderweise gibt es in der Botica tatsächlich auch Medikamente ... Don Faustos Wunsch an die Leser: »Bringen Sie mir ein Andenken mit!« (Eckhaus Calle Flores 386 y Maldonado).

Rundgang durch die Parks der Stadt

Es empfiehlt sich, einen Rundgang durch die zahlreichen Parks der weißen Stadt zu unter-

Nicht nur Architekturliebhaber erfreuen sich an der Kolonialarchitektur des Städtchens Ibarra

nehmen, wozu das Tourismusbüro an der Esquina del Coco, der ›Straßenecke der Kokospalme‹, einen Stadtplan bereithält: Der schöne **Parque Pedro Moncayo** ist umstellt von den bischöflichen Gemäuern und **Kirchen,** vom republikanischen Bau der **Antigua Gobernación,** der alten **Casa de Ayala,** die in Bälde ein Museum beherbergen wird, und der Stadtuhr im **Torreón.** Allein der Betonbau der neuen Stadtverwaltung stört ein bisschen beim Betrachten des Standbildes des verdienten Politikers Moncayo (1804–1888). Der ebenfalls sehenswerte **Parque La Merced** wird überstrahlt von dem mächtigen Backsteingebäude der alten Kaserne **Antiguo Cuartel de Ibarra.** Die dortige **Iglesia La Merced** bewahrt die Statue des gleichnamigen Schutzheiligen der Streitkräfte auf.

Im **Parque Bolívar,** die Calle Bolívar einige Blocks stadtauswärts nach Norden gehend, steht das große Denkmal des Befreiers zu Ehren der »am 23. Juli 1823 für die Freiheit geopferten Patrioten«. Romantischer ist hingegen der gepflasterte **Parque González Suárez** mit dem Priesterseminar und der **Iglesia San Francisco** am Ostende der Calle Pedro Moncayo.

Unterwegs mit dem Schienenbus nach Primer Paso

Die Bahnstrecke Ibarra–San Lorenzo wird bis auf Weiteres nicht wieder instand gesetzt. Einen Hauch Eisenbahngeschichte zwischen Anden und Pazifikküste vermittelt jedoch noch heute der romantische Bahnhof von Ibarra. Morgens um 8 Uhr verlässt sogar noch ein kleiner Schienenbus das Gleis, um sich durch sieben Tunnel etwa zwei Stunden lang bis **Primer Paso** in die Berge zu winden, wo Schwimmbad und Hostal auf Gäste warten.

Der Schienenbus kann auch für 50 $ gechartert werden. Und wenn mal nichts fährt, lohnt der **alte Lokschuppen** mit der Baldwin 44, einer Dampflok aus Philadelphia von 1930, unbedingt einen Besuch – nicht nur für Eisenbahnfreunde. Für die Zukunft liegen Pläne vor, die Teilstrecke Cajas–Otavalo–Ibarra–Primer Paso instand zu setzen.

I-Tur: Esquina del Coco, Tel. 06-260 84 89, www.imbaburaturismo.gov.ec, Mo–Fr 8–12.30, 14–17.30 Uhr. Hilfsbereite Menschen haben reichlich Broschüren und Plänen über Imbabura, auch einfache Karten und eine Liste regionaler Feste auf Lager.
Visita Ecuador: im Busbahnhof, Tel. 06-264 17 08, 09-628 22 73, www.ecuaventura.com. Reiseagentur mit zahlreichen Diensten, Hotelkontakten, Mietwagen und Stadtführungen.
Stadtführerin: Alexandra Maldonado, Tel. 06-295 88 60, 09-766 83 56. Junge, engagierte Führerin.

Hotel Lago Azul: Calle Pedro Moncayo 5-78 y Bolívar, Tel. 06-264 18 51, hotellagoazul2000@yahoo.ec. Einfaches, aber freundliches Stadthotel. EZ/DZ 15/28 $ mit Frühstück.
Hostal Imbabura: Calle Oviedo 9-33 y Chica Narváez, Tel. 06-295 01 55. EZ/DZ ohne eigenes Bad 5/10 $.

Restaurante Hornado: Calle Rocafuerte 3-22 y Borrero, Tel. 06-260 56 64, tgl. 10–14 Uhr. Gutes Mittagsrestaurant mit rustikalem Ambiente. Menü 2 $.
Cafetería Irish Coffee: Calle García Moreno 4-42 y Rocafuerte, Tel. 06-260 61 68, Mo–Sa 8–21 Uhr. Das einzige Frühstückscafé mit passabler Auswahl, später gibt's Crêpes, Lasagne und sogar Fondue und Raclette.
Café Antojitos de mi Tierra: Plaza Francisco Calderón, Tel. 09-515 50 88, tgl. 15–22 Uhr. Eckcafé mit traditionellen Snacks wie *humitas*, *tamales* und *quimbolitos.* Die Historikerin Marta Jaurequí betreibt die Cafeteria und kennt die Geschichte der Stadt bis ins Detail.
Café La Hacienda: Calle Sucre y Oviedo, Esquina del Coco, Tel. 06-260 58 81, Mo–Sa 8–21 Uhr. Café-Bar mit lokalen Spezialitäten mit etwas dunklem Holzambiente.

Eis: Ibarra gilt seit 1896 als der Ort mit der besten hausgemachten Eiscreme des Landes. Seither rührt die Familie Rosalía Suárez in einer eisunterlegten Bronzepfanne Speiseeis der Spitzenklasse an – von Hand. Die Herstellung des *Helado de Paila* und natürlich der Geschmack sind zu bewundern in der **Heladería Suárez,** Calle Oviedo y Olmedo. Zudem Frühstück, tgl. 8.30–19 Uhr.
Holzschnitzer: Der Vorort **San Antonio de Ibarra** ist ein Zentrum für Holzschnitzarbeiten mit exzellenten Handwerksprodukten und schrecklichem Kitsch.

Gleitschirmfliegen: Flyecuador, Calle Oviedo 9-13 y Sánchez y Cifuentes, Tel. 06-295 32 97, 09-419 45 07, www.flyecuador.com. Renommierter Gleitschirmklub der Nordanden mit Ausbildung.

Fiesta de los Lagos: 15.–30. Sept. Stadtgründungsfest mit Stierkampf, Umzügen, Musik und Fuchsjagd, insbesondere Fr–So. Offizieller Festtag ist der 28. September.

Café Arte: Calle Juán de Salinas 5-43 y Flores/Oviedo, Tel. 06-295 08 06. Lauschige, junge Café-Bar mit viel Musik und mexikanischen Snacks, Fr und Sa ab 20 Uhr Livekonzerte (Eintritt 2 $).

Bus: Das moderne und übersichtliche Busterminal Imbabus ist gleichzeitig Einkaufszentrum mit Internet, Reiseagentur u.v.a.m. Häufige Busverbindungen in alle Landesteile und in die umliegenden Dörfer. Av. Teodoro Gómez 1609 y Atabalipa, Tel. 06-264 46 76.
Taxiruf: Tel. 06-260 34 08.
Schienenbus: Tgl. um 8 Uhr fährt ein kleiner Schienenbus das erste Teilstück der Bahnstrecke Richtung San Lorenzo bis Primer Paso, Fahrtzeit 2 Std., 4 $. S. auch S. 182.

Eine wüstenhafte Enklave: das kleine Valle del Chota

Weltfußballdorf El Juncal Thema

Ecuadors Fußball verdankt den Afroecuadorianern aus dem Valle del Chota einen großen Teil des weltweit überraschenden Erfolges seiner Nationalmannschaft.

Schon 2002 bei der ersten Teilnahme an der Endrunde einer Fußball-WM in Japan und Korea standen sage und schreibe sieben Spieler aus dem Valle del Chota in der ›Tri‹, der Nationalmannschaft Ecuadors. Vier Jahre später, bei der WM in Deutschland, waren es erneut vier gebürtige Spieler aus dem Valle del Chota, die die Tri sogar ins Achtelfinale schossen. Eine derartige Konzentration von Weltklassefußballern, eine Talentschmiede dieser Art, ist nirgends sonst auf der Welt bekannt. Ecuadors Top-Star und Angstgegner von Jens Lehmann ist Edison Méndez, zurzeit in Diensten des PSV Eindhoven.

Betrachtet man die armseligen Lebens- und eingeschränkten Trainingsbedingungen der Kinder im Chota-Tal, erscheint dieser Erfolg wie das ›Wunder von El Juncal‹, so der Dorfname des Sportzentrums im Tal.

Hier laufen barfüßige Kinder schon in jungen Jahren auf staubigen Sandflächen und löchrigen Straßen hinter fransigen Stoffkugeln aus alten Baumwolllappen her. Den aus Afrika überlieferten Rhythmus des Flaschentanzes, der *bomba,* im Blut, steht Fußball hier für Hoffnung. WM-Star Agustín ›Tin‹ Delgado gründete mit einem Teil seines eingespielten Geldes die Fundación Agustín Delgado und die Fußballschule von El Juncal.

Dort erhalten heute 450 Kinder und Heranwachsende zwischen sechs und 22 Jahren Schulunterricht, medizinische Versorgung und natürlich eine Kickerausbildung. Jeweils im Alter von zwölf Jahren steht die große Entscheidung zwischen dem Versuch einer Profikarriere oder einer gewöhnlichen Ausbildung an. Agustín Delgados Stiftung kämpft dabei einen ungleichen Kampf gegen die sandigen und extrem trockenen Böden, damit El Juncal eines Tages einen Rasenplatz bekommt. Dessen ungeachtet stellt das Fußballzentrum Escuela Valle del Chota schon heute ein Team in der dritten ecuadorianischen Fußballliga mit Ambitionen auf den Aufstieg in die Zweite Liga.

Das Projekt versteht sich zugleich als eine Initiative gegen die drohende Abwanderung in die Städte. »Besser die Kinder studieren im Tal und spielen hier Fußball, als in den Städten ausgebeutet zu werden oder später gar aus Ecuador auszuwandern«, erläutert Diana Marilú Delgado, Tins Schwester und Leiterin der Stiftung, den Arbeitsansatz der Fußballschule. Tin ist deren Präsident und gleichzeitig ihr Marketingchef. Der Stürmerstar zahlt die Trainergehälter, treibt Sponsoren- und Spendengelder auf und besorgt professionelle Trikots über seinen Ausstatter. Agustín Delgado liebt das Tal und seine große Zukunftshoffnung, wie er sagt, »dort, an jenem magischen Ort am Ufer des Río Chota leben Kinder mit schokoladenfarbener Haut, Augen von Honig und einem Herz aus Gold«.

Der 71-fache Nationalspieler Tin Delgado und seine Stiftung erhielten einen Dämpfer, nachdem Tin im Dezember 2006 bei einem Meisterschaftsspiel für seinen seinerzeitigen Klub Liga de Quito ausgerastet und eine Schlägerei angezettelt hat. Tin entschuldigte sich öffentlich auf seiner Website (www.tindelgado.com), doch er wurde ein Jahr lang sogar für internationale Spiele gesperrt.

Valle del Chota

Karte: S. 189

Verlässt man Ibarra über die Panamericana in Richtung Norden, stößt man alsbald auf die **Laguna de Yahuarcocha,** den von vorzeitlichen Gletschern geformten ›Blutsee‹. An seinen Ufern wurde einst die Stadt Ibarra gegründet, weswegen das Stadtfest bis heute Fiesta de los Lagos heißt. Mittlerweile sind Kultur und Gründungsgeschichte tief in dem historischen See versunken, da die einstige Naturlandschaft heute als Autorennstrecke missbraucht wird.

Die Panamericana durchläuft im Weiteren das Andenbecken am Río Ambi, steigt noch einmal höher in die Berge, bevor das große **Valle del Chota** 2 von den Bergkehren aus sichtbar wird: grüne Felder und Zuckerrohrplantagen in den Niederungen des Flusstals stehen in einem scharfen Kontrast zu den wüstenartig ausgedörrten Hängen und Gipfeln der Talränder.

Geschichte

Das heiße, trockene Tal des **Río Chota** ist das Land der einzigen großen Population von Afroecuadorianern in den Anden. Ihre Vorfahren wurden im 17. Jh. von den Jesuiten zur Sklavenarbeit in die Baumwoll- und Zuckerrohrplantagen des Valle del Chota ›importiert‹. Viele von ihnen stammen von der afrikanischen Elfenbeinküste. Erst als die Jesuiten 1767 aus Ecuador verbannt wurden, begann ein langwieriger Prozess der Befreiung aus der Leibeigenschaft, die erst 1931 und letztlich 1964 mit den weitreichenden Agrarreformen ihr überfälliges Ende fand. Vorbei war es nun mit Inventarlisten wie dieser von 1722: »Auf der Hacienda verbleiben fünf Neger, drei Negerinnen, Rindviecher, Maultiere, drei Pferde […], 31 Block weißen Zuckerrohrs, Zuckerrohrpressen mit allen Geräten und alle nötigen Werkzeuge für den Anbau.«

Nichtsdestotrotz zählt das Valle del Chota bis heute zu den ärmsten Regionen des Landes. Denn weiterhin ist der Grundbesitz am Río Chota ungerecht verteit und es herrscht chronischer Wassermangel. Die Choteños finden kaum adäquatere Mittel, ihre spärlichen Agrarprodukte besser als am staubigen Straßenstand zu vermarkten.

Die katholische Kirche, die den einstigen Missbrauch und die Ausbeutung der Farbigen nicht leugnet, gründete im Jahr 1981 in Quito das Centro Cultural Afroecuatoriano zur Armutsbekämpfung in Esmeraldas an der Küste und im Valle del Chota. Im Missionshaus von **Carpuela** arbeiten heute die italienischen Comboni-Schwestern in der Förderung der Schulausbildung der Kinder.

El Juncal

Das für die Anden extrem heiße und trockene Klima des Chota-Tals ist vielen Hochland-Ecuadorianern ein willkommener Erholungsort fürs Wochenende. So säumen zahlreiche Hotels mit Swimmingpool und sogar große Freizeitanlagen mit Spaßbädern die Panamericana im Valle del Chota. Ganz am Ende des Tals liegt dann ein unscheinbares Dorf, das seit 2002 internationale Sportgeschichte schreibt, **El Juncal** 3 (s. dazu auch Thema S. 186).

… im Nachbartal des Río Salinas:

Hacienda San Francisco: von der Panamericana 20 km via Salinas und Mira, Tel. 06-293 41 61, www.hosteriasanfrancisco.com. Charmante, wenngleich weniger feudale Hacienda von 1640 in einem abgelegenen warmen Tal mit schönem Garten, Swimmingpool für Hotelgäste, Tennisplatz und Restaurant. Große, schlichte und helle Zimmer. EZ/DZ 31/49 $.

Die Unterkünfte im Valle del Chota sind am Wochenende stark frequentiert und laut, wochentags hingegen nahezu vereinsamt.

Hostería El Edén del Valle: Panamericana Norte km 32 ab Ibarra, an der P&S-Tankstelle, Tel. 06-294 11 16. Hostería zwischen Fluss und Straße mit einem schönen 10 x 20 m großen Swimmingpool im Garten, zu nutzen auch für Tagesgäste. Gepflegte, ein-

Diana Marilú Delgado ist stolz auf das Fußballprojekt ihres Bruders in El Juncal

fache Zimmer und gute Frühstücksauswahl. EZ/DZ 12/24 $.

Hostería y Spa Palmira: Panamericana Norte km 36 ab Ibarra, Tel. 06-294 11 87, Fax 06-294 11 84, jdespinosa@hotmail.com. Rustikales Hostal mit Swimmingpool, Sauna, Dampfbad und Massagen sowie zahlreichen einfachen Zimmern mit TV und Ventilator. EZ/DZ 10/20 $.

... im Dorf Mascarilla:
s. u., Stichwort Einkaufen.

... im Dorf Mascarilla:
Afrikanische Masken: Die Kooperative Grupo Artesanal Esperanza Negra (GAEN) fertigt, verkauft und exportiert sogar – über das Centro Cultural de Mascarilla – afrikanische Bembona-Tonmasken. Ferner Betrieb einer kleinen **Dorfherberge** und Aufbau des ecuadorianischen **Museums der Sklaverei.**

Auf der Panamericana in Richtung Kolumbien

Karte: S. 189

Gruta de La Paz

Mittlerweile in der Provinz Carchi, geht es von der Panamericana nach rechts ab in das kleine Dorf **La Paz.** Hinter der Kirche mit ihrem schönen weißen Portal geht es links wieder aus dem Dorf heraus und dann 5,5 km eine sehr bald steile Abfahrt entlang dem Río Pisán bis zur **Gruta de La Paz** 4.

Eigentlich heißt sie ›Grotte von Rumichaca‹, die große Tropfsteinhöhle mit den rötlichen und grünen Gewölben, in denen Vögel und Fledermäuse leben. Zur Hälfte ist die Grotte für die Wallfahrer zur **Naturkapelle** ausgebaut: mit Altar, Kirchenbänken, Kerzenbankett und natürlich der Grottenjungfrau María. Die andere Hälfte bestreitet der Gebirgsbach, der sich aus dunklen Höhlengängen kraftvoll aus dem Berg schiebt. Am Grotteneingang quert eine schmale Brücke das rauschende Flüsschen, und ein Weg führt an kleinen Wasserfällen entlang zu einem **Schwimmbad,** dessen Eintritt gegebenenfalls zuvor oben am Parkplatz zu entrichten ist. Dort oben gibt es auch eine Cafeteria und eine *tienda* (Laden). Die Grotte und die **dramatische Abfahrtsstrecke** dorthin sind einen Abstecher wert, auch wenn die Pfleger der Anlage die Bescheidenheit nicht gerade erfunden haben: »Die Grotte von Rumichaca ist ein Design Gottes für die Künstler der Welt«, heißt es gleich am Eingang.

Hochlandwald von Los Arrayanes

Wenige Kilometer weiter nördlich liegt das Dorf **San Gabriel** an der Panamericana. Von hier zweigt ein gut beschilderter und wunderbar gepflasterter Weg über eine Strecke von 11 km nach Südosten ab, um schließlich auf einen der letzten Myrtenwälder Ecuadors zu treffen, den **Bosque los Arrayanes** 5. Die in Ecuador vertretene Art der Myrte ist deutlich größer als die Gemeine Myrte des Mittelmeerraums. Der Arrayanesbaum Ecuadors gilt nicht als Symbol von Fruchtbarkeit, Keuschheit und Jungfräulichkeit wie in der römischen Mythologie. Vielmehr waren die einst deutlich größeren Myrtenwälder in Ecuadors Norden heilige Stätten der Tusas- und Pasto-Indianer. Es gilt als wahrscheinlich, dass die Tusas hier Rituale pflegten, in denen sie ihre Toten der Erde übergaben, damit sie von dort, »im Schoß der Mutter Erde«, über die Lebenden wachen.

Dem Besucher eröffnet sich heute ein kleiner **Rundweg** durch die schattige, grüne Welt der stämmigen Bäume und ihrer zahlreichen ›Mitbewohner‹ wie Bromelien, Farne und Moose. Nicht nur Botaniker werden über die Blütenpracht dieses ungewöhnlichen Waldes staunen. Der bescheidene, 16 ha messende Schutzwald, der erst wieder in Argentinien ein vergleichbares botanisches Pendant findet,

Von Ibarra in Richtung Kolumbien

wird mittlerweile liebevoll von der Gemeinde Monteverde und dem Kanton Montúfar gepflegt (weitere Informationen im Departamento de Ambiente des Kantons in San Gabriel unter Tel. 06-229 10 15).

Tulcán

Wer Richtung Kolumbien reist, trifft 36 km nördlich von San Gabriel auf **Tulcán** 6. Der Ort ist nicht wirklich eine Reise wert. Doch verfügt die stattliche 2950 m hoch liegende Provinzhauptstadt von Carchi über einen Regionalflughafen und ist für den Handel und Verkehr zwischen Ecuador und dem nahen Kolumbien von Bedeutung. Am Wochenende wird es daher voll.

Kulturelle Akzente setzten der Gartenbaukünstler José Franco und seine Nachahmer mit der Heckenscherenkunst auf einigen Plätzen und vor allem auf dem Zentralfriedhof der Stadt. Die Werke werden daher als **Skulpturen in Grün** bezeichnet. Auf dem Friedhof von Tulcán liegt der Scherenkünstler Franco heute glücklich unter seiner selbst gewählten Inschrift: »Tulcáns Friedhof ist so schön, dass er zum Sterben einlädt.« begraben.

Hotel Saenz International: Calle Sucre y Rocafuerte, Tel. 06-298 19 16. Modern, schlicht und sauber, mit Restaurant. Zimmer mit TV 7 $ p. P., Frühstück 3–5 $.

Bus: Der Busterminal liegt am südlichen Stadtrand in der Verlängerung der Calle Bolívar. Anfahrt per Taxi empfohlen. Häufige Verbindungen nach Quito, Ibarra, Otavalo und Guayaquil.
Flug: TAME fliegt Mo, Mi, Fr Quito–Tulcán.

Grenzübertritt nach Kolumbien

Vom Stadtzentrum Tulcáns sind es 13 km zum **Grenzübergang von Rumichaca.** Die Formalitäten am Grenzposten sind unkompliziert. Eine Weiterfahrt ins nahe gelegene **Ipiales** 7 in Kolumbien sollte per Taxi angetreten werden. Geld ist nur bei Wechslern mit dem obligatorischen Ausweis zu wechseln.

Reserva Ecológica El Ángel

Karte: S. 189

Auf der Piste ins Naturschutzgebiet

4 km südlich von Tulcán zweigt eine spektakuläre Abfahrt von der Panamericana in die **Reserva Ecológica El Ángel** 8 ab. Reisende mit Allradfahrzeug sollten sich die 36 km lange Strecke durch den Páramo und die Frailejones-Wälder bis nach El Ángel nicht entgehen lassen.

Auf der Hauptroute in das Naturschutzgebiet

Die Hauptroute in die **Frailejones-Wälder** (s. u.) der Nordanden führt nicht über Tulcán, sondern zweigt in San Gabriel nach Westen von der Panamericana ab. Nach etwa 22 km erreicht man das Dorf **El Ángel** 9 am Rand des gleichnamigen Reservates. Am Dorfeingang überschattet eine reichlich naive Skulptur eines Indianers vor einer bunt bemalten Vase den Kreisverkehr. Man durchquert das Dorfzentrum und fährt weiter bis **La Libertad,** wo einen Kunst ohne Erbarmen in Form einer Statue begrüßt: Ein Mönch mit dem Fuß auf der Weltkugel geleitet hier den von der Kreuzigung blutenden Jesus vom Kreuz! Von daher geht es schleunigst die Berge hinauf.

... in El Ángel:
Hostería El Ángel: Av. Espejo 1302, Durchgangsstraße, nahe Indianerstatue, Tel. 06-297 75 84, in Quito: 02-222 14 80, info@sommer-fern.de. Kleines Gartenhotel mit hübschem Kaminzimmer, gute Küche, deutsche Leitung. DZ mit Frühstück 32 $.

5 Páramo-Wälder von El Ángel

Das 1992 gegründete ökologische Reservat umfasst ausschließlich eine Páramo-Zone in

Häufiger Regen, gefolgt von Sonnenschein, Nebel und Kälte – nur dieses Klima ermöglicht den Wuchs der Frailejones-Pflanzen

Richtig Reisen-Tipp: Tag- und Nachtwandern in den Wäldern des Páramo

Zwischen zwei prächtigen Polylepiswäldern und einem Heer von *frailejones gigantes* hat in einer ehemaligen Forellenzucht eine bewirtschaftete Páramo-Herberge die Tore geöffnet. Die **Polylepis Lodge** verfügt zudem über Teiche, Bäche und Stromschnellen, die den Polylepiswald in unmittelbarer Umgebung des Herberge nähren. Für Besucher von Universitäten, aber auch für Touristen werden täglich **Exkursionen** mit detaillierter Beschreibung des Ökosystems organisiert. Die Wanderungen durch die Zauberwelt im zarten Duft von Humus und Moor sind häufig von Nebel, Wind und Kälte begleitet. Optional führt die Lodge auch **Reitausflüge** in den Páramo durch. Spannend sind ferner die **Nachtwanderungen,** zum einen wegen des grandiosen Lichts auf den hellgrünen Blättern der Mönchsgewächse, aber auch wegen der klaren Fernsicht auf die Vulkane der Anden und die Lichter ihrer Städte. Eine Leidenschaft der Guides ist das Erzählen und Ausschmücken der gruseligen Legenden von Kobolden im Páramo, die den Hausprospekt liebevoll konterkarieren, wonach die Lodge doch von »Stress, Albträumen und Sorgen« befreie. Die **Küche** ist traditionell gut, Kaminfeuer in den rustikalen *cabañas* und dicke Bettdecken lassen einen den Nachtfrost vergessen.

Polylepis Lodge: Tel. 06-295 40 09, 09-403 14 67, www.polylepislodge.com. Anreise stdl. ab Quito mit Transportes Espejo nach El Ángel (3 Std., 3 $). Von dort mit dem Taxi zur Lodge (10 $). Übernachtung mit Vollpension 67 $.

den kalten Höhen zwischen 3644 und 4768 m. Höchster Punkt ist der **Vulkan Chiles** exakt auf der Landesgrenze zu Kolumbien. In der Kargheit und Kälte dieser Landschaft wachsen riesige Wälder von Frailejones (biolog. Speletia grandiflora oder Speletio pycnophylla). Es handelt sich um widerstandsfähige Stauden mit samtartigen wasserspeichernden Blättern und sonnenblumenartigen, gelben Blütenkörben.

Während einige Arten der ›Mönchsgewächse‹ eng am Boden leben, strecken die *frailejones gigantes* ihre bubikopfartige Blätterkrone bis zu 5 m hoch in den mitunter eisigen Wind. In Anbetracht der Naturextreme in diesen Höhen ist das eine abstruse Begegnung, bei Mondlicht gar eine unheimliche Erscheinung. Außer den ›Mönchen‹ sind trotz der Höhe über 250 weitere Páramo-Pflanzen im Reservat registriert worden, darunter auch Orchideen und zahlreiche Heilpflanzen.

Das bekannteste Gebiet, um die Frailejones zu erleben, sind die **Lagunas de El Voladero** (Höhe 3860 m, Eintritt 10 $ p. P.). Sie liegen nach wunderschöner Panorama-Fahrt etwa 15 km oberhalb von La Libertad. Ein befestigter Rundgang führt um die Seen und Teiche herum. Am Ufer gibt es zudem die Möglichkeit, an einer Hütte zu campen. Oberhalb des Sees liegt die primitive Schutzhütte der ›gesunden Herzen‹, das Refugio Corazones Sanos. Wenn sich der häufig aufziehende Nebel lichtet, genießt man von der Anhöhe eine sensationelle Sicht.

In einem kleinen Teil des Reservates befindet sich unter dem breiten landschaftlichen Saum der Frailejones ein außergewöhnlicher Wald, der **Bosque Polylepis.** Hierbei handelt es sich um einen Feenwald, der in der Moräne eines alten Gletschers entstanden ist. Das Holz des mit jährlich 15 mm extrem langsam wachsenden Baumes ist hart. Zum Schutz gegen Frost und Parasiten häutet sich der Baum regelmäßig, wobei er seine orangerote und blätterige Rinde in zahlreichen Schichten abwirft. Dieses Phänomen brachte dem Polylepis den Beinamen ›Papierbaum‹ ein. Die ältesten Papierbäume des etwa 30 ha großen Waldes sind vermutlich 1500

Jahre alt. Ableger des Polylepis erwachsen aus seinen Wurzeln. Im Gegensatz zu eingeführten Hochlandbäumen wie den Pinien und Eukalypthusbäumen ist der Polylepis kein Wasserräuber, sondern ein Wasserspeicher und erfüllt damit eine wichtige Funktion in dem von Extremen geprägten Ökosystem des Páramos.

Die Páramo-Landschaft der Reserva Ecológica El Ángel gehört zu den spektakulärsten biologischen Entdeckungen Ecuadors.

Abstecher zu den Tropenwäldern im Chocó

Reiseatlas: S. 3, A/B 1
Von El Ángel oder noch bequemer von Ibarra aus führt entlang der alten Eisenbahnroute eine Straße über **Mira** in das gleichnamige Tal. Nach etwa drei bzw. vier Busstunden erreicht man den schmuddeligen Küstenort **San Lorenzo** und weiter südlich **Borbón,** die Heimat der Marimba-Musik. Starten von San Lorenzo aus häufig Boote in den großen **Mangrovenwald** der **Reserva Manglares Cayapas-Mataje,** so legen in Borbón die Boote in den Küstennebelwald des Río Cayapas ab.

Die beiden Waldgebiete des weiten Biosphärenservates **El Chocó** sollte man tunlichst nicht auf eigene Faust besuchen, sondern im Vorfeld Kontakt aufnehmen mit den Organisationen vor Ort, die Unterkünfte für Touristen bereithalten und Touren organisieren.

Die tropischen Küstenregenwälder des Nordens zählen zu den artenreichsten des Landes, wenngleich sie von mehreren Seiten bedroht werden: Garnelenzuchten, Holzfäller, die Agroindustrie der Afrikanischen Ölpalme und Minengesellschaften machen dem Wald gewaltig zu schaffen. Die Mehrheit der Afroecuadorianer an der Küste und die Chachi-Indianer im Regenwald kämpfen vehement gegen den Raubbau an ihrem natürlichen Lebensraum. Mit dem Wald würde auch die jahrhundertealte Kultur der Waldindianer der Awá verschwinden. Doch bis heute sind Affen, Vögel, Frösche, Schmetterlinge und zahlreiche andere Tiere noch regelmäßig anzutreffen.

Vor diesem Hintergrund ist der Tourismus eine Alternative im wirtschaftlichen wie auch im solidarischen und im internationalisierenden Sinn. Die Flusslandschaft am **Río Cayapas** und an seinen Nebenflüssen, die Landwirtschaft der Ureinwohner, der dichte Regenwald und die Alltagskultur in den Gemeinden an den Ufern sind ein besonderes Erlebnis für abenteuerfreudige Reisende ohne hohe Serviceansprüche und auf der Suche nach exotischen Zielen. Wegen der Regenfälle und Mücken im Winter ist eine Reise für die Sommermonate von Juni bis September empfohlen.

Organisationen, die in der Region arbeiten und ökotouristische Reisen koordinieren: **Verde Milenio,** Calle Obs. Miguel y Solier 122 y Selva Alegre, Quito, Tel. 02-290 61 92, 09-984 22 56, www.verdemilenio.org. **Fundación Kumanii,** Kontakt: Green Global Travel Agency, Av. 6 de Diciembre N35-102 y Pasaje Julio Moreno, Ed. Jockey Club, Mezanine 6, Quito, Tel. 02-224 77 79, 02-224 47 82.
Der **Eintritt** in das Reservat beträgt 5 $. Logistisches Zentrum für Regenwaldexkursionen am Río Cayapas ist die Gemeinde **San Miguel** mit dem Rangerbüro der Guardabosques.

Einfache und preiswerte Unterkünfte (5–10 $ pro Nacht) und Verpflegung gibt es in den Gemeinden **San Miguel, Loma Linda** und auf der **Kumanii Lodge,** Kontakte s. o.

Bus: häufige Verbindungen Ibarra–San Lorenzo (3 Std., 4 $) mit Anschluss an San Lorenzo–Borbón (1 Std., 1 $). Alternativ: Quito–Borbón mit direktem Nachtbus (6 Std., 9 $) oder Quito–Esmeraldas (3 Std., 6 $) und Esmeraldas–Borbón (3 Std., 4 $).
Kanu: In Borbón verkehren zwischen 10 und ca. 16 Uhr etwa 4 x tgl. Boote nach San Miguel (6 Std., 8–10 $).

Der Chimborazo (6310 m) überragt eine fantastische Andenlandschaft

Kapitel 3

Die Straße der Vulkane

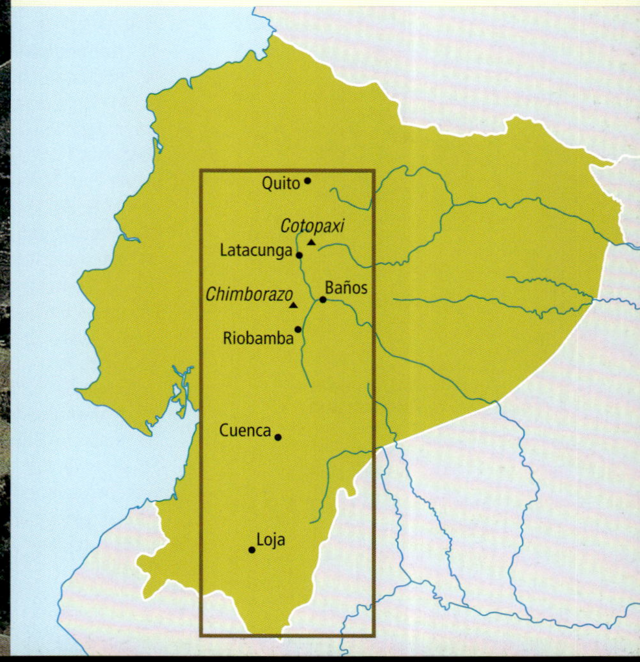

Auf einen Blick: Die Straße der Vulkane

Unendliche Bergwelt

Südlich von Quito erstreckt sich der geografisch größte Teil der ecuadorianischen Anden, der auch die höchsten Erhebungen aufweist: den 5897 m hohen und aktiven Vulkan Cotopaxi und den 6310 m hohen erloschenen Vulkan Chimborazo. Diese lange Passage, eine grandiose Gebirgslandschaft mit Vegetation bis in eine Höhe von 4500 m und rauchenden Gipfeln, taufte Alexander von Humboldt die »Straße der Vulkane«.

An der Panamericana des Südens liegen gleichzeitig einige der historisch bedeutendsten und schönsten Städte der Anden, zum einen Riobamba und Loja, aber allen voran das Welterbe von Cuenca, die schönste Stadt Ecuadors und heimliche Kulturhauptstadt des Landes.

Für Aktivsportler ist der Süden der Anden ein gelobtes Land. In fast allen Regionen zählen Bergsteigen, Wandern, Reiten und Radfahren zu den Standardprogrammen – und das auf einem hohen Erlebnisniveau.

Zudem liegen zwei grandiose Nationalparks mit reichlich Wasser und von überwältigender Schönheit in diesem weiten Hochland der Indianer und Cholas.

Highlights

6 **Nationalpark Cotopaxi:** Der Gipfel des höchsten noch aktiven Vulkans der Welt ist ein Höhepunkt für Bergwanderer. Zugleich bietet der nach diesem 5900 m hohen Vulkan benannte Nationalpark exzellente Möglichkeiten zum Trekking und für Haciendabesuche (s. S. 202f.).

7 **Altstadt von Cuenca:** Die heimliche Kulturhauptstadt Ecuadors an den Ufern des Río Tomebamba wurde unter mitteleuropäischem Einfluss architektonisch zu einem Juwel. Das Kunst- und Kulturangebot wie auch das feminine Gesicht der Stadt überrascht (s. S. 242ff.).

8 **Nationalpark Podocarpus:** Der spektakulärste Bergnebelwald des südlichen Ecuador verläuft über fünf Vegetations- und Höhenstufen und verfügt über eine weltweit herausragende Vogelvielfalt und große Waldflächen andiner Eiben, der Podocarpus (s. S. 262ff.).

Empfehlenswerte Routen

Cotopaxi-Südroute: Die selten begangene Südroute am Cotopaxi, dem größten aktiven Vulkan der Erde, ist einsam, verwunschen und ein einzigartiges Erlebnis (s. S. 207).

Umrundung der Laguna Quilotoa: Die Bergdörfer abseits der Panamericana bergen eine wundersame wie archaische Lebenswelt. Das Hochland um den traumhaft schönen Bergsee Quilotoa ist ein einzigartiges Wandergebiet nahe an der indianischen Lebenswirklichkeit (s. S. 208ff.).

Wandern am Río Pastaza: Wo der Río Pastaza sich in zahllosen Wasserfällen Richtung Amazonien wirft, unterhalb der Zuckerrohrstadt von Baños, liegt ein faszinierender Uferwanderweg (s. S. 225f.).

Die Inkastraße: Ein dreitägiger Wanderweg führt aus der südlichen Provinz von Chimborazo bis zum Sonnentempel von Ingapirca. Dieser ›Inkatrail‹ ist ein Klassiker der Anden und dennoch niemals überlaufen (s. S. 239).

Zeit- und Reiseplanung

Da die Südanden eine sehr große Region mit fantastischen Möglichkeiten zum Wandern sind, ist eine generelle Zeitempfehlung schwierig. Abgesehen von mehrtägigen Trekkingtouren sind etwa drei Tage Aufenthalt in jedem der beschriebenen Unterkapitel angebracht. In den verführerischen Orten Baños, Cuenca und Vilcabamba ist die Wahrscheinlichkeit groß, ›hängenzubleiben‹.

Die Busentfernungen von Quito nach Cuenca (10 Std.) und Loja (14 Std.) sind erheblich, was bei knapper Zeit einen nationalen Flug (55–70 $) nahe legt oder aber eine Busanreise von Guayaquil nach Cuenca (4 Std.). Für die Bahnreise ab Riobamba muss man auf jeden Fall am Vortag anreisen, da es früh losgeht. Die regenreichen Hochland-Nationalparks von El Cajas und Podocarpus eignen sich zum Wandern am besten von Oktober bis Dezember.

Richtig Reisen-Tipps

Die Besteigung des Cotopaxi: Der höchste aktive Vulkan der Welt bietet mehrere spannende Trecks, den 800 m breiten Krater auf fast 6000 m Höhe zu besteigen (s. S. 201).

Augustinerresidenz im Inkapalast: Aus den Grundmauern einer Inkafestung des 15. Jh. bauten Mönche ein Landkloster am Cotopaxi. Es ist heute das älteste und außergewöhnlichste Hotelgebäude des Landes (s. S. 204).

Hacienda Tilipulo: Als lange Zeit vergessenes Kloster birgt die Hacienda Tilipulo die Magie der Geschichte in ihren meterdicken Mauern und in ihrem bezaubernden Blütengarten. Vielleicht gerade deswegen, weil sie heute leer steht (s. S. 218).

Mit der Schmalspurbahn zur Teufelsnase: Rund 100 Jahre nach der feierlichen Eröffnung der ›revolutionären‹ Eisenbahnstrecke Quito–Guayaquil sind nur noch wenige Gleise in Benutzung. Die schönste Fahrt beginnt in Riobamba und führt zur ›Teufelsnase‹ (s. S. 238).

Lunas Messe in der Kathedrale: Auch für Nicht-Kirchengänger und Andersgläubige gibt es im Süden Ecuadors eine ergreifende Veranstaltung: In der größten Kathedrale Südamerikas in Cuenca zelebriert der Befreiungstheologe Luna Tobar sonntags einen unvergesslichen Gottesdienst (s. S. 248).

Die Hutmanufakturen von Cuenca: Obschon das edle Palmenblatt der Toquilla von der Pazifikküste kommt, zählen die Hutmacherbetriebe in und um Cuenca seit Generationen zu den besten des Landes. Mitten in der Altstadt von Cuenca kann man sich davon überzeugen (s. S. 252).

Am Fuß des Cotopaxi

Karte S. 200

Cotopaxi ist eine spektakuläre Hochlandprovinz Ecuadors. Cotopaxi ist einer der größten Nationalparks des Landes. Und Cotopaxi ist der größte aktive Vulkan der Erde. Der Teil der Anden, der von diesem 5900 m hohen Vulkangipfel dominiert wird, umfasst eine Reihe von Bergen beider Kordilleren, den 33 000 ha großen Nationalpark selbst, das angrenzende Naturschutzgebiet El Boliche sowie einige wunderbare Haciendas und Herbergen im Hochland und ist ein Trekkingparadies.

Cotopaxi-Nordroute

Karte: S. 200

Die Route in die zentralen Hochanden beginnt in **Tambillo** 1, wo sich die alte Panamericana aus Quitos Süden und die Osttangente aus dem Valle de los Chillos vereinen und fortan autobahnähnlich durch die interandinen Täler auf der ›Straße der Vulkane‹ nach Süden führen. Im Osten bietet sich ein schöner Blick in den üppig bewaldeten und halb offenen Krater des **Vulkans Pasochoa.** Im Westen zweigt nach wenigen Kilometern bei **Alóag** die wichtige Straße zur Küste nach Esmeraldas und Manabí ab.

Hacienda La Alegría: 500 m vor dem Abzweig Alóag rechts (gegenüber der P&S-Tankstelle), dann 2 km Steinweg, Tel. 09-980 25 26, www.haciendalaalegria.com. Empfehlenswerter Reiterhof im Süden von Quito. Der alte Gutshof verfügt über 27 Pferde, allesamt gemischte *criollo*-Rassen mit einem deutlichen Anteil andalusischer und arabischer Pferderassen. Die gut 2 km von der Panamericana entfernte familiäre Hacienda bietet Reitausflüge zwischen ein und neun Tagen in die Bergwelt von Corazón und Cotopaxi an und hält dabei Anforderungsprofile von ›soft adventure‹ bis ›intensive‹ bereit. Von den Gärten der Hacienda bietet sich eine prächtige Sicht auf die umliegenden Vulkane. Das Haus mit seinen alten Bädern und dem Kaminzimmer ist sehr gemütlich. Zum Übernachten sind hingegen die neuen Zimmer wohnlicher. Da die Hacienda nahe der Bahnlinie Quito–El Boliche liegt, hält die Bahn auf Wunsch mehrfach wöchentlich vor den Toren der Ranch. DZ mit Frühstück 70–90 $.

Machachi

Weiter südlich auf der Panamericana, am Fuß des schroffen **Vulkans Rumiñahui** (4712 m), liegt das landwirtschaftliche Zentrum **Machachi** 2, etwa 50 km südlich der Hauptstadt. Die Kleinstadt ist in ganz Ecuador berühmt für ihr ausgezeichnetes Mineralwasser, dessen bekannteste Marke das Güitig ist. Seinen seltsamen Namen gab man dem Quellwasser nach einem alten chemischen Zertifikat aus Deutschland: Reinheit und Mineraliengehalt entsprachen seinerzeit den ›gültigen‹ Normen, so heißt es in der Dorfchronik.

Das kalte **Gebirgswasser-Schwimmbad** (7–16 Uhr), der gute Käse und die sonntäglichen Hahnenkämpfe runden das bescheidene Erlebnisangebot dieses beschaulichen Städtchens ab. Sehenswert sind der schöne **Parque** mit seinen hohen Bäumen und der große **Sonntagsmarkt** (6–17 Uhr). Besonders lohnend in den Morgenstunden des Sonntags ist auch der außerhalb der Dorfkerns gelegene Viehmarkt *Feria de animales.* Vorsicht, auf dem großen Markt treiben sich einzelne Taschendiebe herum. Täglich findet zudem ein kleiner Markt im Zentrum statt.

Über Machachi führt auch die nördliche Einfahrt in den **Nationalpark Cotopaxi** (s. S. 202f.).

... außerhalb der Stadt:
Hostería Papa Gayo: Panamericana Sur km 43, kurz hinter der Mautstelle, Tel. 02-231 00 02, 09-946 22 68, www.hosteriapapagayo.com. Einfache, aber nette Unterkunft in einer Freizeitanlage mit Restaurant und Bar sowie Internet und Waschmöglichkeiten. Zudem Ausrüstung und **Guides zur Besteigung** der Ilinizas (65 $) und des Corazón (55 $), Preise inkl. Transport, Lunch und Guide. EZ/DZ 10/14 $.
... in Aloasí:
Hostería La Estación: Panamericana Sur km 40, Einfahrt nach Aloasí, Tel. 02-230 92 46, 09-717 46 86. Am alten ausgelagerten Bahnhof von Machachi liegt dieses schöne Haus einer alten Hacienda mit Restaurant. Gemütliche Zimmer mit Kamin. DZ 28 $. Frühstück 5 $ und Mittagessen 10 $, am Wochenende ist eine Reservierung empfohlen.

Cannopy-Tour in Santa Rita: In der Páramo-Landschaft oberhalb von Machachi ist ein 1500 m langes Cannopy-Seil über Wasserfälle und klare Flüsse gespannt. Ferner sind hier zahlreiche Vögel und die typische Páramo-Vegetation zu beobachten. Kontakt: Agencia Tierra del Volcán, Tel. 02-223 18 06, 25 $, Anfahrt mit der *camioneta* ab Machachi-Dorfplatz etwa 10 $.

El Café de la Vaca: Panamericana Sur km 41, Tel. 02-231 50 12, www.elcafedelavaca.com, tgl. 8–17 Uhr. Liebevoll geführtes Café-Restaurant im Zeichen der ›Kuh‹ mit guter internationaler Küche, hausgemachten Kuchen sowie Kaffee- und Milchspezialitäten. Am Wochenende Reservierung empfohlen. Mittagsmenü 7 $, Hauptgericht 4–9 $.

Mit dem Autor unterwegs

Machachi-Markttag

Sonntags ist Markttag in Machachi (s. S. 198f.) für die ganze Region, aber auch für zahlreiche Händler von der Küste. Das **Angebot an Früchten** ist überbordend, wie auch der **Kleintiermarkt** am Rand des großen Platzes überrascht.

Vulkan Corazón

Die Besteigung von Machachis Hausberg innerhalb der Westkordillere, des 4786 m hohen **Vulkans Corazón,** beginnt am alten Bahnhofshotel. Etwas nördlich der Hostería kreuzt man die Bahngleise und steigt über landwirtschaftliche Wege bis zu einem Parkplatz im Páramo (den man mit Erlaubnis der Hacienda manchmal anfahren darf) und weiter über Wanderpfade bis zum Gipfel hinauf. Aufstiegszeit 4–6 Std. Trotz des relativ einfachen Gipfels ist ein **lokaler Führer** empfohlen, so beispielsweise über die Hostería Papa Gayo (s. links).

Eine der ältesten Haciendas Ecuadors

Hier genoss schon Humboldt den Cotopaxi-Blick: In der Nähe Lassos liegt die historische **Humboldt-Hacienda La Ciénega** mit einer der ältesten Kapellen des Landes. (s. S. 207f.).

Akklimatisieren

Die beschriebenen Schutzhütten und Hosterías lassen sich ideal zur Höhenanpassung kombinieren. Die **Akklimatisierungsstufen** für den Gipfel des Cotopaxi liegen auf 3000 und 4000 m sowie ein letztes Basecamp auf 4800 m. Es empfiehlt sich ein Höhentrekking in den Tagen vor dem Gipfelsturm. Besonders reizvoll ist die **Südroute** (s. S. 207).

Paseo del Chagra: Um den 23. Juli jeden Jahres veranstaltet Machachi ein großes **Reiterfest** mit Tanz, lokaler Gastronomie, Reiterwettbewerben und einfachem Stierkampf.

Am Fuß des Cotopaxi

Bus: Von Quito, Terminal Terrestre, fahren etwa alle 30 Min. Busse der Coop. Brito nach Machachi, Fahrpreis 0,75 $. Weitere Busse mit Ziel Ambato oder Latacunga lassen einen an der Panamericana aussteigen.

Unterwegs zum Eingang Control Norte

Die Cotopaxi-Route setzt sich nun von Machachi aus Richtung Osten fort, um später den Nordeingang zum Park zu erreichen. Zunächst passiert die gepflasterte Straße zahlreiche einfache Bauernhäuser und Weiden, von wo der **Vulkan Rumiñahui** im Süden immer wieder beeindruckend durchlugt.

Im weiteren Verlauf steigt die alte Straße an, passiert die Bauernschaft **Santa Ana del Pedregal,** wo man sich rechts hält, um schließlich auf etwa 3600 m Höhe, nur 4,5 km vor dem Parkeingang auf die **Hacienda El Porvenir** 3 zu stoßen. Auf dem alten Landgut ist eine neue, aber stilvoll in warmen Farben und Holz gehaltene Hostería mit einem sehr heimeligem Kaminzimmer entstanden. Die Hacienda und ihr Veranstalter haben sich spezialisiert auf zahlreiche Outdoor-Angebote im Páramo wie Wandern, Bergsteigen, Reiten (25 $ für 3,5 Std.) und Mountainbike (25 $ pro Tag). Dabei verfügt das Haus über einen Schlafsaal (20 $ p. P.) und Zimmer (EZ/DZ 70/99), jeweils mit Frühstück.

Von dort nach Nordosten auf der Rückseite des Pasochoa (4200 m) führt ein Weg zur **Hacienda Santa Rita** der gleichen Outdoor-Gruppe. Besondere Attraktion ist hier das Cannoping. Sieben Drahtseile von insgesamt 1500 m Länge sind über Wasserfälle und klare Flüsse gespannt (Tagespreis mit Ausrüstung zum Cannoping 25 $). Ferner sind hier zahlreiche Vögel und die typische Páramo-Vegetation zu beobachten.

Die dritte **Hacienda, El Tambo,** abgelegen am Fuß des Vulkans Quilidaña, ist ein besonderer Ort für Freunde der Einsamkeit und der kalten Páramo-Welt.

Richtig Reisen-Tipp: Die Besteigung des Cotopaxi

Vor 125 Jahren, am **28. November 1872,** bezwungen der deutsche Geologe Wilhelm Reiss und der Kolumbianer Angel María Escobar erstmalig den 5897 m hohen Cotopaxi. Acht Jahre später trug sich der legendäre britische Alpinist Edward Whymper mit der ersten Gipfelübernachtung in die Annalen ein.

Heute gehört der **höchste aktive Vulkan der Erde** zu den großen Attraktionen für die Bergsteiger aus aller Welt. Der gleichmäßige konische Vulkankegel des Cotopaxi überragt das Land ›öfter‹ als jeder andere Berg, da er im zentralen Hochlandklima die meisten Tage mit freier Sicht zählt und ganzjährig zu erklimmen ist.

Die Besteigung des Gipfels beginnt zwischen 0 und 2 Uhr früh, gemessen ab dem Refugio José Ribas. Nun beginnt der stetige Aufstieg, mit Stirnlampen und dampfendem Atem, die Eisausrüstung im Gepäck, die Schneebrille am Gurt. Nach einer guten halben Stunde ist auf 5000 m die **ewige Schneegrenze** erreicht, und die Teams binden sich samt Steigeisen und Eisaxt zu kleinen Seilschaften an ihre Führer.

Nun folgen 700 Höhenmeter meist gleichmäßiger Anstieg im ewigen Eis des ›Feuerschlundes‹, bis die Morgendämmerung die anderen Schneegipfel Ecuadors aus der Nacht entlässt, bis das glitzernde Lichtermeer von Quito dem Tag weicht. Die Besteigung ist technisch nicht sehr schwer, doch die Höhenluft, der teils starke Wind oder mitunter eisige Niederschläge stellen **hohe Anforderungen an die Kondition.**

Den Gipfel schon erahnend, beginnt unter dem Kraterrand unverhofft die steilste Passage, an der so mancher keuchend verzweifelt. Bei guter Sicht lohnt dieser Kampf gegen die Höhe. Denn wer den **Sonnenaufgang auf dem Gipfel** erlebt, am Rand des 800 m durchmessenden Kraters, dem prägen sich Bilder bis zu seinem Lebensende ein.

Die Besteigung dauert ab dem und zurück zum Refugio zwischen fünf und zehn Stunden. Wegen der Witterung sowie Schneebrücken und Gletscherspalten ist ein **Bergführer obligatorisch.** Mehr noch: Die Schmelze, aber auch neue Schneefälle erfordern gelegentlich Routenänderungen. Alternativ und einsam ist der Cotopaxi auch über eine Südroute zu besteigen (s. S. 207).

Ecuadors Bergführerverband mit einer (etwas vernachlässigten) Liste seiner Mitglieder: www.aseguim.org. Tourbuchung empfohlen über die genannten Bergunterkünfte und ihre Programme oder über die Reiseagenturen in Quito. Preisbeispiel (Tambopaxi, s. S. 203) für die Gipfelbesteigung: Bergführer für bis zu drei Touristen 120 $, zzgl. 30–40 $ p. P. für die Ausrüstung, zzgl. Anreise, Übernachtung, Verpflegung und Parkeintritt.

Beste Saison ist August bis Dezember, denn von Februar bis Mai bildet sich häufiger Nebel.

Hacienda El Porvenir, Hacienda Santa Rita und **Hacienda El Tambo:** Tierra del Volcán, Tel. 02-223 18 06, 09-498 01 15, www.tierradelvolcan.com, Anfahrt zu den beiden ersten Haciendas mit der *camioneta* ab Machachi-Dorfplatz etwa 8–10 $, nach El Tambo in Absprache mit der Agentur.

Mountain Lodge Chilcabamba: Von Santa Ana del Pedregal aus links abzweigend, gelangt man nach wenigen Kilometern – insgesamt sind es 17 km von Machachi – zu der privaten Lodge (3487 m) des bekannten ecuadorianischen Bergführers Rene Román. Er bietet Wanderungen, Ausritte und natürlich Gipfelbesteigungen an.

Chilcabamba: s. o. Tel. 09-856 26 45, in Quito: 02-222 42 41, 09-946 04 06, www.chilcabamba.com. 8 lauschige Doppelzimmer mit Vorzimmern und bullernden ›Schwedenöfen‹.

Am Fuß des Cotopaxi

Das stilvolle Restaurant mit offenem Kamin (Menü 13,50 $) verfügt zudem über ein starkes Teleskop für die Bergbeobachtung. Zimmer 46 $ p. P. bei Halbpension. Zufahrt auch über die Nordstrecke Sangolquí–Rumipampa.

6 Nationalpark Cotopaxi

Karte: S. 200

Ob von El Porvenir, Chilcabamba oder Santa Rita kommend – nach Süden führen alle Wege in den **Nationalpark Cotopaxi,** und zwar in diesem Teil des Gebirges über den Eingang **Control Norte** (Einfahrt tgl. 8–16, Ausfahrt 8–18 Uhr, Eintritt 10 $). Gleich hinter dem Parkwächterhäuschen zweigt nach links der Weg zu den präinkaischen Bergmarken von **Pucará El Salitre** ab sowie zu der weit abgelegenen und von traditioneller Stierzucht geprägten **Hacienda Yanahurco,** die man auch für einige Tage besuchen kann (www.haciendayanahurco.com). Geradeaus wiederum führt der Hauptweg nach 2,8 km zu der Bergherberge **Tambopaxi** (3750 m), die von einer Gruppe renommierter ecuadorianischer Bergführer geleitet wird.

Cotopaxi bedeutet in der Sprache der Cayapas auch ›Hals des Mondes‹ und im Idiom der vorinkaischen Panzaleos ›Feuerschlund‹. Schon seit 1742 notieren die Chronisten die verheerenden Katastrophen seiner Eruptionen, die allein die 35 km entfernte Stadt Latacunga mehrmals unter der Asche des Cotopaxi begrub. Der letzte Ausbruch datiert in 1942, doch aktuelle, gut sichtbare Schmelzen am Westhang unter dem Krater haben die Vulkanologen alarmiert. Nachts liegt der magische Berg ›Mama Cotopaxi‹ häufig unter spektakulärem Wetterleuchten und einer leichten Nebelhaube.

Der mehr als 33 000 km^2 große Nationalpark Cotopaxi ist geprägt von recht karger bis botanisch vielfältiger Páramo-Landschaft. Nur in weniger hohen Zonen im Westen findet man forstwirtschaftlich gepflanzte Kiefernwälder und Steinbrüche. Traditionelle Haciendas laden Gäste ins Páramo-Land, die Nationalparkdirektion kümmert sich um Parkbelange. Immer wieder stößt man auf Schlackefelder und die Wände ehemaliger Lava- und Schlammflüsse. In dem Reservat leben u. a. Pumas, fuchsartige Wölfe, Wildpferde und einige der letzten Kondore. Vom am häufigsten genutzten Eingang zum Nationalpark bei **El Chasqui** an der Panamericana bis zur Schutzhütte **Refugio José Ribas** 4 sind es etwa 30 km Schotterpiste.

Refugio José Ribas: Cotopaxi, Aufstiegsroute an der Nordseite, 4800 m hoch, Tel. 09-963 83 44. Große, sehr einfache Schutzhütte mit 70 Etagenbetten, einfacher Suppenküche, Kaminraum und

Der Cotopaxi brachte immer wieder Verderben, zuletzt brach er 1942 aus

Snackbar. Nicht der komfortabelste, aber der höchste und meist genutzte Ausgangspunkt zur Gipfelbesteigung. Parkplatz 200 m tiefer. Übernachtung 15 $.

Tambopaxi: Tel. 09-944 82 23, Quito-Büro: Calle la Pinta E7-31 y Diego de Almagro, Tel. 02-222 02 41, Fax 02-252 78 42, www.tambopaxi.com. Herberge mit mehreren Häusern, teils als Schlafsäle, teils als Zimmer mit eigenem Bad. Einfache, aber warme, mit Paja-Gras isolierte Zimmer, einige schon etwas älter. Großes Panorama-Restaurant mit ecuadorianischer Küche und Pasta (Mittagsmenü 12, Hauptgericht 7–9 $). DZ 60–80 $, Schlafsaal 20 $ p. P., jeweils mit Frühstück, **Camping** mit Nutzung der Sanitäranlagen 6 $ p. P. **Transportservice** auf Anfrage.

Richtung Süden auf dem Weg zur Panamericana

Karte: S. 200

Vom Refugio José Ribas und seinem Parkplatz geht es denselben Weg zurück bis zu der Piste aus dem Norden des Parks. An dieser Anschlussstelle wiederum nach Westen liegt die am meisten genutzte Verbindung von der Panamericana in den Nationalpark. Diese kürzeste Anbindung führt vorbei an der fla-

Richtig Reisen-Tipp: Augustinerresidenz im Inkapalast

Die heutige **Hacienda San Agustín de Callo** war architektonisch die nördlichste Bastion der Inkas. Hier, unter den Gletschern des Cotopaxi, errichteten die Sonnensöhne aus Cuzco auf 3000 m über dem Meer einen **festungsartigen Palast,** den sie erst im 16. Jh. den Spaniern überlassen mussten. Der Versuch, eine ähnliche Festung in Guayllabamba nördlich von Quito zu errichten, scheiterte am Widerstand der Cayambe-Indianer. Nach der Unterwerfung durch die Europäer nahmen sich die Augustinermönche der imperialen Festung an, um hier ein kleines **Landkloster** und eine Weberei zu betreiben. Im 18. Jh., schließlich diente das Anwesen zudem der Geodäsischen Mission Frankreichs als Zentrum für ihre Studien zur Bestimmung der Erdform. Auch der deutsche Naturforscher **Alexander von Humbold**t (s. Thema S. 232) untersuchte die Ruinen 1802 und begann hier seine kaum bekannten Aufzeichnungen über die Inkaarchitektur, die er in Ingapirca, Cuenca und in Peru fortsetzte.

1921 erwarb der zweimalige liberale Staatspräsident General Leonidas Plaza Gutiérrez die Hacienda. Dieser vererbte das Landgut an seinen Sohn Galo Plaza Lasso, der seinerseits von 1948 bis 1952 Staatspräsident war. Dessen Nichte Mignon Plaza wiederum überführte den antiken Palast schließlich in ein Hotel und ein Restaurant.

Ihr ist es zu verdanken, dass jüngere architektonische Eingriffe zurückgebaut wurden, die filigran gehauenen Steinblockwände der Inkas und frühe Entwicklungen der Augustiner restauriert wurden. Und so betreibt die Enkelin des liberalen Präsidenten heute die **älteste und bedeutendste Hacienda des Landes.**

Die fünf Zimmer und sechs beeindruckenden Suiten in den mehr als 550 Jahre alten Mauern verfügen über herrschaftliche Betten, wuchtige Feuerstellen und über große farbenprächtige, von Kaminen beheizte Bäder. Ist das Umfeld des Anwesens mit Broccoliplantagen und einer schlichten Zufahrt zur Hacienda noch nicht erbaulich, so taucht der Besucher spätestens beim Betreten des inneren Patios in eine andere Epoche ein (Infos s. u.).

chen **Laguna Limpiopungo** mit einigen seltenen Wasservögeln des Páramos. Häufiger sieht man hier Wildpferde. Die Schotterstraße passiert ferner alte Ablagerungen früherer Eruptionen sowie die typische Páramo-Vegetation, einen großen Steinbruch und forstwirtschaftliche Kiefernwälder. Unterwegs passiert man einen sehr einfachen, unbewachten **Campingplatz.** Die Nutzung ist gratis, die anliegende baufällige, aber windfeste Hütte kann gegen 3 $ p. P. mitgenutzt werden. Zahlung und Schlüssel am Eingang Control Caspi (s. u.). Das Wasser stammt aus dem Páramo.

Ein paar Kilometer weiter westlich laden ein heruntergekommenes Museum sowie das gelegentlich geöffnete **Restaurant Paja Blanca** (Tel. 09-397 17 60) zu einem Umweg ein. Bald erreicht man die Ausfahrt bzw. für viele die südliche Einfahrt zum Nationalpark Cotopaxi. Auch dieses Parkwächterhäuschen, **Control Caspi,** häufig auch Control Sur genannt, lässt nur von 7 bis 15 Uhr hineinfahren und bis 18 Uhr herausfahren (Eintritt 10 $ p. P.).

Hacienda San Agustín de Callo

Zwischen dem Parkeinlass Süd und der Panamericana liegt gut ausgeschildert die historisch bedeutendste Hacienda Ecuadors mit den vielleicht schönsten Gästezimmern des Landes, die **Hacienda San Agustín de Callo** 5 (s. o., Tipp).

Hacienda San Agustín de Callo: Lasso, 5 km östlich der Panamericana, Abfahrt bei km 77, Fax 03-271 91 60, 03-271 95 10, 09-993 41 93, www.incahacienda.com. Die Hacienda besteht aus drei Häusern, dessen ältestes die Casa Inca ist. Preise mit Vollpension und Nutzung von Pferden (tgl. 2 Std.) und Mountainbikes sowie kleinen Exkursionen: DZ 365 $, Suite mit Jacuzzi 410 $, Menü 23 $, s. Tipp links.

Zurück auf der Straße der Vulkane

Karte: S. 200

Zurück auf der Straße der Vulkane, die natürlich zu Zeiten des Schöpfers dieses Namens weder asphaltiert noch beschildert war, kehrt man zurück ins 21. Jh. Nur wenige 100 m südlich des Nordabzweigs in den Nationalpark bietet sich alternativ eine **hübsche Bergpension** zur Übernachtung an.

Cuello de Luna: Sector El Chasqui, Panamericana Sur km 65 (gegenüber der südlichen Einfahrt in den Nationalpark Cotopaxi), Tel. 02-252 25 77, 09-970 03 30, www.cuellodeluna.com (auch auf Deutsch). Ruhige Bergwanderer-Herberge auf 3125 m mit freundlichen Zimmern samt Kamin um ein nettes Gärtchen; Restaurant (Abendmenü 9 $). EZ/DZ 34/45 $.

Lasso

Weiter nach Süden fahrend, passiert die Straße der Vulkane bald das Dorf **Lasso** 6 und seine recht verwaisten Eisenbahnschienen. Bei klarem Wetter genießt man nahe dem Ort eine sensationelle Sicht auf den Cotopaxi, die schon **Alexander von Humboldt** begeisterte, wie er 1810 in ›Pittoreske Ansichten der Cordilleren‹ berichtete: »Der Cotopaxi hat die schönste und regelmässigste Form unter allen colossalen Spitzen der hohen Anden. Er ist ein vollkommener Kegel, welcher, mit einer ungeheuern Lage Schnees bedeckt, bei Sonnenuntergang in blendendem Glanze erstrahlt, und sich auf dem azurnen Himmels-Gewölbe mahlerisch heraushebt. Dieser Schneemantel verbirgt dem Auge des Beobachters auch die kleinsten Unebenheiten des Bodens. Keine Felsenspitze, keine Steinmasse ragt aus diesem ewigen Eis hervor, um die regelmässgie Kegel-Figur zu unterbrechen. Der Gipfel des Cotopaxi gleicht dem Zuckerhut *(pan de azucar)*,

Moderner Komfort in 500 Jahre alten Mauern: Hacienda San Agustín de Callo

Die Besteigung des Cotopaxi ist ›nicht ohne‹: Schneeschmelze und Schneefall, Gletscherspalten und Schneebrücken machen einen Bergführer obligatorisch

womit sich der Gipfel des Piks von Teyde endiget, sein Kegel ist aber sechsmal so hoch, als der grosse Vulcan auf Teneriffa.«

Der Klimawandel und das warme Innenleben des Piks haben derweil so einige Felsspitzen freigelegt, was Humboldt jedoch nicht sehen konnte. Er studierte den Vulkan sieben Monate vor einem erneuten Ausbruch. Und er tat das von einem wunderschönen Anwesen aus, der **Hacienda La Ciénega:** »Das Haus von la Sienega, das von einer, mit Hrn. de la Condamine sehr genau verbundenen, Person erbaut wurde, liegt in der grossen Ebene (...). Man sieht hier, zu gleicher Zeit und in furchtbarer Nähe, den colossalen Vulcan von Cotopaxi, die aufgeschlossenen Piks von Ilinissa, und den Nevado von Quelendaña. Es ist diess eine der majestätischen und imposantesten Ansichten, die mir auf beiden Hemisphären vorgekommen sind.«

Der im 17. Jh. von Marquéz de Maenza erbaute Gutshof nahm nicht nur La Condamine und Humboldt auf, sondern im Lauf der Jahrhunderte auch zahlreiche Staatspräsidenten. So auch Gabriel García Moreno, der den Eukalypthus nach Ecuador brachte, wodurch der Ciénega eine der eindrucksvollsten Alleen im Land erwuchs. Später wurde an den Gebäuden architektonisch immer wieder interveniert, was zu einer Transformation der antiken Struktur führte. Unter dem neuen Management wird jedoch seit einigen Jahren der alte Zustand Schritt für Schritt zurückgewonnen. So erstrahlt heute der **Hacienda-Rundgang** um den zentralen Patio ebenso in neuem alten Glanz wie auch Bögen, Kuppeln und Gewölbe. Alter Mief verschwindet langsam, und die bis zu 2 m dicken Wände rücken wieder in den Vordergrund. Beeindruckend ist der Bimsstein-Kuppelbau von 1700, der heute die **Humboldt-Suite** bedeckt. Die Pergolas wiederum wurden 1800 im französischen Stil angebaut.

Die vom spanischen Calatrava-Orden errichtete **Kapelle** wurde bereits 1590 fertig gestellt und ist damit das nach La Balbanera

(Riobamba) wahrscheinlich zweitälteste Gotteshaus des Landes.

Die einst 12 000 ha große Hacienda hatte früher eine große Molkerei und exportierte schon 1840 Käse nach Europa. Auch der erste Traktor Ecuadors knatterte über die Felder der Ciénega, wo sich heute die Blumenindustrie ausbreitet. Der Trecker ruht nunmehr hinter den Gartenhäusern.

Die Hacienda La Ciénega ist indes eine Hostería, offen für Hotel-, Restaurant- und Kaffeegäste und füllt sich vor allem am Wochenende mit zahlreichen Besuchern, die im historischen Ambiente und bei folkloristischer Musik speisen möchten.

Hostería La Ciénega: 2 km südl. von Lasso Panamericana nach rechts verlassen, 2 km Nebenstraße, Tel. 03-271 90 52, Fax 03-271 91 82, www.hosterialacienega.com. Große, beheizte Zimmer in den alten Bodegas um üppigen Blumenpatio und in einem neueren Teil im anliegenden Garten. Die antike Badeanstalt befindet sich im Umbau zum **Spa.** EZ/DZ mit Frühstück 50/70 $, Humboldt-Suite 150 $.

Hacienda Hato Verde: Panamericana km 78 (Fábrica Aceropaxi), dort 900 m nach Osten bis zum beschilderten Steinweg. Tel. 03-271 93 48, 03-271 99 02, www.haciendahatoverde.com. Stilvoll und fein restauriertes, 150 Jahre altes Landhaus, in dem heute in familiärem Ambiente eine nur 6 Zimmer große Hostería mit kleinem **Reiterhof** besteht. Beeindruckend sind die restaurierten und teils rekonstruierten Bimssteinwände des großen Kaminzimmers. Schöne, warme Zimmer mit Ofen. EZ/DZ mit Frühstück 95/108 $, bei Vollpension mit geführten Ausritten auf guten Pferden 194 $ p. P. Anmeldung empfohlen.

Cotopaxi-Südroute

Karte: S. 200

In den Sommermonaten und zum Jahreswechsel, wenn die Sicht in den zentralen Anden besonders gut ist, wird es mitunter voll im Refugio José Ribas auf der Nordflanke des Cotopaxi. Nicht selten bevölkern dann 60 Bergsteiger die Schneefelder zur Loipe. Die selten gegangene Südroute hingegen ist einsam und verwunschen. Die Besteigung auf dieser Route erfolgt zunächst über ein drei- bis vierstündiges Páramo-Trekking ab dem kleinen Dorf **Ticatilín** (3200 m) und bis zum **Refugio Cara Sur** 7 auf dem Vulkansattel von **Rasularca** (4000 m). Die rustikale und gemütliche Schutzhütte eröffnet einen fantastischen Blick auf die südlichen Anden. Das Haus kann Rastplatz oder Übernachtungsquartier sein. Das zugehörige Schlafhaus ist einfach, aber zweckmäßig mit Etagenbetten und einem Kamin ausgestattet.

Weitere drei Stunden Wanderung sind es bis zu dem festen Höhencamp **Campo Alto** auf 4780 m, das ständig mit Zelten zum Übernachten und Kochen ausgestattet ist und gelegentlich im Schnee liegt. Gegen 1 Uhr früh beginnt auch im Süden der Aufstieg zum Gipfel. Über diese nahezu unberührte Route erreicht man nach etwa fünf bis sechs Stunden den **Südgipfel** des Kraters, der mit 5880 m Höhe knapp unter dem höchsten Gipfel von 5897 m liegt. Technisch ist die Route mit dem Norden vergleichbar. Die Südroute ist auch interessant für Trekkingfans mit weniger Kondition und Gipfelhunger, die ein eindrucksvolles Trekking nur bis Campo Alto organisieren oder aber den Cotopaxi-Nebengipfel von **Morurco** (4823 m) aus besteigen möchten.

Ein großartiges Erlebnis ist auch die dreitägige **Vulkanüberquerung des Cotopaxi** von Süd nach Nord über beide Gipfel (s. auch Nordroute, S. 198ff.).

Cotopaxi Cara Sur: Calle Jorge Washington 425 y Av. 6 de Diciembre, Quito, Fax 02-290 31 64, 09-800 26 81, www.cotopaxicarasur.com. Betreiber der Schutzhütte und einer der erfahrensten Bergführer in Ecuadors ist Eduardo Agama. Komplettpreise p. P. samt Führer, Verpflegung, Ausrüstung ab Quito bei 2–3 Bergsteigern: 2 Tage Morurco 110/90 $, 2 Tage Südgipfel 165/145 $, 3 Tage Überquerung 220/185 $.

Umrundung der Laguna Quilotoa

Karte S. 212

Die Westkordillere der Anden formt zwischen dem Zwillingspaar der Vulkane Ilinizas (5126, 5263 m) und dem südlichen Doppel von Carihuairazo (5020 m) und Chimborazo (6310 m) eine weite, zerklüftete Páramo-Landschaft, die nicht über 4300 m hoch steigt und in weiten Teilen völlig einsam ist. Im Norden dieser ›topografischen Atempause‹ liegt mit der Laguna Quilotoa einer der schönsten Bergseen Ecuadors.

Bergdörfer im Umland des Kratersees

Karte: S. 212

Am eingestürzten Krater der **Laguna Quilotoa** leben Kichwa-Indianer in der Abgeschiedenheit der Bergdörfer und einsamen Fincas, arme Maisbauern und Hirten in den Härten von Wind und Kälte. Für Wanderer und Mountainbiker mit Ausdauer ist diese Gegend ein faszinierendes Reiseziel. Und wer gern mit dem Bus fährt, entdeckt hier im Westen der Provinz Cotopaxi, fernab der Panamericana, die Weite und Langsamkeit der Anden. Das Straßen- und Wegenetz erlaubt eine weiträumige Umrundung des Sees, die hier gegen den Uhrzeigersinn beschrieben ist.

Unterwegs mit dem Pkw: Von der Panamericana aus gibt es mehrere Ausfallstraßen in den Westen, die allesamt in dem Dorf **Toacazo** zusammenlaufen, sei es, aus dem Norden kommend, über **Pastocalle** oder aus dem Süden über **Saquisilí** oder **Guayatacama.** Von Toacazo führt eine ganz passabel hergerichtete Straße nach **Sigchos** im Westen. Selbstfahrer kommen nicht umhin, in den Dörfern nach der jeweiligen Ausfallstraße zu fragen.

Bus: Die einzige Busverbindung nach **Chugchilán** über den Norden dieser Umrundung bedient die Cooperativa Ilinizas auf der Route Latacunga–Saquisilí–Toacazo–Sigchos–Chugchilán. Abfahrt in Latacunga ist 11.30, Ankunft in Chugchilán ca. 15 Uhr. Nach **Sigchos** gibt es hingegen häufigere Verbindungen: Die Kooperativen Ciro und Reina de Sigchos fahren ab Terminal Latacunga Mo–Fr 10, 12, 14, 16, 17, Sa 10, 11, 12, 14, 16, So 12, 14, 17 Uhr.

Von Sigchos nach Chugchilán

Kopfsteinpflaster kündigt auf 2800 m schließlich das Dorf **Sigchos** 1 an, einen Ort, den die Puruháes im 10. Jh. von Norden kommend auf der Flucht vor den imperialistischen Indígenas der Caras oder auch Panzaleos gründeten. 500 Jahre später wiederum »wehrten sich die wilden Krieger der Stämme von Sigchos, Tacunga, Mocha und Jambato« vehement gegen die von Huayna-Cápac angeführten Inkas aus dem Süden, schreiben die Chronisten der Gemeinde. Die Spanier machten sich Sigchos vor allem wegen der Goldadern der Region untertan. Im 18. Jh wurde Sigchos mehrfach Opfer von Ausbrüchen des Vulkans Quilotoa. Zwar gibt es im Dorf einzelne sehr einfache Pensionen, doch empfiehlt sich die Unterkunft im 24 km weiter südlich liegenden **Chugchilán** 2.

Hostal Mamá Hilda: Chugchilán, Tel. 03-281 48 14, 02-258 29 57, www.hostalmamahilda.org. Schönes Hostal, stilistisch an die Almhütten angelehnt, um ein kleines Maisfeld gebaut, mit Liegestühlen und Hängematten. Gepflegte Zimmer mit Balkon und liebevoll von der Herbergsmutter dekoriert. Restaurant (Menü 3 $). EZ/DZ mit Halbpension 17/34 $, ohne eigenes Bad 14/28 $.

Hostal Cloud Forest: Chugchilán, Tel. 03-281 48 08, josecloudforest@gmail.com. Junge, freundliche Pension an der Straße, nahe Mamá Hilda, mit einfachen kleinen Zimmern sowie Restaurant (Menü 2 $, ein ganzes Meerschweinchen 5 $) und Internet. EZ/DZ mit Halbpension 10/20 $, ohne Bad 8/16 $.

Black Sheep Inn oder **La Posada Oveja Negra:** Chugchilán, Tel. 03-281 45 87, www.blacksheepinn.com. Ein sympathisches Wirtspaar aus Massachusetts, ehemalige ›hardcore backpackers‹, hat seit 1994 aus einem einst staubigen Hang am Dorfrand eine idyllische Wohnanlage mit einem ausgefeilten biologischen Wassersystem, vegetarischer Küche, Biosauna und selbst entworfenen Trekkingrouten entwickelt. Ein Konzept, wofür sie auch dank der besten PR-Arbeit in Ecuadors Tourismusbranche von unzähligen internationalen Reisemagazinen und Umweltverbänden reichlich geehrt wurden. Nicht gerade preiswert, aber ökologisch und liebevoll versorgt, entspannt man hier auf 3200 m Höhe vor dem selbst gebauten Holzofen und dem weiten Bergpanorama, bei Bedarf mit Internet und demnächst auch im Yogaraum. EZ/DZ mit Halbpension 70/100 $, ohne eigenes Bad 60/80 $, im Schlafsaal 25 $ p. P.

Reiten: Neben dem Trekking ist Reiten die angesagte Fortbewegungsart in diesem abgelegenen Páramo. Alle Hostales vermieten preiswert für etwa 10–20 $ am Tag Pferde, auch ein Guide kostet nur 10 $ pro Tag.

Abstecher nach Isinliví

Isinliví 3 ist ein kleines, weit abgelegenes und 200 Einwohner zählendes Andendorf, das im Wesentlichen von Kartoffeln, Kürbissen, Mais und Viehhaltung lebt. Für Ruhesuchende und Wanderer in der Bergwelt von Quilotoa bietet das Dorf in einem ehemaligen Bauernhaus auf 2900 m Höhe eine schöne kleine Herberge mit ökologischem Konzept sowie eigener Müsli- und Yoghurtherstellung.

Hostal Llullu Llama: Tel. 03-281 47 90, www.llullullama.com. Kleine EZ/DZ 13/20 $, Schlafsaal 8 $, Frühstück 4 $, Menü 7 $.

Bus/Camioneta: Mo, Di, Mi, Fr um 13 Uhr fährt Coop. Vivero von Latacunga nach Isinliví, ansonsten tgl. etwa 5 x bis Sigchos, *camioneta* ab dort 10 $.

Laguna Quilotoa

Hinter Chugchilán windet sich die Straße allmählich ihrem Höhepunkt zu. Frauen waschen am Fluss, andere spinnen Wolle, während sie gehen. Paja-Gras, das gelb blühende *julo* und *yauhil* bedecken die karger werdenden Böden. Die Landschaft vollzieht

Mit dem Autor unterwegs

Wandern in Einsamkeit

Die Region um die Laguna Quilotoa eignet sich ausgezeichnet für **Páramo-Wanderungen** in Abgeschiedenheit, da sie kaum besiedelt ist, fantastische Bergpanoramen bietet und trotzdem von einzelnen Bussen angefahren wird. **Beste Ausgangspunkte** sind Chugchilán (s. S. 208), Isinliví (s. u.) und Quilotoa (s. u.).

Feiern in Zumbahua

Das mehrtägige Weihnachtsfest **Niñu Fishta** in Zumbahua ist eines der außergewöhnlichsten und **lebendigsten indianischen Feste** der Sierra (s. S. 213).

Reiten in Angamarca

Die Chagra-Tradition des Viehtreibens zu Pferd wird in dem weiten Tal von Angamarca gepflegt. Erst seit wenigen Jahren lässt die **Hacienda Ñucanchik Angamarca** auch internationale Besucher an diesem wilden und urtümlichen Leben teilhaben (s. S. 213).

Fast kreisrund: der Kratersee Quilotoa

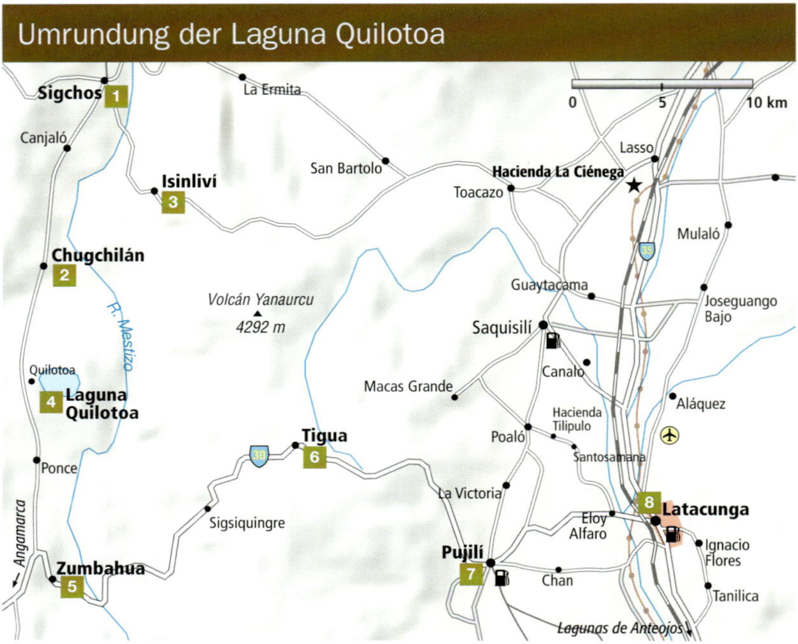

einen dramatischen Wandel vom Wald zu einer Art Halbwüste. Die Menschen leben von Schafzucht, Kartoffeln und Gerste. Gelegentlich passiert der Weg tiefe Schluchten. Nach etwa 20 km, auf dem höchsten Punkt dieser Kraterumrundung, erreicht man die **Laguna Quilotoa** 4 (3570 m), wo 1 $ Gemeindegebühr zu entrichten ist. Der Gebirgssee liegt direkt hinter dem gleichnamigen Dorf (3854 m) und leuchtet smaragdgrün und sanft in der Sonne, sein 16 °C warmes Wasser ist mineralienhaltig und leicht salzig. Das Dorf lebt zunehmend vom Tourismus und der naiven Malerei.

Nahezu kreisrund fasst der schroffe Kraterrand den 2 km durchmessenden und 250 m tiefen See ein. In den Innenwänden kleben einzelne Maisfelder. Ein meditativer Moment der Reise, ein Ort zum Verweilen. Während am dorfnahen Kraterrand mehrere Händler Tigua-Kunst feilbieten, ist man bei der etwa **vierstündigen Wanderung** um den bis auf 4010 m Höhe ansteigenden Krater ganz allein und kann hervorragend abschalten.

Crater Lake Lodge: Quilotoa, 100 m vom Dorfeingang, Tel. 09-717 57 80, in Quito: Tel. 02-252 78 35, www.quilotoalodge.com. Gepflegtes Mittelklassehotel im Landhausstil mit warmen Farben, großem Kamin, Heizstrahlern, Videoecke, Panoramarestaurant und einem gut gelaunten Kater Pinky. Wohnliche Zimmer mit elektrischen Heizdecken! EZ/DZ mit Frühstück 39/50 $, Menü 9 $.

Hostal Cabañas Quilotoa: Quilotoa-Dorf, Tel. 09-212 59 62. Mittlerweile gibt es mehrere einfache Hostales in Quilotoa, doch der Pionier des lokalen Fremdenverkehrs, Humberto Latacunga, besitzt die schönsten *cabañas.* Er hat sie mit einem kleinen Kaminofen und Warmwasser ausgestattet; angeschlossen ist ein einfaches Bergrestaurant. EZ/DZ mit Halbpension 12/24 $, Schlafsaal 8 $ p. P., Menü 2,50 $.

Geführte Touren: Das Hostal Intipacari hatte seine Zimmer Anfang 2007 zwar noch nicht in akzeptablem Zustand, aber seine Besitzer José und Delfina leiten seit einigen Jahren ein Tourismus- und Gemeindeprojekt. Ihre mit deutscher Unterstützung 2003 gegründete Stiftung Fundación Visocial Corporación organisiert und führt Touren nicht nur zum Krater und in die umliegende Bergwelt, sondern auch in Landgemeinden, in die Landwirtschaft und in Schulen. Das Projekt finanziert mit den Einnahmen Dinge des täglichen Bedarfs für Menschen am Existenzminimum, baut einen Grundstock an Schulbüchern auf und will langfristig eine eigene Schule eröffnen. Außerdem sucht die Fundación ständig Freiwillige für Gemeindearbeit und Unterricht. Tel. 08-651 12 73, 08-534 33 55, www.viventura.com, dort ›Länder: Ecuador‹ und ›Schulförderung‹.

Zumbahua

Weiter nach Süden geht es z. T. an einer erodierten Schlucht entlang nach **Zumbahua** 5 – einem regionalen, farbenfrohen Marktplatz (samstags) und Verkehrskreuz. Hier treffen die Straßen aus Quilotoa, **La Maná** (77 km) und **Quevedo** (109 km) an der Küste, **Latacunga** in den zentralen Anden sowie nach **Angamarca** (s. Reiseatlas S. 9, A/B 3) im südlichen Páramo zusammen. Unter der Woche ist der Ort, in dem die Salesianer seit den 1970er-Jahren eine angesehene Poliklinik und eine Schule aufgebaut haben, sehr, sehr ruhig.

... in Angamarca (1 Std. südl.): Ranch Ñucanchik Angamarca: Tel. 02-241 76 18, 09-879 50 97, e-adventure@hotmail.com (die Bus-Cooperativa Pujilí fährt Angamarca von Latacunga aus an, Mo–Fr 9.30, 14, 16, Sa, So 8.30 Uhr). Pferdefreunde finden eine Stunde südlich von Zumbahua mit der abgelegenen Ranch eine traditionelle Rodeo-, Chagra- und Stierkampf-Hacienda in einer weiten Hochebene des Páramo. Sie bietet zahlreiche Ausritte und Wanderungen in die wunderschöne Hochlandnatur. Das authentisch dekorierte Haus der Ranch verfügt über einen Kamin, der auf 3600 m gute Dienste leistet, einfache Zimmer und natürlich Stallungen für die Pferde. EZ/DZ mit Frühstück und Programm 18/35 $, mit Vollpension 35/70 $, Reiten pro Tag 30 $, diverse Programmpakete ab Quito.

Niñu Fishta: Vom 23. bis 27. Dezember jeden Jahres begeht Zumbahua ein rauschendes indianisches Weihnachtsfest mit Maskentanz, Rinder- und Hammelfleisch und reichlich Branntwein. Das Fest ist eine Mischung aus Dankfest, Ehrerbietung gegenüber dem Jesuskind und der Bitte um Regen.

Tigua

Von Zumbahua aus führt die Route zurück Richtung Panamericana. Die Straße steigt noch einmal kräftig an zur **Loma Yuctoloma,** von deren Pass sich dem Auge ein majestätisches Bergmassiv bietet. Der nächste größere Ort an der Route ist das Straßendorf **Tigua** 6**,** das Zentrum der gleichnamigen naiven Malerei.

Hostal Samana Huasi: direkt an der Straße am Westende von Tigua, Tel. 03-281 48 68, hsamanahuasi@yahoo.com. Ein von der Gemeinde geführtes Hostal direkt neben dem kleinen **Museum für Tigua-Kunst** mit großem Esszimmer, kleinen Balkonen und toller Fernsicht. Einfache Zimmer ohne eigenes Bad. EZ/DZ 15/20 $.

Bei guter Sicht außerdem sensationell ist die Fahrt nach Osten durch eines der **schönsten Bergpanoramen in Ecuador,** das sich über dem weiten Andenbecken von Latacunga erhebt: Der Iliniza Sur, der Altar, der Tungurahua und nicht zuletzt der Cotopaxi wachen über dem weiten Becken.

Pujilí

Karte: S. 212
65 km östlich von Zumbahua gelangt man nach **Pujilí** 7**,** in das stille Zentrum der zahlreichen **Keramikmanufakturen,** die in den

Erinnert an einen Flickenteppich: das Tal von Zumbahua

umliegenden Dörfern zu Hause sind. Produziert werden bemalte Keramikbilder und -figuren mit traditionellen oder schlicht touristischen Motiven sowie Töpferwaren des alltäglichen Gebrauchs. Der Ort war ein bedeutender Handelsplatz an der zentralen Verkehrsachse zwischen Quito und der Küste, bis die Straße Quito–Alóag–Santo Domingo eröffnet wurde. Damit tauchte Pujilí wirtschaftlich nahezu in die Bedeutungslosigkeit ab. 1996 war die Stadt Epizentrum eines schweren Erdbebens und musste in großen Teilen und in kürzester Zeit wieder aufgebaut werden, was ästhetisch ob der akuten Not auf breiter Flur misslungen ist.

Doch das Zentrum der Stadt ist eine kleine Perle geworden. In der ruhigen Kantonalstadt lohnt daher ein Besuch des wunderschönen **Parque Luis Fernando Vivero,** der wegen Tausender von Vögeln, die in seinen Bäumen ruhen oder schreien, auch Parque de los Pájaros (tgl. 7–12, 13–18 Uhr) genannt wird. Die angrenzende **Kirche** aus Bimsstein ist hervorragend restauriert. Emfehlenswert ist ein Blick auf die beeindruckende Seitenkonstruktion, zu sehen von der Seitenstraße mit dem Pfarrhaus. Auf der anderen Seite des Parks liegt das **Municipio.** Ein erster Patio zeigt eine Gemäldegalerie mit den Berühmtheiten der Stadt aus Kirche, Politik und Krieg. Im zweiten Patio schließlich ein Holzfigurenkabinett, das Musiker zeigt: die Protagonisten der Stadtidentität und seiner Musikschule.

Hostería El Capulí: Calle García Moreno 4-24 y Juan Salinas, Tel. 03-272 38 70, hosteriacapuli@hotmail.com. Das Gefängnis der Stadt wurde 2007 in das Vorzeigehotel der Stadt umgewandelt. Konnte man die Grundfeste nach dem Erdbeben retten, so wurde das obere Geschoss des Kerkers unter neoklassizistischem Einfluss neu gebaut. Säulen und Interieurs sind aus feinem Kirschbaumholz *(capulí)*, während das Gesamtwerk streng sachlich gehalten ist. Restaurant (Hauptgericht 12 $), Bar und Internetbereich runden das Angebot ab. Feine, schlichte Zimmer mit Holzböden; Kabel-TV. EZ/DZ 42/60 $.

Keramik: Einer der besten Orte, um Gebrauchskeramik bei den Herstellern zu kaufen, vor allem Vasen und Töpfe, aber auch Dekowaren, ist das benachbarte Dorf **La Victoria** (ca. 5 km nördlich).
Cerámica Olmos: Calle Vicente Rocafuerte 2-02 y Parque Central, Tel. 03-272 34 18, diegiart@yahoo.com, tgl. 9–12, 14–17 Uhr. Laut Kennern der beste Keramikhändler in Pujilí.

Corpus Cristi: an Fronleichnam. Der Name *pujilí* stammt aus dem Kichwa und bedeutet ›Land der Spiele‹. Er bezieht sich auf die mittlerweile legendären Maskentänze der *danzantes* und das zugehörige Straßenfest. Die von vielen tausend Zuschauern begleiteten Tänze haben historische Motive, welche die tiefen Wurzeln des Menschen mit seinem Ursprung widerspiegeln.

Latacunga

Karte: S. 212
Die kleine Hauptstadt der Provinz Cotopaxi zählt heute geschätzte 75 000 Einwohner. **Latacunga** 8 (2770 m) wurde von den Spaniern 1533 zunächst als Cabildo gegründet und 1584 umbenannt. Wer den Río Cutuchi, von der Panamericana kommend, Richtung Marktplatz überquert, begegnet zunächst dem schmutzigeren und geschäftigen Teil dieser früheren Niederlassung einer vorinkaischen Puruháes-Siedlung. Erst einige Blocks südöstlich des landwirtschaftlichen Umschlagplatzes gelangt man zu dem etwas romantischeren Teil von ›La Tacunga‹.

Stadtbesichtigung

Im **Parque Vicente León** sitzt der gleichnamige Sohn der Stadt und Autor der ecuadorianischen Nationalhymne auf wuchtigem Marmorsockel. Seinen grünen Garten umgeben Bänke, Banken und die innen etwas steril weiß getünchte **Kathedrale** sowie ihr kleines Museum. Einen Block weiter zeugen der **Parque Bolívar** und zwischen den alten Kliniken der Stadt der **Parque Filantropía** von ihrer kolonialen Vergangenheit (Calle Quevedo y Maldonado).

Im Gegensatz zu anderen neoklassizistischen Stadtzentren wie in Riobamba, Cuenca oder Quito sind die wenigen alten Wohnhäuser vornehmlich eingeschossig. Dieses rührt zum einen von der ländlichen Bautradition her, doch vor allem von den vier verheerenden **Vulkanausbrüchen** in den vergangenen 500 Jahren. Zuletzt 1877 begrub der feuerspeiende Cotopaxi die Stadt unter Schlamm und Asche.

Interessant ist die 260 Jahre alte, 1877 zerstörte und heute andeutungsweise rekonstruierte **Casa de los Marqueses de Miraflores.** Im ersten Raum zeigt sie industriearchäologische Fundstücke der Textil- und Wollfabrik San Gabriel, vor allem Werkzeuge

und Überreste alter französischer Maschinen. Auch diese mussten aus den Vulkanschlämmen gegraben werden. Der zweite Ausstellungsraum beherbergt neben klassischer Kirchenkunst wunderschöne Möbel aus dem 19. Jh. und Kuriositäten wie ein altes Grammofon mit Schellackplatten aus der Vor-Vinyl-Epoche. Auf dem Plattenteller liegt ›La Cucuracha Macabre‹ von dem mexikanischen Sängerduo Tin Tan und Marcelo. Im dritten, ›gelben Saal‹ versammeln sich noch heute die Stadtoberen unter ihrem Wappen.

Das vielleicht schönste Gebäude der Stadt ist das Dominikanerkloster **Convento de Santo Domingo** in der Calle Quito und Guayaquil. Das 1608 gegründete Kloster umrahmt dessen üppigen Garten mit einem Rundgang unter hohen Bögen im Schatten der zwei weißen Glockentürme. Bemerkenswert ist die Ausstellung von 60 Originalgemälden von Fray Enrique Mideros.

Ausflug zu den Lagunas de Anteojos

Reiseatlas: S. 9, C 2/3

Die 220 **Bergseen** auf durchschnittlich 3750 m Höhe formen eine bezaubernde Seenplatte in einzigartiger Páramo-Landschaft. Sie zählt zu den feuchtesten Zonen von ganz Ecuador. Letzteres behindert nicht selten die Fernsicht über diese riesige Seenplatte in der Einsamkeit einer kaum besuchten Andenlandschaft. Die zentrale Laguna de Anteojos, die ›schwarze‹ **Laguna Yana Cocha,** und die zu einem großen Wasserkraftwerk gestaute **Laguna Pisayambo** zählen zu den schönsten Seen. Im gleichen Gebiet liegt der ›schöne Berg‹, der **Cerro Hermoso,** an der Seengruppe des Río Verde Grande.

Zugang besteht, aus Latacunga kommend, über Salcedo (s. S. 219 und Reiseatlas S. 9, B 2), von wo eine Bergpiste nach Osten zu den entlegenen Seen abzweigt. Für **Wanderungen** und **Off-Road-Exkursionen** muss man ortskundige Führer beauftragen, etwa in Latacunga.

Made in Ecuador: Ponchonäher in Zumbahua

Cámara de Turismo de Cotopaxi: Calle Sánchez de Orellana y Guayaquil, Latacunga, Tel. 03-281 49 68, captur cotopaxi@andinanet.net, Mo–Fr 8–12, 14–17.30 Uhr. Tourismusbüro der Provinz mit ›Von-allem-etwas‹-Informationen.

Hotel Rodelu: Calle Quito 7331 y Belisario Quevedo, nahe Parque Central Vicente León, Tel. 03-281 12 64, Fax 03-281 23 41, www.rodelu.com.ec. Solides Hotel der Touristenklasse im Zentrum mit farbigen Wänden und kleinen Balkonen. Restaurant im Haus (s. u.). 18 Zimmer mit Kabel-TV. EZ/DZ ohne Frühstück 18/32 $.

Hotel Cotopaxi: Calle Padre Salcedo y Sánchez de Orellana, Parque Central Vicente León, Tel. 03-280 13 10, Fax 03-280 13 10. Einfaches, modernes und preiswertes Hotel mit schlichten Zimmern. EZ/DZ ohne Frühstück 10/16 $.

Restaurante Rodelu: Adresse wie Hotel, s. o., tgl. 7–22 Uhr. Gute, ecuadorianische Küche. Frühstück 3 $, Mittagsmenü 3 $, à la carte 4–6 $.

... außerhalb an der Panamericana:

Paradero La Finca: Panamericana Sur km 1, Tel. 03-281 12 46, lfventas@andinanet.net, Di–So 7–19 Uhr. Restaurant, Cafeteria und Delikatessenladen an der Panamericana. Frühstück 2,50–4 $, Mittagsmenü 3–6 $, Hauptgericht 6 $.

Fiesta de la Mama Negra: Das größte Fest, die Mama Negra, wird stadtoffiziell am 24. September, jedoch als Volksfest am 2. Novembersamstag zum Stadtgründungsfest mit farbenfrohen Maskenumzügen und Tänzen begangen. Die Herkunft dieses von bis zu 30 000 Gästen begleiteten Festes zu Ehren der schwarzen Virgen de las Mercedes hat mehrere Wurzeln und Versionen. Teilweise gehen sie auf die spanische Vertreibung der Mauren nach Nordafrika zurück. Eine andere Version bringt das Fest zusammen mit der Sklavenbefreiung aus den Silberminen von Sigchos im 19. Jh. Die Figur der schwarzen Muttergottes am Cotopaxi ist hingegen seit dem 18. Jh. bekannt; sie gilt heute auch als Schutzpatronin des Vulkans.

Feria de Saquisilí: Einer der traditionellsten **Landmärkte** Ecuadors findet jeden Donnerstag auf insgesamt acht Plätzen des Dorfes Saquisilí statt. Feldprodukte, Nutztiere, Kunsthandwerk und allerlei andere Handelsware verwandeln das Dorf für Stunden in einen großen bunten Jahrmarkt. Anreise über Latacunga oder Lasso.

Tovar Expeditions: Calle Guayaquil 5-38 y Quito, Tel. 03-281 13 33, Fax 03-281 13 33, tovarexpeditions@hotmail.com, Mo–Sa 8–13, 14.30–19 Uhr. Reiseagentur mit einem breiten Profil: von Bergsteigen und Trekking über Mountainbiking bis zum Reiten. Außerdem auch Ausrüstungsverleih.

Wanderungen/Off-Road-Exkursionen: s. auch S. 217, Ausflug zu den Lagunas de Anteojos.

Bus: Der zentrale Busterminal Latacungas mit häufigen Verbindungen in alle Landesteile Ecuadors liegt an der Panamericana südlich der zentralen Brücke in die Stadt.

Richtig Reisen-Tipp: Hacienda Tilipulo

Einige Kilometer östlich von Pujilí, etwas versteckt in einer weiten Tiefebene, liegt eine wunderschöne Hacienda. Die Hacienda Tilipulo ist eine 1680 erbaute **Klosteranlage,** die lange Zeit eine Weberei beherbergte und ursprünglich im Besitz des Inka-Nachfahren Sancho Hacho war. Zeitweise und bis zu ihrer Ausweisung im Jahr 1767 lag das Anwesen in der Hand der Jesuiten. Numehr seit 1979 befindet es sich im Besitz der Stadt Latacunga, die das Kloster samt seiner um 1770 gebauten Kirche gerne verpachten möchte. Leider haben die Stadtoberen diesem Ansinnen sündenfällgen Vorschub geleistet, indem sie einen modernen, pseudokolonialen Hotelanbau in Auftrag gaben, der die harmonische Säulenform und Deckenstruktur des **kolonialen Schatzes** mit der gedankenlosen Gleichgültigkeit eines Reißbrettkapitäns abstrafte.

Der alte Teil der kleinen Hacienda ist hingegen derart beeindruckend, dass der Besuch unbedingt lohnt. Die Patiobögen, die Gewölbe der heute leer stehenden Kirche und die 3 m dicken Außenwände, teilweise aus Quaderbimsstein, zeugen von inkaischem Einfluss auf ein ambitioniertes katholisch-koloniales Bauobjekt. Unter den vielfachen weißen Farbschichten der hohen Klosterräume kämpfen sich unablässig **300 Jahre alte Wandgemälde** durch, rufen die doch so stolze Stadt zur Einkehr und fordern mehr Dankbarkeit. Immerhin wurde im Monasterio Tilipulo am 11. November 1820 die Unabhängigkeitserklärung von Latacunga unterzeichnet.

Der **prächtige Blumengarten** zwischen 150-jährigem Eukalyptus und zwei riesigen Palmen ist eine Augenweide, wie auch der gepflasterte Pferde- und Wirtschaftshof der Hacienda, von dem auch die Kirche abgeht.

Besichtigungen sind noch kaum geregelt. Man kann im Municipio von Latacunga (Ed. Benalcázar de los Marquezes, Mo–Fr 8–16 Uhr) persönlich eine Erlaubnis *(permiso)* abholen. Aber man kann auch direkt zur Hacienda fahren und den netten und ausgezeichnet informierten Aufseher Santiago Angela Rivadeneira freundlich um Zutritt bitten.

Anreise: Das eher als **Monasterio Tilipulo** bekannte Gut liegt zwischen Poaló und Santosamana, Dörfer, die jeweils etwa 2 km entfernt sind. Von Latacunga (22 km entfernt) aus fährt man über die Universidad Técnica, Barrio San Felipe, via La Calera durch eine staubige Zementsteinproduktion, bis man die Kirche von Santosamana erreicht, wo man geradeaus den Pflasterweg verlässt.

Unterhalb des Tungurahua

Karte S. 222, Cityplan S. 225

Der 5000 m hohe Vulkan Tungurahua wacht über die tiefe Schlucht des Río Pastaza. Kann man seinen Gipfel seit einigen Jahren wegen häufiger Eruptionen nicht mehr besteigen, so liegen unter seinen nördlichen Flanken doch wunderschöne Wasserfälle und Wandergebiete wie auch der Ort Baños, ein El Dorado für Aktivsportler und Wasserfreunde.

Die Panamericana verlässt nun die ›Keramikprovinz‹ der zentralen Anden und führt alsbald nach **San Miguel de Salcedo,** das landesweit berühmt ist für sein Eis am Stiel. Das leckere gelb-weiß-rot geschichtete Frucht- und Milcheis der kleinen Stadt wurde so quasi auch zu ihrem Wahrzeichen.

Ambato

Karte: S. 222

Die alte Gerberstadt am Río Ambato ist neben Quito, Guayaquil und Santo Domingo heute eines der pulsierendsten Industriezentren des Landes. Im Norden der 300 000 Einwohner zählenden Stadt hat sich die bedeutende Lederindustrie niedergelassen. Aber auch Glas-, Textil- und Kunststofffabriken lassen die Schornsteine an den Stadträndern rauchen und leider auch die Flüsse leiden. Der Karosseriebau und die Fahrzeugzulieferer bescherten der historischen Stadt den undankbaren Spitznamen ›das Ersatzteillager Ecuadors‹.

Bekannt ist **Ambato** 1 (2577 m) aber auch für sein traditionelles Holzofenbrot, das landesweit immer mehr Nachahmer in Backstuben und Brotindustrie findet.

Geschichte

Geschichtlich hat Ambato hingegen ein völlig anderes Gesicht als die Stadtränder und Handelsplätze glauben machen. Es ist eine Wiege des republikanischen Journalismus in Ecuador. Die Stadt und ihre Umgebung heißen auch das ›Land der drei Juans‹. Gemeint sind die hier geborenen und ecuadorweit berühmten Schriftsteller Juan León Mera, Juan Montalvo und Juan Benigno Vela. Zu Ehren der schreibenden Zunft und der ›ersten Druckerei‹ der Stadt baute man noch 1988 das **Monumento a la Primera Imprenta** auf einem exponierten Hügel im Westen der Stadt (Calle Eloy Alfaro). Von diesem Aussichtspunkt über die Stadt und die sie umgebenden Gipfel Tungurahua, Cotopaxi, Sangay und Chimborazo begreift man am ehesten das mitunter wilde Wachsen des Ballungsraums und seiner Industrie im Zentrum der Kordilleren. Das Denkmal selbst gleicht einem monumentalen stehenden Grüppchen galaktisch verchromter Bleistifte, sicherlich ein Beispiel für ecuadorianische moderne Kunst im öffentlichen Raum.

Besichtigung

Sehenswürdigkeiten gibt es nicht gerade viele in Ambato. Einige Ausstellungen finden sich in der **Casa de Montalvo,** dem Leben des Juan Montalvo gewidmet, am gleichnamigen Parque, im naturkundlichen **Museo de Ciencias Naturales** sowie in der **Casa de la Cultura.**

Montalvos Landhaus, die **Quinta,** lässt sich im Stadtteil Ficoa besuchen. Im Stadtteil Atocha und über dem Westufer des Río Ambato liegt das traumhafte Landanwesen von Juan León Mera, dem die Nation auch ihre patriotische Nationalhymne verdankt. Die

Mit dem Autor unterwegs

Denkstuben der Dichter
Die von Industrie und Handel geprägte Stadt **Ambato** ist fürwahr kein Schmuckstück. Dennoch ist sie die Heimat der berühmtesten Dichter des Landes und erhält deren **historische Wohnhäuser** (s. S. 219).

Primärwald mit Vulkanblick
Die alte **Hacienda Manteles** verbindet einen großen privaten Primärwald mit reichem Vogelbestand und einem großartigen Blick auf den aschespeienden Vulkan Tungurahua (s. S. 223).

Wellness und Spa
Der Wallfahrtsort **Baños** ist seit jeher beliebt wegen seines angenehm warmen Klimas und seiner **vulkanischen Thermalquellen.** Nun will er als Zentrum für Wellness und Spa auch schön und gesund machen (s. S. 226f.).

Sport am Río Pastaza
Keine andere Region des Landes hat eine derart gute Infrastruktur und zugleich ein derart **attraktives Revier für Aktivsport** wie der obere Río Pastaza. Logistisches Zentrum ist auch hierfür **Baños** (s. S. 228).

von der Stadt restaurierte und gepflegte **Quinta de Juan León Mera** liegt in einem schönen Park mit chilenischen Palmen und riesigen Kakteen. Laub- und Nadelbäume samt botanischen Erläuterungen umgeben das Quinta-Gebäude. Darin warten einige Türgemälde und antike Möbel, selbstverständlich auch einzelne Schriftdokumente Meras. Über eine romantische Holzbrücke führt ein Weg durch ein kleines Eukalyptuswäldchen zur angrenzenden **Quinta La Liria.** Das teils verfallene Landhaus des Bergsteigers Nicolás Martínez liegt inmitten eines gummibaumbestandenen tropischen Gartens. Wo die Kolibris die Blütenkelche abfliegen, ist dieser **Park** der beiden Quintas ohne Zweifel ein genialer Ort für die entscheidenden Stunden zu zweit – die aufrichtigen Anträge an dieser Stätte sind ungezählt.

www.ambato.gov.ec: Touristische Informationen, insbesondere Bilder und (spanische) Beschreibungen der Landgüter und historischen Gebäude finden sich auf der offiziellen Stadtseite (Tel. 03-282 21 49).

Hotel de las Flores: Av. El Rey 333 y Mumul, Tel. 03-285 04 64, Fax 03-285 14 24, hflores@speedy.net.ec. Modernes Hotel für Geschäftsreisende im Zentrum, mit Parkplatz und Konferenzsaal. 30 Mittelklassezimmer mit allen Standards. EZ/DZ mit Frühstücksbüffet und Dinner 32/44 $.
Quinta Loren: Urbanización Loren-Ficoa, Av. Los Guaytambos y Los Taxos, Tel. 03-241 48 49, Fax 03-284 61 65, www.cialcotel.com. Schöne Sommerresidenz im Kolonialstil in ruhiger Lage mit 9 gepflegten Zimmern. EZ/DZ 41/57 $ mit Frühstück.

Haupteinkaufsstraße im Zentrum ist die Avenida Cevallos.
Marktstadt: Ambato ist nicht nur zu den Fiestas (s. u.) Ecuadors größter und umfassendster Stadtmarkt, sondern auch jeden Montag. Wo das Angebot sich überdimensional ausgeweitet hatte, bildeten sich immer mehr **güterspezialisierte Kleinmärkte** wie der Schuhmarkt, der Kleinviehmarkt, der Gebrauchtwagenmarkt, der Kleidermarkt und selbst ein eigener Zwiebelmarkt.

Fiesta de Frutas y Flores: an Karneval. Seit den 1950er-Jahren gehören die Stadt und ihre großen Karnevalsfeste zusammen. Für eine Woche wird Ambato im Zeichen der Blumen und Früchte zu einem gewaltigen Markt- und Rummelplatz, Marschmusik erfüllt die Straßen, die Stierkampfarena wird bis auf den letzten Platz gefüllt, und die Schönheitskönigin ist jedes Jahr so schön wie nie zuvor.

Die idyllische Aussicht auf den aktiven Tingurahua lässt nicht vergessen, dass Ecuador ein Dritte-Welt-Land ist

Unterhalb des Tungurahua

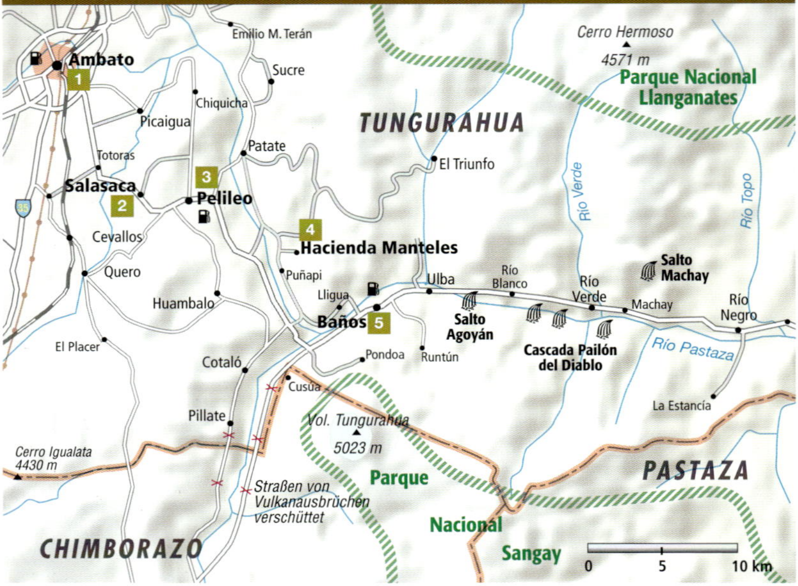

Bus: Der viel frequentierte Terminal im Norden der Stadt, Av. Colombia, hat landesweit die besten Verbindungen in alle Richtungen und ist daher der wichtigste Umsteigebusbahnhof Ecuadors. Achtung: Auf der Strecke Quito–Ambato kam es 2006/2007 häufiger zu Diebstählen im Bus.

Umgehung: Für die meisten Touristen ist das wichtigste ›Bauwerk‹ der Stadt die neue Umgehungsstraße, die einen weiträumig um den grauen Ballungsraum von Ambato herumführt. Auf dieser Route gelangt man direkt nach Baños.

Am oberen Río Pastaza

Karte: S. 222

Salasaca

Das Dorf **Salasaca** 2 und seine Umgebung sind seit knapp 600 Jahren Heimat der gleichnamigen Indígenas. Ulf Scheller schrieb 1979 im Merian über die Geschichte und Legende der Salasacas, die von den Inkas aus dem bolivianischen Hochland vertrieben worden waren und denen man am Fuß des Teligote ein Stück Land zugewiesen hatte: »Ihre Aufgabe war es, jetzt und in Zukunft das Land zu kultivieren und die Straße der Inka von Quito nach Cuzco zu schützen. Bei Anbruch der Nacht schworen 55 Indianer, Salasaca zu bleiben, sich jeder Integration zu widersetzen, zu arbeiten und zu schweigen. Der Schwur ist bis heute gehalten worden.«

Und so ließen sich die Salasacas unabhängig und frei östlich des heutigen Ambato nieder. Auffällig gekleidet mit hellen Baumwollhosen und Hemden unter dunklen Ponchos und weißen Hutkrempen, gelten sie in ganz Ecuador als hervorragende Handwerker. Neben dem traditionellen Ackerbau haben sich die Salasacas auf das Weben von Teppichen und auf den modernen Hausbau spezialisiert, und das nicht nur in ihrem eigenen Dorf: Sie stellen etwa in dem rapide wachsenden Puerto Ayora auf Galápagos einen großen Teil der Poliere und Bauarbeiter. In Salasaca selbst verkaufen sie ihre Webarbeiten direkt aus den Bodegas an der Hauptstraße oder im benachbarten Pelileo. Das Weberdorf selbst ist ansonsten recht verlassen, doch immerhin findet man eine Handvoll einfacher Restaurants am zentralen Parque.

Markt: Markttag in Salasaca ist der Sonntag.

Pelileo

Das Straßendorf **Pelileo** 3 oberhalb des Río Patate schließt sich bald dahinter an. Es ist das Zentrum der ecuadorianischen Jeansproduktion – ein Paradies für Schnäppchenjäger, aber auch für diejenigen, die vielleicht eine qualitativ hochwertige Einzelanfertigung in Auftrag geben möchten. Das Angebot säumt die gesamte Durchgangsstraße, die im weiteren Verlauf auf direktem Weg nach Baños führt, nicht ohne das beeindruckende Lavafeld von den letzten Ausbrüchen des **Vulkans Tungurahua** zu kreuzen.

Hacienda Manteles

Von Pelileo führt eine Seitenroute nach links in Richtung der Dorfbauernschaft von **Patate.** Der Nebenstrecke weiter folgend – nun Richtung Baños –, erreicht man nach einer knappen halben Stunde (11 km) die schöne **Hacienda Manteles** 4 (2700 m) unter dem großen gutseigenen Primärwald und mit freiem Blick auf den meist rauchenden Krater des Tungurahua. Die 300 ha große Hacienda gehörte einst zu der 100 000 ha messenden Hacienda Leito, die selbst heute im Tal ein trauriges Dasein zwischen den Foliengewächshäusern ihrer Nachbarn führt.

Die noch rund 100 ha **Primärwald** auf der Hacienda Manteles, ihre **Quellen** und ihre **30 Wasserfälle** sind ein ökologisches Juwel. Erst recht, wenn man bedenkt, dass der einstige ›König der Hölzer‹, Marco Antonio Restrepo, in dieser Gegend einen Großteil der Bohlen für den ecuadorianischen Eisenbahnbau schlagen ließ. So bescheinigten jüngst Ornithologen der Hacienda, an nur einem Tag über **114 Vogelarten** gesehen oder gehört zu haben. **Zwei Waldpfade** führen von der organisch bewirtschafteten Hacienda durch Brombeeren und Taxobüsche den steilen Hang hinauf zu zweien der Wasserfälle und zu zahlreichen Orchideen am rauschenden Bach.

Das alte Gebäude von Manteles ist zu einer wohnlichen Hostería umgebaut mit einem warmen Wohn- und Essraum, in dem zahlreiche Gefäße der Panzaleokultur stehen. Nur 17 km von Baños entfernt, ist die Hacienda ein wunderbarer Ruheort zur Vogelbeobachtung, für Waldwanderungen und zum Studieren der Vulkanaktivitäten.

Hacienda Manteles: zwischen Patate (11 km, *camioneta* 4 $) und Baños (17 km, *camioneta* 15 $) nahe der Rettungsroute Vía Ecológica de Evacuación, Tel. 09-871 56 32, in Quito: 02-223 34 84, www.haciendamanteles.com. Sinnlich im Landhausstil eingerichtetes Gutshaus. Sehr gemütliche Zimmer mit guten Betten und großen Bädern, teils im Haupthaus, teils im neueren Gartenhaus mit Kaminvorzimmer. DZ 50–70 $ mit Frühstück.

Baños de Agua Santa

Cityplan: S. 225; **Reiseatlas:** S. 9, C 3

Die kleine Kantonalstadt **Baños de Agua Santa** 5 am Fuß des 5016 m hohen Vulkans Tungurahua ist eines der bedeutendsten Reiseziele in Ecuador. Eine Gegend ehemaliger Zuckerrohrplantagen und gleichzeitig Wallfahrtsort mit eingehender Traditionspflege begegnet heute einer modernen und mobilen Reisewelt, von der fast das gesamte Städtchen lebt. Carlos Freire, ein Romancier und Historiker des Zuckerdorfs erklärt sich das wenig bescheiden:

»Baños de Agua Santa ist einer der magischen Orte des ecuadorianischen Berglands, getauft aus nur allzu berechtigten Gründen als die Pforte zum Goldenen Land und die Zufluchtsstätte der Wasserfälle, wegen seiner Verführungskraft und seines unerschöpflichen Zaubers, seines wunderbaren Klimas, seiner thermalen Wasser, die aus den Tiefen des Vulkans Tungurahua quellen, jenem Schutzberg dieses Ortes der Bäder, Alfeñiques, Orchideen und Vögel von tausend Farben, der Traditionen, des Glaubens, der unverwechselbaren Abenteuer, die den Reisenden die Sensationen genießen lassen, die die Bergwelt hervorbringt, die Flüsse, die Wasserfälle und der Dschungel Amazoniens.« (aus: Freire Heredia, Carlos/Hg., Baños. Puerta al Dorado, Refugio de las Cascadas, Riobamba 1997).

Und wo Bescheidenheit keine Tugend ist, stimmt die Hymne der Stadt Baños beflügelt ein:

»Als der Herr die Sterne schuf,
glitt ihm aus seinen göttlichen Händen
ein Stück des Himmels (...)
und es war Baños!«

Cityplan: Baños de Agua Sant

Sehenswürdigkeiten

1 Basílica
2 Baño de la Vírgen
3 Zoo
4 La Cruz de Bellavista

Übernachten

1 Hostería Monte Selva
2 Isla de Baños
3 Villa Gertrudis
4 Hostal El Pedrón
5 Hostal Plantas y Blanco
6 Spa-Hotel Luna Runtún

Essen und Trinken

7 Restaurant Mariane
8 Ristorante Buon Giorno
9 Ristorante Buon Giorno
10 Casa Hood

Geschichte

Die Spanier wussten 1553 zunächst nicht, was Gott hier verloren hatte. Sie zogen an der Schlucht des Río Pastaza entlang auf der Suche nach dem ›Land des Zimts‹ und nach dem großen Inkaschatz von Llanganati, den die Indígenas nahe bei Baños am Berg **Cerro Hermoso** versteckt haben sollen. Er ist übrigens bis heute nicht gefunden worden. Die europäischen Eroberer und die Dominikaner-Padres gründeten eine große Zuckerrohrhacienda an den mineralhaltigen Vulkanwassern, die schon Inkakönig Huayna Capac und seine Frauen zur Verjüngung genossen haben sollen.

Das ›Paradies der Bäder‹ wurde jedoch oft von Ausbrüchen des **Tungurahua,** von Erdbeben und Überschwemmungen heimgesucht. Bittere Jahre im Zuckerland. Bereits im 16. Jh. nahm die Schutzherrin Nuestra Señora del Rosario de Agua Santa daher ihre Aufgaben wahr. Der überzeugende Durchbruch gelang der heiligen Jungfrau schließlich im Jahr 1773 mit der Rettung der Bañeños vor einem der schwersten Vulkanausbrüche ihrer Geschichte. Seither wird sie jedes Jahr nicht nur zu Karneval bei einem gewaltigen Volks- und Glaubensfest mit Umzügen durch die Straßen getragen. Der Wallfahrtsort Baños mit seiner stilarmen **Basílica** 1 war somit geboren. Die Virgen hat offensichtlich auch bei den jüngsten Ausbrüchen des Tungurahua Schlimmeres als eine zeitweilige Evakuierung und den Verlust von Vieh und Ernte verhindern können.

Baños heute

Im Schatten der Schnapsbrenner und Schmuggler wuchs allmählich ein religiöser und gleichzeitig thermal-therapeutischer Tourismus auf angenehmen 1820 Höhenmetern. Zwei schwefelhaltige Thermalquellen besitzt das Städtchen, bekannter ist – wie könnte es anders sein – das **Baño de la Vírgen** 2**,** das Thermalbad der Jungfrau.

Zu den großen Pilgerschaften von ecuadorianischen Gläubigen und Kurgästen gesellen sich immer mehr internationale Berg-

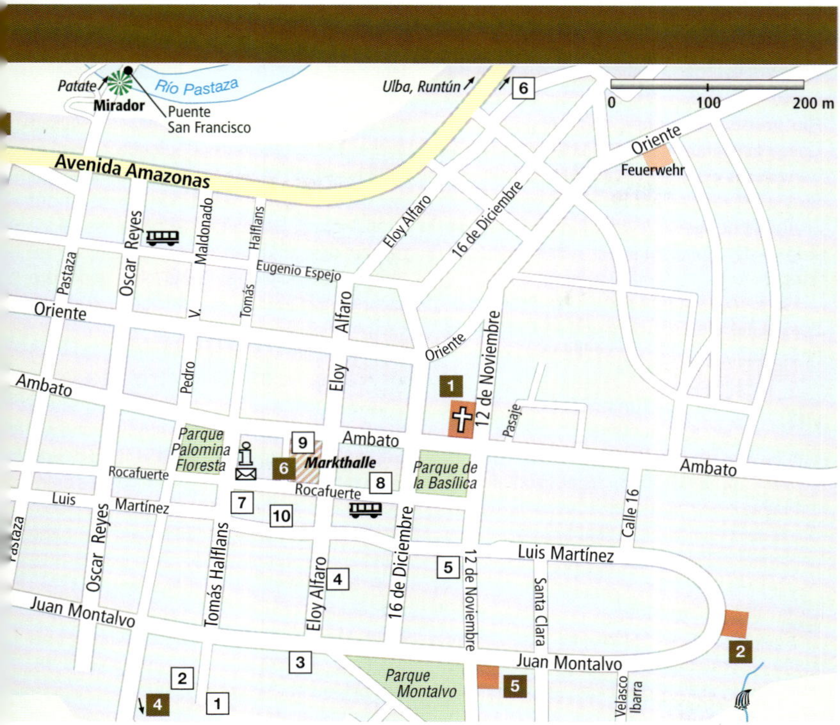

wanderfreunde, Erholungssuchende und Abenteuersportler.

Was wie so oft mit neugierigen, Idyll suchenden Rucksacktouristen begann, lieben heute Reisende aller Herkunft und jeglicher Geldbeutel, ohne dass der Ort jemals überlaufen wirkt, es sei denn, die Jungfrau gleitet gerade durch die Straßen.

Und so sorgen in diesem architektonisch durchaus ernüchternden Örtchen eine europäisch orientierte Gastronomie und zahlreiche hübsche Herbergen für das Wohlergehen, zunehmend auch die Nasszellen moderner Spa-Anlagen.

Ausflug zum Zoo und in die Umgebung

Zum **Zoo von Baños** 3 führt die Puente San Martín und lässt dabei die beeindruckende 50-m-Schlucht des Río Pastaza unter sich. Die allerdings zu engen Käfige beherbergen einzelne Kondore, Adler, Tukane, Papageien, Affen, Schildkröten, Pumas, Bären, einen Jaguar und andere Tiere. Der Bus aus Agoyán hält am Markt und fährt weiter zum Zoo.

Kurz hinter dem Zoo liegt der **Wasserfall Inés María,** weiter oben der fantastische Aussichtspunkt vom **Cerro Chontilla** (1 Std. vom Zoo).

Wandern am Rio Pastaza

Relativ einfache Wanderstrecken – wenngleich mit Steigungen – sind die Wege nach **La Cruz de Bellavista** 4 oberhalb des Dorfes (45 Min.), der Weg ins Bergdorf **Runtún** (2 Std.) sowie auf der anderen Seite des Flusses der Weg auf die **Loma Chontilla** (2 Std.) mit einem grandiosen Blick auf den Tungurahua. Weiter den Río Pastaza hinab führt ab dem **Staudamm Agoyán** rechtsseitig ein

Unterhalb des Tungurahua

Wanderweg durch üppige Natur- und Kulturlandschaft vorbei an mehreren großartigen Wasserfällen und Bächen über die Bauernschaften El Arroyo, Chinchín, San Pedro nach **Río Verde.** Seilbahnen und Hängebrücken lassen einen an mehreren Punkten der Wanderung zum anderen Ufer und damit zur Straße mit Busverkehr zurückkehren.

Achtung: Der Gipfel des Tungurahua kann wegen der Vulkanaktivität nicht bestiegen werden.

Wanderkarten gibt es u. a. im Tourismusbüro (s. u.), bei Geotours und im Café Hood (s. S. 228).

i **Oficina de Turismo:** Calle Tomás Halflants y Rocafuerte (am Parque), Baños, Fax 03-274 04 83, www.baniosadn.com.ec, tgl. 8–17.30 Uhr. Städtisches Büro mit komplettem Kataster-Adressauszug der Stadt, zahlreichen Visitenkarten, aber wenig persönlicher Beratung.

... in Ulba:
(ca. 4 km nordöstl. von Baños):
Finca Chamanapamba: Casería Chamana, vom Dorf Ulba 1 km den Fluss hinauf, Tel. 03-274 26 71, 08-618 77 81, Fax 03-274 06 41, www.chamanapamba.com. Idyllische deutsche Herberge mit grandiosem Blick unter dem Wasserfall des Río Chamana und schönen Terrassen. Das integrierte Restaurant (kleine Karte samt Gulasch und Schokoladenkuchen, Hauptgericht 6 $) ist ein futuristisch lichtdurchfluteter Naturstoffbau mit einer Grasdach-Bambus-Konstruktion. Drei große und fein in Holz gearbeitete Zimmer mit verspielten, hellen Bädern. EZ/DZ mit Frühstück 50/100 $.

www.camaraturismo.banios.com/hoteles.htm: Auf dieser Seite finden sich mehrere Unterkünfte mit Abbildungen.
Hostería Monte Selva [1]**:** Calle Tomás Halflants y Montalvo (am Hang), Tel. 03-274 05 66, www.monteselvaecuador.com/hosteria.htm. Größeres Mittelklassehotel mit Pool und reichlich Spa-Angebot in schöner Hanglage, einige Meter oberhalb der Stadt. *Cabañas* EZ/DZ 43/74 $ mit Nutzung aller Einrichtungen, Bäderbereich für Auswärtige 4 $.
Isla de Baños [2]**:** Calle Tomás Halflants y Montalvo, Tel. 03-274 06 09, islabanos@andinanet.net. Der für Reittourismus am Vulkan lange Jahre bekannte Deutsche Christian Albers setzt in seinem gepflegten und schönen Hostal am Dorfrand nun vermehrt auf Spa. Jacuzzi, Sauna und Schwitzfass gehören zu den jüngsten Einrichtungen, ferner Internet und Garage. Wohnliche, gepflegte Zimmer. EZ/DZ 15/22 $, Minisuite 20/31 $, Frühstück 3–6 $.
Villa Gertrudis [3]**:** Calle Montalvo 20-75 y Eloy Alfaro, Tel. 03-274 04 41, 08-553 28 45, www.villagertrudis.com. Alte, von deutschen Auswanderern gebaute Villa am Dorfrand mit Garten, Jacuzzi, Dampfbad, Internet und Parkplatz, heute unter der Leitung eines amerikanischen Anthropologen. Einfache, recht große Zimmer, teils mit Blick auf die nahe Flanke des Tungurahua. Zimmer 15–18 $ p. P. inkl. Frühstück und Nutzung der Einrichtungen.
Hostal El Pedrón [4]**:** Calle Eloy Alfaro y Luis Martínez, Tel. 03-274 07 01, 09-903 08 08, www.elpedron.banios.com. Auf einem Stadtfelsen thronende, ruhige Familienpension mit großem, sattgrünem Garten, Hängematten, großzügiger Frühstücksterrasse in einem der ältesten Häuser der Stadt; Parkplatz. Einfache Zimmer mit Kabel-TV, teils mit Balkon zum Garten, ab 6 $ p. P. inkl. Frühstück.
Hostal Plantas y Blanco [5]**:** Calle Luis Martínez y 12 de Noviembre (Ecke), Tel. 03-274 00 44, option3@hotmail.com. Einfache Backpacker-Pension mit schöner Cafeteria auf der Dachterrasse und privatem ›Heilbad‹. Einfache Zimmer 7 $, Schlafsaal 5 $, jeweils p. P.
... in Runtún
(einige Kilometer oberhalb von Baños):
Spa-Hotel Luna Runtún [6]**:** Casería Runtún km 6, Tel. 03-274 08 82, Fax 03-274 03 76, www.lunaruntun.com. Das schweizerische Resort ist das First-Class-Landhotel bei Ba-

Unterwegs mit der Seilbahn auf der Wasserfallroute entlang der Pastaza-Schlucht

ños mit prächtigem Blick auf den Vulkan und umliegende Berge und Täler. Am Dorfrand von Runtún liegt diese komfortable und üppig bewachsene alpin-andische Wohnwelt auf dem Plateau und bietet erstklassige Spa- und Wellnessprogramme bei gutem Service. Wellness-Preisbeispiel: 3 Nächte bei Vollpension und mit 6 Behandlungen EZ/DZ 648/1004 $. Nur Übernachtung mit Halbpension und Teilen der Spa-Anlage EZ/DZ 92/134 $.

Restaurant Mariane 7: Calle Tomás Halflants y Rocafuerte, Tel. 03-274 09 11, 09-634 64 99, patalarcou@hotmail.com, tgl. 18–23 Uhr, Reservierung empfohlen. Kleines, gutes französisches Restaurant mit provenzalischer Küche und süßem Abgang von Crêpes bis flambierten Bananen. Hauptgericht 6 $.

Ristorante Buon Giorno: Calle Rocafuerte y 16 de Diciembre 8 und Calle Ambato y Pasaje Eremita de la Virgen 9, Tel. 03-274 17 24, 09-108 46 95, buongiornog@yahoo.com, tgl. 12.30–23 Uhr. Gleich zweimal gibt's das Buon Giorno: mit mehr Klarheit in der Calle Ambato und gemütlicher in der Calle Rocafuerte. Der ecuadorianische Chef lernte das Pizzabacken in Italien, musste dann in Long Island stets zu dicke Böden rollen, um schließlich in seiner Heimat die beste Pizza im Ort zu backen. Hauptgericht 4–7 $.

Casa Hood 10: Calle Luis Martínez y Eloy Alfaro/Halflants, Tel. 03-274 26 68, 09-462 02 69, Mi–Mo 8–22.15 Uhr. Die beste und größte Frühstückskarte der Stadt sowie internationale Küche und Kaffeespezialitäten; Travellertreff mit Büchertausch, Wanderkarten und Infoboard. Zeitweise auch 1x wöchentlich **Videokino.** Hauptgericht 4 $.

Alfeñique, der traditionelle, karamellartige Rohrzuckerriegel, wird vor allem an der Hauptstraße Av. Ambato am Holzpflock geschlagen und verkauft.

Galerie Huillacuna: Calle 12 de Noviembre y Juan Montalvo, Tel. 03-274 29 09, tgl. 8–22 Uhr. Moderne Popkunst und Antiquitäten. Zu sehen ist hier auch eine beeindruckende **Fotoausstellung** von Baños und dem Río Pastaza um 1930.

Kunsthandwerk: Gutes Angebot in der Gasse, die neben der Markthalle die Av. Ambato und die Rocafuerte verbindet.

Bars und Diskotheken: Die Vergnügungsmeile ist die Calle Eloy Alfaro ab der Calle Ambato Richtung Fluss.

Festtage in Baños sind **Karneval** u. a. mit Marienprozessionen, **Stadtteilfeste** im gesamten Oktober, gelegentlich mit Hofmusik ab morgens um 5, und am 15./16. Dezember der **Gründungstag** des Kantons Baños.

Bäder: Das älteste und zu Recht meistbesuchte Bad ist **La Virgen** (Bad der Jungfrau) unter dem Wasserfall, tgl. 4.30–17, 18–22 Uhr.

Baños' Umgebung hat ein riesiges Angebot an **Sport- und Naturaktivitäten:** Rafting, Mountainbiking, Reiten, Trekking, Canyoning, Klettern und Bungee.

Als renommierte, seriöse Agentur, die dankenswerterweise keine lauten Quad-Fahrzeuge vermietet, empfiehlt sich: **Geotours,** Av. Ambato y Halflants, Tel. 03-274 13 44, www.geotoursecuador.com. Preisbeispiele: Tagestouren 30 $, Bikeverleih 5 $ pro Tag.

Spa und Wellness sind der neue große Trend in Baños. Gute Angebote finden sich u. a. in den genannten Hotels (s. S. 226f.).

Bus: tagsüber zahlreiche Busverbindungen nach Quito durch Cooperativa Baños (Tel. 03-274 04 15), Cooperativa Amazonas und Expresso Baños. Recht häufige Verbindungen auch nach Riobamba und Puyo, ein paar Verbindungen tgl. nach Tena und Coca.

Taxi: Abends ab 19 Uhr empfiehlt sich ein Taxi nach Ambato und vom dortigen Terminal weiter in alle Landesteile.

Die **Direktverbindung** von Baños über Penipe nach Riobamba ist nach schweren Schäden durch die Vulkanausbrüche bis auf Weiteres gesperrt.

Am Chimborazo

Reiseatlas
S. 9, 15

Der höchste Berg des Landes überragt eine fantastische Andenlandschaft und arme wie ursprüngliche Lebenswelten der Indianer, für die der ›Taita‹ Chimborazo ihr Vater ist. Hier wurde Ecuador gegründet. Zugleich führt heute eine der letzten und spektakulärsten Bahnstrecken Ecuadors durch das Land am Fuße des 6000ers.

Riobamba

Reiseatlas: S. 9, B 4

Geschichte

Riobamba (2754 m), die ›Wiege der Nation‹, war die Hauptstadt des Volkes der Puruháe-Indianer und später Spaniens erste Stadtgründung im heutigen Ecuador. Inzwischen liegt die Stadt jedoch 19 km vom ursprünglichen Ort – dem heutigen Cajabamba – entfernt, da ein verheerendes Erdbeben am 4. Februar 1797 zu einer Neugründug der Stadt an heutiger Stelle zwang.

Wiege der Nation, weil die Unabhängigkeitstruppen in den Morgenstunden des 21. April 1822 in Riobamba eine entscheidende Schlacht gegen die Spanier gewannen. Riobamba war somit wenig später Wegbereiterin der Entscheidungsschlacht am Pichincha bei Quito. So liest sich Chimborazos Geschichte. Schließlich wurde die Abspaltung von Großkolumbien in Riobamba festgeschrieben, nämlich am 14. August 1830 mit der ersten Verfassung des Staates Ecuador.

Noch heute liegt die republikanische Stadtgeschichte in der Luft: Auf der Avenida Primera Constituyente (›Erste Verfassung‹), am Heldendenkmal des **Parque del 21 de Abril,** der zudem eine fantastische Sicht auf die zentralen Anden beider Kordilleren freigibt, oder am zentralen **Parque Sucre,** wo die republikanische Verfassung hinter der wuchtigen aschgrauen Fassade des heutigen Colegio Nacional Pedro Vicente Maldonado unterzeichnet wurde.

Orientierung

Im rosafarbenen **Rathaus** der beschaulichen, mittelgroßen Provinzhauptstadt sind heute rund 140 000 Einwohner registriert. Spätkoloniale und mehr noch republikanische Bauten formen die Kopfsteinpflasterstraßen im ›Herzen des Vaterlandes‹. Zahlreiche kleine Läden und Boutiquen füllen das Schachbrettraster der Innenstadt. Indígenas beleben die Straßen nicht nur auf dem großen und beeindruckenden **Samstagsmarkt,** sondern sind Teil des Stadtlebens auch unter der Woche. In den Straßen handeln Frauen mit Zimt und Anis. Es riecht nach Nelken und süßem Pfeffer. Das Zentrum ist so überschaubar, dass die Taxifahrer gerne Umwege fahren, um ihren Fahrpreis rechtfertigen zu können.

Sehenswürdigkeiten

Am **Parque Maldonado** liegt die Kathedrale **Santa Barbara,** wo sich hinter einer schönen Sandsteinfassade das sachliche Interieur einer vermeintlich deutschen Pfarrkirche ohne Schmuck und Bilder verbirgt. Sehenswerter ist die Seitenkapelle **Capilla El Sagrario,** in der Tonkachel-Mosaike den Kreuzweg schmücken. An der Außenwand des Kirchenkomplexes stößt man auf eine Gedenktafel für Bischof Leónidas Proaño (1910–1988), der auch als ›der Indianerbischof‹ bekannt wurde: Wie kein anderer prägte er die indigene Befreiungsbewegung des jungen Ecuador. Im Herzen einer Provinz, die zu 67 % von Indígenas bewohnt und bewirtschaftet wird, gelang es Proaño in einem umstrittenen und

›Stadttratsch‹ im kolonial-klassizistischen Riobamba

mutigen Prozess, die indigenen Wurzeln der Provinz und des ganzen Landes zurück ins Bewusstsein der mestizisch dominierten Gesellschaft zu holen. Wo vor ihm noch Haciendas samt Personal verkauft wurden, ließ sich der Befreiungstheologe an der Seite der Kichwas als ›Marxist‹ und ›Sowjetkommunist‹ titulieren – seine Option für die Indígenas war nicht zu beugen. Bischof Leónidas Proaño aus Riobamba steht heute für »... eine spirituelle Strömung, sein ganzes Leben hinter sich zu lassen und tief in ein anderes Volk hineinzugehen«, so Kirchenhistoriker José Oscar Beozzo.

Ein bemerkenswertes **Museum** befindet sich im **Convento de la Concepción:** Gezeigt wird religiöse Kunst des 18. und 19. Jh. – schönster Kitsch und scheußlichste Geiße-

lungen im Ambiente einer kolonialen Klosteranlage. Größter Schatz ist die güldene Monstranz des alten Riobamba (Calle Argentinos 19-80 y Larrea, Di–Sa 9–12, 15–18, So, Fei 9–12.30 Uhr, Eintritt 2 $). Die stadthistorische Privatsammlung des **Museo Particular Familiar Córdoba-Ramón** befindet sich in der Calle Velasco 24-25 y Veloz (Mo–Fr 10–13, 15–17 Uhr, Eintritt 1 $).

Märkte in der Umgebung

Märkte in der Umgebung finden sich in **Guamote** (Do, s. S. 238), **Cajabamba** (So, s. S. 235f.) und **Colta** (s. S. 238). Besondere handwerkliche Attraktionen sind die traditionellen Flechtarbeiten aus dem robusten Shigra-Gras. **Guano** ist bekannt für seine Wollteppiche.

i-TUR: Av. Daniel León Borja y Brasil, Tel. 03-294 73 89, uniturismorio@yahoo.es, Mo–Fr 8–12.30, 14.30–18, Sa, Fei 17–22.30 Uhr. Information und Adressen zu Reisen in der Provinz Chimborazo.

Hotel Montecarlo: Av. 10 de Agosto 25-41 y García Moreno, Tel. 03-296 15 77, Fax 03-296 05 57, www.hotelmontecarlo-riobamba.com. Etwas verspieltes, blau-weiß gehaltenes, gut hundertjähriges Patiohotel im Zentrum, mit Internet, Restaurant und Cafeteria. 20 Zimmer mit Teppichboden, Telefon und Kabel-TV. EZ/DZ mit Frühstück 16/32 $.

... außerhalb in Richtung Guano:

Albergue Abraspungo: km 3 Vía a Guano, Tel. 03-294 42 99, 09-836 72 16, Fax 03-294 08 19, www.abraspungo.com.ec. Die schönste Hostería der Region. Stilvolles, rustikales, alpin anmutendes Landgasthaus mit architektonischen Hazienda- und Bauernhauselementen; Service und Küche sind ausgezeichnet; Parkplatz. Schöne, große Zimmer, teilweise mit Kamin. EZ/DZ 46/63 $, Frühstücksbüffet 6,40 $.

Hotel Riobamba Inn: Calle Carabobo 23-20 y Primera Constituyente, Tel. 03-296 16 96, Fax 03-294 09 74. Solides Stadthotel mit geräumigen Zimmern und stadttypischen Teppichböden. EZ/DZ mit Frühstück 14/24 $.

Hotel La Estación: Av. Unidad Nacional 2915 y Carabobo, Tel. 03-295 52 26, Fax 03-295 15 41. Stadthotel mit mehreren Aufenthaltsräumen, einer kleinen Ausstellung von kolonialen Relikten. Touristenzimmer teilweise mit Balkonen oder Panoramaterrasse. EZ/DZ 12/24 $.

Alexander von Humboldt in Ecuador

Thema

Der berühmte deutsche Mineraloge und Geologe Alexander von Humboldt besuchte das heutige Ecuador zweimal im Rahmen seiner fünfjährigen Amerikareise. Unverhofft wurde Ecuador dem jungen Naturforscher zu einem Meilenstein seines Lebenswerks.

Aus Bogotá über die Anden kommend, erreichte Humboldt am 6. Januar 1802 die Hauptstadt Quito, wo er sechs Monate im Hause des Herzogs Juan Pío Aguirre y Montúfar lebte. Dessen junger Sohn, Carlos Montúfar, begleitete die Expedition von Humboldt und Aimé Bonpland fortan bis zu Humboldts Rückreise nach Europa im Jahr 1804.

Quito erstaunte den deutschen Gelehrten: »Ihre Stadt atmet nur Wollust und Üppigkeit, und nirgends vielleicht gibt es einen entschiedeneren und allgemeineren Hang sich zu vergnügen. So kann sich der Mensch gewöhnen, ruhig am Rande eines jähen Verderbens zu schlafen.«

In Ecuador entwickelte der nimmermüde Forscher seine Leidenschaft für die extremen Höhen der andinen Vulkane, deren Gestein und Vegetation als auch für seinen größten Bewohner, den Kondor. Am 26. Mai bezwang er, begleitet von einem ortskundigen Indianer und unter schweren körperlichen Qualen, den Rucu Pichincha, im Weiteren sammelte Humboldt Steine, Pflanzen und Tiere in den Höhenlagen des Cotopaxi, des Tungurahua, des Iliniza und des Antisana, bevor die Wissenschaftlergruppe am 9. Juni 1802 Richtung Chimborazo aufbrach. 14 Tage später begann sie den dramatischen Aufstieg an dem 6000er, kaum besser ausgestattet als mit Straßenschuhen und Gehrock.

Humboldt notierte damals: »Zur Linken war der Absturz mit Schnee bedeckt, dessen Oberfläche durch Frost wie verglast schien. Zur Rechten senkte sich unser Blick schaurig in einen tausend Fuß tiefen Abgrund, aus dem schneelose Felsmassen senkrecht hervorragten. Wir fingen nun nach und nach an, alle an großer Übelkeit zu leiden. Der Drang zum Erbrechen war mit etwas Schwindel verbunden und weit lästiger als die Schwierigkeit zu atmen. Wir bluteten aus dem Zahnfleisch und aus den Lippen. Die Bindehaut der Augen war bei allen ebenfalls mit Blut unterlaufen.« – ›Die Besteigung des Chimborazo‹ verfilmte der Regisseur Rainer Simon 1988/1989 als einzige deutsch-deutsche Kinoproduktion der Geschichte.

Humboldts Forschungen auf der nach ihm benannten ›Straße der Vulkane‹ führten ihn u. a. zu der bahnbrechenden Widerlegung des in Europa verbreiteten Neptunismus – jener Theorie nach Abraham Gottlob Werner, wonach alles Gestein aus der Ablagerung von Ozeanflüssigkeiten stamme. Humboldt hingegen wies in Ecuador den vulkanischen Ursprung etwa des Basaltsteins nach und räumte auf mit der Legende von den riesigen Kohlebränden in den rauchenden Bergen.

Im weiteren Verlauf der Reise besuchte Humboldt Latacunga, Riobamba, Cuenca und Loja. Begeistert war er vom Páramo und der Inka-Architektur im Süden des Landes.

Im Januar 1803 besuchte Humboldt Ecuador noch einmal für sechs Wochen. Zwar brach er seine Untersuchung des gerade ausgebrochenen Cotopaxi ab. Doch zeichnete und schrieb Humboldt auf seiner zweiten Ecuador-Reise einige seiner wichtigsten Dokumente.

Hotel Tren Dorado: Calle Carabobo y 10 de Agosto/Primera Constituyente, Tel. 03-296 48 90. Fax 03-296 48 90, htrendorado@hotmail.com. Modernes Stadthotel mit kleinen, aber sauberen Zimmern in Bahnhofsnähe sowie ›bahngerechtem‹ Frühstücksbüffet (3,50 $) Mi, Do, So ab 5.30, sonst ab 7 Uhr. EZ/DZ 9/12 $.

Restaurante El Delirio: Av. Primera Constituyente y Rocafuerte, Tel. 03-295 13 21, Di–So 12–22 Uhr. Historisches Stadthaus mit schönem Patio und Kamin, dekoriert mit alten Fotografien und Sammlerstücken. Küche spezialisiert auf Gegrilltes und Meeresfrüchte. Menü ab 9 $, Hauptgericht 6–8 $.

Restaurante El Boni: Calle Villaroel 15-58 y Almagro, Tel. 03-295 21 80, Fax 03-296 44 26, tgl. 10–22 Uhr. Gute ecuadorianische Hausmannskost und Spezialitäten. Mittagsmenü 2,20 $, Hauptgericht 3,50 $, eine Portion Meerschweinchen mit *papas* 4 $.

Almacén Apicultura Cacha: Calle Orozco y Colón, Mo–Sa 9–13, 15–17 Uhr. Vielfältiges Kunsthandwerk wie Keramik-, Flecht- und Webarbeiten.

Bergwandern: Die Bergwelt der Provinz ist großartig. Zur Besteigung des Chimborazo (3 Tage) und weiterer Gipfel, empfehlen sich zwei lokale Agenturen:

Expediciones Andinas: außerhalb in der Urbanización Las Abras km 3,5 via Guano, Tel. 03-296 49 15, Fax 03-296 96 04, www.expediciones-andinas.com. International renommierte Agentur des Bergsteigers und Bergfotografen Marco Cruz mit exzellentem Service und einer eigenen Schutzhütte am Fuß des Vulkans, dem Chimborazo Basecamp – Refugio Estrella del Chimborazo, sowie Campingmöglichkeiten. Spezialist für Gipfelbesteigungen und längere Hochgebirgstouren.

Agencia Incañan Ecoturismo: Calle Uruguay 22-51 y Av. Daniel León Borja, Tel. 03-295 48 92, Fax 03-295 48 92, www.intiquilla.com, Mo–Sa 9–13, 15–19 Uhr. Trekking, Bergsteigen, Mountainbiking, Reiten und andere Exkursionen einschließlich dem dreitägigen Trek auf dem Inkatrail.

Hochlandgemeinden besucht: **Agencia Puruhá Razurku,** Calle Veloz 22-28 y Espejo, Tel. 03-295 19 96, www.cordtuch.org.ec, Mo–Sa 9–13, 15–19 Uhr.

Bus: Riobamba und Quito verbinden tagsüber etwa alle 15 Min. Busse der Kooperativen Riobamba, Chimborazo, Ecuador Ejecutivo, Patria und Vencedores, Fahrtzeit etwa 3,5 Std. Nach Guayaquil fahren Busse um 5.30, 10, 12, 14.30, 17.30 und 18.30 Uhr, ähnliche Abfahrtzeiten in Gegenrichtung.

Mit dem Autor unterwegs

Fahrradfahren auf 5000 Metern

Die **Schutzhütte des Chimborazo** ist mit 5000 m die höchste des Landes und kann mit dem Auto angefahren werden. Das eröffnet nicht nur sensationelle Ausblicke, sondern auch einen Startpunkt (s. u.) für die **höchste Downhill-Route Amerikas.**

Kooperative in den Highlands

Salinas de Guaranda schreibt seit über drei Jahrzehnten Sozialgeschichte in Ecuador. Wie kein anderes Landentwicklungsprojekt arbeitet und verkauft die **Landkooperative** mittlerweile landesweit und ins Ausland (s. S. 235). Zudem liegt das Dorf unter einer großen Felswand in **wunderschöner Bergwelt.**

Ecuadors höchste Schutzhütte

Das **Refugio Edward Whymper** (Av. Leon Borja y Uruguay, Tel. 03-294 22 15) auf 5000 m hat Kapazitäten für bis zu 50 Gäste, mit Kojen, Kochstellen, Speiseraum, Bad, Wasser und Strom. Schlafsack und Verpflegung sind mitzubringen. Nutzung 10 $.

Das Leben spielt sich – wenn möglich – draußen ab

Abstecher in die Provinz Bolívar

Guaranda

Reiseatlas: S. 9, A 4

Das einst zwischen Puruháes und Inkas heftig umkämpfte **Guaranda** (2650 m) liegt am ›königlichen‹ **Camino Real,** einem wichtigen Handels- und Postläuferweg Kolonialspaniens, und im Westen des Vulkans Chimborazo. Heute säumen republikanische Bauten der vorletzten Jahrhundertwende mit wunderschönen Holzbalkonen und von Hand geschlagene Pflasterstraßen die ruhige Hauptstadt der Provinz Bolívar. Das Zentrum des Ortes bilden die **Calle de la Concepción de 1884** und der **Parque Libertador Simón Bolívar.**

Hotel Cochabamba: Calle García Moreno y 7 de Mayo, Tel. 03-298 21 24, vviteriv@ecua.net.ec. Altes Hotel, einfach, aber stilvoll, mit gutem Restaurant. EZ/DZ 14/24 $, Frühstück 4 $.

Karneval: Berühmt ist der berauschende Karneval von Guaranda. Es ist ein eigenwilliges Fest mit Umzügen und

Tanz in den Straßen. Man wird mit Eiern, Mehl und Wasserbomben beworfen, lacht zu der traurigen Musik des Carnival Andino, einer frühspanischen Tradition, und schießt den ›blauen Vogel‹ ab. Jener *pájaro azul* ist ein verlässlicher Begleiter vom Straßentanz in die Bewusstlosigkeit – ein gnadenloser Zuckerrohr-Hausbrand ›made in Guaranda‹.

Bus: Es fahren mehrfach täglich Busse nach Guaranda.

Pkw: Die 60 km lange **Piste von Riobamba nach Guaranda** verläuft im Süden des Vulkans Chimborazo auf einer spektakulären Bergstrecke mit atemberaubenden Steilpassagen über dem rechts in der Tiefe rauschenden Río Tililag. Darüber thront der mächtige ›Taita‹ Chimborazo. Die Straße steigt auf über 4000 m Höhe, legt im Südosten manchmal den Blick auf den selten enthüllten Sangay frei. Aber auch von Ambato aus ist Guaranda über die **nördlich des Vulkans verlaufende asphaltierte Straße** zu erreichen.

Salinas de Guaranda

Reiseatlas: S. 9, A 3

Salinas ist eines der höchstgelegenen Dörfer in ganz Ecuador (3550 m), lebte und litt schon vor Kolumbus und noch bis vor rund 40 Jahren von und unter seinen oberirdischen Salzminen, den *salinas.* Heute zählt das Dorf dank der Solidarität seiner Bewohner und internationaler Entwicklungshilfe landesweit zu den erfolgreichsten landwirtschaftlichen Kleinkooperativen. Ökonomische Grundidee der Cooperativa Salinas war und ist es, ihre landwirtschaftlichen Primärgüter wie Milch, Wolle und Fleisch zu verarbeiten, ihre Palette an Endprodukten zu erweitern und den Handel damit weitestgehend in den eigenen Händen zu behalten. Der Deutsche Entwicklungsdienst unterstützte die Campesinos schon in den 1970er-Jahren. Salinas war ursprünglich getragen von der Idee, einen zukunftsfähigen Wechsel von der Schaf- zur Lamazucht in enger Zusammenarbeit mit eigenen Spinnereien zu vollziehen. Und siehe da: Heute züchtet man sogar Alpacas.

1978 kam der Schweizerische Käsetechniker Sepp Dubach im Rahmen eines UN-Projektes der Ernährungs- und Landwirtschaftsorganisation (FAO) nach Salinas. Mit einfachen Techniken und lokalen Mitteln gelang es ihm und den Campesinos, die Temperatur der reifenden Käse und die Feuchtigkeit in den Räumen zu kontrollieren. Es entstanden die ersten Käsereien von Salinas – Prototypen einer kooperativen Entwicklung, heute in aller Munde, zumindest der Mittel- und Oberschicht des Landes, die sich den Tilsiter, Dambo, Gruyères, Parmesan und Camembert in den Einkaufskorb legen. Neben Salinas haben die Technologie und das Kooperativen-Modell weitere 24 Käsereien im Land entstehen lassen. Die Waren sind auch im Dorf in der **Tienda El Salinerito** zu erhalten (www.salinerito.com).

Hosteria El Refugio: am Dorfrand, Postadresse: Fundación Grupo Juvenil Salinas, Casilla 15 Obispado, Guaranda, Salinas de Guaranda, Fax 03-239 00 22/24, www.eco-indextourism.org/en/el_refugio_ec_en. Eine gemütliche, familiäre und gut bewirtete Herberge der Kooperative, hervorragender Ausgangspunkt für Wanderungen und Reitausflüge in die Berge und Subtropen und natürlich zur Besichtigung der zahlreichen Produktionsstätten (Mo–Fr). Übernachtung p. P. 12 $.

Bus: ab Guaranda, Plaza 15 de Mayo, mehrfach tgl., Fahrtzeit 1 Std.

Von Riobamba zur Inkastraße

Auf der Panamericana von Cajabamba nach Guamote

Reiseatlas: S. 9, B 4 – S. 15, B 1

Von Riobamba aus setzt sich die Route nun weiter nach Südwesten fort, in mehreren Passagen parallel zur Eisenbahn. Nach 17 km stößt man auf das Dorf **Cajabamba,** auch Villa La Unión genannt, wo Riobamba von 1534 bis zu dem verheerenden Erdbeben von

Der ›tren mixto‹ galt einst als ›die schwierigste Eisenbahn der Welt‹

Richtig Reisen-Tipp: Mit der Schmalspurbahn zur Teufelsnase

Riobamba ist der geografische Mittelpunkt und mittlerweile die wichtigste Bahnstation der Transandinischen Eisenbahn zwischen Quito und Guayaquil. In der Stadt liegt zudem die schönste **Bahnhofshalle** Ecuadors.

Gibt es derzeit landesweit mehrere Projekte der Wiederbelebung der Bahn und ihrer sensationellen Strecken, so wird der **Klassiker – Riobamba-Teufelsnase –** bis heute mit der verlässlichsten Frequenz gefahren. Die Route führt über die Hochlandgemeinden Colta, Guamote, Palmira, Tixan und die wichtigste Zwischenstation **Alausí,** passiert die Laguna de Colta und die archaische landwirtschaftliche Nutzfläche von Chimborazo. Bei klarem Wetter bieten sich unvergessliche Blicke auf die vom Vulkan Chimborazo (6310 m) dominierte Westkordillere. Daher sitzen – wetterfest eingepackt – die meisten Bahnfahrer auf dem Dach des langsam dahinratternden Zuges.

Estación de Ferrocarril: Av. 10 de Agosto y Carabobo, Tel. 03-296 19 09, der Schalter öffnet Mi, Fr und So um 6 Uhr sowie am jeweiligen Vortag nachmittags, Abfahrt Mi, Do, Fr um 7 Uhr, Fahrpreise 11 $ (Riobamba–Alausí–Nariz del Diablo–Alausí), 7,80 $ (Rückfahrt Alausí–Riobamba). Es empfiehlt sich, das Ticket am Nachmittag vor der Abfahrt zu kaufen.

Die in die kalte Nacht reichende **Rückfahrt** ab Alausí wird selten gefahren. Statt dessen bietet sich ab Alausí (s. S. 239) bis 19 Uhr stündlich die Busfahrt nach Riobamba oder aber nach Cuenca an.

Einen **privaten Schienenbus** zwischen Riobamba und Alausí, den Chiva Express, betreibt die Agentur Metropolitan Touring, www.galapagosvoyage.com, Fahrpreis ca. 30 $.

Bald soll die alte Strecke Riobamba–Durán/Guayaquil wiedereröffnet werden.

1797 lag. Die Colta-Indígenas halten hier sonntags einen traditionellen und sehenswerten kleinen **Markt** ab.

4 km südlich von Cajabamba tangieren Straße und Bahnlinie die **Laguna de Colta** (km 23) und eine Kirche, die auf den 1797 zurückgebliebenen Grundfesten von Ecuadors ältestem christlichen Gotteshaus gebaut wurde: **La Balbanera,** eine Steinkapelle am Straßenrand, einst errichtet zu Ehren der Jungfrau von Balbanera in der spanischen Provinz Logroño. Auf dem flachen See sieht man gelegentlich die Coltas in ihren Kanus, wenn sie Schilf schneiden.

Von hier ab führt ein langer Streckenabschnitt der Panamericana durch sehr dünn besiedeltes Hochland entlang der Bahnlinie bis nach **Guamote** (3056 m hoch, km 50). Das Dorf veranstaltet einen faszinierenden **Donnerstagsmarkt:** Die Indígenas aus der Region in verschiedenen traditionellen Trachten kaufen und verkaufen ihre Früchte und Waren. Die ganze Kleinstadt ist voller Straßenstände – geschäftiges Treiben einer bunt gekleideten Menschenmenge auf den Plätzen und in den Straßen. Von Touristen fehlt fast jede Spur. Oberhalb, am Bahnhof, liegt jenseits der Markttage ein idyllisches Gleisdreieck mit Rangierfahrt und dem alten Wassertank für die Dampflok.

Inti Sisa Guesthouse: Guamote, Tel. 03-291 65 29, www.intisisa.org, Reservierung erforderlich. Belgisch-niederländisches Landprojekt mit kleinem Gästehaus sowie Moutainbike- und Trekkingprogramm. EZ/DZ 12/24 $, Schlafsaal 10 $, Mahlzeit 2–4 $.

Auf der Nebenroute nach Guamote

Reiseatlas: S. 9, B 4–S. 15, B 1

Mit der Straßenkarte und etwas Orientierungsvermögen empfiehlt sich den Selbstfahrern alternativ die Nebenroute von Riobamba nach Guamote über **San Luis** und **Punín.** Eine wengleich staubige, so doch beeindruckende Fahrt durch die Welt der Colta-Indianer, eine Region, in der angeblich auch Paccha Duchicela, die Frau des Inkakönigs Huayna Cápac geboren wurde.

Alausí

Reiseatlas: S. 15, B 1

Alausí bietet vor allem drei Dinge: ein Ambiente steiler Bergwelt, die das Dorf zu allen Seiten beeindruckend und den Wanderer einladend umgibt, ein paar Pensionen, die sich zum Verschnaufen vor der anstrengenden Strecke nach Cuenca anbieten, und nicht zuletzt einen der touristisch wichtigsten Bahnhöfe Ecuadors. Denn Alausí liegt nicht nur an der spektakulären **Transandinischen Eisenbahn** Durán–Riobamba, sondern genau oberhalb eines seiner beeindruckendsten Streckenabschnitte, der Zickzack-Bergpassage an der Teufelsnase, **Nariz del Diabolo.**

Hotel Campala: Av. 5 de Junio, Hauptstraße, 3 Blocks vom Bahnhof, Tel. 03-293 01 38. Unter den einfachen Unterkünften im Dorf die passabelste. Geräumiges Hotel mit zwei Balkonen zur Straße und schlichten Zimmern mit TV. 8 $ p. P.

Cafetería La Higuera: Av. 5 de Junio y Ricaurte, Tel. 03-293 15 82, 09-145 72 84. Freundliche Pizzeria und Cafeteria mit ein paar Außentischen. Der Besitzer, Sergio Luna, ist seit Ende der 1980er-Jahre Lokführer und kennt fast die ganze Geschichte der Bahn. Hauptgericht 4 $.

La Diligencia: im Bahnhof. Das hübsche Bahnhofscafé mit seiner antiken roten Postkutsche vor dem Fenster öffnet mehr oder weniger verlässlich von 8 bis 11 und von 15 bis 19 Uhr, jeweils an den Tagen, an denen der Zug erwartet wird.

Bahn: Aus Riobamba in Südwestrichtung passiert der Zug etwa um 9.30 Uhr die Stadt. In umgekehrter Richtung geht es schon mal mit dem ›Teufel‹ zu: erfahrungsgemäß spätnachmittags, aber es kann auch Abend werden.

Bus: Mit der Cooperativa Alausí hat man tagsüber bis 19 Uhr etwa stündlich Verbindungen nach Riobamba sowie um 4, 9, 11, 13 und 16 Uhr nach Guayaquil oder um 7 und 9 Uhr nach Cuenca. Weitere Busse kann man oberhalb des Dorfes Alausí an der Panamericana stoppen.

Wandern auf dem Inkatrail

Reiseatlas: S. 15, B 1/2

Die **Inkastraße,** die einst Talca südlich des heutigen Santiago de Chile und Quito verband, verläuft nicht weit von Alausí. Zwischen **Achupallas,** südöstlich von Guasuntos, und den **Ruinen von Ingapirca** (s. S. 240f.) führt eine dreitägige Wanderung auf dem **Inkatrail** durch einen wunderschönen Teil der ehemals 5000 km langen Verbindung. Der Weg durch die abgelegene und nur sehr dünn besiedelte Andenregion ist jedoch nicht immer einfach auszumachen.

Es empfiehlt sich dazu der auf S. 76f. genannte Wanderführer samt IGM-Karte oder aber ein Tourarrangement bei den Agenturen in Riobamba (s. S. 233) oder in Cuenca (s. S. 253).

Auf der Panamericana nach Cuenca

Reiseatlas: S. 15, A/B 2/3

Im weiteren Verlauf der Straße nach Cuenca muss mit häufigen Straßenschäden gerechnet werden. Nebel und Regenfälle tun mitunter das Ihre, um die wunderschönen Bergkulissen zu verstecken. Bei der Ortsdurchfahrt von **Chunchi** (km 130) an der alten Bahnlinie nach Cuenca warten die Wirte von ein paar Straßenrestaurants auf Kunden, ähnlich an dem Straßenabzweig von **Zhud** (km 173), wo es Richtung Westen nach Guayaquil (km 173) geht.

An dem Dorf **El Tambo** bei km 189 zweigt die 11 km lange Nebenstrecke zu der **Ausgrabungsstätte von Ingapirca** (s. S. 240f.) ab.

Cuenca und der nördliche Austro

Cityplan S. 245

Die südlichen Andenprovinzen Cañar, Azuay und Loja formen eine wasserreiche und sich abflachende Hochgebirgslandschaft, die Region des sogenannten Austro. Die Inkas wollten in dieser Region ihr ›Cuzco des Nordens‹ errichten und hinterließen immerhin die Tempelanlage von Ingapirca. Mit Cuenca entstand eine europäisch geprägte, moderne Stadt – architektonisch die schönste des Landes.

Die Ruinen von Ingapirca

Reiseatlas: S. 15, B 2

Ingapirca ist die besterhaltene Ruine aus der Inkazeit in ganz Ecuador und weist darüber hinaus archäologische Detailfunde seiner ursprünglichen Erbauer, der Cañaris, auf. Das Wort Ingapirca bedeutet Inkamauer und beschreibt einen heute teilrekonstruierten Komplex aus Tempel, Grabstätten, Wasserleitungen, Wirtschaftsräumen und Gemächern.

Geschichte

Vermutlich stammen die ältesten Teile der einstigen Cañari-Festung von 800 n. Chr. Von ihr ließen Tupac Yupanqui und seine Inkakrieger Ende des 15. Jh. außer einem trapezförmigen Tempelportal jedoch nicht viel übrig. Sie bauten ihren ›Sonnentempel‹, das spanisch bezeichnete Castillo de Ingapirca, auf das ellipsenförmige Fundament (ca. 37,5 x 13,5 m) des exponiertesten Punktes der Anlage, mit freiem Blick nicht nur auf die umliegenden Bergrücken, sondern auch auf den gesamten Sonnenlauf von Aufgang bis Untergang.

Die religiösen und Cuzco verehrenden Zeremonien an dieser Kultstätte vorchristlicher Völker lassen sich heute nur vermuten. Bei der Betrachtung der geografischen Ausrichtung der 4 ha großen Anlage und seiner mächtigen Steinquader lässt sich die einstige strategische Bedeutung von Ingapirca erahnen. Bis heute überleben so Zeitdokumente inkaisch-militärischer Machtbesessenheit und sklavisch umgesetzter Extremarchitektur unter der Schirmherrschaft von Inti, der verehrten Sonne.

Ausgrabungsstätte heute

Es ist nicht mehr viel vom Innenleben der einstigen Tempelburg zu erkennen. Angedeutete Räume könnten sowohl Schlafzimmer, Gebetsraum oder auch Stallung sein. Allein der **Templo del Sol** und seine Lage steil über den Tälern strahlen eine erhabene Energie aus, eine Wärme und mystische Kraft, die die Steine bereits seit 1200 Jahren von der Sonne beziehen.

Dem Park angegliedert ist ein kleines **Archäologisches Museum** mit Keramiken, Stoffresten und Metallkunst sowie einer Fotodokumentation des Wiederaufbaus von Ingapirca durch die stolzen Bürger des gleichnamigen benachbarten Dorfes (tgl. 8–17 Uhr, Eintritt 6 $ in der Regel inkl. Englisch sprechendem Führer; Besichtigungsdauer: ca. 90 Min. für Ruinen und Museum).

Posada Ingapirca: 500 m oberhalb der Ruinen, Tel. (in Cuenca) 07-282 74 01, Fax 07-283 23 40, www.gruposantaana.com. 100-jährige Hacienda, bestehend aus drei Gebäuden, z. T. mit Steinböden, teils alte Dielenumläufe, Kamine, Billardzimmer, gemütliches Restaurant mit

Ingapirca-Blick (Menü 10 $, Hauptgericht 6 $). Gemütliche, große Zimmer. EZ/DZ 43/ 54 $, große Suite 61 $.

Bus: Ab El Tambo fahren tagsüber etwa alle 20 Min. Busse nach Ingapirca, das zugleich ein kleines Dorf ist. Ab Cuenca fährt ein Bus der Cooperativa Cañar 2 x tgl. um 9 und um 13 Uhr zu den Ruinen sowie um 13 und 16 Uhr zurück.

Von Ingapirca nach Cuenca

Reiseatlas: S. 15, B 2–A 3

Von **El Tambo** (s. S. 239) aus weiter auf der Panamericana kommt man nach 7 km durch die Kleinstadt **Cañar,** ein Handelszentrum für die Indígenas der Umgebung mit einem prächtigen Sonntagsmarkt, inmitten eines landwirtschaftlich genutzten Beckens.

Die Route in die Anden des Südens passiert im Folgenden das Dorf **Biblián** (km 225), das die Jungfrau von Rocío in der hoch über dem Ort gelegenen Kirche verehrt. Auch Johannes Paul II. ließ das schöne Gotteshaus 1985 bei seiner Ecuador-Reise nicht aus. Neben dem Gebet zur Beschützerin von Biblián imponierte ihm sicherlich auch die traumhaft schöne Sicht vom Portal hinab.

Cañars Provinzhauptstadt **Azogues** (km 232) ist einen Stopp wert zur Besichtigung

Die Ruinen von Ingapirca – eines der bedeutendsten Monumente prähispanischer Kulturen in Ecuador

der großen Franziskanerkirche Virgen de las Nubes, des Samstagsmarktes und der Handwerksbetriebe der mittelständischen und familiären Panamahut-Produktion.

Nach 264 km ab Riobamba erreicht die Route schließlich die größte Stadt der südlichen Anden, **Cuenca.**

7 Cuenca

Cityplan: S. 245; **Reiseatlas:** S. 15, A 3

Von der einstigen Inkahauptstadt des Nordens entwickelte sich die ›Stadt der vier Flüsse‹ zu einem liberalen Kunst- und Kulturzentrum Lateinamerikas. Cuenca ist Ecuadors schönste Stadt. Die selbstbewusste Andenmetropole des Südens ist unübersehbar europäisch geprägt und verknüpft Geschichte und Moderne wie keine andere Stadt des Landes.

Unter der Herrschaft der Inkas und der Spanier

Die schönste Stadt Ecuadors war einst die umkämpfteste des Landes. Die Cañaris im damaligen Tumipamba, auch Tomebamba genannt, wehrten sich bis zum bitteren Ende gegen die Inkakrieger aus Cuzco. Doch sie unterlagen schließlich. Etwas später war es der Inka-Königssohn Atahualpa, der dem Krieg mit seinem Halbbruder Huascar hier ein jähes Ende setzte. Er ließ das ›Tor des Pumas‹ und den Ostteil der Stadt um 1525 niederbrennen und riss die Inkas damit aus den Träumen von einer großen goldenen Hauptstadt des Nordens. Atahualpa schlug noch grauenhafter zu: 30 000 Cañari-Männer fielen ihm zum Opfer. Vielen ließ er gar das Herz herausreißen und zum Austreiben ihrer widerspenstigen Kraft in Salz legen. Mit diesem Racheakt, mit dieser Ausrottung der Männer, bereitete Atahualpa das Ende der langen indigenen Kultur dieser Stadt vor.

Doch Cuenca blieb nicht lange die Stadt der Witwen. Die Spanier waren gewarnt und gingen zunächst behutsam vor, bis sie 23 Jahre nach Beginn der Conquista, am 12. April 1557, ihr Santa Ana de los Cuatro Ríos de Cuenca gründeten und relativ versöhnlich mit den von den Inkas gepeinigten Cañaris lebten.

Die wachsenden Familienbande von Spaniern und Cañari-Frauen schufen die *chola cuencana,* jene typische, mestizische Frau aus Cuenca, die europäisch-christliches Denken und die cañarischen Attribute Kraft und Stolz in sich verbindet.

Indígenas gibt es indes in Cuenca nur noch äußerst wenige. Das Stadtbild an der Neuen Kathedrale dominiert die kräftige Frau mit weißem Hut und von Blumen gesäumtem grellfarbenen Rock. Den Rock sollen die *cholas* übrigens einer österreichischen Prinzessin abgeschaut haben, die zu Zeiten von Karl V. in Cuenca eine Lungenkrankheit kurierte.

Französische und jüdische Spuren im Stadtbild

Ende des 19. Jh. pflegten die Cuencaner intensiven Austausch mit Frankreich, was sich bis heute im Stadtbild niederschlägt. In Architektur, Erziehung, Sprache und selbst in der Mode lernten und importierten sie viel aus dem kulturellen Herzen Europas. Für das wachsende cuencanische Bürgertum markierte die Übernahme des französischen Lebensstils die Abkehr von Spanien. Auch wenn Cuenca traditionell enge Verbindungen und relativ wenig Klassendenken zwischen dem einfachen Volk und gehobenen Schichten kennt, so darf man die Dekadenz dieser Pariser Lebensstil-Liebschaften nicht übersehen: Der neue republikanische Geldadel Cuencas importierte nicht nur Wein, Lampen und Gläser aus Frankreich, er war sich auch nicht zu schade, Möbel und Klaviere auf den Schultern der Indígenas vom Hafen in Guayaquil in die Berge tragen zu lassen. Kaum zu glauben, aber auch das erste Auto von Cuenca brachten die Indígenas in den 1930er-Jahren auf diese Weise über die Höhen der 4000er von El Cajas nach Cuenca.

Europäische Juden emigrierten zweimal in größerer Zahl nach Cuenca. Die erste Einwanderungswelle begann bereits kurz nach der Conquista im 16. Jh., als sie der spanische Klerus in Massen aus dem Land vertrieb. Der Holocaust der deutschen Nazis ließ 350 Jahre später erneut viele – diesmal deutsche – Juden nach Cuenca fliehen und am Río Tomebamba eine neue Heimat finden. Deutsche Spuren finden sich heute auch im Bildungssektor, so zählt das Colegio Alemán heute bereits 700 Schüler.

Cuenca heute

Cuenca war eigentlich immer eine ambivalente Stadt: fortschrittlich bei der Einführung der neuen Technologien wie zu Anfang des 20. Jh. mit Straßenbeleuchtung, Wasserkraft und Landwirtschaftsmaschinen. Gleichzeitig war Cuenca stets wehrhaft konservativ – Eloy Alfaros liberale Revolution verzeichnete trotz blutiger Revolutionsgefechte keine tiefer gehenden Erfolge in der Stadt am Tomebamba.

Diese Doppelstrategie der Cuencaner zwischen Tradition und Neuerung findet auch Ausdruck in der Berufswelt: Ganz im Gegensatz zur Hauptstadt Quito gilt das Handwerk in Cuenca nicht als eine zweitklassige Tätigkeit der Armen. Es gilt gar als eine edle Beschäftigung. Bis heute finden sich in Cuenca Ärzte, die nebenbei schneidern, und Anwälte, die auch tischlern.

Die Andenmetropole Cuenca empfindet allen regionalistischen Konflikten zwischen Quito und Guayaquil zum Trotz eine – nicht nur geografische – Nähe zu der Hafenmetropole Guayaquil.

Politisch linksliberal wurde die Provinzhauptstadt von Azuay so recht erst seit der Verfassung von 1979, zumindest in der Stadtpolitik. Diese jüngste demokratische Epoche macht Cuenca vielleicht selbstbewusster und leidenschaftlicher als je zuvor. Kein Wunder, dass sich in Kultur, Presse und Politik des Landes immer wieder Cuencanerinnen in Schlüsselpositionen finden, so auch im Kabinett von Staatspräsident Rafael Correa.

Stadtbild und Orientierung

Dem Besucher zeigt sich Cuenca heute facettenreicher als jede andere Stadt der ecuadorianischen Anden. Cuenca ist neben Montecristi an der Costa die zweite Heimat der weltberühmten Panamahüte und pflegt eine jahrtausendealte Keramiktradition.

Die **Stadt der vier Flüsse** ist eine ruhige, beschauliche Schönheit, nicht spektakulär, nicht aufregend. Cuenca sucht den Reisenden mit Zeit und wirkt dann unvergesslich. Andererseits wächst die Stadt unaufhörlich auf heute schon 400 000 Einwohner, und auf 750 000 Mitbürger im Jahr 2035, wenn sich der Stadtentwicklungsplan erfüllt.

Das Straßenbild der 2001 zum **Welterbe** der Unesco erhobenen Stadt formen wunderschöne republikanische Stadthäuser mit zahlreichen französischen Bauelementen, dazwischen gelegentlich mit deutschen und neoklassizistischen Akzenten sowie kolonialer Architektur vor allem in den zahlreichen

Mit dem Autor unterwegs

Stippvisiten im Hotel

Cuenca hat das **beste Angebot an historischen Unterkünften** in Ecuador, und nicht selten sind sie außergewöhnlich schön restauriert. So sollte ein Stadtbesucher des **Welterbes** auch den Blick in die Lobbys, Patios und Restaurants der aufgeführten Hotels wagen (s. S. 248ff.).

Sinfonie am Freitag

Die regelmäßigen und ausgezeichneten Konzerte des **cuencanischen Sinfonieorchesters** sind nicht nur Genuss für die Ohren. Dadurch, dass sie fast immer von Freitag zu Freitag den Spielort wechseln, entdeckt man mit **Leben gefüllte Kirchen und Theatersäle** (s. S. 252).

Schwammland bergab

Im **Nationalpark El Cajas** (s. S. 255) ist es häufig nass, und der Boden in der schwammkissenartigen Vegetation ist schwer. Eine **lange Wanderung,** etwa eine neunstündige Tagestour, sei daher **bergab** empfohlen, beginnend auf 4080 m bei Tres Cruzes, wo auf Wunsch auch der Bus Cuenca–Guayaquil hält.

Cuenca: Cityplan

Sehenswürdigkeiten

1 Nueva Catedral
2 Parque Calderón
3 Vieja Catedral (Iglesia del Sangrario)
4 Corte Suprema (Oberster Gerichtshof)
5 Casa de la Cultura
6 Iglesia del Carmen de la Asunción
7 Bótica y Drogería Central
8 Municipio
9 Casa Arzobispal
10 Museo del Monasterio de las Conceptas
11 Museo de las Culturas Aborígines
12 Museo del CIDAP
13 Museo Remigio Crespo Toral
14 Museo del Banco Central
15 Museo de los Metales
16 Museo de Arte Moderno

Übernachten

1 Mansión Alcázar
2 Hotel Santa Lucía
3 Hotel Crespo
4 Hotel Victoria
5 Hotel Inca Real
6 Hostal Colonial
7 Hostal Orquidea
8 Posada Todos Santos
9 Posada del Ángel
10 Hostal Macondo

Essen und Trinken

11 El Jordán
12 Ristorante La Viña
13 Raymipampa
14 Café Austria
15 Cafetería 4 Manos
16 Moliendo Café

Nachtleben

17 Café Wunderbar
18 Café Eucalyptus
19 Discoteca La Mesa
20 Sankt Florian
21 Monday Blue
22 El Cafecito

Kirchen und einigen prächtigen Patiohäusern. Diese Bauten und das schachbrettartige Straßenraster ließen einst die Konquistadoren an dem genialen Bewässerungssystem der Inkas errichten. Nicht wenige Quadersteine der Inkas stützen heute die kolonialen Fundamente, selbst die der beiden Kathedralen. Leider hat sich in der Stadt ein Dauerstau gebildet.

Charakteristisch für die **Universitätsstadt** Cuenca, im Vergleich zum Zentrum Quitos, ist der gewachsene Lebenszusammenhang aus Wohnen, Geschäftswelt, Bildung und Kultur innerhalb des großen Stadtkerns, der eben nicht in Stadtbezirke aufgespalten ist. Wenngleich an den Rändern der Stadt in den vergangenen Jahren zunehmend neue mittelständische und feine Wohnbezirke entstehen. Der relative Reichtum der Stadt wird dabei nicht nur am Río Tomebamba, sondern auch am Hudson River geschaffen, denn Cuenca ist das Epizentrum der ecuadorianischen Auswanderung. Aber bei allem Schmerz um die Fortgegangenen steht die Migration auch für **Cuencas Weltoffenheit.**

Das stolze Cuenca, das ›Becken‹ von vier Flüssen, ist heute ein Schmelztiegel der Epochen von Cañarís, Inkas und Spaniern. Musik, Malerei und Kunsthandwerk machen sie zur **Kulturhauptstadt** mindestens des südlichen Ecuadors.

Die beiden Kathedralen

Ein kleiner Rundgang im Zentrum beginnt zwischen den Kathedralen. Die **Nueva Catedral** 1 mit ihren aus statischen Gründen nie vollendeten Glockentürmen und den blauen Kuppelkacheln aus der einstigen Tschechoslowakei überragt den **Parque Calderón** 2, das Herz der Stadt. Nach Plänen des deut-

schen Padre Johannes Baptist Stiehle wurde diese ›Kathedrale der Unbefleckten Empfängnis‹ von 1885 bis 1967 gebaut. Sie ist heute eines der größten Gotteshäuser Lateinamerikas und ist dennoch sonntags überfüllt, wenn Erzbischof Luis Alberto Luna Tobar ans Pult tritt (s. dazu Richtig Reisen-Tipp S. 248). Johannes Stiehle wurde links vorm Hauptaltar eine kleine Gedenkstätte errichtet. Auffälliger geriet die Statue von Johannes Paul II., der die Kirche 1985 besuchte. Durch die lange Bauzeit im Zentrum dieser weltoffenen Stadt fanden acht Baustile den Weg in die Kathedrale, u. a. Klassizismus, Neoklassizismus und Barock.

Unscheinbarer auf der anderen Seite des von acht hohen chilenischen Araukarien beschatteten Parks liegt die **Vieja Catedral** 3 oder auch **Iglesia del Sangrario.** Ihre nichtsynkretische Innengestaltung macht sie zur ›einzigen original spanischen Kirche‹ des Landes. Baubeginn war 1557, und in den Fundamenten finden sich Mauersteine der Cañari, der Inka und der Spanier. Erst vor wenigen Jahren wurde dieses Prachtstück restauriert und 2005 wieder eröffnet, heute wird es jedoch vornehmlich als Kulturzentrum genutzt. Von überwältigender Schönheit ist die filigran gearbeitete Abendmahldarstellung im **Altar del Santísimo** mit einem lebensechten, weiblichen Santo Tomás.

Rund um die Kathedralen

An derselben Straßenecke wie die Alte Kathedrale liegt der **Oberste Gerichtshof** 4, der Corte Suprema de Justicia, in einem mächtigen Marmor- und Backsteinbau von 1914, der einst die Universität beherbergte.

Seitlich der Neuen Kathedrale liegt das alte Gebäude der **Casa de la Cultura** 5, ebenfalls gut sichtbar mit Inkasteinen im Fundament. Aber auch die Deckenbalken und Teile des Bodens verraten das Alter des Hauses, dessen kleiner Garten an die Mauern des Karmeliterklosters angrenzt. Das Haus zeigt im **Museo Casa de la Cultura** wechselnde Kunstausstellungen zeitgenössischer ecuadorianischer Künstler (Calle Sucre y Benigno Malo, Ecke Parque Calderón, Tel. 07-282 14 29, 07-283 25 15, Mo–Fr 8–13, 15–18 Uhr). Die Casa de la Cultura beherbergt außerdem das **Tourismusbüro.**

Vor der angrenzenden **Iglesia del Carmen de la Asunción** 6 findet täglich der farbenfrohe **Blumenmarkt** statt. Weitere koloniale Kirchen in der Altstadt sind sind die Gotteshäuser von **Santo Domingo, San Blas, San Francisco, El Cenáculo, Todos Santos** sowie das **Monasterio de las Conceptas.**

In der Calle Bolívar nicht weit vom Parque Calderón liegt die alte deutsche **Bótica y Drogería Central** 7**,** eine antike Apotheke, die bis heute hausgemachte Brausen anrührt. Im gleichen Gebäude sind das deutsche Konsulat, das deutsche Kulturhaus **Casa Alemán** und die Tageszeitung Hoy untergebracht.

Zurück in der Calle Luis Cordero, befindet sich das **Municipio** 8 in einem ebenso wuchtigen Säulenbau aus Marmor von 1915.

In der Calle Bolívar weiter östlich liegt die **Casa Arzobispal** 9 mit ihrem schönen Patio. Der Bischofssitz war einst das Wohnhaus des später heilig gesprochenen Hermano Miguel Febres Cordero.

Wunderschöne Patios mit Gastronomie lassen sich besuchen in der **Mansión Alcázar** und im **Hotel Santa Lucía** (beide Hotels s. S. 249).

Museen auf dem Weg zum Río Tomebamba

Über die Calle Borrero geht es nun zum **Museo del Monasterio de las Conceptas** 10**.** Das Museum für religiöse Kunst der Ordensgemeinschaft der Unbefleckten Empfängnis zeigt Exponate schwerpunktmäßig aus dem 18. und 19. Jh., darunter Bilder, Figuren und Alltagsgegenstände der Nonnen. Zudem sind in den knapp 30 kleinen Räumen einzelne schöne Schatullen und Truhen aus dem 16. Jh. zu sehen (Calle Hermano Miguel 6-33 y Juan Jaramillo, Tel. 07-283 06 25, Mo–Fr 9–17.30, Sa 10–13 Uhr).

Das nächste Museum auf dem Weg zum Tomebamba ist das **Museo de las Culturas Aborígines** 11**.** Das Museum der alten Kulturen umfasst eine beeindruckende Privatsammlung aus drei Generationen der Familie López Moreno. Gezeigt werden über 5000 archäologische Exponate wie Steine, Werkzeuge und Keramiken, sensibel geordnet und ausgestellt. Der Museumsshop des alten Hauses verfügt über ein breites Repertoire an

Blickfang: die blau gekachelten Kuppeln der Neuen Kathedrale

Bildbänden und Postkarten sowie Schmuck und exzellente wie preiswerte Replikas von Keramikfiguren der frühen Kulturen des Landes (Calle Larga 5-24 y Hermano Miguel, Tel. 07-283 91 81, juancordero@hotmail.com, Mo–Fr 8–18, Sa 8–13 Uhr, Eintritt 2 $).

Schon am Largo und in unmittelbarer Flussnähe liegen die beiden folgenden Museen. Das Museum für Volkstümliche Kultur (Centro de Artes Populares Interamericano), **Museo del CIDAP 12,** wurde im Jahr 2004 in Zusammenarbeit mit der Organisation Amerikanischer Staaten (OEA) aufgebaut und zeigt in einer einzigartigen Ausstellung mehr als 7000 Exponate von lateinamerikaweitem Kunsthandwerk (Calle Hermano Miguel 3-23 y La Escalinata, Tel. 07-282 94 51, Mo–Fr 9.30–13, 14–18, Sa und Fei 10–13 Uhr).

In nächster Nachbarschaft befindet sich das **Museo Remigio Crespo Toral 13** in einem Gebäude, das einst dem cuencanischen Schriftsteller Honorato Vásquez gehörte und bereits seit 1946 als Museo Municipal (Stadtmuseum) dient. Es zeigt neben der stadthistorischen Ausstellung auch Exponate religiöser Kunst (Calle Larga 7-25 y Borrero, Tel. 07-283 32 08, Mo–Sa 9–17 Uhr; 2007 wegen Renovierung geschl.).

Richtig Reisen-Tipp: Lunas Messe in der Kathedrale

Die **Sonntagsgottesdienste** mit dem pensionierten Erzbischof und Befreiungstheologen Luis Alberto Luna Tobar in der **Neuen Kathedrale** von Cuenca gehören zu den beeindruckendsten Veranstaltungen der katholischen Kirche in Ecuador. Luna Tobar, der einstige Stierkämpfer und spätere konservative Priester aus Quito, wandte sich in den 1970er-Jahren, als er das Erzbistum Cuenca übernahm, der basisorientierten Sozialarbeit zu.

Luna gründete u. a. die Poliklinik DONUM, deren Schirmherr er bis heute ist, und besucht regelmäßig die Gefängnisinsassen und psychisch Kranken der Stadt. So wurde er mit der Zeit zum Volksbischof, zu einem der beliebtesten und umstrittensten Kirchenmänner in Ecuador, der von den sozialen Bewegungen des Landes sogar für das Amt des Staatspräsidenten vorgeschlagen wurde.

Besonders bei Lunas **Vormittagsgottesdienst am Sonntag** (meist um 10 Uhr) platzt die größte Kathedrale Lateinamerikas aus allen Nähten. Vor allem – aber nicht nur – junge Leute gehen in seine Messe. Die ergreifenden Predigten des alten Geistlichen mit dem weißen Bart gehen unter die Haut. Der christliche Friedensgruß vor der Kommunion, dieser Moment, in dem Mütter dem alten Bischof ihre Säuglinge zum Kuss reichen, gerät zu einem der ergreifendsten Ereignisse in der katholischen Kirche Lateinamerikas.

Als Journalist und Verfechter von Toleranz und Ökumene freut sich Luna über jeden Gottesdienstbesucher – ganz gleich welcher Religion dieser angehören mag. Der ebenfalls gut besuchte sonntägliche **Abendgottesdienst** mit dem Erzbischof findet meist um 20 Uhr statt.

Weitere Museen

Südöstlich des Stadtzentrums stößt der Besucher auf das interessante **Museo del Banco Central** **14**. Das gut aufgebaute, dreiteilige stadthistorische, ethnografische und numismatische Museum verfügt zudem über originale Ausgrabungsstätten wie das rekonstruierte Tor des Pumas Pumapungo (Calle Larga y Av. Huayna Capac, Tel. 07-283 12 55, Mo–Fr 8–18, Sa 8–13 Uhr).

Seit 1994 logiert das Städtische Museum für Metallkunst im Süden Cuencas in einer Stadtvilla im Stil des 18. Jh. An das **Museo de los Metales** **15** ist die mexikanische Cafetería El Nopal angeschlossen, die aber nur zu Großveranstaltungen wie der Bienale öffnet (Av. Solano 11-83, Tel. 07-281 13 02, Mo–Fr 10–12, 15–17 Uhr).

Westlich von der Kirche El Cenáculo ist in der 1876 errichteten, ehemaligen geschlossenen Anstalt für Kranke und Alkoholiker heute das Museum für Moderne Kunst untergebracht. Das **Museo de Arte Moderno** **16** stellt nationale und internationale Künstler aus und veranstaltet Lesungen, Seminare und Workshops (Calle Larga y Coronel Talbot, Tel. 07-283 10 27, Mo–Fr 8.30–13, 15–18.30, Sa 9–13 Uhr).

i **i-Tur:** Calle Sucre y Benigno Malo/ Luís Cordero, Parque Calderón, Tel. 07-282 10 35. Gut organisiertes und informierendes Touristenbüro in Kooperation zwischen der Stadt und dem Tourismusministerium.

www.cuenca.com.ec: Städtische Website mit zahlreichen gut gegliederten Informationen, Adressen und ausführlichen Routen zu Galerien, Kirchen, Museen und Kunsthandwerk, auf Spanisch und Englisch. Hier ist auch das monatliche Kulturprogramm ›Agenda Cultural‹ mit etlichen Adressen und Berichten als PDF-Datei zu finden.

Cuenca verfügt über ein **exzellentes Angebot von stilvollen**

Hotels, viele davon zu günstigen Tarifen. Alle hier gelisteten Unterkünfte liegen im historischen Zentrum und sind zumeist koloniale oder republikanische Bauten der Stadt. Die Zimmerpreise schließen das Frühstück mit ein.

Mansión Alcázar 1: Calle Bolívar 12-55 y Tarqui, Tel. 07-282 39 18, Fax 07-282 35 54, www.mansionalcazar.com. Erhabener Stadtpalast um einen wunderschönen Patio mit hohen, schlanken Säulen, zentralem Brunnen, einem Flügel und einer antiken Harfe sowie Retromöbeln aus dem 19. Jh. Im hinteren Bereich ein prächtiger kleiner Garten und ein feines Restaurant (12–15, 19–21.30 Uhr, Hauptgericht 8 $) mit traditioneller und internationaler Küche. Die hohen, aristokratisch wirkenden Zimmer verfügen über Kabel-TV und einen Safe, Nr. 104 und 204 sind zum Garten hin ausgerichtet. EZ/DZ 85/134 $.

Hotel Santa Lucía 2: Calle Borrero 844 y Bolívar/Sucre, Tel. 07-282 80 00, www.santaluciahotel.com. Prächtiges Stadthaus mit feinem Restaurant in traumhaftem Patio, in dem die Hochzeitsszenen aus dem ecuadorianischen Roadmovie ›Qué tan lejos‹ (2006) spielen. Sehr feine Zimmer in Holzambiente mit Kabel-TV, Minibar, Safe, Schreibtisch, W-Lan und Hydromassage, allein der Blick auf Straße und Hinterhof ist nicht inspirierend. Prunkstück des 20 Zimmer umfassenden Hotels ist der republikanische Salon mit blechernen französischen Innenfassaden. Das Patiorestaurant und die Trattoria Novevento öffnen von 12 bis 15.30 und von 19 bis 22 Uhr, Hauptgericht 8–12 $. Große, stilvolle Zimmer mit großen Bädern. EZ/DZ 87/101 $.

Hotel Crespo 3: Calle Larga 7-93 y Luis Cordero, Tel. 07-284 25 71, Fax 07-283 94 73, www.hotelcrespo.com. Gebaut um 1860 von der angesehenen cuencanischen Familie Heredia Crespo, ist das Traditionshaus bereits seit 1942 Hotel. Die Lage am steilen Barranco will es, dass man das verwinkelte Haus mit seinen schwingenden Dielen und hohen Treppenabgängen über den 4. Stock in der Calle Larga betritt. Zum Service gehören Garage, Internet, Bar, ein ecuadorianisches Restaurant (tgl. 12–15, 19–22 Uhr) und ein großer Salon für Empfänge. Von den gediegenen und geräumigen 39 Zimmern mit Heizung haben einige eine Terrasse mit Blick auf den Fluss. Kostenloser Flughafentransfer. EZ/DZ 79/93 $.

Hotel Victoria 4: Calle Larga 6-93 y Borrero, Tel. 07-282 74 01, Fax 07-283 23 40, www.grupo-santaana.net. Das 2003 eröffnete Hotel am Hang des Barranco verfügt über einen schönen Garten am Flussufer, zu dem auch der Blick aus dem fein verglasten internationalen Restaurant El Jardín führt (tgl. 11.30–15, 17.30–23 Uhr, Hauptgericht 6–8 $). Ferner sind Fahrstuhl und Garage im Haus. Die schönen Ladrillo-Böden führen zu 19 netten Zimmern auf fünf Etagen, zumeist mit Blick auf den Barranco. EZ/DZ 49/61 $.

Hotel Inca Real 5: Calle Torres 8-40 y Sucre/Bolívar, Tel. 07-282 36 36, Fax 07-284 06 99, incareal@cue.satnet.net. Das schöne Kolonialhaus aus den 1790er-Jahren verfügt über drei Patios und breite Dielenumläufe, die vom altweißen ersten in Stein gearbeiteten Patio in den zweiten sanftblauen und den dritten avocadogrünen Hof führen. Hübsch ist auch die integrierte Tapa-Cafeteria Akelarre (tgl. 11–22 Uhr, Hauptgericht 4–7 $, Abendmenü 12 $). Die Zimmer sind gut ausgestattet, ihre Wände in Altgelb gehalten und teilweise tapeziert. EZ/DZ mit großem Frühstück 37/45 $.

Hostal Colonial 6: Calle Gran Colombia 10-13 y Padre Aguirre, Tel. 07-284 16 44, 07-282 37 93. Das 200 Jahre alte Kolonialhaus ist einfach, aber durchaus charmant restauriert. 12 Zimmer mit Teppichböden, Kabel-TV und Schreibtisch, einzelne allerdings ohne Fenster. Einfaches Almuerzo-Restaurant im Haus. EZ/DZ 16/26 $.

Hostal Orquidea 7: Calle Borrero 9-31 y Bolívar, Tel. 07-282 45 11, www.hostalorquidea.com. Altes Stadthaus im Kolonialstil mit schönen Holzböden und schlichten, aber geräumigen und hellen Zimmern mit Kabel-TV, Kühlschrank und z. T. Balkon zur gegenüberliegenden Kirche. Exzellentes Preis-Leistungs-Verhältnis. Angeschlossen ist ein einfaches Restaurant. EZ/DZ 15/24 $. Eine große Suite für bis zu 5 Pers. kostet 60 $.

Cuenca wird auch die ›Stadt der vier Flüsse‹ genannt, hier der Río Tomebamba

Posada Todos Santos [8]: Calle Larga 3-42 y Ordoñoz, Tel. 07-282 42 47. Ruhige und freundliche Familienpension mit 6 einfachen, gepflegten Zimmern zum kleinen Innenhof, in dem eine Sitzecke mit Kabel-TV zum Verweilen einlädt. Küchenmitbenutzung. EZ/DZ 8/16 $.

S. auch unter Nachtleben, **El Cafecito [22]**, S. 252.

Posada del Ángel [9]: Calle Bolívar 14-11 y Estévez de Toral, Tel. 07-284 06 95, 07-282 13 60, www.hostalposadadelangel.com. Ein farblich recht poppiges, etwa 100 Jahre altes Haus mit zwei Patios, zahlreichen Pflanzen, Sitzecken und Holzstiegen. Sympathische Herberge unter argentinischer Leitung mit Garage, Internet und gepflegten Zimmern mit Kabel-TV. EZ/DZ 27/44 $.

Hostal Macondo [10]: Calle Tarqui 11-64 y Lamar, Tel. 07-284 06 97, Fax 07-283 08 36, www.hostalmacondo.com. Ruhige Gartenpension mit hübschen kleinen Zimmern und Küchenmitbenutzung. EZ/DZ 20/28 $, ohne eigenes Bad 14/21 $.

El Jordán [11]: Calle Larga 6-11 y Borrero, Tel. 07-285 05 17, www.eljordanrestaurante.com, Mo–Sa 10.30–23 Uhr. Feines Restaurant in drei Salons mit kleiner, aber sehr guter arabischer sowie italienischer und französischer Karte. Verspielte Deckengemälde und ein herrlicher Blick in die grünen Baumwipfel des Barranco am Río Tomebamba. Hauptgericht 8 $.

Ristorante La Viña [12]: Calle Luis Cordero 5-101 y Jaramillo, Tel. 07-283 96 96, Mo–Sa 18–24 Uhr. Sympathisches italienisch-ecuadorianisches Restaurant mit hausgemachten Nudeln in einem atmosphärisch warmen Eckhaus mit zwei Etagen und schönen Holztischen. Hauptgericht 6 $.

Raymipampa 13: Calle Benigno Malo 8-59 y Sucre, Parque Calderón, Tel. 07-283 41 59, raymipampa_cue@hotmail.com, Mo–Fr 8.30–23, Sa 9.30–23, So 9.30–22 Uhr. Cuencas schönstes ›Platzcafé‹ direkt neben der neuen Kathedrale mit guter lokaler wie internationaler Küche zu moderaten Preisen. In der Mittagszeit regelmäßig voll. Menü 2,20 $, Hauptgericht 4 $.

Café Austria 14: Calle Benigno Malo y Juan Jaramillo (Ecke), Tel. 07-284 08 99, www.cafeaustria.wordpress.com, tgl. 9–24 Uhr. Charmantes österreichisches Kaffeehaus unter deutscher Leitung mit traditioneller Karte von Sachertorte über Zwiebelplootz bis Wiener Lenden, dazu Mozartmusik und die unabdingbare Kaffeekarte. Frühstück 2,50–4 $, Mittgagsmenü 3,80 $, Hauptgericht 5 $.

Cafetería 4 Manos 15: Calle Hermano Miguel 4-36 y Larga, Tel. 08-283 45 94, Di–So 6.30–22, Mo 6.30–11 Uhr. Kleine schweizerische Cafeteria mit Rösti, Fondue und Nudelgerichten sowie dem frühesten Frühstück der Stadt (2–3 $) und mit selbst gebackenem Brot. Hauptgericht 2,50–4 $, Käsefondue 8 $.

Moliendo Café 16: Calle Honorato Vásquez 6-24 y Hermano Miguel, Tel. 07-282 87 10, moliendocafe4@hotmail.com, Mo–Sa 9–22 Uhr. Einfaches Restaurant mit deftiger, reichhaltiger kolumbianischer Küche sowie gutem Kaffee. *Arepas* (Maisfladen) und Frühstück 2–3 $.

Keramik: Unter den zahlreichen Manufakturen und Händlern der exzellenten cuencanischen Keramik empfehlen sich **Artesa,** Calle Gran Colombia y Luis Cordero, Tel. 07-284 26 47, www.artesaceramicas.com, und **De la Tierra,** Calle Cipreses 1-74 y Av. Ordoñez Lasso (Westende der Altstadt), Tel. 07-283 64 52.

Blumenmarkt: wochentags in der Calle Mariscal Sucre, neben der Neuen Kathedrale und vor den Toren der Iglesia Carmen de la Asunción.

Kaffeerösterei El Tostador: Calle Bolívar 7-42. Frisch gemahlenen und stark gerösteten Kaffee aus Loja gibt es in diesem kleinen Straßenladen.

Libri Mundi: Calle Hermano Miguel 8-14 y Sucre, Telefax 07-284 37 82, librimundicuenca@etapanet.net, Mo–Fr 9–20, Sa 10–18 Uhr. Die bestsortierte Buchhandlung von Cuenca, zudem mit einer kleinen deutschsprachigen Abteilung und einem Café im Haus.

Café Wunderbar 17: Escalinata y Calle Larga, Tel. 07-283 12 74, www.wunderbarcafe.wordpress.com, Mo–Fr 11–1, Sa 15–1 Uhr. Eine der schönsten Bars der Stadt mit verschiedenen Ebenen und kleinem Biergarten sowie Billardtisch, kleinem Restaurantbetrieb und Sport-TV. Deutsche Leitung. Mittagsmenü 3,50 $.

Café Eucalyptus 18: Calle Gran Colombia 9-41 y Benigno Malo, Tel. 07-284 91 57, www.cafeeucalyptus.com, Mo, Di, Do 17–24, Mi 17–1, Fr 17–2, Sa 17–3 Uhr. Großes, britisch geführtes Patiohaus mit Kamin, Barmusik und asiatisch-mexikanischer Tapa-Küche (6 $), in

Richtig Reisen-Tipp: Die Hutmanufakturen von Cuenca

Der Rohstoff für den **Panamahut** wächst an der fernen Pazifikküste von Guayas. Doch den jahrhundertealten Handelsrouten zwischen Cuenca und der Küste ist zu verdanken, dass die Fasern der Toquilla-Palme seit jeher in das Kunsthandwerkszentrum der südlichen Anden gelangen. Der Panamahut aus Cuenca hat sogar den Löwenanteil am ecuadorianischen Huthandel.

Eines der **Traditionsunternehmen** der Stadt hat mittlerweile beachtlichen Anteil am Export: **Rafael Paredes y Hijos.** Die Familie Paredes kauft Hutrohlinge auf und ist auf die Endfertigung spezialisiert. Dazu werden die Hüte in alten Pressen mit Wasser-Gas-Betrieb in Form gebracht. Etwa 1000 Hüte verlassen die Manufaktur jeden Monat, die meisten gen England.

Zu besichtigen ist der Prozess nebst einer großen Verkaufsausstellung mit Hüten zwischen 12 und 400 $ im Fabrikmuseum **Sombreros Barranco** (Calle Larga 10-41 y General Torres, Tel. 07-283 15 69, www.ecuadorianhat.com, Mo–Fr 8–18, Do 9.30–13.30, Sa 9–16.30 Uhr).

Der älteste Hutmacher der Stadt ist hingegen Alberto Pulla. Der sympathische alte Mann hat zwar durch eine Erkrankung seine Stimme verloren, doch er fertigt bereits seit 72 Jahren Panamahüte, wie er es von seinem Vater gelernt hat. Der »stillste Hutflechter der Welt« unterhält eine kleine Verkaufsausstellung im Obergeschoss eines Hinterhofes. Dort bietet er seine Hüte für 30 bis 200 $ an. Und den deutschsprachigen Besuchern zeigt er stolz die Spiegel-Ausgabe 34/1998, die von ihm berichtet **(Sombreros Alberto Pulla,** Calle Tarqui 6-91 y Presidente Córdova, Tel. 07-2822 93 99, Mo–Sa 6–18, So 6–12 Uhr). S. dazu auch Thema S. 29.

dem »Mitarbeiter von Texaco Oil, der Zoll von Guayaquil und Diego Maradona (die Hand Gottes) Lokalverbot« genießen. Eine Mischung aus englischem Pub, französischem Caféhaus und der Liebe zu Landkarten und Che Guevara. Mittwochs ist die beliebte Ladynight, während samstags eine Salsanacht (3 $) getanzt wird.

Discoteca La Mesa [19]**:** Calle Gran Colombia 3-35 y Tomas Ordoñez, Do–Sa 21–2 Uhr. Die älteste und berüchtigste Salsoteca der Stadt, am Wochenende voll bis spät.

Sankt Florian [20]**:** Calle Larga 7-119 y Luis Cordero, Tel. 07-283 33 59, www.sanktflorian.com, Di–Sa 11–24, So 12–22 Uhr. Großes österreichisches Café-Bar-Restaurant in einem schönen Patiohaus am Barranco mit sehr guten Billardtischen und Kicker. Mittagsmenü 3 $, Hauptgericht 5 $.

Monday Blue [21]**:** Calle Larga y Luis Cordero (Ecke), Tel. 08-877 90 09, 09-619 21 44, monday6blue@yahoo.es, Mo–Mi 16–24, Do–Sa 12–24 Uhr. Beliebte junge Bar auf zwei Etagen mit netter Musik, lauschigem Kerzenlicht, jeder Menge Krimskrams an den Wänden und einer passablen Pizzakarte. Pizza 3–6 $.

El Cafecito [22]**:** Calle Honorato Vásquez 7-36 y Luis Cordero, Tel. 07-283 23 37, www.cafecito.net, tgl. 8–23.30 Uhr. Bei Einheimischen wie Ausländern beliebter Travellertreff und Cafeteria in einem überdachten Patio mit W-Lan, guter Auswahl an Kaffee-, Tee- und Kakaospezialitäten sowie kleinen Gerichten wie Pasta, Chili und Curry, Hauptgericht 3 $. Angeschlossen ist ein **einfaches Hostal.**

Sinfonieorchester: Das ausgezeichnete Sinfonieorchester der Stadt unter der Leitung des Dirigenten Miguel Jiménez gibt recht regelmäßig Freitag abends um 20 Uhr öffentliche Konzerte im Teatro Sucre, in der alten Kathedrale oder in einer anderen Kirche im Zentrum. Programmanfragen unter Tel. 07-280 71 92. Eintritt frei.

Bienal Internacional de Cuenca: www.bienaldecuenca.org. Alle zwei Jahre im April

(2009, 2011 etc.) präsentiert Cuenca dezentral im ganzen Stadtgebiet eine amerikaweite Kunstausstellung mit Malerei, Skulptur, Fotografie und Installationen. Neben einem offiziellen Wettbewerb nehmen auch europäische Gastbeiträge teil.

Galería Salón del Pueblo: Calle Sucre y Benigno Malo, Parque Calderón, Tel. 07-282 14 29, Mo–Fr 8–13, 15–18 Uhr. Das an die Casa de la Cultura Ecuatoriana angeschlossene Kunsthaus beherbergt eine der besten Galerien für moderne Kunst, Installationen und Happenings mit wechselnden Ausstellungen und Veranstaltungen.

Kulturreihe der Banco Central: Jeden Donnerstag veranstaltet die Staatsbank Kulturveranstaltungen aus verschiedenen Sparten. Informationen in der Tagespresse.

Vier der sechs renommierten Reiseagenturen in Cuenca, u. a. Terra Diversa, haben einen Pool gebildet, wodurch sie viele feste Termine für Exkursionen und stabile Preise garantieren können.

Terra Diversa: Calle Hermano Miguel 5-42 y Honorato Vásquez, Tel. 07-282 37 82, 09-920 48 32, www.terradiversa.com. Die Walk-In-Agentur mit dem schönen Büro in der Altstadt und ihre Poolpartner bieten folgende Exkursionen an: **Nationalpark El Cajas** (tgl., Dauer 8 Std., Preis 35 $, 10 $ Parkeintritt); **Ruinen von Ingapirca** und Indianergemeinden (Mi, Fr, So, 8 Std., 35 $, 6 $ Eintritt); **Kunsthandwerksdörfer** Gualaceo und Chordeleg (Fr, So, 8 Std., 35 $); **Stadtführung Cuenca** (Mo, Di, Do, Sa, 3 Std., 18 $); **Nebelwald und Wasserfälle** von Yunguilla/El Chorro de Girón, Wanderung (Termine auf Anfrage, 8 Std., 40 $); **Reiten auf der Hacienda** (auf Anfrage, 8 Std. bei 4 Std./15 km zu Pferd, 48 $); **Mountainbike-Tour** im Süden von El Cajas (auf Anfrage, 8 Std., 43 $). Alle Tagestouren inkl. Transport, Ausrüstung und Mittagessen. Zu empfehlen sind zudem mehrtägige Touren nach El Cajas und auf dem **Inkatrail.** Ein exzellenter Führer ist Juan Muñoz, Tel. 09-865 83 07.

Trekking- und Campingausstatter: Explo-

Große Auswahl beim Hutladen Alberto Pulla in der Calle Tarqui

rador Andino (Hersteller und Verkauf), Calle Borrero 7-52 y Sucre, Tel. 07-284 73 20, exploradorandino1@hotmail.com.
Thermalbäder: Im Stadtteil Baños liegen vulkanische Thermal- und Dampfbäder mit einzelnen Unterkünften und Restaurants. Eine gute Adresse ist das bereits 1930 eröffnete Traditionshaus der **Hostería Durán,** Av. Ricardo Durán, Tel. 07-289 24 85, www.hosteriaduran.com, offen auch für Tagesgäste. Anfahrt per Taxi etwa 7 $.

Bus: Überlandbusse ab dem Terminal Terrestre, Av. España, fahren etwa stdl., bevorzugt jedoch über Nacht nach Quito (8–10 Std.). Guayaquil wird etwa alle 20 Min. bedient (4 Std.), Loja mehrfach tgl.
Flug: Etwa 10 Flüge tgl. nach Quito, 7 nach Guayaquil, in Zukunft auch Flüge nach Piura, Peru. Buchung über Aerogal, Icaro, Tame sowie in allen Reisebüros Cuencas.
Taxiruf: 07-289 16 43.

Nationalpark El Cajas

Reiseatlas: S. 14, F 3

Geschichte und Geografie

Der **Parque Nacional Cajas** zählt zu den landschaftlich spektakulärsten und schönsten Gegenden Ecuadors, wenn das Páramo-Wetter will. Eiszeitliche Gletscher formten in eine 60 Mio. Jahre alte Vulkanlandschaft dieses prächtige Seensystem. Seiten- und Endmoränen begrenzen die zahlreichen U-förmigen Talsenken miteinander verbundener Lagunas. Ein Páramo-Relief von **232 Seen** mit einer Größe von jeweils mehr als 10 ha formen bis heute fast unberührt eine unwirkliche und wasserreiche Landschaft in die Westkordillere der Provinz Azuay. Da die Ostkordillere östlich von Cuenca relativ flach ist, fließen die Seen über ihre Bäche und Flüsse in beide Ozeane ab: in den nahen Pazifik und über das amazonische Flusssystem in den fernen Atlantik. Auch der Cuenca durchfließende Río Tomebamba entspringt in diesem Gebiet. Die Vegetation der Täler ist erst 5000 Jahre jung.

Ecuadors Blumen verkaufen sich nicht nur auf dem heimischen Markt, sie sind heute auf rund 70 Weltmärkten vertreten

Wandern im Park

Knapp 29 000 ha Park erwecken Erinnerungen an Irland oder an Landschaften aus Tolkiens ›Herr der Ringe‹. Glasklare Seen und Flüsse beherbergen stattliche Forellen. Die typische Páramo-Flora von El Cajas zeigt sich reichhaltig, was auch viele Vogelarten zu schätzen wissen. Charakteristisch ist auch der noch auf über 4000 m wachsende rotstämmige Bosque Polilepis. Die Welt der Wirbeltiere mit Pumas, Brillenbären und Kondoren ist hingegen sehr selten zu sehen, gelegentlich ein Fuchs oder ein Reh.

Das kaltfeuchte Klima der Zone legt häufig Nebel über die Seenplatte. Die meisten Gewässer sind rund 5 °C kalt und kälter. Die Nebel und die Weitläufigkeit des Gebietes können einem allerdings schnell die Orientierung rauben. Oktober bis Januar sind die klarsten Monate zum Wandern im ›kalten Pass‹ von El Cajas. Empfohlen ist eine biologisch geführte Tour ab Cuenca, für die Orientierung erst recht bei mehrtägigen Wanderungen. Zwischen der tiefsten Senke, der **Laguna Llaviuco** (3150 m), und den **Arquitectos** (4450 m), der höchsten der schroff in der heideartigen Graslandschaft aufragenden Felsformationen, liegen das gut gegliederte **Informationszentrum** des Parks auf rund 3900 m sowie die Schutzhütte (Parkeintritt sind 10 $).

Refugio La Toreadora: Tel. 07-245 40 03. Die Schutzhütte stellt schlichte Betten, Bäder und eine Gemeinschaftsküche für 4 $ pro Nacht (eigener Schlafsack ist mitzubringen). Die Rezeption ist von 8 bis 16.30 Uhr geöffnet, doch das Haus ist rund um die Uhr bewacht und somit zugänglich. Telefonische Reservierung erbeten. In Bälde eröffnet auch noch ein Restaurant.

S. unter Cuenca, Reiseagentur **Terra Diversa,** S. 253.

Die Provinz Loja

Reiseatlas S. 17/18

Die Anden werden ab Cuenca zusehends flacher und bilden spätestens in ihrer südlichsten Provinz Loja eine ›seichte‹ Gebirgslandschaft, geprägt von fruchtbaren Hochebenen und indianischen Siedlungen. Die durchaus attraktive Hauptstadt Loja hat sich in den vergangenen Jahren angenehm entwickelt, auch in Folge des Friedensschlusses mit Peru. Mit Podocarpus besitzt die Provinz einen großartigen Nationalpark, mit Vilcabamba den Südposten des internationalen Tourismus im Tal der Huntertjährigen.

Gen Süden nach Loja

Saraguro

Reiseatlas: S. 18, D 1

Das Dorf **Saraguro** (2520 m) ist Zentrum des gleichnamigen Kantons und beteuert, »das Land des Maises und das bedeutendste indigene Zentrum von Amerika« zu sein. Die Saraguros, das südlichste Kichwa-Volk Ecuadors, fallen durch ihre dunkle, oft schwarze Tracht der Männer auf. Sie tragen dabei kurzbeinige Hosen und eine Schultertasche über den Poncho. Die Frauen wiederum halten ihren Umhang traditionell mit einer schweren Silbernadel geschlossen. Auffällig auch ihr heller Hut mit der breiten Krempe. Ihre Vorfahren stammen höchstwahrscheinlich aus der heute peruanisch-bolivianischen Region um den Titicaca-See.

Lohnend ist der sehr lebendige **Sonntagsmarkt** (9–15 Uhr) mit landwirtschaftlichen Produkten, aber auch erstklassigem Handwerk aus Stoff und Silber auf der **Plaza del Mercado.** Den verschlafenen **Parque Central** säumen schöne Verandahäuser und das Sandsteinportal der Kirche (Sa, So 8–16 Uhr). Ihr Inneres ist grün-weiß getüncht, unter ihrer Holzdecke und zwischen den schönen bleiverglasten Fenstern treffen sich die Bürger ebenfalls sonntags zu einem lebendigen Gottesdienst.

Bus: stdl. in beide Richtungen zwischen Cuenca und Loja.

Von Saraguro nach Loja

Reiseatlas: S. 18, D 1–2

Zurück auf der Hauptroute sind es noch 70 km bis Loja. Die Strecke ist nun deutlich grüner als weiter im Norden. Zur Linken passiert man gar 300 ha **Primärwald –** ein privates Schutzgebiet dreier Saraguro-Gemeinden. Wälder, Wiesen und Bergrücken, die an Faltenröcke denken lassen, erinnern an Almen im Allgäu. Eine **schöne Passage der Panamericana** endet nach 90 Busminuten in der Stadt Loja.

Loja

Reiseatlas: S. 18, D 2

Geschichte

Wo der Río Zamora und der Río Malacatos das Valle Cuxibamba formen, das ›Tal des lächelnden Gartens‹, dort unten in der Flussgabel erstreckt sich das Zentrum von **Loja,** Hauptstadt der gleichnamigen Provinz. Auf 2100 m erfreuen sich die 160 000 Lojanos eines angenehmen Klimas mit ganzjährigen Temperaturen um die 17 °C. 1546 sandte der im Bürgerkrieg von Quito siegreiche Gonzalo Pizarro seinen Capitán Alonso de Mercadillo in den Süden, damit er spanisch verwaltete Städte anlegte. Pflichtbewusst gründete Mercadillo Ende jenes Jahres La Zarza nahe dem heutigen Loja, schloss sich dann fähnchenwendend Präsident La Gasca an, unterwarf Pizarro und kehrte erneut in das Land der Palta-Indígenas zurück. Diesmal gründete er am 8. Dezember 1548 etwas westlich des verlassenen La Zarza die Stadt Imaculada Concepción de Loja. Sie erhielt damit nicht nur den Namen einer Kleinstadt in den Bergen Spaniens, sondern entwickelte sich bis heute zu der am **stärksten spanisch geprägten Stadt Ecuadors:** Rund 95 % der Lojanos sind Mestizen, und man sagt ihnen nach, sie sprächen das beste Castellano des Landes.

Mercadillo hat hier ein intellektuell geprägtes Städtchen gegründet, mit heute angesehenen Universitäten, landesweit bekannten Poeten und einem großen Sinfonieorchester, das gern kostenlose Konzerte im Parque Jipiro gibt. Loja brachte ausgezeichnete Sänger und Gitarristen hervor und unterhält eine der führenden Musikakademien des Landes. Den Lojanos gingen schon am 1. April 1897 die Lichter an, als sie Ecuadors erstes Wasserkraftwerk in Betrieb nahmen. Loja wurde wegen seiner Entsorgungspolitik und sauberen Straßen 2001 als die **ökologischste Stadt Ecuadors** ausgezeichnet.

Mit dem Autor unterwegs

Feria de Integración Regional

Fast drei Wochen lang zelebriert die Stadt **Loja** eine riesige binationale **Landwirtschaftsmesse** mit etlichen Rahmenveranstaltungen, einem großen **Kunsthandwerksmarkt** und der Ankunft der immensen **Prozession von El Cisne** (s. S. 259f.).

Podocarpus via Zamora

Der faszinierende und nur wenig besuchte **Nationalpark Podocarpus** hat insgesamt vier Eingänge. Die besten Touren mit den schönsten Naturerlebnissen bieten **Trekkingtouren über die Ostseite** via Zamora (s. S. 261f.).

Das ›Tal der Langlebigen‹

Der erholsamste Fleck im Süden der Anden ist das **Tal von Vilcabama** mit dem gleichnamigen Dorf, ein **Hort der Ruhe und Entspannung** in der Natur oder bei Wellness und Spa (s. S. 263ff.).

Sehenswertes

Die Stadt ist selbstbewusst, offenherzig und gastfreundlich, sagen nicht nur die Reiseprospekte: »Loja, das ewige Herz der Menschheit.« Schon Alexander von Humboldt bezeichnete Loja als seinen »Garten Ecuadors«. Es lohnt ein Spaziergang zwischen der **Katedrale** am **Parque Central,** dem **Parque Santo Domingo** samt Kirche und dem **Parque de la Independencia** mit der **Iglesia San Sebastián.** Letztgenannter Park ist umgeben von zahlreichen wunderschönen republikanischen Stadthäusern und ihren traditionellen Holzbalkonen, allein ein unsensibel in die Parkmitte gepfropfter Uhrturm schmerzt das Auge des Betrachters. Das Innere der **Iglesia Santo Domingo** ist ein einziges romantisches Farberlebnis, eine prächtige Galerie von Wandgemälden hinter den allgemein in Loja gewaltig hohen Kirchentüren.

Unweit der Kirche liegt das **Museo del Banco Central,** das eine archäologische Sammlung, religiöse Kunst und eine stadthistorische Ausstellung zeigt (10 de Agosto y Bernardo Valdivieso/Bolívar, gegenüber dem Parque Central, Mo–Sa 9–13, 15–17 Uhr, Eintritt 0,50 $).

Schön ist auch die alte **Calle Lourdes.** Über ihrem Kopfsteinpflaster ragen nicht selten die grünen Flanken der Loja umgebenden Berge empor. Die **Calle 10 de Agosto** wird nach gelungenen Bemühungen der hier ansässigen Kaufleute allmählich zu einem Schmuckstück der City zwischen Calle 18 de Noviembre und Kathedrale.

i **i-Tur:** Calle José A. Eguiguren y Bolívar (Ecke), Parque Central, Tel. 07-257 04 07 ext. 219/220, Mo–Fr 8–17 Uhr. Stadt-

Kunstvolle Muster zieren die Stoffbahnen auf dem Markt

büro mit Broschüren, Kartenmaterial und Hotelinfos.

Casa Lojana: Calle Paris 00-08 y Zoilo Rodríguez. Tel. 07-258 59 85, www.casalojana.com. Hotel der Hotelfachschule der Universidad Técnica der Loja, umgeben von Gärten und Ruhe; Restaurant (Menü 9 $, Hauptgericht ab 5 $). Komfortable Zimmer mit TV. EZ/DZ mit Frühstück 61/85 $.

Hostal Andes del Prado: Calle Mariana de Jesús y Rocafuerte, Tel 07-258 82 71, andesdelprado@speedtelecom.net.ec. Hostal in ruhigem Wohnviertel mit schönem Blick, gutem Service und Cafeteria. Komfortable Zimmer mit TV. EZ/DZ mit Frühstück 36/48 $.

Ramses: Calle Colón 14-31 y Bolívar, nahe Parque Central, Tel. 07-257 14 02. Innenstadthotel mit Pool, Gym und Restaurant (Menü 4 $), Standardzimmer. EZ/DZ mit Frühstück 25/36 $.

Hostal Delbus: Av. 8 de Diciembre, gegenüber dem Terminal Terrestre, Tel. 07-257 51 00, www.hostaldelbus.com. Verkehrstechnisch günstig gelegenes Hotel-Restaurant (Menü 3 $) zu gutem Preis. Zimmer mit TV und gutem Service. EZ/DZ mit Frühstück 23/32 $.

Hostal Londres: Calle Sucre 07-51 y Rocafuerte, Tel. 07-256 19 36. Herberge in einem alten Traditionshaus mit sehr einfachen, aber sauberen Zimmern ohne eigenes Bad. 5 $ p. P.

Forno di Fango: Calle Bolívar 10-98 y Azuay, Tel. 07-257 35 20, 07-258 68 83, tgl. 13–22 Uhr. Sehr gute Pizzeria und italienisches Restaurant mit weiterer Filiale in der Nordstadt. Hauptgericht 4–8 $.

Parrilladas Uruguayas: Calle Juan de Salinas y Av. Universitaria, Tel. 07-257 02 60, Mo–Sa 12–22 Uhr. Exzellentes Restaurant für nicht-vegetarische Liebhaber des Holzkohlegrills. Hauptgericht 4–7 $.

Pucará del Podocarpus: Loma Panecillo José Marti y Ramón Cajas, Mo–Sa 12–

20 Uhr. Ecuadorianisches Restaurant am Hügel mit großartiger Panoramasicht auf Loja. Hauptgericht 2–7 $.

Vegetariano El Rizzoto: Calle Bolívar y Miguel Riofrío, Mo–Sa 12–15 Uhr. Charmantes Restaurant mit guter biologisch-vegetarischer Küche. Hauptgericht 3 $.

Cafetería Jugo Natural: Calle José A. Eguiguren y Bolívar, Mo–Sa 8–17 Uhr. Kleine, hübsche Cafeteria mit gutem Frühstück, Fruchtsalaten, Säften und einfachen Gerichten: 2–5 $.

Mercado Centro Comercial: Calle 18 de Noviembre y 10 de Agosto, tgl. 8–18 Uhr. Zweistöckige Markthalle mit großer regionaler Produktauswahl. Gastronomie und die **traditionelle Naschwerk**-Abteilung Lojas im oberen Geschoss.

Bar Casa Tinku: Calle Lourdes y Sucre, Tel. 07-257 42 42, Do–Sa 17–2 Uhr. Das Haus der ›fröhlichen Treffen‹ ist eine angenehm stilvolle große Bar mit Holztischen und guter Cocktailkarte, Snacks und gelegentlich Livemusik, Eintritt 2–5 $.

Santo Remedio para Tanto Pecado: Calle Bolívar y Bernardo Valdivieso (Mercadillo am Parque San Sebastián), Di–Sa 16–2 Uhr. Bar im Kolonialstil mit verschiedenen Räumen und unterschiedlicher Deko. Wechselnde, moderne Musikrichtungen. Eintritt 2–4 $.

Viejo Minero: Calle Sucre 10-76 y Azuay, Tel. 07-258 58 78, Mo–Sa 15–23 Uhr. Kleine, gemütliche, etwas dunkle Musikbar mit Snacks und gelegentlich Jazz live. Eintritt frei.

Wallfahrt Virgen del Cisne: 20. Aug.–8. Sept. Wenn die Hl. Jungfrau von Cisne unter Teilnahme von 500 000 Wallfahrern in Loja verweilt, steht die Stadt Kopf: *bandas,* Feuerwerk, Feste, Straßentanz und Freudenfeuer huldigen der über 70 km auf den Schultern hergetragenen Mutter Gottes.

Feria de Integración Regional Ecuatoriana-Peruana: 1.–15. Sept. Laut Dekret von Simón Bolívar (1829) findet ihr zu Ehren in dieser Zeit auch die Landwirtschafts-, Industrie- und Kunsthandwerksmesse mit jährlich rund 200 000 Besuchern aus der grenzübergreifenden Region statt.

Herbario y Jardín Botánico Reinaldo Espinosa: außerhalb, 5 km Richtung Vilcabamba, Mo–Fr 8–18, Sa, So 13–18 Uhr. Der älteste botanische Garten Ecuadors und eine sehr gute Medizinalpflanzensammlung. Eintritt 1 $.

Agencia Bio Tours: Av. 24 de Mayo y 10 de Agosto, Tel. 07-257 93 87, 07-257 46 96, biotours@loja.telconet.net. Renommierte, gut ausgestattete und zweisprachige Agentur des biologisch versierten Naturführers Rodrigo Tapia, Spezialgebiete: Nationalpark Podocarpus, Vogelbeobachtung und Abenteuertouren zu den umliegenden Flüssen.

Bus: Cooperativa Loja fährt ab Quito, Terminal Terrestre, um 12, 15, 18, 19 und 20 Uhr nach Loja, Fahrtzeit ca. 14 Std., 14–17 $, Nachtfahrt empfohlen.

Flug: Tame, Icaro und Saereo mit tgl. mehreren Verbindungen Quito/Guayaquil–Loja. Flug: 45 Min., 70 $. Der Flughafen liegt 45 Automin. westl. von Loja, in Catamayo.

Ausreise nach Peru: Bislang 3 x tgl. verkehren direkte Busse zwischen Loja und Piura in Peru. Sie halten jeweils an der Grenze bei **Macará** für die Passformalitäten.

El Cisne

Reiseatlas: S. 17/18, C/D 2

Vorbei am ausgelagerten Loja-Flughafen des Städtchens **Catamayo** führt die Straße gen Westen nach 70 km zum bedeutendsten Wallfahrtsort des südlichen Ecuadors: **El Cisne.** Die zuletzt über 20 km fast permanent ansteigende Straße heißt auch ›Weg zum Himmel‹. Aus der Einsamkeit der Landschaft erhebt sich schon von Weitem ein gewaltiger gotischer Tempel auf 2440 m. Schwanenweiß liegt er auf einem Hügelvorsprung, umringt von alten, rot bedeckten Dorfhäusern und Gassen.

Die Heilige Mutter Gottes von El Cisne ist seit dem 16. Jh. auch die Königin der Campesinos. El Cisne, ›der Schwan‹, geht historisch zurück auf die deutsche König-Artus-Sage. Lohengrin, der Sohn Parzivals, kam demnach auf Geheiß von König Artus der Fürstin von Brabant auf dem Rhein zu Hilfe – gezogen von einem weißen Schwan. Später führte die in Deutschland tief verwurzelte Sage zur Gründung des Königlichen Ordens des Schwans, noch später zum Marienorden des Schwans mit Sitz in Brandenburg, aber europaweiter Glaubensbedeutung. 1594 ließ der Bischof von Quito, Fray Luis López de Sólis, den nach einer Heiligen suchenden Campesinos eine Kapelle bauen und widmete sie Nuestra Señora del Cisne. Die großen **Pilgerfeste** mit Tausenden von Wallfahrern sind am 30. Mai und am 15. August. Vom 17. bis 20. August wird die Heilige in einer großen Prozession über die 70 km weite Strecke nach Loja zum Stadtfest getragen. Die Männer reißen sich vor inbrünstiger Ergebenheit um eine Berührung oder gar das Tragen der Statue. Viele laufen barfuß durch die Anden als Ausdruck ihrer Ergebenheit und ihres Dankes an die Schutzpatronin.

Die heutige, etwa 80 Jahre alte **Basílica de Cisne** wird innen dominiert von cremefarbenen Säulen, die das blaue Gewölbe zwischen den Glasmalereien der Fenster tragen. Die Jungfrau steht im güldenen Hochaltar, daneben eine Fahne mit dem Schriftzug »mit Maria ins 3. Jahrtausend«. Außen bewachen einige graue Drachen die Seitenflügel. Das Zeitliche dokumentiert daneben ein neuerer Uhrturm. Während das kleine **Museum** auf der Kirchenrückseite neben Ehrengeschenken an die Beschützerin wenig zu bieten hat (Di–So 8–12, 13–17 Uhr), lohnt sich unbedingt ein **Spaziergang durch die romantischen Gassen des Dorfes,** dessen älteste Häuser über 150 Jahre zählen. Eine **traumhafte Sicht** bietet sich von der Anhöhe gegenüber dem Hauptportal der Kirche.

Am Kirchplatz gibt es einige kleine Restaurants. **El Sabor** ist ein einfaches, nettes Restaurant mit Außentischen auf der Rückseite der Basilika. Hauptgericht 2–3 $.

Bus: Ab Loja fährt die Cooperativa Sur Oriente zwischen 6 und 15 Uhr tgl. mehrmals nach El Cisne und zurück. 1,40 $.

Auf abgelegenen Wegen Richtung Peru

Zaruma und die Goldminen

Reiseatlas: S. 17, C 1

Weiter nach Westen Richtung Küste führt eine wenig bekannte Straße nach mehreren Stunden zu einigen außergewöhnlichen Orten. 500 m über den Goldschürfern von **Portovelo** thront eine wunderschöne Goldgräberstadt mit einem weiten Panoramablick: **Zaruma.** Das Zentrum der Bergsiedlung, auf der Kuppe eines kleinen Bergkamms gelegen, besteht aus grellbunten, mehrstöckigen Holzhäusern der vorletzten Jahrhundertwende. Der obere alte Stadtteil **Bolívar** und seine zentrale **Plaza de la Indenpendencia** bilden den Kern dieser Bergwerksstadt mit ihren steilen Gassen und Straßen.

Die Spanier erkannten früh den Rohstoffreichtum der Region und die zentrale, fast schon festungsartige Lage dieses Ortes. Capitán Alonso Mercandillo gründete Zaruma 1549 im Auftrag von Gonzalo Pizarro, was König Felipe II jedoch nicht davon abhalten konnte, die Goldstadt wenig später erneut zu gründen, etwas goldiger, etwas reicher, etwas heiliger: Via Real de las Minas de Cerro Rico de San Antonio de Zaruma – so gefiel es dem Königshaus, während die Mannen das Gold auf Eseln an die Küste schafften und Felipe die Indígenas aus der Region vertreiben ließ.

Später unterstützte Zaruma dann die Unabhängigkeitstruppen von Bolívar und Sucre mit Geld und Nahrung. Soldaten mochten die Feldherren hier nicht rekrutieren – die Zarumeños galten ihnen als zu undiszipliniert.

Schon bald begann in der jungen Goldprovinz ein erneuter Goldboom: Der US-Investor South American Development Company suchte von 1896 bis 1950 nach den Edelmetallen Gold, Silber und Kupfer. Zwischenzeitlich beschäftigte der Konzern 5000 Arbeiter zuzüglich Technikern, Chemikern,

Geologen und Maschinisten. Nicht wenige Historiker vertreten allerdings die Meinung, dass die Inkas während ihrer Herrschaft über die Region bereits die weitaus größten Goldbestände ausgebeutet hatten.

In Zaruma unternimmt man einen der vielleicht **außergewöhnlichsten Spaziergänge in Ecuador:** In kleinen Läden sitzen Männer abschätzend hinter der Goldwaage, im *almacén* gibt es noch traditionelle Karbidlampen für die sechs- bis siebenstündige Schicht im Stollen. In den steilen Gassen begegnen einem 13-jährige Schulmädchen mit Goldzähnen und Tätowierungen. Der Park wird geziert von einem goldenen Brunnen, benetzt von ›Männeken Piss‹. Das kommunale **Goldmuseum** ist unregelmäßig geöffnet. Die zwischen 1912 und 1930 gebaute **Holzkirche** glänzt mit einem poppigen Interieur von 40 beeindruckenden Wandgemälden in den hohen Dreiecken über den gotischen Holzbögen. Hinter dem Gotteshaus die andächtige Fernsicht auf das Tal von La Urdés.

Hostal Roland: Calle Alonso de Mercadillo, Ortseingang, Tel. 07-297 28 00, ext. 101. Eines der besseren Hotels im Ort mit Cafeteria und Swimmingpool sowie ordentlichen Zimmern mit TV. EZ/DZ 17/14 $.

Kaffee: Zaruma handelt einen der besten Hochlandkaffees des Landes. Der exzellente Café Molido der Despensa El Cafetal ist u. a. in der Calle San Francisco y Bolívar zu beziehen, sei es im rustikalen Kaffeesäckchen oder preiswerter in der Papiertüte.

Unabhängigkeitstag: Am 26. November 1820 wurde Zaruma unabhängig, was noch heute groß gefeiert wird.

Stadtfest zu Ehren der Stadtpatronin Nuestra Señora del Carmen: drei Tage um den 16. Juli herum.

Bosque Petrificado de Puyango

Reiseatlas: S. 17, B 2

Noch abgelegener als Zaruma liegt an der peruanischen Grenze der ›Versteinerte Wald von Puyango‹ nahe dem gleichnamigen Dorf, ein 5000 ha großer Naturpark mit urzeitlich versteinerten Pflanzen, die schätzungsweise 70 Mio. Jahre alt sind. Im Gestein finden sich Abdrücke von Bäumen, Farnen und Palmen. Forscher sind sogar auf Dinosaurierspuren und Profile von Meerestieren gestoßen, was auf immense kontinentale Hebungen hinweist. Über 100 Vogelarten sind in dem selten besuchten Reservat zu entdecken. Einen Führer findet man im Dorf **Puyango.**

Grand Hotel Sica: Calle 10 de Agosto y Colón, Tel. 07-268 02 30. Einfaches Hostal nahe dem Parque, Zimmer mit Bad und TV. EZ/DZ 8/15 $.
Hostal El Bosque: Calle Sucre y 10 de Agosto, Tel. 07-268 00 90. Einfache Herberge, Zimmer mit Bad. EZ/DZ 6/10 $.

Bus: Ab Loja fährt die Cooperative Unión Cariamanga um 4 und um 19 Uhr bis Alamor. Von dort sind es noch 30 Min. mit einem Anschlussbus nach Puyango bzw. in den Naturwald. Man kann Puyango auch von der Küste her erreichen. Dazu fährt man von Machala mit den häufigen Verbindungsbussen bis Arenillas und steigt dort um in einen Bus nach Puyango. Tipp: Die Agencia Bio Tours in Loja (s. S. 259) organisiert Komplettpakete für einen Besuch des Waldes.

Zamora und der Nationalpark Podocarpus

Reiseatlas: S. 18, E 2

Zamora

Zamora ist die abgelegene, knapp 10 000 Einwohner zählende, tropische Hauptstadt von Ecuadors südlichster Provinz, Zamora-Chinchipe. Goldgräber und andere *mineros* geben sich hier die Klinke in die Hand, kaufen ein und verschwinden wieder zu den Erzen in den Minen. Touristisch interessant ist allenfalls ein Stopp beim Agrarministerium, um die Erlaubnis für eine mehrtägige Tour in den Nationalpark Podocarpus (s. S. 262ff.) einzuholen.

Die Welt der Kinder ist im Nationalpark Podocarpus, dem letzten großen zusammenhängenden Bergnebelwald der Region, noch in Ordnung

... außerhalb (10 km via Cumbaratza):
Hostería El Arenal: Tel. 07-260 69 71. Hostería mit Swimmingpool, Whirlpool und Restaurant (Hauptgericht 5–10 $), die auch Touren in den Nationalpark und zum Río Nangaritza (20–25 $) organisiert. EZ/DZ 17/37 $.

Hostal Gymyfa: Calle Diego Vaca y Pío Jaramillo Alvarado, Tel. 07-260 50 24. Kleines Hostal mit einfachen Zimmern mit Teppichboden und TV. Zimmer 9 $ p. P.

Bus: häufige Verbindungen mit der Cooperativa Loja zwischen Loja und Zamora (2,40 $).

8 Nacionalpark Podocarpus

Reiseatlas: S. 18, D/E 2/3

Der letzte große zusammenhängende **Bergnebelwald** der Region südliches Ecuador und nördliches Peru wurde mit einer Fläche von 146 280 ha im Jahr 1982 als Nationalpark unter Naturschutz gestellt. Die typischen und Namen gebenden Podocarpus-Nadelwälder des Parks gelten als die einzigen heimischen Nadelhölzer der ecuadorianischen Anden.

Darüber hinaus verfügt das Gebiet ob seiner fünf verschiedenen Vegetations- und Höhenzonen (1000–3600 m) über eine außerordentliche Biodiversität – man nennt den Park seit Humboldts Besuch 1802 auch den ›Botanischen Garten Amerikas‹.

Die Artenvielfalt an Pflanzen mit unzähligen Orchideen sowie an Tieren, vor allem den zwischen 560 und 800 geschätzten Vogelarten wie Weißhalspapageie, Kolibris und Hochland-Tukane, machen den abgelegenen Park zu einem biologischen Höhepunkt.

Im nördlichen Zentrum des Parks befinden sich die **Lagunas del Compadre**, eine von 14 Seen und etlichen Weihern dominierte

Páramo-Zone. Erst 1910 entdeckte eine Expedition aus Loja diese Seenplatte zwischen den Granitfelsen des regenreichen Gebietes der **Cordillera de Numbala.** Zugleich sind diese Seen die potenziellen Trinkwasserreserven der beiden Anrainer-Provinzen Loja und Zamora-Chinchipe.

Der hier weit verbreitete Romerillo, die einzige einheimische Eibe der ecuadorianischen Anden, schenkte dem Park unter dem lateinischen Namen Podocarpus seinen Namen. Hier wächst auch der *chinchona* oder *quina,* der Nationalbaum Ecuadors, der früher erfolgreich zur Malariabehandlung verwendet wurde. Zu den zahlreichen Tieren des Parks zählen auch mehrere vom Aussterben bedrohte Tierarten wie der Jaguar, der Brillenbär und der Tapir dieser Zone.

Bedroht ist der Park hingegen von Minengesellschaften, die große Erzfunde in der Region machten und deren vorsintflutliche Methoden wenig Rücksicht auf Flüsse und Wälder nehmen. Umweltschützer kämpfen seit Jahren vehement um den Erhalt des Parks und hoffen 2007 auf die Neuordnung des Bergbausektors durch Staatspräsident Rafael Correa.

i **Besuch des Parks:** Die Bergzone im Westen des Parks erreicht man von Loja über die Straße nach Vilcabamba. Etwa nach 15 km biegt man am Parkwächterhaus (7–17 Uhr) links in die noch einmal 8 km lange Zufahrt zum **Refugio Cajanuma** im Bergnebelwald auf 2750 m ein. Die Hütte ist mit sehr einfachen Schlafräumen ausgestattet, bietet aber eine gute Gelegenheit, über drei verschiedene kleine Wege von bis zu 1,5 km am Park zu ›schnuppern‹. Um den Park in seiner Pracht und Weite zu erfassen, ist hingegen eine mindestens **zweitägige Tour** mit Zeltcamps über eine Agentur zu buchen, wobei dazu der Zugang über Zamora (Station Río Bombuscaro) noch besser ist. Empfohlen seien die biologisch erstklassigen Touren von Bio Tours in Loja (s. S. 259). Wegen der ansonsten starken Niederschläge ist die Zeit von Oktober bis Dezember **die beste Wanderzeit** im Park.

Vilcabamba

Reiseatlas: S. 18, D 3

Vilcabamba im ›Tal der Langlebigen‹ ist ein kurioser moderner Kurort. Auf angenehmen 1500 m Höhe bei ganzjährigen 19 °C im Tagesschnitt, der wohl reinsten Atemluft des Landes und seinem erstklassigen Mineralwasser Vilca Vida überrascht nicht, dass die Menschen hier älter werden als anderswo im Land. Auch wenn die angeblich ›ältesten Menschen der Welt‹ durch eine gewisse Freizügigkeit der Meldebehörden zu ihrer Ehre kamen, ist Vilcabamba heute ein besinnlicher Gesundbrunnen, umgeben von schönen Wandergebieten sommergrüner Bergwelt, zum Relaxen zwischen Swimmingpool und Schönheitsfarm.

War Vilcabamba lange Zeit eine Domäne der Rucksacktouristen, so haben sich das Dorf und seine Umgebung im Fluss der weltweiten **Spa- und Wellness**bewegung heute einem breiten Publikum geöffnet. Nach wie vor ist Vilcabamba eines der **preiswertesten Reiseziele Ecuadors** mit stattlicher touristischer Infrastruktur. Einige Reisende suchen neben der Energie des Ortes auch nach einer Erfahrung mit dem halluzinogenen Sud des San-Pedro-Kaktus', der in den Bergen wächst. Auch jenseits dieser Droge ist Vilcabamba beruhigend und zugleich anregend für Geist und Seele, ein herrlicher Ort zum Entspannen und zum Erkunden einer friedvollen, grünen Umgebung oder des Nationalparks Podocarpus.

i **i-Tur:** Calle Agua del Hierro (Eckhaus am Parque Central), Mo–Sa 8–17 Uhr. Toureninfos, Wanderwege, Kartenmaterial und Hotellisten, auch Kontakte zu Agenturen für den Besuch des Nationalparks Podocarpus (s. links).

www.vilcabamba.org: Homepage des Dorfs mit Ortsplan, Hotel- und Restaurantlisten sowie weiteren Informationen über Dorf und Tal.

Hotel Spa & Restaurant Madre Tierra: 1 km nördl. des Dorfes, Tel. 07-258 02 69, www.madretierra1.

com. Ruhe und völlige Entspannheit inmitten einer üppigen Gartenanlage, internationales Restaurant (Menü 8 $), guter Wellnessbereich mit Spa und Massagen, alles bei sehr gutem Service. Komfortable, stilvolle Zimmer. EZ/DZ mit Frühstück 20–32 $.

Hotel Izhcayluma: 2 km vom Dorf Richtung Yangala-Zumba, Tel. 07-264 00 95, 09 915 34 19, www.izhcayluma.com. Idyllische Berglodge unter deutscher Leitung mit grandioser Fernsicht, Poollandschaft, großem Garten, deutschem Chefkoch, Tourenprogramm und Wellness. Unterkunft in Naturstein-Bungalows, Schlafsälen oder Komforthaus. EZ/DZ 15/24 $ mit Frühstück, Hauptgericht 4–5 $, Taxi von Vilcabamba 1 $.

Hostal Jardín Escondido: Calle Sucre y Agua del Hierro, Tel. 07-258 02 81, www.vilcabamba.org/jardinescondido.html. Hübsches und zentrales Travellerhostal mit Pool, Jacuzzi und Hängematten, mexikanischer Küche (3–6 $) und TV-Raum. Am Wochenende Livemusik. Einfache, gepflegte Zimmer mit Frühstück 10 $ p. P.

Ecolodge Rumi Wilco: über die Calle Agua del Hierro 800 m dem Fluss folgen, www.rumiwilco.com. Romantischer Ort in einem kleinen Schutzwald am Ortsrand; 4 Waldhütten mit Küche und Bad. Das von zwei argentinischen Biologen geführte Kleinod bietet eine gute Küche mit organischen Lebensmitteln und Waldpfade zum Selbstendecken. Übernachtung 5–10 $ p. P., in dem schönen Pole House 9–12 $ p. P.

... am Nationalpark-Eingang (5 km außerhalb):

Las Cabañas de Charlie: am Vilcabamba zugewandten Eingang zum Nationalpark Podocarpus, *camioneta* zur Anfahrt empfohlen, Tel. 07-258 02 99. Komfortable *cabañas* mit Flussblick, Restaurant (Menü 5 $) und Trekkingtouren ab 20 $. EZ/DZ 20–35 $.

Hostal Le Rendez-Vous: Calle Vaca de Vega 06-43 y la Paz, Tel. 09-219 11 80, www.rendezvousecuador.com. Schöne, kleine Pension mit Terrassen, Garten und Obstbäumen, sowie kleinen *cabañas.* Übernachtung mit Frühstück 7 $ p. P.

Der Tukan ist an seinem riesigen, aber leichten Schnabel zu erkennen

La Terraza: am Parque Central (Ecke), tgl. 13–21 Uhr. Nettes Restaurant mit guter internationaler Küche, Holztischen und Außenbereich. Hauptgericht 4–12 $.

Café el Punto: Calle Diego de Vega, am Parque Central, tgl. 8–20 Uhr. Szenetreff mit Bücherboard-Zeitschriften direkt am Parque. Exzellenter Kaffee, einfache Gerichte, Pasta und Snacks 3–8 $.

Natural Yogurt: am Parque Central, Mo–Sa 8–20 Uhr. Beliebtes Frühstückscafé am Parque mit Fruchtsalaten und kleiner Speisekarte. Hauptgericht 2–7 $.

El Vegetariano: Calle Valle Sagrado, ein Block vom Parque Central entfernt, Mo–Sa 8–15 Uhr. Ruhiges Gartenrestaurant mit vegetarischer Küche und sehr gutem Frühstück. Hauptgericht 2–5 $.

Pacha Feria: immer erster Samstagnachmittag im Monat. Kleiner Jahrmarkt am Parque Central mit Livemusik, Jongleuren, Straßentheater und Kunsthandwerksmarkt.

Jardín Escondido: Adresse s. o., gleichnamiges Hostal. Fr, Sa Livemusik und Tanz, Eintritt 3 $.

Verschiedene **Wanderwege** (Zutritt meist 1 $), so zum **Cerro Mandango** (2250 m), einem heiligen Hügel mit weitem Blick über das gesamte Tal von Vilcabamba, oder nach **El Agua del Hierro,** einer Quelle in üppigem Garten von Medizinalpflanzen.

Für **Mountainbiker** bietet sich die Tour zur Felsformation **Catedral del Diablo** an (20 km Richtung Yangana). Geführte Tagestouren kosten 25–60 $.

Mehrere Optionen zum Mieten von **Reitpferden.** Alle Kontakte über i-Tur.

Bus: Die Cooperativa Vilcaturis verbindet Vilcabamba mit Loja etwa alle 15 Min., Fahrtzeit 45 Min., 1,25 $.

Der Malecón Simón Bolívar gilt als einer der Meilensteine in der Geschichte Guayaquils

Kapitel 4

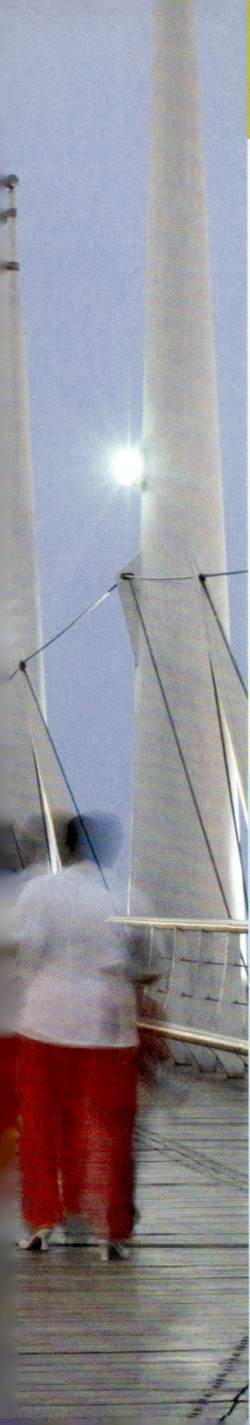

Die Pazifikküste

Auf einen Blick: Die Pazifikküste

Sonnenroute im Zeichen der Venus

Die 2237 km lange Pazifikküste Ecuadors wird gesäumt von unendlich langen Sandstränden, skurrilen Sandsteinformationen und einem mittelgebirgigen Hinterland. Dabei dominieren die tropischem Trockenwälder unter dem Einfluss des kalten Humboldt-Stroms die Küstenprovinz Guayas, während es Richtung Norden über Manabí nach Esmeraldas unter dem Einfluss des Peru-Stroms allmählich feuchter wird. Die Strände sind teils von magischer Schönheit und Einsamkeit – wenngleich nicht karibisch! Da die offene Flanke des Ozeans wenig Korrallenbestände hat, sind die Strände aus feinem hellen bis gräulichen Sand, der das Wasser in der Brandung meist eintrübt. Auch große Kokospalmenbestände finden sich allenfalls im Norden der Costa.

Der Zauber der ecuadorianischen Strände liegt in seiner Weite, in der Betrachtung des einfachen Handwerks der zahllosen kleinen Fischer unter der gleißenden Äquatorsonne und in der antiken Geschichte, die das Meer an etlichen Stellen bis heute aus dem Sand spült.

Schließlich ist die Pazifikküste des heutigen Ecuadors seit etwa 12 000 Jahren besiedelt, und seit nunmehr 5000 Jahren haben sich eigene Kulturen entwickelt, die uns einen archäologischen Schatz von Werkzeugen, Waffen und Keramik hinterlassen haben. Zeichnungen, archäologische Funde und die bis heute tradierte Kunst des Bootsbaus weisen die Küstenvölker in diesem Teil Südamerikas als eines der ersten Seefahrervölker weltweit aus. Museen der Küstenkulturen wie in Guayaquil, Bahía und Salango zeigen Funde und Dokumente dieser Epoche.

Der extreme Süden der ›goldenen Bananenküste‹ von El Oro ist durch seine weitflächigen Monokulturen wenig interessant für den Reisenden. In gleicher Weise ist das landwirtschaftlich produktive Binnenland wenig reizvoll, viele Städte im Inneren des bis zu 200 km breiten Küstengürtels wie Santo Domingo, Quevedo, Portoviejo, Babahoyo, Jipijapa sind zwar landwirtschaftlich bedeutend, bieten dem Reisenden jedoch kaum etwas.

Dieses Kapitel widmet sich daher vor allem den schönsten Stränden und Klippen, den tropischen Küstenwäldern, dem kulturhistori-

Richtig Reisen-Tipps

Ökofarm am Río Muchacho: Jenseits der großen Agroindustrie der Küste entdeckt man im Tal des Río Muchacho noch den traditionellen und biologischen Landbau – ›Bauernhofurlaub‹ mit Familienkontakt (s. S. 277).

Unterwegs im Bosque Pacoche: Unweit von Manta hat inmitten der trockenen und halbtrockenen Küstenvegetation ein tropischer, feuchter Wald überlebt – und in ihm eine spannende Fauna (s. S. 286).

Die Oase von Puerto López: Zwei europäische Aussteiger und Walschützer schufen in Puerto López einen Palmenstrand und legten rund um ihr Hostal den schönsten tropischen Garten der Küste an (s. S. 292).

Feuerwehrmuseum von Guayaquil: Ein für Lateinamerika einzigartiges Museum bildet das Museo los Bomberos in Guayaquil, Dokument und Hommage an eine Metropole, auferstanden aus den Flammen (s. S. 302).

Delfine im Vogelparadies: Größer noch als auf Galápagos sind die Brutkolonien der Fregattvögel im Delta des Río Guayas, die man hautnah erleben kann (s. S. 311).

schen Erbe der Ureinwohner und der Millionenmetropole Guayaquil. Die Routen beschreiben die schönsten Abschnitte vom Süden Esmeraldas' bis in den Raum Guayaquil.

Highlights

9 **Nationalpark Machalilla:** Das große Naturschutzgebiet an und vor der Küste Manabís verbindet auf einzigartige Weise Traumstrände, Tauchgründe, eine wunderbare Vogelwelt und im Sommer das Naturspektakel sich paarender Buckelwale – und das alles an historischer Stätte (s. S. 292f.).

10 **Guayaquil:** Die Millionenmetropole am Rio Guayas hat mit dem Beginn unseres Jahrtausends eine Wiederbelebung und Rückbesinnung vollzogen, die niemand für möglich gehalten hätte. Die verrufene, schmutzige Hafenstadt, oft gepeinigt von verheerenden Bränden, ist heute wieder eine Reise wert (s. S. 296ff.).

Reise- und Zeitplanung

Während das Wetter ganzjährig warm bis tropisch ist, sind die Monate Januar bis April verregneter, was nicht unbedingt von Nachteil gegenüber der Trockenzeit ist.

Die **Küstenroute** bietet abgesehen von den Stränden weniger Attraktionen als das Andenhochland. Diese Highlights sind meist bequem an einem oder einem halben Tag zu schaffen. So obliegt es jedem Küstenreisenden zu entscheiden, wie viele Tage er an den schönen Stränden und im *easy living* verbringen möchte.

Zu bedenken ist: Die Anreise aus Quito mit dem Bus dauert rund einen Tag, der Flug 30 Minuten. Entscheidend ist auch: Wer Ruhe sucht, sollte Wochenenden, insbesondere lange Wochenenden und Festtage, unbedingt meiden. Die Küstenstraße **E15 – Vía del Pacífico** wurde von Kolumbien bis Santa Elena in der Provinz Guayas vermessen und mit Kilometerangaben versehen, die auch hier genannt sind.

Die Strände des Nordens

Reiseatlas S. 1/2, 7

Der schnellste Weg zum Strand ist für die Zerstreuung suchenden Hochland-Ecuadorianer die wichtigste Freizeitformel. Zwischen Esmeraldas und dem Río Chone finden Quiteños und Reisende aus aller Welt gleich mehrere außerordentlich schöne Orte. Die endlos langen Sandstrände sind teils von Kokospalmen bestanden. Aber auch das tropische Land hinter den Gestaden kennt einzelne attraktive Ökosysteme.

Die Anreise aus Quito führt entweder im Norden der Stadt über die gut ausgebaute Straße über **San Miguel de los Bancos** nach Esmeraldas oder aber 50 km südlich von Quito ab dem Straßendreieck von **Alóag** auf eine atemberaubende und nicht ungefährliche Nebelwaldstrecke über **Santo Domingo de los Colorados** nach **Esmeraldas** bzw. auch nach **Pedernales.** Auf der Südroute bieten sich bei Santo Domingo zwei Rastpunkte an.

Tinalandia: Kilometerstein 85, gemessen von Alóag (noch vor Santo Domingo de los Colorados), Tel. 09-946 77 41, 02-244 90 28, www.tinalandia.com. Eines der ältesten Landhotels Ecuadors, das bereits in den 1950er-Jahren von jüdisch-russischen Auswanderern an den subtropischen Westhängen der Anden eröffnet wurde. Die einstige Plantage des Landgutes ist heute einem 9-Loch-Golfplatz unter riesigen Bambushainen gewichen. Den großen Cottagezimmern hängt etwas der Muff der Geschichte an. EZ/DZ 79/104 $, Golfen (kein Klub) pro Tag 20 $. Restaurantbetrieb nach Voranmeldung, Menü ca. 15 $.

Nuevo Miravalle: östl. von Santo Domingo, an der Straße aus den Anden an die Küste, Mo–So 7–19 Uhr. Das Restaurant, das von der Straße aus und auch innen einem Intershop an der Transitautobahn ähnelt, entpuppt sich als eine gute und preiswerte Mittagsadresse mit einem schönen tropischen Garten mit Pfauen und Gänsen hoch über dem Fluss. Mittagsbüffet etwa 4 $.

Die Küstenorte von Esmeraldas

Esmeraldas

Reiseatlas: S. 2, E 1

Von der Stadt **Esmeraldas** aus, die einen Besuch nicht lohnt, erstreckt sich in südwestliche Richtung die **Bucht von Atacames,** die eigentlich mehr einem langen Küstenstreifen mit zahlreichen kleinen Strandbuchten entspricht. Dieser Teil der Costa zählte bis in die späten 1970er-Jahre zu den besten Stränden ganz Südamerikas: feiner weißer Sandstrand mit unendlich vielen Kokospalmen. Jedoch die Erwärmung des Meeres durch *El Niño,* die daraus entstandenen Regenfälle und Hochwasser haben besonders 1979, 1983 und 1998 an der Substanz dieser Traumstrände genagt. Von den Palmen sind leider nicht mehr viele übrig, zahlreiche Orte grenzen mit der Uferstraße heute direkt ans Wasser oder haben ihre Uferstraßen in den letzten 20 Jahren gar mehrfach an den Pazifik abgeben müssen. Doch auch heute noch hat der Süden von Esmeraldas herrliche Ebbstrände, gelegentlich durch Palmenaufforstung oder von Gnaden der Natur bewahrtes Kokosidyll und einige sehr schöne tropische Ferienanlagen.

Die Route ab der Stadt Esmeraldas nach Süden beginnt zunächst ernüchternd. Statt einem Idyll passiert man die große alte Raffinerie und den ökonomisch bedeutenden Erdölverladehafen von **Puerto Balao.** Der erste Ferienort ist dann **Tonsupa,** dominiert allerdings von privaten Ferienapartments der *upper class* aus Quito. Dem gemeinen Reisenden bleibt ein recht gesichtsloser Teil des Dörfchens, zu dessen bescheidenem Strand es an der Abzweigung ›Playa Ancha‹ geht.

Atacames

Reiseatlas: S. 2, E 2

Bald erreicht man einen Unort der ecuadorianischen Küste: **Atacames.** Das alte Fischerdorf ist zu einem Begegnungszentrum für Menschen geworden, die vor der Erholung fliehen. Am Wochenende beschallen hier über 40 Bambusbars den Strand und seine Besucher, weitere Bars und Absteigen tun das Ihre, um auf sich aufmerksam zu machen. Der Konsum von Alkohol, Drogen und Prostituierten ist dann in Atacames so hoch wie an keinem anderen Ort der ecuadorianischen Küste. Das Stranddorf hat sich einer besorgniserregenden Unbekümmertheit ergeben und wurde so zu einer tropisch-narkotischen Mischung aus ostwestfälischem Kirmessamstag und mallorquinischem Ballermann 6. Aus kulturellen und medizinischen Gründen ist insbesondere von langen Wochenenden und Ferienzeiten von Atacames abzuraten, es sei denn, man sucht genau diese betäubende Grenzerfahrung. Andere Reisende mögen Strand und Strandbars zumindest tagsüber und wochentags – und diese Freiheit ist ihnen nicht zu nehmen.

Sicherheitshinweise: Unternehmen Sie keine Strandspaziergänge im Dunkeln. Wandern Sie nie über den Strand nach Súa. Schlafen und campen Sie nicht am Strand. Kaufen und konsumieren Sie trotz des scheinbaren *easy living* keine Drogen! Vorsicht: Die phasenweise sehr präsente Prostitution hat Atacames vermutlich eine der höchsten Aids-Raten des Landes beschert.

Mit dem Autor unterwegs

Wellenreiten

Für Surfer zählen einige Strände Ecuadors zu **den besten Plätzen** an der amerikanischen Pazifikküste. Bei **Mompiche** (s. S. 274) und **Canoa** (s. S. 276) brechen die bis zu zwei Meter hohen Wellen am schönsten.

Wohnen über dem Meer

Entlang der teils steilen Küste von Manabí haben nicht wenige Hotels und Herbergen der Strandlage einen Sitz in den hoch gelegenen Felsen vorgezogen. Der schönste ›Adlerhorst‹ der Küste ist **Punta Prieta** bei Don Juan (s. S. 274f.).

Palmenstrände

Nirgends sonst in Ecuador finden sich am Strand so viele Palmen wie im Nordzipfel der Provinz Manabí. Die **Halbinsel von Cojimíes** bietet auf der Pazifikseite fast 40 km Palmenwald und eine nette Unterkunft (s. S. 276).

Villas Arco Iris: am Nordende des Strandes von Atacames. Tel. 06-273 10 69, 06-273 14 37. Nette *cabañas* in einem üppigen Palmengarten am Strand, Swimmingpool, Klimaanlage, Kühlschrank, kleine Küche und Cafeteria. EZ/DZ 18/32 $, in der Hauptsaison 35/48 $.

Súa und Same

Reiseatlas: S. 2, D 2

Nur 4 km hinter Atacames liegt das Fischerdorf **Súa,** wo in den 1950er-Jahren im einstigen Hotel Turismo der Fremdenverkehr der Provinz Esmeraldas seinen Anfang nahm. Súa hat unter dem Niño zu leiden: Der Strand ist nur noch bei Ebbe breit, Teile der Uferstraße waren über Jahre ganz verschwunden. Das ansonsten sympathische Dorf der Lan-

SE VENDE
CARNE SERRANA
CARNE SECA
CHANCHO AHUMADO
POLLO AHUMADO
LONGANIZA - CHORIZO
PUMA

gustinenfischer ist leider nicht mehr die erste Adresse für Fernreisende.

Auch **Same,** einer der schönsten Orte der Gegend, hatte in den 1990er-Jahren Pech. Erst zog der schöne und lang gezogene Palmenstrand einige unverbesserliche Nachbarn an, die in erster Zeile bis zu 13-geschossig zu beweisen gedachten, was Beton kann. Dagegen nehmen sich die mediterranen Luxusanlagen des Club Casablanca an den zurückliegenden Hügeln durchaus sehr gelungen aus. Und dann nahm der Niño den Strand. Anfang 1998 zählte Same mehr Sandsäcke als Palmen – ein trauriger Anblick. Nun hat sich das Meer vorerst beruhigt.

El Acantilado: 3 km südwestlich von Same auf der Anhöhe, Tel. 06-273 34 66, 02-245 36 06, www.hosteriaelacantilado.com. Schöne Ferienanlage mit hübschen *cabañas* mit tollem Meerblick, Swimmingpool und einem esmeraldeñischen Restaurant. DZ 35 $, geräumige *cabaña* für 6 Pers. 65 $, in der Hauptsaison 50 % mehr.
La Terraza: direkt in der Mitte des Strandes von Same, Tel. 06-273 33 20. Einfache, aber hübsche *cabañas* mit unmittelbarem Meerblick, dazu das beste Restaurant am Platz mit italienisch-ecuadorianischer Küche. 12 $ p. P., Frühstück 3 $, Hauptgericht 5–10 $.

Playa Escondida

Reiseatlas: S. 2, D 2
Weiter Richtung Süden zweigt in dem Dorf **Tonchiguë** die Straße Richtung **Galera** ab. Nach etwa 10 km erreicht man **Playa Escondida,** den ›versteckten Strand‹ in einer romantischen Bucht mit hoch aufragenden und erodierenden Sandsteinfelsen. Die hier wild wirkende Küste ist fürwahr ein magischer und romantischer Ort.

Cumilinche: 1 km südlich der Playa Escondida, Tel. 06-273 34 96, Fax 06-273 34 99. Komfortable *cabañas* der gehobenen Klasse unter französischer Leitung an einem wunderschönen kleinen Palmenstrand, der karibisch anmutet und zudem von einem kleinen Süßwasserfluss gespeist wird. Sehr gutes Uferrestaurant. EZ/DZ *(cabañas)* 31/46 $, in der Hochsaison nur komplette *cabañas* für 4–6 P. zu 74–96 $.
Playa Escondida: Tel. 06-273 31 22, www.playaescondida.com.ec. Sehr einfache Zimmer in Holzhäusern direkt am kleinen Palmenstrand von Escondida mit offenem Restaurant. Die engagierte Kanadierin Judith Barrett arbeitet eifrig daran, dieses idyllische Plätzchen und seine 100 ha Vogelparadies und Naturwald zu einem gemütlichen Treffpunkt internationaler Vogelbeobachter und Entspannungsuchender zu machen. Unterkunft in einfachen Zimmern in der Nebensaison 10–15 $ p. P., **Camping** 5 $.

Ob es auch bei diesem Bananenverkäufer in Esmeraldas Sorten gibt, die man in Deutschland gar nicht kennt?

Casa Wantara: nördlicher Hügel der Strandbucht, Tel. 02-237 41 32 (Andi), wantara@andinanet.net. Rustikales und stilvolles privates Rundhaus mit offenem Wohnbereich und 2 Schlafzimmern für max. 4 Pers., das über einen eigenen Zugang zu einem einsamen Strandabschnitt verfügt. 50 $ pro Tag.

Die Palmenstrände von Pedernales

Reiseatlas: S. 2, D 3/4
In **Tonchiguë** auf der Hauptroute bleibend, quert man weiträumig die Landzunge von Galera. Ein Abzweig führt zu dem Dorf von **Muisne** und der gleichnamigen flachen Insel, die sich wenige Bootsminuten dahinter erstreckt. Das Eiland ist zwar weitgehend autofrei, aber dennoch etwas schmuddelig. Auf der Festlandseite fahren auch durchschnittlich drei *lanchas* am Tag über teils unruhige See nach **Cojimíes** (s. S. 276). Die wechselnden Abfahrtzeiten sind an der Mole zu erfragen.

Bequemer ist hingegen die Weiterfahrt auf der Pazifikroute. Die führt zunächst an dem Fischerort Mompiche vorbei, der, auf direktem Weg aus Quito kommend, kürzer über die Küstenstadt **Pedernales** anstatt über Esmeraldas erreicht wird. Pedernales selbst ist ein unschönes Mittelzentrum der Garnelenindustrie. Hier wechselt man allenfalls den Bus Richtung Süden oder aber nimmt den Abstecher zu dem langen Palmenstrand von Cojimíes (s. Tipp S. 276).

Der kleine Fischerort **Mompiche** steht vor einem ungeahnten Aufschwung, da in unmittelbarer Umgebung gewaltige Investitionen geplant sind. Dort entstehen demnach ein Yachtklub, ein Golfplatz, ein Flugplatz und weitere touristische Infrastruktur, was die Grundstückspreise in Mompiche und auf der südlich vorgelagerten Insel bereits explodieren ließ. Dessen ungeachtet verfügte Mompiche schon immer über einen wunderschönen, unendlich lang erscheinenden Sandstrand. Kommen die Wellen kraftvoll aus dem Norden, sagen die Surfer, gibt es kaum einen besseren Platz an der Küste für den Wellenritt.

Hostal Gabeal: Mompiche-Dorf, Tel. 09-969 65 43, Einfaches, aber nettes Hostal mit luftigen Zimmern mit Meerblick auf einer Anhöhe, preiswertes Restaurant, EZ/DZ 10/20 $, Hochsaison: DZ 30 $, *cabañas* für 4 Pers. 60 $.

Cabañas Iruña: am Strand, 2 km nördlich vom Dorf, nur bei Ebbe über den Strand zu erreichen, Tel. 09-947 24 58 (Carolina). Schöne Anlage mit tropischen *cabañas.* DZ 45 $, Frühstück 4 $, Dinner/Lunch 10 $.

Surfen: Aktuelle Informationen über die Wetter- und Wellenkonditionen sowie die besten Plätze für Surfer finden sich auf der Website www.wavehunters.com.

Felsküste und Strände am Äquator

Reiseatlas: S. 1/2, C/D 4

Tabuga

Verlässt man **Pedernales** (km 461) Richtung Süden, so betritt man nach rund 10 km bei **Punta Palmar** wieder die Südhalbkugel der Erde, was einem eine kreuzende Äquatorlinie auf dem Teer anzeigt. Wenig später erreicht man das Küstendorf von **Tabuga** (km 497).

Der Ort verfügt auch über ein Touristenbüro an der Durchgangsstraße, das offiziell Di–So 9–18 Uhr geöffnet sein sollte. Hier lassen sich u. a. Exkursionen in die benachbarte **Reserva Ecológica Lalo Loor** (km 500) koordinieren. Besonders nachmittags sind in dem Reservat Affen gut zu beobachten, zudem zahlreiche Vögel. Eine Tour kostet 7 $ pro Pers. sowie ein Trinkgeld für den Guide.

Finca Il Peperoncino: 1 km nördl. von Tabuga einem beschilderten Feldweg landeinwärts folgen, Tel. 09-7846 066, www.ilpeperoncino.com. Inland-Finca mit zahlreichen tropischen Früchten und kleinem, organischem Anbau unter italienischer Leitung. Eine kleine unscheinbare Ausgrabungsstätte von Öfen der Jama-Coaque-Kultur von 350 v. Chr. befindet sich auf dem Grundstück. In der Regenzeit umfließt ein Fluss die Finca, und man kann Süßwassergarnelen fischen. Möglichkeit zu Reitausflügen. Zum Strand sind es 1,5 km. Ein sympathischer Ort zum Ausspannen ohne Salz und Wellen. Zimmer 20–23 $ p. P., ohne Bad 10–13 $.

Don Juan

Unter den zahlreichen kleinen Siedlungen und Dörfern der manabitischen Küste besitzt **Don Juan** (km 510) mit die besten Strände und Berge. Obschon das Dorf klein ist, haben sich in der unmittelbaren Umgebung einige sehr schöne und teils spektakulär gelegene Herbergen eingerichtet.

Von Juni bis September bietet Don Juan eine informelle, aber preiswerte Möglichkeit, die **Buckelwale** zu beobachten. Die Fischer nehmen pro Boot etwa 40 $ für eine zwei- bis zu dreistündige Ausfahrt.

Punta Prieta Guest House: Vía del Pacífico km 507, Tel. 09-342 38 11, in Quito 02-286 29 86, meche14@accessinter.net. Das ruhige Panorama-Gäs-

Ceviche-Stand in Atacames – von den Einheimischen gern besucht

tehaus liegt auf dem steil aufragenden Vorsprung eines Lavafelsens hoch über der Brandung, belauert von Landleguanen und umkreist von Pelikanen und Fregattvögeln. Die schönen und hellen *cabañas* mit spektakulärer Aussicht, z. T. 270 Grad über die weite Pazifikküste, und mit direktem Zugang zu gleich zwei Stränden an der ›schwarzen Spitze‹ Punta Prieta sind nicht nur magische Orte, sondern die besten Unterkünfte ihrer Klasse an der Küste. Preiswertes ecuadorianisches Restaurant für die Hotelgäste. *Cabañas* 25–37 $ p. P.

Samvara Eco-Lodge: Vía del Pacífico km 509, Playa Bellavista de Don Juan, Tel. 02-286 04 00, 09-474 68 33, samvara.eco lodge@andinanet.net. Schöne, ruhige Wohn- und **Camping**anlage mit weitem Blick über die Bucht von Don Juan und eigenem Zugang zu einem ruhigen Teil des Strandes. Die komfortablen, 2006 entstandenen *cabañas* unter schweizerisch-ecuadorianischer Leitung liegen recht hoch am Hang, ihre Verandas sind leider (noch) verglast. Unterkunft ab 20 $ p. P., Camping ca. 6 $ p. P. Das Restaurant bietet Hotelgästen eine Vollpension für 17 $ oder Hauptgerichte für 5–6 $.

Latitud 7: Vía del Pacífico km 506, kein Telefon, jmelat7@yahoo.es. Der französische Aussteiger Jean-Marie hat einige einfache, aber charmante und luftige Bambus-*cabañas* in den Berg gebaut. Sie sind mit einer Küche ausgestattet und schenken einen weiten Blick auf die Küste. Er ist zudem ein vorzüglicher Koch und bereitet ein komplettes französisch-italienisches Abendmenü mit Getränken für 10 $. *Cabañas* 7–10 $ p. P.

Abstecher zum Strand von Matal

Wenig später kommt man durch die Kantonalshauptstadt **Jama** (km 521). Von hier lässt sich ein kleiner Abstecher zu einem Zwischenstopp an dem schönen Strand von **Matal** unternehmen, der sich südlich der **Punta Ballena** erstreckt. Auch in Matal bieten Fischer zwischen Juni und September informelle Ausfahrten zu den Walen an. Weiter auf der Vía del Pacífico erreicht man bald den Abzweig zum **Río Muchacho** (km 556).

Hotel Cocosolo auf der Halbinsel von Cojimíes: Hinter dem 40 km langen Strand der Halbinsel von Cojimíes befinden sich die **dichtesten Palmenwälder** an Ecuadors Pazifikküste. Und inmitten dieser Kokoswelt befindet sich nach etwa 20 km auf einer Piste oder besser direkt über den Strand zu erreichen das kleine Hotel Cocosolo. Neben einem Swimmingpool, einem einfachen Restaurant und hübschen *cabañas* bietet das Hotel auch **preiswerte Ausfahrten** in die Mangroven an (ca. 10 $ pro Stunde) sowie in die Reserva Chindul, auf benachbarte Inseln und nur wenige Minuten hinter dem Hotel zu einer Sippe von Brüllaffen (Tel. 09-940 60 48, 09-966 17 94, www.hotelcocosolo.com; Unterkunft in *cabañas* oder Zimmern inkl. Frühstück p. P. 11,50 $, in der Hauptsaison 16,50 $, Hauptgericht 6–8 $).

Canoa

Reiseatlas: S. 7, C 1

Nicht weit hinter dem wuchtigen Felskap **Cabo Pasado** beginnt ein 17 km langer Sandstrand. Gleich der erste Ort hier ist einer der ältesten der gesamten Region. **Canoa** (km 566) hat wie kaum ein anderes Fischerdorf in Manabí die Geschichte von Mensch und Meer geprägt und geschrieben. So auch diese: Immer bei Neumond nahmen einst die Fischer ihren Frauen die Unterröcke weg, kauften in der *tienda* die Feinstrumpfhosen auf und wateten stundenlang knietief durch das seichte Wasser des breiten Strandes bei Ebbe, um die begehrten Shrimpslarven zu fischen. Erst Anfang der 1980er-Jahre – die Damenwelt dankte es ihnen – stiegen die Larvenfischer auf feine rote Polyesternetze um. Mittlerweile werden die Larven in Labors gezüchtet.

Die Fischer und Ureinwohner der Jama-Coaques bauten hier aus den Bäumen der Küstenwälder einst ihre Einbäume, die *canoas,* um Garnelen und Fisch zu fangen. Heute gehört der schöne breite Strand von Canoa den Erholungsuchenden aus Nah und Fern. Ein Dutzend Fischer laufen noch mit ihren Booten aus. Ansonsten lädt Canoa mit einem der schönsten Strände Ecuadors zum Schwimmen, Surfen und Sonnen ein. Bei Ebbe lassen sich am Nordende des 800 m langen Strandes einige Blaufußtölpel beobachten und **Felsenhöhlen** begehen, die die Brandung ins Kap spülte. Wegen der Tücken der Gezeiten ist es ratsam, einen Führer mitzunehmen, zumal ein Pfad durch den Trockenwald Teil des Weges ist.

Seit einigen Jahren unterstützt der Verein deutscher Frauen in Quito, die Damas ale-

Richtig Reisen-Tipp: Ökofarm am Río Muchacho

Am Ufer des schönen Río Muchacho betreibt die engagierte Agentur Guacamayo Tours aus Bahía eine tropische Farm mit organischem Landbau. Ihr Motto: ›Tourismus für einen besseren Planeten.‹ Neben einer Einführung in die ökologische Landwirtschaft bietet die Farm dem Besucher u. a. **Reitausflüge** in die Umgebung, die Fertigung von **Kunsthandwerk** aus der Taguanuss, eine eigene **Schokoladenherstellung** aus dem organischen Anbau der Farm, Zeit zum **Baden unter dem Wasserfall** und den Besuch der **Umweltschule.**

Dieser *agroturismo comunitario* fällt aus dem üblichen Rahmen der Küstenreisen heraus und zeigt eine ganz andere Seite der sympathischen Welt auf dem Land, die dazu angetan ist, gänzlich abzuschalten.

Dabei spielt der direkte **Kontakt mit den Bewohnern** des Tals am Río Muchacho und ihrem Alltag eine wesentliche Rolle. Der Besuch des Tals wird in ein- bis dreitägigen Aufenthalten organisiert. Kontakt: Guacamayo Tours Bahía (s. S. 281) und La Posada de Daniel in Canoa (s. u., www.riomuchacho.com).

manas, Schule, Bibliothek und Gesundheitszentrum in Canoa und einigen umliegenden Dörfern, um die Bevölkerung zwischen Surfern und Sonnenanbetern nicht auf der Strecke zu lassen.

Denn das Dorf hat sich heute spürbar auf den Tourismus eingestellt und bewirbt sich gar bei der Unesco um den neu kreierten Titel ›Ökologisches Welterbe‹ als ein vorbildlich und nachhaltig geführter Badeort. Da bleibt noch einiges zu tun. Bis dahin leben die meisten Menschen in dem alten Garnelendorf offenbar wie seit eh und je in einem Vierwochenrhythmus, der ihnen ins Blut übergegangen ist – von Neumond zu Neumond.

Gleitschirmfliegerspot Canoa

Bei Westwind gehören die Hügelketten bei Canoa zu den besten Plätzen für das *hangsoaring,* dem mitunter stundenlangen Flug der Gleitschirmflieger in der **stetigen Aufwindzone** des Seewindes.

Ein Tourismusbüro gibt es in Canoa nicht. Aber in den meisten Hostales finden sich reichlich Informationen und Aushänge über Exkursionen, Sportangebote, Sprachkurse, Salsakurse und sogar Massagen.

Generell heben die Unterkünfte in Canoa die Preise zur Hochsaison (Karneval, Ostern, Neujahr etc.) um 10–20 % an.

Hotel Bambu: Strand am Nordende, Tel. 09-926 33 65, 05-261 63 70, www.hotelbambuecuador.com. Schönes Bambushotel unter holländischer Leitung mit einfachen Zimmern und Gemeinschaftsbädern direkt am Strand; schöne Restaurant-Bar mit sehr freundlichem Service, Billard, Surf- und Bodyboard-Verleih und einem vorbildlichen Abfallkonzept. EZ/DZ 7/10 $, mit eigenem Bad DZ 16–20 $. **Camping** 2 $ p. P.

Hotel País Libre: an der Nordstraße zum Strand, Tel. 05-261 63 87, 09-223 93 29, www.paislibre.net. Dorfhotel am Fluss mit Swimmingpool, Boutique und Wäscheservice; meist geräumige, aber etwas heruntergekommene Zimmer. EZ/DZ 12/24 $.

Hostal Coco Loco: Strand im Südteil, Tel. 09-397 28 84. Hübsches Strandhotel mit netter Bar und gepflegten Zimmern mit Meerblick. Gleitschirmfliegertreff. DZ 14–16 $. Schlafsaal 5 $ p. P.

La Posada de Daniel: Calle Javier Santos, am Parque, Tel. 05-261 63 73, 09-750 88 25, posadadaniel83@hotmail.com. Gästehaus mit Swimmingpool und sehr schöner Bar abseits vom Strand, einfache Zimmer, teils etwas überholungsbedürftig. Beste Surferinfos und schnellstes Internet im Dorf, W-Lan. EZ/DZ 9/12 $, mit AC etwas teurer.

Café Flor: 2 Blocks in die Stichstraße südlich des Hotels Coco Loco, Tel. 08-695 99 28, cafeflor_canoa@yahoo.com, tgl. 8.30–21.30 Uhr. Die beste internationale Küche im Ort. Spezialitäten sind vegetarische Gerichte und Pizzen. Hauptgericht 5 $.
Restaurante Costa Azul: Calle Principal, am Strand, Tel. 09-963 31 41. Alteingesessenes Fischrestaurant im Familienbetrieb mit guten Langostinos und chilenischen Weinen, preiswert. Mittagstisch 2 $, Hauptgericht 4–6 $.
Restaurante Genesis: Av. Principal (Javier Santos) 306, Tel. 09-390 79 58, tgl. 8–22 Uhr. Kleines Restaurant mit einfacher, aber guter manabitischer Küche, da, wo auch die Einheimischen gerne essen gehen. Mittagstisch 1,50 $, Hauptgericht 3–4 $.

Surfen: Die besten Informationen über Surfen an der gesamten ecuadorianischen Küste hat Daniel von der gleichnamigen Posada (s. S. 277). Auch die meisten Strandhotels leihen Surfboards aus, im Hotel Bambu wird auch Unterricht erteilt, etwa 90 Minuten für 10 $. Die besten Wellen bauen sich nördlich des Dorfes auf. Aktuelle Infos unter: www.gentesurfer.com.
Gleitschirmfliegen: Die Konditionen zum *hangsoaring* sind ganzjährig gut, nur in den Monaten Januar und Februar sind die Winde manchmal zu stark. Der Amerikaner Greg Gilliam ist ein vom US-Verband USHGA zertifizierter Ausbilder für das Paragliding und bietet zudem Tandemflüge (30 $) und einen Gleitschirmver-leih für in Europa zertifizierte Flieger an. Ein 14-tägiger Fliegerkurs kostet 750 $. Kontakt: Tel. 08-519 85 07, www.flycanoa.com, Treffpunkt im Hotel Coco Loco (s. S. 277).
Affenfelsen: Das Cabo Pasado beherbergt bis heute eine stattliche Sippe von Brüllaffen und zahlreiche Vögel. Das Terrain ist zwar privat, kann aber mit einem Führer betreten werden. Anmeldung und Kontakt über Hotel Bambu (s. S. 277) oder den Führer Leo Merchan, Tel. 08-810 99 74. Der zwei- bis dreistündige Ausflug kostet etwa 15 $ p. P.

Bus: Die Kooperative Coactur fährt tgl. von 6 bis 17 Uhr und alle 30 Min. ab Pedernales nach Canoa, Fahrtzeit etwa 3 Std. In Pedernales hat Transvencedores um 11.45 Uhr eine Direktverbindung nach Quito, ansonsten fährt man über Santo Domingo. Die gleichen Busse von Coactur verkehren auch zwischen Canoa und San Vicente, 30 Min. Fahrtzeit. Dort bietet sich der Bootstransfer nach Bahía de Caráquez an sowie nach Quito die Weiterfahrt in einem Ejecutivo-Bus der Kooperative Reina del Camino. In Gegenrichtung fahren diese Busse um 9 und um 22 Uhr in Quito ab, Fahrtzeit ca. 9 Std.

San Vicente

Reiseatlas: S. 7, C 3
Von Canoa aus führt die Straße an weiteren Strandhotels und Privathäusern vorbei. Nach einer guten halben Stunde ist der Ort **San Vicente** (km 586) am Río Chone erreicht. Das Dorf hat sich von dem Erdbeben des Jahres 1998 sichtlich erholt und u. a. seinen Strand in der Nähe der Autofähre recht sauber herausgeputzt. Dennoch wird der Ort vor allem zum Übersetzen über den Fluss genutzt, um die 70 km lange Fahrt über die Straße am Flussufer abzukürzen, die ansonsten zwischen San Vicente und Bahía de Caráquez liegen.

Fähre: Personen werden ständig für 0,30 $ mit *lanchas* über die Bucht gefahren. Die Autofähre verkehrt etwa alle 30–60 Min. (7–20 Uhr), kostet 3 $ pro Auto und nimmt Personen kostenlos mit. Die Überfahrt dauert nur wenige Minuten.
Flug: Im Jahr 2006 wurde der Flugverkehr zwischen Quito und San Vicente zumindest mit zwei Wochenendverbindungen wieder aufgenommen, Fluglinie ICARO (Tel. 02-299 74 00, www.icaro.com.ec), Flugpreis 60 $. Ansonsten kann man Manta oder Portoviejo anfliegen.

Südliche Küstenprovinz Manabí

Reiseatlas S. 7

Der Süden der Küstenprovinz Manabí, jenes antike Zentrum der hoch entwickelten Zivilisation der Manteños, kennt kilometerlange schöne Strände und verfügt noch über Küstenwälder im Hinterland. Ihr urbaner Mittelpunkt ist die prosperierende Hafenstadt Manta. Puerto López im extremen Süden der Provinz hat sich zu einem attraktiven Ausgangspunkt für Exkursionen zu Wasser und zu Land entwickelt.

Bahía de Caráquez

Reiseatlas: S. 7, C 1

Am Südausgang der gleichnamigen Bucht liegt die etwas verschlafene Residenzstadt **Bahía de Caráquez** im Mündungsgebiet des Río Chone. Auf die ins Meer ragende Landzunge verteilen sich einige schöne Villen mit Gärten sowie zwei Dutzend Hochhäuser. Im alten Teil an der Mole finden sich noch etliche hundert Jahre alte Häuser mit romantischen **Arkadengängen** und verträumt blätterndem Fassadenlack.

Geschichte

Historisch war Bahía ein bedeutendes Siedlungszentrum in der Periode der regionalen Entwicklung. Vor über 2000 Jahren entstand hier die **Bahía-Kultur** mit einer zunehmend ausgeprägten Formen- und Farbgebung vor allem bei ihrer facettenreichen Keramik, die heute in dem ausgezeichneten Archäologischen Museum der Stadt zu besichtigen ist.

Der spanische Conquistador **Francisco Pizarro** ›entdeckte‹ und eroberte 1531 nahe der Stelle der heutigen Stadt Bahía die etwa 300 Häuser zählende Gemeinde Cuaque. Ein Jahr später wurde Inkakönig Atahualpa hier von den Spaniern gefangen genommen. Die heutige Stadt wurde dann 1624 zunächst als San Antonio de Caráquez von den Konquistadoren an der schon damals wichtigen Seehandelsstraße zwischen Mexico und Chile gegründet. Die ›goldenen Bohnen‹ der Kakaoplantagen verhalfen dem **Handelsstädtchen** früh zu Reichtum und Bekanntheit. So nutzte auch die Wissenschaftliche Akademie von Paris 1735 Bahía als Stützpunkt für ihre **Erdvermessungen,** als sie die Punta Palmar bei Pedernales als Schnittpunkt von Äquator und Pazifikküste ermittelten.

Nach der Unabhängigkeit zum Ende des 19. Jh. florierte Bahía weiterhin vor allem durch den **Export von Taguanüssen,** die sich in Europa als Knöpfe großer Beliebtheit erfreuten und durch den **Handel mit Panamahüten.**

Naturgeschichte

Die Naturgeschichte dieser Küstenzone liest sich dagegen etwas bedrohlicher: Meeresgeologische Untersuchungen lassen vermuten, dass der Pazifik hier vor rund 12 000 Jahren 30 m tiefer und seine Küsten 10 km weiter entfernt lagen. Das 5 km vor der heutigen Stadt liegende **Santa-Marta-Riff** weist erstaunliche, teils rechtwinklige Unterwasserwände auf, die möglicherweise von Menschenhand gebaut wurden. Weitere meeresarchäologische Forschungen scheitern bisher am Geld, doch vielleicht entpuppt sich die Bahía-Kultur eines Tages als noch viel älter als bislang angenommen. Dramatisch entwickelte sich der **Landfraß des Meeres** in den letzten 30 Jahren, verstärkt vom weltweiten **Treibhauseffekt** und immer wärme-

Keramikfiguren im Museo de Bahía, einem der schönsten Museen des Landes

ren **El-Niño-Jahren.** Von den einstigen Traumstränden der Landzunge bleibt heute ein müder Ebbstrand an der nicht ungefährlichen Strömungskante des Río Chone zurück. Kleine Sandflächen finden sich auch noch an der Westseite Bahías.

Bahía heute

Das moderne Bahía und seine Umgebung sind wirtschaftlich geprägt vom einstigen Garnelenboom. Die Liebe der Oberschicht zur Zweitresidenz am Meer – wer kann es ihr verdenken? – führte zur Bebauung der Landzunge in ihrer heutigen Form. Vor allem der Staatspräsident Sixto Durán-Ballén schob diese Entwicklung während seiner Amtsperiode von 1992 bis 1996 an. Ihm setzte man am westlichen Malecón schon zu Lebzeiten ein **Denkmal.**

Die charmante und überschaubare Stadt beherbergt eine lebendige **Markthalle** und bietet eine fantastische Aussicht vom **Mirador Colina de la Cruz** auf die gesamte Bucht, ihre Mangroveninseln, Fischerdörfer und die Garnelenzucht, wie auch über die weite Küstenlinie Ecuadors. 2007 entsteht auf dem Stadthügel nun ein neues und leider überdimensioniertes Betonkreuz, das künftig mit einem Sessellift erreicht werden soll.

Sanfter und vielversprechender ist die Entwicklung an der Mole. Jüngst eröffnete der erste **Yachtklub** im Schutz des Río Chone. Segler aus aller Welt finden nun einen attraktiven und gut geführten Liegeplatz. Und jedermann kommt das schöne Bar-Restaurant auf dem Fluss zugute.

Museo de Bahía

Nach dem Mutterhaus der Banco Central in Quito ist das **Museo de Bahía** am Malecón Alberto Santos im Osten der Landzunge das beste Museum des Landes und vielleicht noch besser aufgebaut als die große Sammlung in der Hauptstadt. Die ständige und sensationelle Ausstellung des Archäologischen Museums beginnt mit **11 000 Jahre alten Werkzeugen** aus Las Vegas, den ältesten je in Ecuador gefundenen Stücken. Im weiteren Verlauf führt sie mit 600 Ausstellungsstücken und einem Archiv von 2500 Exponaten über alle präinkaischen Epochen des heutigen Ecuadors. Schwerpunkte bilden die **Kulturen der Caras, Jamas** und **Coaques.** Zu sehen ist u. a. die 5500 Jahre alte **Venus von Valdivia,** eine Keramikfigur und Fruchtbarkeitssymbol, das die Archäologen auf ein mögliches Matriachat in Valdivia verweist. Auch die 600 v. Chr. einsetzenden Gold- und Platinarbeiten sind mit außergewöhnlich guten Exponaten vertreten. Das Foyer füllt ein originalgetreuer Nachbau eines traditionell getakelten **Balsafloßes,** das jahrtausendealte Verkehrsmittel der Küstenvölker, mit dem sie den Handel von Atacama bis Acapulco betrieben (s. Thema S. 294).

Das 2001 eröffnete Museum ist sehr gut ausgeleuchtet und gestattet sogar das Fotografieren (Malecón Alberto Santos, Tel. 05-269 22 85, 05-269 08 17, mbcultural@easynet.net.ec., Mi–Sa 9–17, So, Fei 11–15 Uhr; Eintritt mit Führung – nach Voranmeldung – 1 $; Hinweise: Im Lesesaal steht ein schnelles Internet zur Verfügung. Das Museum ist sehr kühl klimatisiert).

i **Guacamayo Tours:** Calle Bolívar 902 y Arenas, Tel. 05-269 11 07, Fax 05-269 14 12, www.guacamayotours.com, Mo–Fr 8–18, Sa 9–16, So 10–14 Uhr. Die am besten informierte Agentur über alle Reisebelange von Ausflug bis Zimmervermittlung, einschließlich Sprachkursen und Einführung in den organischen Landbau.

Hotel La Piedra: Av. Bolívar y Circunvalación, Tel. 05-269 07 80/89, Fax 05-269 14 63, piedraturi@easynet.net.ec. Traditionelles Komforthotel am Meer mit Kabel-TV, Klimaanlage und Swimmingpool sowie guter Küche. EZ/DZ 44/56 $, Frühstück 3–5 $.

Cabañas Life: Octavio Viteri 5-04 y Muñoz Davila, Tel. 05-269 04 96. Familienorientierte, freundliche *cabaña*-Anlage. 10 $ p. P.

Mit dem Autor unterwegs

Keramik, Gold und Balsa

Bahía de Caráquez war nicht nur Zentrum der hoch entwickelten Bahía-Kultur, sondern es beherbergt seit einigen Jahren auch eines der **besten Archäologischen Museen Ecuadors** (s. S. 280f.).

Die schönsten Strände

Manabís beste Adressen für Sonne, Sand und Schwimmen liegen in **Canoa** (s. S. 276f.), im Norden von **San Lorenzo** (s. S. 287f.), nördlich von **Puerto López** (s. S. 290ff.) und in der Bucht von **Río Chico** (s. S. 293).

Gleitschirmfliegen

Die konstant guten Windverhältnisse und die steilen Küste im Süden des Ferienortes von **Crucita** haben einen der **besten Gleitschirmplätze des Landes** entstehen lassen, auch zur Ausbildung und für den Tandemflug (s. S. 283).

Hutmacher

Montecristi ist seit je her ein Zentrum von erstklassigen Familienmanufakturen des berühmten **Panamahutes** (s. S. 283ff.).

Küstenwälder

Alternativ zum Strandleben liegen im flachen Mittelgebirge von Manabí einzelne schöne Waldgebiete mit einer spannenden Fauna. Die besten Orte sind **Bosque Pacoche** (s. S. 286), **Agua Blanca** (s. S. 289f.) und **Cantalapiedra** (s. S. 295).

Hotel Italia: Av. Bolívar y Checa, Tel. 05-269 11 37. Standardhotel mit 4 Geschossen im Zentrum; quadratisch, praktisch, preiswert. EZ/DZ 16/34 $, Frühstück 1,50–2,50 $.

Restaurante Colombius: Av. Bolívar 1205 y Ante, frente al (gegenüber vom) Colegio Nocturno, Tel. 05-269 05 37, Mo–So 8–22 Uhr. Gutes vegetarisches Restaurant im Zentrum. Hauptgericht 5–6 $.

Meeresfrüchte an der Mole: unter der Vielzahl einfacher, aber beliebter Fischrestaurants an der Mole drei Empfehlungen, alle mit Blick auf den Río Chone: **El Muelle Uno,** Tel. 05-269 23 34, **El Buen Sabor,** Tel. 09-541 15 52, und **La Terraza** (alle Mo–So 10–22 Uhr, Hauptgericht 3–5 $).

Exkursionen: Die Umgebung von Bahía bietet exzellente Bedingungen für Ausflüge in die tropischen **Trockenwälder,** zu **Traumstränden** etwa bei Punta Bellaca sowie in die sensationelle Mangroven- und Vogelwelt der **Islas Fragatas** und der **Isla Corazón** in der Bucht des Río Chone. Dort finden sich besonders zwischen August und Dezember eine riesige Population von Fregattvögeln, aber auch Ibisse, Pelikane und Reiher ein. Informationen bei Guacamayo, s. S. 281 unter Infostellen.
Club Náutico Puerto Amistad: Malecón Alberto Santos, Tel. 05-269 31 12, www.puertoamistadecuador.com. Neuer, freundlicher Yachtklub unter französisch-kolumbianischer Leitung am Südende der Mole, preiswerte Restaurant-Bar. Hilfe bei den Hafendokumenten und bei der Vorbereitung auf die Galápagos-Passage. Nutzungsgebühren bislang unabhängig von der Bootslänge: für ankernde Boote 2 $, für Festmacher an den Ankerbojen 7 $ und in Zukunft für den Liegeplatz an den Schwimmpontons 10 $ pro Tag.
Schwimmen: s. auch u., Chirije.

Bus: Wichtigste Buskooperative mit regelmäßigen Verbindungen zu den Stränden im Süden ist Reina de Camino (Tel. 05-269 06 36).

Ausgrabungsstätte von Chirije

Reiseatlas: S. 7, C 2

Etwa 15 km südlich von Bahía liegt die kleine **Ausgrabungsstätte von Chirije** direkt am Meer. Zwar haben schwere Regenfälle das archäologische Feld zugeschüttet, doch die Exponate wurden gerettet und sind heute in einem ganz kleinen **Museum** zu sehen.

Interessant ist ein Aufenthalt über Nacht in der völlig abgelegenen Anlage mit geräumigen *cabañas* und einem Uferrestaurant (organisiert Dolphin Tours, s. u.). Der einsame Strand eignet sich gut zum Schwimmen, zum Spazierengehen, und noch immer findet man Scherben der Bahía-Kultur im Sand.

Besichtigung von Anlage und Museum nur mit Voranmeldung über **Bahía Dolphin Tours:** Av. Bolívar 1004 y Riofrío, Bahía, Tel. 05-269 20 86, 09-975 47 73.

San Clemente und Crucita

Reiseatlas: S. 7, C 2

San Clemente

Es ist etwas stiller geworden um das Fischer- und Feriendorf **San Clemente.** Das einst boomende Geschäft der Garnelenfischer erlebte Ende der 1990er-Jahre gleich mehrere Tiefschläge: schwere El-Niño-Schäden, ein starkes Erdbeben und schließlich die Garnelenvirusseuche *mancha blanca.* Das Schicksal ließ einige der einstigen ›Garnelen-Millionäre‹ auf der Strecke, die sich zu ihrem Unglück nicht auf solch ein Szenario eingestellt hatten und wieder arbeiten müssen wie schon vor dem Boom.

Das Dorf ist heute still und beschaulich und am Wochenende noch immer beliebt bei den Städtern aus Portoviejo. Einer der bekanntesten Wahlbürger des Ortes ist der fast 2 m große Berliner Torsten ›Maya‹ Meier, ein alter Häuserkämpfer aus Friedrichshain, der sich 1995 nach San Clemente verirrte, hier seine Liebe fand und heute ein einfaches Restaurant mit küstenweit berühmtem *ceviche* und einem sensationellen Schwertfisch nebst hübschen *cabañas* führt, und das alles zu Hausbesetzer-Solidaritätspreisen.

Sabor de Bamboo: 50 m vom Strand am Nordende des Dorfes, Tel. 08-562 81 46, www.mitglied.lycos.de/boleromeier. Liebenswerte und sehr preiswerte deutsch-ecuadorianische Pension mit exzellentem Essen und über 300 deutschsprachigen Büchern von Camus bis Dostojewski, *cabaña* mit eigenem Bad 8 $, Rabatt bei mehreren Tagen. Hauptgerichte 2 $.

Crucita

Der Ferienort **Crucita** gillt in Fliegerkreisen als Ecuadors erste Adresse für Gleitschirmflüge am Hang. Der lang gezogene Ort bietet Fliegern und Strandliebhabern zudem jede Menge Restaurants und Unterkünfte an der Strandstraße sowie ein reges Nachtleben besonders am Wochenende. Über 30 Jahre Tourismus hinterlassen hier ihre Spuren, ohne dass der Charme ganz verlorengeht. Zwischen den Fischerbooten spielen die einen Fußball, andere flirten und schmusen im Sand. Am südlichen Dorfende führt eine Straße steil hinauf auf die *loma*, den **Fliegerhorst der Gleitschirmszene.** Gerade wenn in der Sierra die Sommerwinde zu stark werden, kommen fast alle Flieger zu den stetigen, an der Küste aufsteigenden Seewinden von Crucita und fliegen teils stundenlang die Steilküste nach Süden entlang. An manchen Sommertagen lassen sich von hier oben auch bestens die **Buckelwale** beobachten. Die Aussicht ist grandios. 2005 und 2006 hat es um den Hügel schwere Auseinandersetzungen zwischen Investoren und Nachbarn gegeben, sodass nicht ganz klar ist, ob der Startplatz der Loma auch künftig für alle Gleitschirmflieger frei sein wird. 2007 wurde er nur am Wochenende betrieben.

Hostal Cruzita: Malecón Sur y Calle Sucre, Tel. 05-234 00 68, 09-917 52 96, flyraul2005@hotmail.com. Einfache Fliegerpension des Fluglehrers Raúl Tobar; Restaurant und Kontaktpunkt für Gleitschirmflieger. Zimmer 8–10 $ p. P.

Hostería ZUCASA: Malecón 100 (unterhalb der Kirche), Tel. 05-234 01 33, 05-234 01 37. Einfaches Hotel mit Garage und 2 Swimmingpools, einfache Zimmer, *cabañas* mit TV, Hängematten. Zimmer 11 $, *cabaña* 13–16,50 $, jeweils p. P.

Gleitschirmfliegen: Raúl Tobar, Besitzer des Hostals Cruzita (Kontakt s. o.), ist einer der Fluglehrer mit ecuadorianischer Lizenz vor Ort. Er verleiht Flugausrüstungen (20 $ pro Tag) und bietet Tandemflüge von etwa 20 Min. Länge (20 $) sowie viertägige Anfängerkurse (200 $) an.

Bus: Die Anreise ab Quito verläuft am bequemsten über Portoviejo. Von dort fahren bis abends um 22 Uhr alle 15 Min. Busse von Transportes Crucita in eben diesen Ort. Die Kooperative verbindet auch Manta über Rocafuerte mit Crucita.

Abstecher nach Montecristi und La Pila

Montecristi

Reiseatlas: S. 7, B/C 2/3

Ein Abstecher von der Pazifikroute führt etwa eine halbe Stunde ins Inland nach **Montecristi** in eines der Produktionszentren von Panamahüten und der Heime von Revolutionären: »Es war an einem Nachmittag im Mai 1864. Isabel Muentes de Alvia hatte in ihrer Finca nahe Montecristi ein geheimes Treffen mit etlichen Landarbeitern aus der Nachbarschaft organisiert. Der junge Eloy Alfaro war noch keine 22 Jahre alt, aber schon weitläufig bekannt als ein Kämpfer gegen die Tyrannen und für ein besseres Ecuador [...]« (aus: Dumar Iglesias Mata, Eloy Alfaro. 100 facetas históricas, 2005).

Das kleine stolze Montecristi ehrt seinen einstigen Bürger und großen liberalen Revolutionär Eloy Alfaro bis in die Gegenwart. In der 1894 von ihm gegründeten Dorfschule befindet sich heute ein kleines **historisches Museum** mit Exponaten der Jahrhundertwende. Diese privaten wie offiziellen Gegenstände aus dem Leben von Eloy Alfaro sollen demnächst in ein gegenüberliegendes neu gebautes Mausoleum integriert werden. Die Überreste des Liberalen werden dazu aus Guayaquil überführt, und die Dorfschule wird dann zur Bibliothek.

Natürlich trug auch Eloy Alfaro einen Panamahut, den bis heute weltberühmten Exportschlager des Dorfes (s. auch Thema

S. 28f.). Der Montecristi Superfino schaffte es bis in die Topauslagen der Galeries Lafayette in Berlins Friedrichstraße und kostet dort locker 400 €.

Montecristi bietet neben dem Hut für den Souvenirjäger jede Menge Handarbeiten aus Gras, Korb und mehr. Die Hauptstraße **Calle 9 de Julio** säumen unzählige Läden, ein paar kleine Restaurants und der gewaltig hohe, weiße Kirchturm – und überall vermeint man die Aura des großen Eloy Alfaro zu spüren.

Hutmacherei Chávez Franco: Die Hutmacherfamilie von José Chávez Franco lebt in der Calle Rocafuerte 386, nahe der Avenida – wie kann es anders sein – Eloy Alfaro. Hier freut man sich über internationalen Besuch in der heimeligen Werkstatt. Gerne geben die Chávez Auskunft über ihr Handwerk und das internationale Geschäft. Immerhin verkaufen sie seit Jahren an den Kölner Importeur Friedrich W. Schneider GmbH. Leider sei die Nachfrage vom Rhein in den vergangenen Jahren auf jährlich 500 bis 600 Hüte zurückgegangen, da die Konkurrenz in Cuenca die Preise drücke, klagt Señora Chávez. Früher habe man 1500 Hüte im Jahr nach Köln geschickt. Neben Deutschland sind Italien und England heute die wichtigsten Absatzmärkte des feinen Montecristi (s. auch Thema S. 28f.).

La Pila

Reiseatlas: S. 7, C 3

Von Montecristi Richtung Jipijapa nach Südosten führt eine glatte, aber ›bodenwellige‹ Landstraße durch die Hügel der Küstenkordillera. Das Dorf **La Pila** säumen zahlreiche Keramikhändler. Die Dorfbewohner fertigen gute und preiswerte Figuren und Gefäße. Leider hat sich zuletzt die Mode durchgesetzt, die handwerklich feinen Keramiken mit Goldlack und ähnlichem Gepinsel zu verhunzen. Ein Stopp zum Kauf von diesen Repliken der Küstenkulturen lohnt für Autofahrer und Souvenirsammler dennoch, denn es gibt auch noch die traditionellen Arbeiten, und Moden sind zum Glück nicht langlebig.

Carmen Rubio, Besitzerin einer Hutreparaturwerkstatt in Montecristi, mit einem Exemplar in Arbeit

Manta

Reiseatlas: S. 7, B 2

Zurück an der Küste stößt man auf die Stadt **Manta** (km 550).Vor etwa 1500 Jahren gründeten die Manteños die kleine Hafensiedlung Jocay, Lebensort einer Küstenkultur, die ausgezeichnete Keramiken hervorbrachte. Bemerkenswerte originale Fundstücke dieser Huancavilca-Manta-Epoche stellt heute das **Museo Centro Cultural de Manta** aus (Av. Octava y Calle Séptima/Malecón, Tel. 05-262 29 56, Di–Sa 10–17, So, Fei 11–15 Uhr, Führungen nach Voranmeldung).

Das schließlich 1535 von den Spaniern als Manta neu gegründete Seehandelszentrum gehört heute zu den führenden Wirtschaftsräumen Ecuadors. Insbesondere der alte Hochseehafen und die Fischindustrie lassen in Manta, das bereits über 150 000 Einwohner zählt, Umsätze schreiben. Der **Yachthafen,** breite Strände und jede Menge Fischrestaurants lassen zumindest am Wochenende auch einen nationalen Tourismus boomen. Seit einigen Jahren laufen sogar internationale Kreuzfahrtschiffe den Hafen an, und in ferner Zukunft soll die Stadt Brückenkopf ins brasilianische Manaus und zum Atlantik sein.

Zu Erholungszwecken sei Manta jedoch nicht empfohlen: zu schmutzig die Strände, zu laut, chaotisch und mitunter unsicher die Stadt. Verkehrstechnisch ist Manta nicht nur für die Seeleute wichtig, sondern mit dem Flughafen auch ein **Drehkreuz zu den Ferienorten der manabitischen Küste.** Den Flughafen teilt sich Manta voraussichtlich noch bis 2009 mit der US-Armee, die hier einen in Ecuador sehr umstrittenen Militärstützpunkt zur angeblich »weiträumigen Überwachung des kolumbianischen Drogenhandels« aufgebaut hat.

Orientierung: Manta sollte nur mit dem Pkw bzw. dem Taxi befahren wer-

Richtig Reisen-Tipp: Unterwegs im Bosque Pacoche

Nur gut 20 km südwestlich von Manta, im Hinterland der Strände von San Lorenzo, liegt ein relativ großer zusammenhängender **Bergnebelwald,** der von Wollaffen, Brüllaffen und Kapuzineraffen bewohnt wird und mit einem erfahrenen Führer relativ leicht zu erkunden ist. Dieser 2000 ha große tropische Feuchtwald mit zahlreichen Palmen, großem Bambus und riesigen Ficusbäumen setzt sich dankbar von den Trockenwäldern des Umlandes ab.

Ferner entdeckt man im **Bosque Pacoche** zahlreiche Vögel, tropische Frösche, Eidechsen, Eichhörnchen und manchmal Adler. Der beliebteste und recht einfache Weg führt am weitgehend trocken liegenden Bachbett des Río San Lorenzo entlang. Ende April beginnt die durchaus reizvolle Garua-Zeit mit starken Nebel- und Nieselbildungen. Die lokale, englischsprachige Biologin Carolina Toapanta und ihre Kollegin aus Manta kennen den Wald ausgezeichnet und empfehlen sich zur Führung in das überraschende Ökosystem. Als **Manabí-Expertinnen** zeigen sie einem auf Wunsch zudem eine lokale Kaffeeplantage samt Rösterei, eine von Eseln betriebene Zuckerrohrpresse und Hutflechter in San Lorenzo.

Kontakt: Tel. 09-500 16 90, carotoapanta @yahoo.com. Tageshonorar 45 $.

den. Die Stadt zieht sich etwa 6 km am Meer entlang, von Ost nach West über Flughafen, Playa Tarqui, Malecón, Puerto und Playa de Murciélago. Nahe dem Malecón liegt das eigentliche Stadtzentrum. Wichtigste Verkehrsachse nach Westen ist die Av. Flavio Reyes.

Tourismusbüro: Paseo José María Egas, Calle 10 y 11, Tel. 05-262 29 44, in Portoviejo: Tel. 05-263 52 53, www.captum.org.

Deutsches Honorarkonsulat: Wolf Harten, Industrias Ales, Av. 113 y Calle 110, Ed. Alcantara, Tel. 05-292 35 77.

Hotel Balandra: Av. 7 y Calle 20, Tel. 05-262 05 45, www.hotelbalandramanta.com. Schönes, ruhiges Gartenhotel mit Swimmingpool, Sauna und gutem internationalen Restaurant (9–22 Uhr, Hauptgericht ab 8 $), sympathische, schöne Zimmer mit Kabel-TV, AC und Minibar. EZ/DZ mit Frühstück 74/84 $.

Hotel Mar Azul: Calle 22 y Flavio Reyes, Tel. 05-262 94 55, 05-262 90 49, hotel_marazul @hotmail.com. 2007 eröffnetes, modernes Hotel, 100 m vom Meer entfernt, mit Pool, Restaurant und Blick auf die Hafenmole. Große, etwas hellhörige Zimmer mit Balkon, Kabel-TV und AC. EZ/DZ mit Frühstück 55/65 $.

Restaurante Martinica: Ciudadela Umiña No. 2, Mz. 1, Lote 1, Tel. 05-261 37 35, Fax 05-261 07 27, ludwigrivadeneira @yahoo.com, Di–Sa 12.30–24, So 18.30–22 Uhr. Sehr gutes Restaurant am Stadtrand mit exquisiten Fleischspezialitäten vom Grill und anderen internationalen Gerichten. Hauptgericht ab 8 $.

Restaurante Pizzería Mamma Roma: Av. Flavio Reyes (gegenüber vom Park), Barrio Umiña, Tel. 05-262 60 76, 09-994 67 29, tgl. 17–2 Uhr. Beste italienische Pizza und andere Gerichte sowie Frisches vom Grill, schöne Terrasse im 1. Stock. Hauptgericht ab 7 $.

Flug: Der **Aeropuerto Eloy Alfaro**, 2,5 km östlich von Tarqui, ist durch TAME, ICARO und AEROGAL etwa 6 x tgl. mit Quito verbunden. **TAME:** Malecón, Edificio Vijía, Mo–Fr 9–12, 14–17 Uhr. **ICARO:** Malecón, im Hotel Oro Verde, Tel. 05-262 73 27, 05-262 73 63, im Flughafen: 05-262 74 84, www.icaro.com.ec.

Bus: Der **Terminal Terrestre** liegt gegenüber dem Fischerhafen am Fuß der Banco Central.

Busse fahren in alle Landesteile, dabei stdl. nach Quito (9 Std.) und nach Guayaquil (4 Std). Bis etwa 16.30 Uhr stdl. Verbindungen auf der langen Strandroute nach Süden mit Coop. Jipijapa und Coop. Manglaralto.
Taxi: Taxis kosten innerstädtisch 1 $, mit Rufservice 1,50 $, eine Fahrt nach San Lorenzo 10 $, Flughafentaxis nehmen mehr.

An der Küste entlang bis Puerto López

San Lorenzo de Manabí

Reiseatlas: S. 7, B 2
Die Straße um das Kap herum führt nach einer Weile nun zu dem verschlafenen Ort **San Lorenzo** (km 587), unterhalb des Bosque Pacoche (s. Tipp links). Das Fischerdorf verfügt über einen weiten, weißen Sandstrand, den eine prächtige Felsformation im äußersten Norden der Bucht abschließt. Im Norden hinter dem ›Leuchtturm‹ einer architektonisch kalten, norwegischen Hotelanlage liegt auch der schönste Teil des Strandes mit einer sympathischen Herberge.

Cabañas La Cueva: am Nordende des Strandes von San Lorenzo, Tel. 05-261 59 02, 09-104 70 27, la_cueva_cabanias@yahoo.com. Nettes, familienbetriebenes Hotel am Strand mit exzellentem offenen Restaurant (4–6 $), kleinem Swimmingpool, Hängematten und einfachen,

Wollaffe im Dickicht des Bosque Pacoche

Die Buckelwale von Manabí

Thema

Im antarktischen Winter ziehen große Gruppen von Buckelwalen die südamerikanische Pazifikküste hinauf, um sich zu paaren und ihren Nachwuchs zur Welt zu bringen. Vor den Küsten Manabís kommt es dann über mehrere Monate zu großartigen Naturspektakeln.

Jedes Jahr ab Ende Mai treffen etwa 450 Buckelwale aus der Antarktis in den ecuadorianischen Gewässern ein. Wohlgenährt aus dem krillreichen Meer des Südens folgen sie dem kühlen Humboldt-Strom nach Norden. So wie die arktischen Wale Hawaii aufsuchen, treffen sich zahlreiche antarktische Buckelwale auf dem Äquator, um sich zu paaren oder aber zu kalben. Sie gehören zu den Bartenwalen, finden sich hier nicht zum Fressen ein, sondern genießen offensichtlich das seichte, warme Schelf der südamerikanischen Pazifikküste. Manabí ist ihr auserwähltes Winterquartier.

In diesen tropischen Gewässern Ecuadors päppeln sie schließlich die kleinen, 4 m langen Neugeborenen mit ihrer extrem fetthaltigen Muttermilch auf, bis diese Ende September kräftig genug sind für den langen Rückweg in ihr antarktisches Sommerquartier.

Walkühe, die nicht kalben und säugen, sind höchst begehrt bei den bis zu 15 m langen Bullen im Tross. Diese riesigen, manchmal 25 t schweren Säuger kokettieren und versuchen zu imponieren, indem sie die Waldamen elegant umschwimmen, um Aufmerksamkeit und anderes zu erregen, um dann plötzlich mit gewaltigen Sprüngen aus den Fluten zu steigen. Wie mit einem Donnerschlag krachen die kolossalen Leiber schließlich zurück in das aufgerissene Meer.

Diese akrobatischen Sprünge und das Schlagen mit Fluke und Flippern, was die Wissenschaftler *breaching* nennen, dient vermutlich dem Abstecken eines Paarungsreviers. Die Pazifische See zwischen der Küste und der Isla de la Plata ist quasi das Schlafzimmer der Wale. Möglicherweise springen die Tiere aber auch nur, um die juckenden Seepocken abzuschlagen, die ihre Körper übersäen.

Auseinanderhalten lassen sich die Wale an der breiten schwarzen Fluke, der wie ein Fingerabdruck ist. Wenn diese sich mitunter in absoluter Stille aus dem Wasser hebt, um alsdann abzutauchen, erkennen die Forscher beim langsamen Ablaufen des Wassers exakt die unverwechselbaren Bisse, Risse und Kratzer, die sich ein jedes Tier im Lauf seines Lebens zuzieht.

Obschon Buckelwale allenfalls große Raubhaie und ›Killerwale‹ als natürliche Feinde kennen, sind ihre Bestände von einst schätzungsweise 130 000 durch den kommerziellen Walfang auf heute nur noch 12 000 Exemplare zurückgegangen, eine Zahl, die sich seit Unterzeichnung des internationalen Artenschutzabkommens zum Schutz der Buckelwale von 1966 immerhin stabilisiert hat.

Die Boote, die von Juni bis September die Touristen zu den Walen herausfahren, sollen sich den großen Säugern nicht mehr als 50 m nähern. Allerdings halten sich die Tiere nicht immer an die Bestimmungen ... Und so kommt es immer wieder vor, dass plötzlich der fauchende Blas eines Buckelwals direkt vor dem Bug des Bootes auftaucht oder dass sich Walkühe neben den Booten im Wasser drehen, das Kalb an der Brust.

gepflegten *cabañas.* EZ/DZ mit Frühstück 20/30 $.

Puerto Cayo

Reiseatlas: S. 7, B 3

Das Dorf gehört zu den größeren Siedlungen am Pazifik. Hier laufen die Küstenstraße aus Manta und die mit dichten Ceibowäldern bestandene Tieflandroute aus Jipijapa und Montecristi zusammen. Obwohl **Puerto Cayo** (km 625) nahezu an den Nationalpark Machalilla grenzt, ist es touristisch wenig entwickelt. Die unglaublich lange Uferpromenade täuscht somit über den tatsächlichen Freizeitwert des Ortes hinweg.

Hotel Puerto Cayo: Malecón, am äußersten Südende, Tel.05-261 60 19, 09-752 15 38, www.puertocayo.com. Hotelanlage im 1970er-Jahre-Stil, aber mit sehr großen Zimmern, Balkon und in direkter Meerlage.

Zu den Stränden von Los Frailes

Reiseatlas: S. 7, B 3/4

Im weiteren Verlauf gelangt man durch das manchmal etwas melancholisch wirkende Fischerdorf von **Machalilla** (km 650), das dem Nationalpark seinen Namen gab. Die Fischerboote liegen hinter einer geradlinigen, leblosen Promenade, und der traditionelle Bootsbau hat auch schon bessere Tage gesehen. Selbst die Hauptstraße ist zwar geschäftiger, aber doch nicht mehr als eine blasse Händlerzeile. Die Friedhofsmauer am Nordausgang des Dorfes ist wiederum derart opulent, dass man befürchten muss, in Machalilla würde gern und viel gestorben.

Schattenlos und einsam liegen die drei fotogenen **Traumstrände von Los Frailes** zwischen den hellen Sandsteinfelsen der Küste. Dabei ist der 5 km lange **Hauptstrand Los Frailes** der beste zum Baden. Der nördlich davon liegende wunderschöne Strand von **La Tortuguito** ist wegen der Strömungen hingegen nicht ungefährlich. Der dritte Strand **La Playita** ist aus Kies. – Der Strandeintritt von 12 $ für Ausländer ist überteuert, zumal es keinerlei Infrastruktur gibt, sodass der Besuch sich vor allem im Rahmen weiterer Aktivitäten im Nationalpark Machalilla anbietet.

Anfahrt/Eintritt: Von der Küstenstraße mit dem Parkwächterhäuschen aus führt ein knapp 3 km langer Schotterweg durch den Trockenwald, passiert den Einstieg eines Fußweges zum Mirador und gelangt schließlich zum Hauptstrand. Die Strände liegen zwischen Machalilla und Puerto López und werden gelegentlich auch von Booten angefahren.

Agua Blanca

Reiseatlas: S. 7, B 4

Bei km 659 der Pazifikroute zweigt links ein Schotterweg ab und führt nach 5 km durch ein großes Portal zu den **archäologischen Fundstätten** der kleinen Gemeinde **Agua Blanca.** Die Bewohner dieser Trockenwaldregion leben an einer heiligen Stätte der Mantakultur (800–1532 n. Chr.). Und sie sind engagiert beim Aufbau eines Gemeindetourismus. Das Dorf des ›weißen Wassers‹ verfügt mittlerweile über einfache *cabañas,* Familienunterkünfte, ein kleines Restaurant, einen Kunsthandwerksverkauf und einen Spezialisten für Massagen mit dem duftenden Öl des Palo-Santo-Baums dieser Region. Wie schon zu Zeiten der Manteños bereiten die Bewohner viermal im Jahr, jeweils zur Sonnenwende sowie zum Sommer- und Winterbeginn, indianische Saunabäder.

Lokale, speziell geschulte Führer bieten einen 2,2 km langen **Rundweg** durch Dorf und Umgebung an. Er beginnt an dem kleinen **Dorfmuseum** (tgl. 7.30–17 Uhr) mit originalen Fundstücken, vornehmlich Gefäßen, Figuren und Schmuck. Anschließend führt der Weg zu Resten von Mantagrabstätten und weiter durch das kleine Flusstal des Río Buenavista, wo farbenprächtige Vögel wie der blauköpfige Motmot und der gelbschwarze Tangara zu sehen sind. Weiter erreicht der Rundweg die Fundamente von Tempeln und Zeremonienhäusern, die Archäologen hier 1985 entdeckt haben. (Die zweistündige Führung und das Museum kos-

Buckelwal-Mutter mit Kalb vor der Küste Manabís

ten zusammen 3 $ Eintritt p. P., bei Alleinreisenden 5 $, ein Entgelt, das bereits an dem Portal der Straße erhoben wird).

Gegen Ende des Rundgangs lädt ein **See** neben dem Flussbett zu einem Bad ein. Er misst etwa 30 m, ist 4 m tief und enthält einen sehr hohen Anteil von Schwefel – das ›weiße Wasser‹. Der abschließende **Aussichtspunkt** bietet einen schönen Blick auf die umliegende Bergwelt aus Trocken- und Feuchtwäldern.

i **Kontakt zu Gemeinde, Museum** und **Touren:** Tel. 09-443 48 64, casacultu ralaguablanca@hotmail.com.

Exkursion zum Küstenregenwald von San Sebastián

Reiseatlas: S. 7, B 4
Ein weiteres Exkursionsangebot der Gemeinde Agua Blanca (s. o.) führt auf einer zweitägigen Tour zu Fuß oder mit dem Pferd ins Hinterland in den 800 m hoch gelegenen Küstenregenwald von **San Sebastián.** In den sehr gut erhaltenen Wäldern mit noch immer hoher Artenvielfalt sind verschiedene Affen, Tukane und viele andere Vögel zu entdecken, ein Abenteuer für Natur- und Campingfreunde (Tourpreis mit Führer, Zelt und 4 Mahlzeiten 60–80 $, Alleinreisende 120 $, Tel. 09-443 48 64).

Puerto López

Reiseatlas: S. 7, b 4
Das Städtchen mit gut 10 000 Einwohnern hat sich als Zentrum und Verwaltungssitz des 1979 eingerichteten Nationalparks Machalilla allmählich zu einem der wichtigsten Reiseziele an der Küste entwickelt. Im Naturhafen von **Puerto López** klettern die Touristen in die Boote von Reiseveranstaltern und einheimischen Fischern, um sich zur Isla de la Plata fahren zu lassen, die Buckelwale zu suchen oder an den Traumstränden von Los Frailes absetzen zu lassen. Der Trockenheit des Umlandes setzen einige Betreiber von Hotelanlagen schöne tropische Gärten entgegen. Das Schmuckstück ist die Hostería Mandála

(s. Tipp S. 292), die sogar den öffentlichen Strand im Norden des Ortes mit Hunderten von Palmen bepflanzt hat, heute der schönste Fleck am Meer von Puerto López.

Hotel Pacífico, Malecón Julio Izurieta, Tel. 05-230 01 33/47, www.hotelpacificoecuador.com. Standard-Strandhotel mit Swimmingpool und Restaurant. EZ/DZ mit Ventilator 12/24 $, EZ/DZ mit AC 20/40 $.

Hostería Mandála: Malecón, Nordende des Strandes, Tel. 05-260 41 81, 05-230 01 81, www.hosteriamandala.info. Die schönste Adresse im Ort mit *cabañas* inmitten eines tropischen Gartens am Strand (s. Tipp S. 292). EZ/DZ 19/32 $.

Hostería La Terraza: *Cabañas* und Name sind gut sichtbar am Hang oberhalb von Puerto López, Tel. 05-230 02 35, www.laterraza.de. Die schönen *cabañas* liegen in einem Garten über der Stadt und über dem Meer mit großartiger Aussicht. Die deutschen Herbergseltern Werner und Petra Grünagel servieren auf Wunsch ein exzellentes Frühstück und eröffnen bald auch ein Restaurant. EZ/DZ 17/27 $.

Hostal Sol Inn: Calle Juán Montalvo y Eloy Alfaro, Tel. 05-230 02 48, hostalsolinn@hotmail.com. Nette Pension mit Garten, Hängematten, Küchenmitbenutzung und Wäscheservice im Dorfkern; die freundlichen und sonnengelben Zimmer sind etwas stickig. EZ/DZ 8/14 $.

Hosteria Itapoa: Malecón Julio Izurieta, Tel. 09-314 58 94, 09-478 49 92, itapoa_25@hotmail.com. Sympathische Travellerpension mit Zimmern und *cabañas* um einen kleinen Garten, Küche; brasilianische Leitung. EZ/DZ 8,50/14 $ mit Frühstück.

Ristorante Bellitalia: Calle Juán Montalvo y Abdón Calderón, Tel. 09-617 51 83. Etwas versteckt im Innern des Dorfes liegt dieses ausgezeichnete italiensche Restaurant in dem kleinen Garten von Vitorio aus Modena und seiner ecuadorianischen Frau Elena. Hauptgericht 5–8 $.

Restaurant Carmita: Malecón y General Córdova, Tel. 05-230 01 49, tgl. 11–21 Uhr. Doño Carmita verkaufte hier schon in den 1970er-Jahren die besten *ceviches* des Ortes, damals noch für 2,50 Sucres pro Schale. Noch heute ist das Straßenrestaurant eine Top-Adresse für *ceviches* und Meeresfrüchte (Spondylus-Muschel). Hauptgericht ab 5 $.

Palosanto: Malecón Julio Izurieta, Tel. 09-353 21 08, www.palosanto.net. Hochwertige Ölextrakte aus dem stark duftenden Palo-Santo-Baum für Massagen, Bäder und Aromatherapien, außerdem Wachskunst, Replikas archäologischer Keramiken.

Puerto López und der Nationalpark Machalilla (s. S. 292f.) sind hervorragend geeignet für eine Vielzahl von Exkursionen: **Whale Whatching** von Juni bis September, Tagestouren zur **Isla de la Plata,** zu den Traumstränden von **Los Frailes,** zu den Feuchtwäldern am **Rio Ayampe, Reitausflüge, Sportfischen, Schnorcheltouren** und Besuche von **Kunsthandwerkern.** Empfohlene Agentur: **Whale Expeditions,** Calle General Córdova y Juán Montalvo, Tel. 05-230 01 06, 09-199 53 90, bosmartag@hotmail.com. Naturführer und Manager Angel Puncay ist ein erfahrener und zuverlässiger Mann für die Organisation von Touren aller Art und für den Aufenthalt in Puerto López.

Tauchbasis Exploramar Diving: Malecón (neben dem Restaurant Spondylus), Tel. 05-230 01 23. in Quito 02-256 39 05, www.exploradiving.com. Die erfahrenste und am besten ausgestattete Tauchbasis des Ortes fährt etliche Tauchplätze an. Besonders zu empfehlen: Isla de la Plata. Gute Sichtverhältnisse (15–20 m) am ehesten Juni–Oktober. Tagesausfahrt mit 2 Tauchgängen, Lunch 95 $, PADI-OWD-Kurs (5-StarCenter) 420 $.

Bus: ab Quito tgl. 7 und 19 Uhr mit Coop. Reina de Camino, Malecón Alberto Santos, Südende, Tel. 05-230 01 07, direkt nach Puerto López (10 Std.). Alternativ die Coop. Carlos Alberto Aray, die Quito um 10 und 19 Uhr verlässt, Tel. 02-228 30 80, 05-

Richtig Reisen-Tipp: Die Oase von Puerto López

Die **Hostería Mandála** ist eine der außergewöhnlichsten Herbergen an Ecuadors Küste. Von der weiten Restaurantveranda aus windet sich ein feines Netz von Wegen durch den üppigen tropischen Garten und führt zu verwunschenen *cabañas,* in denen alles stimmt: Sie sind Erholungsinseln aus Holz, mit Terrasse und Hängematte, bis ins letzte Detail durchgeformt und liebevoll dekoriert. Nicht ›esoterisch verwurzelt‹, aber ein **Hort des Friedens,** eine Hommage an das Grün des Lebens unter schweizerisch-italienischer Leitung, durchströmt vom Gesang tropischer Vögel und vom zarten Rauschen des Meeres. »Wir haben keine Klimaanlage, keine Fernseher und keinen Swimmingpool, weil wir Menschen ansprechen wollen, die darauf gerne verzichten«, lautet das Konzept der Oase von Puerto López. Dafür gibt es viele Spiele und ein großes Musikzimmer mit einer Marimba und anderen Holzinstrumenten.

Hier entstand (und wird auch verkauft) die CD ›Mandála‹, eine einzigartige Komposition aus Walgesängen und Saxophon mit der deutschen Musikerin Astrid Pape. Denn die Herbergseltern Maya und Aurelio sind aus tiefem Herzen Walschützer und setzen den friedlichen Säugern schon heute Kunst- und Naturdenkmäler am Strand und in der Hostería.

230 01 78, Rückfahrt nach Quito: 9, 19 Uhr. Ab Guayaquil ist nicht zu empfehlen der alte und langsame ›direkte‹ Bummelbus der Coop. Jipijapa, sondern ein *ejecutivo* von Reina del Camino, Coactur, Rutas Portoviejenses bis Jipijapa (4 Std.) und dort umsteigen – bis 19 Uhr – in einen Anschlussbus nach Puerto López. Ab Manta tagsüber alle 30 Min. ein Direktbus (2 Std.).

9 Nationalpark Machalilla

Reiseatlas: S. 7, B/C 3/4 sowie A 3

Der 1979 eingerichtete **Nationalpark Machalilla** umfasst 55 000 ha Trockenwälder und Küste sowie ein großes Meeresschutzgebiet, das weit hinaus bis zur ›Silberinsel‹, Isla de la Plata (s. u.), reicht.

Einst vom Deutschen Entwicklungsdienst beraten, wird der Park von der Kleinstadt Puerto López aus betreut, die auch das touristische Zentrum der Region ist. Fotografen werden die Traumstrände von Los Frailes lieben. Zum Schwimmen geeigneter und einfacher zu erreichen sind hingegen zahlreiche andere Buchten und Gestade im Park.

Von Juni bis September zählen die Ausfahrten zu den sich paarenden Buckelwalen zu den spektakulärsten Erlebnissen in ganz Südamerika. Zur gleichen Jahreszeit bieten einige felsige Küstenabschnitte und vorgelagerte Inseln im Nationalpark die besten Tauchgründe an der Festlandküste. Mit sehr schönen, teils ökologisch gebauten Unterkünften und einzelnen spannenden Exkursionen ins Hinterland ist der Nationalpark Machalilla das attraktivste Reiseziel der Costa.

Isla de la Plata

Reiseatlas: S. 7, A 3

Die **Isla de la Plata** liegt 24 km vor der Festlandküste Ecuadors sowie 36 km und etwa zwei Bootsstunden nordwestlich von Puerto López. Das heute 1200 ha große nicht vulkanische Felseneiland brach vor Millionen von Jahren vom Kontinent ab, wowon die bis zu 90 m hohen **Steilwände** zeugen. Priester der indigenen Küstenkulturen beteten hier um Regen für die Feldfrüchte. Gleichzeitig war es ein Hochseehandelsplatz zwischen Süd- und Zentralamerika, was der britische Freibeuter Sir Francis Drake Ende des 16. Jh. mit Angriffen auf die spanischen Silbergaleonen gnadenlos beherzigte. Die Isla de la Plata war ihm Hinterhalt und Versteck. In der republikanischen Epoche wurde das dürre Eiland von Archäologen, Fischern, Jägern und sogar Bauern genutzt.

In einem ehemaligen Hotel in der Landungsbucht, **Bahía Drake,** wohnt heute der Inselwächter. Auf der verlassenen Terrasse können die Ausflügler ihren Durst stillen. Über 5,1 km führt der **Sendero Punta Escalera** in den etwas vogelreicheren Ostteil, der 3,2 km lange **Sendero Punta Machete** passiert eine gelegentlich auftauchende kleine Seelöwenkolonie. Die Fregattvögel, Masken-, Blaufuß- und Rotfußtölpel sind natürlich nicht so zahlreich wie auf Galápagos oder in der Bahía de Caráquez, doch sie lassen sich hier fast ebenso gut und aus der Nähe beobachten. Von April bis November treffen sich einige Albatrosspaare auf der Isla zur Fortpflanzung.

Zum Besuch der Insel sind ein Naturguide und die Rückfahrt vor 17 Uhr obligatorisch. Achtung: Auf der Insel ist es sehr heiß!

Geführte Touren/Tauchen: s. Freizeitaktivitäten in Puerto López (S. 291) und Montañita (S. 317).

Südlich von Puerto López

Reiseatlas: S. 7, B/C 4

Salango

Ein kleiner Ort mit einer großen Geschichte: Das Fischerdörfchen **Salango** (km 670) ist so etwas wie die Wiege der ecuadorianischen Seefahrt und dokumentiert das auch in einem kleinen und liebevoll ausgearbeiteten **Museum** (Museo Salango, im Dorfzentrum, Tel. 04-278 03 04, tgl. 9–12, 13.30–18 Uhr, 1,50 $; s. auch Thema S. 294).

Delfín Mágico: Parque Central, Tel. 04-278 02 91, tgl. 9–20 Uhr. Alfredo Pincay und seine Familie bereiten seit Jahren die besten Meeresfrüchte und Fische der Gegend zu. Hauptgerichte 5–11 $.

Festival de la Balsa Manteña: Noch heute feiert das Dorf von Salango einmal im Jahr das Fest der Flöße, ein Ritual ihrer 5000-jährigen Seefahrerkultur. Jeweils um den 12. Oktober bauen sie Balsaboote am Strand, schmücken sie feierlich mit Blumen, tanzen und feiern ein berauschendes Fest mit Pantomime und mit den Beschützern der Meere, der Seejungfrau und Neptun.

Río Chico

Eigentlich ist es ein Fischerdorf wie so viele an der Sonnenküste. Doch die Fischer von **Río Chico** (km 671) kommen nicht mehr ans Meer vor dem Dorf, seit ein schweizerischer Großgrundbesitzer den Strand »offiziell privatisiert« hat, was nach ecuadorianischem Gesetz verboten ist, aber irgendwie doch dazu geführt hat, dass man heute 1 $ Eintritt zahlen muss, um die wunderbare geschlossene Strandbucht zu begehen. Zugleich hat sich der Schweizer zum ›Diplomaten‹ des Traumstrandes aufgeschwungen, denn er bezeichnet sein Hotel als »Ökotouristische Botschaft für den Süden Manabís«. An diesem »didaktischen Ort« zu Ehren »unserer Vorfahren« kann man also noch so einiges lernen ...

Hospedería Piqueros Patas Azules: Strand von Río Chico, Tel. 04-278 02 79, 05-230 02 05, rofjames@hotmail.com. Familienorientiertes Hotelrestaurant mit Volleyballfeld und Fangobad an einem der schönsten Strände Ecuadors. Daneben leuchten quietschbunte *cabañas* mit Balkon, Hängematte und z. T. Meerblick. Zimmer 48 $, Hauptgericht 5–7 $.

Puerto Rico

Ein weiteres freundliches Fischerdorf (km 676), das nicht so ›reich‹ ist, wie der Name versprechen mag. Animiert und angeleitet von dem mittlerweile berühmten Nachbarn aus der Hotelbranche hat **Puerto Rico** eine so ambitionierte wie luftige Bambuskirche gebaut, ein unbedingt sehenswertes Gotteshaus, das nur nach etwas mehr Pflege ruft.

Hostería Alándaluz: Ortsausgang vía Ayampe (km 677), Tel. 04-278 06 86, 09-427 46 70, www.alandaluzhosteria.com. Die Hostería hat ein architektonisch auf Bambus und weitere Natur-

Die Balsas von Salango

Thema

Salango war eines der frühen Seefahrerzentren der amerikanischen Küstenvölker. Schon vor 5000 Jahren beherrschten die Männer an den Stränden des heutigen Manabí die Kunst des Bootsbaus. Sie waren wahrscheinlich die ersten Menschen, die die Navigation auf hoher See und das Segeln am Wind entwickelten. Und sie waren ein bedeutendes Volk der Seehändler an der amerikanischen Westküste.

Dazu bauten die Küstenbewohner große Flöße aus dem leichten Balsaholz der nahen Trockenwälder, eine Schiffsbautechnik, die sie bereits in kleineren Dimensionen für ihre Fischerboote genutzt hatten. So ist es heute noch in dem Fischerort Playas auf der Halbinsel Santa Elena (s. S. 310f.) zu bewundern.

Die frühen Schiffsbauer wählten das Balsaholz sorgfältig aus, denn zu grüne Stämme waren zu schwer, und die trockenen saugten zu viel Wasser auf. Sie verschnürten die zum Schutz vor Termiten geteerten Stämme mit Hanfseilen, versahen sie mit Aufbauten aus Bambus und errichteten einen starken Dreiecksmast. Die Seefahrer von Salango warteten auf Neumond und den nächtlichen Landwind, um mit ihrem Balsafloß bei Flut auf den Pazifik auszulaufen.

War das große und schwere Rechtecksegel an sich behäbig, so erfanden die Seeleute eine grandiose Steuertechnik, die das Kreuzen am Wind erlaubte und sogar die Strömung zu nutzen oder auch zu kompensieren wusste. Die kiellosen Balsaflöße verfügten über vier Stechschwerter, mit denen sie das Floß je nach Wind und Strömung navigieren und stabilisieren konnten.

Dank dieser genialen Schiffstechnik entwickelten die Küstenbewohner von Salango einen regen Seehandel. Sie transportierten Baumwolle und Süßkartoffeln, Kürbisse und Kokosnüsse sowie Werkzeuge auf gewaltigen Strecken zwischen Atacama im heutigen Peru und dem mexikanischen Acapulco. Und bereits vor der Entdeckung der Goldschmelze hatten sie eigene Währungen: die rote Spondylus-Muschel, edle Perlenmuscheln und die Häuser der Strombusschnecken, nach denen sie vor den Küsten Manabís tauchten. Funde in den Anden und entlang der ganzen lateinamerikanischen Westküste bezeugen diesen Handel mit den tropischen Zahlungsmitteln.

Archäologen kommen einem Beleg dafür immer näher, dass die südamerikanischen Seefahrer wie die von Salango sogar Polynesien und die Osterinsel sowie mit hoher Wahrscheinlichkeit auch die Galápagos-Inseln entdeckt haben, lange bevor die Spanier dort strandeten. Denn wie sonst sind Baumwolle und Kokosnuss nach Polynesien gelangt? Woher stammt die verblüffende Ähnlichkeit der hohen Steinfiguren auf der Osterinsel mit den Miniaturen der Valdiviakultur?

Keramiken und Grabbeilagen mit kleinen Modellen von Balsaflößen geben Aufschluss über die Seefahrt und den Handel der Ureinwohner von Salango. Und so schenkt uns das kleine Museum des Fischerdörfchens gemessen an der Bescheidenheit seiner Mittel heute eine ausgezeichnete und wunderbar aufbereitete Ausstellung über die Balsas von Salango: »Wir widmen diese kleine Ausstellung der Genialität der alten Händler, Handwerker, Seefahrer, Taucher, Fischer und Priester von Salango.«

stoffe gestütztes und ökologisch orientiertes Hotelkonzept. Der Strand ist bei starker Brandung nicht ungefährlich. Ein Swimmingpool, ein junger botanischer Garten mit 60 Palmenarten und das hochgeschossige Bambusrestaurant liegen zwischen den atmosphärisch äußerst gelungenen Zimmern und ihren Terrassen und Balkonen. Zimmer in verschiedenen Kategorien. EZ 18–37, DZ 33–65 $. Tipp: die charmante Mini-Suite Torrecilla (42 $) und die alten *cabañas* (33 $). **Camping** 6 $ p. P. Das Hotel betreibt zudem eine **Kaffee-Finca** im privaten Vogelschutzgebiet Cantalapiedra (s. u.).

Hostería La Barquita: Strandlage Puerto Rico, 1 km südlich des Alándaluz, Tel. 04-278 00 51, 09-369 88 18, www.labarquita-ec.com. Etwas verspielte Anlage mit einem in den Sand gesetzten Schiffsnachbau als Restaurant und Cocktailbar. Die *cabañas* sind nett, aber klein. EZ 15–20 $, DZ 31 $.

Vogelschutzgebiet Cantalapiedra

Cantalapiedra ist das ökologische Rückgrat der Hostería Alándaluz: Hier baut das Bambushotel seine organischen Lebensmittel an, und hier hat es große Wasservorräte. In diesem Quellgebiet des Río Ayampe haben zudem zahlreiche Tiere überlebt, so Brüllaffen, Ameisenbären und Pumas. Wenig überraschend findet der geduldige Ornithologe auch über 200 Vogelarten in diesem schönen Wildlife Sanctuary. Der tropische Küstenwald ist Teil der **Cordillera Chongón-Colonche** und besteht z. T. aus üppigen Bambuswäldern. Aber auch zahlreiche Palmen und heimische Fruchtpflanzen formen diesen attraktiven Wald am Ufer des Ayampe, auch wenn ein großer Teil sekundärer und kein primärer Wald mehr ist. So oder so: In dieser trockenen Region ist ›der singende Stein‹, Cantalapiedra, ein botanisches Juwel, das zudem über eine prächtige **Canopy-Passage am Drahtseil** verfügt.

Weitere Infos, Kontakt, Buchung: Tel. 04-278 06 90, in Quito 02-244 07 90, www.alandaluzhosteria.com (s. S. 293f.).

Übernachtung im Bambusturm: 16 $.

Vogelbeobachtung mit Guide und Lunch: 4–6 Std. 30 $.

Canopy-Tour halbtags mit Guide, Lunch und Fincabesuch: 25 $.

Umgebung von Ayampe

Das Spannende an dem Fischerdorf von **Ayampe** (km 682) ist sein Hinterland, denn an den Ufern des hier ins Meer fließenden Río Ayampe findet sich noch immer eine **hohe Biodiversität** in Flora und Fauna, die man auch besuchen kann. Zudem bieten sich nahe Ayampe sehr schöne Unterkünfte an. Die weitere Strecke führt z.T. durch bergigen und grünen Küstenregenwald.

Hostería Atamari: (km 685) via Manglaralto südlich von Ayampe, Tel. 04-278 04 30/-31, 09-951 52 13, www.resortatamari.com. Luxuriöses Resort mit derzeit 15 und künftig 30 Zimmern auf einem hohen Felsenkap über der Küste mit Swimmingpool und Panoramarestaurant (öffentlich, Mo–So 7–21 Uhr, Hauptgericht ab 11,50 $). Die großen, hellen Zimmer der Hostería sind vergleichsweise etwas teuer: DZ 134 $.

La Tortuga Guest House: Strandlage, gegenüber dem Friedhof, Tel. 04-278 06 13, 09-383 48 25, www.latortuga.com.ec. Freundliches, familiengeführtes Gästehaus mit hübschen *cabañas* und kleinem Restaurant (öffentlich, 8–21 Uhr, Hauptgericht 5–7 $). Das benachbarte Tortuga Tent Camp lohnt hingegen nicht. EZ/DZ 19/30 $.

... in San José (km 697):

Hostería Cuna Luna: Südseite des Dorfes am Strand, Tel. 04-278 07 35, 09-961 09 27, www.cunaluna.com. Fein aus Chontillo-Holz gearbeitete *cabañas,* nur 1 m vom Strand, mit eigenem Balkon und Hängematten, umstanden von Bougainvilleen, jungen Palmen und grüner Wiese. 2007 war ein weiterer Teil der kleinen Anlage in Bau. Das öffentliche Restaurant öffnet täglich von 8 bis 20 Uhr, Hauptgericht 7–9 $. *Cabañas* 44 $.

Südliche Pazifikküste

Reiseatlas S. 7, 13/14

Seit Beginn des Jahrtausends entwickelt sich die tropische Metropole von Guayaquil unter Rückbesinnung auf ihre Geschichte zu einem schicken und attraktiven Ort. Und je mehr sich die schon heute international gut angebundene Millionenstadt Guayaquil herausputzt, desto schneller werden auch die Halbinsel von Santa Elena und die Strände der Provinz Guayas zu internationalen Adressen, nicht nur für Surfer.

Der weitere Verlauf der **Küstenroute nach Süden** zwischen Montañita und Guayaquil ist von nun an in Gegenrichtung, also von Süd nach Nord, beschrieben, weil die meisten Reisenden die Küste der Provinz Guayas von Guayaquil aus besuchen.

10 Guayaquil

Reiseatlas: S. 14, D/E 1; **Cityplan:** S. 300

Guayaquil ist heute die mit Abstand größte Stadt des Landes. 2,2 Mio. Menschen bevölkern das Stadtgebiet am Río Guayas und seinen Mangrovenarmen. Im Großraum sind es gar 3 Mio. Menschen, fast jeder vierte Ecuadorianer lebt hier.

Um den Namen der Stadt weben sich zahlreiche Legenden. Die schönste besagt, dass sich der Indianerführer Guayas mit seiner Frau Quil beim Eintreffen der Spanier von den Klippen des Cerro Santa Ana in den Freitod stürzte. Die wissenschaftlich glaubwürdige Version zeigt hingegen, dass der Name der Ureinwohnersprache Tsafiquí entnommen ist. Demnach bedeutet *hua* ›Land‹, *illa* ›fruchtbarer Boden‹ und *kill* ›Reich der Killcakultur‹. *Hua-illa-kill* verschob sich alsbald sprachlich zu Guayaquil.

Doch noch bis weit ins 17. Jh. hinein stand Guayaquil für die ganze Küstenregion. Die heutige Stadt hieß bis dahin Santiago, im Weiteren dann Santiago de Guayaquil und erst mit der Unabhängigkeit im 19. Jh. kurz Guayaquil.

Geschichte

Die **ersten 140 Spanier,** die im Gefolge der kolonialen Stadtgründung am 25. Juli 1547 auf dem Hügel Santa Ana am Río Guayas angesiedelt wurden, blieben lange unter sich. Und stieg die Einwohnerzahl in den folgenden Jahrzehnten allmählich an, so raubten immer wieder **große Brände** die Holzhäuser der sich entwickelnden Stadt und das Leben ihrer Bewohner. 1764 gar drohten gleich zwei Großfeuer die gesamte Stadt auszulöschen. Nachdem *el fuego grande* ein Viertel der Häuser in Asche gelegt hatte, begann der Exodus. 4000 Menschen blieben damals zurück. Piratenüberfälle und Seuchen taten das Ihre dazu, diesen heißen, schwülen Ort nicht zu einem Siedler-Eldorado werden zu lassen. Selbst in den **Unabhängigkeitskriegen** um 1820 zählte Guayaquil erst 15 000 bis 20 000 Bewohner.

Erst Mitte des 19. Jh., mit dem einsetzenden **Kakaoboom,** entdeckte der internationale Seehandel den vom zähen Flusslauf geschützten **Naturhafen** der Stadt. Fortan wuchsen der Handel, der Wohlstand und mit ihm die Bevölkerung. Die Nachfrage nach Kaffee und später nach Bananen forcierten die Entwicklung. Der Konsum der Menschen selbst schuf Nachfrage nach Importen. Spätestens mit der **Einrichtung der Eisenbahn-**

linie zwischen Quito und Guayaquil (1908) wurde Guayaquil zur **Großstadt** und nunmehr zum machtpolitischen Gegenpart der Hauptstadt in den Anden. Mitte des 20. Jh. lebte eine viertel Million Menschen in den allmählich wuchernden Stadtteilen am Río Guayas. Und mit dem Aufstieg zum wichtigsten Hafen des Landes begann die **Verarmung breiter Bevölkerungsteile** – eine Ambivalenz, ein Komplex, eine Ratlosigkeit, ein schwelendes Problem, mit dem die Millionenmetropole bis heute kämpft.

Orientierung

Die meisten Reisenden spüren die **Kraft dieser Widersprüchlichkeit,** doch sie sehen und fühlen sie nur kurz und verschwommen. Zu schnell taucht der Weltreisende von heute wieder ein in die Annehmlichkeiten einer Stadt, die sich seit 1998 herausputzt, als wolle man sie noch einmal gründen. So zählen das Zentrum der Stadt mit ihrer modernen Uferpromenade Malecón und die von den letzten Großfeuern verschonten wie mittlerweile restaurierten Stadtteile Santa Ana und Las Peñas zum Besten, dem man städtebaulich an der Küste Ecuadors begegnen kann. Wer am Flughafen oder am benachbarten Busbahnhof ankommt, ist gut beraten, zunächst mit dem Taxi sein Hotel aufzusuchen. Einen Parkplatz gibt es unter dem Einkaufszentrum des Malecón. Diese Uferpromenade ist das neue Herz der Stadt. Das überraschende Guayaquil ist heute eine Reise wert.

Die Straßen der Stadt funktionieren mittlerweile nach zwei Systemen, dem traditionellen wie Av. Boyacá und dem numerischen wie Av. 6 SE. Dabei stehen die Großbuchstaben Süden (S), Osten (E), Norden (N) und Westen (O) für ihre Lage bezogen auf die zentralen Avenidas Bulevar 9 de Octubre und Avenida Quito, die ein Kreuz bilden.

Sicherheitshinweis: Man bleibe bei Nacht in den bewachten touristischen Bereichen der Stadt wie dem Malecón, den Vierteln Santa Ana und Las Peñas und orientiere sich tagsüber an den empfohlenen Rundgängen.

Mit dem Autor unterwegs

Romantisches Flussufer

Das Ufer des Río Guayas in Guayaquil ist die **größte Flaniermeile Ecuadors** und zieht sich drei romantische Kilometer lang über den Malecón, Las Peñas und den Cerro Santa Ana (s. S. 297ff.).

Antiker Friedhof

Der Mitte des 19. Jh. eröffnete Zentralfriedhof von Guayaquil ist fraglos ein **architektonischer Höhenpunkt der Küste** (s. S. 303).

Affenexpedition

Der Besuch der **Küstenwälder von Churute** (S. 309f.) und **Cerro Blanco** (S. 310) ist besonders morgens und in der Regenzeit von Januar bis April empfohlen, wenn die Waldtiere am aktivsten sind. Doch dann ist auch besonderer Mückenschutz erforderlich.

Wellenreiter

Ruhesuchende werden verfluchen, was für Surfer ein Mekka ist: **Montañita** hat sich zu einem absoluten **Insidertreffpunkt** in der internationalen Surferszene des Kontinents entwickelt (s. S. 316f.).

Südlicher Malecón

Der **Malecón Simón Bolívar** gilt der Stadtverwaltung als einer der bedeutendsten Meilensteine in der Geschichte Guayaquils. Dieser 2,5 km lange Uferpark will »der Stadt ihre verlorene Beziehung zum Río Guayas zurückgeben« und damit gar ihre ›verlorene historische Identität‹. Während die Architekten einzelne Statuen und Monumente aus der Zeit der Befreiung von den Spaniern integrierten, formen vier neue und teilweise begehbare **Skulpturen** das heutige Gesicht des Guayas-Ufers: Sie symbolisieren die vier Elemente Erde, Feuer, Wasser und Luft.

Dabei steht die aus Eisen und Holz gefertigte Skulptur **Erde** für die Fruchtbarkeit des guayaquileñischen Bodens. Abstrakter bleibt die rot gehaltene **Feuer**-Skulptur, welche –

Häusermeer von Guayaquil – fast jeder vierte Ecuadorianer lebt heute hier

wenn auch ungewollt, so doch unausweichlich – die dramatischen Feuersbrünste assoziieren lässt. Eo ipso versteht sich am Ufer des Guayas der Quell des **Wassers** aus der Holz- und Glasstruktur. Holz und Segelformen auf schwarzem Marmorsockel im Zeichen der Windrose stehen für den Hafen und die Schifffahrt. Schließlich wäre Guayaquil ohne **Wind** und Navigation so nicht entstanden.

Eine Begehung des gepflegten, bewachten und von 6 bis 24 Uhr geöffneten Malecón beginnt im Süden am alten **Fischmarkt.** Nach dem Großbrand von 1896 entschied man sich beim Wiederaufbau der Markthalle für eine große Stahlkonstruktion, die architektonisch zweifelsfrei von dem französischen Ingenieur Gustave Eiffel beeinflusst ist. Verglast und lichtdurchflutet fungieren die Hallen heute unter dem Namen **Palacio de Cristal** 1 als modernes Ausstellungszentrum.

Eine sanft geschwungene Brücke führt zu einem Helden. Umringt von Kanonen thront **José Joaquín Olmedo** 2 an der gleichnamigen Plaza auf einem großen Marmor-

sockel. Olmedo war der erste Bürgermeister der Stadt und Wegbereiter der Revolution vom 9. Oktober 1820.

Schmuckstück, aber kein Millionengrab sollte die Promenade werden, weswegen das folgende **Centro Comercial Malecón** 200 Konzessionen an Gastronomie und Handel vergab. Dabei entstanden auch einige schöne Bars mit Flussblick.

Dahinter liegen am Ufer aufgereiht zunächst das nach dem englischen Seeräuber benannte Vergnügungsschiff **El Morgan** 3, das Klubhaus des privaten **Guayaquil Yacht Club** 4 und der Club Naval der Marine mit dem großen **Segelschulschiff Guayas** 5, sofern es nicht auf Fahrt ist.

Auf der Promenade folgt der 23 m hohe Uhrturm **Torre Morisca** 6. Das arabisch-byzantinische Bauwerk von 1931 trägt eine englische Turmuhr, welche der spanische Händler Manuel Antonio Lizárraga dem Rathaus von Guayaquil bereits 1842 schenkte.

Unscheinbar, aber original und das authentischste Element der Wiederbelebung der Flussgeschichte sind die **Escalinatas del Mercado de las Orillas** 7 gleich hinter dem Uhrturm, die Granit-Treppenstufen des Ufermarktes aus dem 19. Jh.

Nördlicher Malecón

Der **Hemiciclo de la Rotonda** 8 ist ein ebenfalls aus den 1930er-Jahren stammendes Monument, welches das bedeutende Treffen von Simón Bolívar und José de San Martín dokumentiert, die 1822 in Guayaquil die Aufteilung des westlichen Südamerikas besiegelten. Das im Halbkreis aufgebaute Säulenmonument trägt die Flaggen der südamerikanischen Staaten.

Die **Plaza de Vagón** 9 ist eine Hommage an die ecuadorianische Eisenbahn, die noch bis vor wenigen Jahren ihre Schienen über dem Ufermarkt und bis zum Fischmarkt führte. Damals verband die Stadt sogar eine Eisenbahnfähre mit Durán und dem Hinterland auf der anderen Seite des Río Guayas. Heute steht ein feuerroter alter Waggon der *primera clase* auf den verbliebenen Metern Gleis.

Den folgenden **Jardines del Malecón** 10 hat man mit über 350 einheimischen und eingeführten Pflanzenarten zu einem kleinen tropischen Garten ausgebaut. An einer kleinen **Lagune** liegt eine schattige Cafeteria.

Da die Stadt das 100-Millionen-Dollar-Projekt nicht alleine stemmte, widmete Guayaquil den 48 400 privaten und institutionellen Spendern mit dem **Pabellón de los Donantes** 11 ein transparentes Denkmal aus 32 Glaswänden.

Direkt dahinter entstand 2000 das 185 Zuschauer fassende und erste **I-MAX-Kino** 12

Guayaquil: Cityplan

Südamerikas. Und spätestens jetzt scheint die einst verlorene Identität Guayaquils zurückerobert zu sein. Denn als habe er erst gestern Guayaquil besucht, schrieb der Brite Frederick Walpole schon 1845: »Abends um zehn ist es Mode, spazieren zu gehen und zu flanieren, und der Malecón ist der Treffpunkt der Jugend.«

Hier endet der Malecón nun mit dem **Museum für Moderne Kunst** (MAAC; im selben Gebäude wie I-MAX). Das moderne Gebäude scheint förmlich über dem Wasser des Río

Sehenswürdigkeiten

- 1 Palacio de Cristal
- 2 José-Joaquín-Olmedo-Denkmal
- 3 Schiff El Morgan
- 4 Guayaquil Yacht Club
- 5 Segelschulschiff Guayas
- 6 Torre Morisca
- 7 Escalinatas del Mercado de las Orillas
- 8 Hemiciclo de la Rotonda
- 9 Plaza de Vagón
- 10 Jardines del Malecón
- 11 Pabellón de los Donantes
- 12 I-MAX-Kino / MAAC
- 13 Calle Numa Pompilio Llona
- 14 Stadtviertel Santa Ana
- 15 Leuchtturm
- 16 Plaza San Francisco
- 17 Plaza del Centenario
- 18 La Catedral
- 19 Parque de las Iguanas
- 20 Palacio Municipal
- 21 Palacio de la Gobernación
- 22 Museo Municipal
- 23 Vieja Casona Universitario
- 24 Cementerio General

Übernachten

- 1 Grand Hotel Guayaquil
- 2 Hotel Atlantic Suites
- 3 Unipark Hotel
- 4 Hotel Orquídea Internacional
- 5 Hotel Andaluz
- 6 Hotel Alexander
- 7 Tangara Guest House
- 8 Hostal Iguanazú

Essen und Trinken

- 9 Restaurante Blu
- 10 Restaurante Resaca
- 11 Restaurante Verde Guayas
- 12 Aroma Café
- 13 La Parilla del Ñato

Nachtleben

- 14 La Paleta
- 15 Diva Nicotina
- 16 Arthur's Café
- 17 Comedor El Faro
- 18 El Patacón
- 19 Buque de Morgan
- 20 Las Pinturas

Guayas zu schweben. Die große und beeindruckende anthropologische und archäologische Sammlung verfügt über exzellente Figuren und Gefäße. Zudem finden wechselnde Ausstellungen zeitgenössischer Kunst statt, und das Museum hat sich der Förderung junger lokaler Künstler verschrieben. Hörenswert auch die Konzerte im Innenhof (Museo de Antropología y Arte Contemporáneo, Malecón Simón Bolívar y Loja/Las Peñas, Tel. 04-230 94 00, www.maac.org.ec, Di–Sa 10–18, 1,50 $, So, Fei 10–16 Uhr, Eintritt frei).

Las Peñas und Santa Ana

Das Ufer geht hier über in eine der ältesten und schönsten Straßen Guayaquils, die **Calle Numa Pompilio Llona 13.** Sie ist benannt nach einem verehrten Sohn der Stadt, dem Dichter und Philosophen Numa Pompilio Llona (1832–1907) und bildet heute die Lebensader des **Künstlerviertels Las Peñas.** Die Fassaden und Balkone der Holzhäuser, deren älteste ebenfalls nach dem Großbrand im ausklingenden 19. Jh. entstanden, werden seit einiger Zeit aufwendig restauriert und beherbergen einige sehenswerte Galerien und Ateliers. Ende Juli, zum Stadtfest, findet in diesem romantischen Stadtteil der alten guayaquileñischen Boheme gleichzeitig ein großer Kunstmarkt statt.

Wenn man das Ufer verlässt, führt eine Treppengasse hoch in das bunt bemalte Stadtviertel von **Santa Ana 14,** das in den vergangenen Jahren neue Fassaden, freundliche Wächter und dank der engagierten Anwohner viele kleine Bars, Cafés und Galerien, sprich: ein rundum erneuertes Ambiente, gewonnen hat. Die lange Treppe führt durch die

Richtig Reisen-Tipp: Feuerwehrmuseum von Guayaquil

Guayaquil war traditionell und tragischerweise aus Holz gebaut. Der ›große Brand‹ vom 5. bis 7. Oktober 1896 nahm der Stadt ein Drittel, der ›Brand von Carmen‹ am 16. Juli 1902 gar die Hälfte der Bausubstanz. Zudem kosteten sie auch viele Menschenleben. Das beeindruckende und einzigartige **Nationale Feuerwehrmuseum** hinter dem Polizeiposten von Las Peñas stellt u. a. etliche hervorragend erhaltene **Löschfahrzeuge des 19. und 20. Jh.** aus, darunter die Salamandra No. 2 von 1856, eine Mannschaftshandpumpe, an der die »heldenhaften Feuerwehrleute« auf den Befehl »Pica Salamandra!« um ihr Leben schwitzten. Die erste Lösch-Dampfmaschine, Olmedo No. 7, wurde ab 1885 von einem Pferdegespann zum Brand gezogen. Im Museumshaus, dem ehemaligen Pumpwerk der Feuerwehr, liegen noch immer die deutschen, mit Brennholz betriebenen Dampfmaschinen, die ab 1905 das Flusswasser in höher gelegene Speicher pumpten. Lange Leitern, historische Helme, Sprechtüten, die erste Alarmzentrale der Siemens-Halske AG von 1940 und Ehrentafeln runden die Ausstellung ab.

Eine Galerie von Titelseiten der internationalen Tagespresse vom 12. September 2001 zeigt die Solidarität mit der New Yorker Feuerwehr bei ihrem schwersten Einsatz. Das wenig bekannte und außergewöhnliche Feuerwehrmuseum von Guayaquil gehört zu den **größten Überraschungen der Stadt,** ist ein Spiegelbild der Stadtgeschichte und dürfte in Lateinamerika einzigartig sein.

Namentlich hat man das Museum später einem der löschenden Helden gewidmet: Museo Nacional de Bomberos Coronel Felix Luque Plata (Plaza Colón y Rocafuerte/Malecón, unterhalb des Barrio de las Peñas, Tel. 04-230 35 72, 04-230 85 65, museo@cuerpodebomberos.com, Jan.–April Di–Sa 10–17, Mai–Dez. Mi–Sa 10–17, So 11–18 Uhr, Eintritt 0,75 $).

Gassen hinauf zu einem rekonstruierten **Leuchtturm** **15** und einer Kapelle, wo man zudem einen prächtigen Blick über den Río Guayas und große Teile der Stadt Guayaquil genießt.

Entlang der Avenida 9 de Octubre

Von dem Bolívar-Monument La Rotonda führt die **Avenida 9 de Octubre** als wichtigste Verkehrsachse des Stadtzentrums vom Río Guayas weg. Alsbald lichtet sich die Straßenschlucht an der **Plaza San Francisco** **16** vor der gleichnamigen Kirche und bedacht mit dem **Monumento a Vicente Rocafuerte,** dem gebürtigen Guayaquileño und zweiten Staatspräsidenten Ecuadors (1834–1839).

Die breite Geschäftsstraße zieht sich nun sieben Blocks weiter bis zur **Plaza del Centenario** **17**, der größten Grünanlage innerhalb des Zentrums. Den Anfang des 20. Jh. gestalteten Park prägen große Bäume, etliche Skulpturen und historische Monumente. Am Wochenende beschleicht einen leicht das Gefühl, dass die Guayaquileños hier Urlaub in der Stadt verbringen. Die Avenida 9 de Octubre führt in Taxientfernung weiter bis zum **Estero Salado,** wo ein weiteres Naherholungsgebiet samt Promenade am Mangrovenufer entstanden ist.

Parque de las Iguanas

Doch die achitektonischen Sehenswürdigkeiten des Stadtzentrums liegen in den Parallelstraßen zum Malecón. Zwei Blocks westlich der Rocafuerte-Statue führt die Calle Chimborazo zu einem wunderschönen kleinen Park, dessen historische Namen viel von der Geschichte der Stadt erzählen: Schon 1695 wurde der Platz am Fuß der Hauptkirche Guayaquils, **La Catedral** **18**, als Plaza de Armas, Waffenplatz, eingeweiht. Die später sternförmig angeordneten Steinarbeiten des Platzes führten um 1850 zur Umbenennung in Parque de la Estrella. Mit dem Errichten der Reiterstatue von Simón Bolívar (1889) erhielt der Platz den Namen Plaza Bolívar. Damit nicht genug: Nachdem sich ein wohlhabender Guayaquileño um die Parkgestaltung verdient gemacht hatte, wurde er bereits 1895 zu Ehren Don Miguels in Parque Seminario umbenannt.

Im Nachmittagsschatten der neugotischen Spitztürme hätte er heute genauso gut auch ›Platz der Kathedrale‹ heißen können. Doch die Ureinwohner des begehrten Ruheplatzes setzten sich schließlich durch, und die sind klein und grün, haben einen zackigen Kamm, einen kräftigen Schwanz und lange Krallen, mit denen sie vormittags zur Fütterung von ihren Bäumen klettern. So heißt der Park heute **Parque de las Iguanas 19**, Platz der Leguane.

Verwaltungspaläste und Alte Universität

Die verkehrsberuhigte Straße Clemente Ballén führt zurück Richtung Malecón, wo sie auf die franko-romanisch anmutenden Säulen des tatsächlich neoklassizistischen **Palacio Municipal 20** aus den 1920er-Jahren trifft. Wie verbrüdert steht gleich neben dem Stadtpalast der **Palacio de la Gobernación 21**, Sitz von Polizei und der in Quito gefürchteten Provinzregierung von Guayas. Nahe dem lauschigen Springbrunnen steht eines der zahlreichen Monumente zu Ehren von **José Joaquín de Olmedo.** Dieser verdiente Bürger von Guayaquil arbeitete in den 1820er-Jahren u. a. die Verfassung der Stadt aus.

Gleich um die Ecke, in der Calle Sucre y Chile/Pedro Carbo, liegt das **Museo Municipal 22**. Neben kleinen Ausstellungen religiöser Kunst, Münzen und wechselnder Künstler ist insbesondere die ständige Ausstellung zur Stadtgeschichte im Erdgeschoss sehenswert. Exponate, Karten und Zeichnungen zeigen die jahrtausendelange Stadtgeschichte bis in die Gegenwart. Darunter auch die im 18. Jh. ›längste Brücke der Welt‹, die das einstige Sumpfgebiet hinter dem Fluss überquerte (Tel. 04-252 41 00, ext. 7403, Fax 04-253 16 91, museom@gye.satnet.net, Di–Sa 9–17 Uhr, Eintritt frei, englischsprachige Führung auf Anfrage).

Alte Universität

In der Alten Universität von Guayaquil befindet sich ein außergewöhnlicher Hörsaal. Das in feinem Zedernholz gearbeitete Auditorium der 1906 in Betrieb genommenen **Vieja Casona Universitaria 23** wird dominiert von einem phänomenalen Wandgemälde des ecuadorianischen Malers Oswaldo Guayasamín. ›A la Gloria de Bolívar‹, ›Dem Ruhm Bolívars‹, lautet der Name des 1961 entstandenen Werkes. Das neoklassizistische Hochschulgebäude fungiert heute als Bibliothek und Musikschule (Calle Chile y Calle Chimborazo, Mo–Sa 9–18 Uhr, Eintritt frei).

Cementerio General

Der 1843 eröffnete Zentralfriedhof berherbergt tragischerweise die ältesten Gebäude der Stadt, denn nicht nur Grabsteine bedecken die Gruften, sondern aufwendige Mausoleen, Kapellen und Marmormonumente formen eine riesige Stadt der Toten, die auch die ›weiße Stadt‹ genannt wird.

Mit der Vielzahl von Stilrichtungen und Begräbniskulturen, die hier im Lauf der Dekaden eingeflossen sind, zählt der Generalfriedhof von Guayaquil architektonisch zu den außergewöhnlichsten und schönsten von Amerika. Er ist heute nationales Kulturgut.

Dabei wurde der **Cementerio General 24** einst von den europäischen Siedlern gegründet und bis weit ins 19. Jh. hinein allein von ihnen genutzt. Denn die Guayaquileños pflegten ihre Verbliebenen auf der nahen Isla Puná zu bestatten. Katholiken, Protestanten und Juden konnten nicht ohne Weiteres den gleichen Friedhof belegen, sodass im Lauf der Zeit fünf Bereiche der Gräberstadt und ihre *avenidas* entstanden. Einschließlich kleiner Urnengrabkammern zählt der Friedhof von Guayaquil bereits über 700 000 Bauten. (Av. Julián Coronel y Av. Pedro Menéndez Gilbert, Tel 04-229-38 49, 04-239-41 65, tgl. 8–18 Uhr.) Eine Führung, auch wegen der Taschendiebe, sei empfohlen, etwa durch die Agentur Travel Tips, s. S. 308.

Parque Histórico Guayaquil

Der von der Banco Central entwickelte Geschichtspark versteht sich als ein ›Lebensstilmuseum‹ zur Pflege von Tradition in Stadt und Umland. Herzstück ist der sogenannte **Malecón 1900,** ein komplett restaurierter Straßenzug der vorletzten Jahrhundertwende. Die wunderschön wieder aufgebauten Uferhäuser dokumentieren die Verandagänge der traditionellen *portales* und im ersten Stock die hölzernen Lamellenfenster, die *chasas.* Stilecht wartet vor den Häusern und dem Café die alte Schienenbahn auf das Gespann. Regelmäßig sonntags gibt es Veranstaltungen im Park. In weiteren Abteilungen des Themenparks sind ein in Mangroven gelegener **Zoo** mit verschiedenen Küstentieren – Stars sind ein Greifvogelpärchen des südamerikanischen Harpyie – und ein heimischer **Kräuter- und Früchtegarten** zu sehen. Außerdem wird man auf einem Rundgang mit der traditionellen Landwirtschaft vertraut gemacht (Samborondón, Av. Esmeraldas, neben der Ciudadela Entreríos, nahe dem Centro Comercial Riocentro, Tel. 04-283 29 58, 04-283 38 07, www.parquehistorico.com, Di–So 9–18 Uhr, Eintritt 3 $, So 4,50 $, Taxifahrt zum Park 4–5 $, Rückfahrt per Telefon oder nach Absprache bestellen).

i **Dirección de Turismo:** Calle Clemente Ballén y Pichincha, Plaza Cívica, Ed. Crillón, 1. Etage, Tel. 04-252 31 00/32 00 ext. 3477, 3479, Fax 04-252 39 57, diturgye@guayaquil.gov.ec, Mo–Fr 9–17 Uhr. Infos, Adressen, Stadtpläne, Beratung auch auf Englisch.

www.visitaguayaquil.com: Offizielle Besucherseite der Stadt Guayaquil mit zahlreichen Adressen und Tipps sowie City-Routenbeschreibungen auf Spanisch und Englisch.

Agenda Cultural Municipal: Monatlich erscheinender Kulturfahrplan der Stadt, zu beziehen über das Municipio oder telefonisch anfragen unter Tel. 04-2524200, ext. 7402.

Geschäftsreisende und Liebhaber **US-amerikanischer Luxushotels** finden in Guayaquil eine üppige Auswahl von Schlafstätten der weltweit bekannten Hotelketten wie Hilton (www.hilton.com), Radisson (www.radisson.com) und Sheraton (www.ghlhoteles.com). Tipp: Eine Buchung dieser Hotels ist über Reiseagenturen und Agenten fast immer günstiger als an der Rezeption. Gleichzeitig findet sich eine Unmenge von Billig- und Stundenhotels in der Stadt, die dem Reisenden jedoch nicht zu empfehlen sind. Im moderaten bis mittleren Preissegment ist das Angebot hingegen mager. Die Kategorie ›Billig‹ ist in Guayaquil nicht zu empfehlen.

Grand Hotel Guayaquil [1]: Calle Boyacá y 10 de Agosto, Tel. 04-232 96 90, Fax 04-232 72 51, www.grandhotelguayaquil.com. Traditionshotel im Zentrum mit großen, komfortablen Zimmern, Swimmingpool und gutem Restaurant. EZ/DZ 85/92 $ mit Frühstücksbuffet.

Hotel Atlantic Suites [2]: Calle Escobedo 812 y Junín, 04-256 80 55, hotlantics@hotmail.com. Großer Name, kleine Rezeption. Einfaches Hotel mit kleinem Restaurant. Schlichte Zimmer mit Telefon, Klimaanlage, Warmwasser, Minibar. EZ/DZ 21/25 $.

Unipark Hotel [3]: Calle Clemente Ballén 406 y Chile, Tel. 04-232 71 00, Fax 04-232 83 52, www.uniparkhotel.com. Zentrales Stadthotel der gehobenen Klasse direkt am Parque Semenario mit großer Lounge und einem sehr guten Frühstücksbuffet. Große, gut ausgestattete Zimmer, teilweise zum Park. EZ oder DZ 98–110 $.

Hotel Orquídea Internacional [4]: Av. Olmedo 309 y Chile, 04-240 20 21, 04-240 26 86, www.orquideainternacionalhotel.com. Passables, sauberes 4-stöckiges Stadthotel mit Fahrstuhl und 30-minütigem freiem Internetzugang; Zimmer mit Telefon, aber in 2 Kategorien: Kabel-/Antennen-TV sowie Kalt- und Warmwasser im Bad. EZ/DZ 20/35 $, mit Kabel-TV 25/40 $, jeweils mit Frühstück.

Hotel Andaluz [5]: Calle Junín 842 y Baquerizo Moreno, Tel. 04-230 57 96, Fax 04-231

10 57, www.andaluzhotel.com. Nettes Hotel mit Aufenthaltsraum, vielen Pflanzen, einigen Antiquitäten und einer Terrasse mit Hängematten. Die Zimmer sind sehr sauber und freundlich, Telefon, Kabel-TV, Klimaanlage und Warmwasser. EZ/DZ 20/34 $.

Hotel Alexander [6]: Calle Luque 1107 y Pedro Moncayo/Av. Quito, Tel. 04-253 20 00, 04-253 26 51, Fax 04-232 84 74, www.hotelalexanderecuador.com. Zentrales, modernes 5-stöckiges Hotel mit Fahrstuhl, Internetzugang und Parkplatz; gefällige, saubere Zimmer mit AC, Telefon und Kabel-TV, gutes Preis-Leistungs-Verhältnis. Die Umgebung ist abends etwas verlassen, daher heim im Taxi! EZ/DZ 27/32 $.

... in Ciudadela Bolivariana:

Tangara Guest House [7]: Calle Manuela Sáenz y O'Leary, Manzana F, Villa 1, nahe dem Malecón Salado, etwa 15 Taxi-Min. vom Malecón Bolívar, Tel. 04-228 28 28, www.tangara-ecuador.com. Freundliches Gästehaus nahe dem Malecón del Salado mit vielen Pflanzen und gemütlicher Einrichtung und Küche, Zimmer mit Kabel-TV und Klimaanlage. Angegliedert ist die erfahrene Reiseagentur Tangara. EZ/DZ 39/45 $.

... in Ciudadela La Cogra:

Hostal Iguanazú [8]: Manzana 1, Villa 2, km 3,5, Av. Juan Carlos Arosemena, Tel. 04-220 11 43, 09-986 79 68, www.iguanazuhostel.com. Guayaquils schönstes Gästehaus liegt oberhalb der Stadt und direkt unter dem Naturwald des Cerro Eduardo. Der grüne Garten, die Vögel, ein Swimmingpool und Hängematten machen das Hostal zu einem unerwarteten Idyll, zudem komfortabel mit Internet, Küche, Kabel-TV und großen Zimmern. Taxi zum Zentrum 3 $. Suite 64 $, EZ/DZ 39/43 $. Spartipp: im Schlafsaal 12,50 $, jeweils mit Frühstück.

Restaurante Blu [9]: Stadtteil Urdesa, Av. Victor Emilio Estrada 701 y Ficus, Tel. 04-288 49 54, Fax 04-261 10 94, www.blurestaurante.com, Mo–Fr 12.30–15.30, 19–23.30, Sa 19–23.30 Uhr. Feines Lounge-Restaurant mit guter Weinkarte und erstklassigem Service. Spezialität und sensationell ist das frische Thunfischsteak, die Beilage ist ein ebenso köstlicher Kokos-Erdnuss-Reis. Vorspeise 9 $, Hauptgericht 12 $, Dessert 5,50 $.

Restaurante Resaca [10]: Malecón Simón Bolívar y Junín, Tel. 09-942 33 90, tgl. 9–23 Uhr. Schöne Terrasse am Flussufer, Spezialität Meeresfrüchte und Hähnchensnacks, gelegentlich Livemusik. Hauptgericht 5–8 $.

Restaurante Verde Guayas [11]: Malecón Simón Bolívar y Colón, Tel. 04-251 22 56, 04-251 12 82, tgl. 9–18 Uhr. Spezialitäten von der Costa und aus der spanischen Küche auf der schönen Uferterrasse des Centro Comercial Malecón. Hauptgericht 5–8 $.

Aroma Café [12]: Malecón Simón Bolívar y Tomás Martínez, Tel. 04-239 13 28, aromacafe@interactive.net.ec. Hübsches Gartenrestaurant an der kleinen Lagune des botanischen Gartens, ruhig und entspannend. Hauptgericht 5–8 $.

La Parrilla del Ñato [13]: Calle Luque y Pichincha (Ecke), Tel. 04-232 16 59, www.laparrilladenato.com, tgl 12–22 Uhr. Der in der Welt der Gauchos von Uruguay geborene Eduardo García Vergara ist seit bald 30 Jahren der unumstrittene Grillkönig von Ecuador mit nunmehr 5 großen Fleischrestaurants in Guayaquil und ersten Eroberungsversuchen im Hochland. Hauptgericht ab 5 $.

S. auch Nightlife-Adressen, **El Patacón.**

Zigarren: Die kleine Manufaktur La Clemencia produziert in Guayaquil handgerollte Zigarren verschiedener Formate und von guter Qualität. Besitzer und Zigar-

taxis amigos

Aus Sicherheitsgründen ist auf innerstädtische Busse zugunsten von Taxis zu verzichten. Sicheren Taxiservice bieten die **taxis amigos,** über eine Zentrale registrierte und neutral aussehende Fahrzeuge. Bei der telefonischen Reservierung erhält man einen *código,* den Namen des Fahrers und die Farbe des Autos, um sicher einzusteigen (s. Verkehr, S. 309).

renliebhaber Eduardo Jurado ist gleichzeitig Kneipier in der Bar – nomen est omen – Diva Nicotina (s. u.), wo er die Hausmarke direkt vertreibt und wohin in Bälde auch die Fertigung verlagert werden soll.

La Paleta 14: Barrio Las Peñas, Calle Numa Pompilio Llona 174, Tel. 09-909 12 95, lapaleta@gmail.com. Urige, verspielt dekorierte und in die Felsen gebaute Szenebar auf 2 Etagen mit guter Musik, Kerzenlicht und kleiner Tapaskarte.

Diva Nicotina 15: Cerro Santa Ana, Escalón 1, am Treppenaufgang unten rechts, Tel. 09-909 92 08, eduardojurado@yahoo.com. Nette Musikkneipe mit Livemusik am Wochenende, vor allem Rock, Blues sowie gelegentlichen Jazzsessions.

Arthur's Café 16: Barrio Las Peñas, Calle Numa Pompilio Llona 127 y Antigua Cervecería, Di–Do 18–24, Fr, Sa 18–3 Uhr. Offene Musik- und Cocktailkneipe, exponiert am unteren Ufer des Río Guayas gelegen.

Comedor El Faro 17: Cerro Santa Ana, Escalón 356, Tel. 09-391 96 69, Di–Fr 13.30–24, Sa, So 13.30–3 Uhr. Sehr einfache und preiswerte Cafeteria mit einem unglaublich schönen Blick über den Río Guayas, ein ›Budgettraum‹ für den schlichten Sundowner nach 356 Treppenstufen. Einfache Küche nur am Wochenende.

El Patacón 18: Stadtteil Urdesa, Av. Las Monjas 308 y Cuarta, Tel. 04-238 85 98, 09-743 58 05, jcassis6@hotmail.com, Mo–Mi 17–1, Do 17–3, Fr, Sa 17–4 Uhr. Über dem empfehlenswerten ›Kochbananen‹-Restaurant *(patacón,* tgl. 8.30–23.30 Uhr, Hauptgericht 5 $) liegt die luftige Musikbar mit den bei den jungen Guayaquileños beliebten Tischzapfsäulen. Do, Fr und Sa gibt es Livemusik, der Eintrtt ist frei.

Buque de Morgan 19: Malecón Simón Bolívar. Das Ausflugsschiff mit abendlichen Flussfahrten von knapp 1 Std. bietet einen schönen Blick auf die Stadt und mitunter Partystimmung. Abfahrt Di–Sa 17.30, 18.30 und 19.30 Uhr, Fr, Sa zusätzlich spätabends, Fahrpreis 4,50 $.

Las Pinturas 20: Am kühlen Abend lohnt ein Besuch der großdimensionierten Kunstwerke ecuadorianischer Maler. Reproduktionen der Arbeiten hängen hier, an der Kreuzung Calle Pichincha und Calle Pedro Icaza, gut ausgeleuchtet im Freien.

Stadtfest: Jeweils um den 24. Juli herum begeht Guayaquil seinen Stadtgründungstag mit zahlreichen Veranstaltungen und Paraden. Gleichzeitig veranstaltet das Künsterviertel Las Peñas in seinen Straßen mehrwöchige **Ausstellungen von Malerei.**

Konzertreihe: Etwa 2–3 x im Monat veranstaltet das Museo Municipal in seinem 200 Gäste fassenden *auditorio* klassische Konzerte oder auch Jazz und Tanz. Häufiger spielen das Kammer-, das Jugend- und das Sinfonieorchester der Stadt. Eintritt frei.

Exkursionen: In Guayaquil und Umgebung gibt es mittlerweile zahlreiche Ziele für Exkursionen zu Geschichte, Tradition und Natur. Die interessantesten größtenteils beschriebenen Ziele sind: der Küstenwald von **Cerro Blanco,** die Vogelinsel **Isla de los Pájaros,** das Mangrovenreservat von **Churute,** der zoologische und historische **Parque Histórico de Guayaquil, Haciendas** im Umland sowie mehrere Routen innerhalb der Stadt etwa durch **Museen, Stadtgeschichte** und über den alten **Friedhof.** Einiges kann man bequem alleine mit diesem Buch unternehmen, für andere Exkursionen außerhalb der Stadt bieten sich verschiedene Agenturen mit einem Tagesprogramm an. Die Standardausflüge haben alle Agenturen im Programm. Tagestouren kosten etwa 60–80 $ pro Person.

Agencia Ecua Andino: Calle Luque 229 y Chile, 4. Etage, Tel. 04-232 53 39, www.ecua-andino.com. Deutschsprachiger Spezialist für die mehrtägige Küstenroute auf den Spuren des Panamahutes, für Fahrten zur Vogelinsel und für die Hacienda und Tierrettungsstation von Jambelí.

Garnelenbecken in der Bucht von Guayaquil, so weit das Auge reicht

Kanufahrt durch die Wasseradern der Mangrovenwälder

Agencia Travel Tips: Av. Victor Emilio Estrada 807 y Guayacanes, Tel. 04-238 82 58, 09-975 71 53, www.traveltips-ecuador.com. Spezialist für Haciendas, Stadtgeschichte, Gastronomie und den antiken Friedhof der Stadt.

Stadtführungen: Die englischsprachige Historikerin Pilar Luzuriaga ist eine der besten Stadtführerinnen von Guayaquil und schneidet das Tourenprogramm auf die Ansprüche, auf Zeit und Interessen der internationalen Gäste zu. Kontakt: Tel. 09-722 64 31, plm29@mexico.com.

Gleitschirmfliegen: Die Paragliding-Schule **Latitud 0** fliegt bei Guayaquil und Montañita, auch Tandem und zur Ausbildung. Tel. 09-741 45 51, 09-932 61 81, flyguayaquil@samerica.com.

Bus: Ein neuer Busterminal ist 2007 in Bau. Von hier aus im Stadtteil Sauces neben dem Flughafen (Av. Benjamín Rosales y Av. de las Américas) fahren Busse mit hoher Frequenz in fast alle Landesteile. Infos zum Terminal etc. (auch auf Englisch): www.terminalguayaquil.com. Aus **Sicherheitsgründen** sollte man auf innerstädtische Busse zugunsten von Taxis verzichten.

Flug: Der neue internationale Flughafen von Guayaquil ist sehr gut gegliedert und verfügt über die wesentliche Infrastruktur eines modernen Airports. Direkt angeflogen werden national Quito, Cuenca, Baltra und San Cristóbal, international Madrid, New York, Miami, Atlanta und viele Metropolen Lateinamerikas. Die Airportseite www.tagsa.aero informiert über den Flughafen, über die täglichen Flugverbindungen und Kontakte zu allen Airlinebüros in Guayaquil.

Taxis: Eine Taxifahrt in Guayaquil kostet je nach Entfernung im Stadtgebiet 1,50 bis 5 $, sollte aber vor jeder Fahrt abgesprochen werden. Sicheren Taxiservice bieten die **taxis amigos,** über eine Zentrale registrierte und neutral aussehende Fahrzeuge. Bei der telefonischen Reservierung erhält man einen *código,* den Namen des Fahrers und die Farbe des Autos, um sicher einzusteigen. Amigo-Taxiunternehmen: Ruedacar 04-264 64 64, Vipcar 04-239 30 00, Autocity 04-227 03 28.

Reserva Ecológica Manglares Churute

Reiseatlas: S. 14, D/E 2

Eines der wenigen interessanten Reservate südlich von Guayaquil lohnt einen Abstecher, die **Reserva Ecológica Manglares Churute.** Das 1979 eingerichtete ökologische Reservat umfasst 30 ha gut erhaltenen Mangrovenwaldes sowie weitere 25 ha tropischen Trocken- und Feuchtwald. In oberen Regionen des bewaldeten Hügels steht sogar noch Primärwald. Zu den auffälligsten Bäumen zählen hier der kräftige ›Knoblauchbaum‹ und die großen, geraden Königspalmen. Doch auch Affen und Vögel sind keine Seltenheit im Wald. Auf der Kanufahrt durch die *estuarios,* die Wasseradern der Mangrovenwälder, lassen sich alle vier vertretenen Mangrovenarten sowie zahlreiche Ufer- und Watvögel entdecken.

km 50 via Machala, Tel. 04-229 31 31, Fax 04-229 31 55, Eintritt: 10 $, Führung 15 $ pro Gruppe.

Diese Tour empfiehlt sich aus organisatorischen Gründen zur Buchung über eine Agentur. **Agencia Tangara** (s. Unterkünfte Guayaquil, S. 305) hat ein interessantes Tagesprogramm mit Reservat- und Fincabesuch samt Transport ab Guayaquil und Naturführer für 65 $ p. P. entwickelt.

Auf der Halbinsel von Santa Elena

Von Guayaquil aus geht es nach Westen großenteils über eine neue Autobahn zu den Ferienstränden der Großstädter. Diese Route sollte man an langen Wochenenden und Feiertagen tunlichst meiden, um nicht an den größten Staus des Landes teilzunehmen. Die Route in die Halbwüste der extrem trockenen Halbinsel von Santa Elena passiert hingegen schon nach einigen Kilometern eines der interessantesten Naturreservate der Provinz.

Bosque Protector Cerro Blanco

Reiseatlas: S. 14, D 1

Der **Schutzwald Cerro Blanco,** benannt nach dem ›weißen‹ kalkhaltigen Boden des ›Berges‹, ist ein üppig regenerierter Sekundärwald von mittlerweile 6000 ha – und das nur 16 km von Guayaquil entfernt. Ein Viertel des Waldes hat sogar als Primärwald überlebt. Biologen konnten somit bereits 219 Vogelarten und 54 Säugetierarten auf dem bis auf 400 m ansteigenden Berg entdecken. Besucher erleben am ehesten Brüllaffen und zahlreiche Insekten. Wer jedoch länger auf den Wegen bleibt oder gar im Cerro übernachtet, hat deutlich mehr Chancen, Wildtiere wie Nasenbären, Rehe und viele Vogelarten zu erleben.

Doch auch wegen der Flora und der gewaltigen Ceibobäume dieses tropischen Trockenwaldes sind die **Naturpfade** die Wanderung wert, für Besucher mit Ausdauer vor allem die drei- bis vierstündigen Wege von Buenavista in die höheren Hanglagen.

Das Schutzwald-Projekt der Stiftung ProBosque dient Naturschutz, Wissenschaft und Tourismus in gleicher Weise. Mit Beratung aus Costa Rica, Geldern aus England und einem Zuschuss der benachbarten Zementindustrie konnte das Waldgebiet seit 1989 durch Zukauf und Aufforstung stetig ausgeweitet werden. In einer **Tierrettungsstation** werden zudem Affen, Tukane, Papageien, Schildkröten und Zwergwildschweine bis zu ihrer Wiederauswilderung gehalten. Zum Service des Projektes zählen auch ein Campingplatz, eine Cabaña und eine Cafeteria.

km 16 via Salinas, Ausfahrt rechts, Tel. 04-287 49 46/47, www.bosquecerroblanco.com, tgl. 8–17 Uhr sowie nach Absprache auch früher oder über Nacht. Eintritt 4 $; obligatorische Führungen auf den 1–4-stündigen Rundwegen 6–12 $ pro Gruppe mit max. 8 Personen.

Tipp: Wochentags und zur Sicherstellung eines englischsprachigen Führers empfiehlt sich eine vorherige Anmeldung.

Camping: 16 $ pro Gruppe,
Cabaña: 10 $ p. P.

Cafeteria im Schutzwald vorhanden.

Anreise mit dem Bus mit Transportes Chongón alle 15 Min. ab Calle García Moreno y 10 de Agosto **oder mit dem Taxi** für 7 $ ab Guayaquil-Zentrum.

Playas

Reiseatlas: S. 13, C 2

In dem Dorf **Progreso,** manchmal noch **Gómez Rendón** genannt, zweigt eine Ausfallstraße nach Süden ab, die einen in etwa einer halben Stunde nach **Playas** bringt, einem der bevorzugten Wochenendziele der Guayaquileños.

Playas heißt bekanntlich ›Strände‹ und macht seinem Namen alle Ehre. Es ist der nach Salinas zweitgrößte Ferienort der Guayaquileños, etwas ruhiger, etwas hübscher und wochentags ebenso verlassen wie die Freudentürme am Westzipfel der Halbinsel. Das offiziell **General Villamil** genannte Städtchen schmiegt sich in eine weite und im

Richtig Reisen-Tipp: Delfine im Vogelparadies

Das bei Ebbe schlickige Hafenufer schützt nicht nur die alte Garnelenflotte von **Puerto El Morro,** sondern ist gleichzeitig Ausgangspunkt für eine der besten Exkursionen in die Küstenfauna des südlichen Ecuadors. Bei El Morro existieren noch 10 000 ha kaum berührter **Mangrovenwälder,** die von zahlreichen Vögeln bewohnt werden. 40 Arten habe die Biologen gezählt, darunter große Tiere wie Fregattvögel, Möwen und Reiher. In den schmalen Mangrovenflüssen vor der weiten Mündung des Río Guayas leben außerdem graue **Süßwasserdelfine** in Schulen von jeweils etwa 120 Tieren. Eine Delfingruppe wird fast regelmäßig gesichtet, da sie nahe dem Hafen von El Morro ihren Lebensraum hat.

Der Mangrovenarm von El Morro fließt nach wenigen Kilometern gegenüber der großen Isla Puná in den Golf von Guayaquil. Das Mangrovenbiotop bleibt hier von der Berufsschifffahrt und auch von den Garnelenzüchtern nicht ganz verschont. Doch haben sich inmitten des Mündungsflusses einige Inseln erhalten, die unglaublich viele Vögel beherbergen. Meist fahren die Mangrovenexkursionen die ›Vogelinsel‹ **Isla de los Pájaros** an. Trotz der Garnelenbecken im Inselinneren leben hier mehrere tausend **Fregattvögel –** die größte Dichte dieser Tiere in ganz Ecuador. Und man erlebt sie bei einem Rundgang hautnah.

Bislang sind die Touren über die Reiseagenturen in Guayaquil oder informell in El Morro zu organisieren. Erfahren und mit guter Führung durch einen Biologen empfiehlt sich die **Agentur Ecua Andino** (s. s. 307).

Osten bis an den Nachbarort **Data** reichende Bucht. Am Hauptort liegen etliche Fischerboote, darunter auch noch eine kleine Flotte der traditionellen Balsaholzboote mit Dreieckssegeln. Diese lediglich aus drei Balsastämmen, Bambusmast, Tuch und Strick gebauten Segler fahren täglich bei Flut heraus zum *corvina*-Fang (siehe dazu auch Thema S. 294).

Westlich neben den Booten türmen sich einzelne Hotel- und Apartmentanlagen auf. Unterhalb dieser Hochhäuser geht es bei Ebbe unter einer Strandbrücke hindurch, und man erreicht die luxuriöse und in Teilen wunderschöne Residenzmeile des Ferienortes. Manko: Das Meer nahm sich bereits den trockenen Strand. Einzelne Austernfischer sitzen hier auf den ausgewaschenen Felsen und brechen die rauen grauen Gehäuse der Muscheltiere auf. Östlich von Playas dehnt sich der Sandstrand kilometerweit aus, jedoch häufig gesäumt von reichlich Strandgut.

Hostería Los Patios: Playas km 1,5 via Data, Tel. 04-276 11 15, 04-276 00 39, lospatios@yahoo.com. Pension in unmittelbarer Strandnähe mit Restaurant, Bar, Kinderpool. Zimmer mit Kabel-TV und Klimaanlage. EZ/DZ je 25 $.

Hosteria El Delfín: Playas km 1 vía Data, Tel. 04-276 01 25, 04-276 17 40. Freundliches Hostal recht nahe am Meer, mit einfachen Zimmern, Kabel-TV, Ventilator, Swimmingpool. Zimmer 12 $ p. P.

Fiesta de San Pedro: 29. Juni. An diesem Tag begeht Playas traditionell das Fest des Schutzpatrons der Fischer, u. a. mit Pferderennen und Stierkampf.
Fiesta de la Virgen de las Mercedes: um den 24. September herum. Stadtfest.

Bus: Verbindungen im 15-Min.-Takt von Playas nach Progreso; einzelne Busse fahren auch direkt bis Guayaquil.

Von Playas nach Salinas

Reiseatlas: S. 13, C 3–A 1
Nur wenige Minuten östlich von Playas liegt das Dorf **El Morro** mit seiner schönen alten, wenn auch überdimensionierten Holzkirche,

gefolgt von dem kleinen Hafen des Fischerdorfes, **Puerto El Morro.**

Zurück in **Progreso** setzt sich die Route gen Westen fort. Die gut ausgebaute Straße führt nun durch Hügellandschaft und Trockenwälder der Halbinsel Santa Elena, bestanden mit zahlreichen *ceibos* und verlassen von so manchem Hühner- oder Rinderfarmer. Der hier gen Westen abdrehende Humboldt-Strom will es, dass die Halbinsel zu den trockensten Zonen des Landes zählt. Nächster Ort ist das geschäftige **Santa Elena.**

Santa Elena ist der wichtigste **Verkehrsknotenpunkt** zwischen Guayaquil, Salinas und der Sonnenroute nach Norden. Nahezu alle **Busse** halten hier an der Hauptstraße bzw. enden hier, um zu einem Anschlussbus zu wechseln. Letzte Busse ab Santa Elena fahren um 18 Uhr.

Salinas

Reiseatlas: S. 13, A 1

Die Neugier, den Freizeitspaß der Millionenstädter aus Guayaquil kennen zu lernen oder aber selbst in das Tohuwabohu der langen Nächte in kurzen Röcken einzutauchen, mag diesen kleinen Abstecher begründen. Am Wochenende sind die Strände von **Salinas** (km 780) ein Spaßbad mit aufgeblasenen Bananenflößen und plätschernden Tretbooten vor feiner Yachthafenkulisse, wo sich die neureichen Fans von Jet- und Wasserski vergnügen. Des Abends wummern Autokorsos die Strandpromenade entlang, im Kofferraum die weibliche Jugend ausführend. Sehen und gesehen werden heißt das Tagesprogramm, bevor sich die Nacht der langen Gläser irgendwo im **Bermudadreieck** vom Schnapsladen Yo, sí tomo (›Ja, ich trinke‹), Dunkin' Donuts und Pizza Cozzoli's entleert. Ganz anders wochentags: Da liegt der Ort nahezu im Tiefschlaf.

Der ruhigere und **schönere Strand** liegt übrigens etwas entlegen im westlichen Sektor Chipipe, direkt zwischen Yachthafen und Militärstützpunkt.

An Wochenenden steigen Salinas' Zimmerpreise erheblich.

Barceló Colón Miramar: Malecón y 38, Playa San Lorenzo, Tel. 04-277 16 10, Fax 04-277 38 06, acbcm@colonmiramar.com. Rundumsorglospaket im spanischen Fünf-Sterne-Hotel mit großem Swimmingpool. DZ all inclusive So–Do ab 150 $.

Cocos Hostal: Malecón, Playa San Lorenzo, Tel. 04-277 43 49, www.cocoshostal.com. Einfaches, aber solides Strandhotel mit AC und Kabel-TV. DZ 30 $.

Ayangue

Reiseatlas: S. 13, B 1

Von Salinas aus geht es zurück nach **La Libertad** bei Santa Elena. Die Weiterfahrt an der Küste führt an einer sommertrockenen Kakteenwüste entlang. Man passiert große Garnelenfarmen und deren Larvenlaboratorien sowie die Meersalzgewinnungsanlagen von ECUASAL. Das erste Kap auf der Strecke ist **Punta Blanca** mit einzelnen Ferienanlagen. Doch erst das folgende ›wilde‹ Kap der **Punta Brava** und der Ort **Ayangue** laden zu einem Aufenthalt ein.

Der Fischer- und Ferienort Ayangue ist bei Guayaquileños an den Wochenenden sehr beliebt, weil er eine weite von Felsvorsprüngen geschützte Badebucht besitzt. Die Felsen und auch die vorgelagerte kleine Insel **El Pelado** sind gute Plätze zum Tauchen und Schnorcheln. Auch Surfer lieben El Pelado.

Cumbres de Ayangue: Tel. 04-291 60 41, www.cumbresdeayangue.com. Mittelklassehotel mit nierenförmigem Swimmingpool, exponiert über dem Meer. EZ/DZ mit Frühstück So–Do 50/60 $, Fr, Sa 61/73 $.

Abstecher nach Barcelona

Reiseatlas: S. 13, B 1

Von Ayangue aus bietet sich ein kleiner Abstecher ins Hinterland an. Schon für ein paar Dollar bringt einen eine *camioneta* auf die Fährten des Panamahutes, der in diesem Teil der Küste seinen Ursprung hat. Eines der wichtigsten Dörfer der Hutproduktion ist **Barcelona.**

Nicht nur, dass der Panamahut diesen für Ecuador so geschäftsschädigenden Namen trägt – nun schrieb auch noch die deutsche Foto- und Reportageagentur laif, eine Kooperative von sieben Frauen habe »in Spanien das Handwerk aus Ecuador aufgenommen und stellt Panamahüte her«. Dabei trägt man in Spanien allenfalls einen Panamahut an den Stränden Kataloniens, gefertigt in diesem sympathischen kleinen Hutflechterdorf Barcelona im Süden der ecuadorianischen Provinz Guayas.

Die **Frauenkooperative** freut sich übrigens über Besuch aus aller Welt und lässt einen teilhaben an dem aufwendigen wie filigranen Arbeitsprozess bei der Herstellung der fein gesplissenen Palmenblätter für die Manufakturen in Guayas und Cuenca.

Valdivia

Reiseatlas: S. 13, B 1

Der nächste Ort am Meer trägt einen großen kulturhistorischen Namen, dem er heute nicht mehr gerecht wird: **Valdivia.** Denn das Fischerdorf (km 724), einstiges Zentrum der großen amerikanischen Küstenkultur von Valdivia, wirkt heute sehr vernachlässigt. Selbst das etwas versteckt liegende **Museo de Valdivia** reiht seine zahlreichen kleinen archäologischen Fundstücke recht lieblos um einen rechteckigen Hof herum auf, sodass die in Arbeit befindliche Rekonstruktion einer antiken Grabkammer nicht viel Hoffnung erweckt (Kontakt: Tel 09-192 15 43, tgl. 8–18 Uhr, 1 $).

Noch etwas schmerzhafter ist der Besuch des **Acuario** von Valdivia, wo Meeresschildkröten, Seesterne, Langusten, ein Seebär und sogar ein peruanischer Eselspinguin gehalten werden. Es mag nicht wirklich überzeugen, dass es sich hierbei um die ›Tierrettungsstation‹ eines Straßenkinderprojektes aus Guayaquil handelt (Calle Mariano Merchan, Tel. 08-860 77 85, tgl. 8–18 Uhr, 1 $).

Hospedería Valdivia Ecolodge: am südlichen Dorfrand auf einem Küstenvorsprung, Tel. 04-291 61 28, valdiviaecolodge@hotmail.com. Einfache *cabañas* und einzelne Zimmer mit Panoramablick, kleiner Swimmingpool mit Meerblick und Restaurant, in der Nebensaison mitunter etwas leb- und lieblos und zudem preislich etwas zu teuer: DZ ohne Frühstück ab 35 $.

Libertador Bolívar

Reiseatlas: S. 13, B 1

Das nördliche Nachbardorf ist interessanter. An einem Sonntag Mitte Januar wird die Badesaison im Norden der Halbinsel von Santa Elena feierlich eröffnet. Dann erstrahlt der kleine, verschlafene Küstenort **Libertador Bolívar** (km 716) mit viel Tamtam und einer neuen Schönheitskönigin im Glanz der Gazetten, ganz so, als habe der ›Befreier Bolívar‹ schon vor 200 Jahren nur an Bauch und Beine gedacht. Schon am folgenden Montag sitzt der Gemeindepräsident wieder im Büro, der Strand wird gefegt, die Fischer fahren raus. Es kehrt Alltag ein.

Unter den zahlreichen Kunsthandwerksdörfern der Region hat sich Libertador Bolívar zu einem kleinen und gar bedeutendsten Handelszentrum entwickelt. Denn im Windschatten der Sonnenanbeter erwies sich die attraktive Strandlage als ideal für den Direktvertrieb von **Hängematten, Muschelschmuck, Textilien** und natürlich dem heimischen **Panamahut.** An dem langen Strand südlich des Dorfkerns ist daher eine bunte Meile von Händlern und Sunsetbars sowie einzelnen Unterkünften zum Verweilen entstanden, wochentags in aller Ruhe und ansonsten mit Tamtam.

Hospedería Casa del Sombrero: Av. Principal, Tel. 04-278 02 36, 09-349 11 85. Hinter dem einfachen, aber guten Meeresfrüchterestaurant bietet das ›Haus des Hutes‹ vier hübsche Strandcabañas und ein paar Hängematten an. EZ/DZ 8/14 $.

Manglaralto

Reiseatlas: S. 7, B 4

In dem folgenden, einfachen Fischerdorf **Manglaralto** gibt es eine kleine Bastion der Ruhe vor dem ›surfersagenumwobenen‹

Fischer fangen nördlich von Salinas Garnelenlarven vor dem Strand

Schmuck aus der Tagua-Nuss: Das Kunsthandwerk aus Palmen kennt in dieser Region Ecuadors ein weiteren exotischen Naturstoff. Die im tropischen Tiefland zwischen Panama und Peru verbreitete Tagua-Nuss ist der natürlich gehärtete Samen der gleichnamigen Fiederpalme *(phytelephas macrocarpa)*. Geschliffen offenbart die hühnereigroße Nuss ihren sanftweißen Glanz, was dem Samen auch dem Beinamen ›pflanzliches Elfenbein‹ schenkt. Vor dem Siegeszug der Kunststoffe war Tagua in der Tat ein wichtiges Exportprodukt zur Fertigung von Knöpfen, Knäufen, Würfeln und Pfeifen. Heute fertigen die Menschen an der Küste vor allem Schmuck wie Ketten und Armbänder aus der hochwertigen Nuss und schnitzen und fräsen Figuren oder Brettspiele, wie sie in fast allen Dörfern zu kaufen sind.

Weitere Infos unter www.regenwaldmenschen.de und www.taguagalerie.de.

Montañita mit zahlreichen einfachen Unterkünften – die Ruhe gibt's zumindest wochentags.

Tagua Lodge: am Strand, Tel. 04-290 11 33, 09 411 02 54, Fax 04-283 46 29, www.tagualodge.com. Einfache *cabañas* am Strand mit lauschigem Restaurant und **Ausflugsprogramm nach Dos Mangas.** EZ/DZ je 20 $, wochentags günstiger, an Ferienwochenenden das Dreifache.

Ausflug nach Dos Mangas

Reiseatlas: S. 7, B 4

Von Manglaralto aus bietet sich ein Ausflug per Taxi oder *camioneta* zu der kleinen Inlandsgemeinde von **Dos Mangas** an, in der ausgezeichnete Tagua-Arbeiten entstehen. Die Tagua-Nuss wird übrigens auch ›pflanzliches Elfenbein‹ genannt. Andere Bewohner des Dörfchens reiten morgens heraus aufs Land, um die bei den Hutmachern so begehrte Toquillapalme zu ernten. Für ein paar Dollar kann man sie dabei begleiten. Die Gemeinde, die sich noch bis vor wenigen Jahren selbst die Lebens- und Wassergrundlagen wegholzte, forstet nun wieder auf und sucht nach wirtschaftlichen Alternativen. Damit zählen die Bewohner von Dos Mangas zu den Protagonisten einer Wende im Umgang mit dem Wald. Denn der benachbarte **Schutzwald Chongón-Colonche** (s. auch S. 295) beherbergt auch die wertvolle Toquillapalme. Die deutsche Kreditanstalt für Wiederaufbau hat hier sogar in die Aufforstung investiert. Mehrere Nachbarn bieten inzwischen private Gästezimmer an.

Einige Bewohner des Dorfes, die regelmäßig zum Ernten der Toquillapalme hinausreiten, bieten auch für Touristen **Reitausflüge** an. Am schönsten ist der Weg zu dem gut 5 km entfernten **Wasserfall La Cascada.** Diese Erfrischung benötigt besonders, wer in die heiße Mittagssonne gerät. Die Touren sind mit etwa 3 $ pro Stunde preiswert und leicht zu organisieren, wenn man etwas Zeit mitbringt.

Montañita

Reiseatlas: S. 7, B 4

Zurück an der Küste folgt ein Eldorado des Wassersports. Für nicht wenige Rucksacktouristen und Surfer ist der kleine, aber ruhelose Ort **Montañita** (km 703) das Mekka der Bretter. Er ist Manabís Stelldichein der langen Wellen und kurzen Nächte. Dabei ist der Strand allenfalls bescheiden und das hippe Dorf selbst staubig und laut: Wenn die Straßenbars von Hola Ola und Funky Monkey schon mittags um die musikalische Lufthoheit ringen, lässt sich der Barkeeper vom Hostal Tsunami nicht lange bitten. Das ehemals relaxte **Surferparadies** von Montañita ist heute vor allem eine Reise wert, wenn man es vom Meer her sieht, auf einem Brett stehend. Der Rest ist Abhängen und Party ohne Ende. Montañita ist tätowiert, gepierct und braun gebrannt, allseits beschallt, süßlich vernebelt und hinreichend durchgeknallt, um den Ort nach kurzem Erstaunen mit einem Ausspruch Kurt Tucholskys zu bedenken: »Ach!«

Orientierung: Das kommerzielle Leben des Dorfs spielt sich entlang der zentralen Calle Principal ab, die die Durchgangsstraße mit dem Meer verbindet, sowie der Calle Guido Chiriboga, welche die Principal mittig kreuzt.
Der **Surferstrand** ist am Nordende des Ortes.
Eine öffentliche Touristeninformation gibt es noch nicht. **Sea Horse Tour** ist ein privates **Tourist Information Center,** Segunda Avenida y Calle Guido Chiriboga, Tel. 09-472 72 70, linolna147@gmail.com. Brauchbare Zimmerinfos und Vermittlung von Touren zum Schnorcheln, Tauchen, Reiten und Sportfischen sowie Exkursionen zur Isla de la Plata und von Juni bis September zu den Buckelwalen.

Grundsätzlich ziehen die Zimmerpreise innerhalb der Ortschaft an langen Wochenenden und Feiertagen um 100 bis 200 Prozent an. Hier stehen nun, wenn nicht anders ausgewiesen, die Preise für die Nebensaison.
Hotel Baja Montañita: Nordende der Surferbucht La Punta, Tel. 04-256 88 40, 09-626 99 43, Fax 04-256 33 14, mercadeo@baja montanita.com. Mittelklasse-Ferienanlage in einer Ruhezone des Ortes mit Whirl- und Swimmingpool sowie gediegen aussehendem Oberkellner bei schönem Meerblick. Die Zimmer sind groß und anständig mit AC und Kabel-TV. EZ/DZ je 92 $, *cabañas* für bis zu 4 Personen 100–122 $ (jeweils Hochsaison).
Hotel Montañita: Calle Guido Chiriboga, Tel. 09-913 74 14, 09-913 73 73. Großes Surferhotel mitten im Ort mit Swimmingpool, Parkplatz und einfachen Zimmern. DZ 20 $.
Hostal Tiki Limbo: Calle Guido Chiriboga, Tel. 09-367 70 86. Kleines Hostal inmitten der Partyzone mit Café, Surfshop, Gästeterrasse, kleinen, netten Zimmern und einer Buchtauschbörse, wo sich überraschend auch ›Das deutsche Gedicht‹ aus der Fischer-Bücherei von 1959 findet – »Früh, wenn Tal, Gebirg und Garten Nebelschleiern sich enthüllen ...« (Goethe). Zimmer So–Do 8 $, Fr–Sa 10 $ p. P.
Cabañas Pakaloro: Segunda Avenida y Guido Chiriboga, Tel. 09-741 54 13, pakaloro 2006@hotmail.com. Die schönste unter den einfachen Pensionen mit Garten, Terrasse und gemütlichem Balkon direkt am Fluss. Zimmer 8 $ p. P.

Gastronomisch ist in diesem Dorf auch nicht viel los. Einige Surfer empfehlen das **Restaurante Vistamar,** noch belebter ist das **Tierra Prometida** und etwas ruhiger zum späteren Bier bei Surfervideos das **El Tiburón**.

Surfen: Dieser Sport ist hier eine Art Religion. Und im Karneval zu den nationalen Surfmeisterschaften ist Montañita eine Pilgerstätte. Brettverleih und Kurse kosten in den diversen Surfshops etwa gleich viel: je nach Qualität des Boards 8–15 $ für ein Brett pro Tag. Ein Anfängerschnupperkurs kostet 12 $, die einwöchige Ausbildung 200 $. Alteingesessen und auf dem Wasser gefürchtet ist ›Rasty‹ César Moreira, der auch selbst hochwertige Surfboards aus Balsaholz und Glasfaser baut und natürlich einen eigenen Surfshop betreibt (s. u.).
Casa del Sol: www.casasol.com. Pionier der Surfschulen samt Surfcamp und Surfreports ist die Casa del Sol direkt am Strand gegenüber »der besten Welle Südamerikas«.
Balsa House: Calle Guido Chiriboga, Tel. 09-757 24 50, balsahouse@gmail.com, tgl. 8–20 Uhr.
Gleitschirmfliegen: Die Paraglidingschule **Latitud 0** aus Guayaquil fliegt in und um Montañita, auch Tandem und zur Ausbildung. Tel. 09-741 45 51, 09-932 61 81, flymontanita @samerica.com.
Schnorcheln, Tauchen, Reiten und Sportfischen sowie Exkursionen zur Isla de la Plata und zu den Buckelwalen: s. auch **Sea Horse Tour** unter Informationen, s. o.

Hier schließt die **Route der südlichen Küste** an die Strände von Manabí an (s. S. 279ff.), die von dort an in Nord-Süd-Richtung beschrieben ist, da sie häufiger von Quito aus bereist wird.

Kanuwandern in Cuyabeno – die ideale Form für ein naturnahes, intensives Reisen

Kapitel 5

Der Regenwald

Auf einen Blick: Der Regenwald

Zwischen Affen und Kaimanen

Noch immer verfügt Ecuador über großartige Regenwälder, Lebensräume von überschwänglicher Vielfalt, Heimat indianischer Waldvölker und Schauplätze großartiger Naturspektakel. Wer die feuchte Luft, den nächtlichen Gesang der Tiere und auch Regen und Morast nicht scheut, wird hier großartige Tage und Nächte verbringen, wie sie allein im engen tropischen Gürtel der Erde zu erleben sind. Der vergleichsweise kleine ecuadorianische Teil des Amazonasbeckens gehört wegen seiner unmittelbaren Gebirgsnähe in Bezug auf Flora und Fauna zu den artenreichsten Gebieten der Welt.

Heute bieten einfache bis sehr komfortable Regenwaldlodges das Basislager für Waldwanderungen, Kanufahrten, Besuche bei indianischen Gemeinden, die Besteigung von schwindelerregenden Baumtürmen oder auch abenteuerliche Fahrten im Wildwasser. Zwar sieht man die großen Säuge- und Raubtiere des Waldes wie Jaguar, Puma, Tapir und Riesenotter nur selten, doch verschiedene Arten von Affen, zahlreiche Vögel, skurrile Insekten, Zwergfrösche und lauernde Kaimane im Abenddunkel gehören zu den regelmäßigen Stars auf der Naturbühne dieses immergrünen Freilufttheaters. Für Vogelbeobachter zählt der ecuadorianische Regenwald zu den besten Regionen der Welt. Die unendliche Pflanzenvielfalt und ihre Naturheilkräfte sind phänomenal.

In diesem Kapitel nun werden insbesondere Naturparks, Lodges und Projekte vor-

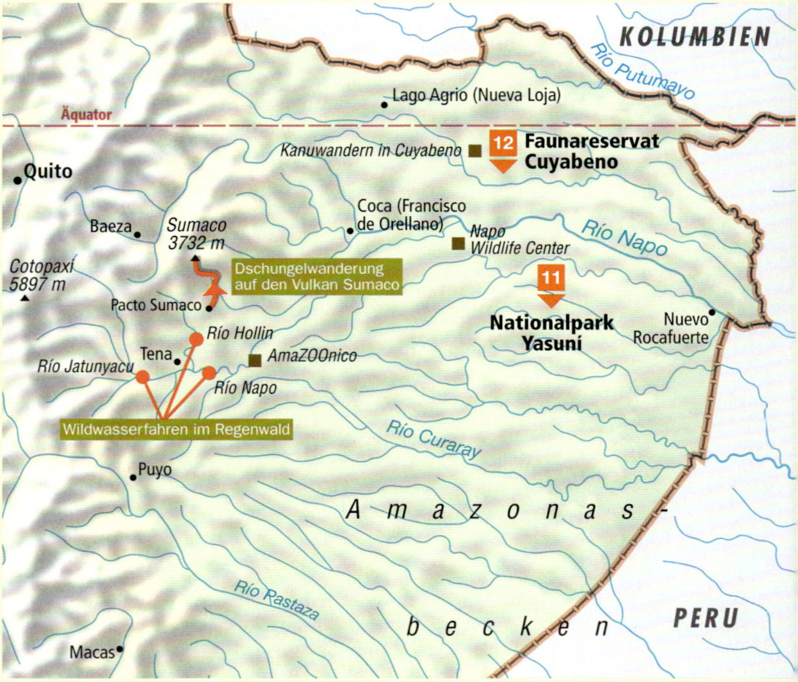

gestellt, die ein intensives Naturerleben in weitgehender Kooperation mit den indianischen Gemeinden ermöglichen. Dabei stehen je nach Reiselust komfortable wie auch rustikale oder aber sportliche Regenwaldkonzepte zur Wahl.

Highlights

11 **Nationalpark Yasuní:** Eines der wichtigsten Quellgebiete des Amazonasbeckens ist Ecuadors größter Nationalpark, Yasuní. Die Flüsse und Lagunen in den artenreichen Wäldern sind bei gleichsam exzellenter Infrastruktur ein idealer Ort für mehrtägige Expeditionen in einen beeindruckenden Regenwald (s. S. 338).

12 **Faunareservat Cuyabeno:** Im fernen Nordosten Ecuadors liegt die größte Fluss- und Seenlandschaft der tropischen Regenwälder Ecuadors. Die Kanuexkursionen auf den Schwarzwasserflüssen des Schwemmlandes von Cuyabeno erlauben intensive und hautnahe Begegnungen mit der Tierwelt dieses einzigartigen Primärwaldes (s. S. 348ff.).

Empfehlenswerte Routen

Dschungelwanderung auf den Vulkan Sumaco: eine stilechte Abenteuertour mit großartigen Naturerlebnissen, die in vier Tagen Trekking aus dem üppigen Regenwald auf den Gipfel des Vulkans hinauf führt (s. S. 322f.).

Wildwasserfahren im Regenwald: Ecuadors heimliche ›Hauptstadt des Wassersports‹ begeistert mit drei Flüssen, die Topkonditionen für Rafting und Kajaking bieten: dem Río Jatunyacu, dem Río Hollín und dem Río Napo (s. S. 325).

Reise- und Zeitplanung

Eine Regenwaldexkursion sollte vier bis sieben Tage vor Ort dauern, bei ferner Busanreise ist mehr Zeit einzuplanen. Die Städte des Regenwaldes sind Brückenköpfe zu den **Lodges** und **Naturparks,** lohnen ansonsten kaum einen größeren Aufenthalt. Die Bootsanreisen von den Kleinstädten zur Lodge oder zum Camp sind teils zeitaufwendig.

Der Wald ist ganzjährig zu bereisen mit tendenziell etwas trockenerem Klima von Dezember bis März und im August. Wasserstände der Flüsse beeinflussen auch das Verhalten der Tiere und die Schiffbarkeit der Wasserwege.

Elementar wichtig für den Regenwald sind der korrekte **Impfschutz,** adäquate Mittel und Kleidung gegen **Insekten** sowie **Regenschutz** für Mensch und Ausrüstung, wobei Gummistiefel und Ponchos oft gestellt werden. Der Regenwald ist zudem eine Welt der Frühaufsteher.

Eine Exkursion empfiehlt sich über eine Agenturbuchung in Quito oder zumindest nach vorheriger Reservierung der Tour.

Richtig Reisen-Tipps

AmaZOOnico: Unter den zahlreichen Tierrettungsstationen des Regenwaldes ist das deutsch-ecuadorianische Projekt bei Tena das vielleicht vorbildlichste, erfolgreichste und am engsten in die Lebenswelt der Indianer integrierte (s. S. 327).

Napo Wildlife Center: Diese als Joint Venture mit der lokalen Kichwa-Gemeinde betriebene Lodge liegt spektakulär, ist stilvoll, komfortabel, ohne Motorengeräusche und verfügt über eine großartige Fauna samt Hunderter von Papageien (s S. 340).

Kanuwandern in Cuyabeno: Die größte Seenplatte, das dichteste Flusssystem und der magische Überschwemmungswald von Ecuador haben mit dem Kanuwandern ihre ideale Form für ein naturnahes und intensives Reisen gefunden (s. S. 349).

Oberer Río Napo

Reiseatlas S. 4, 10, 11/12, 16

Der zentrale Westen des ecuadorianischen Regenwaldes verfügt durch seine relative Nähe zu den Anden über eine hohe Artenvielfalt und immensen Wasserreichtum. Das große Seen- und Flusssystem der Cordillera de los Llanganates in den Ostanden ergießt sich letztendlich in den Amazonaszufluss Río Napo. Und auf dem steilen Weg dorthin ist eine topografisch außergewöhnliche Landschaft von stillen und wilden Wassern entstanden.

Río Napo

Baeza

Reiseatlas: S. 10, D 1

Von Papallacta führt eine gute Straße nach Osten Richtung Regenwald, wo man zunächst das verkehrstechnische Drehkreuz des westlichen Amazoniens, Baeza, erreicht.

Auf angenehmen 1400 m Höhe liegt das ruhige Städtchen **Baeza** an der präkolumbianischen Handelsstraße zwischen *sierra* und *selva,* wo die Spanier später eine ihrer frühen Missionen am Tor zum Regenwald gründeten. Von diesem historischen Charme ist stadtarchitektonisch nicht viel geblieben. Baeza liegt jedoch inmitten eines spektakulären, aber regen- und nebelreichen **Trekkinggebietes,** mit dem Antisana im Westen, dem Cayambe im Norden und Ecuadors östlichstem Andengipfel, dem 3732 m hohen Sumaco. Diese drei umschließen ein Gebiet mit zahlreichen Wasserfällen, einer prächtigen Orchideenblüte im Juni/Juli und einer ausgesprochen vielfältigen Vogelwelt in dieser Übergangszone von subtropischen Nebelwäldern der Osthänge der Anden in den tropischen Regenwald.

Baeza als Drehkreuz zwischen Sierra und Selva verfügt über häufige Verbindungen nach Quito, nach Lago Agrio und nach Süden Richtung Tena und Puyo.

Nationalpark Sumaco

Reiseatlas: S. 4 E/F 4, S. 10 E/F 1

Südlich von Baeza passiert diese Regenwaldroute den **Vulkan Sumaco** (3732 m). Der seit über 70 Jahren schweigende Berg liegt im gleichnamigen Biosphärenreservat, das die Unesco im Jahr 2000 unter Beratung der deutschen Gesellschaft für Technische Zusammenarbeit (GTZ) einrichtete. Es besteht aus fast 1 Mio. ha Schutzgebiet einschließlich der Quellgebiete des Río Napo und des Río Coca und der Siedlungsgebiete. Das Kerngebiet des wasserreichen Biosphärenreservats ist der **Parque Nacional Sumaco** mit 205 000 ha und Niederschlägen zwischen 2000 und 6000 mm pro Jahr. Der Park steigt topografisch von 600 m bis auf 3732 m Höhe und schließt die nördlich des Vulkans Sumaco liegenden Gipfel des **Pan de Azúcar** (3482 m) und des **Cerro Negro** (3064 m) mit ein. Die Biodiversität des Parks ist eine biologische Weltsensation.

Weitere Infos unter: **www.sumaco.org**.

Dschungelwanderung auf den Vulkan Sumaco

Reiseatlas: S. 10, E 1

Eine abenteuerliche Trekkingtour führt in vier Tagen durch den Nationalpark zum Gipfel des Vulkans Sumaco und zurück. Ausgangspunkt ist das Dorf **Pacto Sumaco** (zu erreichen über die Nebenstrecke Narupa–Loreto), wo man auch einen lokalen Führer über das dort ansässige Tourismusbüro findet.

Der Aufstieg passiert mehrere **Schutzhütten** auf 1700 m, 2500 m und 2800 m Höhe, kann aber in Teilen auch per Zeltcamp gestaffelt werden. Die Dschungelwanderung passiert den **Affenwald** und wiederum andere Stellen mit zahllosen Schmetterlingen. Die Machete voraus, kreuzt man Bäche, kleine Regenwaldlagunen und quer liegende Bäume, watet mitunter durch Schlamm. Ab dem dritten **Refugio, Pava Yacu,** auf 2800 m wird es merklich kühler, die Vegetation wird spärlicher, weniger Moskitos stören. Diese Tour mit drei Übernachtungen ist so aufgebaut, dass man täglich etwa sechs bis acht Stunden geht und am dritten Tag den Gipfel des Sumaco besteigt. Bei gutem Wetter lohnt dort eine **Kratergratwanderung,** den Kratersee hat man dabei stets unter sich.

Die **Wanderwege** werden stets von den Führern aufs Neue frei geschlagen und machen somit die Besteigung zu einer abenteuerlichen, aber risikofreien Trekkingtour. Die komplette regenfeste Ausrüstung und Verpflegung für vier Tage ist mitzubringen.

Tourismusbüro Pacto Sumaco: German Ruíz und Marco Gubi, Tel. 06-287 01 87, alternativ: 06-288 77 27, 06-288 70 89, grsumaco@uio.satnet.net. Kosten für einen spanischsprachigen Guide ca. 25 $ pro Tag, Nationalparkeintritt und Übernachtung in den Schutzhütten ca. 20 $.

Alle drei **Schutzhütten** sind einfach, aber mit Holzbetten, WC und Regenwassersammelcontainer ausgestattet.

Komplette Arrangements ab Quito bietet die Agentur Neotropicturis (Tel. 02-252 12 12, www.neotropicturis.com).

Archidona

Reiseatlas: S. 10, E 2

Das kleine Dorf **Archidona** wurde bereits 1560 gegründet und ist somit eine der ältesten Stadtgründungen der Spanier, wenngleich die 10 km südlich liegende Stadt Tena heute größer und bedeutender ist. Der beschauliche Ort mit der netten Kirche liegt nicht weit von den Wasserfällen des Río Hollín, von den Höhlen von Jumandí und von einigen antiken Steinzeichnungen entfernt.

Diese **Petroglifos en el Valle Sagrado de Cotundo** liegen gut beschildert 6 km nördlich des Dorfes. Es handelt sich dabei um zahllose in Felsen gravierte Symbole der präinkaischen Ureinwohner dieser Gegend, eine in Stein konservierte Kosmovision der Waldindianer. Sieben von den Felsen sind gut zugänglich bei Boa Loma zu finden (Eintritt frei).

Die **Cavernas de Jumandí** sind ein Labyrinth dreier großer und mehrerer kleiner Kammern eines verzweigten Höhlensystems mit Stalaktiten, steilen Wänden und offenen Wasseradern. Der Legende nach soll sich einst der Indianer Jumandí samt einem wertvollen

Mit dem Autor unterwegs

Tourstart in Tena

Wenn eine der Regenwaldstädte Charme hat, dann ist es **Tena** aufgrund ihrer **wunderschönen Lage an der Flusskehre** des Río Tena. Tena liegt relativ nah an Quito und ist ein guter Ausgangspunkt für sportliche Aktivitäten und Tagesexkursionen (s. S. 324f.).

Adlerhorst am Río Gareno

Für Vogelbeobachter ist er eine Sensation: der **Harpiye,** der mit bis zu 2 m Flügelspannweite größte tropische Waldadler der Welt. Exzellente Möglichkeiten, den Greifvogel zu studieren, bietet die nahe Gareno Lodge (s. S. 329).

Ferne Lodge

Sie ist am weitesten von der Zivilisation entfernt und allein mit einem kleinen Flugzeug zu erreichen. Doch die **Kapawi Lodge** liegt an einer **Traumlagune** im Land der Shuar und setzt Maßstäbe in puncto Komfort und Regenwalderleben (s. S. 332).

Den Besuchern des Río Napo präsentiert sich eine außergewöhnliche Wasserlandschaft

Schatz beim Eintreffen der Spanier hier versteckt haben. Die von Fledermäusen und Insekten bewohnten Höhlen können in einem Spaziergang oder auch in mehrstündigen, geführten Touren erforscht werden (Archidona via Quito km 5, Tel. 06-288 92 96, 08-642 07 04, Ameliarosa_10@yahoo.es, tgl. 9–17 Uhr, Eintritt inkl. Führung 7 $).

Hostería Hakuna Matata: via Chaupi Shungo km 3,9, Tel. 06-288 96 17, www.hakunamat.com. Inmitten üppiger Gärten mit absoluter Ruhe befindet sich diese von den belgischen Besitzern vorbildlich geführte Hostería. Die stilvollen, komfortablen *cabañas* mit ihren kleinen Balkonen, ein Swimmingpool und das exzellente Essen des Restaurants machen diesen Ort zu einem ökologischen Kleinod und zu einem guten Ausgangspunkt für Exkursionen in die attraktive Umgebung wie Wanderungen, Reiten, Rafting und Schwimmen am Strand des Flusses. Einige Wege sind ohne Guide zu erwandern. Zimmer 27 $ p. P. mit reichhaltigem Frühstück. Menü 15 $. Taxis ab Archidona 5 $, ab Tena 8 $.

s. o.:
Hostería Hakuna Matata.

Tena

Reiseatlas: S. 10, E 2
Das bereits 1560 von spanischen Missionaren gegründete **Tena** ist Hauptstadt der 1959

ausgerufenen Provinz Napo, einer 13 300 km^2 großen Fläche von biologischem Weltrang.

Die Provinzhauptstadt ist heute Zentrum eines der spektakulärsten **Biosphärenreservate** der Unesco, das den Nationalpark Sumaco, den Nationalpark Llanganates, die Reserva Ecológica Antisana und Teile der Reserva Ecológica Cayambe-Coca umfasst – mit einer weltweit herausragenden Artenvielfalt auf einer Höhe von 250 m bis 5704 m.

Das recht idyllisch gelegene Städtchen mit seinen kühlenden Nachtwinden aus den Anden hat eine interessante Topografie. So liegt mitten in der Stadt die Halbinsel Isla Amazónica zwischen Río Tena und Río Pano. In ihrem **Parque Amazónico La Isla** (tgl. 9–17 Uhr, Eintritt 2,50 $) führt ein schöner Lehrpfad durch Pflanzen-, Affen- und Vogelwelt. Ein Sandstrand und ein hier sauberer Fluss machen das Relaxen leicht.

Tena ist ein ausgezeichneter **Ausgangspunkt für Regenwaldtouren** und zudem relativ schnell von Quito aus zu erreichen. Die heimischen Kichwa-Indianer des Regenwaldes setzen heute vermehrt auf den Tourismus und konnten bislang einen großen Teil ihres Primärwaldes vor den Maschinen der Agro-, Holz- und Ölindustrie bewahren. Beginnend hier in Tena und bis hinab nach Coca verläuft der obere Río Napo.

Wildwasserfahrten im Regenwald

Das Außergewöhnliche an Tena und seiner Umgebung sind die Wasserkonditionen der klaren Flüsse, die den dichten Regenwald durchfließen. So wurde die Region zu einem der weltbesten Plätze für **Rafting** und **Kajaking.** Ecuadors heimliche ›Hauptstadt des Wassersports‹ begeistert mit drei Flüssen, die Topkonditionen bieten: dem Río Jatunyacu, dem Río Hollín und dem oberen Río Napo. Diese werden in verschiedenen Abschnitten mit Wildwasserschwierigkeitsgraden (nach der International Canoe Federation, ICF) von Klasse II bis Klasse V befahren, d. h. von mäßigem Schwierigkeitsgrad mit freien Durchfahrten und mittlerem Schwall bis zu äußerst schwierigen Strecken mit extremen Wasserwalzen und hohen Gefällstufen. An seichteren Stellen und Nebenflüssen findet man tolle Bedingungen auch für das Kajak.

i **www.capturnapo.com:** touristische Infoseite der Provinz mit umfangreichen Adressenlisten aus Hotellerie, Gastronomie und Reiseservice.

Hostal Los Yutzos: Calle Augusto Rueda 190 y 15 de Noviembre, Tel. 06-288 67 17, 06-288 67 69, yutzos@uchutican.com. Baulich kein großer Wurf, liegt die Hostería mit ihrem tropischen Garten jedoch direkt am Ufer des Río Pano. Restaurant und Internet. Einfache, geräumige Zimmer mit Klimaanlage. EZ/DZ 30/40 $ mit Frühstück.

Residencial Alemana: Av. 15 de Noviembre y Puente Carrozable, Tel. 06-288 64 09, 09-157 62 00. Eine der ältesten Herbergen der Stadt mit nettem Garten, Hängematten, einem kleinen Swimmingpool mit einfachen Zimmern oder *cabañas* in familiärer Atmosphäre. EZ/DZ 11/18 $, *cabañas* 23 $, jeweils mit Frühstück.

A Welcome Break: Calle Augusto Rueda 331 y 12 de Febrero (Ecke), a_welcome_break@yahoo.com. Einfaches Backpackerhostal mit Hängematten im Garten. Zimmer p. P. 8 $, ohne eigenes Bad 5 $, Frühstück 3 $.

... oberhalb des Río Jatunyacu:

Cabañas Amarongachi und **Shangrila:** Stadtbüro Tena, Av. 15 de Noviembre 438 y 9 de Octubre, Tel. 06-288 82 04, 06-288 63 72, www.amarongachi.com, tgl. 7–22 Uhr. Schöne Naturstoffcabañas mit tollem Blick von der Veranda und breitem Exkursionsprogramm im Regenwald. Übernachtung mit Vollpension sowie einzelnen Aktivitäten 40 $ p. P.

Chuquitos Restaurant: Calle Juán León Mera y García Moreno (am Parque), Tel. 06-288 76 30, tgl. 8–21 Uhr. Nationale und internationale, teils vegetarische Küche mit schönem Flussblick. Hauptgericht 4–6 $.

Café Tortuga: Av. Francisco de Orellana (Malecón), Tel. 09-529 54 19, cafetortuga@yahoo.com, Mo 8–11, Di–Sa 7–21, So 8–11, 16–21 Uhr. Sympathische, einfache Cafeteria mit vegetarischen Gerichten, Pasta, Snacks und gutem Kaffee bei schönem Blick auf den Fluss. Frühstück und Hauptgericht je 2–4 $.

Pizza Bella Selva: Av. Francisco de Orellana (Malecón), Tel. 06-288 79 64, tgl.15–23 Uhr. Kleine Pizzeria mit Außentischen am Flussufer und freundlichem Service. Hauptgericht 2–5 $.

Die drei gelisteten Agenturen verfügen über das erforderliche Equipment für den Wassersport und erfahrene, meist englischsprachige Guides. Die Preise der Anbieter sind nahezu identisch: **Rafting** je nach Grad ganztags 50–70 $, halbtags 35–45 $, **Kajak** ganztags 60 $, Kajakkurs 250 $, **Regenwaldexkursion** 40 $. Ferner werden mehrtägige Pakete samt Unterkunft, Verpflegung und Transporten angeboten. Die meisten Raftingstrecken liegen in den Klassen III bis IV+.

Ríos Ecuador: Calle Juan León Mera y García Moreno (Parque Central), Tel. 06-288 63 46, 06-287 00 67, www.riosecuador.com, tgl. 8–21 Uhr. Erfahrung seit 1996.

Aqua Extrem: Av. Francisco de Orellana (am Café Tortuga), Tel. 06-288 87 46, 09-311 52 46, www.axtours.com, Mo–Sa 8–21 Uhr. Erfahrung seit 1999, auch **Biketouren** und **Canyoning.**

The Whitewater Family: Av. 15 de Noviembre y 9 de Octubre (Ecke), Tel. 06-288 83 84, 06-288 78 87, www.riverpeopleraftingecuador.com, Mo–Sa 8–18 Uhr. Erfahrung seit 1994, irische Leitung, Pioniere der extremen Raftingklasse V am Río Hollín.

Fiestas de la Provincialización: ab dem 12. Februar im Gedenken an die Provinzgründung etwa eine Woche lang Kulturprogramm in Tena und internationale **Raftingmeisterschaften** auf dem Río Jatunyacu (www.kayakecuador.com, zeitweise außer Betrieb).

Bus: ab Quito, Terminal Terrestre, 5 x tgl. mit Transportes Baños und 6 x tgl. mit Cooperativa Pelileo, Fahrtzeit 5–6 Std., 6 $.

Flug: SAEREO fliegt Mo, Di, Fr von Quito nach Tena, 60 $.

Die Wasserwelt um Tena

Misahuallí

Reiseatlas: S. 10, E 2

Am Nordufer des Río Napo zweigt die Straße in **Puerto Napo** nach **Misahuallí** ab. Das Dorf ist ein Travellertreff und guter Ausgangspunkt für Exkursionen. Bereits 15 Fahrminuten vor dem Ort zweigt der beschilderte Weg zu den Wasserfällen **Cascadas de La-**

tas ab. Schon nach 50 m erreicht man den ersten Wasserfall zum Baden, 100 m weiter führt eine Art Naturfelsen-Rutschbanh in ein tieferes Becken. Noch weiter unten liegen die breiteren Wasserfälle in einem sehr schönen Flussrelief (Eintritt 2 $).

Nahe dem Dorf liegt die von üppigen Bäumen umstandene **Playa de Misahualli,** wo dank der täglichen Fütterung bis heute eine Sippe von Kapuzineräffchen lebt und mitunter mit den Touristen spielt oder sie ärgert.

Jungle Lodge El Jardín Alemán: Vía al Tena, 5 Taximinuten vom Dorf, Tel. 06-289 01 22, 09-984 04 87, www.eljardinaleman.com. Sympathisches Hostal mit großem Garten, einigen Waldtieren und Restaurant (Frühstück 10 $, Menü 15 $). *Cabañas* mit Hängematten. Verschiedene Touren und Pakete. EZ/DZ 35/60 $.
Misahuallí Jungle Lodge: auf der anderen Flussseite, Büro in Quito, Calle Ramírez Dávalos 251 y Páez, Tel. 02-250 48 72, 02-252 43 22, www.misahuallijungle.com. Gartenhostal mit Swimmingpool, großem Restaurant und traditionellen *cabañas.* Tourprogramme und Schamanensitzungen. EZ/DZ 30/50 $, Suite EZ/DZ 40–60 $.
Casa de Huéspedes France Amazonía: Vía a Tena, 1 km vom Dorf, Tel. 06-289 00 09, www.france-amazonia.com. Schöne, große Wohnanlage unter Gemeindebeteiligung mit verzweigten Wegen zu palmengedeckten *cabañas,* teils mit tollem Flussblick, ferner ein Natursteinpool, ein Restaurant und eine Feuerstelle. Verschiedene Touren im Regenwald und auf dem Fluss. Sehr gutes Preis-Leistungs-Verhältnis. Unterkunft 16 $ p. P. mit Frühstück, Menü 7 $.
Hostal Ekokafe: am Parque im Dorfzentrum, Tel. 06-289 00 19, 06-289 03 04. Kleines, sehr einfaches, aber sauberes Hostal am Park. Zimmer 5 $ p. P., Frühstück 2,50 $.

La Posada: am Parque im Dorf, Tel. 06-289 00 05, tgl. 8–21 Uhr. Gemütliches, nettes Restaurant mit Blick auf den Park, nationale wie vegetarische und internationale Gerichte, Frühstück 2 $, Menü 3 $, Hauptgericht 2–5 $.
Restaurante Ekokafe: am Parque im gleichnamigen Hostal, tgl. 7–22 Uhr. Freundliches, einfaches Restaurant mit Leseecke und internationaler Karte. Hauptgericht 2,5–5 $.

Neben den genannten Hotelbetrieben bieten auch Agenturen im Dorf ein breites Spektrum von Touren an: Regen-

Richtig Reisen-Tipp: AmaZOOnico

Die Bambergerin und in Afrika aufgewachsene Angelika Raimann widmet ihr Leben seit 1993 der Rettung von Tieren am oberen Río Napo. Hier gründete sie damals auf 49 ha das **Centro de Rescate de Animales AmaZOOnico Selva Viva** im Widerstand gegen den illegalen Handel mit Tieren aus dem Regenwald, insbesondere zur Rettung beschlagnahmter, verletzter und anderweitig misshandelter Tiere. Die enthusiastische Liebhaberin von Klammeraffen und ihr ecuadorianischer Mann, Remigio Canelos, betreuen heute ein **Schutzgebiet** von 1400 ha, der weitaus größte Teil ist Primärwald. Die geretteten Tiere wie Affen, Papageien und Ozelots werden bei erfolgreicher Genesung nach Möglichkeit wieder ausgewildert, was etwa bei einem Viertel der Tiere gelingt. Zurzeit sind rund 500 Tiere in der Station, für deren Versorgung Angelika Raimann auch Volunteers sucht. Mit einer Beteiligung von 100 $ im Monat für Kost und Logis nimmt die Deutsche einen fairen und im Vergleich mit anderen Stiftungen niedrigen Beitrag von den freiwilligen Helfern. Der Besuch der Station, das Gespräch mit Angelika Raimann und **Exkursionen** ab der angeschlossenen Lodge (s. Liana Lodge, S. 329) verbinden Naturtourismus, Gemeinwesen und ein außerordentliches Hilfsprojekt auf vorbildliche Weise (AmaZOOnico: Vía Santa Rosa km 26, übersetzen in Puerto Barantilla, Schild ›Selva Viva‹, Tel. 09-980 04 63, www.selvaviva.ec).

waldwanderungen, Vogelbeobachtungen, Besuche von Wasserfällen und Höhlen, Rafting, Kajak, ›Tubbing‹. Tagestourenpreise liegen bei 30–60 $, zumeist 40 $.
Ecoselva Tours: im Hostal Ekokafe, Tel. 09-448 07 82, ecoselva@yahoo.es. Besondere Empfehlung: der englischsprachige Guide Pepe Tapia.
Selva Verde: am Parque, Tel. 06-289 01 65, 06-289 00 71, selvaverde_sa@yahoo.com. Breites Angebot mit ebenfalls guten Guides.
Quindy Tours: am Parque, Tel 06 289 01 13, quindytours@yahoo.com.mx. Agentur mit 25 Jahren Erfahrung und preiswerten Touren.

Die **Flussüberquerung** ist unkompliziert ganztags möglich (0,25 $).

Jatun Sacha

Reiseatlas: S. 10, E 2
Die bereits 1985 gegründete biologische Station **Jatun Sacha** ist eines der ältesten Umweltschutzprojekte des Landes. Die federführende Stiftung betreibt mittlerweile acht private biologische Stationen und Reservate im ganzen Land, für die sie ständig Volunteers sucht. Jatun Sacha, der ›Große Wald‹, ist mit 2000 ha eines ihrer größten Reservate. Neben der Erhaltung der biologischen und kulturellen Vielfalt widmet sich die Stiftung der Umwelterziehung und dem nachhaltigen landwirtschaftlichen Anbau. Jatun Sacha unterhält für Volunteers und Touristen einige sehr einfache Schlafräume (Vía Ahuano km 22, Tel. 06-287 03 25, Quito-Büro: 02-233 18 56, 08-513 9369, www.jatunsacha.org, Touristen 28 $ pro Tag, Volunteers 395 $ pro Monat, jeweils inkl. Vollpension).

Gareno Lodge (S. 10, F 2): Via Santa Rosa bis zum Kontrollpunkt Sumac Sacha und weitere 9 km (20 Min.) Richtung Sumino, insgesamt ab Tena 75 km, Quito-Kontakt: Tel. 02-234 43 50, 09-728 96 43, www.guaponi.com. Die idyllische Lodge am Río Gareno liegt im Reservat der Huaorani-Indianer, wird aber von einer Kichwa-Gemeinde in Kooperation mit dem deutschen Reiseleiter Michael Sauer betrieben. Der Würzburger hält einige hervorragende Ferngläser für die außergewöhnliche Vogelvielfalt bereit – Star der Umgebung ist ein Pärchen von Harpiye-Adlern. Ferner Kanutouren, Wanderungen von 3 bis 4 Std. Besuch einer Huaorani-Gemeinde, Baden im See und Nachtwanderungen. Einfache *cabañas* mit Bad und Warmwasser, aber ohne Strom samt Vollpension und Touren 55–60 $ pro Tag und Person.
Liana Lodge: Anschrift wie AmaZOOnico S. 327, www.lianalodge.ec. Gemütliche Lodge mit direktem Blick in den Regenwald, großen Terrassen, Restaurant, Feuerstelle, Hängematten und einem Aussichtspunkt mit Blick auf den Fluss. Die Lodge trägt ein Kichwa-Gemeindekonzept und ist Teil der Tierrettung von AmaZOOnico Selva Viva (s. S. 327). Übernachtung mit Vollpension bei 2 Nächten und 3 Tagen Programm 95 $, 3 Nächte/ 4 Tage 153 $.

Ahuano und Santa Rosa

Reiseatlas: S. 10, E/F 1
Am Nordufer des Río Napo, hinter der Stahlbrücke, führt eine weitere Ausfallstraße Richtung Osten in den Regenwald und trifft dort auf die Gemeinde **Ahuano,** eine kleine Kichwa-Siedlung, die einst als Mission gegründet wurde. Im weiteren Verlauf führt die Piste nach **Santa Rosa,** wo die Straße eine Kontrollstation der Erdölgesellschaften, Sumac Sacha, passiert. An dieser Seitenroute des oberen Río Napo liegen einige sehr schöne **Regenwaldlodges** mit einem guten Exkursionsprofil sowie bemerkenswerte private Schutzgebiete.

Casa del Suizo: in der Gemeinde Ahuano, Punta Ahuano, 1 km vom Dorf, 06-257 21 64, Quito-Büro: Calle Julio Zaldumbide 397 y Valladolid, Tel. 02-256 60 90, www.casadelsuizo.com. Gehobenes, großes Regenwaldhotel an einer Flusskehre mit großem Swimmingpool, Büffet-Restaurant, Fernsehraum, Konferenzraum, einer

Der in Ecuador Ceibo genannte Kapokbaum kann bis zu 70 m hoch werden

kleinen Galerie und sehr aufmerksamem Personal. 75 geräumige und gepflegte Zimmer, Ventilator, Balkon und Hängematte. EZ/DZ 79 $ p. P. mit Frühstück.

Cotococha Amazon Lodge: 45 Min. von Tena, 10 km von der Brücke, beschildert, Quito-Büro: Av. Amazonas N24-03 y Wilson, Tel. 02-223 43 36, 09-904 44 19, www.cotococha.com. Schöne Lodge am Flussufer mit üppigem Garten und freundlichen *cabañas* aus Holz und Palmen, Restaurantbetrieb (Frühstück 5 $, Hauptgericht 10 $) und Tourprogramm. Die Lodge hat keinen Strom. EZ/DZ 22 $ p. P.

Villa Huaorani Gareno

Reiseatlas: S. 11/12, B–E 2/3

Die **Villa Huaorani Gareno** ist eine indianische Gemeinde nahe der gleichnamigen Lodge. Die einstigen Nomaden des Volkes der Huaoranis – ›die Menschen‹ – haben sich vor etwa 40 Jahren niedergelassen und sind unübersehbar im Kontakt mit der Zivilisation und den benachbarten Kichwa-Gemeinden. Dennoch haben sich die Huaorani in Jagd, Schmuck und Handwerk, aber vor allem in ihrer Kosmovision und ihren Mythen viel Ursprüngliches erhalten. So lohnt ein Besuch dieser Gemeinde unbedingt.

Um sich selbst nicht einfach auszustellen, sondern auch vom Tourismus zu profitieren, erheben sie eine Geführ von 10 $ von jedem Besucher in ihrer Gemeinde. Ein Besuch bietet sich in Kooperation mit der Gareno Lodge (s. S. 329) an.

Yachana Lodge: nahe der Gemeinde Mondaña, etwa 2 Std. im Motorkanu von Misahuallí oder auch stromaufwärts von Coca, Quito-Büro: Calle Vicente Solano E12-61 y Av. Oriental, Tel. 02-252 37 77, Fax 02-250 32 75, www.yachana.com. Völlig abgelegene und ökologisch sehr gut geführte Lodge am Flussufer des Río Napo. Gutes Restaurant und langjähriges Gemeindekonzept (u. a. mit organisch angebautem, fair gehandeltem Kakao). Komfortable, große Zimmer. 3/4 Nächte mit Vollpension und Exkursionen 415/540 $ p. P.

Sinchi Pura: Comunidad La Serena, Río Jatunyacu, 22 km südwestlich von Tena, Tel. 09-250 04 62, 09-503 59 84, www.sinchipura.com. Neueres indianisches Tourismusprojekt der Asociación Kichwa Sinchi Pura mit Waldexkursionen zu Seen, einem Wasserfall, einem Aussichtspunkt und Wassersport wie Kajak und Rafting, dabei stets in engem Kontakt zur Gemeinde. Einfache *cabañas.* Übernachtung mit Vollpension 20 $ p. P.

Abstecher in den Süden und Südosten

Weiter im Süden des ecuadorianischen Regenwaldes finden sich nicht mehr so viele Lodges und Reisemöglichkeiten wie im Quito nahen Norden. Aber einige Optionen im Raum Puyo sind dennoch bemerkenswert.

Fátima

Reiseatlas: S. 10, D 3

Da wäre zunächst **Fátima,** ein zoologisches Zentrum des Indígena-Verbandes OPIP, 9 km vor Puyo. Ureinwohner und Biologen errichteten hier eine **Aufzuchtstation für bedrohte amazonische Tiere,** die einst Grundnahrungsmittel der Indígenas waren und wichtige Stellen der Nahrungskette im Regenwald bildeten. Diese Tiere sind heute jedoch von der Rinderzucht und anderen zivilisatorischen ›Errungenschaften‹ in ihrem Bestand und in ihrer Bedeutung gefährdet. Den Schutz des Centro Tecnológico de Recurcos Amazónicos, Fátima, so der komplette Name, genießen u. a. die Süßwasserschildkröten *charapas,* Kaimane, Tapire und der Capibara, das größte Nagetier der Erde. Der zoologische Park ermöglicht es, Tiere des Regenwaldes aus nächster Nähe zu sehen (Kontakt: Tel. 03-288 41 05, tgl. 8-17 Uhr).

Puyo und der Río Pastaza

Reiseatlas: S. 10, D 3/4

Die lebendige Hauptstadt der großflächigen Regenwaldprovinz Pastaza, **Puyo,** zählt heute etwa 25 000 Einwohner. Die Kleinstadt ist ein regionales Handelszentrum für landwirtschaftliche Güter und Gebrauchsgegenstände aller Art. Sie ist verhältnismäßig preiswert und gilt als sicher für Reisende.

Nur 1 km vor der Stadt lädt der **Paseo Turístico Río Puyo** zu einem etwa 2,5 km langen und leichten Wanderweg entlang dem Río Puyo ein. Am Beginn des Weges liegt zudem der **Parque Pedagógico Etno-Botánico Omaere,** ein von der EU finanziertes Projekt. Speziell ausgebildete, Spanisch sprechende Führer informieren hier über Kultur sowie medizinale und botanische Pflanzen der Region und erklären im Park, wie die Häuser der Kichwas, Huaoranis, Shuar und Záparos gebaut wurden.

Mit dem Mountainbike nach Puyo

Die Route **Baños–Puyo** ist eine der schönsten und abenteuerlichsten Mountainbikestrecken Ecuadors. Man kann bequem samt Rad im Bus nach Baños fahren und dann die **Canyon-Abfahrt** genießen. Es geht großenteils bergab, erst gen Ende vor Shell und Puyo passagenweise bergauf.

Orientierung: Der **Parque Principal** liegt nur einen Block vom Fluss entfernt. In den Parallelstraßen südlich des Parque, Calle Bolívar, Calle Atahualpa und Calle Francisco de Orellana, entfalten sich das Geschäftsleben und die Gastronomie des überschaubaren Stadtzentrums.

Regionales Tourismusbüro: einen halben Block vom Parque entfernt, in der Calle Marín y 9 de Octubre, Piso 4, Tel. 03-288 46 55.

Hostería Turingia: Calle Marín 294 y Atahualpa. Tel. 03-288 51 80, Fax 03-288 53 84, www.hosteriaturingia.com. Recht komfortable, zentral gelegene Garten-Hostería mit kleinem Swimmingpool, Parkplatz und Restaurant, Zimmer mit Kabel-TV, Ventilator und Telefon. EZ/DZ 24/32 $.

Hostal El Jardín: Paseo Turístico del Río Puyo – Barrio Obrero, außerhalb der Stadt hinter der Hängebrücke, Tel. 03-288 77 70, www.eljardin.pastaza.net. Ruhiges, größeres und zweistöckiges Hostal am Fluss mit nettem Restaurant und Parkplatz. Zimmer inkl. Frühstück, Internet und Wäscheservice 17 $ p. P.

Hostal Las Palmas: Av. 20 de Julio y 4 de Enero, Tel. 03-288 48 32, www.laspalmas.pastaza.net. Sympathisches, gepflegtes Hostal mit Restaurant, Garage, Internet, kleinem Garten und Terrasse mit Hängematten. Saubere Zimmer mit Kabel-TV. EZ/DZ mit Frühstück 10/20 $.

... in Mera bei Shell (S. 10, D 3):

Hostal La Loma: Shell-Mera, Tel. 03-279 52 16, 03-279 51 07, www.laloma-hostal.com. Gastfreundliches schweizerisches Hostal mit bei klarem Wetter prächtigem Blick in die Anden und vielfältigem Ausflugsprogramm. Restaurant mit eidgenössischen Spezialitäten. Solide, sehr gepflegte Zimmer ab 24 $ p. P. mit deftigem Frühstück.

Papangu-Atacapi Tours: Calle 9 de Octubre y Atahualpa (anterior municipio), Tel. 03-288 38 32, Fax 03-288 38 75, http://papangu.yuricrea.it. Das lange Jahre vom DED beratene Projekt für Umweltschutz und Tourismus des Verbandes der Indígenas in der Provinz Pastaza (OPIP) bieten einen spannenden Einblick in den Regenwald und in das Leben der Gemeinden. Die mehrtägigen Touren sind engagierte Reisen in Pflanzenwelt, traditionelle Landwirtschaft, Naturmedizin, Spiritualität und Kultur.

Kunsthandwerksladen Jana Puma der Pueblos Indígenas de Pastaza (OPIP): Adresse wie Papangu-Atacapi (s. o.). Gute und preisgünstige Auswahl an Balsaholzkunst, Keramik, Schmuck, Blasrohren u. v. a. m. direkt aus den Gemeinden des Regenwaldes.

Bus: Die Buskooperativen San Francisco, Sangay, Amazonas, Flota Pelileo, Riobamba und Centinela del Oriente fahren mehrmals täglich von und nach Baños, Ambato, Quito, Riobamba, Tena, Coca und Guayaquil. Der Terminal liegt am Stadtrand.

Flug: Im Vorort Shell gibt es einen Flugplatz für Charterflugzeuge aus Quito, aber auch für die zahlreichen Flüge kleiner Propellermaschinen in den Regenwald, für die Gemeinden sowie für Touristen. Flugabwicklung, Charter und Rundflüge über die Agenturen und den Flughafen in Shell.

Macas

Reiseatlas: S. 16, D 2
Von Puyo erreicht man nach anstrengender, mehrstündiger Busfahrt nach Süden die etwas gesichtslose Regenwaldstadt **Macas,** Hauptstadt der Provinz Morona-Santiago und damit von großer Bedeutung für die Indianer der Shuar, welche in dieser Provinz die weitaus größte Landbevölkerung stellen. 13 500 Menschen leben in dem 1000 m hoch gelegenen, verschlafenen Städtchen am Ufer des Río Upano und erhoffen sich von der 2006 fertiggestellten neuen Brücke über den Fluss mehr Anschluss an den Rest des Landes und einen Entwicklungsschub.

Derweil unterhalten die italienischen Ordensbrüder der Salesianer seit Jahrzehnten eine ›Flugmission‹ in Macas, auch um die Ureinwohner auf den katholischen Weg zu bringen. Von der hoch über Macas thronenden Kirche hingegen eröffnet sich ein **fantastischer Blick** auf den Río Upano und den Urwald-Höhenzug Vieja Cordillera de Cutucú.

Die Stadt kann als **Ausgangspunkt zu Regenwaldexkursionen** genutzt werden, wenngleich die Region logistisch nicht so weit entwickelt ist wie der Río Napo. Aber über die Hand voll lokaler Agenturen in Macas erhält man den vielleicht authentischsten Einblick in die Welt der Shuar.

Eine ausführliche Liste mit allen Kontakten zu Hotels, Restaurants, Reiseagenturen und weiteren Einrichtungen findet sich auf **www.turismorona.com/servicios**.

Hotel Peñón del Oriente: Calle Domingo Comín y Amazonas (Ecke), Tel. 07-270 04 57. Kleines Hochhaus am Markt mit Restaurant. Zimmer schlicht, aber akzeptabel, etwas laut. EZ/DZ 15/22 $.
Hostal La Orchidea: Calle 9 de Octubre y Sucre, Tel. 07-270 09 70. Einfache, aber etwas charmantere und familiäre Pension mit einfachen und sauberen Zimmern. EZ/DZ 8 $ p. P.

Neben dem Regenwald und den Shuar-Gemeinden werden auch Expeditionen in den **Sangay-Nationalpark** in den Anden angeboten, z. B. von Ikiam (s. u.).
Winia Sunka: Av. Amazonas y Pasaje Turístico, gegenüber Hotel Peñón del Oriente, Fax 07-270 00 88, wisunka@juvenilemedia.com.
Aventura Tsunki Touring: Av. Amazonas y Domingo Comín, Fax 07-270 04 64, tsunki@cue.satnet.net.
Ikiam: Calle 10 de Agosto, 2. Stock, gegenüber der Busstation, Tel. 07-270 04 57.

Flug: Tägliche Flüge nach Quito mit TAME, Av. Amazonas y Cuenca, Tel. 07-270 21 62, www.tame.com.ec. ›Flugmission‹ der Salesianer im Flughafen, Tel. 07-270 01 42.
Bus: tgl. mehrere Direktbusse von Turismo San Francisco auf der Route Quito–Baños–Puyo–Macas, Fahrtzeit ca. 12 Std. Weitere Busse nach Cuenca und Loja.

Kapawi Lodge

Reiseatlas: westl. S. 16, F 2
Edles Regenwaldcottage an einer stillen Lagune des unteren Río Pastaza und innerhalb eines 5000 km^2 großen Reservats der Achuar. Hervorragender Service und großartige Biodiversität in den Händen eines ambitionierten Gemeindekonzeptes. Erlesene *cabañas* mit Veranda direkt am Wasser.

Kapawi Lodge: Guayaquil-Büro der Agentur Canodros, Tel. 04-251 47 50, 04-228 57 11, Fax 04-228 76 51, www.kapawi.com. 4 Nächte 895 $, nicht selten im Sonderangebot für 670 $; Flug Quito–Kapawi hin und zurück: 224 $.

Der Regenwald ist eines der weltweit spannendsten Gebiete für Ornithologen, hier eine Beobachtungsstation

Unterer Río Napo

Reiseatlas S. 11/12

Unter den zahlreichen Schutzgebieten der Provinz Orellana ist der Nationalpark Yasuní am unteren Río Napo der bedeutendste. Der 1979 eingerichtete Parque Nacional wurde zehn Jahre später von der Unesco zum Biosphärenreservat erklärt. Zugleich ist Yasuní der größte Nationalpark des Landes und verfügt über eine unglaublich hohe Artenvielfalt. Der Yasuní und die angrenzenden Gebiete sind ein Eldorado für Biologen und Touristen.

Río Napo

Der wichtigste Fluss des ecuadorianischen Regenwaldes ist der Río Napo. Dieser Amazonaszufluss ist der breiteste des Landes. Ab der Regenwaldstadt Coca ist er sogar schiffbar bis nach Iquitos in Peru und damit über den Río Amazonas bis nach Brasilien und in den Atlantik. Dabei bestehen zwar sporadische Schiffsverbindungen, aber bis heute existiert zwischen Ecuador und Peru noch kein Linienverkehr per Boot.

Der Río Napo ist ein flacher Strom, der mehrere 100 m breit werden kann, dann aber von weiten Sandbänken durchzogen ist. Vor allem bei Niedrigwasser ist die Navigation daher schwierig, zumal auch Baumstämme aus dem Regenwald in den natürlichen Fahrrinnen liegen. Doch die *motoristas* der vielen schmalen Boote kennen den Verlauf des Flusses und seine Tücken trotz des trüben Wassers überraschend gut. Sie scheinen fast jeden kleinen Strudel genau zu interpretieren und lenken die Boote mit Geschick um fast jedes Hindernis herum.

Die ›Bewohner‹ des Waldes

Der Fluss ist die Lebensader der erst vor wenigen Jahren gegründeten Provinz Orellana und ihrer Hauptstadt Francisco de Orellana, die seit *motoristas* Gedenken El Coca oder schlicht Coca genannt wird. Etwa 90 000 Menschen leben in der Provinz, darunter Indígenas dreier Ethnien: zahlreiche Gemeinden der Kichwas Amazoniens, ferner Huaoranis, die sich zunehmend von ihrem Nomadenleben abkehren und ebenfalls Siedlungen im Familienverbund gründen und einige Shuar im abgelegenen Südosten der Provinz.

Allein 107 Reptilienarten und 111 Arten von Amphibien wurden bis dato in **Yasuní** registriert. Der Park zählt über 2500 Baumarten und weist mit bis zu 283 Arten auf einem einzelnen Hektar Fläche am unteren Río Napo die **höchste Baumartendichte der Welt** auf. Daher haben die biologischen Fakultäten mehrerer renommierter Universitäten des Landes gerade hier ihre Forschungsstationen aufgebaut, so auch die Universidad Católica und die Universidad San Francisco de Quito. Aus diesem Grund liegen eine Vielzahl von attraktiven Regenwaldlodges für die Reisenden aus aller Welt an den Ufern des Río Napo, seiner Nebenflüsse und Lagunen. Der **Eintritt in den Nationalpark** kostet 20 $.

Tourismus statt Erdöl

Unvermeidbar sind die Regenwälder von Orellana und auch der Nationalpark selbst gleichzeitig **Fördergebiet der Erdölindustrie,** was zu den bekannten Konflikten mit Ureinwohnern, Ökologen und Touristen führt. Der spanische Konzern Repsol und die nationale Petroecuador sind u. a. am Río Napo aktiv. Der Tourist bemerkt das an der industriellen Schifffahrt auf dem Fluss, wo z. T. schweres Gerät und Fahrzeuge mit Fähren transportiert werden, sowie an gelegentlichen Helikopterflügen über den Baumwipfeln. In den vergangenen Jahren verstärkte sich im Gefolge der *petroleros* auch der Raubbau am Wald.

Es malt die Sache schön, wenn es heißt, dass die Indianer des Regenwaldes von Orellana »den Eroberern, den Kautschukbaronen, den Erdölkonzernen und den Epidemien widerstanden« hätten, wie die Provinzregierung schreibt. Immerhin richtig sieht sie die »dringende Aufgabe, die indianischen Kulturen zu bewahren und vor allem den Regenwald zu schützen, diesen wahren Protagonisten der Geschichte und die Wiege einer facettenreichen, geheimnisvollen und fantastischen Geografie des Menschen«.

Dank des **Widerstandes vieler Gemeinden** konnten bis heute wichtige Reservate und Regionen vor dem Zugriff der *petroleros* geschützt werden, sodass die Regenwälder am mittleren und unteren Río Napo zu den in biologischer Hinsicht besten Plätzen der ecuadorianischen Región Amazónica zählen.

Der **Tourismus** selbst ist ein weitgehend nachhaltiger, konstruktiver und öffentlichkeitswirksamer Gegenspieler der Erdölindustrie und bildet zudem eine wirtschaftliche Alternative für die Regenwaldbewohner.

Mit dem Autor unterwegs

Biologische Station

Für Biologen und Forschungsprojekte ist die **Estación Científica Yasuní,** das Regenwaldzentrum der Katholischen Universität von Quito, ein exzellenter Ort für Fachstudien (s. S. 338).

Pfad durch die Baumwipfel

Die Krönung der **Baumtürme** im ecuadorianischen Regenwald befindet sich auf dem Gebiet der Sacha Lodge, wo drei Gittertürme über 275 m Länge einen **schwebenden Weg** zwischen den Baumwipfeln in 30 m Höhe tragen und so einzigartige Studien der Baumkronen des Primärwaldes und ihrer Bewohner erlauben (s. S. 341).

Zeit der Papageien

Am Río Napo nahe der Mündung des Río Añangu befinden sich die Salzstellen **Saladero de Loros** und **Saladero de Pericos,** wo bei trockenem Wetter morgens vier bis fünf Arten von Papageien zu Hunderten zu beobachten sind. Hier holen sie sich unter großem Geschrei aus der salzigen Lehmwand die nötigen Laugen zum Ausgleich gegen ihre bittere Rohfruchtnahrung. Hier bietet sich die beste Möglichkeit in Ecuador, dieses **Naturspektakel** zu beobachten (s. S. 341).

Francisco de Orellana (Coca)

Reiseatlas: S. 11, A 1

Geschichte

An diesem Ort begann Anfang 1542 die dramatische Entdeckungsreise des erst 30-jährigen spanischen Leutnants Francisco de Orellana und seiner 57 Soldaten. Auf der Suche nach dem Zimtland spülte ihn der Río Coca an Bord eines selbst gebauten Segelbootes in den großen Río Napo. Im weiteren Verlauf des Napo-Flusses trennte sich Orellana von General Pizarro, um Verpflegung zu besorgen, wie es hieß. Oder aber um nicht mehr an den Greueltaten des Indianerschänders Gonzalo Pizarro teilzuhaben, wie andere Historiker mutmaßen. Und hierher, an den Ort des heutigen Coca, kehrte Orellana nie wieder zurück. Denn der Río Napo trug ihn in die Europa unbekannte Welt des Regenwaldes und der wilden Waldindianer. Zwischen den Angriffen mit Giftpfeilen fand Francisco Orellana jedoch immer wieder Indianer, die ihm Geleit und Schutz boten, sodass er letztendlich nach sechs Monaten der Odyssee auf dem Strom den Atlantischen Ozean erreichte, was dem Abenteurer somit kurz vor seinem Tod den unverhofften Titel als ›Entdecker des Río Amazonas‹ einbrachte.

Blick von der Öko-Lodge in den Sonnenuntergang

Coca heute

465 Jahre später trägt das 18 000 Einwohner zählende Siedlerstädtchen an Río Napo und Río Coca den Namen des spanischen Entdeckers. Francisco de Orellana, kurz Coca genannt, ist auch die Hauptstadt der Provinz Orellana und hat sich im Zuge der Erdölausbeutung im Oriente zu der nach Lago Agrio zweitwichtigsten Stadt des Regenwaldes entwickelt. Der hohe Ölpreis und die starke Hand der Bürgermeisterin haben auch Coca in jüngster Zeit einen bescheidenen Auftrieb beschert: Die Uferpromenade wurde gepflastert, daneben entsteht ein modernes Einkaufszentrum, und ein neues Fünf-Sterne-Hotel baut gerade die Spa-Anlagen aus. Mit dem Asphalt in den wichtigsten Straßen verschwanden in Teilen auch der Staub und die einst beunruhigend hohe Kriminalität. Ein Ferienziel ist Coca damit jedoch noch lange nicht. Der Tag beginnt weiterhin mit einem *desayuno petrolero* (›Ölarbeiter-Frühstück‹) und endet tränenreich bei Karaoke. Es sei das ›Paris des Oriente‹, meint wiederum ein deutscher Arzt, der jahrelang nahe Coca forschte, »gemischt mit einem Schuss Bronx und Macondo«.

Wer das alltägliche Leben auf den Straßen betrachtet, stellt fest, dass die Menschen von Coca heute anscheinend gerne quasseln und singen, abends vor dem Fernseher sitzen oder Kugeln über grüne Tische jagen und ansonsten viel verreisen – ein Leben, dass offenbar krank macht. Denn selten findet man eine derart hohe Dichte von Telefonkabinen, Karaokebars, Videohändlern, Billardkneipen, Taschenhändlern und eben auch Apotheken wie in Coca. Aber vielleicht ist genau das die einzige Überlebensform in einer feuchtwarmen Stadt mit Durchschnittstemperaturen von 25 °C …

Ausflug zu den Wasserfällen bei Coca

Wer einen halben oder ganzen Tag in Coca zu verbringen hat, findet einige erfrischend schöne Wasserfälle in der Umgebung. Mit dem Bus oder Taxi erreicht man binnen einer Stunde etwa die **Cascada de las Conchas,** die **Cascada de San Pablo** oder auch die **Cascada El Refugio de los Loros,** die zum Baden einladen. Teilweise muss man sich vor dem Besuch der Wasserfälle bei der Gemeinde anmelden, weswegen ein vorheriger Kontakt zum Tourismusbüro in Coca empfohlen wird.

Orientierung: Eine zentrale Brücke quert den Río Napo und mündet am Nordufer in die zentrale Geschäftsstraße Avenida Lavaca. Zwei Parallelstraßen weiter im Westen verläuft die logistisch wichtige Calle Napo, die an den Anlegestellen des Flussufers und damit an der Promenade endet.

i-Tur: Malecón y Calle Chimborazo, Tel. 06-288 05 32, www.municipiodeorellana.gov.ec (2007 zeitweise nicht online), www.orellana turistica.gov.ec, Mo–Fr 8–12, 14–18 Uhr. Freundliches, städtisches Tourismusbüro mit einzelnen Prospekten von der Provinz und reichlich Postkarten. Das Personal spricht nur Spanisch. **Regenwaldtouren** sind besser in den Agenturen in Quito oder Guayaquil zu buchen.

Internetcafé: Centro de Computo, Calle Napo y Cuenca, Tel. 06-288 04 75, tgl. 8–22 Uhr. Schnellster und bester Service in der Stadt.

Hotel El Auca: Calle Napo y García Moreno, 300 m vom Fluss, Tel. 06-288 01 27, 06-288 06 00, anoboa@intertelec.net. Freundliches, gepflegtes, modernes Stadthotel der Mittelklasse und recht schöne Holzcabañas, beides um einen kleinen tropischen Garten samt Affen und Guatusa-Tapiren gruppiert. EZ/DZ mit Kabel-TV, Minibar und AC 30/49 $, *cabaña* 28/45 $, ohne AC und Bar 17/27 $.

Hotel La Misión: Río Napo, 200 m östlich der Brücke, Tel. 06-288 05 44, 06-288 02 60, Fax 06-288 02 63, hlamision@hotmail.com. Auf den Grundmauern der alten Kapuzinermission an dem hier einst idyllischen Ufer des Río Napo entstand in den 1980er-Jahren eine große Hotelanlage. Dem spürbar in die Jahre gekommenen Objekt mit Schwimmbad, Wasserrutsche, Diskothek, Fitnessraum und ein paar tropischen Haustieren fehlen Renovierung und ein besserer Service, um an den Glanz vergangener Zeiten erinnern zu können. Geräumige, teils laute Zimmer mit Minibar, TV und alter AC. EZ/DZ 20/29 $.

Hotel Oasis: Río Napo, 150 m östlich der Brücke, Tel. 06-288 02 06, 06-288 06 09, www.yuturilodge.com. Einfache Uferpension im Stil eines amerikanischen Motels mit Parkplätzen, TV und Uferterrasse bei gutem Preis-Leistungs-Verhältnis. EZ/DZ ohne AC 9/11 $, mit AC 11/16,50 $.

Restaurant Dayuma: im Hotel El Auca (s. Unterkünfte), Tel. 06-288 06 00, tgl. 6.30-21.30 Uhr. Reiche Auswahl an nationaler und teils internationaler Küche, guter Service in einem hellen, hohen Restaurant mit nettem Gartenblick. Mittagsmenü 4 $, Hauptgericht 7–9 $.

Restaurant Pizza Choza: Calle Rocafuerte y Napo, Tel. 06-288 10 25, suzancabrera@yahoo.com, Mo–So 18–22 Uhr. Sehr leckere Pizza in stilvoll eingerichtetem Restaurant mit angenehmer Atmosphäre und Musik unter kanadischer Leitung; der ›hühnchenfreie Lichtblick‹ in Cocas Gastronomie. Pizza ab 4,50 $.

River Dolphin Expeditions: Kontakt über Hotel El Auca (s. links) oder Tel. 06-288 23 36, 09-460 30 87 (Randy Smith und Ramiro Viteri). Lokaler Veranstalter von Bootstouren, Fischen, Vogelbeobachtungen und Gemeindebesuchen. Bootscharter nach Iquitos/Peru auf Anfrage.

Flug: Täglich etwa 9 Flüge verbinden Coca mit Quito (51–56 $ pro Flug). Die häufigsten Flüge bietet ICARO. TAME bietet zudem einen preiswerten Quito-Anschluss u. a. nach Guayaquil, Cuenca und Esmeraldas.

ICARO: Büro im Hotel La Misión, Tel. 06-288 33 84, 1-800-88 35 67, www.icaro.com.ec, Mo–Fr 7–18, Sa 7–12, So 14–17 Uhr.

TAME: Calle Napo y Rocafuerte, nahe Hotel El Auca (s. S. 337), Tel. 06-288 10 78, www.tame.com.ec, Mo–Fr 7–19, Sa 7–16, So 8–16 Uhr.
VIP Airline: Büro im Flughafen, Tel. 06-288 17 42, 1-800-84 78 47, www.vipec.com.
Bus: Transportes Baños, Calle Napo y Bolívar, Tel. 06-288 01 82, tgl. 10 x nach Quito und 5 x über Loreto, Tena, Puyo und Baños nach Ambato. Weitere Kooperativen im Ort.
Bootsverkehr: Cooperativa de Transporte Fluvial Orellana, Malecón y Calle Napo, Tel. 06-288 00 87, jorgevicente35@yahoo.com. Mo und Do um 8 Uhr über Pañacocha zur Grenze nach Nueva Rocafuerte, Fahrtzeit 11–12 Std., 10–15 $. Rückfahrt Mi, So 5 Uhr ab Nueva Rocafuerte (Reiseatlas S. 12, F 2).
Hinweis: Für die abenteuerliche Ausreise über den Río Napo nach Peru empfiehlt es sich, bereits in Coca bei der Migración die Ausreiseformulare in Ordnung zu bringen.
Taxiruf: Tel. 06-288 01 69.

11 Nationalpark Yasuní

Reiseatlas: S. 11/12, C–F 1–3
Mit fast 1 Mio. ha Fläche ist Yasuní der größte Nationalpark auf dem ecuadorianischen Festland. Die zahlreichen Flüsse in einer der bedeutendsten Quellregionen des Amazonasbeckens haben eine sanfte Hügellandschaft aus der Weite des tropischen Regenwaldes geformt, der hier Höhen von 300 bis 600 m erreicht. Die zum Park zählenden Quellgebiete der Flüsse Napo, Yasuní, Tiputini, Nashiño, Cononaco Curara und in Teilen Curaray beherbergen berühmte Regenwaldvölker wie die Huaoranis und eine extrem hohe pflanzliche Artenvielfalt sowie eine großartige Fauna.

Der wichtigste Fluss und die touristische Lebensader des Parks ist der untere Río Napo. Ihm gliedern sich zahlreiche Nebenflüsse, darunter **biologisch wertvollste Schwarzwasserflüsse** (s. Thema S. 344) und **Lagunen** wie am Río Añangu an. Im und an den westlichen Randzonen des Nationalparks ist mit mehreren hoch- und mittelklassigen Regenwaldlodges eine **exzellente Infrastruktur für Regenwaldexkursionen** und Leben an den Ufern der Amazonaszuflüsse entstanden. Die meisten Lodges werden auf dem Wasserweg von der Stadt Coca aus nach Osten über den von mehr als 100 Inseln gesäumten Río Napo erreicht. Unvermeidbar dabei ist der gelegentliche Kontakt mit der Erdölbranche.

Estación Científica Yasuní

Unter der Leitung des deutschen Biologen Friedemann Köster betreibt die renommierte Katholische Universität von Quito (PUCE) seit 1994 eine gut ausgestattete biologische Forschungsstation inmitten des Nationalparks Yasuní und im Reservat der Huaoranis. Forschungsvorhaben können sich in Quito anmelden und einen Aufenthalt in der Station vereinbaren (Kontakt: Estación Científica Yasuní, Pontíficia Universidad Católica del Ecuador, Avenida 12 de Octubre y Roca, Quito, Tel. 02-256 56 27 ext. 1367, Fax 02-256 71 17, www.puce.edu.ec/sitios/yasuni/yasuni.htm (auch auf Englisch).

Über den Río Napo zur Lodge

Reiseatlas: S. 11/12, A 1–F 2
Fast alle Lodges und Flussschiffe werden von Coca aus angefahren – jeden Tag verlässt eine Vielzahl von *lanchas* die Molen der kleinen Regenwaldstadt. Bis zu 80 Personen besteigen dann ein Motorkanu gen Osten. Bessere Lodges verfügen über eigene Schnellboote mit bequemen Sesseln und vor allem mit einem Rundumschutz gegen Spritz- und Regenwasser. Andere Veranstalter schieben Gäste auf die lange Holzbank ihrer Riesenkanus –hart, aber reizvoll. Die Kanus sind schnell und effektiv. Sie umkurven die Sandbänke, fahren teils sehr nah an den sattgrünen Ufern vorbei, an denen manchmal Indianerinnen waschen oder Kinder spielen. Grandios sind die Wolkenbilder, die gerade über dem offenen Río Napo hervorragend zu sehen sind.

Farbenfroher Bewohner des Regenwaldes: der Zwergfrosch

In der Nähe der Lodges muss man wegen der weniger tiefen Nebenflüsse dann meist auf ein kleines Kanu wechseln, oder man ist bereits wenige Schritte von seiner *cabaña* entfernt. Die Magie des Río Napo ist ergreifend, und ein Hauch des großen Amazonas liegt bereits über seinen sanften Wellen und Strudeln. Die Route führt nun von Coca zu allen wichtigen Lodges und Exkursionsschiffen bis an die peruanische Grenze, die von Touristen selten aufgesucht und nach etwa 300 km und elf Stunden erreicht wird. Alle Lodges liegen im oder in unmittelbarer Nähe des Nationalparks Yasuní und verfügen über Primärwald in direkter Umgebung.

Yarina Lodge (S. 11, B 1): Río Napo 25 km östl. von Coca, Büro in Quito: Av. Amazonas N24-240 y Colón, Tel. 02-250 40 37, www.yarinalodge.com. 20 *cabañas* für bis zu 4 Pers., relativ nahe an Coca, Turm von 45 m Höhe. Buchbar flexibel 75 $/Tag.

Richtig Reisen-Tipp: Napo Wildlife Center

Eines der jüngsten und **erfolgreichsten Regenwaldprojekte** in Ecuador ist vor kurzem komplett von der Kichwa-Gemeinde Añangu (Reiseatlas S. 11, C 1) übernommen worden. Denn Letztere besitzt in ihrem Primärwald innerhalb des Nationalparks ein Juwel von See, an dessen Uferhügel sich eine der schönsten Lodges Ecuadors mit nur zehn *cabañas* erhebt. 25 der gut 150 Gemeindemitglieder finden hier Arbeit, wodurch praktisch alle Familien direkt vom Tourismus profitieren. Zudem liegt im Territorium der Gemeinde nahe der Mündung des Río Añangu die am besten zugängliche **Salzstelle der Papageienschar,** die sich hier morgens einfindet. Die insbesondere – aber nicht nur – auf Vogelbeobachter ausgerichtete Napo Wildlife Center Lodge verfügt ferner über einen **37 m hohen Baumturm** und eine sehr hohe Dichte von Baumarten. Im **See** kann tagsüber geschwommen werden.

Die großen, in feinem Holz gehaltenen *cabañas* mit Balkon, Ventilator, Hängematte und Seeblick sind atmosphärisch warm und verfügen über ausgezeichnete Betten. Service und Küche sind ebenfalls sehr gut, so auch die Teams von einheimischen und auswärtigen **Naturführern.**

Aber der größte Luxus ist die Stille, denn die Gemeinde hat sich und allen Besuchern im gesamten Einzugsgebiet der Lodge den Außenbordmotor untersagt, wodurch auch auf dem 5 km langen Schwarzwasserfluss Añangu zwischen Río Napo und Lodge sehr viele Tiere zu beobachten sind. Ende Dezember zur Reifezeit der Guavilla-Frucht kommen besonders viele **Affen** und im Januar und Februar besonders viele **Kaimane** an den Fluss. An diesem exklusiven Ort im Regenwald begegnen sich modernes Marketing, Schulbiologie und Auslandserfahrung auf der einen Seite und die indigene Kulturgeschichte sowie Regenwalderfahrung und Manpower der Kichwas auf der anderen Seite.

Lage der Napo Wildlife Center Lodge: Río Napo, 70 km östlich von Coca und zwei weitere Stunden im nicht-motorisierten Kanu bis zur 5 km entfernten Laguna Añangu.

Kontakt: keine Direktbuchung möglich, empfohlene Agentur in Quito: Surtrek, Av. Amazonas 897 y Wilson, Tel. 02-223 15 34, Fax 02-250 05 40, www.surtrek.com, EZ/DZ Mo–Fr 795/1075 $, Fr–Mo 650/860 $, andere Reisetage auf Anfrage.

Projektinfos unter www.napowildlifecenter.com.

Auf der Manatee Amazon Explorer

Das charmante dreistöckige Schiff ist eine Amazonien-Alternative für Leute, die ›kreuzfahrtähnlichen‹ Übernachtungskomfort suchen oder ungern im Regenwald selbst schlafen möchten. Das ruhig liegende, 27 m lange und 7 m breite Schiff für bis zu 30 Gäste macht täglich **zwei Stopps an den Ufern** des Río Napo, von wo es dann in der Gruppe auf Waldwegen oder im Kanu auf kürzeren Ausflügen in den Regenwald und zu einer Kichwa-Gemeinde geht. Auch der **Baumturm der Sani Lodge** (s. S. 341) wird im Tourenverlauf bestiegen.

Das vergleichsweise wenig anstrengende Programm auf und mit der Amazon Explorer ist eine Art Regenwald *light,* entbehrt etwas der Authentizität des Lebens im Wald, doch hat durchaus seine Reize, zumal nur tagsüber in meist kürzeren Abschnitten gefahren und nachts am Ufer des Flusses festgemacht wird. Ein kleines Vortragsprogramm rundet das Erlebnis ab.

Manatee Amazon Explorer: Río Napo, Liegeplatz Indillana, 2 Bootsstunden östlich von Coca, Büro in Quito: Advantage Travel, Calle El Telégrafo E10-63 y Juan Alcántara, Tel. 02-244 89 85, Fax 02-

243 76 45, www.manateeamazonexplorer.com. Die Kabinen mit AC sind sehr gepflegt, das gemütliche, gute Restaurant und das Sonnendeck sowie das insgesamt von Holz geprägte Ambiente sind sehr ansprechend. Tour mit Vollpension und Naturführer Mo–Fr mit 4 Übernachtungen 615–695 $, Fr–Mo 450–495 $. Auf Anfrage werden auch längere Exkursionen durchgeführt, etwa zu den nördlichen Seen von Cuyabeno oder nach Peru.

Sacha Lodge (S. 11, C 1): Río Napo, etwa 70 km östlich von Coca an einem kleinen See gelegen, Büro in Quito: Calle Julio Zaldumbide 397 y Valladolid, Tel. 02-250 95 04, 09-973 31 82, www.sachalodge.com. Diese Lodge mit einem eigenen Reservat von 2300 ha Regenwald bietet bis zu 80 Gästen Platz. Ein besonderer Höhepunkt ist der **275 m lange Baumkronenweg** (Sacha Bird Walk), den drei Masten in 30 m Höhe durch den Wald spannen. Die *cabañas* der gehobenen Klasse sind geräumig, stilvoll und gut ausgestattet.

Napo River Clay Licks (Saladeros de Loros y de Pericos)

Reiseatlas: S. 11, C 1

Die englisch Napo River Clay Licks genannten Salzstellen der Papageien auf dem Territorium des Napo Wildlife Center sind der beste Ort in Ecuador, um **verschiedene Papageienarten** zu studieren und sie zu Hunderten beim Salzaufnehmen zu beobachten. Wenn es nicht regnet, treffen sich die Vögel meist morgens um 7 Uhr am **Saladero de Loros** am Ufer des Río Napo oder hinter dem Flusshügel an einer Lehmwand, wo ein Beobachtungsstand errichtet wurde.

Zum Betreten dieses Beobachtungsbereiches wird von auswärtigen Besuchern ein Eintritt von 25 $ erhoben. Den Gästen der Napo-Lodge (s. Tipp S. 340) steht zudem weiter im Inneren des Waldes der **Saladero de Pericos** frei zur Verfügung, wo die Tiere mit noch größerer Wahrscheinlichkeit gegen 11 Uhr eintreffen.

La Selva Jungle Lodge (S. 11, C 1): Río Napo, 95 km östlich von Coca und weitere 30 Min. im Kanu sowie zu Fuß bis zur Laguna Garzacocha, Büro in Quito: Av. 6 de Diciembre 2816, Tel. 02-255 09 95, 02-222 51 54, Fax 02-256 72 97, info@laselvajunglelodge.com. Eine der ältesten Lodges im ecuadorianischen Regenwald mit Baumturm, einer Schmetterlingsfarm und einer wissenschaftlichen Station. 16 komfortable *cabañas* mit schönem Blick. Mi–So ab 850 $, So–Mi ab 680 $, andere Tage auf Anfrage.

Sani Lodge (S. 11, C 1): Río Napo, etwa 100 km östlich von Coca und weitere 20 Min. über einen Nebenfluss zu dem kleinen See Challuacocha, Büro in Quito: Calle Roca 736 y Amazonas, Pasaje Chantilly, Tel. 02-255 88 81, 09-308 46 75, www.sanilodge.com. Die einfache Lodge wird in Selbstverwaltung der Kichwa-Gemeinde Sani Isla im Grenzgebiet zum Nationalpark betrieben (sehr freundlicher Service). Schwerpunkt der Aktivitäten sind ausgedehnte Wanderungen auf Waldpfaden der Gemeinde und ein warmherziger Empfang bei einer Familie. Der Baumturm der Sani Lodge ist 30 m hoch, das Schwimmen im See bleibt hingegen den prächtigen Schwarzen Kaimanen vorbehalten. 150 $ pro Nacht und Person ab 3 Nächten Aufenthalt, 75 $ bei Unterkunft in an *cabañas* erinnernden überdachten Zelten der Lodge mit wunderbarem Seeblick.

Nuevo Rocafuerte

Reiseatlas: S. 12, F 2

Im Ostzipfel Ecuadors liegt das stille 300-Seelen-Dorf **Nuevo Rocafuerte** mit einem Kantonalskrankenhaus und einer Kaserne, einer einstigen Bastion im Regenwaldkrieg gegen Peru. In gastronomischer Hinsicht hat der Ort noch viel Entwicklungsbedarf ... Die sehr einfache Pension Ibis bietet Rat und Nachtruhe.

Ist der Ort in acht Stunden per Kanu ab Coca (s. dort S. 337) recht regelmäßig zu erreichen, so ist für abenteuerlustige Reisende auf diesem Wege nach Peru eine aktuelle Information und die Vorbereitung der Ausreisepapiere in Coca obligatorisch.

Unterwegs auf der Laguna Grande im Überschwemmungswald von Cuyabeno

Schwarzwasserfluss – glasklar und bitter

Thema

Die glasklaren Schwarzwasserflüsse des tropischen Regenwaldes sind ideale Orte zur Tierbeobachtung. Umgeben diese sauren Gewässer selbst kaum Leben, so beherbergen sie an ihren Ufern eine atemberaubende Flora und Fauna, ein Traumpfad für eine stille Kanuexkursion.

Schwarzwasserflüsse führen im Grunde glasklares Wasser. Denn sie transportieren nur eine geringe Sedimentfracht und besitzen allenfalls eine feine bräunliche Färbung. Doch sie erscheinen uns bei geneigtem Blick auf die Oberfläche tiefschwarz und nahezu unheimlich. Diese Flüsse, die schon Alexander von Humboldt am Río Orinoco faszinierten, entspringen in der Regel Moorlandschaften auf kristallinen Untergründen der Regenwälder, haben also keinen Gebirgskontakt. Schwarzwasserflüsse führen vor allem Huminsäuren mit sich, die beim biochemischen Abbau abgestorbener Pflanzenteile im Fluss entstehen. Und davon gibt es reichlich, wie schon die Umrisse der zahllosen Baumstämme unter dem Wasserspiegel erahnen lassen.

Es fehlen hingegen die in den Weißwasserflüssen dominierenden Partikel von Sand und Schluff. Dadurch besitzen Schwarzwasserflüsse wenig Erosionskraft, die ihre Stromschnellen aufbrechen und abbremsen könnten. Diese Gewässer sind äußerst nährstoffarm. Der hohe Anteil an Huminsäuren lässt praktisch kein pflanzliches und tierisches Leben entstehen. So nutzt auch der Kaiman den Fluss nicht als Nahrungsquelle, sondern als Jagdrevier, in dem er seine Wendigkeit ausspielen kann.

Atmosphärisch gehören die stillen Kanufahrten in den meist engen Schwarzwasserflüssen zu den ganz besonderen Erlebnissen einer Regenwaldexpedition: Es riecht nach sattem Blattgrün und nach nassem Holz. Aus dem dichten Wald dringen zahlreiche Vogelstimmen, der Ruf der Zikaden und das Brüllen der Affen. Die Ufer sind an manch flacher Biegung von Seerosen gesäumt, und dann wieder wird der Fluss zügig und eng, von einem Dach aus Bäumen wie ein Tunnel bedeckt, gelegentlich durchstoßen vom Sonnenlicht, das durch ein Fenster im immergrünen Laubdach in die dunkle Tunnelfahrt dringt. An anderen Stellen scheinen riesige Luftwurzeln nach dem Fluss zu greifen, und schon nach der nächsten Biegung reißt das Sichtfeld auf: Urwaldriesen spiegeln sich im Fluss, Ufervögel fliegen auf, und eine Familie von Affen schwingt sich von Ast zu Ast mit einem Getöse, als gelte es, den Wald zu retten.

Während die Bootsführer das Kanu allein mit dem Paddel und dem langen Holzstab, gerüstet wie im Stakboot, in aller Stille durch die Flüsse schieben, lassen sich die besten Tierbeobachtungen im Regenwald machen.

Am schwärzesten ist der Fluss nachts, wenn die Regenwaldbesucher im Kanu mit der Lampe die Ufer der Schwarzwasserflüsse und ihrer Lagunen absuchen, bis sie das Rote im Auge des Kaimans entdecken. Dann gleitet das Kanu sanft wie ein Blatt auf dem Wasser zu den im Extremfall 5 m langen Reptilien aus der Familie der Alligatoren zu. Momente, in denen man froh ist, dass der Kaiman ein Passivjäger ist und nur wartet, bis eine Ratte oder ein Otter dem Köder auf seiner Zunge zu nahe kommt.

Der nördliche Regenwald

Reiseatlas S. 4, 5/6

Der Norden der ecuadorianischen Selva ist in Folge der Erdölförderung die als erste erschlossene Regenwaldregion. So ist die Busanreise entlang der ›Petrostraßen‹ und Pipelines recht gut ausgebaut, doch optisch nicht gerade eine Freude. Dennoch ist es den indianischen Gemeinden und Naturschützern gelungen, insbesondere das große Faunareservat von Cuyabeno bis heute zu erhalten, eine einzigartige Wasserlandschaft des amazonischen Regenwaldes.

Cascada San Rafael und Río Quijos

Reiseatlas: S. 4, E/F 4

Von dem Verkehrsknotenpunkt **Baeza** (s. S. 322, Reiseatlas S. 10, D 11) aus geht es auf der mittlerweile recht passablen Regenwaldstraße nach Nordosten Richtung **Lago Agrio.** Schon rund 50 km von Baeza entfernt trifft man bei dem Ort **San Rafael** auf die **Cascada San Rafael** (auch Cascada del Coca genannt).

Die 160 m hohen Wasserfälle am Fuß des meist wolkenverhangenen und noch aktiven **Vulkans Reventador** (3562 m) zählen zu den größten Wasserfällen Ecuadors. Ein Schild weist den Eingang zu dem Naturspektakel. Hier stürzen klare, kalte Wassermassen in drei Fallstufen aus 900 m Höhe rauschend in die Tiefe.

Die erste Stufe ist bereits nach gut einer halben Stunde Abstieg ab dem Parkplatz erreicht. Die unterste Stufe ist noch eine Stunde Abstieg entfernt. Ist das Schauspiel des Wasserfalls phänomenal, lässt sich der Tierreichtum dieser Zone nur mit Geduld bewundern (Eintritt 10 $).

Der parallel zur Straße verlaufende **Río Quijos,** der später in den Río Coca mündet, ist ferner ein hervorragender Rafting-Fluss, der u. a. von den Agenturen in Quito angefahren wird (s. S. 138f.).

Lago Agrio

Reiseatlas: S. 5, B 3/4

Die erst 1989 gegründete Stadt **Lago Agrio** – ›Saurer See‹ – entlehnt ihren Namen dem Hauptquartier von Texaco in Sour Lake, USA. Der Ölmulti begann Anfang der 1970er-Jahre im nördlichen Regenwald Ecuadors mit der kommerziellen Erdölförderung und richtete an dem ursprünglich und bisweilen heute noch **Nueva Loja** genannten Ort sein logistisches Zentrum ein. Im Lauf der Jahrzehnte wuchs daraus recht rasant die größte Stadt der Selva. Texaco selbst hat sich aus der hiesigen Erdölförderung längst zurückgezogen und sieht sich heute wegen der hinterlassenen Umweltschäden in den USA mit Milliardenklagen der Indianer Ecuadors konfrontiert. Die staatliche Petroecuador und zahlreiche private Erdöl- und Servicefirmen sind in Lago Agrio in die Fußstapfen des US-Konzerns getreten.

In den vergangenen Jahren geriet die Stadt zunehmend unter Einfluss der Drogenhändler im Nachbarland Kolumbien und einiger anderer Krimineller. Zeitweise herrschten raue Sitten in der Stadt, und Konflikte unter den Beteiligten wurden nicht selten im Handumdrehen auf der Straße ›bereinigt‹. Auch die Auswirkungen des Bürgerkriegs im Nachbarland und des aggressiven, nordamerikanischen Plan Colombia spülen Flüchtlinge und

Konflikte in die Stadt. Der Tourismus bleibt davon bis auf wenige Ausnahmen verschont.

Ohnehin ist Lago Agrio weder architektonisch noch kulturell oder ökologisch einen Besuch wert. Aber die alte Erdölstadt liegt an der Pforte zum **Faunareservat Cuyabeno,** einem der spektakulärsten Regenwaldgebiete Ecuadors mit einer großen Seenplatte, einem eng verzweigten Flusssystem und einer äußerst hohen Biodiversität. Als Ausgangspunkt für einige der großartigen **Expeditionen in den nördlichen Regenwald** ist dieser Brückenkopf in die Welt der Kaimane von Bedeutung, wenngleich Exkursionen in das Reservat allein mit den Agenturen durchgeführt werden können.

Eine etwaige Ausreise über den Grenzort San Miguel nach Kolumbien ist theoretisch machbar, wegen der prekären Sicherheitslage in Südkolumbien jedoch unbedingt zu unterlassen.

Gran Hotel de Lago: km 1,5 via Quito, Fax 06-283 24 16/17, granhoteldelago@hotmail.com. Die erste Adresse im Ort, 5 Taximinuten vom Zentrum, in kleiner Parkanlage mit Swimmingpool, Restaurant (Büffet 8 $), Parkplatz und Konferenzräumen. Gute Zimmerausstattung mit Kühlschrank, Minibar, Klimaanlage, TV und Telefon. EZ/DZ mit Frühstück 34/44 $, Minisuite im Neubau 51/73 $.

Hotel La Cascada: Av. Quito 291 y Avenida Amazonas, Fax 06-283 22 29, 06-283 01 24, hcascada2006@yahoo.es. Zentrales Hotel der Mittelklasse mit kleinem Swimmingpool, Sauna und Gartenrestaurant. Kleine und etwas dunkle Zimmer sowie deutlich bessere Suites, allesamt mit Klimanalage, Kühlschrank, Telefon und TV. EZ/DZ mit Frühstück von 16/24 $ (einfach) bis 42/55 $ (Suite Mayor).

Hotel Oasis: Av. 9 de Octubre 402 y Francisco de Orellana, Fax 06-283 08 79, 06-283 21 95. Geschmackvoll eingerichtetes und gepflegtes Mittelklassehotel mit Dachterrasse, Billard, Cafeteria, Parkplatz und Swimmingpool. Helle, große Zimmer mit Kühlschrank und TV. EZ/DZ mit Ventilator 11/18 $, mit Klimaanlage 17/27 $, Suite 22/34 $, jeweils mit Frühstück (Reservierung empfohlen!).

Hotel Don Julio: Calle Vilcabamba 328 y 18 de Noviembre, 2. Stock über dem Büro der Empresa Eléctrica, Fax 06-283 03 32. Familiäres, kleines Hotel, einfach,

Farbenprächtig im traditionellen Gewand: Ureinwohner von Cuyabeno

Mit dem Autor unterwegs

Sicherheit geht vor

Ist es in den meisten Regionen des ecuadorianischen Regenwaldes vielleicht noch abenteuerlich, auf eigene Faust zu reisen, so ist das im Norden des Landes **nahe der Grenze zu Kolumbien** ein Tabu. Die hier empfohlenen Routen und Reisen bergen nach Recherchen und Ermessen des Autors hingegen kein größeres Sicherheitsrisiko, als es andernorts auch bestehen kann.

Rafting auf dem Río Quijos

Der rauschende Fluss Río Quijos ist neben den Wildwasserstrecken bei Tena eines der besten Gewässer für das **Rafting der moderaten bis mittleren Kategrorie drei** (s. S. 345).

Schwimmen im Schwemmland

Die **Seen von Cuyabeno** bieten an zahllosen Stellen wunderbare Möglichkeiten zum Schwimmen. Wegen der durchaus berechenbaren Kaimane und Piranhas ist die Wahl von Ort und Zeit des Badevergnügens jedoch den **Naturführern** zu überlassen.

Tourismusprojekt der Cofanes

Einen großartigen Widerstand gegen den sorglosen Umgang des Erdölsektors mit dem Ökosystem des Regenwaldes leisten seit Jahrzehnten die **Cofanes.** Die Geschichte ihres Kampfes gegen **Texaco** vor einem New Yorker Gericht lernt man in ihrem Tourismusprojekt in **Zábalo** kennen (s. S. 349).

freundlich und mit gutem Preis-Leistungs-Verhältnis, aber ohne Verpflegung. Saubere schlichte Zimmer mit Klimaanlage und TV. EZ/DZ 11/18 $.

Restaurante Machala: Av. Quito 161 und Pasaje Gonzánama, Tel. 06-283 01 61, tgl. 6.30–22 Uhr. Breite Auswahl, saubere Küche, empfehlenswertes Mittags- und Abendbüffet (2,50 $), zudem Frühstück (2 $), Säfte, Shakes und Restaurant à la carte: Hauptgericht 2–5,50 $.
Restaurante Pizzeria Mario: Av. Quito 171 y Pasaje Gonzánama, Tel. 06-283 01 71, tgl. 6.30–22 Uhr. Beliebtes Restaurant mit Frühstück, Mittags- und Abendmenüs mit bekannt großen Portionen, Hausspezialität ist Pizza. Hauptgericht 4–6 $.

Bus: Transportes Baños (Tel. 06-283 03 30, fast stdl.) und Transportes Esmeraldas (Tel. 06-283 19 54, die moderneren Busse) fahren nach Quito. Deren Busse (7 Std., 8 $) fahren an ihren Stadtbüros ab, halten aber auch am zentralen **Terminal,** 5 Taximinuten außerhalb. Weitere Verbindungen nach Coca und Tena.
Flug: TAME fliegt Mo–Sa um 10 Uhr Quito–Lago Agrio und um 11 Uhr zurück sowie Mo–Fr erneut um 17 Uhr, zurück 17.30 Uhr (Flugzeit 30 Min., 52–57 $ pro Strecke).

12 Faunareservat Cuyabeno

Reiseatlas: S. 5/6, B–D 3/4
Die 1979 gegründete **Reserva Faunística Cuyabeno** liegt im Nordosten Ecuadors in der Provinz Sucumbíos zwischen dem Amazonaszufluss Río Napo und den Grenzen zu Kolumbien und Peru. Das Gebiet des nationalparkähnlichen Reservats umfasst seit 1994 etwa 603 000 ha immerfeuchten tropischen Regenwaldes und ist damit das drittgrößte von 35 Schutzgebieten Ecuadors.

In Cuyabeno leben sieben kleinere indigene Gemeinschaften fünf verschiedener Ethnien: die Cofanes, Sionas und Secoyas als Ureinwohner sowie einige Kichwas und Shuars, die Anfang des 21. Jh. zugewandert sind. Dieses äußerst wasserreiche Reservat Amazoniens gehört zu den artenreichsten Gebieten der Welt und steht unter der Verwaltung des ecuadorianischen Umweltministeriums.

Im Westen des Schutzgebietes liegt eine besiedelte und industriell (Erdöl) wie landwirtschaftlich genutzte Pufferzone. Dieses als **Patrimonio Forestal** bezeichnete Gebiet verfügt nur noch über wenig Primärwald und wurde zudem im August 2006 ökologisches Opfer einer schweren Erdölkatastrophe.

Östlich davon entfaltet sich die **Reserva Cuyabeno.** In dieser liegt nach aktuellem Stand der biologischen Forschung einer der artenreichsten Wälder der Welt mit rund 400 verschiedenen Baumarten auf nur 1 ha Primärwald und höchster Diversität an Orchideen, Epiphyten und Kletterpflanzen.

Innerhalb des Reservats leben rund 500 Vogelarten und über 100 Arten von Säugetieren, so auch Pumas, Jaguare, Ozelots, Wasserschweine, Tapire, Riesengürteltiere, Ameisenbären, Otter, Faultiere, verschiedene Riesennagetiere, allein zehn Affenarten sowie Süßwasserdelfine und Seekühe. Hinzu kommen zahlreiche Reptilien, u. a. vier verschiedene Kaimanarten, Land- und Wasserschildkröten, Schlangen wie die Boa und Anakonda. Die riesige Artenvielfalt an Insekten in Cuyabeno ist wissenschaftlich noch weitgehend unerforscht.

Das Faunareservat wird durchzogen von einem feinadrigen System von Schwarzwasserflüssen (s. dazu auch Thema ›Schwarzwasserfluss – glasklar und bitter‹, S. 344), dessen Hauptläufe der **Río Aguarico** und der kleinere **Río Cuyabeno** bilden. Diese Flüsse und drei weitere Seengebiete des Reservats, darunter die 14 **Lagunas de Cuyabeno,** tragen maßgeblich dazu bei, dass das Einzugsgebiet des Río Napo mit fast 500 bislang entdeckten Fischarten zu den artenreichsten Gewässern der Welt zählt. Ein Besuch des Reservats wird über die Reiseagenturen in Form von Lodge-Aufenthalten, Camps oder Kanuexpeditionen ab Lago

Richtig Reisen-Tipp: Kanuwandern in Cuyabeno

In der weiten Wasserwelt von Cuyabeno gibt es keine bessere Form der Fortbewegung als das Kanu. Tagsüber kommt man damit eng an die Uferfauna heran, während das Kanu still über die Flüsse und Seen gleitet. In der Dunkelheit ist es das beste Vehikel, um das rote Leuchten an Ufer und Böschung zu suchen – die reflektierenden Augen der auf der Lauer liegenden **Kaimane.** Auch die Einstiege in verschiedene **Regenwaldwanderwege** sind gerade im Faunareservat des Nordens am besten und ökologischsten mit dem traditionellen Gefährt der Selva zu erreichen.

Die deutsche Naturliebhaberin Katja Saubert führt seit Jahren ein kleines Reiseunternehmen, das sich auf Kanuwanderungen in den schönsten Gebieten von Cuyabeno spezialisiert hat. Ihr Headquarter ist ein recht spartanisches Camp mit respektablem Basiskomfort und liegt am ganzjährig Wasser führenden Río Cuyabeno. Das Kanuequipment ist auf dem neuesten Stand von Komfort und Sicherheit (Kontakt: Magicriver, Lotización 18 de Diciembre, Calle Primera y Pacayacu, Tel. 06-282 10 03, 09-736 06 70, www.magicrivertours.com. Preise p. P. ab Lago Agrio: 5 Tage 285 $, 8 Tage 560 $).

Agrio bzw. über die jeweiligen Büros in Quito organisiert. Der Eintritt in das Reservat kostet 20 $.

Cuyabeno Lodge: Laguna Grande de Cuyabeno, Quito-Büro: Neotropic Turis, Calle Pinto E4-338 y Av. Amazonas, 02-252 12 12, 09-980 33 95, Fax 02-255 49 02, www.neotropicturis.com. Die schon 1988 eröffnete Lodge liegt an der großen Laguna der zentralen Seenplatte mit guten Möglichkeiten zur Tierbeobachtung von der eigenen Veranda aus und täglichen Expeditionen im Kanu oder zu Fuß. Sieben Standard-Doppel-*cabañas* mit Bad und Warmwasser. Preise p. P. ab Lago Agrio mit Vollpension und Führungen: 3/4 Nächte und 4/5 Tage am oberen Cuyabeno/Seenplatte 295/355 $ p. P. ab Lago Agrio. Angebote und Last-Minute-Tarife erhältlich.

Abstecher zum Tourismusprojekt der Cofanes nach Zábalo

Reiseatlas: S. 6, D 4

Eine Alternative zu Logde und Kanuwandern ist der Aufenthalt in einer der Indianergemeinden, die sich dem Tourismus geöffnet haben. Eines der ambitioniertesten und erfahrensten Projekte ist das der Cofanes von **Zábalo.** Die engagierte Gemeinde der vom Aussterben bedrohten Cofanes liegt recht weit im Osten des Reservats, aber sie bietet spannende Touren und hautnahe Lebensgeschichten in fünf- bis sechstägigen Besuchen an.

Kontakt in Carcelén/Hochland: Tel. 02-247 09 46, www.cofan.org.

Abstecher zum Tourismusprojekt der Sionas nach Cuyabeno

Reiseatlas: S. 6, D 4

Auch die Sionas von Orahuëayá, Biaña und Puerto Bolívar haben ein eigenes Tourismusprojekt in **Cuyabeno** und weiteren Gebieten der Provinz Sucumbíos aufgebaut, um den internationalen Gästen die reiche Flora und Fauna, ihre Flussdelfine und Manatees in engem Kontakt zu den Gemeinden zu zeigen.

Kontakt in Lago Agrio: Siona Tours/ FEPP, Calle 12 de Febrero 267 y 10 de Agosto, Tel. 06-283 17 17, www.uct.edu.ec/ feptcepage/siona.htm, sionatour2003@yahoo.com (William Griollo Merino). Touren kosten 60 $ pro Teilnehmer und pro Tag ab Lago Agrio.

Die neugierigen Galápagos-Seelöwen gibt es an allen Stränden

Kapitel 6

Galápagos-Inseln

Auf einen Blick: Galápagos-Inseln

Im Labor der Evolution

1000 km fernab der ecuadorianischen Festlandküste liegen die weltberühmten Galápagos-Inseln. Verstreut im Pazifischen Ozean trotzen die Vulkaninseln der sengenden Hitze des Äquators, den chaotischen Strömungen vor den Küsten und ihrer eigenen Kargheit als verkrustete Eilande in totaler geologischer Isolation.

Hier – in Charles Darwins ›Labor der Evolution‹ – konnte nur landen, was von Strömung und Wind hergetragen wurde. Die wenigen Überlebenden der zufällig Gestrandeten verharr(t)en unter den Extrembedingungen von Vulkanausbrüchen, Klimaschocks und in jüngster Zeit auch menschlichem Einfluss. So entstanden in Jahrmillionen Lebensgemeinschaften auf den einzelnen Inseln mit nur wenigen Arten.

Auf dem ganzen Archipel existieren nur etwa 600 Pflanzenarten. Dafür bildeten diese jedoch derart viele Anpassungsformen und Eigenarten heraus, dass nirgends sonst auf der Welt ein so hoher Grad an Endemismus zu finden ist, an Tier- und Pflanzenarten, die allein an einem Standort existieren: Echsen, die im Meer grasen, Finken, die Werkzeuge bauen, und Kormorane, die tauchen, aber nicht mehr fliegen können, sind einige der Spezialisten (s. auch Tierführer Galápagos S. 402f.).

Unter den strengen Auflagen des Nationalparks Galápagos wurden über die Jahre mehr als 100 Besucherplätze über und unter Wasser für die aus aller Welt anreisenden Touristen erschlossen. Die ›Arche Noah im Pazifik‹ ist heute ein Eldorado für Biologen und Fotografen. Das riesige Marinereservat Galápagos zählt zu den besten Tauchrevieren der Welt.

Highlights

13 Isla Española: Die älteste Insel von Galápagos ist ein spektakulärer Ort, um große Brutkolonien von Seevögeln hautnah zu beobachten und die großen Albatrosse zu erleben (s. S. 358).

14 Isla Fernandina: Die junge Insel im Westen beherbergt große Kolonien von Flugunfähigen Kormoranen und von Meerechsen sowie die nördlichsten Pinguine der Welt. Die kalten Gewässer locken regelmäßig Wale und Delfine an (s. S. 358).

15 Isla Darwin: Für viele erfahrene Taucher zählt Darwin zu den drei besten Tauchplätzen der Welt mit riesigen Schulen von Haien, zudem reichlich Meeresschildkröten und tropische Fische (s. S. 397).

Empfehlenswerte Routen

Inselroute der Extreme: Da Galápagos keine regionalen Routen wie auf dem Festland kennt, sollte eine Yachtkreuzfahrt neben den o. g. Highlights auch folgende Inseln anlaufen: die **Isla Genovesa** (s. S. 359ff.) im Nordosten mit den dichten Nistkolonien der Rotfuß- und der Nazcatölpel, die **Isla Seymour Norte** (s. S. 368) mit den prächtigen Fregattvögeln und den gelben Landleguanen sowie zur Beobachtung der frei lebenden Elefantenschildkröten und der Hochlandvegetation die **Isla Santa Cruz** (s. S. 365f.), die auch die große Charles-Darwin-Forschungsstation beherbergt. Wer auf einer Insel wohnen möchte, findet die besten Exkursionsangebote auf **Isabela** (s. S. 361f.) und **San Cristóbal** (s. S. 364f.).

Reise- und Zeitplanung

Galápagos liegt im tropischen Gürtel exakt auf dem Äquator, verfügt dank kühler Meeresströmungen jedoch über ein mildes, vorwiegend trockenes Klima. Daher sind die Inseln ganzjährig zu bereisen. Von Dezember bis Juni spricht man von der heißen und nassen Jahreszeit mit trockenen heißen Tagen bis 30 °C, Wassertemperaturen um 25 °C und einzelnen kurzen Schauern. Der sogenannte Winter von Juni bis Dezember kühlt Luft und Wasser um etwa 3 bis 5 Grad ab, während es kaum regnet, doch öfters nebelig bis fein nieselig ist.

Eine Yachtkreuzfahrt sollte nicht kürzer als eine Woche sein, will man auch die abgelegenen Inseln wie Fernandina und Genovesa besuchen. Eine solide geführte Woche kostet mit Flug und Eintritt ab 1500 $. Zu empfehlen ist eine unkomplizierte Verlängerung in einem der Hafendörfer zur Erholung und für ortsnahe Exkursionen. Naturschutzbestimmungen untersagen hingegen, den Nationalpark ohne Führer zu erkunden.

Eine Tauchkreuzfahrt sollte wenn möglich auch zu den sensationellen Tauchplätzen Wolf und Darwin im fernen Nordwesten führen. Wegen der langen Schiffsanreise sollte die Tauchtour mindestens eine Woche dauern, besser jedoch zehn bis 14 Tage.

Richtig Reisen-Tipps

Mountainbiking im Mangoland: Im traditionell besiedelten Hochland von Isabela erlebt man per Mountainbike tropische Fincas, Elefantenschildkröten und eine großartige Aussicht (s. S. 374).

Las Grietas – Naturpool im Canyon: Nahe der Academy Bay auf Santa Cruz laden Naturpools zu den von Süß- und Salzwasser zugleich gespeisten *grietas* ein (s. S. 384).

Galápagos-Kaffee – 100 % organisch: Im Hochland von San Cristóbal wächst ein ausgezeichneter organischer Kaffee auf einer wunderschönen Plantage (s. S. 388).

Fütterung der Landschildkröten: Die großen Panzertiere sind langsam, träge und verstecken sich gerne. Im Hochland von San Cristóbal werden sie in einer naturnahen Aufzuchtstation dreimal wöchentlich gefüttert (s. S. 390).

Spezialschiff mit Tauchplattform: Spezialschiffe der Aggressor Fleet bringen Taucher zu den abgelegenen Inseln Wolf und Darwin – ein Rundumsorglospaket wartet auf die Gäste, inkl. ausgezeichneter Tauchguides und einer großen Tauchplattform (s. S. 396).

Die schönsten Strände

Fast alle Inseln verfügen über Traumstrände zum Baden, Schnorcheln und zum Ausruhen zwischen schlafenden Seelöwen, sei es auf feinem weißen Sand oder auf schwarzem Vulkanstrand.

Von Insel zu Insel

Reiseatlas S. 19/20

Eine Kreuzfahrt von Insel zu Insel bietet die beste Möglichkeit, die außergewöhnliche Tierwelt von Galápagos, die beeindruckenden geologischen Formen der Vulkaninseln und Teile ihrer Küstenvegetation kennen zu lernen. Nur so gelangt man zu den der Zivilisation weit abgelegenen Inseln und Attraktionen.

Eine **Inselkreuzfahrt** beginnt und endet üblicherweise nahe den Flughäfen von Baltra oder San Cristóbal, einige auch in Puerto Ayora auf der Insel Santa Cruz. Mit den Yachten, deren kleinste für zehn Gäste ausgelegt sind, und mit den großen Schiffen für bis zu 96 Passagiere werden üblicherweise zwei **Besucherpunkte** pro Tag angesteuert. Zudem landen zumindest kleinere Gruppen quasi täglich an Stränden und Schnorchelplätzen. Alle Boote bieten Unterkunft, Vollverpflegung, Landgänge und die obligatorische Begleitung durch vom Nationalpark Galápagos ausgebildete **Naturführer.** Einige Schiffe werden darüber hinaus von einem Biologen geleitet und bieten ein Vortrags- und Filmprogramm.

Ungefähr 20 Inseln des Archipels sind für **geführte Besuche** von Touristen freigegeben. Sie liegen z. T. sehr weit voneinander entfernt, sodass die Kreuzfahrtyachten meist über Nacht zur nächsten Insel steuern, während sie tagsüber, wenn möglich, nur zwischen benachbarten Plätzen wechseln. Neben etwa 60 Besucherplätzen verfügen fast alle Inseln über **Traumstrände** zum Baden und einige über **spektakuläre Schnorchelplätze.**

Im Folgenden werden die wichtigsten und größten Inseln von Galápagos vorgestellt und alle bedeutenden Besucherplätze des Archipels steckbriefartig beschrieben. Somit bietet sich dem Reisenden eine umfassende Möglichkeit, die ihm angebotenen Routenziele schon bei der Planung zu bewerten.

Steckbrief zur Geografie

Knapp 1000 km westlich und geologisch isoliert vom ecuadorianischen Festland bedecken die 121 Inseln ein Fläche von rund 7882 km². Allein 13 Inseln messen mehr als 14 km². Höchste Erhebung ist der geologisch junge **Vulkan Wolf** auf Isabela mit 1707 m, dessen Kraterrand gleichzeitig die Äquatorlinie quert. Die größten Inseln sind **Isabela** mit 4588 km², **Santa Cruz** mit 986 km², **Fernandina** mit 642 km², **Santiago** mit 585 km² und **San Cristóbal** mit 558 km². Der Westen der Inseln ist nach wie vor vulkanisch aktiv (s. Thema S. 360). Die zentralen, meist von Schildvulkanen geformten Inseln bilden ein weites Plateau, das an den Rändern bis über 5000 m tief abfällt. Bringt der Panama-Strom warmes Wasser zu den Inseln, so sorgen der kalte Humboldt-Strom und der Cromwell-Tiefenstrom doch für in den Tropen überaus **kühle Wassertemperaturen** und ein **mildes Landklima.**

Zur Orientierung werden im Folgenden die 15 wichtigsten Galápagos-Inseln in alphabetischer Reihenfolge sowie ihre 34 besten Besucherplätze besprochen. Die Ziffern verweisen auf die S. 19/20 des Reiseatlas.

Isla Baltra

Reiseatlas: S. 20, D 2/3

Die 26,2 km² große und mit etwa 30 m Höhe recht flache **Isla Baltra** **1** wurde 1942 von der US-Navy zum Militärstützpunkt ausgebaut. Zahlreiche Fundamente zeugen bis heute davon. Baltra half den USA im Zweiten Weltkrieg, den strategisch wichtigen Panama-Kanal weiträumig zu kontrollieren. Die besorgte Zeitzeugin Margret Wittmer (s. Literaturhinweis S. 77) erlebte das jedoch ganz anders: »Auf Baltra entsteht eine ganze Stadt: Kirche, Kino, Geschäfte, Straßen, ein eigenes Kraftwerk. [...] Kein Mensch hat je geahnt, dass die Galápagos-Inseln eines Tages von dem Lärm ununterbrochener Arbeit aus ihrer Ruhe gerissen werden könnten, dass Schwärme von Schiffen durch die stillen Gewässer fahren würden, dass das Dröhnen der Flugzeuge die Luft unter dem blauen Galápagos-Himmel erfüllen würde.« Glücklicherweise hat die Regierung Ecuadors nach dem Krieg eine verlockende Offerte der USA ausgeschlagen, Baltra ganz zu übernehmen.

So ist die Insel heute ein stiller und lauschiger Stützpunkt für ein paar 100 ecuadorianische Marinerekruten und wichtigster Dreh- und Angelpunkt des Flugverkehrs zwischen Archipel und Festland. Gleichzeitig starten in einer Bucht vor Baltra die meisten Kreuzfahrten, wodurch Touristen oft schon eine Stunde nach ihrer Landung an Bord ihres Schiffes gehen können. Das **Logistikzentrum Baltra,** ehemals Seymour Sur genannt, ist zu Recht die einzige Galápagos-Insel, die nicht Nationalpark ist.

Übrigens hat man das Überleben der endemischen Landleguanart von Baltra durch einen Zufall sichern können. Vor Jahrzehnten schon hat man einige Leguane von Baltra auf die Nachbarinsel Seymour Norte gebracht, wo sie sich bis heute wohl fühlen.

Mit dem Autor unterwegs

Wale und Delfine

Die westlichen Galápagos-Gewässer um die **Isla Fernandina** (s. S. 358f.) und den Westen **Isabelas** (s. S. 361f.) liegen im direkten Einfluss des nährstoffreichen, kalten Cromwell-Stroms. Hier lohnt es sich besonders, nach Meeressäugern Ausschau zu halten.

Die besten Schnorchelplätze ...

... sind der Pinacle Rock der **Isla Bartolomé** (s. u.), die Teufelskrone vor der **Isla Floreana** (s. S. 359), Xarifa vor der **Isla Española** (s. S. 358) und die Bahía James der **Isla Santiago** (s. S. 366). Eine gut geführte Yacht hat stets genügend und intakte Ausrüstung für alle Reisenden an Bord.

Wellenreiter wider Willen

Vor allem in der sogenannten trockenen Jahreszeit von Juni bis Dezember ist die See zwar nicht wild, doch mitunter rau. So ist es ratsam, auf den Kreuzfahrten vorsorglich ein **Mittel gegen Seekrankheit** dabei zu haben.

Kreuzfahrt in den Krater

Der teilweise versunkene Krater der **Isla Genovesa** ist heute Ankerplatz zum Besuch eines weiteren Höhepunkts: die großen Nistkolonien von **Fregattvögeln, Nazca-** und **Rotfußtölpeln** (s. S. 359f.).

Die richtige Bootswahl

Unter den rund 90 zugelassenen Schiffen sollte man **kleinere und mittlere Yachten** mit einer max. Kapazität von 40 Passagieren auswählen, am besten zu buchen direkt beim Eigner oder bei dessen Agentur (s. S. 368). Größere Schiffe sind aus ökologischer und aus reisepraktischer Sicht nicht zu empfehlen.

Isla Bartolomé

Sendero a la Cima

Reiseatlas: S. 19, C 2

Es sollen genau 365 Stufen sein, die einen dahin bringen, wo jeder Galápagos-Reisende ein Erinnerungsfoto schießt: jenes mit dem wunderbaren Panoramablick auf den spitz aufragenden **Pinacle Rock** **2**, auf zwei davor liegende halbmondartige Sandstrände und auf die Weite der Lavafelder der Isla Santiago als Kulisse. Rostrote Satellitenkrater, Aschefelder und kleine Lavatunnel säumen den gemächlichen Aufstieg durch die nahe-

›Doppelbucht‹ der Isla Bartolomé mit dem spitz aufragenden Pinacle Rock

zu vegetationslose Mondlandschaft zum Leuchtfeuer der Insel. Manchmal sieht man von Bartolomé aus Mantarochen, wie sie verspielt aus dem Wasser springen und sich wasserspritzend zurückfallen lassen.

Playa Norte

Der **Nordstrand** ist ein großartiger Ort zum Schnorcheln. Insbesondere um den Pinacle Rock herum findet man zahlreiche Fische und einige Pinguine. Durch die hinter dem Strand liegenden Mangroven und Dünen kann man mit dem Naturführer in zehn Minuten hindurchgehen, um zum Südstrand zu gelangen, wo gerne Rochen und Haie im flachen Gestade liegen. Wasseraktivitäten sind allein am Nordstrand möglich.

Isla Dafne Mayor

Reiseatlas: S. 20, D 2
Der frei stehende alte Tuffvulkan **Dafne** 3 ist vom Meer mittlerweile sichtlich erodiert. Im Kraterinnern liegt ein oft trockener See. Die Vegetation der kleinen Insel ist äußerst spärlich. Dennoch ist das Eiland ein beliebter Ruhe- und Nistplatz von Blaufußtölpeln, Nazcatölpeln und Tropikvögeln. Ein etwa 350 m langer Weg steigt bis zum Kraterrand an.

Die kleine Schwesterinsel **Dafne Menor** kann nicht besucht werden.

13 Isla Española

Reiseatlas: S. 20, E 4
Die älteste Galápagos-Insel, **Española,** ist einer der spektakulärsten Orte, um Seevögel zu beobachten. Darunter der Albatros als der weltgrößte Vogel, der hier nistet und das Fliegen lernt. Auf der oft besuchten Vogelinsel gelang es, die Ziegen auszurotten. Und nach Jahren der bestandsichernden Aufzucht in der Charles-Darwin-Station auf Santa Cruz konnte die endemische Elefantenschildkröte der Insel hier wieder erfolgreich ausgewildert werden, auch wenn Besucher sie in der Regel nicht sehen.

Punta Suárez

Der 2 km lange Rundweg führt vorbei an zahlreichen Seelöwen und prächtigen Meerechsen, bevor er die Landzunge **Punta Suárez** 4 quert. Neben den Albatrossen leben auch zahlreiche Nazcatölpel, Blaufußtölpel und Tropikvögel an der teils steilen Küste im Südosten der Insel. Dort befindet sich zudem ein durch Lavaröhren entstandenes **Blasloch,** das bis zu 25 m hohe Wasserfontänen spuckt. Auch der Galápagos-Bussard ist manchmal bei der Jagd zu beobachten. Der Weg ist steinig, heiß und dauert etwa 2,5 Stunden.

Bahía Gardner

Die **Bahía Gardner** 5 wird geformt von einem kilometerlangen weißen Sandstrand, an dem eine große und neugierige Seelöwenkolonie und eine nicht minder neugierige Sippe von Spottdrosseln leben. Die Bucht ist ideal zum Schwimmen und Ruhen. Die dem Strand vorgelagerten Felsen, aber besser noch die in Sichtweite befindliche **Isla Xarifa** sind exzellente Schnorchelplätze. Xarifa heißt nach dem Segelschiff von Hans Hass und Irenäus Eibl-Eibesfeldt.

14 Isla Fernandina

Reiseatlas: S. 19, A 2/3
Der jüngste und weiterhin aktive Galápagos-Vulkan formt um seinen stattlichen, 1500 m hohen Krater ein weites Schild aus schwarzer Lava. In den spröden Uferzonen wachsen allenfalls Kakteen, Zyperngras und Mangroven. Auch einzelne Tierarten haben sich ihren Lebensraum am Ufer erobern können. Das kalte Wasser des aus der Tiefe des Pazifik hoch quellenden Cromwell-Stroms schenkt nicht nur Pinguinen, sondern auch Walen und Delfinen einen idealen Lebensraum. Wegen der Abgeschiedenheit im Schatten von Isabela wird **Fernandina** von vielen Yachten nicht angefahren.

Punta Espinosa

Der einzige Besucherplatz der Insel war nicht nur einer der Hauptdrehorte von Sielmann und Eibl-Eibesfeldt. **Punta Espinosa** **6** zählt bis heute eine der dichtesten Populationen von Meerechsen auf Galápagos. Bestens zu beobachten sind hier im Herbst ihre Kommentkämpfe (ritualisierte Kämpfe ohne große Verletzungsgefahr). Im Frühjahr und Sommer nisten hier zudem die Flugunfähigen Kormorane und präsentieren ihre einzigartige *reality show* von Nestbau und Brutpflege. An der Wasserkante finden sich zahlreiche Galápagos-Pinguine. Und hinter einer Sandfläche mit dem großen Skelett eines Wals führt ein Weg in die skurrile, junge Lavalandschaft mit Kaktusbewuchs und einzelnen Mangroven. In einzelnen Lavalagunen leben Glasbarsche.

Isla Floreana

Reiseatlas: S. 19/20, C/D 4
Auch wenn heute nur rund 100 Menschen auf **Floreana** leben, so war die Insel schon früh im 18. Jh. von Walfängern und Piraten in Beschlag genommen. Die Siedler des 20. Jh. erlebten später ihre eigenen Dramen und Mysterien, wie beeindruckend von der Kölner Siedlerin Margret Wittmer niedergeschrieben. Familie Wittmer betreibt bis heute eine Pension am Black Beach im Hafenort Puerto Velasco Ibarra (s. S. 393). Die 173 km² große und 640 m hohe Insel hat nur eine Süßwasserstelle im Hochland, hatte aber dafür das erste Postfach der Galápagos-Inseln.

Punta Cormorán

Von einem sichelförmigen Strand mit schlafenden Pelikanen führt ein 400 m langer Trockenwaldweg auf eine von zahlreichen Darwinfinken bewohnte Anhöhe mit freier Sicht auf die große Flamingolagune **Punta Cormorán** **7**, die auch von mehreren Uferstellen aus zu sehen ist. Im weiteren Verlauf des hügeligen Pfades gelangt man an einen weißen **Traumstrand,** den auch die Meeresschildkröten zum Vergraben ihrer Eier aufsuchen. Die schlüpfenden Jungen laufen später unter den Augen der patroullierenden Fregattvögel um ihr Leben über den Sand ins Meer. Im Wasser sind Rochen und manchmal kleine Haie zu beobachten. Schwimmen ist hier untersagt. Ein nahe gelegenes, nördlich vorgelagertes Korallenriff gipfelt in dem teilweise versunkenen Krater **Corona del Diablo,** einem der schönsten Schnorchelplätze.

Post Office Bay

Den Buchtitel ›Postlagernd Floreana‹ entlehnte Frau Wittmer dem alten zusammengeflickten Holzfass von 1793, welches Walfängern und Wittmers gleichsam als postalische Überseebrücke große Dienste leistete. Noch heute funktioniert die sog. Post Office in der gleichnamigen **Post Office Bay** **8**: Man lasse seine Post im Fass zurück und nehme die anderer Schreiber mit in sein Land zur Weiterbeförderung. Es klappt! Einige Minuten weiter auf dem Weg stößt man auf eine alte Piratenhöhle, in die man über eine Leiter und mit der Taschenlampe einsteigen kann.

Isla Genovesa

Reiseatlas: S. 20, E 1
Der teils versunkene, flache Schildvulkan ist etwa 14 km² groß. Er formt heute einen hufeisenförmigen Krater, der über eine enge Kraterrandpassage von den Kreuzfahrtschiffen angefahren wird. Auf der **Isla Genovesa** finden sich große Nistkolonien von Seevögeln. Doch auch die Kraterwand lohnt eine Schlauchbootfahrt, um Seelöwen, seltene Seebären und nistende Tropikvögel zu beobachten. Bei guter Sicht sind die ufernahen Felswände des Kraters auch ein hervorragender Platz zum Schnorcheln.

Prince Philip's Steps

Während das Schiff im zum Meer hin offenen Krater von Genovesa ankert, besteigt man über eine in die Kraterwand gehauene Treppe, die **Prince Philip's Steps** **9**, ein weites Plateau. Dieses ist einer der besten Orte auf Galápagos, um Seevögel in unmittelbarer Nestnähe zu studieren. An dieser Stelle sieht man insbesondere Nazca- und Rotfußtölpel; Letzterer kommt allein auf Genovesa und im äußersten Norden von San Cristóbal vor. Der

Die Entstehung der Feuerinseln

Thema

Seit mindestens 3,9 Mio. Jahren erwachsen die Galágagos-Inseln aus feuerspeienden Vulkanen. Aus über 5000 m Tiefe steigen die Lavaberge aus dem Pazifik empor, um bis zum heutigen Tag etwa 121 größere und kleinere Inseln zu formen. Galápagos war somit niemals mit dem Festland verbunden – alles Leben ist Überleben in der Isolation.

Die erdgeschichtlich jungen Inseln liegen am nördlichen Rand der Nazca-Platte, nur wenige 100 km von der Cocos-Platte entfernt. Die tektonische Bruchzone dieser zwei Kontinentalplatten wird bis heute vulkanisch durchdrungen und hat so die Galápagos-Plattform am westlichen Ende des Unterwassergebirges von Carnegie entstehen lassen. Auch die Bruchzone zur großen Pazifik-Platte im Westen ist nur rund 1000 km von Galápagos entfernt. Liegen die Inseln selbst rund 950 km vom Kontinent entfernt, so reichen die Tiefenausläufer der Plattform bis rund 50 km vor die ecuadorianische Festlandküste.

1992 veröffentlichte der Geologe David Christie die Ergebnisse seiner unterseeischen Schall- und Erosionsforschungen am Carnegie-Gebirge und entwickelte seine nach wie vor gültige Hot-Spot-Theorie für Galápagos. Demnach driftet die Nazca-Platte jährlich um etwa 14 cm Richtung Ostsüdost aufs Festland zu und passiert dabei einen plattenunabhängigen fixen Punkt, unter dem sich konstant große Lavamengen sammeln. Das flüssige Gestein bohrt sich an Christies ›heißen Flecken‹ unter stetigem Druck durch die Kante der Platte. Schieben sich alte Vulkane in Jahrmillionen nach Osten, entstehen an der jeweiligen Westflanke der Inselgruppe neue Vulkane und Inseln, so auch die jüngste, Fernandina.

Das über dem Meeresspiegel liegende Relief des Archipels besteht zum größten Teil aus flachen Schildvulkanen mit oft großen Kratern und weiträumigen Lavafeldern, geformt von der einst dünnflüssigen 1100 °C heißen Magma unzähliger Ausbrüche. Die Eruptionen sind geprägt von immens großen Lavamengen, doch geringer Explosionskraft. Die Lavamassen ›schwappen‹ meist aus dem Krater. Der heute mit über 10 000 m Durchmesser bei nur 1100 m Höhe über dem Meeresspiegel größte Krater Galápagos' ist der Vulkan Sierra Negra auf der Isla Isabela. Er ist gleichzeitig einer der größten Krater der Erde. Der höchste Vulkan des Archipels ist der Volcán Wolf, ebenfalls auf Isabela, mit 1707 m. Die Lavafelder in ihren skurrilen Erstarrungsformationen errodieren meist langsam und bleiben über Jahrtausende erhalten.

Flora und Fauna finden nur dann einen Lebensraum in dieser bizarren Welt aus Basalt und Tuff, wenn Wind und Wellen sie vom Kontinent zum Archipel getragen haben und wenn sie sich dann noch an die extremen Lebensbedingungen von Isolation, Kargheit und Süßwassermangel anpassen konnten. Durch Spezialisierung und territoriale Abgrenzung bilden sich im Weiteren neue Arten: z. B. tauchende Kormorane, die nicht mehr fliegen, Baumfinken, die Holzwerkzeuge herstellen oder Leguane, die unter Wasser Algen grasen.

Charles Darwin entschlüsselte aufgrund dieser extremen Anpassungen auf engstem Raum die ›natürliche Selektion‹ und damit die ›Entstehung der Arten‹. Galápagos zeichnet somit nicht Artenvielfalt aus, sondern die Einzigartigkeit seiner Bewohner und ihr exklusives Vorkommen auf dem Archipel (Endemismus). Der Mensch ist entstehungsgeschichtlich ein später Besucher.

etwa 1 km lange Weg durchquert die Nistkolonien im Balsamo-Wald, bevor er auf der anderen Seite wieder auf eine raue Lavaküste trifft. Hier jagt die Galápagos-Eule am späten Nachmittag, doch auch tagsüber entdeckt man sie mit geduldigem, geschultem Auge zwischen den eulenbraunen Lavaspalten. Denselben Weg geht man nun zurück.

Bahía Darwin

Was mit einer ›nassen‹ Landung am Strand beginnt, ist nicht weniger spektakulär als der Besucherplatz von Prince Philip. Neben den Tölpeln nistet eine große Kolonie von Fregattvögeln in den Büschen hinter dem Strand der **Bahía Darwin** 10. Ein kurzer Rundweg führt hautnah an den Tieren vorbei, eine Verlängerung Richtung Leuchtfeuer durch Mangroven und über unebene Lavafelder. Eine gute Gelegenheit, Gabelschwanzmöwen in der Felswand zu sehen. Vom Strand aus sieht man teils grandiose Jagdszenen, wenn die Fregattvögel den Tölpeln den gefangenen Fisch in der Luft abjagen.

Isla Isabela

Karte: S. 373
Reiseatlas: S. 19, A–C 1–4

Mit fast 5000 km² Fläche ist Isabela die mit Abstand größte Insel des Archipels. Dabei ist sie geologisch jung und erzittert bis heute sporadisch unter den Eruptionen ihrer noch aktiven Vulkane, so zuletzt 2005 am **Volcán Sierra Negra** im Inselsüden. Isabela beherbergt gar fünf der sechs größten feuerspeienden Berge von Galápagos, darunter der **Volcán Wolf** im Norden mit 1707 m als höchstem von allen. An jedem der Vulkankegel hat bis heute eine endemische Landschildkrötenart überlebt, auch wenn deren Bestände gelegentlich durch Vulkanausbrüche und Brände gefährdet scheinen.

Da Isabela schon früh von Walfängern und Piraten genutzt und schließlich ab 1897 von Bauern besiedelt wurde, leben die Tiere und Pflanzen seit Jahrhunderten in Konkurrenz zu eingeführten Tieren wie Katzen, Hunden, Schweinen und Ratten. In einer einmaligen Aktion ist es 2004 bis 2006 dennoch gelungen, etwa 140 000 Ziegen auf der Insel auszurotten. Dank internationaler Hilfe und der neuseeländischen Jagdtechnik mit der ›Judasziege‹ sind nun alle Vulkane und Landschaften nördlich der kaum passierbaren Landenge von Perry ziegenfrei, also der gesamte unbesiedelte Teil der Insel. Das umgangssprachlich ›Judasziege‹ genannte Konzept besagt, dass nach Abschuss der meisten Tiere einzelne Ziegenböcke gefangen, mit einem Sexualhormon gespritzt und mit einem Sender und leuchtend orangefarbenen Hörnern versehen werden. Der Bock führt die Jäger so zu den übrigen Tieren.

Besonders die Westseite von Isabela und das Nordkap **Punta Albemarle** sind von dem kalten Cromwell-Strom umflossen, was regelmäßig Wale und Delfine anlockt. So werden Besuche dieser Region auch zum Walbeobachten genutzt. Der dünn besiedelte Süden von Isabela bietet sich zudem ab dem Hafenort **Puerto Villamil** zu spannenden Exkursionen in die Umgebung an (s. S. 369ff.).

Caleta Tagus

Die geschützte Piraten- und Seglerbucht **Caleta Tagus** 11 verfügt über eine felsige Anlegestelle. Von dort geht es zunächst steil bergauf und an einigen Seelöwen vorbei bis hin zu einer Holzstiege. Nun führt ein etwa 2 km langer Weg in weitem Bogen durch trockene Balsamowälder und Kakteen, wobei man neben Finken und manchmal einem Landleguan nur wenige Tiere zu sehen bekommt. Großartig ist aber die Aussicht, zunächst auf einen großen kreisrunden Salzsee, die **Laguna Darwin,** über deren Entstehung die Experten bis heute streiten. Schließlich gelangt man an einen schroffen Parasitenvulkan, von dem aus man riesige Lavafelder und große Teile der Westküste Isabelas sieht.

Der Weg hin und zurück dauert etwa 90 Minuten. Die Sichtverhältnisse in der Bucht sind manchmal trüb, doch es ist hier möglich, mit tauchenden Kormoranen und Pinguinen zu schnorcheln. Eine Schlauchbootfahrt die Küste entlang lohnt allemal.

Bahía Urbina

Die **Urbina-Bucht** 12 endet an einem engen, halbmondförmigen schwarzen Lavastrand, dessen oberen Teil die Meeresschildkröten zur Eiablage nutzen. Dahinter erstreckt sich ein Korallenriff, das sich erst vor gut 50 Jahren aus dem Meer gehoben hat und mittlerweile recht gut von Manzanilla- und Muyuyo-Bäumen bewachsen ist, auf denen sich Finken wohl fühlen. Dieses Neuland ist bereits Heimat von kräftigen leuchtend gelben Landleguanen, die ihre Höhlen in den Korallensand und jungen Humus graben. In der Regenzeit kommen gelegentlich auch Elefantenschildkröten aus den Bergen zur Urbina-Bucht hinab. Es besteht die Möglichkeit eines kurzen und eines langen **Rundgangs,** der auch an riesigen alten Korallenblöcken vorbei führt. Am Lavastrand und den angrenzenden Felsen sind Pelikane und Seevögel gut zu beobachten.

Punta Albemarle

An einem ehemaligen Radarstützpunkt der US-Armee, **Punta Albemarle** 13**,** haben die heimischen Tiere sich schließlich wieder angesiedelt. Pinguine, Kormorane, Seevögel und Meeresschildkröten zählen zu den häufigsten Bewohnern der felsigen Küste. Aufgrund der rauen See am nördlichsten Kap von Isabela wird der Besucherpunkt leider nicht häufig angefahren.

Punta Moreno

Die ›dunkle Spitze‹, **Punta Moreno** 14**,** ist eine zerklüftete junge Lavabucht, in deren Hinterland sich kleine Lagunen gebildet haben, die regelmäßig von Flamingos heimgesucht werden, da sie hier Garnelen und andere Krustentiere finden. Andere Bewohner sind verschiedene kleinere Brackvögel und Bahama-Enten, ein eher selten besuchter, aber reizvoller Ort.

Punta Tortuga Negra

Die schwarze Lavabucht **Punta Tortuga Negra** 15**,** eignet sich sehr gut zum Schwimmen. Hier finden sich zahlreiche vom Meer zerriebene Muschelreste, die sich mit den erodierten Gesteinen alter Ausbrüche des Vulkans Darwin vermengen. In den hinter der Bucht liegenden Mangroven entdeckt man mit etwas Glück den seltensten Fink der Inseln, den vom Aussterben bedrohten Mangrovenfink.

Volcán Alcedo

Die Besteigung des zentralen **Vulkans Alcedo** 16 ist ein seltener Programmpunkt auf einer Yachtkreuzfahrt und wegen der Ziegenausrottung zeitweise nicht möglich. Der 10 km lange Anstieg führt durch vier Vegetationszonen auf über 1000 m Höhe. Der sich nun eröffnende Blick über den 7 km messenden Vulkankrater ist spektakulär. Ein Pfad führt hinab in den Krater zu Schwefel-Geysiren. Am Kraterrand thronen die Könige des Alcedo, eine riesige Gruppe von Elefantenschildkröten. – Diese zweitägige Tour ist ein Highlight für tropentaugliche Trekkingfreunde – wenn eine Agentur sie anbietet.

Isla Plaza Sur

Reiseatlas: S. 20, D 3

Die Insel **Plaza Sur** 17 und ihre Schwester Isla Plaza Norte entstanden durch Hebungen des Meeresgrundes, sehr nahe der Isla Santa Cruz. Der Norden darf nicht betreten werden, bietet aber guten Schutz zum Ankern und für Wasseraktivitäten vor der Isla Plaza Sur. Die Insel bietet als Einzige eine Garantie auf die Sichtung von Langleguanen.

Plaza Sur

Der einzige Besucherplatz auf dem kleinen Eiland führt zu einer der am engsten zusammenlebenden Kolonien von kräftigen Landleguanen. Da die Insel sehr klein ist und locker aufgereiht stehende Opuntien die einzigen nennenswerten Erhebungen sind, trifft man immer auf die gelben Echsen. Am entferntesten Punkt des Rundweges lebt eine Gruppe alleinstehender und mitunter frustrierter

Galápagos bereist man klassischerweise mit einer Yacht

ALTA

Seelöwenmännchen. Als weitere ständige Bewohner leben Gabelschwanzmöwen auf Plaza Sur. Der einfach zu begehende Weg nimmt etwa anderthalb Stunden in Anspruch und wird auch mit Tagestouren ab Puerto Ayora (s. Agenturen, S. 382) besucht. Das Schnorcheln in dem Naturkanal zwischen den beiden Plaza-Inseln ist wunderbar, da die jungen Seelöwen gerne mit einem spielen.

Isla Rábida

Reiseatlas: S. 19, C 2
Eisenhaltige Lava oxidierte die nur 5 km² kleine Insel und ihre Flamingolagune in ein leicht rötliches Magmakleid. Während die Lagune schon kurz hinter dem Seelöwenstrand liegt, führt der etwa 1,5 km lange **Rundweg** bei schönen Aussichten durch trockene Vegetation an die nördlichen Lavakanten von **Rábida 18,** das 367 m hoch ist.

Isla San Cristóbal

Karte: S. 385
Reiseatlas: S. 20, E/F 3
Die alte Zuckerinsel **San Cristóbal** im äußersten Osten des Archipels ist mit 558 km² die fünftgrößte von Galápagos. Im Süden überragt sie der 895 m hohe Vulkan **Cerro San Joaquín.** Ein Siebtel der Fläche wird/wurde jedoch landwirtschaftlich genutzt und ist heute kein ausgewiesenes Nationalparkterrain. Schon seit der frühen Besiedlung wird die Insel daher geplagt von wild wuchernden Guayaba- und Brombeerbüschen. Berüchtigt war Ende des 19. Jh. die Zuckerrohrplantage des gnadenlosen Manuel Julián Cobos, einem aus Cuenca stammenden Unternehmer, der sich ›Herrscher über Galápagos‹ nannte. Nachdem ihm die Regierung in Quito eine Kolonie von Schwerverbrechern für die Plantagenarbeit überstellt hatte, versklavte er die Gefangenen mit der Peitsche und härtesten Repressionen. Cobos ›regierte‹ zumindest bis zum 15. Januar 1904, dem Tag, an dem seine rebellierenden Arbeiter ihn lynchten.

Insel und Hauptstadt stehen seit Beginn von Forschung und Tourismus auf Galápagos international im Schatten des heute prosperierenden Hafenortes Puerto Ayora auf der Isla Santa Cruz. Dennoch beherbergt San Cristóbal einige geologisch und zoologisch bedeutende Besucherplätze. Selbst die zwei endemischen Arten von Elefantenschildkröten auf San Cristóbal haben die Invasion der eingeschleppten Haustiere bis heute überlebt. Die Entfernung zum dünn besiedelten Süden des Eilands und die relative Nähe zur Insel Genovesa machen den flacheren und trockeneren Nordosten von San Cristóbal zu einem besonders lohnenswerten Reiseziel mit zahlreichen Seevögeln, sogar einer Kolonie von Rotfußtölpeln. Dabei ist die faszinierende **Punta Pitt** der östlichste und einer der ältesten Teile der gesamten Galápagos-Inseln. Vielerorts säumen die Insel wunderbare weiße **Sandstrände.**

Die über **Puerto Baquerizo Moreno** auf dem Landweg zu erreichenden Besucherplätze werden auf den Seiten 384ff. beschrieben.

Playa Ochoa

Ein kleiner, aber feiner weißer Sandstrand mit einer Seelöwenkolonie sowie einzelnen Pelikanen und Meerechsen – das ist die **Playa Ochoa 19.** In einer hinter dem Stand liegenden Wasserstelle sind gelegentlich Zug- und Küstenvögel zu beobachten, umgeben von heimischer Vegetation wie dem Matazarno-Baum. Die kleine Bucht ist ideal zum Schwimmen und Schnorcheln. Unter Wasser trifft man neben tropischem Fischen und einem feinen Felsenbewuchs gelegentlich auf Stachelrochen.

Isla Lobos

Unweit der Playa Ochoa liegt die kleine **Isla Lobos 20,** nur durch einen Meereskanal von San Cristóbal getrennt, vor der Westküste der Insel. Am Rand des felsigen und knapp 1 km langen Pfades lassen sich Seelöwen, Blaufußtölpel und Fregattvögel beobachten. Geankert wird im ruhigen Wasser des Naturkanals.

León Dormido

Der ›schlafende Löwe‹ ist eine steil aus dem Meer aufragende Felsformation, die nicht begangen werden kann. Doch nahezu alle Schiffe, die den Westen von San Cristóbal besuchen, lassen sich die Umrundung des von einer tiefen Schlucht gespaltenen Tuffelsens **León Dormido** 21 nicht entgehen. Der von Seevögeln bewohnte Fels erinnert manche an einen Löwen, andere an einen Fußballschuh, was ihm den Beinamen **Kicker Rock** einbrachte.

Puerto Grande

Eine kleine Bucht unter einem Wäldchen von Opuntienkaktussen, das ist **Puerto Grande** 22. Von dem zum Baden einladenden weißen Sandstrand lassen sich nachmittags gut die Blaufußtölpel beim Fischen beobachten.

Cerro Brujo

Cerro Brujo 23 mit weißem Korallensand unter einem erodierten Tuffkrater bietet vor allem einen exzellenten Strand zum Schwimmen und Schnorcheln. In den Vulkanfelsen leben Tölpel, Möwen und einige Braune Pelikane. Ein schmaler Weg führt hinter dem Strand zu einer Brackwasserlagune mit verschiedenen Wasservögeln wie Enten und Reihern.

La Galapaguera

Die Schildkröten-Bucht mit dem langen Sandstrand im äußersten Norden der Insel liegt in der Regenzeit oft unter starker Brandung. Doch ein Landgang führt durch alte Vulkanformationen und Trockenwälder zu einem ganz besonderen Ort: dem natürlichen Habitat der etwa 1000 Elefantenschildkröten, die Besiedlung und Landwirtschaft auf San Cristóbal überlebt haben. Auch wenn der **Schotter- und Felsenpfad** mit 4,8 km Länge pro Wegstrecke zu den längsten auf Galápagos zählt, lohnt der etwas anstrengende Ausflug. Übrigens leben in der **Galapaguera** 24 heute beide Arten von Landschildkröten der Insel, auch die einst im Süden ansässige Art. In den ersten Monaten des Jahres sieht man zudem häufig Meeresschildkröten am Ufer.

Punta Pitt

Der spektakulärste Besucherpunkt der Insel, **Punta Pitt** 25, liegt im extremen Osten von Galápagos. Der Landungsstrand ist umgeben von erodierten Lavafelsen – ein häufig von Nebel umwobener und mysteriöser Ort, den die Seevögel lieben. Der 1,4 km lange Weg, der auch zurückgegangen wird, führt durch bedeutende Kolonien von Fregattvögeln, Gabelschwanzmöwen, Nazca-, Blaufuß- und sogar Rotfußtölpeln. Letztgenannte bilden die einzige Kolonie außerhalb der Insel Genovesa überhaupt. Für diesen außergewöhnlichen und nur selten besuchten Ort sollte man bis zu drei Stunden einplanen.

Isla Santa Cruz

Karte: S. 377
Reiseatlas: S. 19/20, C/D 2/3
Die Insel ist ein großer und fast 900 m hoher Schildvulkan mit einzelnen weit sichtbaren Satellitenkratern. Das oft im Nebel liegende Hochland ist recht fruchtbar und wird in Teilen landwirtschaftlich genutzt. Durch seine zentrale Lage innerhalb des Archipels, aber mehr noch über die Festlandanbindung durch die vorgelagerte Flughafeninsel Baltra (s. S. 354f.) hat sich **Santa Cruz** zum touristischen, wissenschaftlichen und Besiedlungszentrum von Galápagos entwickelt. Eine asphaltierte Straße durchquert heute die gesamte Insel vom **Canal de Itabaca** im Norden über das Hochland durch die Landgemeinden **Santa Rosa** und **Bellavista** bis zur Südküste in die Kleinstadt **Puerto Ayora** mit der Charles-Darwin-Sstation und weiteren ortsnahen Besucherpunkten (s. S. 376ff.).

Las Bachas

Las Bachas 26 ist ein lang gezogener, feiner weißer Sandstrand, der von einer flachen Lavabrücke in zwei Abschnitte geteilt wird und auf dem sich sehr viele Nester von Meeresschildkröten befinden. Ferner sind verschiedene Salzpflanzen und Ufervögel zu beobachten, zur Essenszeit auch Blaufußtölpel, die sich ins Meer stürzen. Auf dem zweiten Strand befinden sich Wrackteile alter Armeepontons aus dem Zweiten Weltkrieg. Hinter den Stränden liegt jeweils eine kleine Lagune mit einzelnen Flamingos und Bahama-Enten.

Cerro Dragón

Hinter dem Strand im Nordwesten der Insel führt ein kurzer Weg zu einigen kleinen Flamingo-Lagunen und im weiteren Verlauf durch Trockenvegetation und Galápagos-Baumwolle zum **Cerro Dragón 27,** einem Hügel, auf dem man die in Santa Cruz vom Aussterben bedrohten Landleguane retten konnte. Die vorgelagerten Felseninseln **Venecia** empfehlen sich zum Schnorcheln und Kajaking.

Isla Santa Fé

Reiseatlas: S.20, D 3
Die kleine Insel liegt auf Sichtweite im Südosten von Santa Cruz. Im Nordosten der Insel liegt der **malerische Strand,** vor dem Boote ankern. Ein Weg führt durch einen Opuntienwald auf eine Höhe, wo sich eine auf **Santa Fé** 28 endemische Art von Landleguanen findet. Morgens kommen die Echsen näher ans Ufer und sind dann auch am Westende des Strandes an einem kleinen Weg zu sehen. Spätnachmittags sieht man auf der Insel die endemische Galápagos-Reisratte, neben der Fledermaus das einzige nicht vom Menschen eingeführte Säugetier auf Galápagos.

Isla Santiago

Reiseatlas: S. 19, B/C 2
Die viertgrößte der Galápagos-Inseln, **Santiago,** leidet noch heute unter dem Erbe ehemaliger Salzminenarbeiter, die ihre Tiere auf dem Eiland zurückließen. Immerhin sind letzte Besiedlungsversuche vor rund 40 Jahren aufgegeben worden. Relativ junge Lavaflüsse und ein traumhafter Küstenabschnitt im Westen der Insel lohnen den Besuch so oder so.

Puerto Egas

Der Landung auf dem schwarzen Lavastrand bei **Puerto Egas** 29 schließt sich ein leichter Weg auf einem Plateau an. Hier entfaltet sich bald eine tiefschwarze, zerklüftete **Lavaküste mit Naturpools,** in denen Seelöwen baden, bewacht von den Meerechsen und einzelnen Reihern. Zahlreiche Küstenvögel wie der Amerikanische Austernfischer sind hier zu sehen. Eine Seltenheit: hier lebt eine kleine Gruppe von Seebären. Zurück am La-

Auf sie treffen Taucher häufig: die Grüne Meeresschildkröte

vastrand lässt sich exzellent an den vorgelagerten Felsen der **Bahía James** schnorcheln.

Bahía Sullivan

Vis-à-vis der Isla Bartolomé breitet sich ein großes, junges Lavafeld von 100 Jahren Alter aus. Ein Rundweg auf teils scharfem Untergrund führt über die beeindruckende Mondlandschaft der **Bahía Sullivan** 30 aus sog. Pahoehoe-Lava, die teils Blasen und ›Öfen‹ formt. Am Fuß des Lavafeldes liegt ein kleiner Strand mit wenigen Pionierpflanzen, der sich gut zum Schwimmen und Schnorcheln eignet, manchmal auch mit Pinguinen, die von Bartolomé herüberschwimmen.

Playa Espumilla

Die kaffeebraune **Playa Espumilla** 31 mit ihrer sanften Brandung zählt zu den schönsten Stränden der Inseln. Im anliegenden Trockenwald begegnet man zu bestimmten Jahreszeiten Finken, Schreivögeln und selbst

Galápagos-Bussarden. Eine nahe Salzwasserlagune beherhergt gelegentlich ein paar Flamingos.

Isla Seymour Norte

Reiseatlas: S. 20, D 2
Die kraterlose, flache Insel entstand durch eine Hebung des Meeresgrundes. Die Schwester, Seymour Sur, heute die Baltra genannte Flughafeninsel, ist stets auf Sichtweite. Und **Seymour Norte** 32 bildet einen berauschenden Kontrast zu dem nahen Marine-Eiland: große Fregattvogelkolonien, Seelöwen und Meerechsen bevölkern die Küste und ihre von Balsamo dominierte Vegetation. Weitere Stars sind die gelben Landleguane, die ursprünglich auf Baltra lebten, doch in ihrer Art auf dem nördlichen Nachbareiland gerettet werden konnten. Der **Rundweg** kann in zwei Längenvarianten oder kombiniert in Form einer ›Acht‹ gelaufen werden. Man sollte sich zwei Stunden Zeit nehmen.

www.galapagosdiscover.com: Katalog mit 40 in Galápagos zugelassenen Schiffen aller Kategorien, 1100–3800 $ Wochenpreis, sehr guter Preisvergleich.
www.galapagosyachts.com: Katalog mit 26 Schiffen der mittleren bis oberen Kategorie 1500–3300 $ Wochenpreis, auch auf Deutsch.

Alle **Preisangaben** ohne Anreise nach Galápagos (300–390 $) und Nationalparkeintritt (100 $). Hier eine Auswahl in verschiedenen Klassen:
M/Y Isabela II: Metropolitan Touring, Av. Las Palmeras N45-74 y De Las Orquideas, Quito,Tel. 02-298 82 00, ext. 3750, Fax 02-334 12 50, www.galapagosvoyage.com. Luxusyacht mit viel Platz, großem Komfort, Spitzenküche, Sunset Bar, Whirlpool und exzellentem Service, 166 Fuß lang, 40 Passagiere, Glasbodenboot an Bord, Wochenpreis 3770 $.
S/Y Cachalote: Enchanted Expeditions, Calle De las Alondras N45-102 y De los Lírios (Monteserrín), oficina 104, Quito, Tel. 02-334 05 25, Fax 02-334 01 23, www.enchantedexpeditions.com. Komfortabler Motorsegler der gehobenen Klasse, große Holzdecks, Etagenkojen, sehr guter Service, 96 Fuß lang, 16 Passagiere, Wochenpreis 1980–2200 $.
M/S Angelique: Agentur Kem Pery, Calle Ramirez Dávalos 117 y Av. Amazonas, Ed. Turis Mundial, oficina 101, Quito, Tel. 02-250 55 99/-56 00, Fax 02-222 67 15, www.kempery.com. Charmanter historischer Segler, 2001 restauriert, Touristenklasse, 96 Fuß, 16 Passagiere, Wochenpreis 1230–1350 $
M/S Sulidae: Galextur, Av. Portugal 600 y 6 de Diciembre, Quito, Fax 02-225 05 53, 02-226 96 26, www.galextur.com. Kleiner historischer Ketch-Segler, Economy Class, 63 Fuß, 12 Passagiere, Wochenpreis 1260 $.

Alle Kreuzfahrten machen einen Stopp in einem der Häfen von San Cristóbal oder Puerto Ayora zum Besuch der Forschungs- oder Informationszentren. Bei der Gelegenheit sind begrenzt auch **Einkäufe in den Dörfern** möglich.

Auf einigen Schiffen sind die **Äquatortaufen** berühmt-berüchtigt, ein uraltes Ritual der Seeleute.

Alle Yachten sollten gute und ausreichend **Schnorchelausrüstung** für die Gäste bereithalten. Einige Boote führen zudem **Kajaks** mit. Fast täglich gibt es Gelegenheiten zum **Schwimmen** an den Stränden, manchmal auch vom Boot aus.

Bei der **Einreise auf Galápagos** werden der Reisepass, ein ausgefülltes Nationalparkformular *(Tarjeta de Pre Entrada)* und der Parkeintritt (zzt. 100 $) verlangt. Die **Anreise zu den Yachten** erfolgt mit Flügen aus Quito oder Guayaquil nach Baltra/Santa Cruz (s. S. 383) oder San Cristóbal (s. S. 391), seit kurzem auch nach Isabela (s. S. 376). Die Agentur empfängt einen dann am Flughafen auf Galápagos und geleitet einen, meist per Bus und Beiboot, zur gebuchten Yacht.

Die Hafenorte und ihre Umgebung

Karten S. 373, 377, 385

Neben der klassischen Yachtkreuzfahrt von Insel zu Insel bieten drei der vier Hafenorte von Galápagos mittlerweile eine ansehnliche Infrastruktur und ein spannendes Exkursionsprogramm. Von den Inselstandorten aus lassen sich Bootstouren, Hochlandausflüge und Wasseraktivitäten organisieren. Dabei hat jede der vier bewohnten Inseln, Santa Cruz, San Cristóbal, Isabela und Floreana, ihren eigenen Charme, teils traumhafte Strände und eine mysteriöse Vergangenheit.

Manche Reisende mögen keine Kreuzfahrten. Andere suchen in den Hafendörfern Erholung nach den Tagen auf See. Doch die Dörfer sind nicht nur Ausgleich, sie sind in guten Teilen Ergänzung oder sogar **Alternative zu einer Yachkreuzfahrt.** Zwar lebt man in der Zivilisation mit Straßenlaternen, Telefonen und mitunter buntem Treiben. Doch als Basis für Küstentouren und vor allem zu ausgedehnten Hochlandtouren und sportlichen Aktivitäten sind diese Orte gut geeignet.

Die Bewohner der vier Hafendörfer sehnen sich übrigens nach den Fernreisenden aus aller Welt. Denn viel zu oft, so klagen sie, bleibe von dem großen Kuchen des Tourismus fast nichts im Dorf. Die Eigner und Agenturen, nicht selten vom Festland, machen das Geschäft, die Galapageños schauen in die Röhre, so heißt es. Es gibt sogar gelegentlich politische Anträge, jeden Galápagos-Besucher zu mindestens einer Nacht auf den Inseln zu verpflichten. So weit ist es jedoch noch nicht.

Jedes Dorf versucht nun auf seine Weise, mit dem Tourismus das insulare Bruttoinlandsprodukt zu steigern: **Puerto Ayora** mit einem hawaiianisch-urbanen Expansionsdrang, **Puerto Baquerizo Moreno** mit mächtigen Infrastrukturmaßnahmen, das kleine **Puerto Villamil** mit Beteiligung der Fischer und Frauen an einem nachhaltigen Tourismuskonzept und schließlich das winzige **Puerto Velasco Ibarra** mit der leguanischen Ruhe einer alten Siedlerinsel ohne Flugplatz und Linienschiff.

Puerto Villamil (Isla Isabela)

Karte: S. 373, **Reiseatlas:** S. 19

Das Dorf

Für nicht wenige ist **Puerto Villamil** ein Aussteigertraum. Das verschlafene 1800-Seelen-Dorf liegt an einem kilometerlangen weißen **Sandstrand,** durchzogen allein von den Spuren der Meerechsen und dem stetigen Südwind. Zusammen mit der Osterinsel gehört das stille Fischerörtchen im Pazifik zu den westlichsten Siedlungen Südamerikas, ein Paradies zwischen Lava und Palmen am äußersten Ende der ›Neuen Welt‹.

Gleichzeitig findet sich in unmittelbarer Umgebung des Dorfes eine erstaunliche Flora und Fauna. Schon nach wenigen Minuten Fahrtzeit sind etwa **spektakuläre Mangrovenwälder** zu entdecken, die größten Meerechsen von Galápagos und eine Kolonne verspielter Pinguine. Das **Hochland** wartet mit der faszinierenden Tuff- und Basaltlandschaft noch aktiver Vulkane auf.

Im Dorf selbst geht es hingegen so ruhig zu, als habe man die Uhr angehalten. Puerto Villamil kennt noch keine Banken und kein

Breitbandkabel. Die Restaurants sind einfach und lauschig. Doch wer keinen westlich etablierten Luxus sucht, sondern die Stille und Weite des Pazifiks und in einem von Licht durchfluteten Zimmer am Strand zu sich und der Welt finden möchte, ist hier richtig.

Der Tourismus kehrt erst langsam ein. Und das ist gut so. »Wir wollen kein zweites Hawaii werden, sondern das unverwechselbare Galápagos bleiben«, erzählt ein Naturführer des Dorfes im Kajak, während sich vor ihm ein Dutzend Pinguine nach dem Fischen das Gefieder reinigt. Der Großteil der Gemeinde will offenbar nicht »wie das überlaufene Puerto Ayora« werden. Allerdings schickt das überdimensionierte neue Flughafengebäude von Isabela böse Boten ins Land, und erste Charterflieger bringen bis zu 37 Passagiere en bloc. Doch bis heute hält das stille Paradies, was es verspricht. Dank der Einbindung von ehemaligen Fischern in den Tourismus, durch die Erschließung neuer Kleinproduktion durch gut organisierte Frauenkooperativen und dank der sanften Lebensenergie, die bis heute über Puerto Villamil liegt, bleibt dieser Ort unverwechselbar. Obwohl das Dorf deutlich kleiner ist als die Häfen auf San Cristóbal und Santa Cruz, hat es dem Naturliebhaber mehr zu bieten.

Las Tintoreras

Die vorgelagerte, flach verzweigte Basaltinsel **Las Tintoreras** 1 beherbergt eine außergewöhnliche Tiervielfalt, die sich mit den besten Besucherplätzen von Galápagos messen kann. Schon die kurze Bootsfahrt führt vorbei an einer Kolonie von 30 bis 40 Galápagos-Pinguinen. Die Insel wird bewohnt von den größten Meerechsen des Archipels, deren Männchen zur Paarungszeit von Januar bis Februar in prächtig grünem Panzerkleid kokettieren. Der ein- bis durchaus dreistündige Landgang führt ebenso zu Seelöwen, Blaufußtölpeln, Reihern, Stelzenläufern und Roten Klippenkrabben. Namengebend für die *tintoreras* und Stars der Insel sind andere Tiere: Denn während der Ebbe dösen im *canal* oder in einer kleinen flachen Bucht bis zu 25 Weißspitzenhaie, gut sichtbar knapp unter dem Wasserspiegel. Ebenfalls bei Ebbe sind auf der Insel gewaltige, über 200 Jahre alte weiße Mangroven zu bestaunen.

Sendero hacia el Muro de las Lágrimas

Der 5 km lange Küstenfahrweg **Sendero hacia el Muro de las Lágrimas** 2 beginnt rund 2 km hinter dem Westende von Puerto Villamil. Nachdem man den schönen und heimeligen **Dorffriedhof** passiert hat, erreicht man bald die große Wegtafel. Bis hierher lässt es sich auch wunderschön am Strand entlangwandern. Vom Fahrweg aus führen nun immer wieder Wege ab, mal zu idyllischen Stränden am Meer wie **La Payita** und **Playa del Amor,** mal durch Mangroven zu Lagunen wie **Poza Redonda** und Aussichtspunkten wie **Los Tunos,** ideale Orte zur Vogelbeobachtung. **El Estero** ist ein ganz besonderer kleiner Strand in den Mangroven, von dem aus man bis ins Meer schwimmen kann. Nach diesem Mangrovenarm kommt hingegen lange kein Abzweig. Der Schotterweg zieht sich über 3 km leicht bergauf, passiert im Weiteren den großartigen Aussichtspunkt **Mirador del Cerro Ochilla,** um bald danach sein Ende zu erreichen: ein absurdes Bauwerk aus den 1950er-Jahren inmitten der trockenen Kakteenlandschaft, die ›Mauer der Tränen‹ – **Muro de las Lágrimas.** Baulich zwecklos und allein zur Demütigung Gefangener im Arbeitslager errichtet, misst die frei stehende Lavamauer etwa 70 m Länge, 6 m Höhe und an der Basis 5 m Breite. Ein kleiner Pfad, an dem gelegentlich auch wilde Elefantenschildkröten zu finden sind, führt um das Bauwerk herum. Nach Puerto Villamil (7 km) geht es auf demselben Weg zurück. Wer sich Hitze und Zeit ersparen möchte, kann ein Taxi im Dorf chartern, sich zur Mauer bringen lassen und vielleicht nach dem Rundweg sogar noch zurück bis zum Estero. Ab diesem Strand sollte man auf jeden Fall laufen oder biken. Denn zwischen Dorf und Estero liegt der in Flora, Fauna und Strandmöglichkeiten spannendste Teil des Weges. Die Tour ist einfach, man verläuft sich nicht, doch denken Sie an ausreichend Wasser!

Los Humedales

Mit dem Kajak dringt man bis tief in die Seenplatte im Süden Isabelas ein. Nur wenige Meter hinter der Brandung des Pazifiks und dem schützenden Mangrovengürtel hat sich ein 830 ha großes Feuchtgebiet geformt: **Los Humedales** 3. Die flachen Seen bieten fast allen Küsten- und Watvögeln von Galápagos hervorragenden Schutz zum Nisten und reichlich Nahrung, so dass selbst Seevögel wie die Fregattvögel hierher zum Fischen kommen. Doch die meistgesehenen Bewohner des Habitats sind verschieden Arten von Reihern, Stelzenläufern, Wildhühnern, Bahama-Enten und eine große Gruppe von Flamingos. Unter dem ständigen Rauschen des Meeres und gelegentlich unter dem moderigen Geruch des aufgewühlten Schlicks ist diese Tour eine schöne zwei- bis dreistündige **Safari zum Vogelbeobachten.** An den Ufern finden sich Weiße, Rote, Schwarze und Knopfmangroven. Ecuador hat dieses einzigartige Feuchtgebiet 2002 mit seinem Beitritt zum RAMSAR-Abkommen unter internationalen Schutz gestellt.

Concha de Perla

Ein **Stelzenweg** führt nahe der Fischermole durch dichten Mangrovenwald zu einer romantischen Schwimmplattform. Vor dieser liegt die enge ›Perlenmuschel‹ aus drei miteinander verbundenen Naturbecken und mit Zugang zum offenen Meer. Der frei zugängliche Besucherplatz **Concha de Perla** 4 ist ideal zum Schwimmen und Schnorcheln. Häufig sind auch Meeresschildkröten zu sehen. Beste Zeit zum Schnorcheln sind die Stunden um die Ebbe herum.

Centro de Crianza de Tortugas Gigantes

Kurz hinter dem westlichen Dorfende, Av. Gil, schlängelt sich ein gut beschilderter **Naturpfad** über 1200 m durch Mangroven, Küstenwald und Lavaplateaus. Er endet an der Schildkröten-Aufzuchtstation des Nationalparks, **Centro de Crianza de Tortugas Gigantes** 5. In den kleinen Gehegen hat man die Gelegenheit, rund 700 Elefantenschild-

Mit dem Autor unterwegs

Eldorado für Landratten

Von wenigen Ausnahmen wie Albatrossen, Kormoranen und Rotfußtölpeln abgesehen, lässt sich von **Puerto Villamil** aus auf kurzen Wegen der größte Teil der **beeindruckenden Galápagos-Tierwelt** entdecken (s. S. 369f.).

Meereswald

Durch die außergewöhnliche Lage und Topografie haben sich im **Süden der Isla Isabela** die größten und ältesten **Mangrovenwälder** von Galápagos angesiedelt, mit allen vier auf den Inseln vertretenen Arten und ihrer angestammten Fauna. Und mit einer traumhaften **Badestelle, El Estero,** mitten im Mangrovenwald (s. S. 370).

Nahaufnahmen

Scheue Lagunentiere wie die Flamingos und Reiher, aber auch Küstenvögel wie der Galápagos-Pinguin lassen sich am besten vom **sanft gleitenden Kajak** aus studieren und aus der Nähe fotografieren, hervorragend auf **Isabela** (s. S. 375).

Tagestour trifft Kreuzfahrt

Auch von **Puerto Ayora** aus (s. S. 382) werden die lohnenden Besucherinseln **Bartolomé, Seymour Norte** und **Plaza Sur** regelmäßig in Tagestouren angefahren.

Leben wie Robinson

Der feine, kleine Sandstrand von **Puerto Chino** auf San Cristóbal ist einer der wenigen auf Galápagos, auf dem man – unter Auflagen – campen darf und zudem eines der **romantischsten Fleckchen** an den Gestaden von Galápagos (s. S. 389).

Kaffee, Mango, Maracuja

Wenn auch vor mehr als 100 Jahren von Siedlern eingeführt, so lassen sich im fruchtbaren **Hochland** der Galápagos-Inseln fast alle **tropischen Früchte Ecuadors** entdecken.

kröten aller fünf auf Isabela vertretenen Unterarten im Alter von wenigen Tagen bis zu etwa 180 Jahren zu sehen. Die Aufzucht und spätere Auswilderung wird flankiert von Ausrottungsprogrammen an eingeschleppten Schädlingen wie wilden Ziegen, Eseln und Schweinen. Gefüttert werden die Schildkröten jeweils Mo, Mi und Fr vormittags (Mo–So 6–18, Shop Mo–Fr 8–17 Uhr, Eintritt frei).

Volcán Sierra Negra

Der **Vulkan Sierra Negra** 6 im zentralen Süden von Isabela ist 1490 m hoch und besitzt bei einem Durchmesser von 10 km den größten Vulkankrater der Welt. Man fährt zunächst mit dem Pickup auf gut 800 m Höhe zum **Nationalparkbüro,** von wo eine 45-minütige Wanderung oder aber ein Ritt zu Pferde zum unteren **Kraterrand** in knapp 1000 m Höhe führt. Dieser Weg ist nach Regenfällen beschwerlich, da morastig. Liegt der Süden des Kraters bis tief an die Küste meist im Nebel, so offenbart eine Kraterwanderung gen Nordosten oft freien Blick in den etwa 120 m tiefen Krater mit seinen jungen Lavafeldern. Dieser Abschnitt endet unter schattigen **Jaboncillo-Bäumen,** zugleich Endstation für die Pferde. Weiter geht es durch ein landschaftliche Melange aus ocker-schwarzbraunen Lavafeldern bis zu dem Schwefel ausdampfenden **Volcán Chico** 7, von dem sich ein beeindruckender Blick auf die nördlichen Vulkane Isabelas, die Landenge **Istmo de Perry,** die Meerenge **Canal Bolívar** und die **Isla Fernandina** bietet.

Die geologisch außergewöhnliche Tour in die ›Hochgebirge‹ von Galápagos dauert etwa 7–8 Stunden ab Puerto Villamil. Eine Alternativroute führt vom Ausgangspunkt unter dem Krater gen Westen zum Schwefelkrater des **Volcán de Azufre** 8. Beide Touren sind nur mit Naturführern und festem Schuhwerk zu begehen.

Weitere Exkursionen

Bootstouren bringen einen von Puerto Villamil in 40 bis 60 Minuten zu den vorgelagerten Inseln **Islote, Cuatro Hermanos** und **Islote Tortuga** 9 oder auch zu den faszinierenden geologischen Formationen von **Los Túneles** 10. Zwar sind hier keine Landgänge erlaubt, doch sieht man auch vom Boot aus reichlich Aktivitäten der Seevögel und kann exzellent schnorcheln. Zum Tauchen vor den Inseln sind geführte Tauchtouren vorgeschrieben.

i **Orientierung:** Der Dorfkern verteilt sich um den Parque Central. Von hier nach Westen verläuft die Uferstraße Av. Antonio Gil, nach Osten heißt sie Av. Conocarpus und endet an der Mole Embarcadero.
I-Tur: Parque Central, Edificio del Municipio, Tel. 05-252 94 61, offizielle Internetseite: www.isabelagalapagos.com, Mo–Fr 7–14 Uhr. Das junge Büro bietet Dorfplan, Broschüren und allgemeine Informationen zu Isabela.
Parque Nacional de Galápagos: Av. Gil, Mo–Fr 7.30–12.30, 14–17 Uhr. Genehmigungen zum Zelten in der Sierra Negra. Wenn es wiederaufgelegt wird, erhält man hier ein informatives und empfehlenswertes Heft über Ort und Umgebung: ›Lagunas y volcanes en medio del océano‹ (auch auf Englisch).
Internetzugang haben Comercial Albatros und Easynet-Pacifictel.

La Casa de Marita: Av. Conocarpus, 400 m auf der Uferstraße, Tel. 05-252 92 38, 05-252 93 01, 09-404 74 00, Fax 05-252 92 01, www.galapagosisabela.com. Liebevoll und farbenfroh eingerichtetes Strandhotel mit gutem Frühstück; 19 geräumige gepflegte Zimmer und Suites, exzellenter Service, AC, Minibar, Wäscheservice, Jacuzzi, Tourenvermittlung, klimatisiertes Restaurant. Die beste Wahl am Ort. EZ/DZ (teils mit Meerblick) 48/85 $, Oceanside Suites 110–183 $.
Hotel Ballena Azul: Av. Conocarpus, 350 m auf der Uferstraße, Tel. 05-252 90 30, www.hosteriaisabela.com.ec. Einfaches Traditionshaus mit geräumigen *cabañas* im Strandbereich, teils mit AC, und einzelnen Zimmern im Haupthaus, Restaurantservice nach Reservierung. DZ 37–49 $, Frühstück 4 $.

Casa Rosada: Av. Gil, Westende, Tel. 09-145 48 19. Einfache Pension mit

Terrasse und Barbecue direkt am Strand, abends Barbetrieb nebenan. 20 $ p. P.

Hostal San Vicente: Calle Cormorán y Scalesias, Tel. 05-252 91 40, 05-252 94 39, 09-349 79 40, www.sanvicentegalapagos.com. Einfaches, aber solides Traveller-Hotel im Dorfkern, AC, TV, Wäscheservice, Tour Operator. 14 $ p. P. Kleine Suites mit AC und Warmwasser 30 $ p. P.

Cormorant Beach House: Av. Gil, Tel. 05-252 92 00/-91 92, albemarle20@hotmail.com. Kleine Pension direkt am Strand, einfache, aber hübsche Zimmer mit TV, Kühlschrank, Küchenbenutzung, teils mit AC und

Richtig Reisen-Tipp: Mountainbiking im Mangoland

Eine ausgezeichnete Möglichkeit, Sport, Natur und einen Finca-Besuch zu kombinieren, bietet eine organisierte Tour mit dem Mountainbike. Dazu geht es zunächst im Pickup auf etwa 400 m Höhe an den Fuß des Vulkans Sierra Negra in die landwirtschaftlich genutzte Region der Insel. (Die im Folgenden genannten Nummern s. Karte S. 373.)

Ist der erste Teil der nun beginnenden Abfahrt noch recht steil, wird die Schotterstraße im weiteren flacher. Unterwegs trifft man auf Nutztiere der Siedler, aber auch auf Galápagos-Tiere wie den Rubintyrann und den Finken. Ein erster Stopp erfolgt an dem alten **Friedhof 11,** wo der Führer von den Gefangenenkolonien der 1950er-Jahre und von anderen mysteriösen Bewohnern der Insel erzählt. Dann hält die Biketour auf einer seit Jahrzehnten betriebenen **Finca 12.** Die sympathischen und bereits über 80-jährigen Besitzer leben hier in Subsistenz und zeigen die Fülle ihrer tropischen Früchte wie Mandarinen, Bananen, Maracujas und Ananas. Das Nötigste aus dem Dorf kaufen sie mit dem Erlös von ihrer kleinen Kaffeeplantage. Weiter unter stoppt die Tour am **Campo Duro 13,** einer schönen Finca, die sich mit einer großen Wiese, einer Bar und einem nettem Barbecue-Restaurant auf einkehrende Gäste von der Vulkan- oder Mountainbiketour eingerichtet hat (Tel. 08-545 30 45). Außerdem zieht die Finca hier in Zusammenarbeit mit dem Nationalpark über **40 Landschildkröten** von Isabela auf (ohne Tour 2 $ Eintritt). Letzter Halt ist der **Mirador de Mango 14,** ein Aussichtspunkt mit prächtigem Blick über den Süden von Isabela und ihre Nachbarinseln.

Die 22 km lange Tour dauert etwa 6–7 Stunden zzgl. einem optionalen Essen in der Finca und kostet je nach Gruppenstärke 35–45 $ p. P. Beste amerikanische Aluminiumbikes samt Helm und Handschuhen bietet Carapachudo Bike Tours, Calle las Escalecias, Tel. 08-596 71 79, info@carapachudotours.com. Alternativ zum Downhill bietet die Agentur auch eine flache und etwa vierstündige Bike- und Schnorcheltour durch die Lagunen- und Feuchtgebiete vor der Küste an.

Meerterrasse, EZ/DZ 20/30 $ ohne Frühstück. Einfache Hinterhauszimmer 10 $ p. P.
Campo Duro: 10 km via Tomás de Berlanga, Tel. 08-545 30 45. Schöner Rasen-Campingplatz in der Landwirtschaftsregion, Restaurant, Sanitäreinrichtungen mit pflanzenumstandener Gartendusche, Schildkrötengehege. Auch am Vulkankrater kann man mit Genehmigung des Parks campen. Ebenso **Zeltmöglichkeiten** auf einer Hochland-Finca der Casa de Marita (s. S. 372). Campen am Strand ist nicht erlaubt.

Das Dorf zählt rund zehn offene, einfache Restaurants allein am zentralen *parque* und weitere in den umliegenden Dorfstraßen. Dort wird ortsüblich mittags ein *almuerzo* für 2–3 $ angeboten, à la carte speist man einfach für meist 4–8 $.

La Casa de Marita: Av. Conocarpus, 400 m auf der Uferstraße, tgl. 7–22 Uhr, Tel. 05-252 92 38. Hotelrestaurant über den Palmen, das beste und einzige Mittelklasse-Restaurant, zudem mit Meerblick und gutem Service, u. a. italienische Küche, Hauptgericht 7–11 $.
El Encanto de la Pepa: Parque Central, Tel. 05-252 92 84, Mo–Sa 7–15, 15–21 Uhr, große Karte und meist tatsächlich große Auswahl und Portionen, Hauptgericht 4–8 $.
La Choza: Parque Central, Tel. 05-252 92 38, unter den einfachen eine Empfehlung, zudem mit größerem Angebot à la carte wie auch Pizzen (auf Vorbestellung) und Grillplatten. Hauptgericht 3–5 $.

Mercado Municipal: Calle 16 de Marzo y Las Fregatas, Mo–Sa, winzige Markthalle mit überschaubarem Angebot. In direkter Umgebung befinden sich mehrere Kaufläden: **Comerciales** wie das **Albatros,** das auch ein **Internetcafé** hat. **Banken** gibt es nicht, aber **MoneyGram,** Av. Gil y Las Fregatas, Tel. 05-252 94 62, in Deutschland 0800-82 82 89 71, Schweiz 0800-89 59 73, www.moneygram.de. Händigt internationale Geldanweisungen aus.

Bar de Beto: Av. Gil, Westende, Tel. 05-252 00 15. Schöne offene Strandbar mit Cocktails und guter Musik, Treffpunkt für Einheimische und Touristen, Dinnerservice nach Voranmeldung.

La Barca: Calle Conocarpus. Kleine Inseldiskothek, nett und tanzbar am Wochenende.

Fiesta de la Cantonización de Isabela: Jedes Jahr vom 14. bis 16. März begeht Isabela ein lebendiges Kantonalsfest: Neben der Landwirtschaftsmesse und den Wahlen zur Schönheitskönigin finden verschiedene Wettkämpfe statt – Reiten, Fußball, Schießen und Bootsrennen. Dazu gibt es reichlich *comida típica,* Musik, Tanz und berauschende Getränke. Einen Tag lang verlagert sich das Fest vom Hafen dann in die Berge nach Tomás de Berlanga, wo zudem Rodeo und Hahnenkampf geboten werden.

Schnorcheln und Kajak: traumhafte Buchten und vorgelagerte Inseln, darunter flache Schnorchelplätze wie Concha de Perla bei Ebbe und eine ›Ocean-Safari‹ mit dem Kajak zu den Tintoreras. Besondere Empfehlung: Kajaksafari durch die ruhige Seenplatte von Los Humedales. Erfahrene Beratung, sehr gute Ausrüstung und Touren: Jacqueline Bruns, Isabela Discovery, Tel. 05-252 93 03, jacibruns@hotmail.com.

Tauchen: Isabela Dive Center, Pablo Constante, Calle Escalecia y Av. Gil, 05-252 94 18, 09-466 65 68, isabeladivecenter@hotmail.com. Bislang einzige Tauchbasis der Insel, Ausfahrten an die Küste von Isabela und an die vorgelagerten Inseln. 2 Tauchgänge mit Ausrüstung, Boot, Divemaster und Lunchbox kosten je nach Entfernung und Gruppenstärke 80–170 $ p. P. Verleih von Schnorchelausrüstung.

Mountainbike: Downhill- und Küstentouren sowie Fahrradverleih bei Carapachudo, s. Tipp S. 374.

Wandern: Fast alle Reiseagenturen bieten Tageswanderungen zu den Vulkanen der Sierra Negra an. Die häufigsten Touren mit guten Möglichkeiten, sich einer Gruppe anzuschließen, organisiert Antonio Gil ab dem Hotel San Vicente, Tel. 05-252 91 40, 05-252 94 39, hotelsanvicentegalapagos@hotmail.com. Wanderungen am Strand und in die Feuchtgebiete zur Muro de las Lágrimas sind auch auf eigene Faust machbar, wenngleich lokale Naturführer mehr Wissen und Zusammenhänge vermitteln.

Reiten: Die besten und gepflegtesten Pferde halten Nieto Pilamunga, Tel. 05-252 92 52, 09-476 53 82, und Modesto Tupiza, Tel. 05-252 92 17. Ausritte durch die Plantagen, Teile der Feuchtgebiete und zum Vulkankrater Sierra Negra.

Naturführer: Biologisch versierte und englischsprachige Naturführer sind: Mathias Espinosa (auch auf Deutsch), Tel. 05-252 93 36, 09-395 17 41, Pablo Valladares, Tel. 05-252 93 77, 09-782 99 30, Alfredo ›Minino‹ Boloña, Tel. 05-252 90 08, 09-787 15 33, Stefanía Romero, Tel. 05-252 90 77, 09-397 77 57, und Xavier Michui, Tel. 05-252 93 58, 09-188 01 23.

Beachvolleyball: Treffpunkt zum Ecuavoley ist tgl. gegen 17 Uhr an der Casa Rosada, am Westende der Av. Gil.

Frauenkooperativen: Mehrere Kooperativen von Fischerfrauen bauen sich seit einigen Jahren eine neue Existenz im Tourismus auf. T-Shirts, Souvenirs und Kunsthandwerk bietet etwa die Fischerfrauen-Kooperative **OMAI** in der Av. Gil an. Die Fischerfrauen von **OMPAI** neben dem ›Post Office‹ haben sich spezialisiert auf Produkte aus recyceltem Papier. Im Hochland kocht und vermarktet eine weitere Frauenkooperative Marmeladen, die auch bei OMAI zu kaufen sind.

Flugzeug: Die Insel-Airline EMETEBE fliegt Mo–Sa um 8.30 Uhr nach Baltra und um 13.30 Uhr nach San Cristóbal, Flugpreis 80–100 $, Tel. 05-252 91 55. ICARO fliegt seit März 2007 erste Charter vom Festland nach Isabela. Der Flugplatz liegt 2 km vom Ort.
Schnellboot: Die *lancha rápida* fährt tgl. morgens um 6 Uhr nach Puerto Ayora, wodurch man die Kontinentalflüge ab Baltra erreicht. Abfahrt an der Fischermole am Ostende des Ortes.
Taxis: Fahrpreis 1 $, vom Flugplatz ins Dorf 2 $. Die Fahrt zum Ausgangspunkt der Vulkanwanderung dauert etwa 45 Min. (40 $).

Puerto Ayora (Isla Santa Cruz)

Karte: S. 377, **Reiseatlas:** S. 19/20

Das Dorf

Puerto Ayora 1 ist die Boomtown des Paradieses: wenn irgendwo auf den Galápagos-Inseln das Wachstum grenzenlos scheint, dann in dieser Kleinstadt im Süden der Insel Santa Cruz. Hier, an der vormals einsamen **Academy Bay,** lässt sich studieren, wie ein mit hoher Intelligenz und Einfühlungsvermögen ausgestattetes Säugetier sich breit macht, wo einst kaum mehr als Algen fressende Reptilien überlebten. Seit die Unesco 1957 einen Naturschutzplan für die Galápagos-Inseln entwarf, hat sich die Einwohnerzahl von Puerto Ayora verfünfhundertfacht – binnen 50 Jahren von 30 auf 15 000 Menschen! Da mittlerweile für alle künftigen Siedlungsentschlossenen ein ›strikter Einwanderungsstopp‹ zu unterlaufen ist, hat sich das aktuelle Bevölkerungswachstum auf jährlich sechs bis zehn Prozent eingependelt, weiß der lokale Stromversorger zu berichten. Denn ob illegal oder halb legal – einen Stromanschluss brauchen sie alle.

So bietet Puerto Ayora heute ein abwechselungsreiches Kontrastprogramm für jeden Naturliebhaber, der noch seinen Erinnerungen an die Nistkolonien der Vogelwelt nachhängt. Puerto Ayora bewegen ganz andere Dinge. Stadtökologische Themen wie Trinkwasser, Müll und Abwasser. Die Stadt legt mittlerweile Radwege an und startet Kampagnen zur kostenlosen Sterilisierung von Haustieren. In der Academy Bay ankern bis zu 40 Yachten und Kreuzfahrtschiffe, darunter für Stunden auch die Schiffe mit über 100 Passagieren. Gelbe Wassertaxis und Schlauchboote rauschen oft bis in die Nachtstunden durch die Bucht.

Da irgendwo auch noch die Nationalparkgrenzen beginnen, baut man an Land neuerdings dreistöckig. Und man fährt gerne breitbeinig Chopper, denn bei mittlerweile 900 Autos bahnen sich punktuell erste Parkplatzprobleme an. Wohl gemerkt, genau dort, wo vor 50 Jahren allenfalls zweimal pro Woche eine kleine Gruppe von Eseln über einen Trampelpfad vom Hochland zum Ufer getrieben wurde. Vor den Toren der Stadt ließ man jüngst einen großen Busterminal errichten, was noch einiges befürchten lässt. Es gibt also in Puerto Ayora alles, was man braucht, und vieles, was man nicht braucht.

Also kann man auf der Suche nach Zivilisation und Zerstreuung in Puerto Ayora ein paar wunderschöne Tage verbringen. Als Ferienort hat das Städtchen durchaus Charme und Qualität: gute Küche, gute Hotels, problemlose Kommunikation. Wer es nötig hat, findet selbst ein Dutzend Internetcafés im Breitbandrhythmus, drei Freudenhäuser und ein neues Krankenhaus.

Und während das gesellige Treiben in den neu gepflasterten Straßen zwischen Touristenmole und Forschungsstation einem das untrügliche Gefühl schenkt, man bewege sich auf einer Insel auf der Insel, so finden sich in der Umgebung durchaus ein paar reizvolle Besucherpunkte und Strände, im Hochland sogar noch frei lebende Elefantenschildkröten. Nicht zuletzt ist die große **Charles-Darwin-Station** (s. Thema S. 378f.) am Ortsende noch immer einen Besuch wert.

Wer sich von den Naturschönheiten und der pazifischen Stille auf den unbewohnten Inseln erholen möchte, ist in Puerto Ayora genau richtig. Die Academy Bay ist heute wieder ein Ort der Studien. Hier scheint eine

neue Art im Entstehen, eine Art *homo sapiens galapagensis*.

Tortuga Bay

Südwestlich von Puerto Ayora führt ab dem Kontrollhäuschen – *la caseta* – ein 2,5 km langer ausgewiesener Vulkansteinweg durch einen Kakteenwald zur **Tortuga Bay** 2. Diese Bucht ist geprägt von einem lang gezogenen, feinen weißen Sandstrand mit Mangroven und einer ruhigen flachen Meereslagune, der **Playa Mansa,** im hinteren Bereich. Hinter dem Strand entfaltet sich eine nicht zu betretene Dünenlandschaft mit saisonbedingt zahlreichen Schildkrötengelegen. Am Ende des Strandes liegt auf einer Halbinsel ein natürlicher ›Opuntiengarten‹.

Die ›Schildkrötenbucht‹ spendet jedoch weder Bewirtung noch Schatten und auch keinen Bademeister. Daher seien Schwimmer ganz besonders vor den gefährlichen Strömungen am großen, vorn anliegenden Strand – *playa brava* – gewarnt! Zum Schwimmen, Schnorcheln und Kajakfahren ist die geschützte Playa Mansa ideal. Außerdem finden sich dort ein paar Schatten spendende Bäume am Ufer.

Finca Las Primicias

Die private **Finca Las Primicias** 3 bietet die wohl beste Gelegenheit, die Riesenschildkröten von Santa Cruz beim Fressen, beim Baden oder sogar beim Kopulieren zu beobachten. Das Gebiet der Finca ist offen zum Nationalparkterritorium und beherbergt seit jeher angestammte Wasserstellen der Schildkröten. Die Besitzer nehmen mittlerweile 3 $ Eintritt und haben um die Attraktion Infrastruktur mit Restaurant und Souvenirshop aufgebaut.

Ebenfalls auf dem Grundstück des Rancho Las Primicias liegt einer der schönsten **Lavatunnel** der Insel. Er ist auf etwa 1000 m Länge zu begehen. Der vordere Bereich des erkalteten Magmaflusses ist bis zu 10 m hoch und recht gut ausgeleuchtet. Für den hinteren Teil bis zum anderen Ausgang bedarf es fester Schuhe und einer Taschenlampe. Am Ende ist eine flache, nur etwa 80 cm hohe Passage zu durchkriechen.

Los Gemelos

Etwa auf ihrem höchsten Punkt verläuft die Inselstraße exakt zwischen zwei großen Senkkratern hindurch, den ›Zwillingen‹ oder

Die Charles-Darwin-Station oder 50 Jahre Naturschutz

Auf den Galápagos-Inseln findet sich seit nunmehr 50 Jahren eine wissenschaftliche Forschungsstelle, die u. a. ein überlebenswichtiges Aufzuchtprogramm für Elefantenschildkröten durchführt. Ohne die Arbeit der internationalen Charles Darwin Foundation in Brüssel und ihrer zentralen Forschungsstation auf Galápagos sähe es heute um einige Tier- und Pflanzenarten schlecht aus.

Es war 1957, als die Unesco den österreichischen Biologen Irenäus Eibl-Eibesfeldt mit der Mission beauftragte, Grundlagen für einen nachhaltigen Naturschutz auf Galápagos zu evaluieren. Eine Unesco-Forschergruppe gründete dann in Zusammenarbeit mit der Internationalen Union für Naturschutz (IUCN) 1959 in Brüssel die Charles Darwin Foundation. Die Umweltstiftung setzte sich zum Ziel, gleichsam Forschung und Naturschutz auf den Galápagos-Inseln durchzuführen und zu diesem Zweck mittelfristig eine biologische Station einzurichten. Schon 1961 nahmen die Wissenschaftler ihre Arbeit auf, und am 12. Februar 1964 eröffneten über 60 Wissenschaftler aus aller Welt feierlich die fertig gestellte Estación Científica Charles Darwin in Puerto Ayora, im Süden der Isla Santa Cruz. Namenspatron ist der britische Forscher Charles Darwin, der 1835 an Bord der Beagle fünf Wochen lang Galápagos bereiste. Seine Untersuchungen, insbesondere an den ›Darwinfinken‹, schufen maßgebliche Grundlagen für seine damals revolutionäre wie auch umstrittene Evolutionstheorie.

Schon seit 1963 gibt die Stiftung ihre spanisch- und englischsprachigen ›Noticias de Galápagos‹ über Forschung und aktuelle Entwicklungen von Galápagos heraus. Hauptanliegen der Naturschutzmaßnahmen war von Beginn an die Eindämmung und Bekämpfung eingeschleppter, verwilderter Tiere bei gleichzeitiger Rettung bedrohter heimischer Arten. Besonders betroffen waren und sind die Landschildkröten von den vielen wilden Ziegen und Schweinen. Bis Anfang der 1980er-Jahre gelang die vollständige Ausrottung von 80 000 bis 100 000 Ziegen auf den Inseln Española, Marchena, Santa Fé, Plaza Sur und Pinta. 2006 konnten die Forscher auch Santiago und den weiten Norden Isabelas als ›ziegenfrei‹ ausrufen. Allein auf Isabela wurden dank der neuseeländschen Jagdtechnik mit der ›Judasziege‹ etwa 140 000 Ziegen abgeschossen. Die Ausrottung anderer Plagen auf den vier bewohnten Inseln des Parks, z. B. ungebremst wuchernde Brombeeren und verwilderte Schweine, erscheinen utopisch in Anbetracht der topografischen Bedingungen und fortwährender Besiedelung.

Inmitten eines Kakteenhains und scharfkantiger Lavabrocken errichteten die Mitarbeiter der Forschungsstation im Lauf der Jahre ein beeindruckendes wie lehrreiches Besucherzentrum mit Informationstafeln, Ausstellungsraum und einem ca. 800 m langen Rundweg, der hautnah durch die Aufzucht- und Forschungsgehege der verschiedenen Elefantenschildkröten von Galápagos führt. Labor, Bibliothek, Messstation und Seminarräume komplettieren heute die biologische Station der Stiftung in enger Zusammenarbeit mit der Nationalparkdirektion. Die Arbeit nahm im Lauf der Jahre immens zu:

Thema

Forschung, wissenschaftliches Monitoring, Fortbildung, schulerzieherische Maßnahmen und Beratung des Parkmanagements beschreiben den Aktionsradius der auf der Basis ihrer jährlichen Generalversammlung arbeitenden Stiftung. Unterstützung kommt u. a. von der Zoologischen Gesellschaft Frankfurt e. V., der Zoologischen Gesellschaft San Diego, dem World Wide Fund for Nature (WWF) und dem Max-Planck-Institut.

Seit Anfang der 1990er-Jahre kämpfen die Mitarbeiter mit wissenschaftlichen Facharugumenten um einen durchgreifenden Managementplan für den Nationalpark Galápagos. Die Verabschiedung des lang umkämpften Sondergesetzes ›Ley Especial de Galápagos‹ von 1998 war auch für die Forscher ein Meilenstein ihrer mühseligen Arbeit zwischen Bürokratie, Besiedlungsdruck und landesüblicher Korruption. Die verzauberten Galápagos-Inseln brauchten schon immer Geduld: Auch der knapp 70-jährige Einsame George von der Isla Pinta, einzige überlebende Landschildkröte seiner Art, wartet schon 35 Jahre in der Charles-Darwin-Station auf die Braut seiner Träume. Biologen aus aller Welt haben versucht, ihn zu animieren, wenigstens eine Artverwandte zu begehren. Doch selbst nach einer hoffnungsfrohen Besteigung rutschte er ohne Höhepunkt stöhnend vom Panzer des Weibchens und schlief ein.

Die Wissenschaftsstation, ihre Schildkrötenaufzucht, der Einsame George, ein kleines Langleguan-Programm und das Besucherzentrum Van Straelen können tgl. von 7 bis 18 Uhr besucht werden: Puerto Ayora, Ostende der Avenida Charles Darwin, www.darwinfoundation.org, Eintritt frei.

Elefantenschildkröten gehören zu den ältesten noch auf der Erde lebenden Reptilien

Los Gemelos 4. Diese sind nicht etwa durch einen Vulkanausbruch an dieser Stelle entstanden, sondern durch das Einstürzen großer unterirdischer Hohlräume und Lavatunnel. Neben diesen geologisch beeindruckenden Kraterformationen ist vor allem die westliche Zwillingsschwester ein sehr guter Ort, um *scalesien* aus der Familie der Sonnenblumen, verschiedene Farne, ›falschen Kaffee‹ und Bromelien zu studieren. Neben einigen Finken stößt man hier oben auch immer wieder auf den knallroten Rubintyrannen. Ein Weg führt am Krater entlang und auf einem kleinen **Rundweg** durch den Wald, wo es häufiger Nieselregen gibt.

Weitere Exkursionen

Ferner gibt es Hochlandwanderungen zum Vulkan **Cerro Crocker** (870 m) 5 im östlichen Zentrum der Insel sowie zu weiteren Schildkrötenstellen und Fincas. Diese können über eine Agentur auch per Pferd oder Fahrrad organisiert werden. Der abgelegene schöne Strand **Garrapatero** 6 im Südosten von Santa Cruz liegt 22 km von Puerto Ayora entfernt, streckenweise eine gute Downhill-Fahrradstrecke. Der Academy Bay vorgelagert liegt die flache Seelöweninsel **Islote Caamaño,** ein schöner Schnorchelplatz. Der **Canal de los Tiburones** ist ein Schlafplatz von Weißspitzenhaien, der am besten im Kajak zu besuchen ist.

Bootsausflüge

Von Puerto Ayora aus werden auch einige Kreuzfahrt-Besucherplätze mit dem Boot angefahren, regelmäßig **Isla Bartolomé** (s. S. 355), **Isla Plaza Sur** (s. S. 362ff.) und **Isla Seymour Norte** (s. S. 368), seltener **Isla Santa Fé** (s. S. 366), **Isla Dafne** (s. S. 358) und der **Cerro Dragón** 7 auf Santa Cruz (s. S. 366). Ein Tagesausflug kostet ca. 60 $.

Multisport-Inseltour

Ein intensives Santa-Cruz-Erlebnis und sportliches Kompaktprogramm bietet eine Tagestour: Mit dem Auto geht es zunächst in die Berge, dort wandert man zu den Schildkrötenwasserstellen von El Chato. Anschließend fährt man mit dem Mountainbike downhill zum Canal de Itabaca, von wo es im Kajak zu dem Besucherplatz Las Bachas (s. S. 365f.) geht. Sportlergerecht gibt es neben der Lunchbox ein Früchte- und Säftebuffet im Servicepaket. Buchung über die Agentur Lonesome George, s. S. 383, Tourenpreis p. P. 65–135 $.

Orientierung: Nahezu das gesamte Geschäftsleben spielt sich entlang der Uferstraße Avenida Charles Darwin ab – vom Anlegekai El Muelle über den Malecón, die Pelikan Bay bis hin zur Forschungsstation Estación Científica Charles Darwin.

I-Tur: Av. Charles Darwin y Muelle, www santacruz.gov.ec, Di–So 10–17 Uhr. Städtisches Tourismusbüro an der Mole. Viele Broschüren, nützliche Infos, ausführliche Hotelliste von Santa Cruz. Hilfsbereites Personal.

Cámara de Turismo: Av. Charles Darwin, Pelikan Bay, Tel. 05-252 62 06, Fax 05-252 66 09, www.galapagostour.org. Zahlreiche Infos für Reisende; sehr hilfsbereites Personal.

Internetcafés: Choza Net, Av. Baltra y Calle Opuntia, Mo–So 7.30–23 Uhr; **Galápagos On Line,** Av. Charles Darwin, gegenüber der Capitanía; **Pelikan Net,** Pelikan Bay.

Finch Bay Eco Hotel: Barrio Estrada, Tel. 05-252 62 97/98, Buchungszentrale Metropolitan Touring in Quito: Tel. 02-298 82 00, Fax 05-252 62 93, www.finchbayecohotel.com. Komfortables und landschaftlich sensibel eingepasstes First Class Resort-Hotel abseits des Rummels, großer Swimmingpool, Whirlpool, Sonnenterrassen, Kajaks, Tourenpakete, sehr gutes Restaurant. DZ 250 $ mit Frühstück.

Grand Hotel Lobo de Mar: Calle 12 de Febrero, Weg zur Polizeikaserne, Tel. 05-252 61 88, Fax 05-252 65 69, www.lobodemar.com.ec. Neues Mittelklassehotel am Meer mit zwei Mini-Swimmingpools, Internetzugang, Bar, manchmal große Gruppen, EZ/DZ 65/85 $ mit Frühstück.

Hotel Estrella de Mar: Calle 12 de Febrero (am Meer, neben der Einfahrt zur Polizeikaserne), Tel. 05-252 64 27, Fax 05-252 60 80, estrellademar@islasantacruz.com. Uferhotel mit einfachen, hellen, großen Zimmern, meist mit Meerblick, AC, warmes Wasser. EZ/DZ 43/61 $ inkl. Frühstück (auf Nachfrage werden stets 10 % Rabatt gewährt, sagt das Hotelmanagement!).

Hotel Salinas: Calle Bolívar Navedo y Charles Binford, Tel. 05-252 61 07, Fax 05-252 60 72. Sehr einfaches, aber sauberes Hotel im Dorfinnern. EZ/DZ 13/24 $ ohne heißes Wasser, EZ/DZ 22/34 $ mit warmem Wasser und TV.

Angermeyer Point Restaurant: Punta Estrada, Tel. 05-252 70 07, 09-565 15 43, Fax 05-252 64 52, www.angermeyerpoint.com, Mo–Sa 15–23, So 12–15 Uhr. Das schönste Restaurant der Galápagos-Inseln erreicht man mit dem Wassertaxi über die Academy Bay. Hinter dem eigenen Steg liegt die bezaubernde Holzveranda direkt am Meer, sanfte Musik und Kerzenlicht tun ein Übriges – Abschalten mit Blick auf Bucht und Boote fällt hier leicht. Der Chef kocht international und dabei bevorzugt asiatisch. So gibt es gelegentlich Sushi-Tage und immer wieder thailändische Noten an Fleisch und Fisch (meist frischem Seefang). Angermeyer Point ist **der kulinarische Höhepunkt** auf den Galápagos-Inseln. Hauptgericht 13–18 $, So (kleines Büffet) 19 $.

La Garrapata: Av. Charles Darwin y Berlanga, Tel. 05-252 62 64, 09-370 87 11, lagarrapata@islasantacruz.com, Mo–Sa 9–22, So 17–22 Uhr. Gute ecuadorianische und internationale Küche, hausgemachte Desserts. Mittagsmenü 5 $, Hauptgericht 8–15 $.

Hernan's Café: Av. Baltra y Av. Charles Darwin, Tel. 05-252 65 73, 09-344 80 01, hernancafebar@hotmail.com, tgl. 8–22 Uhr. Pizza und mehr, beliebtes Restaurant bei Einheimischen und Touristen, guter Service. Hauptgericht 6–8 $.

Tintorera: Av. Charles Darwin, Pelikan Bay, 09-338 05 60, Mo–Sa 8–23 Uhr. Hübsches, offenes Restaurant, gute Kuchen, große Sandwichauswahl, hausgemachtes Brot. Mittagsmenü 4 $, Hauptgericht 11–15 $.

William: Calle Charles Binford (bekannter unter dem Namen Calle de los Kioscos) y Av. Baltra, Mo–Do 18–23 Uhr. Esmeraldeñische Küche, Meeresfrüchte, *menestra* (Linsengemüse) und Grillfleisch, unter den etwa 15 offenen, preiswerten Restaurants in der ›Kioskzeile‹ das beste. Hauptgericht 4–7 $.

El Descanso del Guía: Av. Charles Darwin y Los Colonos, tgl. 6.30–20.30 Uhr. Das Frühaufsteher-Restaurant mit deftiger ecuadorianischer Küche gegenüber der Endhaltestelle der Flughafenbusse. Frühstück 2 $, Mittagsmenü 2,50 $, Hauptgericht 5–8 $.

Die **Avenida Charles Darwin** ist für den Kauf von Kunsthandwerk, Souvenirs und T-Shirts die Einkaufsmeile schlechthin. Auf der Höhe Calle Tomás de Berlanga zweigt zudem der kleine Kunsthandwerksmarkt **Mercado Artesanal** ab, übrigens ein lauschiger Platz am Meer mit Bar und Badestelle. Eine weitere Einkaufsstraße ist die **Avenida Baltra.**

Super Market: Av. Charles Darwin, direkt an der Mole, Mo–Sa 8–20 Uhr. Großer Supermarkt.

Mercado Municipal: Av. Baltra y Calle Isla Duncán, geöffnet bis mittags. Städtische Markthalle.

Geldautomaten: Zweimal in der Av. Charles Darwin, neben dem Super Market und an der Banco del Pacífico (Mo–Fr 8–15.30, Sa 9.30–12.30 Uhr), Höhe Calle Charles Binford.

Auch hierbei ist die Av. Charles Darwin führend. Man folge den abendlichen Musiksignalen von **The Rock, Limón y Café, La Panga, Bongo Bar** und **Bar Barranco.**

Gründungsfest von Galápagos: jedes Jahr zwischen dem 12. und 18. Februar begeht die Insel Santa Cruz ihren Gründungstag mit Tanz, großem Essen, Volleyballmeisterschaften und der Wahl der Schönheitskönigin. Höhepunkte sind das **Strandfest mit Bikinishow** in der Tortuga Bay am ersten Sonntag der Festwoche und das **Rodeo** im Hochland von Bellavista zum Abschluss.

Des Tauchers Paradies: die Galápagos-Inseln

Tauchen: Scuba Iguana: Av. Charles Darwin, am Eingang zur Charles-Darwin-Station, Tel. 05-252 64 97, 09-702 40 31, www.scubaiguana.com. Die beste Tauchbasis von Galápagos, tägliche Ausfahrten, schnelles Boot, sehr guter Service, PADI-Ausbildung, gute Tauch- und Schnorchelausrüstungen. Es werden rund zwölf Tauchplätze um Santa Cruz, Santiago und Floreana angefahren, darunter Highlights wie Gordon Rocks, North Seymour, Corona del Diablo und Beagle Rocks. Tauchtag mit zwei Tauchgängen, Ausrüstung, Lunch, komplett 90–135 $.

Galápagos Sub Aqua: Av. Charles Darwin, Pelikan Bay, Fax 05-252 63 50, 05-252 66 33, www.galapagos-sub-aqua.com. Ebenfalls alteingesessene Tauchbasis, ähnliche Konditionen, Tauchtag 100–160 $.

Kajak, Surfen und Mountainbike:
Lonesome George: Av. Baltra y Enrique Fuentes, Tel. 05-252 62 45, 09-376 15 02, lonesomegrg@yahoo.com. Der beste Ausstatter im Ort mit Ausrüstungsverleih und mit geführten Halbtages- und Tagestouren zu Besucherplätzen für Aktivsportler. Touren können je nach Gruppengröße ab 35 $ gebucht werden.

Championstours: Av. Charles Darwin, gegenüber von TAME, Tel. 05-252 69 51, 09-706 75 08, www.galamagic.com.ec. Deutsche Agentur, spezialisiert auf Tagestouren zu Wasser und im Hochland sowie Schnorchel-Exkursionen und Strandcamps in Galapaguero, **Zimmervermittlung,** sehr hilfsbereit. Halbtagestouren 30–45 $.

Bei der **Einreise** auf Galápagos werden der Reisepass, ein ausgefülltes Nationalparkformular *(Tarjeta de Pre Entrada)* und der Parkeintritt in bar (zzt. 100 $) verlangt.
Flug: Über den im Norden von Santa Cruz vorgelagerten Flughafen Baltra ist Puerto Ayora mehrmals täglich mit dem Festland und per EMETEBE Mo–Sa mit den Nachbarinseln Isabela und San Cristóbal verbunden. Der Flughafentransfer per Bus (1,80 $) oder Taxi (15 $) und Kanalfähre (0,50 $) nach Baltra dauert etwa eine Stunde.
TAME: Av. Charles Darwin y Calle 12 de Febrero, Mo–Fr 8–12, 14–17, Sa 9–12 Uhr.
AEROGAL: Av. Baltra y Calle Indefatigable, neben Pacifictel/Easynet, Tel. 05-252 67 97, Fax 05-252 67 98, www.aerogal.com.ec. Mo–Fr 8–12, 14–17, Sa 9–12 Uhr.
EMETEBE: Av. Charles Darwin, nahe der Mole, Tel. 05-252 61 77.
Bootsverkehr: Lancha rápida, tgl. um 14 Uhr fährt ein ›Schnellboot‹ nach Isabela, Ticket im Kiosk an der Mole, neben dem Restaurant Salvavidas, Tel. 05-252 63 60, Mo–So 8–14 Uhr, Fahrpreis 30 $. Ebenfalls tgl. um 14 Uhr Schnellboot nach San Cristóbal ab Mole, kein Büro in Puerto Ayora, Ticket beim Kapitän, Reservierung möglich bei Turisgal in San Cristóbal, Tel. 05-252 10 49, Rückfahrt nach Puerto Ayora ist tgl. um 6 Uhr früh.
Bus: Die Kooperative CITTEG fährt ab morgens um 6.30 Uhr mehrfach tgl. von Puerto Ayora über Bellavista und Santa Rosa zum Canal de Itabaca/Baltra, Fahrpreis 1,80 $. Abfahrt der Busse ist außerhalb am Terminal, Ankunft auch an der Mole.
Taxis: Die weißen Pickups, die zuhauf durch die Straßen fahren, nehmen 1 $ für eine Fahrt innerorts, 15 $ bis zum Canal de Itabaca.

Richtig Reisen-Tipp: Las Grietas – Naturpool im Canyon

Grietas, sogenannte Risse, sind von Meerwasser geflutete, lang gezogene Brüche in der Lavakruste nahe der Academy Bay auf Santa Cruz, gleichzeitig gespeist von Süßwasser aus den Bergen. Der Weg dorthin beginnt mit dem Wassertaxi zu der Puerto Ayora gegenüberliegenden Ufersiedlung Estrada. Ein einfacher, beschilderter Weg führt nun durch die kleine Mangrovensiedlung. An der zweiten Abbiegung befindet sich ein **Meerechsennistplatz.** Auf einer Lavamauer sitzen oft zahlreiche Jungtiere. Es folgt ein Holzweg zu einem wunderschönen flachen **Sandstrand.** Er liegt direkt vor dem Finch Bay Hotel, ist aber öffentlich und wird vor allem am Wochenende gerne von den Einheimischen genutzt. Hinter dem Strand führt der Weg, nunmehr steiniger, durch einen Trockenwald zu einer alten **Salzlagune** der Fischer von Puerto Ayora, umstanden von flachen Salzpflanzen und bewohnt von zahlreichen Finken. Die anliegende **Bar Paradise** ist nicht immer geöffnet.

Durch einen hoch gewachsenen Opuntienwald, vorbei an kleinen Lagunen, gelangt man nach insgesamt 1 km zu dem Lavariss, der einen traumhaften **Naturwasserpool** von etwa 50 m Länge und 6 m Tiefe formt. Der Einstieg ist felsig und leicht rutschig, doch ein Bad entschädigt für alles, vor allem im blaugrünen Farbenspiel morgens gegen 9 Uhr, wenn die Sonne in den Canyon fällt. Am Wochenende ist er stärker frequentiert. Feste Schuhe und Schnorchelmaske mitnehmen!

Auf dem gleichen Weg zurück bietet sich eine Kaffeepause oder nachmittags ein köstlicher Cocktail in der Bar des **Finch Bay Hotel** an.

Puerto Baquerizo Moreno (San Cristóbal)

Karte: S. 385, **Reiseatlas:** S. 20

Das Dorf

Auf San Cristóbal befindet seit 1861 die ›Hauptstadt‹ der heutigen Provinz Galápagos, genau genommen ein verschlafenes Dorf mit weitgehender Verwaltungsvollmacht über rund 5500 Einwohner. Dabei wurde **Puerto Baquerizo Moreno** erst viel später als die Hochlandgemeinde von El Progreso gegründet. Der beschauliche Hafenort verfügt über sechs Kirchen, drei Fußballfelder und seit 2006 auch über eine Ampel. Einst war der Ort geprägt von den Fischern. Mittlerweile gilt er als ›Beamtendorf‹, da etliche Ämter und öffentliche Institutionen hier ihren Sitz haben. Erst 1986 nahm der Flughafen den Betrieb auf.

In jüngerer Zeit will Puerto Baquerizo Moreno Anschluss an den internationalen Tourismus gewinnen. Dazu laden eine schicke neue Mole und die jüngst eröffnete breite **Uferpromenade,** der Malecón, ein. Auch die Geschäfte, Bars und Hotels an der Promenade haben sich herausgeputzt und die einst niedrigen Preise erhöht. Taxifahrer haben Unterricht im Führen von Touristen genommen. Betreiber von Internetcafés beklagen die langsamen Leitungen. Und nicht wenige Fischer haben sich mit öffentlicher Förderung zu Tauchguides ausbilden lassen. Mittlerweile verfügt das Dorf über mehrere Tauchbasen, die zur lohnenswerten Meeresfauna führen.

Wenngleich mit weniger Flugverbindungen zum Festland als die Konkurrenz von Baltra/Santa Cruz, so etabliert sich die Hauptstadt doch zunehmend als Ausgangspunkt für Kreuzfahrten. Aber auch ihr Hinterland bietet Spannendes und Überraschendes. Überdies hat sich der Ort zu einem Treffpunkt der nationalen und internationalen Surferszene entwickelt, mit regelmäßigen Wellenreiter-Meisterschaften zu Beginn des Jahres.

Centro de Interpretación

Das Westende der großen Hafenbucht beherbergt nicht nur das einzige Open-Air-Theater der Insel, sondern auch ein modernes **Informationszentrum 1**. Dank spanischer Entwicklungshilfe hat der Nationalpark Galápagos hier eine hervorragende grafische Ausstellung zur Geschichte des Menschen auf Galápagos eingerichtet. Auf Spanisch und Englisch zeigen die Schautafeln den steinigen Weg des Archipels von seiner möglichen Entdeckung im 15. Jh. über die Walfänger, die Strafkolonien und die internationalen Siedler bis zu den Bewohnern von heute.

Am Informationszentrum steigt auch der Weg an, der einen zur Anhöhe und zur vorgelagerten Küste im Westen nach **Las Tijeritas 2** führt. Man geht etwa eine halbe Stunde zu der Fregattvogelkolonie vor den Pforten der Stadt. Außerdem genießt man einen großartigen Blick auf Hafen und Küste. Der Weg kann im Weiteren auch über den kleinen Strand der **Punta Carola** als Rundweg gegangen werden.

Am Ufer der Bucht, aber insbesondere an der **Playa de los Marinos,** verweilt eine große Zahl von recht zutraulichen Seelöwen, die sich teils bis an die Uferstraße herantrauen.

Die Inlandroute von San Cristóbal

Von Puerto Baquerizo Moreno aus führt die Straße nach Osten in die landwirtschaftlich geprägte Siedlung **El Progreso 3**. Hier, in der ersten menschlichen Niederlassung der Insel, trieb der grausame Manuel Julián Cobos sein Unwesen. Von seiner alten Zuckerrohrplantage liegen letzte Relikte am Dorfeingang, ein paar Zahnräder der alten Presse. Die bescheidenen Ruinen von Cobos' Wohnhaus, seinem Waffenlager und dem Gefängnis sind leider in wenig verlockendem Zustand. Selbst sein kubisches Grab ist heute leer.

Eine private Stiftung will sich künftig um diese historische Stätte kümmern. Die Geschichte des ›Herrschers von Galápagos‹, wie sie auf der Insel noch hinlänglich bekannt

Isla San Cristóbal

Gestrandeter Säuger – Der Mensch auf Galápagos

In kaum 500 Jahren hat der Mensch die Galápagos-Inseln derart oft verflucht, unterworfen und geplündert, dass ihr Überleben wie ein Naturwunder erscheint. Andere Menschen studierten dieses Wunder und haben Unglaubliches aus der Geschichte der Inseln lernen können. Zu diesen Forschern gehören u. a. Ortelius, Wolf, Cook, Darwin, Hass, Eibl-Eibesfeldt, Sielmann und Cousteau.

Galápagos gleiche der »Welt nach einem göttlichen Strafgericht in Gestalt eines Feuerregens«, schreibt Moby-Dick-Autor Melville in seinem Reisebericht über ›Die Verwunschenen‹. »Keine Macht der Vernichtung«, so Melville, »kann ihnen eigentlich noch etwas anhaben.« Piraten nutzen die Lavahöhlen als Versteck und Hinterhalt. Walfänger schlachten die großen Meeressäuger, um mit dem Walöl die Straßenlaternen in Europa zu entfachen; Hunderttausende Schildkröten nahmen sie als Proviant an Bord. Norwegische Betrüger boten die Inseln zum Verkauf. Angesichts der brutalen Kargheit der Vulkaninseln sprach selbst Charles Darwin 1835 von den »Gärten der Hölle«. Ecuadors Justiz schickte Todeskandidaten und Schwerstverbrecher in Steinbrüche, Schwefelminen und Sklavenplantagen der Inseln. »Werden wir stark genug sein, um all den Widerwärtigkeiten der Natur trotzen zu können?«, fragte sich 1932 die Kölner Siedlerin Margret Wittmer. Die durch sie berühmt gewordene Geschichte der Auswanderer in ihrem ›Paradies‹ auf Floreana durchziehen Affären und Tragödien. Im Zweiten Weltkrieg avancierten die Inseln zum Galápagos-Stützpunkt der US-Army. Die Rekruten verdammte es zum Appell ans »Ende der Welt«, in »eine ungepflügte Hölle«, wie Victor Wolfgang von Hagen 1949 schreibt. Erst die Gefangenenaufstände an Isabelas ›Mauer der Tränen‹ und in San Cristóbals Arbeitslager in den 1950er-Jahren bringen eine Wende in das »unheimliche Paradies«.

Fortan beginnt die große Zeit der Neugierigen, die der Forscher, die der Naturschützer und alsbald auch die der Touristen. Ihnen folgen Tausende Siedler vom Festland und nicht wenige profitgierige Fischer. Die einen träumen von den gut bezahlten Jobs im ›Labor der Evolution‹. Die anderen beuten für japanische Flotten die Meere aus – die sexuell offenbar Not leidenden Asiaten halten Haiflossen von Galápagos irrtümlicher- und tragischerweise für ein besonders starkes Potenzmittel.

Die junge Wirtschaftskraft von Galápagos, ob legal oder illegal, löst einen enormen Sog aus. Seit Beginn unseres Jahrtausends steigt die Besucherzahl jedes Jahr um 12 bis 20 %. Von den knapp 150 000 Besuchern im Jahr 2006 (www.galapagospark.org) war bereits jeder Dritte ein Ecuadorianer. Die Arche Noah im Pazifik ist hip. Unesco und Regierung sind alarmiert.

Zeittafel der Geschichte

1535 Entdeckung der Inseln durch den panamesischen Bischof Tomás de Berlanga.

1570 Der flämische Kartograf Abraham Ortelius prägt den Namen ›Galápagos-Inseln‹.

Thema

1593 Beginn der Nutzung durch spanische und englische Piraten.
1774 Der englische Entdecker James Cook besucht erstmals die Galápagos-Inseln.
1793 Beginn des vorwiegend britischen Walfangs vor den Inseln.
1793 Einrichtung des ›Post Office‹ auf Floreana.
1807 Der auf Floreana landende Ire Patrick Watkins ist der erste Galápagos-Siedler.
1832 Ecuador beansprucht Galápagos als ›Archipiélago del Ecuador‹.
1832 Besiedelung von Floreana durch General José Villamil.
1835 Charles Darwin besucht die Inseln mit dem Segler Beagle.
1854 Erstveröffentlichung der Erzählung ›The Encantadas‹ von Herman Melville.
1859 Darwin veröffentlicht ›On the Origins of Species by Means of Natural Selection‹.
1861 Galápagos wird offiziell Provinz von Ecuador.
1869 Plantagengründung auf San Cristóbal durch Manuel J. Cobos.
1892 Ecuador benennt die Inseln zu Ehren von Kolumbus in ›Archipiélago de Colón‹ um.
1903 Erster Besuch der Wissenschaftsakademie von Kalifornien.
1932 Die Kölner Familie Wittmer siedelt auf Floreana.
1936 Galápagos wird per staatlichem Dekret ›Nationales Naturschutzgebiet‹.
1942 Stützpunkt im Zweiten Weltkrieg – Baltra (South Seymour) wird US-Militärbasis.
1952 Der Gefangenenaufstand von Isabela beendet die dortige Strafkolonie.
1954 Die Xarifa-Expedition von Hans Hass besucht Galápagos.
1957 Unesco-Mission unter Leitung von Irenäus Eibl-Eibesfeldt.
1959 Ecuador erklärt 97 % der Landfläche von Galápagos zum Nationalpark.
1959 Gründung der Charles-Darwin-Stiftung in Brüssel.
1960 Sielmann und Eibl-Eibesfeldt drehen in Galápagos ›Landung auf Eden‹.
1964 Offizielle Einweihung der Charles-Darwin-Forschungsstation auf Santa Cruz.
1965 Aufnahme des zivilen Flugverkehrs nach Baltra.
1968 Einrichtung des Galápagos Nationalpark Service.
1973 Galápagos wird wieder eigenständige Provinz von Ecuador.
1979 Die Unesco erklärt Galápagos zum ›Naturerbe der Menschheit‹.
1984 Die Unesco erklärt Galápagos zum ›Biosphärenreservat‹.
1986 Inbetriebnahme des Flughafens von San Cristóbal.
1986 Ecuador erklärt die Gewässer von Galápagos zum ›Marinereservat‹.
1990 Die Gewässer von Galápagos werden zur internationalen ›Wal-Schutzzone‹ erhoben.
1998 Verabschiedung des ›Sondergesetzes Galápagos‹ zum Schutz und Siedlungsstopp.
2001 Havarie des Treibstofftankers Jessica vor Puerto Baquerizo Moreno.
2004 Erstmals über 100 000 Touristen im Jahr auf Galápagos.
2007 Die Unesco setzt Galápagos auf die Rote Liste des gefährdeten Welterbes.

Richtig Reisen-Tipp: Galápagos-Kaffee – 100 Prozent organisch

Während die großspurig angelegte Zuckerrohrplantage des Inseltyrannen Manuel Julián Cobos kurz nach seiner Hinrichtung zusammenbrach, überlebte die angrenzende Hochland-Kaffeeplantage bis heute. In der fruchtbaren und wasserreichen Hochlandsenke von El Socabón, nur 2 km von El Progreso entfernt, gedeihen auf 400 ha Anbaufläche **beste Arábica-Bohnen.** Der heutige Betreiber der Plantage, die **Hacienda El Cafetal,** produziert in guten Erntejahren 5000 bis 6000 Zentner Kaffee, die zu 97 % für den Export bestimmt sind. Ein wichtiger Abnehmer ist Deutschland, wo Naturland den ›Galápagos-Kaffee‹ seit Jahren als rein organisches Produkt zertifiziert. Die Hacienda düngt rein biologisch und bereitet das bei der Erntewäsche genutzte Wasser wieder auf. Nach Ernte, Auslese, Reinigung und Schälung wird der Kaffee an der Küste von San Cristóbal getrocknet. Der Exporteur PROCAFE verkauft das Endprodukt als grüne Bohnen, denn die Röstung übernimmt branchenüblich der jeweilige internationale Importeur und Röster.

Die wunderschön gelegene Plantage kann ganzjährig besichtigt werden. Aber nur zur Erntezeit von Dezember bis Februar erlebt man den **gesamten Produktionsprozess** hautnah. Immanent wichtig für die organische Kaffeeproduktion sind natürliche Schattenspender im Anbaugebiet. Das übernehmen auf der Hacienda Avocado- und Zedernbäume sowie Guavos, Guayabas und Matazarnos.

Der etwa **halbstündige Rundgang** durch die Plantage ist somit auch ein Spaziergang durch einen üppigen Wald mit teils hundertjährigen Bäumen und Überquerungen kleiner Bäche mit ihrer ureigenen Vegetation. Übrigens sind die Monate Januar bis April auch die trockensten Monate im Hochland von San Cristóbal und damit ideal für einen Besuch der Plantage.

Kontakt: Agraringenieur Nicolás Balón, Tel. 05-252 10 03, 09-780 84 79, nicolasb@expigo.com, oder in Guayaquil Wilson González, Tel. 04-267 04 84. Für eine Führung auf Englisch, frische Früchte, Wasser und natürlich einen frischen Hochlandkaffee erhebt die private Hacienda einen Eintritt von 5 $ pro Person. Die Plantage ist nach vorheriger Anmeldung ganzjährig zu besuchen.

ist, ist grausig und erschütternd. Eigentlich kennt sie jeder Taxifahrer.

Nur wenige Kilometer von El Progreso entfernt, auf der **Hacienda El Cafetal** 4 (s. Tipp oben), liegt die alte Kaffeeplantage der Insel. Vom Routenverlauf her bietet sich ein Besuch am Nachmittag an, wenn der Rückweg erneut über El Progreso führt.

Weiter im Osten trifft man auf den Kratersee **El Junco** 5. Der älteste Vulkan der Insel trägt das größte natürliche Trinkwasserreservoir der Insel. Man kann es in rund 40 Minuten leicht auf dem gut 700 m hoch liegenden Kratergrat umwandern und einen **Mirador** besteigen. Bei guter Sicht bietet sich ein spektakulärer Blick über die gesamte Insel. Am See finden sich Schilf und Farne. Die Süßwassergarnelen erfreuen sich großer Beliebtheit bei den Fregattvögeln.

Voraussichtlich Ende 2007 wird der erste **Windpark** 6 Ecuadors wenige Kilometer vom Kratersee entfernt eingeweiht werden. Das international geförderte Projekt basiert auf einer deutschen Studie. Drei große Windräder sollen fortan den Verbrauch von Diesel im alten Kraftwerk der Insel deutlich verringern (Infos im Internet unter: www.galapagoswind.org). Die Anhöhe des Parks soll dann auch Besuchern zugänglich werden, die sich neben dieser kleinen energiepolitischen Sensation auf eine erhabene Fernsicht freuen dürfen.

Die auf dem Hauptweg folgende Bauernschaft heißt **Cerro Verde** 7, der ›grüne Hügel‹. Hier bietet sich eine kleine Rast an, etwa in der Bar Parador La Galapaguera. Ferner bietet der Ort eine der wenigen Möglichkeiten, im Hochland passabel zu essen. Die Farmer Julio und Wendy unterhalten hier den **Rancho Voluntad de Diós,** ein Restaurant, zudem mit Picknick- und Campinggelegenheit. Zum Essen, ein Hauptgericht kostet etwa 5 $, melde man sich mindestens eine Stunde vorher an, so etwa bei der Durchfahrt, während man dann erst die folgenden Sehenswürdigkeiten ansteuert.

Es folgt zunächst die Schildkrötenaufzuchtstation **La Galapaguera del Colorado** 8**.** In diesem vom Nationalpark unterhaltenen Projekt sieht man Elefantenschildkröten in ›semi-natürlicher‹ Umgebung. Das heißt, die mittlerweile 47 Schildkröten leben hier in ihrer ursprünglichen Umgebung, jedoch auf mehreren Hektar eingezäunten Landes, um sie vor eingeschleppten Tieren zu schützen und die erfolgreiche Fortpflanzung zu kontrollieren. Interessanterweise kommen seit geraumer Zeit sogar einst von der Landwirtschaft in den Norden vertriebene Schildkröten aus eigener Kraft zurück in ihre angestammte Umgebung im Südosten; sie klopfen quasi bei der Galapaguera an.

Vis-à-vis liegen ein Leuchtturm und der über einfache Stufen erreichbare **Mirador del Faro** 9**,** der einen weiten Blick über die Balsamo-Wälder, die schroffe Ostküste und nach Süden bis zur Insel Española erlaubt. Unauffällig, aber bemerkenswert ist ein Busch der Trockenzonen, der einzig und allein auf diesem Leuchtturmhügel vorkommt und sich biologisch Calandrinia galapasa nennt, ein Zeugnis extremem Endemismus.

Die Straße endet kurz vor dem bezaubernden **Puerto Chino** 10**,** einem romantischen weißen Sandstrand, leicht aufgebrochen von schwarzen Lavabrocken und mit flachem Wasser herrlich zum Baden geeignet, während einzelne Bäume Schatten spenden. Der Strand ist vom Parkplatz über einen steinigen, aber gut gekennzeichneten Weg in etwa 20 Minuten zu erreichen. Ist das Idyll wochentags leergefegt, so wird es am Wochenende gerne von einheimischen Familien besucht. Die Finken sind mittlerweile äußerst zutraulich. Am Südhang nistet eine kleine Fregattvogelkolonie, die sich am besten vom Wasser aus betrachten lässt.

Die Inlandroute endet hier. Die Rückfahrt führt auf der gleichen Straße über El Progreso nach Puerto Baquerizo Moreno. Um alle Stationen zu besuchen, sollte man einen ganzen Tag an der Seite eines Taxifahrers einplanen. Preis für bis zu vier Personen: ca. 70 $. Halbtagestouren kosten 40 $, ein punktueller Besuch der Galapaguera 30 $.

Bootsausflüge

Von Puerto Baquerizo Moreno aus werden auch einige Besucherplätze mit dem Boot angefahren, sogar die **Isla Española** (s. S. 358). Häufiger fahren die Boote jedoch zu den Besucherplätzen auf oder direkt vor San Cristóbal. Etwa ein kombinierter Tagesausflug nach **Playa Ochoa, Isla Lobos** und **Kicker Rock** kostet 50 $. Infos zu diesen Ausflugszielen auf S. 364 und 400.

Orientierung: Die Uferpromenade Av. Charles Darwin zwischen Mole und Capitanía sowie ihre beiden Parallelstraßen Ignacio Hernández und Av. Alsacio Northia decken das Geschäftsleben des Dorfes weitgehend ab.

www.galapagostour.org: Die offizielle Seite der Tourismuskammer hat zahlreiche Adressen und Kontakte zu Hotels und Agenturen.

Cámara de Turismo: Av. Charles Darwin (Malecón) y Wolf, Tel. 05-252 01 19, 05-252 01 24. Infos zur Insel, Stadtplan, persönliche Beratung.

Oficina de Turismo del Municipio: Av. Charles Darwin (Malecón) y 12 de Febrero, Tel. 05-252 05 92. Infos zur Insel und zu anderen Landesteilen, Stadtplan und einfache Inselkarten.

Internetcafé: schräg gegenüber der neuen Mole; Verbindung leider langsam.

Hotel Orca: Playa de Oro, Tel. 05-252 02 33, 05-252 00 41, Fax 02-255 54 67, info@etnoturonline.com. Mitteklassehotel direkt am Meer mit 22 Zimmern, davon einige

Richtig Reisen-Tipp: Fütterung der Landschildkröten

Beste Besucherzeiten für die **Schildkrötenstation La Galapaguera** sind die Vormittage montags, mittwochs und freitags, wenn die Tiere gefüttert werden. Nur zu diesen Zeiten trifft man an den beiden ausgewiesenen Futterplätzen zahlreiche Schildkröten gleichzeitig an. Eine exzellente Gelegenheit, die **beiden Grundtypen der Panzerformung** dieser Elefantenschildkröten zu studieren, die Rundform und die Sattelform. Zudem sind die Tiere während der Fütterungszeiten reichlich geschäftig. Beachtlich ist auch die Mischvegetation der Finca mit Akazien, mit der rot blühenden Uña de Gato und mit dem verführerisch giftigen Apfelbäumchen Manzanilla, wenngleich diese vor langer Zeit eingeschleppten Pflanzen den Schildkröten die natürliche Nahrungssuche erschweren.

mit Meerblick, andere am Garten, schöne Terrasse. EZ/DZ 80/95 $ mit Frühstück.

Hostal Galápagos: Playa de Oro, 05-252 01 57, 05-252 81 57, info@galahost.com. Nette Pension nahe am Strand, einige Zimmer mit Meerblick, EZ/DZ 45/70 $.

Hotel Casablanca: Av. Charles Darwin y Herman Melville (Mole), Tel. 05-252 03 92, 09-720 68 71, jacquivaz@yahoo.com. Bed and Breakfast, direkt am Meer, beliebt bei Surfern; Bar und Treffpunkt. EZ/DZ 37/61 $, Dachsuite 61–73 $.

Hotel Chatham: Av. de la Armada y Alsacio Northia, Tel. 05-252 01 37, chathamhotel@hotmail.com. Einfaches 70er-Jahre-Hotel mit Garten. EZ 22 $, DZ 27–31 $.

Restaurante La Playa: Av. de la Armada (vor dem Marinestützpunkt), Tel. 05-252 15 11, tgl. 9–23 Uhr. Spezialität Meeresfrüchte, beliebt und geschätzt von den Einheimischen, schöner Blick auf die Bucht, Hauptgericht ca. 6–8 $.

Rosita's Restaurant: Calle Hernández y Villamil, Tel. 05-252 01 06, tgl. geöffnet. Alteingesessenes, einfaches Restaurant mit guter Inselküche an einer kleinen Dorfkreuzung. Die Wirtin Rosita und ihr Mann César haben zudem etliche Tipps zu Ausflügen unter und über Wasser. Tagesmenü ca. 4 $, Hauptgericht 8 $.

Restaurante Miconia: Av. Charles Darwin (nahe der Mole), Tel. 05-252 06 08. Solide Küche, auch Pizzen, sehr schönes Restaurant auf Holzveranda im 1. Stock mit weitem Blick über die Mole und den Malecón. Das anliegende Hotel ist leider zu teuer. Hauptgericht 7–10 $.

Sonstige: Surfer- und Travellertreff ist die **Hotel-Bar Casa Blanca** (05-252 03 92, 09-720 68 71) direkt gegenüber der Touristenmole, Av. Charles Darwin. Besonders zu empfehlen: die riesigen, frischen Fruchtsäfte.

Restaurant & Eiscafé Calypso: an der Plazoleta, Tel. 05-252 01 54. Vor allem abends lädt das freundliche Etablissement an die lauschigen Tische an der Plazoleta.

An die **Bar Calypso** ist gleich die Musik- und Billardbar **Voqui Bar** angeschlossen. Im selben Gebäudekomplex findet sich dem Meer zugewandt die **Inseldiskothek.** An der Calle Española liegt die Szenebar **El Arrecife del Coral.**

Tauchen: Wreck Bay Diving Center, Calle Wolf y Av. Charles Darwin, Tel. 05-252 16 63, 09-782 54 43, wreckbay_divingcenter@yahoo.com. Erfahrenste Tauchschule im Ort mit PADI-Ausbildung bis zum Divemaster und Tagesausfahrten zu den Tauchplätzen von San Cristóbal und Floreana, 110 $ komplett pro Tour, Ausfahrten mit 4–8 Tauchern, bei Voranmeldung von mind. 1 Woche sind die Ausfahrten garantiert. Das Tauchcenter ist Mitglied der Deko-Kammer von Puerto Ayora (s. S. 397) und erstattet gfs. 80 % der Behandlungskosten.

Agentur TurisGal: Av. Charles Darwin y Wolf, Tel. 05-252 10 49, turisgal@easynet.net.ec. Exkursionen und Schnellboottickets.

Bei der **Einreise** auf Galápagos werden der Reisepass, ein ausgefülltes

Braune Pelikane im ›Gezeitenpool‹

Nationalparkformular *(Tarjeta de Pre Entrada)* und der Parkeintritt in bar (zzt. 100 $) verlangt.

Flug: Alle Airlines haben ein Büro am Flughafen, der sich am westlichen Ortsrand befindet, die Airline **TAME** zudem in der Stadt (Av. Charles Darwin y Quito, Tel. 05-252 13 51, www.tame.com.ec, 2 x wöchentlich zum Festland).

Aerogal: Tel. 05-252 11 18, www.aerogal.com.ec. 4 x wöchentlich nach Quito und Guayaquil.

ICARO: www.icaro.com.ec. Fliegt samstags einen Charter vom Festland nach San Cris-

tóbal, auf dem begrenzt auch individuelle Plätze buchbar sind.

Der **Flug vom Festland** nach Galápagos kostet generell 150–190 $ pro Strecke.

EMETEBE verbindet Mo–Sa tgl. mehrfach die Flughäfen von San Cristóbal, Baltra und Isabela mit kleinen Propellerflugzeugen, dabei besonders gut abgestimmt auf die Kontinentalflüge vom Festland nach Baltra. Tel. 05-252 14 27, 05-252 06 15, Preis pro Strecke 80–100 $.

Bus: Busse fahren 3 x tgl. vom Hafen ins Hochland nach El Progreso. Abfahrtzeiten 6.30, 13 und 18 Uhr. Rückfahrt von El Progreso etwa jeweils 1 Std. später. Touristenbusse sind zu chartern unter Tel. 05-252 02 16 und 05-252 04 06.

Taxis sind die bessere Alternative zum Linienbus. Die Fahrer sind ortskundig, flexibel und teils als Touristenführer ausgebildet. Eine Fahrt im Ort kostet 1 $, die Fahrt nach El Progreso 2 $. Zu **Hochlandexkursionen per Taxi** s. die oben beschriebene Route. Taxiruf: 05-252 04 77. In der Bucht verkehren gelbe Wassertaxis für 0,50 $ p. P.

Schnellboote: Die sog. *lancha rápida* fährt tgl. morgens um 8 Uhr nach Puerto Ayora auf die Insel Santa Cruz, Fahrpreis 30 $, Reservierung bei TurisGal (s. o.). Rechnen Sie mit starkem Wellengang, teils Spritzwasser und kaltem Fahrtwind. Auch die Agentur Cucaracha Tours am Malecón bietet Schnellboottransfers nach Santa Cruz an, ist aber nicht bei der Tourismuskammer als Transporteur gemeldet.

Puerto Velasco Ibarra (Isla Floreana)

Reiseatlas: S. 19/20

Das Dorf

Nur rund 100 Bewohner zählt das verschlafene Nest. Von Rummel und Gefechten einstiger Walfänger und Seeräuber ist heute nichts mehr zu spüren. Doch es bleibt ein Hauch von Siedlerromantik. Denn die Familie Wittmer, die 1932 von Köln nach Floreana zog, lebt noch immer im Ort und führt das einzige Hotel und Restaurant der Insel. Margret Wittmer, die im Jahr 2000 verstarb, hinterließ die ergreifende Geschichte der Siedler, von einem Zahnarzt mit Eisengebiss, einer poligamen Baronin und mysteriösen Leichen am Strand, nachzulesen in ihrem Buch ›Postlagernd Floreana‹, das auch direkt bei ihrer Enkelin Erika Wittmer zu kaufen ist.

Eine Alternative zu den Yachtkreuzfahrten bietet das spannende Exkursionsprogramm auf den Inseln

2005 erhielt der Ort mit internationaler Unterstützung eine Fotovoltaik-Anlage, welche das gesamte Dorf im Idealfall mit Strom versorgt. Die Solarzellen spenden zudem Schatten in dem kleinen Open-Air-Theater des Dorfes.

Asilo de la Paz

Die einzige Hochlandexkursion führt zur ersten Farm von Floreana, zu einer Piratenhöhle und zu dem lebenswichtigen Grund, warum Foreana bereits seit 1807 besiedelt wurde: der Süßwasserquelle. Zuerst geht es dazu mit einem einfachen Fahrzeug in die Berge, wo eine kleine Wanderung zur Vogelwelt des Hochlandes führt: Finken, Goldwaldsänger, Galápagos-Fliegenschnapper u. a.

Zurück im Dorf, bietet sich ein Bad am **Black Beach** an, oder aber man besucht die Seelöwenkolonie an dem schönen Strand der **Lobería,** der ca. 30 Minuten vom Dorf entfernt liegt.

Hostal Wittmer: Black Beach, Tel. 05-252 95 06. Einziges Hotel im Ort, modern und gepflegt, mit Restaurant, direkt am Strand. EZ/DZ 34/67 $, Frühstück 11 $, Hauptgericht 16 $.

Leider gibt es keinen Linienverkehr oder regelmäßige Schnellboote nach Floreana.

Bei i-Tur (s. S. 380), der Agentur Championstours in Puerto Ayora (s. S. 383) oder aber direkt bei Wittmers auf Floreana (s. o.) erfährt man Möglichkeiten des Transportes und Preise für die Unterkunft.

Unterwasserwelt Galápagos

Reiseatlas S. 19/20

Die Galápagos-Inseln sind anerkannt als eines der besten Tauchreviere der Welt. Nirgendwo sonst in den sieben Weltmeeren erlebt man unter Wasser derart große und friedfertige Schulen von Haien, begegnet gleichzeitig Seelöwen, Delfinen, Schildkröten und Rochen, durchtaucht dunkle Wände von Schwarmfischen und findet in der kühleren Jahreszeit sogar regelmäßig Walhaie. Aber Galápagos ist auch technisch ein ungewöhnliches, vielerorts schwieriges und überraschend kaltes Tauchgebiet.

Kleiner Tauchguide

In kühler Isolation

Taucher, die die Karibik oder das Rote Meer kennen, vermuten vielleicht, dass die Galápagos-Gewässer unter der Linie des Äquators besonders warm sein müssten. Ein Irrtum. Allein der Nordosten des Archipels, der unter dem stärkeren Einfluss des warmen Panama-Stroms liegt, kennt warme Temperaturen um 23 bis 26 °C. Schon im zentralen Innenbereich der Galápagos-Plattform liegen sie nur noch bei **durchschnittlich 20 bis 23 °C.** Der Westen und Südwesten ist dank des Cromwell-Tiefenstroms und des Humboldt-Stroms mit nicht selten **13 bis 17 °C** kalt. Korallen gibt es somit wenige.

Gerade diese kühlen Temperaturen ziehen **Haie und Rochen** in so großer Zahl an. Und da der Cromwell-Strom reichlich Nährstoffe und Krill mit sich bringt, tummeln sich vor den Galápagos-Inseln auch die **filtrierenden Meeressäuger** und die **Walhaie,** jene größten Fische der Welt. Jenseits der Festlandküsten bleiben ihnen auch nur wenige Alternativen: Vor den lateinamerikanischen Küsten haben allein die Cocos-Inseln (Costa Rica), Malpelo (Kolumbien), Galápagos (Ecuador) und die Osterinsel (Chile) eine derartige isolierte Lage im Pazifik. Das 133 000 km² weite **Galápagos-Marinereservat** ist das größte unter diesen vier Inselregionen.

Nährstoffreiche Gewässer bringen es mit sich, dass die **Sichtverhältnisse reduziert** sind. So liegt der Normalbereich in Galápagos nur bei 10 bis 20 m Sicht, selten einmal bei bis zu 30 m, aber manchmal auch noch unter 10 m. Das Ineinanderlaufen der unterschiedlichen Strömungen bringt zudem Springschichten mit **krassen Temperaturschwankungen** um mehrere Grad mit sich, oft in Tiefen von 12 bis 18 m. Die Sichtverhältnisse ändern sich häufig während eines Tauchgangs sogar mehrfach.

Revier der zwei Jahreszeiten

Wie auch auf den Inseln, so formen die auf Galápagos einwirkenden Strömungen auch im Wasser quasi zwei Jahreszeiten. Die **Trockenzeit** von Juni bis Dezember ist nahezu regenfrei, bringt aber starke Wolkenbildung und häufiger den *garua* genannten feinen Nieselregen mit sich. Das Wasser ist in dieser Zeit kühler und nährstoffreicher, was auch die Walhaie lieben. Aber die Sichtverhältnisse sind eben begrenzter und die See ist rauer.

In der **Regenzeit** von Dezember bis Juni regnet es schon mal einen Schauer am Nachmittag. Ansonsten ist es sonnig und sehr warm, auch unter Wasser. Die See ist ruhiger, die Sicht besser. Nur die Planktonfiltrierer machen sich in dieser Zeit rar. Doch Galápagos kennt ja nicht nur die Walhaie.

Sind die Hammer-, Wal-, Weißspitzen- und die endemischen Galápagos-Haie zweifelsfrei die Stars des Reviers, so leben in den Gewässern auch über 300 bis heute bekannte Fischarten. Es finden sich eben auch die kleinen Sensationen von Nacktschnecken bis Seepferdchen im Archipel. Und wer Meerechsen beim Grasen der Algen unter Wasser beobachtet, wird das niemals vergessen.

Tauchen für Fortgeschrittene

Doch die größten Anforderungen stellen die **komplizierten Strömungsverhältnisse.** Die Strömungen sind teils derart stark, dass man nicht gegen sie anschwimmen kann, also mitdriften muss oder sich am Fels festhält. Nicht ungewöhnlich ist, dass die Strömungsrichtung sich während eines Tauchgangs vollends dreht, also teils um 180 Grad. Zudem gibt es an einigen Tauchplätzen die auf Spanisch *remolinos* bezeichneten senkrecht fallenden Strömungen, aus denen man möglichst schnell und kontrolliert horizontal heraustaucht. Dennoch gibt es auch einige Tauchplätze, die mit **mittlerer Taucherfahrung** zu erkunden sind. Dafür ist man jedoch besser in einer ortsansässigen Tauchbasis aufgehoben als auf einer Yachtexkursion in den fernen Nordwesten des Archipels. Für Touren auf die besten Tauchplätze wie Isla Wolf, Isla Darwin und Roca Redonda bei der Isla Isabela werden ein fortgeschrittenes Taucherniveau, mindestens 50 Tauchgänge Erfahrung und ein guter gesundheitlicher Zustand erwartet.

Tauchen *live aboard*

Die Yachtkreuzfahrten sind die beste Möglichkeit, entlegene Tauchplätze aufzusuchen und intensiv zu tauchen. Getaucht wird dabei von Beibooten, selten vom Mutterschiff aus. In der Regel verfügen die Tauchschiffe über Schlauchboote, von denen man ohne Plattform, sondern nach hinten abrollend ins Wasser gleitet.

Die Tauchgänge gehen meist **20 bis 30 m tief,** wo man auch auf Galápagos in der Regel die größten Attraktionen der Meereswelt entdeckt. Häufig sind **Drift-Tauchgänge.**

Gerade an den Highlights des Nordwestens werden dann bis zu vier Tauchgänge täglich unternommen, ein immenses Pensum. Dieses wird physisch auf einigen Booten – aber nicht allen – gemildert, indem man dort mit **Nitrox-Mischungen** taucht und nicht mehr wie sonst üblich mit originärer Pressluft. Eine Fach-Einführung in das Nitrox-Tauchen wird auf diesen Booten für das Mischgastauchen vorausgesetzt.

Wie an Land gilt auch beim Tauchen, dass nur vom Nationalpark ausgewiesene Tauch-

Mit dem Autor unterwegs

Tauchen für Einsteiger

Anfänger haben in **Puerto Ayora** (s. S. 382f.) die Möglichkeit, einen **Open-Water-Kursus** zu absolvieren, mit dem sie alsgleich entsprechend ihrem Geschick und unter Anleitung einige exzellente, wenn auch nicht die schwierigen Plätze betauchen können.

Tauchen *live aboard*

Das intensivste Tauchen erlebt man auf Galápagos *live aboard* während einer **Tauchkreuzfahrt** (s. u.). Das ist teurer als mit der Tauchbasis, doch man taucht häufiger, weit abgelegen und bequemer.

Tauchen mit Nitrox

Immer mehr Tauchschiffe auf Galápagos bieten Nitrox-Tauchen an, wodurch der Körper weniger belastet und der Tauchgang länger wird. Einen **vorausgesetzten offiziellen PADI-Grundkurs** zu machen, bietet sich bereits in **Quito** an (s. u. und S. 396).

Tauchen zum Mitnehmen

Auch die besten Unterwasserfotografen der Welt schießen ihre **sensationellen Bilder** nicht in einer Kalenderwoche. Die meisten Tauchschiffe und -basen verkaufen die besten Bilder ihrer Reisen als CD, einige auch ein Video des gebuchten Törns.

Richtig Reisen-Tipp: Spezialschiff mit Tauchplattfrom

Um das ultimative Taucherwunder von Galápagos zu erleben, das Herzrasen im Angesicht großer Schulen von hautnah kreisenden Hammerhaien zu spüren und zu bestimmten Jahreszeiten mit guter Möglichkeit auch Walhaie zu erleben, taucht man bevorzugt vor den abgelegenen Inseln **Wolf** und **Darwin.**

Aufgrund der langen Fahrstrecke vom zentralen Archipel bis zu den Outlands im extremen Nordwesten – 15 bis 20 Stunden – fahren längst nicht alle Schiffe in diese Unterwasserwelt. Der Marktführer auf Galápagos mit der größten Erfahrung und der ambitioniertesten Tauchplattform ist die **Aggressor Fleet** aus Louisiana, die auf Galápagos gleich zwei Yachten für jeweils 14 Gäste unterhält. Seit 1993 betauchen die Spezialschiffe mit dem etwas forschen Namen mit exzellenten Tauchguides den Archipel.

Eine **große Tauchplattform** mit integriertem Füllsystem, Duschen, Süßwasserbecken, Coffeeshop, Heizstrahlern und sogar vorgewärmten Handtüchern bilden ein Rundumsorglospaket im Heck der Yacht.

Dabei bieten Fototische, Reingungsdruckluft und separate Süßwassertanks gerade für Unterwasserfotografen ausgezeichnete Arbeitsbedingungen. Regelmäßig veranstaltet die ›Angreifer-Flotte‹ **Fotoseminare** auf ihren Törns. Vor Darwin und Wolf wird täglich zwischen 7 und 17 Uhr viermal getaucht, je nach Wunsch mit Pressluft oder Nitrox. Bei starker Haiaktivität wird die Route auch kurzfristig variiert.

Infos: www.aggressor.com und auf S. 400.

plätze betaucht werden dürfen und auch hier nur unter Führung eines **vom Nationalpark ausgebildeten Naturführers,** der dann gleichzeitig Divemaster ist. Eine Woche Tauchkreuzfahrt mit Vollpension kostet ab Galápagos zwischen 2500 und 4000 $, je nach Service, Boot und Route.

Ausrüstung

Bei dem **live-aboard-Arrangement** werden an Ausrüstung lediglich Blei, Tank und Luft gestellt. Das komplette Equipment bringt der Taucher mit, oder er muss es sich nach Vorankündigung gegen eine stattliche Gebühr ausleihen. Zu empfehlen ist ein Nasstauchanzug von 6 bis 7 mm zuzüglich einer Kopfhaube und Handschuhen, eventuell ein nitroxtauglicher Computer. Alternativ bietet sich ein 3-mm-Anzug zuzüglich einem 5- bis 7-mm- Shorty an, was auch für Warmwassertauchgänge (26 °C) flexibel macht. Die Handschuhe bieten Schutz beim erlaubten Festhalten in Strömungen, da die Seepocken teils scharf sind und schneiden.

Zu Beginn jeder Kreuzfahrt wird ein **Checkout-Dive** zur Prüfung von Tauchgerät und zur Bemessung des Bleigewichts durchgeführt. Tipp: Einen sechsstündigen **Nitrox-Kursus** mit Zertifikat bietet die PADI-Tauchschule Exploramar Diving auch kurzfristig in Quito an (s. S. 139).

Die Tauchbasen auf Galápagos wiederum stellen die komplette Ausrüstung für den Tauchgang. Die Flaschenanschlüsse sind amerikanisch, bedürfen bei europäischen Lungenautomaten also eines Adapters.

Die Tauchbasis

Die Alternative zur durchaus kostspieligen Taucheryacht bilden die Tauchbasen, die sich in den Dörfern **Puerto Ayora** (s. S. 382), **Puerto Baquerizo Moreno** (s. S. 390) und **Puerto Villamil** (s. S. 375) angesiedelt haben. Dort fährt man täglich mit jeweils zwei Tauchgängen heraus. Im Gegensatz zu den meisten Kreuzfahrten wird in der Basis die komplette Ausrüstung gestellt, auf Wunsch sogar ausgebildet bis zum Divemaster. Getaucht wird in **nahen und mittleren Distanzen** zur Basis, teils mit Auto- und Bootsfahrt. Diese Form des Galápagos-Tauchens ermöglicht auch weniger erfahrenen Tauchern den Zugang zur Unterwasserwelt und dabei durchaus zu einigen der besten Tauchplätze! Von der Basis aus können auch Hotelarrangements und Landexkursionen unkompliziert organisiert werden. Die beiden erfahrensten Tauchbasen auf Galápagos, gleichsam von PADI und anderen internationalen Verbänden zertifiziert, und die mit dem besten Service und den höchsten Sicherheitsstandards sind Scuba Iguana und Galápagos Sub-Aqua in Puerto Ayora (s. S. 382). Auf San Cristóbal empfiehlt sich Wreck Bay Diving (s. S. 390).

In Puerto Ayora gibt es die einzige **Deko-Kammer** von Galápagos (s. auch Tipp unten).

Spitzen-Tauchplätze

Das Marinereservat Galápagos hat insgesamt 62 ausgewiesene Tauchplätze. Etwa ein Viertel davon wird mehr oder minder regelmäßig auch von den Tauchbasen auf den Inseln angefahren. Der Nationalpark hat die Plätze mit Schwierigkeitsgraden (SG) von einfach (1) bis sehr anspruchsvoll (4) kategorisiert.

15 Isla Darwin

Reiseatlas: S. 19, B 1

Die **Isla Darwin** ist derart abgelegen, dass die meisten Inselkarten sie nicht mehr in der realen Distanz zu den zentralen Eilanden erfassen. Den Haien ist das egal. Tausende von ihnen kreisen unablässig um das schroffe Felsplateau unter der berühmtesten Lavaformation des Archipels: Der Bogen – auf Englisch **Darwin's Arch –** ist der einzige Tauchplatz vor dem runden erodierten Schildvulkan. In mittlerer bis starker Strömung lassen sich Hammer-, Galápagos-, Schwarzspitzen-, Weißspitzen-, Silky- und Walhaie hier die Kiemen spülen und die Haut putzen. Selten entdeckt man sie beim Fressen.

Die schmale, felsige Plateaukante des Bogens vor dem steilen Absturz in die Tiefe bietet den nötigen Halt für Taucher und ist Wohnwelt von unzähligen Muränen. Überraschend finden sich hier zudem viele Meeresschildkröten und tropische Fische an den spärlichen Korallen ein. Kurzum: Darwin ist einer der drei besten Tauchplätze der Welt (SG 3–4).

Isla Wolf

Reiseatlas: S. 19, B 1

Die zweite fern abgelegene Insel im Nordwesten von Galápagos, **Isla Wolf** 33**,** liegt drei Bootsstunden südlich von Darwin und beherbergt ebenfalls große Schulen von Hammer-, Galápagos- und Weißspitzenhaien. Außerdem ist Wolf ein beliebter Ruhe- und Fressplatz von Meeresschildkröten. Die Zahl der hier gesichteten Walhaie ist jedoch geringer als vor der extrem exponierten Isla Darwin. Ansonsten stehen die zwei Tauchplätze der Insel dem nördlichen Nachbarn in nichts nach.

Zudem verfügt Wolf über einen fantastischen, ruhigen Ankerplatz unter der 200 m hohen Steilwand der dicht bewohnten Vogelinsel (SG 3–4).

Roca Redonda

Reiseatlas: S. 19, A 1

Der im Nordwesten von Isabela spitz aus dem Meer ragende Kegel **Roca Redonda** 34 ist der Gipfel eines kleinen, etwa 20 km langen Unterwassergebirges aus kompakter basaltischer Lava, aus dem permanent und beeindruckend Schwefelrauch aufsteigt, was weiße Algen offenbar anzieht. Der beste Tauchplatz ist ein etwa 300 m langes Riff-

Sicherheit: Auf Galápagos werden keine Dekompressionstauchgänge durchgeführt, um das Risiko von Stickstoffvergiftungen deutlich zu senken. Entscheidender Grund sind die großen Entfernungen von den Top-Tauchplätzen zur Deko-Kammer in Puerto Ayora, nämlich bis zu 24 Bootsstunden. Einen Helikopterservice zur Rettung von Deko-Opfern gibt es nicht. Neben den international üblichen Sicherheitsregeln wird max. 30–35 m tief getaucht und u. a. wegen der starken Strömungen streng auf die Luftreserve geachtet.

plateau, auf dem sich zahllose Barsche, Doktorfische, Kaiserfische und Barakudas angesiedelt haben. Gelegentlich entdeckt man Meeresschildkröten, Hammerhaie und Galápagos-Haie, auf jeden Fall aber Seelöwen. Vorsicht Abströmungen (SG 4)!

Punta Vicente Roca

Reiseatlas: S. 19, A 2

Das im Nordwesten Isabelas liegende Kap **Punta Vicente Roca** 35 bietet auf der westlichen Brandungsseite einen großartigen Tauchplatz mit einer 33 m abfallenden Steilwand und farbenprächtigen Felsen. Hier sind die seltenen Mondfische *(mola mola)* gelegentlich beim Putzen zu beobachten, außerdem mehrere Arten von Harlekinfischen. Aus der Vogelwelt tauchen Pinguine und Flugunfähige Kormorane an einer seichteren Stelle des Tauchplatzes zum Fischen ein. Nicht unbedingt beim Tauchen, aber vom Boot aus entdeckt man hier besonders häufig Orcas, Finnwale und gelegentlich sogar Buckelwale (SG 2–3).

Cabo Marshall

Reiseatlas: S. 19, B 2

Das Kap im Nordosten von Isabela liegt fast auf der Äquatorlinie und ist ein strategisch günstiger Ort für die großen Mantarochen, die man hier mit 99-prozentiger Sicherheit trifft. Denn das Wasser ist sehr nährstoffreich, was allerdings häufig zu beschränkter Sicht führt. Schweben die Mantas in Flachbereichen von 5 bis 10 m um das **Cabo Marshall** 36, lieben Hammerhaie, Thunfische und manchmal sogar Marlins den Steilhang in Tiefen von 25 bis 30 m (SG 2–3).

Cousin's Rock

Reiseatlas: S. 19, C 2

›Vetters Felsen‹ ist eine kleine Insel mit zwei Gesichtern nordöstlich der Isla Santiago. Der Tauchgang beginnt in der Regel auf der Ostseite an einer steil abfallenden Wand, die von einem wilden Garten schwarzer Korallen überwuchert ist. Darin haben sich Seepferdchen, der Frogfisch und andere Helden der kleinen Unterwasserfauna sowie einige große Kofferfische niedergelassen – ›the macroplace‹. Taucht man um das Kap zur Westseite von **Cousin's Rock** 37**,** entdeckt man häufig Adlerrochen und Seelöwen auf einem schönen Plateau mit zudem reichlich tropischem Fischbestand (SG 2–3).

Die Vorfahren der Seeöwen kamen aus Kalifornien und haben sich hier zu einer eigenen Unterart entwickelt

Seymour Norte

Reiseatlas: S. 20, D 2

Die alte, aus ozeanischen Hebungen entstandene Insel **Seymour Norte** 32 nördlich von Baltra bildet ein Unterwassergebirge mit drei Tauchplätzen, der Punta Norte, dem Canal del Norte und Mosquera. Gerade von Mai bis Dezember finden sich hier Weißspitzenhaie zur Fortpflanzung ein. Doch auch sonst sind die Gewässer um die Insel fischreich und zählen viele Mobulas, eine mittelgroße asiatische Rochenart, die häufig etwa in 20 m Tiefe zu beobachten ist (alle SG 2–3).

Gordon Rocks

Reiseatlas: S. 20, D 3

Die erstarrten Tuffkegel im Nordosten von Santa Cruz sind teilerodiert und haben unter Wasser Spalten von bis zu 30 m Tiefe gebildet. In dem Kanal zwischen den beiden größten Felsen liegt eine bei den Hammerhaien und Meeresschildkröten beliebte Putzerstation. Außerdem sieht man Doktorfische, Kaiserfische und Gelbschwanzbarsche, auch Adlerrochen, gelegentlich Kuhrochen, Galápagos-Haie und sogar Mantas. Dort, wo die meisten Seepocken siedeln, ist das Meeresleben am intensivsten, doch ist dort auch die Strömung am stärksten. **Gordon Rocks** 38 ist ein hervorragender, aber technisch ambitionierter Tauchplatz, der auch von den Tauchbasen Puerto Ayoras regelmäßig angesteuert wird (SG 2–4).

Isla Enderby

Reiseatlas: S. 20, D 4

Unter den Tauchplätzen im südlichen Galápagos ist **Enderby** 39, eine kleine Insel östlich vor Floreana, der beste. An den Steilhängen im Süden von Enderby haben auffallend junge Galápagos-Haie einen strategischen Fresspunkt. Auch Weißspitzenhaie und Adlerrochen lieben den Ort. In der warmen Galápagos-Jahreszeit von Januar bis Mai findet man hier gelegentlich Walhaie, da der Tauchplatz auch dann noch recht kühl ist. Eine weitere Attraktion sind riesige Schwärme von Salemas, auf Deutsch: Goldstrieme (SG 3).

Kicker Rock

Reiseatlas: S. 20, F 3

Das Wahrzeichen von San Cristobal, **Kicker Rock** 21 (oder auch **León Dormido),** sind die drei knapp über das Wasser reichenden Gipfel eines ozeanischen Gebirges. Hier kreisen bevorzugt Hammerhaie und Adlerrochen. Der Tauchplatz Punta del Norte beginnt mit einer Steilwand, die sich auf 25 m in einem fischreichen Tal mit auffällig vielen verschiedenen Harlekinfischen verläuft. Los dos Canales wird zwischen 15 und 30 m betaucht.

Zur Einstimmung: Die Galápagos-Haie kommen dem Taucher hier ungewöhnlich nahe. Außerdem setzen ab etwa 30 m Tiefe am Zusammenfluss der beiden Kanäle chaotische Strömungsverhältnisse ein. Bei Abstrom ist die Felswand aufzusuchen (SG 2–3).

i Der beste Tauchführer über die Galápagos-Inseln erschien im Jahr 2004 auf Englisch. Er beschreibt das Tauchgebiet und die Konditionen im Detail und porträtiert jeden einzelnen Tauch- und Schnorchelplatz der Inseln:

Rosenberg, Steve, und Sarbone, Ellen: The Diving Guide: Galápagos Islands, Cruising Guides Publications, Dunedin FL, USA, 2004, ISBN 0-944428-70-3, 24 $ plus Versand bei www.amazon.com.

Die meisten Tauchschiffe kategorisieren die Monate September und Oktober als Nebensaison, wodurch Preisnachlässe von 10 bis 20 % möglich sind. Einige Yachten fahren nicht nur Tauchkreuzfahrten, sondern auch klassische Inselrouten, manchmal sogar kombiniert. Auf dem Tauchschiff sind Tauchgänge, Luft und Blei sowie Vollpension und Tauchguides inklusive. Preise für 2007 bei zu erwartender Steigerung um 100 bis 200 $ in 2008.

Tauchschiff Lammer Law: Quasar Expeditions, Tel. 02-244 69 96, Fax 02-225 93 05, www.quasarex.com. Großer Trimaran mit reichlich Platz unter und an Deck für 16 Gäste. 93 Fuß lang, etwas laut und nichts für leicht seekranke Gäste. Nitrox an Bord. Wochenpreis Tauchen 3500 $.

Tauchschiff Sky Dancer: Peter Hughes, Tel. 001-305-669 93 91, Fax 001-305-669 94 75, www.peterhughes.com. Moderne, geräumige US-Taucheryacht für bis zu 16 Gäste mit einwöchigen und zehntägigen Routen, die ausschließlich auf Tauchfahrt geht, inkl. Wolf und Darwin; vergleichbar der Aggressor Fleet (s. u.). Nitrox an Bord. Wochenpreis 3500 $, 10-Tage-Paket 4700 $.

Tauchschiffe Aggressor I und **Aggressor II:** Aggressor, Tel. 001-985-385 26 28, www.aggressor.com. Luxuriöse und geräumige US-Taucheryacht für bis zu 14 Taucher mit einem Wolf-/Darwin-Profil, d. h. mit zehn bis zwölf Tauchgängen vor den abgelegenen World-Class-Tauchplätzen, 90 Fuß lang, ausgezeichnete Tauchplattform und besonderer UW-Fotoservice, breite Sicherheitsausstattung, gute internationale Küche, Whirlpool, 2 Sonnendecks, Barbecue, In Holz gearbeitete Kabinen mit TV und DVD. Nitrox an Bord. Wochenpreis Do–Do inkl. aller Getränke ab 3270 $.

Tauchschiff Mistral: Quasar (s. o., Lammer Law). Kleine, charmante und gepflegte Motoryacht mit Tauchroute im zentralen Archipel auf zumeist einwöchigen Touren, 74 Fuß lang, zwölf Gäste. Wochenpreis Tauchen 2730 $.

Tauchschiff Deep Blue: Galápagos Adventures, Tel. 001-561-393 47 52, www.galapagosadventures.com. Junges, solides und recht schnelles Tauchschiff von 2003 mit guter Tauchplattform und Fototischen, 106 Fuß lang, Wolf-/Darwin-Profil, 16 Gäste. Nitrox an Bord. Sachliche, kühle Kabinen mit Klimaanlage. Wochenpreis Tauchen 2600–2800 $.

Der Galápagos-Archipel kann sich riesiger und friedfertiger Schulen von Hammerhaien rühmen

Tauchen vom Inselstandort aus ist zu empfehlen über die Tauchbasen **Scuba Iguana** und **Galápagos Sub-Aqua** in Puerto Ayora (s. S. 382). Neuer am Markt ist das **Wreck Bay Diving Center** in Puerto Baquerizo Moreno (s. S. 390). Zur möglichen Behandlung der ›Taucherkrankheit‹ verfügt Puerto Ayora über eine durchgehend ärztlich betreute **Dekompressionskammer.** Die Boote nehmen für die Bereitstellung dieses Notfallservices in der Regel eine Grundgebühr von 35 $ pro Taucher und Woche (s. S. 397).

Bei der **Einreise** auf Galápagos werden der Reisepass, ein ausgefülltes Nationalparkformular *(Tarjeta de Pre Entrada)* und der Parkeintritt in bar (zzt. 100 $) verlangt.

Fragen Sie Ihre Agentur nach den **Limits beim Tauchgepäck,** bei AEROGAL beispielsweise 35 kg zuzüglich 10 kg Handgepäck. **Anreise** per Inlandsflug mit AEROGA, ICARO und TAME aus Guayaquil oder Quito nach Baltra oder San Cristóbal. Von dort Abholservice zum Tauchschiff.

Tierführer Galápagos

Deutsch	Biologische Bezeichnung	Englisch
Reptilien		**Reptiles**
Galápagos-Riesenschildkröte	Geochelone elephantopus	Giant tortoise
Grüne Wasserschildkröte	Chelonia mydas	Green sea turtle
Gecko	Phyllodactylus spp. (6 Arten)	Lizard
Lavaechse	Tropidurus spp. (7 bek. Arten)	Lava lizard
Galápagos-Landleguan	Conolophus subcristatus	Galápagos land iguana
Santa-Fé-Landleguan	Conolophus pallidus	Santa Fé land iguana
Meerechse	Amblyrhynchus cristatus	Marine iguana
Seevögel		**Marine Birds**
Galápagos-Pinguin	Spheniscus mendiculus	Galápagos penguin
Galápagos-Albatros	Diomedea irrorata	Waved albatros
Audubons-Sturmtaucher	Puffinus l'herminieri	Audubon's shearwater
Hawaii-Sturmschwalbe	Pterodroma Pterodroma phaeopygia	Dark-rumped (Hawaiian) petrel
Galápagos-Sturmschwalbe	Oceanodroma tethys	Galápagos (wedge-rumped) storm petrel
Rotschnabel-Tropikvogel	Phaethon aethereus	Red-billed tropicbird
Brauner Pelikan	Pelecanus occidentalis	Brown pelican
Blaufußtölpel	Sula nebouxi	Blue-footed booby
Nazca-Tölpel	Sula dactylatra	Nazca (White) booby
Rotfußtölpel	Sula sula	Red-footed booby
Flugunfähiger Kormoran	Nannopterum harrisi	Flightless cormorant
Prachtfregattvogel	Fregata magnificens	Magnificent frigatebird
Bindenfregattvogel	Fregata minor	Great frigatebird
Gabelschwanzmöwe	Creagrus furcatus	Swallow-tailed gull
Lavamöwe	Arus fuliginosus	Lava gull
Braune Seeschwalbe	Anous stolidus	Brown noddy
Franklin Seeschwalbe	Arus pipixcan	Franklin's gull
Rauchseeschwalbe	Sterna fuscata	Sooty tern
Küsten- und Zugvögel		**Coastal and Migratory Birds**
Amerikanischer Graureiher	Ardea herodias	Great blue heron
Silberreiher	Casmerodius albus	Great (American) egret
Kuhreiher	Bubulcus ibis	Cattle egret
Lavareiher	Butorides sundevalli	Lava heron
Geriefter Reiher	Butorides striatus	Striated heron
Cayenne-Nachtreiher	Nyctanassa violacea	Yellow-crowned night heron
Flamingo	Phoenicopterus ruber	Greater flamingo
Bahama-Ente	Anas bahamensis	White-checked pintail duck

Deutsch	**Biologische Bezeichnung**	**Englisch**
Stelzenläufer	Anas discors	Blue-winged teal
Braunmantel-Austernfischer	Haematopus palliatus	American oystercatcher
Schwarznacken-Stelzenläufer	Himantopus himantopus	Black-necked stilt
Sandregenpfeifer	Charadrius semipalmatus	Semi-palmated plover
Steinwälzer	Arenaria interpres	Ruddy turnstone
Regenbrachvogel	Numenius phaeopus	Whimbrel
Landvögel		**Land Birds**
Galápagos-Bussard	Buteo galapagoensis	Galápagos hawk
Galápagos-Eule	Tyto punctissima	Galápagos barn owl
Sumpfohreule	Asio flammeus	Short-ear owl
Galápagos-Ralle	Lateralus spilonotus	Galápagos rail
Buntschnabelschnarre	Neocrex erythrops	Paint-billed crake
Teichhuhn	Gallinula chloropus	Common gallinule (Moorhen)
Galápagos-Taube	Zenaida galapagoensis	Galápagos dove
Regenkuckuck	Coccyzus melacoryphus	Dark-billed cuckoo
Galápagos-Kuckuck	Crotophaga ani	Smooth-billed cuckoo
Rubintyrann	Pyrocephalus rubinus	Vermillion flycatcher
Galápagos-Fliegentyrann	Myiarchus magnirostris	Galápagos flycatcher
Galápagos-Mauerschwalbe	Progne modesta	Galápagos martin
Spottdrossel	Nesomimus (4 Arten)	Mockingbird
Goldwaldsänger	Dendroica petechia	Yellow warbler
Darwinfinken	Geospizidae (13 Arten)	Darwin's finch
Säugetiere		**Mammals**
Galápagos-Seelöwe	Zalophus californianus	Sea lion
Galápagos-Pelzrobbe	Arctocephalus galapagoensis	Fur seal
Galápagos-Reisratte	Oryzomys und Nesoryzomys	Rice rats
Fledermaus	Lasiurus spp.	Bats
Buckelwal	Megaptera novaeangliae	Humpback whale
Seiwal	Balaenoptera borealis	Sei whale
Pottwal	Physeter macrocephalus	Sperm whale
Orca	Orcinus orca	Orca
Tümmler	Tursiops truncatus	Bottle-nosed dolphin
Delfin	Delphinus delphis	Common (white-bellied) dolphin
Schalentiere		**Shellfishes**
Rote Klippenkrabbe	Grapsus grapsus	Sally lightfood crab

Register

Register

Register

Galápagos-Inseln

1 / 2
3 / 4
5 / 6
7 / 8
9 / 10
11 / 12
13 / 14
15 / 16
17 / 18
19 / 20
Pazifischer Ozean
KOLUMBIEN
Río Verde
Esmeraldas
Muisne
Santo Domingo de los Colorados
San Lorenzo
Tulcán
Cotacachi 4939 m
Ibarra
Otavalo
Cayambe
Quito
Río Putumayo
Lago Agrio (Nueva Loja)
Machachi
Baeza
Cotopaxi 5897 m
Latacunga
Tena
Ambato
Baños
Puyo
Chimborazo 6310 m
Riobamba
Coca (Francisco de Orellana)
Río Napo
Nuevo Rocafuerte
Río Curaray
Bahía de Caráquez
Chone
Manta
Portoviejo
Quevedo
Jipijapa
Babahoyo
Santa Elena
Salinas
Guayaquil
Durán
Posorja
Naranjal
Golfo de Guayaquil
Machala
Huaquillas
Santa Rosa
Macas
Cerro Patul 4633 m
Azogues
Cuenca
Río Zamora
Río Pastaza
Río Santiago
Amazonas-becken
A n d e n
Loja
Zamora
Macará
PERU
Galápagos-Inseln
Pazifischer Ozean
KOLUMBIEN
ECUADOR
PERU

Legende

- Schnellstraße mit Anschlussstelle
- Fernstraße mit Nummer
- Hauptstraße
- Nebenstraße
- Straße ungeteert
- Piste
- Straße in Bau; Straße in Planung
- Straße für Kfz gesperrt
- Tunnel
- Eisenbahn
- Fähre, Schiffsverbindung
- Pipeline
- Staatsgrenze
- Nationalpark, Naturpark
- Sperrgebiet
- Hafen; Internationaler Flughafen
- Regionaler Flughafen; Flugplatz
- Fähre; Grenzübergang
- Sehenswürdigkeit; Archäologische Stätte
- Kirche; Kloster
- Leuchtturm; Turm
- Badestrand; Lodge
- Museum; Heilbad, Heilquelle
- Höhle; Wasserfall
- Tankstelle; Denkmal, Monument
- Windsurfen; Tauchen
- Gute Schnorchelmöglichkeit; Schiffswrack
- Berggipfel; Pass
- Mangrovensumpf
- Sumpf
- Gletscher

Reiseatlas Ecuador

A
B
C
1
2
3
4
Océano
Pacífico
Äquator
Punta Ballena
Matal
Campamento
Punta Piedra Santa
La Boca de Bigua
Rambuche
Cabuyal

7

1 cm = 10 km 1 : 1.000.000

0 20 km 40 km

A
B
C
1
2
3
4
Bahía de Ancón
de Sardinas
Isla Santa Rosa
Reserva Manglares Cayapas-Mataje
Ancón
San Pedro
El Viento
Mataje
Espriella
San Lorenzo
La Florida
Corriente Larga
Piedra Sellada
Azúcar
R. Nulpe
R. Mataje
El Bajito
Limones (Valdéz)
La Barca
La Tolita
Olmedo
Tambillo
El Cuerval
Tulubí
Calderón
Isla de la Tola
Borbón
Las Mareas
Las Peñas
Lagartillo
Lagarto
Vainilla
San Pedro
Loma Verde
Canta Rana
Maldonado
Concepción
San Javier de Cachaví
R. Bogotá
Urbina
Rocafuerte
R. San Juan
Reserva de Awá
El Deseo
Anchayacu
Santa María
R. Cayapas
R. Santiago
Alto Tambo
R. Mira
Lita
San Franco de Onzole
Atahualpa
San José de Cayapas
Zapallo Grande
Telembí
ESMERALDAS
Santo Domingo de Onzole
Palmera
San Miguel
Colón
2070 m
Jijón y Ca
Carolina
San Pedro
La Merced de Buenos Aires
R. Onzole
546 m
R. Hoja Blanca
Reserva Ecológica Cotacachi-Cayapas
Cordillera de Taisán
R. Canandé
2112 m
Yana Urcu de Piñan
4535 m
Pablo
El Rosario
IMBABURA
6 de Julio de Cuellaje
Plaza Gutiérrez
Volcán Cotacachi
4939 m
Peñaherrera
Gualimán
Nangulví
Vacas Galindo
Apuela
Imantag
Laguna Cuicocha
Cotacachi
Quiroga
Achupallas
Mirador
Otavalo
Junín
Selva Alegre
García Moreno
R. Guayllabamba
R. Pitsar
3614 m
Eugenio Espejo
Oleoducto OCP
San José de Minas
Lagunas de Mojanda
La Ceiba
La Delicia
Pacto
Nanegal
Chespi
Atahualpa
Vol. Fuya Fuya
4263 m
Museo de Sitio de los Yumbos
Gualea
Tulipe
La Armenia
Reserva Geobotánica Pululahua
Perucho
Cochasquí
Pedro Vicente Maldonado
Nanegalito
Puéllaro
Tabacu
La Esperanza
San Miguel de los Bancos
Cráter Pululahua
Rumicucho
San Bernabé
Reserva Biológica Maquipucuna
Áquator
Moraspungo
Calacali
Museo Inti Ñan
Catequilla
San Vicente
Puebla Nueva
Santa Rosa
Mitad del Mundo
San Antonio de Pichincha
Cristóbal Colón
Río Blanco
Mindo
Reserva Bellavista
La Sierra
Bellavista
Guayllabamba
Reserva Forestal Mindo
Nono
Pomasqui
Carapungo
Calderón
La Victoria
Valle Hermoso
San José de Achiot
Bosque Protector Mindo-Nambillo
3482 m
El Condado
Tres Ríos
El Diecisiete
El Placer
PICHINCHA
Río Cinto
Volcán Rucu Pichincha
4668 m
Zámbiza
Nayón
Checa
Atahualpa
Libertad del Toachi
Las Mercedes
Río Saloya
Volcán Guagua Pichincha
4784 m
Selva Alegre
Miravalle
Cumbayá
Yaruquí
Puembo
Sto. Domingo de los Colorados
Brasilia del Toachi
Chiriboga
La Victoria
QUITO
El Tejar
Tumbaco
Pifo
Lloa
Lumbisí
Palugo
Reserva Río Guajalito
Zapadores
Oleoducto Trans-Ecuatoriano
Ilaló
3185 m
Guangopolo
Burrochupa
Mulaucu
La Florida
La Unión del Toachi
Los Dos Ríos
El Trancito
9
El Sigsal
San Juan
La Libertad
Conocoto
El Tingo
La Merced
Alangasí
Cuchauco
Julio Moreno
3

D
E
F
1
2
3
4
5
10
NARIÑO
KOLUMBIEN
CARCHI
SUCUMBÍOS
Pasto
Tulcán
Ipiales
Túquerres
Guachucal
Sandoná
Consaca
Ancúya
Providencia
Guachavés
Santa Cruz
Cerro Gualcalá
Guaitarilla
3537 m
Bomboná
Yacuanquer
Vol. Galeras
4276 m
El Encano
Santuario
Isla de la Chorota
Santander
Los Alisales
Tángua
Funes
Ospina
Sapuyés
Espino
Piedrancha
(Mallama)
Ricaurte
R. Miraflores
R. Blanco
La Unión
Volcán Cumbal
4764 m
Nevado Cumbal
Cumbal
Macos
Aldana
Gualmatán
Contadero
Puerres
Córdova
Pupiales
Iles
Carlosama
Cuaspud
Pueblo Viejo
Panán
Nazaret
Chiles
Volcán Chiles
4723 m
El Tambo
La Cortadera
Chapuel
Rumichaca
Las Cruces
Potosí
Urbina
Las Juntas
San Nicolás
San Gerardo
San José
Tufiño
Cajón
4052 m
Páramo del Ángel
Polylepis Lodge
Reserva Ecológica
El Ángel
Laguna Voladero
R. Bobo
Tetillas
3819 m
La Estrellita
Cerro de Troya
3513 m
Piedra Hoyada
El Fravlejón
Cartagena
Casa Frió Medio
La Victoria
Páramos Las Juntas
3436 m
3688 m
Llorente
Monopamba
Río Angasmayo
Río Los Alisales
Río Guamuez
La Libertad
El Ángel
El Hondón
Julio Andrade
El Carmelo
El Calvario
El Guaderal
La Fama
Pioter
Chitán de Navarrete
Huaca
Reserva Biológica
Guandera
Santa Bárbara
3806 m
Fernández Salvador
Cristóbal Colón
El Playón de San Francisco
Palacio
4015 m
Paramo El Palacio
La Concepción
San Isidro
San Rafael
San Gabriel
García Moreno
Mira
4082 m
Bosque los Arrayanes
Simbudoy
Las Ollas
Capuli Grande
3872 m
La Paz
Racoso
4131 m
El Higuerón
El Tigre
4253 m
Piartal
Gruta de La Paz
Salinas
Pusir
R. Chota
Los Andes
Bolívar
El Juncal
Carpuela
Chalguayacu
Ambuquí
(Chota)
Pimampiro
Monte Olivo
3437 m
3685 m
La Bonita
2742 m
R. Chingual
Cerro Pax
3281 m
Rosa Florida
Laguna Yahuarcocha
Ibarra
El Tejar
Chugá
Buenos Aires
El Inca
San Miguel
Mariano Acosta
La Esperanza
San Francisco de Sigsipamba
3805 m
Cordillera de Pimampiro
3712 m
Río Conduе
La Sofía
3363 m
Bijagual
1870 m
Río San Miguel
Santa de Los
R. Rumiyacu
2341 m
Barquilla
Comuna Sharip
Comuna San Agustín
2294 m
Río Salero Cuvi
1828 m
R. Bermejo
Imbabura
Angochagua
Hacienda Zuleta
Zuleta
3629 m
Cerro Quecuno
1798 m
2094 m
937 m
Comuna Etsa
Puerto Libre
(San Pedro de Los Cofanes)
Santa Rosa Sucumbíos
Olmedo
Puruhanta
3987 m
Laguna San Marcos
3379 m
2101 m
2685 m
R. Aguarico
Cabeno
Sinangue
San Carlos
El Dorado de Cascales
Sevilla
Flor de Valle
Lumbaqui
San José de Aguarico
Oleoducto Trans
Ayora
Cayambe
Reserva Ecológica
3165 m
Río Dué
Volcán Cayambe
5790 m
3241 m
Äquator
La Delicia
Gonzalo Pitarro
Jesús del Gran Poder
Cordillera El Diviso
San Francisco
El Reventador
Atenas
Dashiao
Dashiño
Panduyacu
Mushullacta
389 m
Volcán Reventador
3562 m
1430 m
Campamento Reventador
San Rafael
1805 m
Cascada San Rafael
3625 m
Cayambe-Coca
2576 m
3101 m
776 m
Sardinas
Moras
R. Quijos
932 m
Cerro Saraurcu
4428 m
Manuel Galindo
Playas del Alto Coca
R. Quijos
1485 m
3959 m
3625 m
Oyacachi
3867 m
Las Palmas
1824 m
2044 m
R. Añangu
1670 m
R. Machacuyacu
Comuna S
2949 m
R. Oyacachi
Tres Cruces
Parque Nacional
4208 m
3762 m
Santa Rosa de Quijos
Gonzalo Díaz de Pineda
(El Bombón)

Lago Agrio (Nueva Loja), Tarapoa, Cuyabeno-Reservat

D
E
F
1
2
3
4
Yurayaco
San José
Albania
La Samaria
La Ceiba
Río Yuruyaco
Río Pescada
Valparaíso
San Pedro Medio
El Dorado
San Antonio de Getucha
Río Peneya
Santa Marta
Jácome
Curillo
El Refugio
El Brazuelo
Buenos Aires
R. Sotilla
Río Orteguaza
José María
Río Caquetá
KOLUMBIEN
Río Yurilla
Río Mecaya
La Esperanza
Putumayo
Manzoya
El Porvenir
Río Sencella
Montepa
Tase
Río San Miguel
Puerto Ospina
Palma Roja
Selvayacu
Puerto El Carmen de Putumayo
Centinela
Äquator
Hacha
Puerto Rodriguez
Río Putumayo
El Palmar
La Reforma
Iza
Pto. Bolívar
Cabo Minacho
Río Guepí
Gueppí
Pto. PERU
Cuyabeno
PERU
Tangay

Manta, Portoviejo, Bahía de Caráquez, Puerto López

1 cm = 10 km 1 : 1.000.000

0 20 km 40 km

Quito, Latacunga, Riobamba

1 cm = 10 km 1 : 1.000.000

0 20 km 40 km

A
B
C
1
2
3
4
5
10
San José Guayusa
Terere
Miraflores
Unión y Progr
La Joya de los Sachas
Comuna San Cristobal
San Sebastián del Coca
Palma Oriente
Yanayacu
El Paraíso
Río Coca
265 m
San Cristóbal
San Luis de la Armenia
Shushufindi Central
Estrellayacu
Coca
(Puerto Francisco de Orellana)
Comuna Jumandy
(Centro Estrella Yacu)
El Dorado
San Carlos
San Vicente
Pre-Cooperativa García Moreno
La Magdalena
Puerto Colón
Caspisapa
Río Napo
Comuna Juan Pío Montúfar
El Huino
El Progreso
Las Palmas
Gran Puyango
Boca del Suno
R. Suno
Puná Punta
Puerto San Miguel
Amazonas
Dumbique
Quince de Noviembre
San Vicente de Puerto Rico
Puerto Murialdo
Humoyacu
Comuna Los Rios
R. Tihuacuno
Folklor del Oriente
Pre-Cooperativa Cononaco
Valle de los Aucas
Cononaco
381 m
Oleoducto
Dayuma
Tiputini
Río Tiputini
Río Rumiyacu
San Antonio
Pre. Coop. Alamor
Reserva Biológica Limoncocha
Limoncocha
Unión Milagreña
Hacienda Primavera
Pompeya
Yarina Lodge
Petróleo
Taracoa
Río Indillana
238 m
Río Itaya
Itaya
San Pablo de Kantesiya
R. Pañaya
Sani Lodge
Garzacocha
Providencia
La Selva Jungle Lodge
Sacha Lodge
Napo Wildlife Center
Añangu
Napo River Clay Licks
R. Añangu
Tivacuno
ORRELANOS
Río Tivacuno
Reserva
Río Cononaco
Río Shiripuno
Río Tiguino
Río Tzapino
Tihuano
Golondrina
Kiwaro
Río Cachihuayacu
Río Cachiyacu
Reparado
Río Cononaco
Curaray
Sarayacu
Cochaquingu
Río Curaray
San Antonio
Río Villano
Río Namoyacu
PASTAZA
Pavacachi
Río Pindoyacu
410 m
Molino
Río Conambo
Conambo
Torimbo
Balaura
Guayus

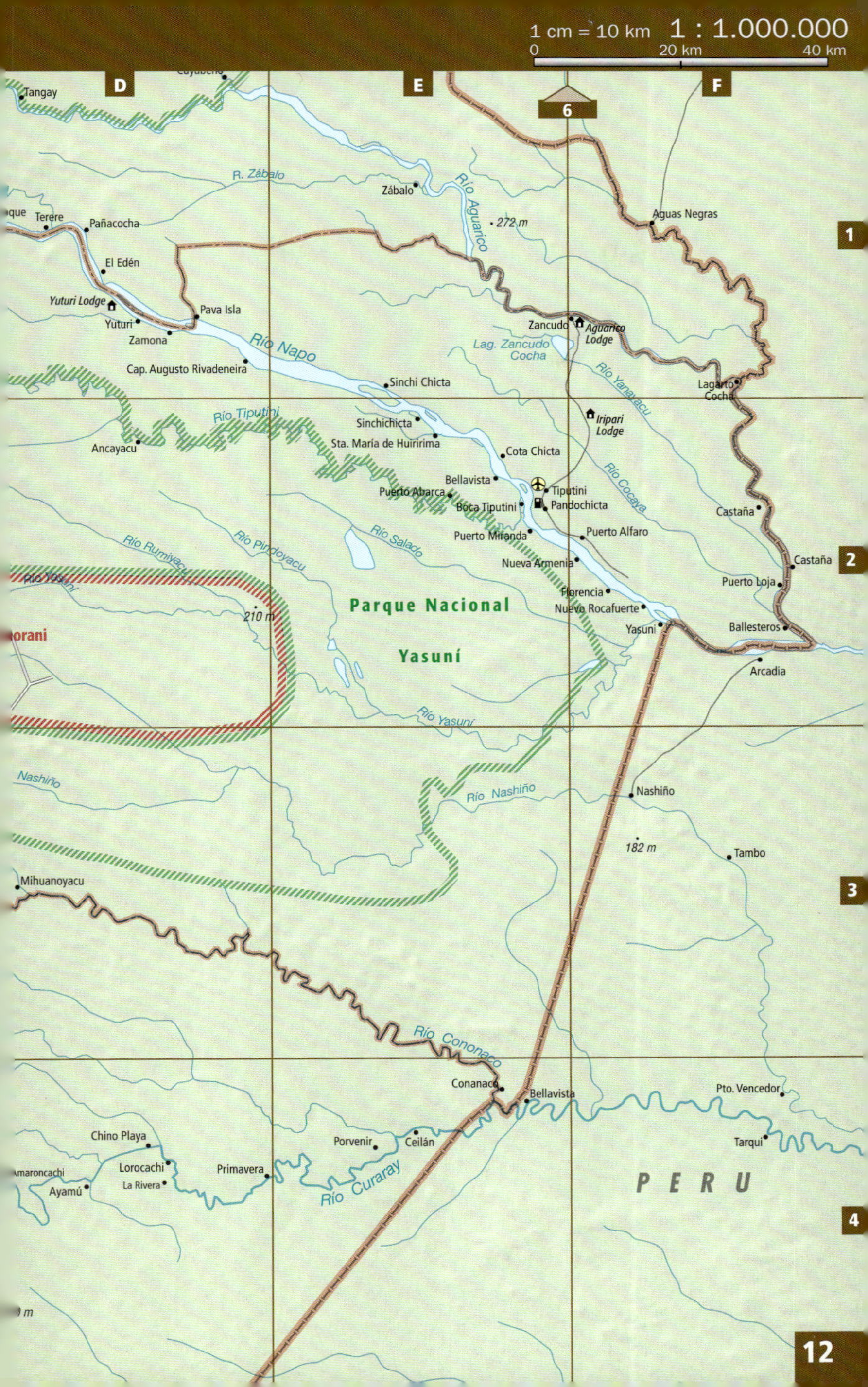
1 cm = 10 km 1 : 1.000.000
0
20 km
40 km
D
E
F
6
1
2
3
4
Tangay
R. Zábalo
Zábalo
Río Aguarico
272 m
Aguas Negras
Terere
Pañacocha
El Edén
Yuturi Lodge
Yuturi
Zamona
Pava Isla
Río Napo
Cap. Augusto Rivadeneira
Zancudo
Aguarico Lodge
Lag. Zancudo Cocha
Río Yanayacu
Lagarto Cocha
Sinchi Chicta
Río Tiputini
Sinchichicta
Sta. María de Huiririma
Ancayacu
Iripari Lodge
Cota Chicta
Bellavista
Puerto Abarca
Tiputini
Pandochicta
Boca Tiputini
Río Cocaya
Castaña
Puerto Miranda
Puerto Alfaro
Río Salado
Río Rumiyacu
Río Pindoyacu
Nueva Armenia
Castaña
Puerto Loja
Río Yasuní
210 m
Parque Nacional
Yasuní
Florencia
Nuevo Rocafuerte
Yasuní
Ballesteros
Arcadia
Río Yasuní
Nashiño
Río Nashiño
Nashiño
182 m
Tambo
Mihuanoyacu
Río Cononaco
Conanaco
Bellavista
Pto. Vencedor
Chino Playa
Porvenir
Ceilán
Tarqui
Lorocachi
Primavera
Río Curaray
La Rivera
Ayamú
P E R U

A
B
C
7
1
2
3
4
Bahía de Santa Elena
Golfo de Guayaquil
Océano Pacífico
Península de Santa Elena
Salinas
La Libertad
Santa Elena
Ancón
Chanduy
Playas (General Villamil)
El Progreso (Gómez Renc
Punta Santa Elena
La Puntilla
Santa Rosa
Balleñita
Punta Blanca
San Pablo
Monteverde
Jambelí
Palmar
Punta Gruesa
Ayangue
Punta Brava
San Pedro
Valdivia
Isla El Pelado
Libertador Bolívar
Barcelona
Artesanía artística
La Ponga
Loma Alta
Febres Cordero
Salanguillo
Sabaneta
Río Seco
Pueblo Nuevo
Cerro Crucita
Guangalá
El Perro
Colonche
Barbascal
Corozo
R. Balsas
Icaras
Cordiller
GUAYA
Buena Vista
Las Piedras
Aguadita
Carrizal
San Miguel
Cerro Alto
El Morillo
San Vicente
Baños de San Vicente
265 m
Calicanto
Saya
Presa El Azúcar
El Azúcar
Sube y Baja
Simón Bolívar
Santa A
Bellavis
La Cuch
Las Juntas
Sacachun
Tamayo
Punta Carnero
El Tambo
Entre Río
Atahualpa
Juan Montalvo
Río Verde
Pechiche
Zapotal
Dos Bocas
La Cienega
Bajada de Chanduy
Cerecita
San Isidro
Anconcito
Punta Ancón
San Joaquín
Bombas
Real Alto
El Real
Manantial
San Rafael
Buenos Aires
Sucre
Olmedo
Mamey
Caimito
Punta Chanduy
Tugaduaja
338 m
Cerro de los Pozos
420 m
San Lorenzo
Engunga
San Juan
San Antonio
Buenavista
San Migu
Sitio Nuevo
Pocitos
Punta de Piedras
Engabao
Punta Pelada
Punta Chapolla
Batadero
El Morro
El Arenal
Santa María
Data de Villamil
Data de Posorja
Punta Arena
Punta Arenas
Canal del M
Subida
Punta Brav
Punta C
Isla Santa Clara (El Muerto)
I. Ter
San Gregorio
I. Payana
Boca de Capones
El Salto
PERU
Santuario Nacional Río Tumbes
Bahía de Tumbes
El Bendito
Zarumilla
Santuario Nacional los Manglares de Tumbes
Puerto Pizarro
15
40

1 cm = 10 km 1 : 1.000.000
0 20 km 40 km

A
B
C
1
2
3
4
9
14
18
CHIMBORAZO
CAÑAR
AZUAY
Parque Nacional Sangay
Parque Nacional El Cajas
Cordillera de Allcuquira
Cordillera Boliche
Páramos de Matanga
Inca Trail
Cerro Chanlor 4300 m
Volcán Sangay 5230 m
Loma Yaracrumi 4089 m
Cerro Yanarumi 4303 m
Cerro Soroche 4730 m
Cerro Naupán 4468 m
Cerro Yanaurcu 3755 m
Cerro Padreurcu 4244 m
Cerro Patul 4633 m
Cerro Chiripungu 4770 m
Cerro Rumicruz 3917 m
Tarqui 2628 m
Tinajilla Pass 3527 m
Ugshipucara 3326 m
Nariz de Diablo
El Jardín de la Virgen
Ingapirca
Guamote
Cebadas
Alao
Hacienda Etén
Pancun
Palmira
El Tingo
Colay
Atillo
Osogochi
Tototras
L. Atillo
L. Magtayán
L. Cubillín
L. Las Tres Cruces
L. Sansahuin
L. Culebrillas
L. Toreadora
L. Mamamag
L. Osohuaycu
Zuñac (Playas)
9 de Octubre
San Francisco
Pallatanga
Galán
Santiago
Multitud
Cochapamba
Vishut
Tixán
Alausí
Tolatus
Guasuntos
Pistishí
Chunchi
Achupallas
Capzol
Huigra
Bucay
Cumandá
La Victoria
Buenos Aires
San Joaquín
Pueblo Nuevo
Cruz de Angamarca
Dos Bocas
San Pedro
San Piedro
Achiote
Las Juntas
Miraflores
San José del Tambo
San Francisco
Chillanes
San José de Guayabal
Lugmas
Compud
Llagos
General Morales
Shical
Chontamarca
Suscal
Zhud
Juncal
Javín
Gualleturo
El Tambo
Cañar
Cajon Tambo
Chorocopte
Zhindiling
Huangra
Rivera
Pindilig
Taday
Guarainag
Amaluza
Copal
Méndez
Chupianza
San Luis de El Acho
Chipana
Yunganza
Santa Susana de Chiviaza
Limón (General Leonidas Plaza Guitiéres)
Plan de Milagro
Indanza
Pan de Azúcar
San Miguel de Conchay
San Juan Bosco
San Carlos de Limón
San Luís
Kalaglaz
Tucumbatza
Gualaquiza
Proveduría
Bomboiza
Fátima
Las Peñas
Nazón
Biblián
Sageo
Bayas
Turupamba
Cojitambo
Azogues
Déleg
Solano
Checo
Lacao
Sinincay
Nulti
Cuenca
Sayausí
San Joaquín
Sayan
Baños
Turi
Ricaurte
Valle
Santa Ana
San Antonio
San Bartolomé
Quingeo
Tarqui
Victoria del Portete
Cumbe
El Portete
Ludo
Serrag
San José de Raranga
Gima
Girón
San Gerardo
Chumblin
Cuscopalta
Abañín
Asunción
Caledoneas
Lentag
La Ramada
Ayaloma
Shiña
Nabón
Progreso
Las Nieves
Corraleia
Oña
Cochapata
Morasloma
Chupilones
Cusucudoma
Tutupali
Paute
Guachapala
El Pan
Sevilla de Oro
Palmas
Santa Rosa
San Cristóbal
Shumir
Chican
Bulcay
Gualaceo
Chordeleg
Daniel Córdova Toral
San Juan
Remigio Crespo Toral
Principal
Sígsig
Cutchil
Granadillos
Bermejos
Chigüinda
El Rosario
San Miguel de Cuyes
Amazonas
Nueva Tarquí
Labrado
Loma de Ucho
Patul
Entrada la Toreadora
Soldados
Sunsun
R. Chimbo
R. Guamote
R. Atillo
R. Juval
R. Púlpito
R. Cañar
R. Yanuncay
R. Shucay
R. Bolo
R. Rircay
R. León
R. Cuyes
R. Zabala
R. Zamora
Río Paute
R. Tutanag
4088 m
3419 m
3835 m
3842 m
3928 m
4163 m
4034 m
4226 m
4250 m
4493 m
5050 m
4630 m
2589 m
3092 m
3124 m
2110 m

D
E
F
10
1
2
3
4
MORONA
SANTIAGO
PERU
Cordillera de Cutucú
Cordillera de Campanquíz
R. Pastaza
R. Oso
R. Cuzutca
R. Cushime
R. Muishini
R. Chapiza
R. Huambiza
R. Yaupi
R. Morona
R. Santiago
R. Cucaza
Rio Morona
Rio Upano
24 de Mayo
Namaquini
Allende
Cuasha
Centro Sharupi
Chuitayo
Shankatmi
Nueva Huamboya
Anduaisha
Chiguaza
Tsuntsuim
Jimbiquitú
Kumai
Mamayak
Ayay
Copataza
Teresa Mama
Tahuinacu
Capahuari
Yuvienza
Achuntsa
Inapula
Kuchaentza
Mutinsa
Macuma
San José
San Isidro
Yuwientsa
San Vicente
Kusuin
Macas
Sevilla
Cangaimine
Taisha
Kapawi Lodge
Rio Blanco
Ángel Rubí
1443 m
San Luis
Kanus
Shinkiatam
Ipiak
Seipa
Tashapa
Pumpuentsa
Huasaga
S. Luís de El Upano
Tutinentsa
Jibaría Achiariata
Surikentsa
Mangosiza
Turik
Miazal
Nuwintsa
Cushimi
Putuime
Tayuntsa
Kusuim
Shiramentsa
Wachim
Maki
Nayumbime
Tunduama
Tukupi
Panintsa
Yanantsa
2305 m
Yaapi
Yaupi
La Unión
Capitán Bezada
Puerto Proaño
San José de Morona
Puerto Morona
Soldado Monge
Vargas Guerra
Cahuide
Santiago
Mayalico
Sbte. Castro
Dos de Mayo
Sargento Puño
2 de Mayo
980 m
Soledad

Zamora, Loja, Vilcabamba, Huaquillas, Macará

D
E
F
15
1
2
3
4
Oña
Cochapata
Corraleia
El Tablón
Morasloma
Chupilones
Lluzhapa
Cusucudoma
Tutupali
Moraspampa
San Antonio de Cumbre
Carboncillo 3067 m
Cordillera Cordoncillo
San Pablo de Tenta
Urdaneta
Saraguro
Mater
Llaco
Puglla 3338 m
Gurudel
Acanama 3429 m
R. Plata
Pichig
3293 m
San Lucas
Cerro Paramales 3275 m
Bellavista
Santiago
2853 m
La Victoria de Imbana
Chuquiribamba
Jimbilla
Solamar
Taquil
2885 m
San Isidro
Los Guabos
2466 m
Masaca
Guangora
3029 m
Motupe
Virgen Pamba
Mono 2970 m
Bolacahi
2946 m
Loja
Sabanilla
Catamayo
Los Eucaliptos
Chonta Cruz
Consuelo 2618 m
La Vega
San Miguel
2848 m
3127 m
Soñaderos
El Tambo
Patacorral
Cedro Quemado
Refugio Cajanuma
Pueblo Nuevo
Tres Leguas
2724 m
3524 m
1880 m
La Merced
Rumishitana
Parque Nacional
El Carmen
Chorrillos
3330 m
Zorro 3691 m
Podocarpus
Malacatos
La Calera
San Pedro de Vilcabamba
Cuco 3608 m
Santorún
Vilcabamba
R. Catamayo
Tumianuma
Quinara
3645 m
Comunidades
3142 m
San Gabriel
Yangana
Aradas
Chuquiraguas 3405 m
Toledo 3485 m
Cerro Tadeo 3371 m
El Torneado 3533 m
3619 m
Cerro Tapichala 3020 m
Cañon 3631 m
Valladolid
2482 m
Pueblo Viejo
R. Palanda
Santa Ana
Palanda 2861 m
Palanda
R. Jíbaro
3115 m
Palanuma
Churo 2117 m
R. Isimanchi
Isimanchi
Centinela 3233 m
1504 m
R. Mayo
Zumba
Venus 2812 m
El Tablón
Lagunillas
Urano 1895 m
Pucapampa
Chito
Huanchunangui
La Chonta
R. Canchis
San Antonio
Namballe
San Francisco
R. Zabala
San Miguel de Cuyes
Amazonas
Nueva Tarquí
Gualaquiza
Proveduría
Bomboiza
Fátima
Las Peñas
Chuchumbleza
3044 m
Flor de los Andes
Guisme
Yacuambi (24 de Mayo)
R. Yacuambi
La Paz
R. Chicaña
El Panguí
Numbaime
Chicaña
R. Quimi
Chapintza
Quimi
Muchime
Los Encuentros
R. Zamora
Yantzaza
Guadalupe
Piantza
Zumbi
La Saquea
Punguinza
San Vicente
Paquisha
Namírez
Nambija
Cumbaratza
Cumay
Mayaicu
La Wintza
Bombuscara
Timbara
Guayzimi
Limón
Zamora
ZAMORA
Jumbué
Surmi
Pachicutza
Romerillos
CHINCHIPE
R. Kampuna
R. Chumbiriaza
Río Nangaritza
La Guanta
2820 m
Miasi
R. Comaina
Sbte. Núñez
R. Shaime
Cordillera del Cóndor
Soldado Mori
Yola 2874 m
R. Loyola
Loyola
R. Nangaritza
Soldado Silva
El Porvenir del Carmen
R. Numpatkay
Tapala
R. Vergel
San Francisco de Vergel
Santa Clara del Vergel
R. Santa Agueda
2200 m
R. Sangola
PERU
Chingozeles
R. Marañon
Santa Agueda
Río Chirinos
2883 m
2450 m

A
B
C
1
2
3
4
Océano Pacífico
Isla Pinta
777 m
Cabo Chalmers
Cabo Ibbetson
Canal de Pinta
Isla Darwin
15
Punta Mejía
Isla Marchena
Playa Negra
Roca Redonda
34
Punta Albermarle 13
Isla Wolf
33
Punta Flores
Äquator
Volcán Wolf
1707 m
Volcán Ecuador
610 m
Cabo Berkely
Punta Vicente Roca 35
Cabo Marshall
36
Bahía de Banks
Isla Santiago
Caleta Bucanero
Punta Córdova
30 Bahía Sullivan
Sendero a la Cima
2
Cowan
906 m
Cousin's Rock
37
Isla Bartolomé
Playa Espumilla 31
Bahía de James
Puerto Egas 29
Punta Baquerizo
Pan de Azúcar
Pinnacle Rock (Felsnadel)
Caleta Black
Volcán Darwin
1402 m
Punta Tortuga 15
Punta Espinosa
6
11 Caleta Tagus
Cabo Douglas
Estrecho de Bolívar
Punta Carcía
Cabo Nepean
Isla Cowley
R. Bainbridge
Sombrero Chino
Volcán La Cumbre
1494 m
12
Bahía Urbina
16
Volcán Alcedo
Punta Alfaro
Isla Rábida
18
Cabo Trenton
Islas Beagle
Canal de Santiago
Cabo Hammond
14
Punta Mangle
Isla Fernandina
Canal Isabela
Roca Blanca
Punta Bowditch
Conway Bay
Isla Edén
Bahía Isabel
Islas Mariela
Istmo Perry
Ensenada Flores
Bahía Cartago
Cabo Barrington
Isla Pinzón
457 m
Isla Nameless
Canal de Pinzón
Punta Moreno 14
Punta Ballena
Caleta Webb
Punta San Juán
Cabo Napera de Vado
Volcán Sierra Negra
1490 m
Volcán Chico
Volcán Azufre
Ballena
Las Ánimas
Punta Davis
Islas Los Hermanos
Santo Tomás
Punta Cristobal
Volcán Cerro Azul
1689 m
Punta Veintimilla
Caleta Iguana
Puerto Villamil
Bahía Villamil
Punta Lobería
Roca Bura
Punta Essex
Roca Unión
Isla Tortuga
Cabo Rosa
Isla Isabela
Punta Cormorán
Post Office Bay 8
Puerto Velasco Ibarra
Punta Ensillada
Isla Floreana